经以院士
转徐开东
贺教师节
教改向项目
圆满成功

 李名扬
 即日

教育部哲学社会科学研究重大课题攻关项目

"十三五"国家重点出版物出版规划项目

教育部人文社会科学百所重点研究基地
西南大学西南民族教育与心理研究中心

# 高校少数民族应用型人才培养模式综合改革研究

RESEARCH ON THE COMPREHENSIVE REFORM OF THE TRAINING MODE OF APPLIED TALENTS FOR ETHNIC MINORITIES IN COLLEGES AND UNIVERSITIES

张学敏

等著

中国财经出版传媒集团

经济科学出版社

Economic Science Press

图书在版编目（CIP）数据

高校少数民族应用型人才培养模式综合改革研究/张学敏等著.
—北京：经济科学出版社，2020.10
教育部哲学社会科学研究重大课题攻关项目 "十三五"
国家重点出版物出版规划项目
ISBN 978-7-5218-1823-9

Ⅰ.①高…　Ⅱ.①张…　Ⅲ.①高等学校-少数民族-
人才培养-培养模式-研究-中国　Ⅳ.①G645.5

中国版本图书馆 CIP 数据核字（2020）第 162319 号

责任编辑：孙丽丽　纪小小
责任校对：郑淑艳
责任印制：李　鹏　范　艳

**高校少数民族应用型人才培养模式综合改革研究**
张学敏　等著
经济科学出版社出版、发行　新华书店经销
社址：北京市海淀区阜成路甲 28 号　邮编：100142
总编部电话：010-88191217　发行部电话：010-88191522
网址：www.esp.com.cn
电子邮箱：esp@esp.com.cn
天猫网店：经济科学出版社旗舰店
网址：http://jjkxcbs.tmall.com
北京季蜂印刷有限公司印装
787×1092　16 开　30 印张　570000 字
2020 年 12 月第 1 版　2020 年 12 月第 1 次印刷
ISBN 978-7-5218-1823-9　定价：120.00 元
（图书出现印装问题，本社负责调换。电话：010-88191510）
（版权所有　侵权必究　打击盗版　举报热线：010-88191661
QQ：2242791300　营销中心电话：010-88191537
电子邮箱：dbts@esp.com.cn）

## 课题组主要成员

**首席专家** 张学敏
**主要成员** 朱德全 孙杰远 蔡文伯 杨小峻
　　　　　　 侯佛钢 何　茜 安　静 许　良
　　　　　　 许可峰 陈　星 杨茂庆 周维莉
　　　　　　 吴金航 陈　甜 李　鹏 欧阳修俊
　　　　　　 黎兴成 谭　丹 马新星 崔民日

## 编审委员会成员

主 任　吕　萍
委 员　李洪波　柳　敏　陈迈利　刘来喜
　　　　樊曙华　孙怡虹　孙丽丽

# 总　序

哲学社会科学是人们认识世界、改造世界的重要工具，是推动历史发展和社会进步的重要力量，其发展水平反映了一个民族的思维能力、精神品格、文明素质，体现了一个国家的综合国力和国际竞争力。一个国家的发展水平，既取决于自然科学发展水平，也取决于哲学社会科学发展水平。

党和国家高度重视哲学社会科学。党的十八大提出要建设哲学社会科学创新体系，推进马克思主义中国化、时代化、大众化，坚持不懈用中国特色社会主义理论体系武装全党、教育人民。2016年5月17日，习近平总书记亲自主持召开哲学社会科学工作座谈会并发表重要讲话。讲话从坚持和发展中国特色社会主义事业全局的高度，深刻阐释了哲学社会科学的战略地位，全面分析了哲学社会科学面临的新形势，明确了加快构建中国特色哲学社会科学的新目标，对哲学社会科学工作者提出了新期待，体现了我们党对哲学社会科学发展规律的认识达到了一个新高度，是一篇新形势下繁荣发展我国哲学社会科学事业的纲领性文献，为哲学社会科学事业提供了强大精神动力，指明了前进方向。

高校是我国哲学社会科学事业的主力军。贯彻落实习近平总书记哲学社会科学座谈会重要讲话精神，加快构建中国特色哲学社会科学，高校应发挥重要作用：要坚持和巩固马克思主义的指导地位，用中国化的马克思主义指导哲学社会科学；要实施以育人育才为中心的哲学社会科学整体发展战略，构筑学生、学术、学科一体的综合发展体系；要以人为本，从人抓起，积极实施人才工程，构建种类齐全、梯队衔接的高校哲学社会科学人才体系；要深化科研管理体制改革，发挥高校人才、智力和学科优势，提升学术原创能力，激发创新创造活力，建设中国特色新型高校智库；要加强组织领导、做好统筹规划、营造良好学术生态，形成统筹推进高校哲学社会科学发展新格局。

哲学社会科学研究重大课题攻关项目计划是教育部贯彻落实党中央决策部署的一项重大举措，是实施"高校哲学社会科学繁荣计划"的重要内容。重大攻关项目采取招投标的组织方式，按照"公平竞争，择优立项，严格管理，铸造精品"的要求进行，每年评审立项约40个项目。项目研究实行首席专家负责制，鼓励跨学科、跨学校、跨地区的联合研究，协同创新。重大攻关项目以解决国家现代化建设过程中重大理论和实际问题为主攻方向，以提升为党和政府咨询决策服务能力和推动哲学社会科学发展为战略目标，集合优秀研究团队和顶尖人才联合攻关。自2003年以来，项目开展取得了丰硕成果，形成了特色品牌。一大批标志性成果纷纷涌现，一大批科研名家脱颖而出，高校哲学社会科学整体实力和社会影响力快速提升。国务院副总理刘延东同志做出重要批示，指出重大攻关项目有效调动各方面的积极性，产生了一批重要成果，影响广泛，成效显著；要总结经验，再接再厉，紧密服务国家需求，更好地优化资源，突出重点，多出精品，多出人才，为经济社会发展做出新的贡献。

作为教育部社科研究项目中的拳头产品，我们始终秉持以管理创新服务学术创新的理念，坚持科学管理、民主管理、依法管理，切实增强服务意识，不断创新管理模式，健全管理制度，加强对重大攻关项目的选题遴选、评审立项、组织开题、中期检查到最终成果鉴定的全过程管理，逐渐探索并形成一套成熟有效、符合学术研究规律的管理办法，努力将重大攻关项目打造成学术精品工程。我们将项目最终成果汇编成"教育部哲学社会科学研究重大课题攻关项目成果文库"统一组织出版。经济科学出版社倾全社之力，精心组织编辑力量，努力铸造出版精品。国学大师季羡林先生为本文库题词："经时济世  继往开来——贺教育部重大攻关项目成果出版"；欧阳中石先生题写了"教育部哲学社会科学研究重大课题攻关项目"的书名，充分体现了他们对繁荣发展高校哲学社会科学的深切勉励和由衷期望。

伟大的时代呼唤伟大的理论，伟大的理论推动伟大的实践。高校哲学社会科学将不忘初心，继续前进。深入贯彻落实习近平总书记系列重要讲话精神，坚持道路自信、理论自信、制度自信、文化自信，立足中国、借鉴国外，挖掘历史、把握当代，关怀人类、面向未来，立时代之潮头、发思想之先声，为加快构建中国特色哲学社会科学，实现中华民族伟大复兴的中国梦做出新的更大贡献！

教育部社会科学司

# 匠心独运（代序）

　　我国地处欧亚大陆东南缘，狭长的陆地边境线集聚着我国大部分少数民族地区，这里多为江河源流、高原山地，自然条件复杂多样，生活在这里的人们用勤劳的双手、智慧的头脑、热烈的生命力在波澜壮阔的历史长河中创造了丰硕、独特的成就。那广袤的草原，辽远的西域，雄浑的戈壁，空灵的青藏，多彩的西南……无不是大自然的匠心独运。

　　匠者，以一颗至臻至善的匠心酝酿着自己醇厚的精神世界，这既是对大自然馈赠的致敬，也是生生不息的生命探索与舒展。人们因地制宜地发展各种产业，如新疆的瓜果作物、云南的烟草香料、西藏的畜牧药材、贵州的侗寨苗绣等，这些都因其独特的孕育环境而备具灵性。但在现代化的生活幕布下，人工智能、新能源和生物技术的演变正改变着生产方式和产业布局，一系列东西都将被重新定义，民族产业发展迈出的步伐已有些吃力，同样地，过去的那种东部援助西部或简单移植东部成功经验的做法也难以支撑民族地区的经济社会发展。

　　经济社会的发展以人的发展为支撑，民族地区经济社会发展方式的转变有赖于独特的人才培养模式。匠者之心，乃立志于铸牢中华民族共同体意识，促进民族经济与社会繁荣进步之大国工匠情怀。民族地区的发展依托于天然的特色资源优势，这也是其产业经济经久不息、源远流长的现实基础，但缺少了人才的支撑引领，历史与现实、传统与现代、文化与生产无法有机融合，民族产业的发展之路定会黯然失色。因此，民族地区产业发展的关键是培养大量能适应民族地区经济社会发展并引领民族地区走"内生—协同"发展之路的各类应用型人才，特别是高层次应用型人才，推进"经济—文化—教育"三者联动共生、协同发展。

独者，立足于民族地区独特的自然禀赋与经济基础，以独特的应用型人才培养模式赋予其大国工匠之精神内涵。现代大学抑或高等学校已然成为人们系统接受理论学习与实践训练的最佳场所，并根据社会发展对人才的要求来培养适应社会需求的各类人才，包括当今社会尤为注重的高层次应用型人才。民族地区地方院校和民族院校是教育活动开展的现实载体和应用型人才培养的主体，高校应用型人才培养理应随着社会发展的趋势和需求适时改变。但是，多年来这些高校在应用型人才培养方面仍然存在诸如少数民族人才培养模式与民族地区经济社会发展、产业发展相脱节等问题。在传统产业面临云计算、大数据、万物互联等现代化发展方式的冲击，传统人才培养模式已难以适应现代化需求的今天，高校所培养的少数民族应用型人才无法将知识及其技能与自己真实的生活世界建立起有效的联系，由此在高校、人才、民族产业之间形成了沟壑断层。

关于少数民族人才培养，当然也包括民族地区应用型人才培养，进而也涵盖各高校中少数民族应用性人才培养，我们常常听到两种不同的声音：一种认为高校要让少数民族应用型人才重点掌握现代社会知识体系并形成相应的情感方式，着力培养他们适应现代化进程和产业发展格局的应用型技能；另一种认为高校要立足于民族地区特色产业资源，以发展民族特色教育为主，为民族地区培养独特的应用型人才，从而使民族地区社会与产业资源在"应用型人才"这一培养对象上实现协同发展。两种思想犹如两种力量，正在影响着高校对少数民族人才培养的改革以及民族地区产业发展的未来方向。

独运之本，在于根据不同类型、层次、区域高校的办学特色，发挥民族地区地方院校的地方性优势、民族院校的民族性优势、综合性大学的学科优势，构建寓民族地区地方院校和民族院校、部属综合性高校、民族地区特色产业及少数民族地区人的发展和民族地区发展于一体的多元复合的高校少数民族应用型人才培养"C-U-I-D"模式及其运行机制。这一模式及其运行机制要求民族地区各教育主体广泛参与和推动，以民族产业创新熏陶大国工匠精神。民族地区地方院校和民族院校要充分借助邻近综合性大学或国内一流大学的学科优势和科研成果，共同培养适应并引领民族地区经济社会发展的少数民族高层次应用型人才，服务于民族地区经济社会发展。

匠心独运，小道大成。大自然以其独运匠心描绘构筑了供我们生息繁衍的瑰丽山河；我们的教育事业孜孜以求，铸就应用型人才之匠器匠心；学子们兢兢业业，求索叩问，编织斑斓梦想。诚然，这样的梦想，也是我们期望各级各类高校在少数民族应用型人才培养方式综合改革中的所追所求。

张学敏

2019 年 8 月 29 日于重庆北碚

# 前　言

课题组获得2014年教育部哲学社会科学研究重大课题攻关项目"高校少数民族应用型人才培养模式综合改革研究",并于2014年9月批准立项。一路走来,我们始终不忘初心,围绕"什么样的发展方式能够解决民族地区的发展难题""实现这种新型发展方式需要什么样的人才支撑""高校通过什么样的模式才能培养满足新型发展方式需要的人才"三个问题,深入民族地区,感受民族文化,了解民族发展诉求,探寻民族地区经济、教育、文化协同发展之路。

民族地区的发展离不开人才支撑,尤其是大量具备现代科技与民族优秀技术应用能力、民族文化传承创新能力的少数民族高层次应用型人才。时至今日,我国民族地区的发展仍举步维艰,究其根源在于高层次少数民族应用型人才的短缺,在于尚未形成一套行之有效的高校少数民族应用型人才培养模式。随着我国经济社会的快速发展,特别是经济进入新常态,我国高等教育结构、人才供给与需求关系发生了深刻的变化。2015年,教育部、国家发展和改革委员会、财政部联合印发的《关于引导部分地方普通本科高校向应用型转变的指导意见》,吹响了推动地方普通本科高校转型发展,创新应用型人才培养模式的战略号角,正式开启地方普通本科高校向应用型转变、培养高素质应用型人才的探索之路。课题组也正是基于这样一个现实背景和战略规划,基于我国少数民族地区的特殊性,启动了对高校少数民族应用型人才培养模式综合改革的科学研究与探索之路。

推动民族地区跨越式发展和社会全面进步,最重要的是加快民族地区经济发展方式的转变,改变原有高耗能、低产出的粗放型发展方式，依靠自身优势，寻求一种能够不断培育和持续增强内生动力，注重经济、文化、教育协同发展，依靠高层次人才支撑引领的新型发展方式。"内生—协同"发展是一种激发和培育内生发展动力，注重经济、教育、文化协同发展的发展方式，有利于解决民族地区的发展困境，促进其可持续发展。民族地区"内生—协同"发展的关键在于培养大量能适应并引领民族地区发展的少数民族高层次应用型人才，发挥高层次应用型人才的支撑引领作用，构建以民族地区地方院校、民族院校、综合性大学为主的"三位一体"的应用型人才培养体系，构建新的人才培养模式，促进高校少数民族应用型人才培养模式综合改革，最终实现少数民族发展和民族地区经济社会发展。

高校少数民族应用型人才培养是一项复杂的系统工程，既涉及高校内部的各要素改革问题，也涉及高校之间及高校人才培养与经济、文化协同发展的外部问题，不能单项推进，必须在充分协调各项改革关系的基础上，实施以联动为思路，以诸项协同为策略的系统改革。鉴于此，在少数民族高层次应用型人才供需矛盾分析的基础上，我们从供给侧的视角提出从高校少数民族应用型人才培养政策与体制、培养过程、内—外协作方式等整个人才培养体系的改革，构建新的高校少数民族应用型人才培养的"C－U－I－D"综合改革模式，制定高校少数民族应用型人才培养模式综合改革方案。

具体来讲，本书共分为四个主要组成部分：第一部分为导论，主要是在问题提出、分析现有研究现状、提出本书主要理念的基础上，确立本书的研究思路、研究框架、研究方法和主要观点，从而为后续研究提供理论指导和思路指引；第二部分为第一章，主要是在少数民族高层次应用型人才需求和供给分析的基础上，基于供需对比分析，归纳少数民族高层次应用型人才的供需矛盾，据此提出高校少数民族应用型人才培养模式的初步构想；第三部分包括第二章、第三章、第四章、第五章，是本书的核心部分，主要就高校少数民族应用型人才培养的政策与体制、培养过程、内—外协作方式及国外高校应用型人才培养的实践与启示展开研究和论述，并以广西百色地区应用型人才培养体制改革案例、西藏民族大学人才培养过程案例、新疆昌吉地区应用型人才培养内—外协作方式改革案例，具体分析高校少数民族应用型人才培养在政策与体制、培养过程、内—外协作方式等方面的改革实践，为构建高校少数民族应用型人才培养的"C-U-I-D"模式，提出高校少数民族应用型人才培养模式综合改革方案提供实践参考蓝本；第四部分为第六章，主要是在对前几章研究内容进行反思和讨论的基础上，提出高校少数民族应用型人才培养模式综合改革的目标、模式及改革思路，最终提出高校少数民族应用型人才培养模式综合改革方案。此外，在附件部分，本书通过对贵州工程应用技术学院和大理大学等少数民族应用型人才培养案例的分析，为高校应用型人才培养及应用型高校发展提供了改革实践案例。

本书的创新点主要体现在以下几个方面：

第一，本书把"地方高校转型发展""应用型人才培养"的国家战略共性，与民族地区自身优势、文化特性相结合，以此探讨民族地区经济、教育、文化之间的关系，构建更好实现"内生—协同"发展的教育内部要素与外部要素相互关系和作用的高校少数民族应用型人才培养模式。

第二，高校应用型人才培养不再是教育领域的单独行为，它与经济发展、少数民族特色文化传承是相互联动、彼此共生的。具体而言，民族地区挖掘开发特色文化资源，发展特色产业，能够有效助推民族地区经济发展，而通过高校培养促进民族地区经济发展的"恰切"应用型人才，能够将文化资源优势转化成特色产业优势，盘活经济与文化之间的关系，在"人"这个培养对象上建立"内生发展"与"经济—文化—教育"协同联动的发展机制。

第三，高校少数民族应用型人才培养不再是某一所高校的事情，而是一种以民族地区地方院校为主体、以民族院校为辅助、以部委综合性大学为支撑、以满足民族地区新兴产业和特色文化产业需求为导向的综合一体化人才培养模式。这种模式是要在外部特色产业需求的引导下，通过发挥民族地区地方院校的地方性优势、民族院校的民族性优势、综合性大学师资与学科优势，从而有效形成"三位一体"的高校应用型人才培养体系，并最终建立起以民族地区的地方院校和民族院校为主体，以部属综合性大学的教学、学科、科研和服务等资源平台为支撑，以少数民族本科以上学生为主要对象，以少数民族高层次应用型人才培养适应并引领民族特色文化产业和新兴产业发展为重点，以促进少数民族地区发展和少数民族"人"的发展为目标的多元复合的高校少数民族应用型人才培养综合改革框架。

第四，高校应用型人才培养不再是针对某一领域问题推行的单项改革，而是在关注人才培养所涉及一般要素的基础上，对应用型人才培养政策与体制、培养过程、内—外协作等诸多要素进行综合改革。具体而言，这种综合改革通过整合培养模式中政策体制、机构制度、招生考试、师资建设、专业课程、教学实训、校企合作、校校合作、就业保障等多项改革的关键因素，有效缓解少数民族应用型人才供求矛盾，提升高校人才培养对民族地区发展的适应与引领能力。

第五，高校少数民族应用型人才培养不再是简单地适应民族地区经济社会发展，而是通过教育对人的型塑，超越适应，引领民族地区经济社会发展。这样才能够使少数民族应用型人才培养走在今日民族地区产业发展的前面，带动明日新兴产业和特色文化产业的发展，才能够达成适应并引领民族地区经济社会发展的目的，不断增强少数民族应用型人才的供给能力。

四年来，本书研究之所以能够顺利开展，并取得丰硕成果，得益于民族八省区、民族地区地方普通本科高校、各级教育行政部门的鼎力协助与配合；取决于西南大学学校各部门、西南大学社科处、西南民族教育与心理研究中心、西南大学教育学部所提供的各项资源支撑与保障；归功于各子课题成员不畏辛劳、精诚合作、团结协同。在课题立项、开题、研究过程中和结项论证时，西南大学张诗亚教授、云南师范大学王鉴教授、南京师范大学张新平教授、中央民族大学常永才教授及西南大学孙振东教授、么加利教授、吴晓蓉教授等均对课题提出了建设性建议，在此深表感谢！课题研究过程中，民族地区高校多名师生以及致力于改进高校少数民族应用型人才培养模式的志同道合者，提供了不少帮助，对课题研究贡献很大，在此一并致谢！

在此书即将付梓之际，希望本书对高校少数民族应用型人才培养模式改革及一般高校人才培养模式改革有所参考，更希望我国民族地区早日实现"内生—协同"发展，尽早发挥高层次应用型人才在"内生—协同"发展中的支撑引领作用。同时，对于书中的不足之处恳请各位批评指正！

# 摘要

民族地区处于国家区域发展总体战略的特殊地位，其发展事关国家改革发展稳定大局，事关全面建成小康社会的实现，事关民族地区的团结稳定和长治久安。改革开放特别是21世纪以来，我国民族地区经济社会发展成就显著，但经济发展方式粗放、不可持续。加快民族地区经济发展方式转变，是推动民族地区跨越式发展和社会全面进步的必然要求和根本保证。现阶段，我国民族地区经济增长的内生动力不足，经济、文化、教育协同度低，高校少数民族应用型人才培养模式面临培养的人才未能较好满足民族地区的发展需求、培养的人才未能较好适应并引领民族地区发展、人才培养模式改革的综合性不强等问题。

民族地区应从自身特殊性出发，立足自身优势，以丰富的自然与人文资源为基础，以发展新兴产业与特色文化产业为支柱，建立一种"经济—文化—教育"联动共生、协同发展的新型发展方式，并寻求实现这种发展方式的人才支撑及其培养模式。"内生—协同"发展是激发和培育民族地区内生发展动力，注重经济、教育、文化协同发展的一种新型发展方式，有利于解决民族地区的发展难题，促进其可持续发展。人才是经济社会发展的根本，民族地区实现"内生—协同"发展的关键是培养大量能适应并引领民族地区发展的少数民族高层次应用型人才，发挥高层次应用型人才的支撑引领作用。高校通过培养促进民族地区经济持续发展的高素质应用型人才，将文化资源优势转化为经济发展优势，盘活经济与文化的关系，从而使经济发展与文化传承在"人"这个培养对象上实现协同发展，建立起"经济—文化—

教育"协同发展机制。

通过分析供需矛盾发现，当前我国少数民族高层次应用型人才存在供需数量、供需结构、供需质量等矛盾。从供给侧来看，主要是高校少数民族应用型人才培养的政策与体制、培养过程、内—外协作关系等整个人才培养系统出了问题。因此，从供给侧缓解少数民族高层次应用型人才供需矛盾，关键是改革现有高校少数民族应用型人才培养模式，构建新的高校少数民族应用型人才培养模式。作为一项复杂的系统工程，高校少数民族应用型人才培养模式改革应以培养政策和体制改革为切入点、培养过程改革为关键环节、高校内—外协作方式改革为驱动力，对人才培养的政策与体制、培养过程与环节、内—外协作方式等诸多要素进行综合改革。具体包括：完善高校少数民族应用型人才培养政策，健全人才培养体制机制；从教师队伍、学科专业设置、课程与教学体系、教学支撑与保障体系、实训基地等方面改革高校少数民族应用型人才培养过程；从校企合作、校校合作、校地合作改革高校少数民族应用型人才培养的内—外协作方式。

国外应用型高校产生较早，其应用型人才培养模式发展相对成熟，较为典型的有德国应用科学大学的双元制、英国产学研合作的"三明治"育人模式和"寓学于工"的高等学徒制育人模式，澳大利亚的技术与继续教育（简称"TAFE"）、日本"产学官一体化"应用型人才培养模式及美国的"职业胜任能力本位"模式、"工学交替"模式等。国外高校在应用型人才培养方面积累了十分宝贵的经验，这些经验做法与应用型人才培养模式对我国高校少数民族应用型人才培养模式改革具有一定的启发和借鉴价值。具体而言，高校少数民族应用型人才培养要遵循高等职业教育的规律；要适应地方经济社会发展需求；要构建特色化教育新体系；要构筑政产学合作与互动机制。

高校少数民族应用型人才培养模式综合改革的目标旨在促进少数民族人的发展和民族地区的经济社会发展，而实现综合改革目标的关键是培养适应并引领民族地区发展的高素质应用型人才。高校少数民族应用型人才培养的综合改革模式是构建民族地区地方院校（C1）和民族院校（C2）、部委所属综合性高校（U）、民族地区特色产业（I）及少数民族地区人的发展（D1）和民族地区发展（D2）于一体的多元复合的高校少数民族应用型人才培养"C-U-I-D"模式。实现"C-U-I-D"模式的关键在于根据不同类型、层次、区域高校的办学特色，发挥民族地区地方院校的地方性优势、民族院校的民族性优势、综合性大学的学科优势，"三位一体"培养少数民族应用型人才。在改革思路上，高校少数民族应用型人才培养模式综合改革应采取强制性的渐进改革方式，深化产教融合，注重主要利益相关者的利益调整，并将评价制度改革作为推进综合改革的切入点。

# Abstract

The ethnic minority areas are in a special position in the overall strategy of national regional development and their development is related to the overall situation of national reform, development, and stability. It is an extremely important part for building moderately well-off society and lasting stability and unity. Since the reform and opening, especially in this new century, remarkable achievements have been made in the economic and social development of ethnic minority areas, but the mode of economic development is extensive and unsustainable. Accelerating the transformation of the economic development mode in ethnic minority areas is an inevitable requirement and fundamental guarantee for promoting the leap-forward development and all-round social progress. At present, the ethnic minority areas are facing many problems, for instance: the endogenous motivation of economic growth in ethnic regions is insufficient; the synergy degree of economy, culture and education is low; the talents cultivated from applied talent-training mode in colleges and universities cannot meet the needs of talents in ethnic minority areas and lead the development of ethnic minority areas; the comprehensiveness of talent-training mode reform is not strong.

Ethnic minority areas should start from their own particularity, based on their own advantages, take abundant natural and cultural resources as the foundation, take the development of new industries and characteristic cultural industries as the pillar, establish a new intergrowth and synergetic development mode of "Economy – Culture – Education", and seek talent support and development modes to achieve this development. "Endogenous – Synergistic" development is a new method to stimulate and cultivate the motivation for the growth and development of ethnic minority areas, and to focus on the synergetic development of economy, education and culture. It is conducive to solving the development problems of ethnic minority areas and promoting their sustainable development. Talents are the foundation of economic and social development. The key to realize

"Endogenous – Synergistic" development in ethnic minority areas is to train a large number of high-level applied talents of ethnic minorities who can adapt to and lead the development of ethnic minority areas, and play a supporting and leading role of high-level applied talents. Through training high-quality applied talents to promote sustainable economic development in ethnic minority areas, colleges and universities can transform the advantages of cultural resources into economic development advantages, activate the relationship between economy and culture, so that economic development and cultural heritage can achieve synergetic development in "people", the object of training, and establish a synergetic development mechanism of "Economy – Culture – Education".

By analyzing the imbalance between supply and demand, it is found that there are contradictions in the quantity, structure and quality of supply and demand of high-level applied talents of ethnic minorities in China. From the perspective of supply, there are problems in the entire talent development system, such as the policy and system, the development process, and the internal-external cooperation. Therefore, the key to alleviate the contradiction between supply and demand of high-level applied talents of ethnic minorities from the supply side is to reform the existing development mode of applied talents of ethnic minorities in colleges and universities, and to construct a new development mode of applied talents of ethnic minorities in colleges and universities. As a complex system, the reform of the training model for applied talents of ethnic minorities in colleges and universities should take the training policy and system reform as the entry point, the reform of the training process as the key link, and the reform of the internal-external cooperation mode as the driving force, and carry out comprehensive reform on the policy and system of talents development, the development process and segment, the internal-external cooperation mode and many other elements. Specifically, it includes: improving the policy of developing ethnic minority applied talents in colleges and universities, perfecting the system and mechanism of developing ethnic minority applied talents; reforming the process of developing ethnic minority applied talents in colleges and universities from the aspects of teachers, subject and specialty settings, curriculum and teaching system, teaching support and guarantee system, and training base; reforming the internal-external cooperation of developing ethnic minority applied talents in colleges and universities from the aspects of school-enterprise cooperation, school-school cooperation and school-local government cooperation.

Applied universities in foreign countries were established earlier, and their training modes of applied talents are relatively mature. Typical ones are: "Dual Education System" in Germany; "Sandwich Education" and "Apprenticeships" education mode in UK; "Technical and Further Education" (TAFE) in Australia; "Industry – University – Government" education mode in Japan; "Competency Based Education" (CBE) and "Combined Engineering" in USA etc. Foreign universities have accumulated valuable experiences in the development of applied talents. Their experience and practice and the cultivating mode of applied talents have certain enlightenment and reference value for the reform of the development mode of applied talents of ethnic minorities in our universities. Specifically, the development of ethnic minority applied talents in colleges and universities should follow the law of higher vocational education; adapt to the needs of local economic and social development; build a new system of characteristic education; and construct a mechanism of cooperation and interaction between government, industry and education.

The goal of the comprehensive reform of the development mode of applied talents for ethnic minorities in colleges and universities is to promote the development of ethnic minorities and the economic and social development of ethnic minority areas. The key to achieving the goal of comprehensive reform is to develop high-quality applied talents who can adapt to and lead the development of ethnic minority areas. The comprehensive reform mode of ethnic minority applied talents development in colleges and universities is to build a multi-component and compound "C – U – I – D" mode for ethnic minority applied talents development in colleges and universities, which integrates ethnic minority local colleges and universities (C1), ethnic minority colleges (C2), comprehensive universities affiliated to ministries and commissions (U), characteristic industries in ethnic minority areas (I), human development in ethnic minority areas (D1) and development in ethnic minority areas (D2). The key to realizing the "C – U – I – D" mode lies in a "Trinity" to develop the applied talents of ethnic minorities by taking the advantages of local characteristics of local colleges and universities, the ethnic advantages of ethnic colleges and universities, and the disciplinary advantages of comprehensive universities, according to the characteristics of different types, levels and regions. In terms of reform ideas, the comprehensive reform of the development mode of ethnic minority applied talents in colleges and universities should adopt a mandatory gradual reform mode, deepen the integration of production and education, pay attention to the adjustment of the interests of major stakeholders, and take the reform of evaluation system as the entry point to promote comprehensive reform.

# 目 录

## 导论　1

一、问题提出　1

二、文献综述　13

三、本书的主要理念　32

四、研究设计　46

五、主要观点　49

## 第一章 ▶ 少数民族高层次应用型人才的供需分析　51

一、背景分析　51

二、研究说明与数据来源　57

三、供需数据分析的主要结论　69

四、少数民族高层次应用型人才供需矛盾分析　97

## 第二章 ▶ 高校少数民族应用型人才培养的政策与体制分析　105

一、高校少数民族应用型人才培养的主要政策分析　105

二、高校少数民族应用型人才培养体制分析　123

三、广西百色学院应用型人才培养体制改革案例分析　141

## 第三章 ▶ 高校少数民族应用型人才培养过程改革　149

一、高校少数民族应用型人才培养的原则、定位与目标　149

二、高校少数民族大学生学习特点调查与分析　156

三、高校少数民族应用型人才培养的教师队伍建设问题与改革　170

四、高校少数民族应用型人才培养内容及其改革　175
五、高校少数民族应用型人才培养手段及其改革　198
六、西藏民族大学人才培养过程案例分析——以信息工程学院为例　215

## 第四章 ▶ 高校少数民族应用型人才培养内—外协作方式改革研究　233

一、高校少数民族应用型人才培养内—外协作方式　233
二、高校少数民族应用型人才培养内—外协作方式存在的问题　258
三、高校少数民族应用型人才培养内—外协作方式改革建议　265
四、新疆昌吉地区应用型人才培养内—外协作方式改革案例分析　276

## 第五章 ▶ 国外高校应用型人才培养的实践与启示　286

一、国外应用型人才培养实践　286
二、国外应用型人才培养实践的经验与启示　302

## 第六章 ▶ 高校少数民族应用型人才培养模式综合改革建议　314

一、反思与讨论　314
二、综合改革的目标与模式　333
三、综合改革的思路　342
四、高校少数民族应用型人才培养模式综合改革方案　354

**附件**　362

**参考文献**　416

**后记**　439

# Contents

**Introduction**    1

    1. Problem Statement    1
    2. Literature Review    13
    3. Main Idea of the Research    32
    4. Design of the Research    46
    5. Main Viewpoints    49

**Chapter 1　Analysis of Supply and Demand of High-level Applied Talents of Ethnic Minorities**    51

    1. Background Analysis    51
    2. Research Illustration and Data Sources    57
    3. Main Conclusion of Supply and Demand Data Analysis    69
    4. Analysis on the Contradiction between Supply and Demand of High-level Applied Talents of Ethnic Minorities    97

**Chapter 2　Analysis on the Policy and System of Applied Talents Development of Ethnic Minority in Colleges and Universities**    105

    1. Analysis on the Policy of Applied Talents Development of Ethnic Minority in Colleges and Universities    105
    2. Analysis on the System of Applied Talents Development of Ethnic Minority in Colleges and Universities    123
    3. Case Analysis of System Reform of Applied Talents Development in Guangxi

Baise University　　141

**Chapter 3　Reform of Applied Talents Development Process of Ethnic Minority in Colleges and Universities　149**

1. Principles, Orientation and Objectives of Applied Talents Development of Ethnic Minorities in Colleges and Universities　149
2. Investigation and Analysis of Learning Characteristics of Ethnic Minority College Students in Colleges and Universities　156
3. Problems and Reform of the Construction of Teaching Staff for the Development of Applied Talents in Ethnic Minorities　170
4. The Contents and Reform of Applied Talents Development of Ethnic Minorities in Colleges and Universities　175
5. The Methods and Reform of Applied Talents Development of Ethnic Minorities in Colleges and Universities　198
6. Case Analysis of Process of Applied Talents Development in Xizang Minzu University—Example of College of Information Engineering　215

**Chapter 4　Research on the Reform of Internal – External Cooperation Mode in Applied Talents Development of Ethnic Minority in Colleges and Universities　233**

1. Internal – External Cooperation Mode in Applied Talents Development of Ethnic Minority in Colleges and Universities　233
2. Problems in Internal – External Cooperation Mode in Applied Talents Development of Ethnic Minority in Colleges and Universities　258
3. Suggestions on Reform in Internal – External Cooperation Mode in Applied Talents Development of Ethnic Minority in Colleges and Universities　265
4. Case Analysis of Reform in Internal – External Cooperation Mode in Applied Talents Development of Ethnic Minority in Xinjiang Changji　276

**Chapter 5　Practice and Enlightenment of Applied Talents Development in Foreign Universities　286**

1. Practice of Foreign Applied Talents Development　286
2. Experience and Enlightenment of Foreign Applied Talents Development Practice　302

**Chapter 6   Suggestions on the Comprehensive Reform of the Development Mode of Applied Talents of Ethnic Minorities in Colleges and Universities**   314

    1. Reflections and Discussions   314

    2. Objectives and Modes of Comprehensive Reform   333

    3. Thoughts on Comprehensive Reform   342

    4. Comprehensive Reform Scheme of Development Mode for Ethnic Minority Applied Talents in Colleges and Universities   354

**Appendix**   362

**Reference**   416

**Postscript**   439

# 导　论

## 一、问题提出

  我国的少数民族地区主要集中在西部和边疆，这里汇集了超过80%的少数民族人口，涵盖国家西部省区面积的97.1%。[①] 民族地区[②]处于国家区域发展总体战略的特殊地位，其发展事关国家改革发展的稳定大局，事关全面建成小康社会的实现。然而，由于地理环境、历史发展等原因，民族地区在经济、社会等各方面发展相对滞后，同时还面临着生态环境脆弱等问题[③]，尤其是民族地区内生发展与教育—经济—文化协同发展的问题始终没有得到根本性的解决。近年来，党中央、国务院高度重视民族地区发展和少数民族工作，多次召开全国性会议，分析民族地区和少数工作面临的新形势、新问题，并提出解决问题的思路和对策，有力地促进了民族地区的稳定和持续发展。然而作为欠发达地区，民族地区实现脱贫致富、全面建成小康社会的任务仍然面临着严峻的挑战。

---

[①] 原华荣、张祥晶：《中国少数民族人口学特征空间分布地域性的再研究》，载于《浙江大学学报》（人文社会科学版）2017年第2期，第161~173页。

[②] 目前学界将新疆、宁夏、广西、内蒙古、西藏五个自治区和云南、贵州、青海三个多民族省份称为"民族八省区"，或简称为"民族地区"，本书所指的民族地区主要指民族八省区。

[③] 王开琼：《高度重视民族地区的发展问题》，载于《理论与当代》2004年第12期，第34~35页。

## （一）研究背景

**1. 民族地区经济社会发展成就显著，但经济发展方式粗放，仍面临诸多难题**

我国民族地区主要位于新疆、内蒙古、青海、宁夏、西藏、贵州、云南、广西民族八省区，面积约占全国的64%，其间分布并广泛居住着约1.13亿少数民族人口，约占全国总人口的8.49%。[①] 这里多为江河源流、边疆国境、高原山地，虽然资源丰富、文化多样，但区位条件差，地理环境复杂，生态系统脆弱、气象与地质灾害频发、公共基础设施等相对薄弱，人力资源相对匮乏。改革开放特别是21世纪以来，少数民族和民族地区经济社会发展成就显著，民族地区经济持续较快增长，综合发展能力稳步提高，基础设施建设取得突破性进展，扶贫开发成就显著，自我发展能力有所增强。2006~2013年，民族地区的地区生产总值从8 700.3亿元增长到64 772.2亿元，年均增长13.08%，高于全国平均增速3个百分点；同期，民族地区的人均地区生产总值从11 067元增长到33 833元，年均增长12.8%，高于全国平均增速3.28个百分点。[②] 此外，"'十二五'前4年，国家和地方对民族自治地方累计投入扶贫资金1 130亿元，民族八省区贫困人口从3 917万人下降到2 205万人，减少1 712万人，减贫率为43.7%；贫困发生率从26.5%下降到14.7%，降幅为11.8个百分点，少数民族和民族地区扶贫开发取得了显著成就"[③]。

民族地区经济社会发展取得辉煌成就的背后，我们也应清醒地看到，民族地区过去走的是高消耗、重污染的粗放型发展模式，是以牺牲资源、环境甚至民生为代价的。改革开放以来，实物资本的积累是民族地区经济增长的主要动力，贡献率平均高达70%，劳动力对民族地区经济增长的贡献较小，平均不到10%。因此，民族地区的经济增长对劳动力的吸纳有限，从发展战略看，民族地区走的是资本密集型的发展战略。[④] 即便如此，民族地区生产力发展总体水平仍然不高，人民生活水平还比较低，地区发展不平衡，贫富差距较大，在发展竞争中劣势凸

---

[①] 贾东海：《民族问题研究》，甘肃民族出版社2015年版，第99页。
[②] 郝时远、王延中、王希恩、陈建樾：《中国民族发展报告》（2015），社会科学文献出版社2015年版，第48~49页。
[③] 李睿劼：《民族八省区贫困人口减少1 712万》，载于《中国民族报》2015年10月16日第1版。
[④] 郑长德：《中国少数民族地区经济发展质量研究》，载于《民族学刊》2011年第3期，第4页。

显，面临着巨大压力，这在一定程度上影响了民族平等、民族团结和各民族共同繁荣的实现。

加快民族地区经济发展方式转变，是推动民族地区跨越式发展和社会全面进步的必然要求，是实现各民族共同繁荣、共同进步的根本保障，关系到民族地区的团结稳定和长治久安。加快转变经济发展方式是一项宏大而复杂的系统工程，不仅涉及经济增长，还涉及资源、环保、文化、科技、人才、就业等方方面面。民族地区占全国国土面积的64%左右，拥有丰富的自然资源，拥有全国75%的草原面积，44%的森林面积，66%的水资源，拥有超大比重的矿产资源和新能源。同时，民族地区传统文化博大精深，风俗民情丰富多彩，形成了独一无二的"软实力"。因此，在转变经济发展方式上，要充分认识并利用这些资源优势，发展特色经济，使之成为带动民族地区发展的支柱产业。一方面，要做好自然资源的保护和开发，走低碳经济和可持续发展道路，强化生态功能，努力发展以新能源和可再生能源为主的新兴产业；另一方面，要加大民族文化的保护、传承和开发力度，大力发展特色文化产业，提高特色文化产业在国民经济中的比重。

### 2. 民族地区在全面深化综合改革进程中迎来破解发展难题的新机遇

现阶段，民族地区的经济社会发展虽存在诸多难题，但是在国家全面深化综合改革的进程中，民族地区迎来了破解发展难题的新机遇。为贯彻落实党的十八大关于全面深化改革的战略部署，2013年十八届中央委员会第三次全体会议研究了全面深化改革的若干重大问题，并通过《中共中央关于全面深化综合改革若干重大问题的决定》。新时期，国家在经济、文化、教育等方面的改革力度使民族地区迎来破解发展难题的新机遇。《中共中央关于全面深化综合改革若干重大问题的决定》提到，改革考试招生制度，扩大省级政府教育统筹权和高校办学自主权，加快以就业为导向的现代职业教育体系建设，推动教育领域综合改革。2014年，李克强总理在《政府工作报告》中提出，要加快民族地区、边疆地区和集中连片特困地区发展的速度，使之形成与沿海相连接的西南、中南等区域经济带。2014年9月，中央民族工作会议指出，要大力发展特色优势产业，增强民族地区自我发展能力；同时要加快培养少数民族人才，办好民族地区的高等教育。

为贯彻落实中央民族工作会议精神，2014年12月，中共中央、国务院印发《关于加强和改进新形势下民族工作的意见》（以下简称《意见》）。《意见》指出，明确民族地区经济社会发展基本思路，要以教育、就业、产业结构调整、基础设施建设和生态环境保护为着力点；要支持教育事业优先发展，把义务教育和职业教育作为重中之重；积极发展特色优势产业，增强自我发展的"造血"能力。2015年8月，国务院印发了《关于加快发展民族教育的决定》，进一步解决民族教育整体发展水平与全国平均水平仍存在较大差距的问题。该文件指出要积极支持有条件的民族地区设置工科类、应用型本科院校，引导一批民族地区普通本科高校和民族院校向应用技术型高校转型，并制定了到2020年，民族地区教育整体发展水平及主要指标接近或达到全国平均水平，逐步实现基本公共教育服务均等化的发展目标。2016年，国务院在《"十三五"促进民族地区和人口较少民族发展规划》中提出，加强符合民族特色优势产业和经济社会发展需要的应用特色专业建设；同时支持中央民族大学、中南民族大学、西南民族大学、西北民族大学、北方民族大学、大连民族大学和15所地方本科民族院校建设和发展。2017年，国务院在印发的《国家教育事业发展"十三五"规划》的通知中提到，改善民族地区职业学校办学条件，扶持发展民族优秀传统文化、现代农牧业等特色优势专业。

党的十八大以来，党中央、国务院不断加大促进民族地区发展的工作强度，连续召开多次全国会议，分析民族地区和少数民族工作面临的新形势、新问题，并提出解决问题的思路和对策。随着全面综合改革的深化，民族地区处于发展方式转型的关键历史时期，转变发展方式成为其破解发展难题的重要途径。为此，民族地区必须改变过去移植东部发达地区的发展方式，立足自身特色优势，结合《全国主体功能区规划》、"一带一路"、扶贫脱贫、人才发展等国家战略，重点发展节能环保、新兴信息、生物等产业以及民族医药、民族文化与应用技术等具有民族特色的产业，改变原有高耗能、低产出的粗放型发展方式，寻求一种能够不断培育和持续增强内生动力，注重经济、文化、教育协同发展，依靠高层次人才支撑引领的新型发展方式。

### 3. 地方本科高校转型发展背景下，中国民族高等教育面临重大改革

地方本科高校转型发展是继1952年院系调整、20世纪90年代院校合并扩招之后，我国高等教育领域出现的又一轮重大改革。从国务院到教育部的一系列文件精神看，高校转型直接涉及1999年后新建的600多所本科院校，间接涉及千余所地方普通高校，影响面巨大。地方本科高校转型发展始于2010年，于2014年上半年在全国掀起舆论高潮，2015年开始在全国大规模推进。2010年5月，国务院审议通过的《国家中长期教育改革和发展规划纲要（2010~2020年）》提出，"建设现代职业教育体系""适应国家和区域经济社会发展需要，建立动态调整机制，不断优化高等教育结构"。2013年6月，在教育部推动下，中国应用技术大学（学院）联盟（简称"CAUAS"）和地方高校转型发展研究中心在天津职业技术师范大学成立。"联盟"和"中心"旨在促进中国应用型大学的建设与

发展，为地方高等学校转型提供经验和借鉴。2013年11月，党的十八届三中全会提出，要深化教育领域综合改革，加快现代职业教育体系建设，深化产教融合、校企合作，培养高素质劳动者和技能型人才。

2014年2月26日，李克强总理在国务院常务会议上，对加快发展现代职业教育做出了"引导部分普通本科高校向应用技术型高校转型"的战略部署。2014年3月22日，教育部前副部长鲁昕在"中国发展高层论坛"明确提出"600多所地方本科高校实行转型，向应用技术转，向职业教育类型转"。2014年5月，国务院印发《关于加快发展现代职业教育的决定》，提出"采取试点推动、示范引领等方式，引导一批普通本科高等学校向应用技术类型高等学校转型，重点举办本科职业教育"，开启了地方普通本科高校整体转型和学校选择若干二级学院或专业（群）先行先试的改革工程。2014年6月，教育部等六部门印发的《现代职业教育体系建设规划（2014~2020年）》进一步明确指出，"引导一批本科高等学校转型发展。支持定位于服务行业和地方经济社会发展的本科高等学校实行综合改革，向应用技术类型高校转型发展"。转型成为教育界热议的重要话题。

2015年3月，中共中央、国务院《关于深化体制机制改革加快实施创新驱动发展战略的若干意见》提出，"构建创新型人才培养模式"，并要求"加快部分普通本科高等学校向应用技术型高等学校转型"。2015年8月，国务院印发《关于加快发展民族教育的决定》，其中提到"积极支持有条件的民族地区设置工科类、应用型本科院校。引导一批民族地区普通本科高校和民族院校向应用技术型高校转型"。2015年11月，教育部、国家发展和改革委员会、财政部联合印发了《关于引导部分地方普通本科高校向应用型转变的指导意见》，确立了高校转型发展的重要意义、指导思想、基本思路、重要任务、配套政策和推进机制，进一步加快了高校转型发展的步伐。从国家出台的文件可以看出，转型就是"转变类型"，具体是指教育类型从普通高等教育转变为高等职业教育，学校类型从学术型高校转变为应用型高校，人才类型从学术型人才转变为应用型人才。

在国家政策的引领下，自2016年开始，各民族地区结合本省实际，相继印发引导或推动地方本科高校向应用型转变的实施意见，加快实施各省级政府层面本科高等学校向应用型转型发展。如云南省制定《关于推动部分本科高校转型发展的实施意见》、广西壮族自治区制定《关于开展广西新建本科学校转型发展试点申报工作的通知》等，在国家层面转型指导意见的基础上，民族地区政府转型实施意见进一步明确地方政府实施本科高校向应用型转型发展的总体思路、基本原则、目标任务和保证措施。按照实施意见，民族地区各省（自治区）先后分批次确定了本科高校向应用型转变试点的学校名单和专业名单。

### 4. 少数民族应用型人才培养模式综合改革逐步启动

根据教育部民族教育司、职业教育与成人教育司等部门2014年的工作要点，我国少数民族应用型人才培养模式综合改革逐步启动。2014年12月，全国少数民族应用型人才培养模式改革现场会在南昌召开，全国各少数民族人才培养院校代表围绕如何增强少数民族毕业生的就业能力，积极推进培养模式综合改革试点进行探讨交流。少数民族应用型人才培养模式综合改革的主要内容包括调整民族地区教育结构、深化学校民族团结教育、深化内地民族班管理综合改革、"双语"和"双师"型教师培养培训综合改革、民族地区高校与民族院校学科专业结构调整、增强民族地区职业教育和本专科毕业生就业能力、深化产教融合与校企合作、加强西部和民族地区职业教育等重要内容。

## （二）研究问题

2014年以来，民族地区经济发展势头迅猛，民族地区"五位一体"建设格局与全面小康社会建设取得新进展。但受多方面因素的影响，在全面建成小康社会征程中仍然面临着严峻的挑战，仍然存在内生发展动力不足、教育与经济社会发展协同度低、高校人才培养难以满足经济社会发展需求等问题。

### 1. 民族地区内生发展动力不足

影响经济内生发展动力不足的因素有很多，就民族地区而言，主要体现在以下两个方面：

一是科技创新能力低。科技创新是经济发展的重要内生动力，然而受多方面因素影响，民族地区区域创新能力不足。在科技创新方面，民族地区科研水平相对落后，民族地区技术市场成交额较低，近几年民族八省区技术市场成交额占全国比重均不足5%，远低于东中部地区水平。[①] 2014年、2015年民族八省区的专利申请量以及研究与发展事业的水平均很低，专利申请数、规模以上工业企业R&D经费、规模以上工业企业R&D人员以及R&D项目数占全国的比重均未超过4%（见表0-1、表0-2），并且在总数和占全国比重方面均远落后于东部地区。此外，"西部大开发中有关科技教育的政策也未能带来民族

---

[①] 王延中、方勇、尹虎彬、陈建樾：《中国民族发展报告》（2016），社会科学文献出版社2016年版，第15页。

地区创新能力的长足发展"①，区域创新能力不足仍然制约着民族地区的内生发展。

二是国家与东部地区的援助行动较难转化为民族地区内生发展动力。民族地区发展起点低，在经济发展过程中受国家差别化的优惠政策、外部援助较多。自西部大开发实施以来，中央政府和其他省份的对口援助使民族地区获得了大规模的建设资金，也获得了现代化建设所需的技术和人才。依托外部驱动力的帮助，民族地区的经济社会发展水平得到了提升。但是，受发展理念、产业模式等多方面因素的影响，民族地区在西部大开发进程中未能有效地将外部的人力、财力和技术转化为内生发展驱动力，在摆脱贫困和实现现代化的过程中表现出了一定的依赖性。② 依赖大规模的外部投资驱动民族地区经济发展的模式难以为继，而以矿产资源开发为重点的产业发展模式产业关联度低，对地方发展拉动作用小，就业吸纳能力有限，使得劳动力、资源、资金等产业利益大量流出民族地区，制约了民族地区内生发展动力的形成。

表0–1　　2014年民族八省区科技研究与发展水平

| 区域 | 三种专利申请授权数 | 规模以上工业企业R&D经费 | 规模以上工业企业R&D人员 | R&D项目数 |
| --- | --- | --- | --- | --- |
| 全国 | 1 209 402 件 | 92 542 587 万元 | 2 641 578 人 | 342 507 个 |
| 民族八省区 | 39 352 件 | 3 495 600 万元 | 93 185 人 | 11 528 个 |
| 民族八省区占全国的比重（%） | 3.3 | 3.8 | 3.5 | 3.4 |

资料来源：依据《中国统计年鉴》（2015）中的数据整理而得。

表0–2　　2015年民族八省区科技研究与发展水平

| 区域 | 三种专利申请授权数 | 规模以上工业企业R&D经费 | 规模以上工业企业R&D人员 | R&D项目数 |
| --- | --- | --- | --- | --- |
| 全国 | 1 596 977 件 | 100 139 330 万元 | 2 638 290 人 | 309 895 个 |
| 民族八省区 | 56 909 件 | 3 666 606 万元 | 93 473 人 | 11 102 个 |
| 民族八省区占全国的比重（%） | 3.5 | 3.6 | 3.5 | 3.5 |

资料来源：依据《中国统计年鉴》（2016）中的数据整理而得。

①② 郝时远、王延中、王希恩：《中国民族发展报告》（2015），社会科学文献出版社2015年版，第206页。

## 2. 经济、文化、教育协同度低

（1）民族文化助推经济发展作用弱，部分民族传统文化面临衰退困境。

我国少数民族文化丰富多彩，形态多元。但是，民族地区对本民族特色文化资源重视不足、开发不够，致使其文化资源优势未能有效转化为经济发展优势。"2013年，民族地区第一产业对经济的贡献为7.02%，比全国平均水平高1.74个百分点，第三产业对经济的贡献为36.86%，比全国平均水平低11.65个百分点。"[①] 2014年以来，民族地区第一产业占比仍然高于全国平均水平，第三产业占比仍然低于全国平均水平，固定资产投资依然是拉动民族地区经济增长的主要动力，经济增长驱动力单一。[②] 这表明相对于全国，民族地区的经济增长主要依赖于第一产业和第二产业，第三产业对经济的贡献相对较弱。然而在民族地区，文化产业是第三产业的重要组成部分。因此，也可以推知，民族地区文化产业对民族地区经济的贡献相对较弱。同时，部分民族传统文化也面临着衰退困境，进一步影响了民族文化产业的发展。随着经济全球化的加速，不同民族文化的趋同日益明显，少数民族传统文化因游离于主流社会之外而处于边缘状态，面临着严峻的生存危机。少数民族有形文化和无形文化及其少数民族文物、产品正在不断流失，一些民间工艺也伴随着老艺人的逝去而失传。

（2）地方高校人才培养与民族地区经济发展脱节严重。

民族地区地方高校是少数民族高素质应用型人才培养的主体，其人才培养是为民族区域经济社会发展服务的。民族地区地方高校与地方经济有着天然的联系，理应成为服务当地发展的主力。然而，长期以来，由于高校结构不合理、办学定位不明确，民族地区地方高校人才培养与经济发展存在脱节现象。一是部分民族地区地方院校在办学思路上片面追求专业数量的大而全，不顾专业设置与地方经济发展的关系，人才培养成效低、无特色，甚至与市场需求脱节，从而出现人才培养的"结构性浪费"。二是地方性高校专业设置滞后于当地经济发展需求，不能及时适应民族地区产业转型升级和新兴特色产业发展的要求，从而出现人才培养的"结构性缺失"，更无从引领产业发展。三是专业技术类人才培养缺乏。当前我国民族地区农牧业技术人才、工程技术人才缺口巨大，教学科研人才、企业经营管理人才和高层次双语文化人才严重短缺，少数民族传统文化现代化发展

---

[①] 郝时远、王延中、王希恩：《中国民族发展报告》（2015），社会科学文献出版社2015年版，第68页。

[②] 王延中、方勇、尹虎彬、陈建樾：《中国民族发展报告》（2016），社会科学文献出版社2016年版，第16页。

缺少强有力的人才支撑。① 现阶段，民族地区劳动力的劳动技能和专业化程度欠缺，专业技术人员不足，特别是农牧区专业技术人才及科技推广应用人才的缺乏，制约了民族地区产业结构的调整以及企业的转型发展，制约了民族地区的经济发展。

（3）高校对民族文化传承与创新作用不明显。

教育是民族传统文化传承与创新的重要途径。近年来，随着我国经济社会的快速发展，少数民族文化正面临着严重的传承危机，高校应成为民族文化传承与创新的重要载体和中心。民族地区地方高校在传承与创新民族文化方面原本负有不可推卸的社会责任，然而这些高校往往忙于追赶主流教育形态，在同质化竞争中左拼右突，或多或少忽视了丰富多彩的本土民族文化资源，不时落入"捧着金饭碗讨饭"之陷阱。② 此外，由于民族文化与民族文化特色产业的对接性不强，加之面对日益严峻的就业压力，一些高校虽开设了与民族文化相关的专业、课程，但这些专业、课程的学习相对于竞争日益激烈的就业市场而言，又显得无奈、乏力。高校对特色人才的培养有限，导致民族文化等特色产业从业人员人口素质参差不齐，特别是有技术、懂经营、善管理、能创新的高层次应用型人才较少，这在很大程度上制约了民族文化产业开发的层次和质量，影响了民族特色文化及文化创意产业的发展。

### 3. 高校少数民族应用型人才培养模式改革综合性不强

培养模式是复杂关系的集合体，其内部主要包括招生、培养、就业等方面的关系，外部主要包括培养模式与民族地区政策、其他各项改革之间的关系。高校少数民族应用型人才培养模式改革，需要综合考虑培养模式涉及的政策与体制、培养过程和内—外协作方式等要素，进行系统化的综合改革。当前针对培养模式的改革综合性不强，没有充分协调好内部与外部的复杂关系，主要表现在以下几个方面：

第一，少数民族应用型人才的培养模式、培养方案、课程和专业设置仍以普通应用型人才培养为主，民族地区特性不明显。如全国主体功能区规划（2010年）客观上要求民族地区重点发展节能环保、新兴信息、生物、民族文化等绿色产业，若不协调其与培养模式的关系，则培养出的各类人才会因不具备相关技术能力而难以满足上述产业发展的要求。第二，内部缺乏协调性导致改革难成体

---

① 郝时远、王延中、王希恩：《中国民族发展报告》（2015），社会科学文献出版社 2015 年版，第 175 页。

② 和福生、董云川：《可爱的边疆大学》，云南大学出版社 2009 年版，第 53 页。

系，影响改革的整体效果。以招生、培养和就业的改革为例，当前三者的改革缺乏协调，如招生改革只注重扩大少数民族学生规模，未充分协调其与培养改革的关系，导致现有的办学条件难以应对日益扩大的学生规模，在一定程度上影响培养质量的提高；未充分协调与就业改革的关系，导致就业难度增加，在一定程度上影响就业质量。第三，改革多集中于高校内部的培养过程改革，忽视了培养体制和培养内—外协作方式的改革。以体制中的培养机构为例，当前少数民族高层次应用型人才的培养机构包括专门的民族院校、综合性大学和民族地区的地方院校等，而这些培养机构的培养模式及其改革走的大都是综合性大学的道路，缺乏校校之间、校企之间、校地之间合作培养应用型人才行之有效的模式。第四，改革缺乏系统性，导致培养模式改革时效性不强。多数高校的改革都集中在培养方案、师资建设、教学改革、课程开发等单项改革，没有全盘考虑对培养模式涉及的因素实施综合改革。第五，少数民族应用型人才培养没有实现与民族地区地方院校的全面协作，没有充分发挥综合性大学内部民族学院的资源、区位优势。如综合性大学的学科、教学、科研、服务资源平台，以及综合性大学地处中心城市的区位优势。

### 4. 高校人才培养难以适应和引领民族地区经济社会发展

民族地区建立新型发展方式，破解发展难题的关键在人才，民族地区的发展离不开人才支撑，尤其是大量具备现代科技与民族优秀技术应用能力、民族文化传承创新能力，熟悉民族地区自然地理环境、生活环境，热爱故土并愿意返乡就业创业，能将现代科技转化为应用技术直接创造综合效益的少数民族应用型人才。这类人才主要由民族地区地方院校培养。截至2015年，全国共有普通高校2 553所，民族八省区共有普通高校330所，仅占全国高校总数的12.9%。其中本科院校144所，高职院校186所，本科院校只占民族八省区高校总数的43.6%。[①] 这些本科院校中没有一所"985工程"高校，每个省区只有一所与教育部共建的"211工程"高校，绝大多数高校属于民族地区地方院校。在分级管理、分级投入的体制下，民族地区地方院校的投入主要由地方政府承担，而民族地区经济条件差，由于投入不足、条件有限、办学难度大、水平不高，造成民族地区学生很难在本地接受优质高等教育，且难以形成集聚高层次人才的大平台，人才流失较为严重。民族地区高校人才培养直接影响了民族地区以地方高校为主的高等教育适应和引领民族地区经济社会发展的能力，从根本上制约了民族地区的长远发展。

---

① 根据教育部公布的2015年全国高等学校名单整理而得。

少数民族应用型人才培养主要致力于将科学原理直接应用于民族地区社会实践，应用理论知识解决民族地区实际问题，为社会直接谋取利益。这种理念容易造成高校少数民族应用型人才培养过于强调知识的应用，高校自身也变成技能训练的场所，而对学生尤其是对专业学位研究生的研发创新、应用研究能力培养不足，在引领社会成果转化、技术进步等方面作用不突出。有关数据显示，"我国科技成果转化率不足30%"[①]，"部分高校科技成果转化率不足10%"[②]，民族地区高校的科技成果转化率则更低，一定程度上也反映出少数民族高层次应用型人才将科研成果转化为现实生产力，引领社会发展的作用不突出。另外，少数民族高层次、高技能人才供给不足。当前，民族地区高学历、高层次人才还很少，在全国总体比例很低。从数量和专业上看，民族地区高科技、经济技术、企业管理、翻译类、医学类、工程设计以及金融专业领域的人才比较少，人才结构不尽合理的问题较为突出。根据人力资源和社会保障部数据显示，"我国技能劳动者的数量目前只占全国就业人员总量的19%左右，高技能人才则只占5%"[③]，受经济社会发展水平及地理环境等因素影响，民族地区的高技能人才占比更低。高层次、高技能应用型人才是民族地区技术研发、应用创新、产业转型升级的关键，在引领社会发展中发挥着重要作用，然而其供给不足已成为民族地区实现经济发展方式转变的瓶颈。

## （三）研究意义

### 1. 理论意义

（1）提出"内生—协同"发展方式，拓展经济、文化与教育关系研究，创新教育科学研究范式与场域。本书结合民族地区发展实际，通过发掘民族地区的特色资源优势，研究民族地区经济、文化与教育的关系，构建了"经济—文化—教育"联动共生、协同发展的功能体系与运行机制，拓展了经济、文化、教育三者之间的关系，深化了经济发展方式与人才培养模式之间的理论关系。本书还以我国民族地区少数民族应用型人才培养为样本，验证和发展了教育的经济

---

① 沈慧：《有关数据显示我国科技成果转化率不足30%》，http：//finance.sina.com.cn/roll/2016-01-25/doc-ifxnuvxc1956343.shTimes New Romanhtml。
② 董洪亮：《地方本科高校该转型了》，载于《人民日报》2014年5月8日第18版。
③ 杨召奎：《报告显示劳动力技能供需错配现象日益凸显》，载于《工人日报》2016年11月8日第6版。

价值、教育供求、教育与文化资本等经典理论，促进经济、文化与教育关系的学术研究在民族地区的拓展与本土化。此外，结合民族地区发展新兴与文化特色产业、建立"内生—协同"发展方式的需求，本书进一步探索高校分类分层培养少数民族应用型人才，通过应用型人才培养促进民族地区新兴产业培育，适应并引领民族地区经济、文化与教育协同发展的作用机理，创新教育科学研究范式与场域。

（2）"三位一体"构建高校少数民族应用型人才培养体系，丰富和发展高校人才培养模式，及教育与人、社会之间关系的理论。本书构建了以民族地区地方院校、民族院校、综合性大学为主的"三位一体"的少数民族应用型人才培养体系。结合已有高校人才培养模式，针对民族地区高校发展实际，本书提出了以民族地区院校（C1）和民族院校（C2）为主体，以部属综合性大学（U）的教学、学科、科研等资源平台为支撑，以少数民族高层次应用型人才培养适应并引领民族特色文化产业和新兴产业（I）发展为重点，以促进少数民族人的发展（D1）和民族地区发展（D2）为目标的多元复合的少数民族应用型人才培养模式（C－U－I－D模式），这种模式丰富和发展了我国高校人才培养理论，特别是少数民族高层次人才培养理论。同时，本书提出的"C－U－I－D"模式兼顾少数民族人的发展与民族地区的社会发展，旨在通过少数民族人的发展促进民族地区的发展，这种培养模式丰富了教育学中教育与人、教育与社会及三者之间关系的理论。

## 2. 实践意义

（1）有助于破解民族地区发展的人才"瓶颈"，实现"内生—协同"发展。本书提出的民族地区"内生—协同"发展是一种依靠民族地区自身优势，增强民族地区经济发展的内生动力，注重民族地区经济、文化、教育协同发展的一种新型发展方式，这种发展方式能够因地制宜地促进民族区域经济发展，其实现的关键在于培养大量能适应并引领民族地区发展的少数民族高层次应用型人才。因此，本书有助于破解制约民族地区在产业调整和经济发展方式转型中面临的人才"瓶颈"。同时，本书通过对贵州工程应用技术学院和大理大学等少数民族应用型人才培养案例的分析，为高校应用型人才培养及应用型高校发展提供了改革案例，也为"内生—协同"发展提供了具体的实践案例。

（2）有助于提高高校少数民族应用型人才培养的质量和效率，推进地方本科高校转型发展。本书基于高校少数民族高层次应用型人才的供需矛盾，围绕少数民族与民族地区发展实际，在探讨高校少数民族应用型人才培养政策与体制、培养过程、内—外协作方式等改革的基础上，提出高校少数民族应用型人才培养的"C-U-I-D"模式,构建了以民族地区地方院校、民族院校、综合性大学("三位一体")为主的少数民族应用型人才培养体系,有助于引导民族地区高等院校分类办学、特色发展、差异化竞争,有助于提高高校少数民族应用型人才培养效率与质量,增强人才有效供给,进而缓解少数民族应用型人才供给与需求矛盾。以综合改革的理论模式为主要依据,本书提出了"高校少数民族应用型人才培养模式综合改革方案",为高校少数民族应用型人才培养提供具体的改革措施;同时,本书通过探索"C-U""C-U-I""C-U-I-D"之间的运作模式,丰富和发展了校校合作、校企合作、校地合作等内—外协作方式。此外,在地方本科高校转型发展的国家战略背景下,本书对深入推进民族地区乃至全国地方本科院校转型发展,构建人才培养"立交桥",提升应用型人才培养的效率和质量具有重要的实践意义。

## 二、文献综述

### (一) 国内研究

#### 1. 关于民族地区的发展方式及思路的研究

当前我国民族地区的经济发展方式粗放,要推动民族地区的不断发展,必须转变经济发展方式,走可持续发展之路。转变民族地区经济发展方式的根本途径是强调促进经济增长由依靠投资带动、增加物质资源消耗向依靠科技进步、劳动者素质提高和管理创新转变[1],中心环节则是加强人力投资,积极推进区域创新[2]。民族地区发展主要有两种方式,一种是外源式发展,一种是内源式发展。[3]

---

[1] 李鸿:《转变民族地区经济发展方式的治本之策》,载于《西南民族大学学报》(人文社科版) 2008年第12期,第59~62页。

[2] 郑长德:《中国少数民族地区经济发展方式转变研究》,载于《西南民族大学学报》(人文社科版) 2009年第10期,第43~49页。

[3] 阳华:《民族文化开发与民族地区的发展——以黔东南苗族侗族自治州为例》,载于《贵州师范大学学报》(自然科学版) 2004年第2期,第98~101页。

一些学者从扶贫开发①建立新型扶贫制度②等外部支持和援助角度对民族地区的发展方式进行了研究。但外部支持和援助终究无法从根本上解决少数民族地区内生发展动力不足的问题。民族地区应立足于民族地区的发展基础，以资源开发和产业升级为主线。③ 邱洪艳指出，中国少数民族地区的发展应该选择"内源式发展"模式，即通过保护少数民族文化、促进民族文化资本化、创新少数民族文化等途径，使地方和民族的文化与知识能够成为少数民族地区发展的内在源泉。④ 当然，民族地区在发展方式上应由非均衡的、缺乏包容性的传统发展方式向包容性发展方式转向。⑤ 然而要实现以文化为根本的"内源式发展"模式，必须改变完全照搬东部发达地区或城市的教育发展模式的做法，突出民族地区特色，体现教育与人力资源开发适应地区经济社会发展需要。⑥ 少数民族地区在选择"内源式发展"模式的同时，需遵循科学的路径，在保证绿色、环保的前提下，最终实现民族之间、民族地区之间、民族与民族地区之间、民族与社会之间、民族与生态环境之间的协调、可持续发展。⑦ 其实，依据新时期中国区域总体战略及经济转型目标，针对资源依赖、投资驱动、结构单一、封闭循环等传统粗放经济发展方式的主要缺陷，西部民族地区必须在明确功能定位的基础上，通过推进经济体制改革与制度创新、确立科学合理的资源开发机制、优化基础设施并增加人力资本投资、构建集中协调的产业支撑型城镇体系以及培育内生增长与可持续发展能力来推进经济发展方式的战略转型。⑧ 此外，经济文化作为民族地区重要的特色资源，可成为其经济发展方式转型的重要依托，应当重视经济文化在民族地区经

---

① 韩彦东：《人口较少民族贫困原因及扶贫开发对策研究》，载于《贵州民族研究》2005年第6期，第55~62页；李忠斌、陈全功：《特殊扶贫开发政策助推少数民族脱贫致富：30年改革回顾》，载于《中南民族大学学报》（人文社会科学版）2008年第6期，第17~22页；王建民：《扶贫开发与少数民族文化——以少数民族主体性讨论为核心》，载于《民族研究》2012年第3期，第46~54页；邢成举、葛志军：《集中连片扶贫开发：宏观状况、理论基础与现实选择——基于中国农村贫困监测及相关成果的分析与思考》，载于《贵州社会科学》2013年第5期，第123~128页；王艳：《中国牧区扶贫开发问题研究》，吉林大学博士学位论文，2014年。
② 陈少君：《西部少数民族地区反贫困战略问题研究》，西南财经大学硕士学位论文，2013年。
③ 周民良：《论民族地区经济发展方式的转变》，载于《民族研究》2008年第4期，第19~28页。
④ 邱洪艳：《论少数民族地区内源式发展——文化与少数民族发展》，天津师范大学硕士学位论文，2005年。
⑤ 陈金龙：《少数民族文化发展繁荣与民族地区发展方式的包容性转向》，载于《广西社会科学》2012年第7期，第166~169页。
⑥ 欧文福：《西南民族贫困地区的教育与人力资源开发——基于产业发展与人力资源能力建设》，西南大学博士学位论文，2006年。
⑦ 吴琼：《和谐社会视域下的民族协调发展》，新疆大学博士学位论文，2010年。
⑧ 丁如曦、赵曦：《中国西部民族地区经济发展方式的主要缺陷与新时期战略转型》，载于《云南民族大学学报》（哲学社会科学版）2015年第3期，第93~98页。

济发展方式转型升级中的重要作用。①

通过已有研究发现,学者们对民族地区发展方式的研究已突破原有传统意义上的思路,从民族地区的实际出发,以加快发展和实现各民族共同繁荣为导向,把研究的重点逐渐转向加强人力投资、立足民族地区实际、开发优势资源、实现包容发展等方面,并最终强调实现民族与社会、生态环境之间的协调、可持续发展。然而已有研究对立足民族地区什么样的资源、实现怎样的发展并未有实质性触及,且民族地区哪些要素以及这些要素之间实现协调发展的机制也未具体谈及,这些问题没有研究清楚,很难实现民族地区真正意义上的发展。因此,本书在已有研究的基础上,提出了"内生—协同"发展的概念,立足于民族地区的特色优势资源,以民族地区的经济、文化与教育协同发展为内核,以特色的产业结构促进民族地区经济发展和文化繁荣,以少数民族应用型人才培养促进新型产业培育,实现民族地区经济社会快速、跨越式发展。

### 2. 关于经济、文化、教育协同发展的研究

其一,有关教育与经济协同发展的研究。当前有关教育与经济协同发展的相关研究还不是很多,在已有研究中,有学者认为高等教育与经济发展之间具有一定的协调性,经济发展较快的地区高等教育往往也发展较快,而经济较落后的地区高等教育发展则相对缓慢②;一些学者则指出高等教育发展与区域经济发展水平协调程度不高,并非正比关系③。此外,练晓荣揭示了经济结构与高等教育结构协同发展的机理,为经济结构与高等教育结构协同发展、经济与教育的协调发展提供政策参考。④ 从具体的区域发展来看,李雄鹰、吴建春通过反映高等教育与经济协同发展的弹性系数发现,在西部大开发过去10年之际,甘肃高等教育与经济发展表现出由不协同向协同化发展的趋势。⑤ 张安驰、顾永安以苏南地区为例,认为解决目前我国产业结构存在的问题应当从高等教育的创新发展着手,通过对高教资源的合理调配、多层次人才培养体系的建立以及培养具有前瞻性、

---

① 谭霞、刘国华、南爱华:《以经济文化为依托转变民族地区经济发展方式》,载于《经济纵横》2016年第1期,第70~73页。
② 李新荣:《高等教育规模与经济发展的协调性研究》,载于《科技管理研究》2008年第1期,第64~66页。
③ 傅征:《高等教育结构与经济发展的协调性分析分析》,载于《武汉大学学报》(哲学社会科学版)2008年第2期,第188~193页;毛盛勇:《中国高等教育与经济发展的区域协调性》,载于《统计研究》2009年第5期,第82~85页。
④ 练晓荣:《经济结构与高等教育结构的协同发展研究》,福建师范大学博士学位论文,2009年。
⑤ 李雄鹰、吴建春:《西部大开发十年甘肃高等教育与经济协同发展研究——基于高等教育弹性系数视角》,载于《中国高教研究》2011年第7期,第28~31页。

超前性的科研转化能力，以有效推动苏南地区政产学研的协调发展。①

在有关民族地区高等教育与经济协调性发展的已有研究中，刘晓巍、张诗亚认为民族地区的现代化发展，必须与民族地区的实际相结合，并且内化为整个民族的现代化需要，这一任务的达成亟须在民族地区优先发展教育。② 赵国春、梁勇发现总体上少数民族地区教育与当地经济发展的协调性逐年降低，需根据市场需求调整学科专业结构，促进少数民族地区经济的发展；在人才培养模式上应努力寻求适合于不同少数民族发展的教育模式，重视对少数民族文化的保护和科学引导，提高少数民族地区高等教育与经济发展的协同性。③ 史玉丁通过调研发现，贵州民族地区高等职业院校专业设置与产业发展、城镇化建设之间存在较大的偏离度，因此，促进贵州民族地区高职院校专业设置与产城发展协同共进，应以产业需求和城镇建设为引导，以产业升级和产城发展为指引，增设与区域产业相配套的民族特色专业，增设与新型城镇化相配套的新专业，改造删并与产业升级、产城发展不协同的旧专业。④

其二，有关教育与文化协同发展的研究。在这方面的研究中，多数学者从民族教育与民族文化传承的视角进行研究。民族教育应传承民族文化，民族文化也应成为民族教育内容中不可或缺的组成部分。面对现代化对民族教育传承民族文化的冲击和挑战，学者们从民族教育的使命⑤、民族文化的教育功能⑥、学校教育传承民族文化的意义及途径⑦、学校教育中民族文化传承困境

---

① 张安驰、顾永安：《产业结构：地方高等教育与经济协同发展之切入点——基于苏南地区的分析》，载于《江苏高教》2015年第4期，第46~49页。

② 刘晓巍、张诗亚：《优先发展教育，促进民族地区整体发展》，载于《民族教育研究》2012年第4期，第5~8页。

③ 赵国春、梁勇：《少数民族地区高等教育与经济发展的协同性研究》，载于《中国高教研究》2014年第5期，第58~64页。

④ 史玉丁：《贵州民族地区高职院校专业设置与产城协同发展研究》，载于《民族教育研究》2016年第3期，第83~90页。

⑤ 孙杰远：《文化的断裂与教育的使命》，载于《当代教育与文化》2009年第1期，第45~49页；陈学金、滕星：《全球化时代"三种认同"与中国民族教育的使命》，载于《广西民族大学学报》（哲学社会科学版）2013年第3期，第75~79页；田养邑、周福盛：《"一带一路"中民族教育的开放式发展：使命担当与路径构建》，载于《西南民族大学学报》（人文社科版）2017年第9期，第214~219页。

⑥ 吴文定：《论少数民族民间文学的德育功能》，载于《民族教育研究》2009年第6期，第99~103页；申春善：《文化选择与民族文化课程建构》，中央民族大学博士学位论文，2012年；孙杰远：《论民族文化心理场及其教育意蕴》，载于《教育研究》2016年第12期，第4~11页。

⑦ 曹能秀、王凌：《试论教育中的少数民族文化传承面临的问题与挑战》，载于《当代教育与文化》2010年第1期，第14~18页；孙杰远、李玉玲：《多民族语言文化的共生与传承危机——以广西那坡县为例》，载于《当代教育与文化》2010年第3期，第7~10页；井祥贵：《纳西族学校民族文化传承机制研究》，西南大学博士学位论文，2011年；李晶晶：《民族院校对少数民族文化繁荣发展的贡献研究》，西北民族大学硕士学位论文，2017年。

及影响因素①、民族地区地方高校的民族文化传承创新价值与方式②、民族高等教育的文化功能与文化建设问题③等方面对民族教育与民族文化传承的问题进行了深入的研究。此外，针对一些民族地区职业教育由于价值定位失当出现的毕业生大量外流、技能型人才缺失、招生困难、专业设置本土适应性不强等问题，张诗亚认为应因地制宜，从民族地区独特的传统文化出发发展特色职业教育。④ 民族地区特色职业教育能为民族地区培养留得住的人才，有利于经济发展方式的转变和贫困的缓解，有助于解决民族地区可持续发展和传统文化的保护、传承等问题，可有效地解决人与自然、人与文化共生的关系，促进民族共生教育体系的建立。

其三，有关经济与文化协同发展的研究。经济与文化之间是一种水乳一体、相互融合的关系。⑤ 民族经济与民族文化也是一种共生互动的关系，两者互为一体，相辅相成。⑥ 从少数民族地区经济文化发展现状看，虽然与过去相比，少数民族地区经济和文化发展有了显著的提高，但总体上，民族地区经济与民族文化之间、文化产业与文化事业之间发展不够协调。⑦ 我国的民族地区人文资源丰富，民族经济与民族文化发展应相互交融、相互影响、相互促进。发展民族经济，要从民族传统文化中汲取优秀理念，提升文化生产力，以先进的民族文化促进经济发展，使经济与文化实现良性互动⑧，要依托民族文化的创新与发展⑨。此外，已有研究中，一些学者强调通过教育实现文化和经济的协同发展。周志山发现，经济与文化通过在一定社会历史环境中的人的具体活动紧密联系起来，它们互为

---

① 王鉴：《地方性知识与多元文化教育之价值》，载于《当代教育与文化》2009年第4期，第1~5页；董艳：《抓住机遇 加大投入 实现民族教育的跨越式发展——对〈规划纲要〉促进民族教育发展的几点建议》，载于《中国民族教育》2009年第3期，第4~6页；杨玲玲：《学校教育中民族文化传承困境研究》，云南财经大学硕士学位论文，2015年。

② 杨建忠：《论民族地方高校的民族文化传承创新价值与方式》，载于《黑龙江高教研究》2012年第10期，第69~72页；阮金纯、杨晓雁：《云南少数民族文化传承模式及其现代化进程中的困境》，载于《云南民族大学学报》（哲学社会科学版）2014年第5期，第62~66页。

③ 苏德、刘子云：《民族高等教育的文化责任研究述评》，载于《民族高等教育研究》2014年第5期，第5~11页。

④ 张诗亚：《发展民族特色职业教育 促进民族共生教育体系建立》，载于《民族教育研究》2013年第1期，第5~9页。

⑤ 辛世俊：《经济与文化关系的新认识》，载于《云南民族大学学报》（哲学社会科学版）2011年第5期，第216~220页。

⑥ 陈光良：《从和谐社会视角探析民族经济与文化互动》，载于《广西民族大学学报》（哲学社会科学版）2008年第1期，第56~60页。

⑦⑨ 付·吉力根：《中国少数民族地区经济与民族文化互动发展机制研究》，内蒙古大学硕士学位论文，2008年。

⑧ 杨新宇：《民族经济发展的文化动因分析》，中央民族大学硕士学位论文，2006年。

因果、互为条件、彼此渗透，形成一种共生互动的关系格局。① 而教育作为一种社会实践活动，能够有效地把经济与文化联系起来。张学敏认为，教育通过培养能将自然与人文优势转化为经济优势，促进经济持续发展的"恰切"人才，盘活文化与经济的关系，从而促使经济发展与文化传承在"人"这个教育对象上实现"共生"，最终实现"文化—教育—经济"的共生。②

还有一些学者从区域的视角研究了经济与文化的关系，如邬冰通过对辽东边境城市丹东的"三区三县"田野调查和层次分析，发现其存在着经济发展薄弱、人口负增长、人口—土地城镇化比例失调、边境民族文化挖掘不足、生态环境脆弱等问题，从而折射出我国边境民族地区的城市发展，需要依托兴边富民政策、旅游业繁荣、新型城镇化建设、民族职业教育发展等多视角、多方位的全域协同发展对策，加速农业现代化进程，挖掘边境民族文化，保护边境生态环境，创新传承民族文化。③ 吴海伦根据湖北省武陵山少数民族经济社会发展试验区的情况，发现武陵山区发展文化旅游创意产业具有产业比较发展优势、资源优势和经验累积优势，为此民族地区发展民族文化旅游创意产业应在旅游资源转化、旅游价值创造、旅游创意产业集群化以及旅游创意环境营造等方面下足功夫。④

通过已有研究发现，学者们在不同程度上从多种视角对民族地区教育、经济、文化两两之间的关系进行探索。就已有研究而言，学者们多从高等教育与经济发展的相关关系、民族教育与民族文化传承、民族经济与民族文化的关系对教育、经济、文化的协同发展进行了研究，但怎样从内生的视角把民族地区的特色人文资源与经济发展、人才培养进行协同发展及如何建立健全具体协同机制，已有研究并未涉及。此外，虽然已有研究提到"文化—教育—经济"的共生机制，但关于教育、经济、文化三者间协同发展的具体机制的研究目前仍缺乏。

### 3. 关于人才培养的政策、体制与内外合作方式之间关系的研究

这方面的研究主要集中于应用型人才培养上。应用型人才培养的核心是科学制定人才培养方案，突出实践能力的培养，建立人才培养体系保障监控系统，优

---

① 周志山、方同义、朱桂谦：《共生互动：经济与文化关系探析》，载于《浙江社会科学》1995年第3期，第6页。
② 张学敏、史利平：《文化—教育—经济共生机制：西南民族地区教育反贫困战略选择》，载于《西南大学学报》（社会科学版）2012年第6期，第48~53页。
③ 邬冰：《边境城镇的经济、民族文化、生态协同发展路径研究——以丹东为例》，载于《黑龙江民族丛刊》2017年第4期，第47~52页。
④ 吴海伦：《基于实践视角的民族文化旅游创意产业发展研究——以湖北省武陵山少数民族经济社会发展试验区为例》，载于《中南民族大学学报》（人文社会科学版）2016年第1期，第92~96页。

化人才培养过程,实现特色鲜明的应用型人才培养目标。① 为实现这一培养目标,学者们从不同视角进行了研究。

一是有关应用型人才培养体制、机制的研究。许青云基于应用型本科人才建设的视角,认为应该坚持以人为本、以教师为本、以学生为本,建立起适应应用型本科人才培养的灵活高效的管理体制和运行机制。② 刘焕阳、韩延伦则强调应用型人才培养体系建设应立足学科专业建设、课程和教学体系建设、教学支持和保障体系建设三大系统工程。③ 徐同文、陈艳在探索了英国应用型人才培养机制的基础上,认为应用型人才培养应扩大产学合作与互动的深度和广度,创新模式,重塑产学合作与互动机制。④ 黄莺、苟建华等以浙江省为例,指出浙江省教育行政管理部门协同浙江省高校从管理体制机制、分类培养和分层发展机制、协同机制、配套保障机制等方面进行改革完善,以满足浙江省对国际化应用型人才的培养数量与质量要求。⑤ 刘立新认为,培养应用技术型人才要采取"治理"而非"管理"的模式,在治理模式下,应用技术型人才培养应加强体制机制创新。从体制的角度讲,要落实"管""办""评"分离的思路,为应用技术型人才培养打造良好的制度环境;从机制的角度讲,应以完善治理体系、提高治理能力为重点,构建适宜应用技术型人才培养的现代大学制度。⑥ 陈正权、朱德全认为,构建应用型人才培养与区域经济联动发展的框架,可从应用型人才培养的办学体制、人才培养环节和管理体制及其路径构建入手,着力于区域联盟办学机制、多元主体投资吸纳机制、人才培养与市场需求对接机制、区域联盟评估机制、统筹管理体制与协同治理机制的建立与完善。⑦ 李永、杨科则在分析民族院校应用型人才培养的主要发展趋势和存在问题的基础上,从宏观层面的政策导向,中观层面的办学定位、培养目标,微观层面的学校行为三个层面,提出了民族院校应用

---

① 张洪田:《应用型人才培养体系的探索与实践》,载于《中国高教研究》2008 年第 2 期,第 86 ~ 88 页。

② 许青云:《高校应用型人才培养对策研究》,载于《中国电力教育》2011 年第 14 期,第 61 ~ 62 页。

③ 刘焕阳、韩延伦:《地方本科高校应用型人才培养定位及其体系建设》,载于《教育研究》2012 年第 12 期,第 67 ~ 70 页。

④ 徐同文、陈艳:《英国大学应用型人才培养机制探析及启示》,载于《高等工程教育研究》2013 年第 4 期,第 111 ~ 115 页。

⑤ 黄莺、苟建华、傅昌銮:《高等教育国际化应用型人才培养机制研究——以浙江为例》,载于《浙江工业大学学报》(社会科学版) 2013 年第 2 期,第 133 ~ 137 页。

⑥ 刘立新:《德国职业教育产教融合的经验及对我国的启示》,载于《中国职业技术教育》2015 年第 30 期,第 18 ~ 23 页。

⑦ 陈正权、朱德全:《应用型人才培养与区域经济联动发展的体制路径构建》,载于《职业技术教育》2016 年第 28 期,第 33 ~ 38 页。

型人才培养体制改革的思路与建议。[1]

二是有关校内外合作方式的研究。李春杰提出了构建校企合作背景下动态"4+X+1"(在"4"年本科学习过程中,专业基础课程"X"可动态调整,学校和企业每学期必须坚持合作1次)的应用型人才培养模式[2];朱林生等基于校地互动的视角,提出了应用型人才培养的四种模式,即嵌入式(将企业课程有机嵌入专业教学计划)、定制式(为企业进行定向人才培养)、整体式合作(企业进行"实体合作",共同开发课程、共建实训基地)、校地企合作式(与政府、国际知名企业合作)[3];杜才平则借鉴美国应用型人才培养经验,指出我国高校应用型人才培养必须告别由学校单方培养的旧模式,走与地方企业、产业、行业共同培养之路[4]。

本书在已有研究的基础上,对高校少数民族应用型人才的培养政策和人才培养体制改革进行分析。从校企合作、校校合作、校地合作来分析应用型人才培养的内外协作方式及其改革,从而进一步探索民族地区转型高校少数民族应用型人才培养的内—外协作方式。

### 4. 关于人才培养模式综合改革的研究

(1) 有关高职教育人才培养模式改革的研究。

高职教育人才培养模式改革是当前我国教育改革的重点。就改革的内容而言,高职人才培养模式要从人才培养定位、课程体系、教学内容与方法、双师型教师培养、校企合作五方面进行改革。[5] 就改革的结构来看,有的学者从宏微观结构两方面对高职院校人才培养模式进行改革。宏观方面,既要遵循高职教育外部关系规律,以就业为导向,调整专业设置及培养目标和培养规格,又要遵循高职教育内部关系规律,以校企合作、工学结合确定专业培养目标和培养规格,调整专业的培养方案、培养途径;微观方面则要突出全校性的、专业性的和培养途径三个层面的改革。[6] 就改革的趋势而言,高等职业教育人才培养模式改革应从

---

[1] 李永、杨科:《民族院校应用型人才培养体制改革的思考》,载于《民族高等教育研究》2015年第5期,第6~10页。

[2] 李春杰:《构建校企合作背景下动态"4+X+1"应用型人才培养模式》,载于《辽宁工业大学学报》(社会科学版)2013年第3期,第94~96页。

[3] 朱林生:《新建本科院校应用型人才的探索:基于校地互动的视角》,载于《中国大学教学》2010年第9期,第25~27页。

[4] 杜才平:《美国高等院校应用型人才培养及其启示》,载于《教育研究与实验》2012年第6期,第17~21页。

[5] 邓开陆:《对高职教育人才培养模式改革的思考》,引自《云南省高等教育学会高职高专教育分会优秀论文集》,2008年。

[6] 崔岩:《高职院校人才培养模式改革研究》,载于《职业技术教育》2009年第11期,第73~74页。

"学历本位"向"能力本位"转化,从"学科中心"向"受教育中心"转化,而校企深度合作是高职院校人才培养模式改革的必由之路。①

从高职教育人才培养模式改革的具体情况来看,现在比较适合我国高职教育的实用人才培养模式有"项目模块式"实用型人才培养模式、"订单式培养"实用型人才培养模式、"双证书培养"实用型人才培养模式和"导师制培养"实用型人才培养模式。②这几个模式都有前人的实践与探索,如"模块+双重目标"实用型人才培养模式③、"订单式培养"实用型人才培养模式④、"双证书培养"实用型人才培养模式⑤、"导师制培养"实用型人才培养模式⑥。在这些模式中,涉及最多的是产学研(校企)合作教育人才培养模式。

(2)有关应用型本科人才培养模式改革的研究。

从2014年开始,在国家的倡导和政策推动下,我国地方本科高校逐步开始向应用型高校转型发展。在此之前,王晰从应用型人才培养目标、专业设置与专业建设、培养方式、培养机制等方面,探索了独立学院应用型人才培养模式。⑦焦健结合德国、英国、美国三国本科应用型人才培养模式的经验,从模式定位、课程设置、培养方式、教师队伍和保障体系等方面,探寻和完善我国工商管理专业应用型人才培养模式。⑧ 2014年之后,一些学者在地方本科高校转型发展的背景下,开始探索应用型本科人才培养模式。王丽霞、戴昕等构建了"2+2"应用型人才培养新模式,该模式以专业教育与注册工程师执业资格教育两条主线设置课程体系,创新"双学期、双导师"等教学运行过程,尝试多样化教学方式改革

---

① 杨明亮:《高职院校人才培养模式改革探析》,载于《北京劳动保障职业学院学报》2014年第4期,第45~47页。
② 石吉勇:《高等职业院校实用性人才培养模式的研究》,山东师范大学硕士学位论文,2008年。
③ 李桂霞:《构建高等职业教育人才培养模式的分析与思考》,载于《中国高教研究》2005年第12期,第59~60页;张玉萍、李改婷:《浅谈高职大学语文模块化教学》,载于《中国教育学刊》2015年第S1期,第343~344页。
④ 张永良、张学琴:《高职"订单式"人才培养模式的有效机制探索》,载于《中国高教研究》2007年第6期,第51~52页;党素芳:《高职院校"订单式"人才培养模式研究》,四川师范大学硕士学位论文,2014年。
⑤ 乔昕:《论高职院校实行"双证书"教育中的几个关系》,载于《中国职业技术教育》2010年第12期,第29~33页;吴炜炜:《高职双证书制度中四位一体综合系统的构建》,载于《中国职业技术教育》2013年第27期,第22~26页;孔帅:《高职院校"双证书"教育的问题及对策》,载于《教育与职业》2016年第3期,第38~40页。
⑥ 李呈德、何明:《本科生导师制培养学生创新力的有效性分析》,载于《北京理工大学学报》(社会科学版)2007年第S1期,第53~55页;刘斓:《高职导师制度的实践与问题反思》,载于《教育与职业》2013年第17期,第109~110页;俞婷:《导师制:高职院校人才培养质量提升的新探索》,载于《中国职业技术教育》2014年第30期,第73~76页。
⑦ 王晰:《独立学院应用型人才培养模式研究》,大连理工大学硕士学位论文,2010年。
⑧ 焦健:《高校本科应用型人才培养模式研究》,山西财经大学硕士学位论文,2013年。

及建立形成性评价方式等途径。① 曾玲晖、张翀等基于卓越教学的视角，以药理学课程为例，从教学理念、教学法、高科技辅助教学方案及学业评价体系等方面，进行面向应用型临床医学人才培养的教学模式设计。② 朱士中基于常熟理工学院行业学院探索，认为"行业学院"是地方新建本科院校在转型发展中创新合作教育模式、有效解决合作难题的行之有效的新机制、新模式，行业学院人才的培养机制，能够有效促进应用型人才培养质量的提升。③

（3）有关民族地区地方高校与民族院校人才培养模式改革的研究。

新中国成立尤其是改革开放以来，我国民族地区地方高校与民族院校取得了可喜的成绩，但制约民族院校发展的短板现象依然明显，在一定程度上阻碍了我国少数民族地区教育和经济的发展。对此，土登、耿亚军等认为，民族院校要转变观念、提高认识，牢牢抓住师资队伍建设这个关键，围绕培养应用型人才的中心内容，建立符合各民族高校实际的应用型人才培养模式。④ 宋遂周强调民族院校人才培养模式改革必须坚持"面向少数民族和民族地区，为少数民族和民族地区服务"的宗旨。⑤ 民族地区地方高校人才培养既要促进人的发展，也要促进社会发展，个人与社会共生共长才是适切的。为此，邢永明以内蒙古工业大学为例，介绍了其立足内蒙古优化人才培养模式、健全完善人才培养体系的特色应用型人才培养之路。⑥ 鲍洪杰、王存教以西北民族大学为例分析了各类民族高等教育创新模式体系，同时提出各类创新模式存在的问题及相应的对策，并从这些创新模式中找到可供西北民族大学及其他民族高校改进的措施和对策。⑦ 吴青峰指出，民族地区高校在人才培养过程中，应以人的发展为中心，尊重自主选择，充分发挥人的潜能，实现个人与社会协调发展，互利共赢。⑧ 杜金柱则根据民族高等财经人才培养模式的改革与实践，提出高校应按"因材施教、分类指导"的原

---

① 王丽霞、戴昕、刘焕君：《"2+2"应用型人才培养模式的理论研究》，载于《高等工程教育研究》2015年第1期，第180~184页。
② 曾玲晖、张翀、卢应梅、马楠：《基于卓越教学视角的大学应用型人才培养模式研究》，载于《高等工程教育研究》2016年第1期，第19~23页。
③ 朱士中：《应用型本科人才培养的机制与模式创新——以常熟理工学院行业学院探索为例》，载于《江苏高教》2016年第5期，第80~83页。
④ 土登、耿亚军、汪卫琴：《民族院校应用型人才培养模式探析》，载于《西南民族大学学报》（人文社科版）2010年第9期，第245~248页。
⑤ 宋遂周：《我国民族院校人才培养模式研究》，中央民族大学，2010年。
⑥ 邢永明：《创新培养模式 为民族地区培养高素质应用型人才》，载于《中国高等教育》2011年第Z3期，第26~27页。
⑦ 鲍洪杰、王存教：《民族高校创新型人才培养体系研究——以西北民族大学为例》，载于《理论月刊》2010年第10期，第108~110页。
⑧ 吴青峰：《民族地区地方高校人才培养适切性研究》，湖南师范大学博士学位论文，2014年。

则，推进培养过程改革，并启动实施"招生—培养—就业（创业）"联动机制。[①]

通过已有的研究发现，多数学者从招生、具体培养模式、特色应用型人才培养、就业等角度单方面的对人才培养模式进行研究，而忽视了培养模式是复杂关系的集合体，没有全面考虑对培养模式涉及的因素实施综合改革。人才培养需要考虑培养模式涉及的政策与体制、培养过程和内—外协作方式等要素，进行系统化的综合改革。

### 5. 关于民族教育改革的研究

民族教育是我国整个教育事业的重要组成部分。促进少数民族教育的改革和发展，是关系到实现各民族平等、团结和共同繁荣的重大问题。[②] 改革开放以来，我国的民族教育得到飞速发展，民族教育为民族地区的发展起到了重大的推动作用。但不可否认，从整体来看，我国民族教育还存在着发展不平衡的现状。要推动民族教育的不断发展，必须突破民族教育改革与发展的瓶颈，不断深化民族教育改革。

在已有的研究中，要加快和促进民族教育改革和发展，首要的是正确认识民族教育的特征。民族教育的改革和发展必须与社会价值取向相协调，必须与社会经济整体发展相协调，必须受市场经济运行机制制约，讲求效益，也必须与社会需求相衔接，重视适用性。[③] 此外，民族教育改革还要突出民族因素，从族群和地域两个方面深入思考民族教育改革的特殊性。[④] 一方面，需要寻找"叠合认同"，处理好民族教育改革与中国整体教育改革以及民族教育传统与现代两方面的关系；另一方面，需要走向"和而不同"，在其他社会领域改革的历史中借鉴和反思。谭力根据少数民族群体目前的经济状况和承受能力，认为应大力发展普及职业教育，及时引入发达地区优质教育资源，促进少数民族群体教育观念更新，逐步增强少数民族教育自身活力。[⑤] 张布和则指出，民族教育改革与发展的瓶颈主要在于民族教育评价这个学理。基于内生发展的理念，他提倡在理论上建构一个以"和谐文化的价值目标→文化适切的指标设计→多种形式的评价方法→

---

① 杜金柱：《少数民族高等财经人才培养模式改革与实践》，载于《中国大学教育》2014年第11期，第46~49页。
② 吴德刚：《少数民族教育改革浅论》，载于《新疆师范大学学报》（哲学社会科学版）1997第1期，第53~62页。
③ 黄胜、黄育云：《正确认识民族教育的特征，促进民族教育改革与发展》，载于《黔南民族师范学院学报》2001年第2期，第57~60页。
④ 桑志坚：《摭论民族教育改革的实践要义》，载于《当代教育科学》2014年第19期，第10~12页。
⑤ 谭立：《民族教育改革与发展问题探讨》，载于《沈阳工程学院学报》（社会科学版）2007年第4期，第598~600页。

民族教育质量发展"为逻辑的发展性评价系统,推动民族教育的发展。① 针对民族教育发展不平衡的现状,还有的学者指出可在外部条件的影响下,实现内部的调整,改变以往的发展状态,实现民族教育的跨越式发展。② 当然,虽然西方多元文化教育与我国民族教育存在一定的差异性,但是西方在进行多元文化教育改革中的成果和经验对我国进行民族文化教育改革具有很多的借鉴作用。③

民族教育改革对提高我国少数民族的科学文化素质、促进少数民族地区经济发展和社会进步、加强民族团结、保持民族地区社会稳定和维护国家统一具有重大意义。在已有的研究中,学者们从民族特征、区域发展等视角来研究民族教育的改革和发展,而对少数民族人才建设的相关研究还较少。破解民族地区发展的关键在人才,尤其是少数民族高层次应用型人才。随着我国社会经济的不断发展,民族教育的改革应更加突出应用型人才在引领民族地区发展中的重要性,本书恰好弥补了这方面的不足。

## (二) 国外研究

### 1. 关于教育、经济、文化协同发展的研究

现阶段,国外对教育、经济和文化协同发展的研究主要体现在三个方面。第一,教育与经济的协同发展。国外对教育与经济发展的系统研究始于西奥多·舒尔茨(Theodore Schultz)。舒尔茨(1961)批判物质资本决定论,提出人力资本概念,并对1929~1957年美国教育投资与经济增长的关系做了定量研究,得出教育投资收益对国民收入增长的贡献率为33%的结论。随后,丹尼森和贝克尔(Denison and Becker)对舒尔茨的研究做了进一步论证,证实人力资本对经济增长具有重要作用。近年来,研究者们对教育与经济的关系进行了更多的实证研究。罗伯特(Robert)构建了知识溢出模型,证实知识积累是影响经济增长的因素④;雅各布等(Jacobs et al.)通过分析社会经济发展趋势,提出教育培养高技

---

① 张布和:《民族教育改革与发展的瓶颈——教育评价》,载于《民族教育研究》2008年第4期,第8~13页。
② 谢君君:《论民族教育的跨越式发展》,载于《民族高等教育研究》2014年第1期,第1~9页。
③ 张洪英、霍涌泉、商存慧:《西方多元文化教育及对我国民族教育改革创新的启示》,载于《贵州民族研究》2014年第4期,第157~160页。
④ E. Robert. On the Mechanics of Economic Development. *Journey of Moretary Economics*, 1988, 22 (1): 3-42.

能人才已成为市场经济的迫切需求[①]。劳德休等（Lauder Hugh et al.）从经济危机引发的人们对经济和教育政策的质疑出发，重新考量经济与教育之间的关系，认为教育与经济两个行业之间的关系与政策制定声称的完全不一致。[②] 佐治亚和威廉（Noblit, George W., Pink William T.）探讨了经济、教育与公平的新关系，认为教育作为"阶级战争"中的一种投资，使社会分层更加清晰，这种情况下的经济具有竞争性、累加性、剥削性和分层性，教育能够使人们适应这种经济。[③] 为解释发达国家在20世纪40年代发展水平相差无几，而如今发展成截然不同的四极世界这一现象，加里茨曼·朱利安（Garritzmann Julian L.）立足经济、教育与社会发展的角度，通过实证分析分析了1945～2015年所有发达国家的高等教育政策，以及加入经济合作与发展组织（OECD）的国家的高等教育财政情况。[④] 第二，教育与文化的关系。杰罗姆·布朗（Jerome Bruner）提出文化观、心灵观、教育观三种教育文化理论，并将教育看作文化的一种功能。[⑤] 巴茨（Butts R. F.）认为教育是文化的一部分，一切文化都是教育的。[⑥] 第三，文化与经济的关系。国外学术界对文化与经济的关系问题关注较早。德隆（Delong B.）通过量化研究发现不同宗教信仰的国民收入间存在显著差异[⑦]；鲍尔斯（Bowers S.）基于行为经济学相关理论，分析了文化、个人偏好与制度的相互影响，进而对经济增长产生影响[⑧]。

综上研究发现，国外学者对教育、经济和文化两两间的关系研究较多，研究内容时间跨度、空间跨度大。从已有研究可以看出，教育与经济、教育与文化、经济与文化两两之间存在着高度相关性，且彼此间相互作用、相互影响。然而，有关教育、经济、文化三者协同发展的研究较少论及，三者之间的具体关系还较为模糊。教育、经济、文化两两之间存在高度相关性，而三者之间同样高度相关，特别是在民族文化较为突出的区域，三者之间的关联将更加明显、突出。本

---

[①] Jacobs, W and N. Grubb. *The Federal Role in Vocational-technical Education*. Conmwmy College Research Center Brief, 2002.

[②] Lauder Hugh, Young Michael, Daniel Harry et al. Ed. *Educating for the Knowledge Economy? Critical Perspectives*. London: Routledge, Taylor & Francis Group, 2012: 51.

[③] Noblit, George W., Pink William T.. *Education, Equity, Economy: Crafting a New Intersection*. Stockholm: Springer International Publishing Switzerland, 2015: 124.

[④] Garritzmann, Julian L.. *The Political Economy of Higher Education Finance: The Politics of Tuition Fees and Subsidies in OECD Countries*, 1945–2015. New York: Palgrave Macmillan, 2016: 11.

[⑤] Jerome Bruner. *The Culture of Education*. New York: Harvard University Press, 1996: 5–12.

[⑥] Butts R. F.. *A History of Western Education*. New York: Routledge Press, 2003: 246–252.

[⑦] DeLong B.. Productivity Growth, Convergence and Welfare: Comment. *American Economic Review*, 1988, 78 (5): 1138–1154.

[⑧] Bowles. *Microeconomics: Behavio, Institutions, and Evolution*. Princeton: Princeton University Press, 2006.

书正是基于中国少数民族地区，较为深入具体地探讨教育、经济、文化三者之间的协同联动关系，这也将是本书的重要突破口。

## 2. 关于应用型高校的研究

由于各国国情不同，大学的分类也不一样，各国对应用型高校的称谓也存在差异。德国将大学分为3类，学术性、综合型大学，应用型高校和专科大学，职业学院。德国在校大学生有60%以上在应用型高校学习，接受应用型技术教育。日本高校按照培养目标也将大学分成3类：大学、短期大学和高等专科学校，短期大学和高等专科学校重在培养适应科学技术发展的技术人才。联合国教科文组织发表的《国际教育标准分类》（1997年修订）给应用型高校所下的定义是：以行业、产业、岗位或岗位群所需要的技术、技能为逻辑体系，培养技术、技能性的人才。

目前，国外研究者对应用型高校的研究主要集中于应用型高校的办学理念、教育教学、质量评价、校企合作、教师培训、管理、科研等问题。

就办学理念、教育教学和质量评价而言，莱恩（Lain）以萨卡昆达应用科技大学为例研究了"学术创业"的芬兰观念。[①] 他认为，在知识经济环境下，高等教育与工业之间需要更加深入、更具生产性的互动。高等教育领域知识的完全开发需要策略、激励、合适的系统以及迁移过程和主要工艺过程之间的强交互性。在知识经济中，如果有潜在的应用上的合作，知识更有可能被创造。在很多情况下，知识创造通过基于信任、承诺和互惠互利的长期伙伴关系得以实现。塔提拉和雷吉（Taatila and Raij）通过分析实用主义哲学在芬兰应用科技大学的使用，提出应用科技大学的使命被社会科学的解释范式所影响。[②] 至少在应用型学科中，包括开发学习行动模式在内的相对务实的教学方法是有效的，实用主义应该被应用技术大学作为一种教育哲学基础。伊迪阿鲁（Idialu）认为职业教育中的质量保证体系涉及职业教育活动，比如教学、学习、基础设施、学生行为的整个过程。[③] 职业教育应严格关注质量，因为高质量教育在整个学生发展过程中是非常必须的，它关系着学生的发展、就业前景和学术目标的实现。如果职业教育中的质量保证体系必须在大学中实现，还需要采取紧急措施来应对改革计划。伊迪阿

---

[①] Lain, Kari. A Finnish Concept for Academic Entrepreneurship: The Case of Satakunta University of Applied Sciences, *Industry and Higher Education*, 2008（2）：19 – 28.

[②] Vesa Taatila, Katariina Raij. Philosophical Review of Pragmatism as a Basis for Learning by Developing Pedagogy. *Educational Philosophy and Theory*, 2012, 10：831 – 844.

[③] Ethel E. Idialu. Ensuring Quality Assurance in Vocational Education. *Contemporary Issues in Education Research*, 2013：431 – 438.

鲁强调，为确保职业技术教育在教学、考试和改进学习方面的高质量，必须确保学生有机会跟满足他们需要的教师学习，并持续贯穿整个职业生涯以及设定严格的专业标准，包括职前职后教育、监督、专业发展和职业教育目标认证等多方面。[1] 博克曼等（Bockerman et al.）还研究了芬兰引入多科技术教育体系对其劳动力市场的影响。[2] 结果发现，在多科技术改革逐渐把以前的职业学院转变为多科技术学院之后，毕业生的收入和就业水平在商业和管理领域有了显著提高。

就校企合作和科研来看，阿科马宁等（Akomaning et al.）通过调查学生在加纳的酒店餐饮部门的实习情况发现，教育机构和酒店业之间的薄弱联系给实习生带来了许多困难，应该做好合作的准备、延长实习时间、调动行业和教师参与实习的积极性。[3] 莱波里和基维克（Lepori and Kyvik）对欧洲八个国家的应用技术大学科研的发展及其对高等教育系统结构的影响进行比较分析的结果显示，在应用技术大学试图跟普通大学更为类似的情况下，研究的增强大多被视为学术转移。然而，趋同只是一种可能，在芬兰和瑞士等国家中，应用技术大学的专业化研究集中在应用研究和区域合作两方面。这些机构的一个特定原理就是面向区域发展，经济利益的联盟以及应用技术大学合作的强烈意识是促进应用技术大学科研发展的关键因素。[4] 阿尔维斯等（Alves et al.）研究发现，葡萄牙的高等教育机构尤其是多科技术机构被公认为是区域发展的关键。[5] 然而，由于近些年来的经济衰退和预算约束，高等教育机构在社区和经济发展的贡献受到了质疑。因此，需要根据处于不同社会经济特征的多科技术机构对经济的影响予以评价。

就教师培训和管理来看，阿德戈克（Adegoke）强调，没有培训出足够的有能力的教师，应用技术大学的学生发展便无从谈起。培养兼具理论与实践的教师，要在教师的职业技能习得、科学和专业化知识上进行适当整修。[6] 艾利（Elly）认为，高等职业教育趋向能力本位教育，这将改变教师的工作行为。[7] 通

---

[1] Idialu. Quality Assurance in the Teaching and Examination of Vocational and Technical Education in Nigeria. *U. S. A. College Student Journal*，2007，41：3 – 12.

[2] Bockerman, Petri, Hamalainen, Ulla, Uusitalo, Roope. Labour Market Effects of the Polytechnic Education Reform: The Finnish Experience. *Economics of Education Review*，2009（12）：672 – 681.

[3] Akomaning, Edward, Voogt, Joke M., Pieters, Jules M. Internship in Vocational Education and Training: Stakeholders' Perceptions of Its Organisation. *Journal of Vocational Education and Training*，2011：575 – 592.

[4] Lepori, Benedetto and Kyvik, Svein. The Research Mission of Universities of Applied Sciences and the Future Configuration of Higher Education Systems in Europe, *Higher Education Policy*，2010（9）：295 – 316.

[5] Alves, João, Carvalho, Luísa et al. The Impact of Polytechnic Institutes on the Local Economy. *Tertiary Education and Management*，2015（4）：81 – 98.

[6] K. A. Adegoke. Standard in Teacher Preparation in Nigeria: Some Highlights. *Journal of Education*，2002（4）：1 – 6.

[7] De Bruijn, Elly. Teaching in Innovative Vocational Education in the Netherlands. *Teachers and Teaching: Theory and Practice*，2012：637 – 653.

过对荷兰的教学创新、能力本位的职业教育进行案例分析，他发现教师实施新教育概念的方式和他们经验的不确定性、困境和实践难题对教师的教学行为有显著影响。卡利奥宁（Kallioinen）发现，拉瑞尔应用科技大学的教学知识正在经历巨大的变化。① 通过对教师在 PD 计划的最后 2 年进行的 SWOT 分析发现，拉瑞尔应用科技大学的新教育模式变革受教师专业知识和教学的理论观点、同辈指导、教育领导能力、教学策略等因素的影响。沃里（Vuori）探讨了芬兰应用技术大学的中层管理问题。② 他对管理人员的深度访问表明，中层管理人员的工作特点是一致追求理性，应该尽全力关注每一位员工的个性化，并推动他们之间的合作。而且，芬兰的应用技术大学在组织子系统之间以及管理者和教学人员之间正试图实现更紧密的耦合。

### 3. 关于多元文化教育改革的研究

从所检索的文献来看，有关多元文化教育的研究在 20 世纪 70 年代末才陆续出现，并在世界范围内涌现出一批知名教育专家。国外学者对多元文化教育改革的研究主要体现在四个方面。第一，对多元文化教育认识的研究。学界对多元文化教育的认识尚未形成一致性。有的学者认为多元文化教育是一组由音乐、美术、算数等组成的课程，由专门教师在不同班级循环授课，其教育对象是少数民族学生和来自不同地区的学生。③ 帕特里夏·马歇尔（Patricia L. Marshall）认为多元文化教育是面向所有学生的，其目的在于让学生适应文化多样化的世界。④ 詹姆斯·巴克斯（James A. Banks.）则从教育均等角度指出，多元文化教育是为了实现来自各社会阶级、性别、种族、语言与文化团体的学生拥有相等的学习机会。⑤

第二，对多元文化教师的研究。在多元文化的背景下，社会对教师提出了更高的要求。美国于 1971 年在芝加哥召开了以"迈向文化多元的教育和教师教育"为题的学术会议，探讨多元文化社会条件下教师的培训问题。一些学者通过质性

---

① Kallioinen, Outi. Transformative Teaching and Learning by Developing. *Journal of Career and Technical*, 2011：8 - 27.

② Vuori, Johanna. Enacting the Common Script：Management Ideas at Finnish Universities of Applied Sciences, *Educational Management Administration & Leadership*, 2015（7）：646 - 660.

③ ［美］尼托：《肯定多样性——社会政治情境下的多元文化教育》，陈美莹译，涛石文化事业有限公司 2007 年版，第 337 页；［美］班克斯等：《多元文化教育——议题与观点》，陈枝烈等译，心理出版社，2008 年版。

④ PatriciaL. Marshall：Four Misconceptions about Multicultural Education that Impede Understanding. *Action in Teacher Education*, 1994, 11（3）：19 - 27.

⑤ James A.. Banks. Multicultural Education：Historical Development, Dimensions and Practice. Handbook of Research on Multicultural Education（2Eds）. San Francisco：Jossey - Bass, 2005：3 - 29.

研究证实了教师的信仰、态度及性格对重建文化认同感的重要性，并指出职前教师应多与来自不同文化背景的学生沟通交流。①

第三，对多元文化教育课程改革的研究。作为教育的重要组成部分，多元文化课程受到了学界的重视。一些学者指出不同民族间的文化差异，强调课程中的多元文化协调。② 詹姆斯·林奇（James Lync）对多元文化课程的框架、目标、行动等进行了深入探究，在多元文化课程内容选择和程序上提出了独到见解。③

第四，对多元文化教育教学改革的研究。美国专门成立国家文化响应教学研究中心（National Center for Culturally Responsive Educational Systems Teaching, NCCREST），提出教师使用文化响应的教学方式有利于促进教育公平。一些学者指出多元文化教育的有效途径是历史教学法，即教师应时刻牢记教育对象的文化背景。④ 一些学者提出服务性教学更具现实性，通过肯定多样性、批判不平等、建立新社区等措施，有利于学生更好地形成文化认同。⑤

从已有研究可以发现，国外学者从认知、教师、课程、教学等方面对多元文化教育进行研究，旨在提高学生的文化认同，实现多元文化社会背景下的教育公平。但在这几个方面的研究更多是基于推理演绎，缺乏实证研究，本书将弥补此不足。

### 4. 关于应用型人才培养模式综合改革的研究

通过查阅文献，国外学者主要针对德国"双元制"与加拿大 CBE 模式的改革策略探讨较多。德国 FH 模式，德文为 Faehhoehshule，简称"FH"，亦即"University of applied sciences"，中文译为"应用科学大学"，致力于培养能够将

---

① Jennkfer J. Mueller. *It's So Much Bigger than I Realized: Identity, Process, Change, and Possibility-preservice Teachers' beliefs about Multicultural Education*. The University of Michigan, 2004.

Carli, Rhonda Kyles. *An Exploration of Preservice Teachers'experiences of Becoming Multicultural Educators*. University of Nevada, Las Vegas, 2007.

② Peter Figueroa. Multicultural Education in the United Kingdom: Historical Development and Current Status. *Handbook of Research on Multicultural Education*. New York: Macmillan, 1995.

Janet Edwards and Ken Fogeiman. *Developing Citizenship in the Curriculum*. David Fulton Publishers, 1993: 30.

③ James Lynch. *The multicultural curriculum*. London: Batsford Academic and Educational, 1983.

④ Eammonn Callan. Democratic Patriotism and Multicultural Education. *Studies in Philosophyand Education*, 2002, 21 (6): 456 – 477; Alfredo Artiles and Beth Harry. Issues of Overrepresentation and Educational Equity for Culturally and Linguistically Diverse Students. *Intervention in School and Clinic*, 2006, 41 (4): 224 – 232.

⑤ Christine E. Sleeter. Community-based Service learning in Multicultural Teacher Education. *Educational Foundations*, 2000, 14 (2): 33 – 51; Dario J. Almarza. Connecting Multicultural Education Theories with Practice: A Case Study of an Intervention Course Using Realistic Approach in Teacher Education. *Bilingual Research Journal*, 2005, 29 (3): 519 – 529.

理论转化为实际生产力的应用型人才培养模式。德国的双元制（dual training education）培养模式，是德国职业教育中较为典型的应用型人才培养模式。希斯洛普（Hyslop）指出，德国 VET（Vocational Education Training）系统的创建是基于工作中的实践联系和在学校中的与所需工作经验相关的理论知识技能学习相结合。[①] 迪辛格（Deissinger）则重点分析了德国双元制的现代化问题及如何对双元制进行改进。[②] 迪辛格和德尔威格（Deissinger and Hellwig, 2007）针对德国双元职业教育总结出五个主要特点，即二元的学习场所、法律和公众对职业教育的负责、自治的原则、对培训私人的承诺、职业原则。路易斯（Lewis）就德国双元制的文化适应问题进行了研究，以德国的多元模式为例，测试借鉴模式在发展中国家适应中存在的问题并提出应对措施，即部分借鉴、试点借鉴、特殊借鉴（customization borrowing）和概念上的借鉴。[③] 针对美国、加拿大 CBE（Competency Based Education）模式，洛娜·鲍尔和约瑟夫·科恩（Lorna Power and Joseph Cohen）认为，能力被定义为从事特定的活动并达到规定的标准，重点在于强调人们能做什么而不是他们知道什么。[④] 教育制定的标准在于外部对教育的要求，课程的制定由两部分构成，一部分为教学材料，另一部分为专业发展。DBE（Decentralization of Basic Education Project）是针对传统的能力本位教育进行的改进，制定课程标准时参考社会成员，包括商人、工人、科学家等的意见，不仅仅由教育家制定。教学上，由原本的教师本位转向学生本位，并建立起完善的评价系统。此外，在最新的研究中，霍德恩·吉姆（Hordern Jim）认为英国高等教育机构应当设计"技术学位"，并讨论了拟设技术学位的背景和理由，确定拟议政策的假设和影响，概述了实施该政策可能产生的潜在问题。[⑤]

从已有研究来看，国外直接对应用型人才培养模式改革的研究还不是很多，多数是针对现有的培训模式进行课程上的改革，或囿于教育理念、评价机制、实践教学和培养途径等局部单项改革，改革策略较少涉及综合改革。

---

① Hyslop, Alisha. Lessons from the German Dual System. *Techniques*, 2012（8）.

② Deissinger Thomas and Hellwig, Silke. Apprenticeships in Germany: Modernising the Dual System. *Education & Training*, 2005（4）.

③ Lewis, Theodore. The Problem of Cultural: What Can We Learn from Borrowing the German Dual System? *Bilingual Research Journal*, 2007（4）.

④ Lorna Power, Joseph Cohen. *Competency-Based Education and Training Delivery: Status, Analysis and Recommendations*. Princeton University Press, 2005.

⑤ Hordern Jim. Technical Degrees and Higher Vocational Education. *Research in Post-Compulsory Education*, 2017, 22（1）: 87-107.

## 5. 关于教育改革评价体系的研究

斯蒂芬·梅（Stephen May）认为，教育改革评价是对教育改革活动的自然价值和优缺点所作的系统性调查研究，是教育改革活动的最终衡量标准，决定着教育教学活动的发展水平和发展方向。[①] 国外学者对教育改革评价标准的研究主要有以下几种观点：第一，利用成本—收益分析法（Cost–Benefit Analysis，CBA）对教育改革进行评价。[②] 但彼德·杜利特尔和威廉·坎普（Peter E. Doolittle and William G. Camp）提出，衡量一项教育改革的成本—收益并非易事，要准确算出每一次教育改革的投入与产出几乎是不可能的。[③] 第二，让社会最少受惠者获得最大利益。教育改革资源分配无论遵循哪一条原则，都应该将"社会最少受惠者的最大利益"作为底线，确保弱势群体的权益得到尊重与保护，我们才说这项改革是基本成功的。[④] 第三，以人的全面发展为最高目标。德里克·博克（Derek Bok）指出，人在教育改革中的首要性决定了教育改革首先是一个伦理问题，它必然要致力于生命的成长。[⑤] 教育是以培养人为最终宗旨，应致力于人的发展。第四，立足于教育改革发生的时空背景。玛莎·雷姆（Marsha L. Rehm）认为，如果要对一项教育改革作出尽可能客观的评价，就需要进行短时段评估与长时段评估，在改革结束的不同时间段进行循环评估，针对关键性的指标进行跟踪评估。[⑥]

综上所述，国外学者的研究对构建本书的人才培养模式改革评价体系提供了评价尺度、方法和思路。然而，少数民族应用型人才培养模式综合改革是教育改革评价体系特殊性与普遍性的统一体，如何在借鉴国外评价普遍性的基础上，进一步凸显我国少数民族应用型人才培养模式改革的特殊性，还有待我们进一步挖掘、研究。

---

① Stephen May. *Critical Multiculturalism*: *Rethinking Multicultural and Antiracist Education*. The Falmer Press, 1999.

② ［美］亨利·M. 莱文帕特、里克·J. 麦克尤恩：《成本决定效益：成本—效益分析方法和应用》，金志农、孙长青、史昱译，中国林业出版社2006年版。

③ Peter E. Doolittle and William G. Camp. The Career and Technical Education Perspective. *Vocational and Technical Education*, 2001（6）.

④ Cowley, M. R.. Culturally Diverse Classes: Rewards, Difficulties, and Useful Teaching Strategies. *Career and Technical Education*, 2008（1）.

⑤ Derek Bok. *University in the Marketplace*. Princeton University Press, 2003.

⑥ Marsha L. Rehm. Career and Technical Education Teachers' Perceptions of Angela M. Byars–Winston. *The Career Development Quarerly*, 2006（3）.

## 三、本书的主要理念

### （一）"内生—协同"发展是解决民族地区发展难题的新型发展方式

以牺牲资源、环境为代价的高消耗、重污染粗放型发展方式在民族地区是不可持续的。民族地区要实现跨越式、可持续发展，首要的是明白"自己有什么、要发展什么、怎样发展、依靠什么来发展"，而非随意照搬他人的产业模式、发展方式。

#### 1. "内生—协同"发展的内涵

从1975年瑞典的哈马绍（Dag Hammarskjöld）财团在联合国特别会议经济报告（*What now*）中第一次使用"另一种发展"（another development）概念开始，"内生发展"开始被广泛的关注和讨论。"内生发展"最初以文本的形式提出是在1988年由联合国教科文组织编写的《内生发展战略》一书中，该书指出，"内生的和以人为中心的发展有两个基本要求：在形式上，发展应该是从内部产生的；在目的上，发展应该是为人服务的"[1]。1990年，联合国开发计划署的第一份《人类发展报告》把此观点进一步展示在世人面前，认为开发的目标应该从经济成长向人的成长、能力重视及多元选择等方向转换。[2]

内生发展从本质上说是一种"土生土长"的发展，以当地人作为地区开发主体，通过对本地区资源、技术、文化等的开发和利用，最终培养地方基于内部的生长能力，同时保持和维护本地的生态环境及文化传统。[3] 我国民族地区自然资源、文化资源富集，传统文化、风俗民情丰富多彩，然而因"资源诅咒"效应，

---

[1] 联合国教科文组织：《内生发展战略》，社会科学文献出版社1988年版，第2页。
[2] 张文明、腾艳华：《新型城镇化：农村内生发展的理论解读》，载于《华东师范大学学报》（哲学社会科学版）2013年第6期，第87页。
[3] 张环宙、黄超超、周永广：《内生式发展模式研究综述》，载于《浙江大学学报》（人文社会科学版）2007年第2期，第64页。

自然资源的开发利用对民族地区经济增长的贡献率较低。① 民族地区要实现经济社会的跨越和转型发展，在利用好国家支持政策之外，需要挖掘和培育自身发展的内生动力，而这种力量则缘于民族特色资源与文化。正如英国学者詹金斯（Jenkins）强调的，应保持传统文化在内生发展模式中的重大影响。② 因此，民族地区的内生发展应重点挖掘和开发物质、非物质文化资源及农业生物资源优势，培育壮大特色优势产业，寻求一种建立在民族地区人力资源基础上的内生式发展模式。在需求多元化和生态文明愈加重要的当今时代，民族地区结合民族文化、农业生物等资源优势可形成独具特色的产业，在与非民族地区的竞争中形成自己的发展优势。

1971 年，德国学者赫尔曼·哈肯（Herman Haken）提出了"协同"概念。哈肯认为，协同系统由许多子系统组成，通过子系统间的相互作用，整个系统将形成一个整体效应，这个整体效应将具有某种全新的性质，而这种性质可能在子系统层次中是不具备的。③ 人类社会是个极其复杂的复合系统，它是由经济、文化、生态等众多子系统共同复合构成的社会系统，各子系统之间高度协调，整个社会系统便能获得新的结构，产生特定的功能。经济和文化是民族地区社会系统中两个非常重要的子系统，实现经济、文化协同发展离不开教育，通过教育能够培养具有协同发展理念的人才，实现现实意义上的文化优势到经济优势的转化。因此，建立民族地区"经济—文化—教育"协同发展的机制，将有利于实现"内生—协同"发展。

"内生—协同"发展是一种激发和培育民族地区内部发展能力，注重经济、文化、教育协同发展的新型可持续发展方式。这种发展方式以民族地区的参与和推动为主，以地区内的技术、产业、文化为基础，以少数民族高层次应用型人才培养适应并引领特色文化产业和新兴产业发展为重点，以建立特色产业结构促进民族地区经济发展和文化繁荣为目的，在兼顾经济发展速度和规模的同时，更加注重民族传统文化的传承保护、当地特色资源的开发利用及社会综合效益的提升。

## 2. "内生—协同"发展方式

我国民族地区发展滞后的最主要原因是受"时空"限制。就"时"而言，

---

① 王玉芬：《内生拓展：中国少数民族经济发展的理念、根据、条件、战略》，中央民族大学出版社 2006 年版，第 203 页。

② Jenkins, T. N.. Putting Post-modernity into Practice: Endogenous Development and the Role of Traditional Cultures in the Rural Development of Marginal Regions. *Ecological Economics*, 2000, 34 (3): 301–314.

③ ［德］赫尔曼·哈肯：《信息与自组织——复杂系统中的宏观方法》，郭治安译，四川教育出版社 2007 年版。

改革开放以来，国家东、中、西阶梯顺序发展及先富带动后富的发展战略，使以少数民族聚居区为主的西部地区在发展时间上就落后于东部地区。就"空"来说，我国的民族地区地理环境复杂，区位条件差，不利于区域经济社会的快速发展。长期以来，民族地区以模仿东部发达地区的发展之路为主，走的是一种以牺牲资源、环境为代价的高消耗、重污染粗放型发展模式，这种发展方式是不可持续。民族地区要实现跨越式、可持续发展模式，首要的是明白"自己有什么、要发展什么、依靠什么来发展"，而非不顾自身的实际，随意照搬别人的产业模式、发展方式。

少数民族地区地域辽阔，自然资源丰富，在草原、森林、淡水资源、新能源等方面具有得天独厚的优势。同时，民族地区传统文化博大精深，风俗民情丰富多彩，风景名胜稀奇独特。因此，民族地区应立足自身资源优势走内生发展之路，发展特色经济，并使之成为带动民族地区发展的支柱产业。此外，受长期历史、文化、宗教、自然环境等因素的影响，我国民族地区的劳动者已具备了特色鲜明的劳动技能，如在饮食、服饰、音乐、艺术以及对独特的自然环境、自然物质的认识和利用等方面，其所具备的技术、技能都是其他地区所不具备的，而这些能力在今天需求多元化的时代，结合民族区域资源优势都可形成独具特色的产业，在与非民族地区的竞争中形成自己的优势，建立适合本地区的经济结构。①借助外力发展自身也是民族地区内生发展的一种重要形式。民族地区在不破坏当地生态环境的前提下，可以适当承接而非转移东部地区的一些劳动密集型、新型特色产业，结合要素（低价劳动力等）优势，促进民族地区的经济发展。

资源优势是民族地区内生发展的基石。然而已有研究表明，少数民族地区在发展过程中，丰富的自然资源并没有对民族地区经济增长起到应有的作用，自然资源的开发利用对民族地区经济增长的贡献率普遍较低，"资源诅咒"效应在民族地区的经济增长中同样存在。②因此，民族地区应重点挖掘和开发民族文化资源发展特色经济。然而民族地区专业技术人才严重不足，对技术的应用能力低，制约了资源开发的层次与质量，民俗文化、旅游文化、历史文化等文化资源开发不当，使得民族文化"变质""走样""丢失"的现象越来越严重。在民族文化资源开发的过程中应注重对民族文化的传承和保护。教育通过培养促进经济持续发展的"恰切"人才，能将自然与人文优势转化为经济优势，盘活文化与经济的

---

① 王玉芬：《内生拓展：中国少数民族经济发展的理念、根据、条件、战略》，中央民族大学出版社2006年版，第203页。

② 张千友、王兴华：《民族地区：自然资源、经济增长与经济发展方式转变研究——基于2000~2009省际面板数据的实证分析》，载于《中央民族大学学报》（哲学社会科学版）2011年第4期，第24页。

关系，从而促使经济发展与文化传承在"人"这个教育对象上实现"共生"。[①]通过教育培养适应民族地区内生发展需要的人才，能够培育新型特色产业，保护民族生态环境，发展民族特色产业，促进经济发展和文化繁荣，进而实现民族地区教育、经济、文化的协同发展。

要实现民族地区"内生—协同"发展，核心是培育和增强经济发展的内生动力，就要让被限制或受限的要素得到充分发挥。一方面，民族地区应立足资源优势，以特色资源为基础、特色产品为核心、特色产业为依托、特色技术为主导，把资源优势转化为产业优势、经济优势，并通过规模化、标准化提高产业水平，推进民族风情旅游、民族手工业等特色产业的发展；另一方面，积极利用区域外部资源增强内生发展动力。依据区域资源承载能力和生态环境容量，民族地区可因地制宜适当承接与地方特色优势资源相关的劳动密集型产业、特色资源密集型产业和其他一些相关产业，拓宽民族地区内生发展的平台。此外，民族地区要抓住"一带一路"建设的发展机遇，增强民族地区发展的内生动力。"一带一路"倡议布局，使我国民族地区从边缘地带一跃成为面向中亚、西亚和东南亚地区对外开放的"桥头堡"，成为国家构建全方位开放格局的前沿地带。[②] 民族地区应紧紧抓住这次战略机遇，利用自身的特色资源优势和地缘优势，主动加强与沿线国家和地区发展战略的对接，主动谋划、融入国家战略，增强地区发展的内生动力。

实现民族地区"内生—协同"发展的关键是建立"经济—文化—教育"协同发展机制。内生是民族地区"内生—协同"发展的源动力，强调的是依靠什么来发展，而怎样更好的发展则要基于内生基础上社会系统内部各子系统间的联动协同。"经济—文化—教育"协同的发展机制，能够使三者之间形成一种最佳的共生关系和存在状态。为此，民族地区要开发特色文化资源，把少数民族文化元素注入经济社会发展，并通过政策引领、产业升级等措施，拓展民族文化资源的发展路径，助推民族地区经济发展。同时，推动民族地区教育盘活经济与文化的关系。高校通过培养促进民族地区经济持续发展的"恰切"人才，将文化资源优势转化为经济发展优势，盘活经济与文化的关系[③]，从而使经济增长与文化传承在"人"这个培养对象上实现协同发展，建立起"经济—文化—教育"协同发展机制。

---

[①][③] 张学敏、史利平：《文化—教育—经济共生机制：西南民族地区教育反贫困战略选择》，载于《西南大学学报》（社会科学版）2012年第6期，第48页。
[②] 蒋利辉、冯刚：《"一带一路"民族地区的重大战略机遇》，载于《中国民族》2015年第5期，第12页。

## （二）民族地区实现"内生—协同"发展的关键是培养大量能适应并引领民族地区发展的少数民族高层次应用型人才

### 1. 应用型人才的演变是技术进步适应社会发展所使然

人类社会的进步与发展，实际上是技术的革命与更新。农耕社会的"技术"是劳动者在劳作中不断总结与反思而形成的"经验技术"，"经验技术"的拥有者被称为"工匠"，他们依靠经验知识、手工工具完成生产操作，成为推动"经验技术"发展的主体力量。工业革命使人类从农耕社会步入工业社会，传统的经验技术已难以适应日益复杂和精密的产业活动，而科学知识和科学原理在生产过程中的运用，改造了传统的经验技术，形成"理论技术"。[①] 这一时期，工程师依靠半理论、半经验的技术制定工程设计，技术工人则负责机器操作和管理，他们是理论技术的主要拥有者，在技术发展中逐渐取代工匠成为推动社会进步的主要力量。进入信息社会，科技的进步使得社会分工和岗位分工日益精细，对人才的需求也更加专业化，以工程师为主体的工程型人才主要承担科学原理向理论技术的转化，以操作工人为主体的技能型人才负责生产一线的实际操作，而以技术员为主体的技术型人才则致力于技术的推广和应用，以及与技能型人才之间的衔接工作。当然，技术型、技能型人才虽有一定区分，但相对于工程型人才，两者的界线并没有那么明显，特别是在各项技术加速融合的今天，因此可统称为技术技能型人才。这样，应用型人才的演变便经历了从工匠到工程型、技术技能型人才这样一个过程，是技术进步适应社会发展所使然。

### 2. 社会发展需求催生与之相适应的高校应用型人才培养

高校应用型人才培养最早可以追溯到中世纪大学。公元 11 世纪以来，随着欧洲经济的繁荣和发展，西欧人口普遍增长，城市开始复兴，出现了商业、手工业等社会职业。市民阶层活跃于中世纪欧洲的舞台上，他们为保障自身权利、利益，与封建势力抗争、协商。这一时期，西欧急需大量受过专业训练的管理者、律师、文书、医生等专业性人才，于是一些城市的商人、手工艺人、教师与学生组成了行会。后来，这些行会逐渐发展成为神学、法律、修辞、医学等方面的专

---

[①] 黄藤：《国外高层次应用技术型人才培养模式研究》，华东师范大学出版社 2015 年版，第 134~135 页。

门学校,开设文法、计算等实用主义课程,培养适应当时社会需要的专门人才。在此基础上,欧洲中世纪大学逐渐形成,"中世纪大学以应用学科为主,其课程和教学内容充满实用性、功利性、职业性,毕业生主要从事非学术性、研究性工作,大学的主要任务是培养和训练专业性应用型人才"①。可以说,欧洲中世纪大学的出现及其应用型人才培养的产生有其独特的时代性和社会适应性。

虽然中世纪大学的人才培养具有明显的职业实用性,但是在中世纪盛行的教会主义影响下,"欧洲中世纪的大学,无论是最早的博洛尼亚大学,还是后来影响很大的巴黎大学、牛津大学、剑桥大学,起初都远离世俗社会,远离市场需求"②。其实大学除了本身的目标和需要外,还面临着来自外部社会日益增加的需求。随着时代的发展,一方面,社会需求要求做纯粹研究的大学走出象牙塔,从社会边缘走向社会中心,担负起服务社会的职责;另一方面,社会发展需求也造就了新的应用型人才培养机构。

18世纪上半叶,欧洲的法国和德国较早出现了培养应用型人才的教育机构。随后,美国也出现了培养实用技术人才的"赠地学院"。18世纪,受资本主义发展的影响,法国经济得到快速发展,急需从事修路、桥梁、采矿、冶金、纺织等行业的专业技术人才。面对大量新的社会需求,传统大学已难以适应这种急剧变化,这时,一些规模较小、以教授实用知识为主的专门教育机构相继开办,如巴黎矿业学校等。法国大革命时期,法国还新办了一所综合技术学校——巴黎理工学校,以满足社会发展对技术人才的需求。为适应国内经济和军事的发展,德国也相继开办了各种专门学院和高等工业学校,如柏林技术学校、柏林建筑学院等。到19世纪中叶,这些专门学院发展成为多科技术学校和工科大学,为德国的发展培养专业实用型技术人才。

南北战争结束后,美国国内工农业和城市化迅速发展,迫切需要大量掌握实用技术的人才。然而当时美国高等教育主要照搬欧洲大学的教育模式,古典式及教会学院普遍轻视实用技术教育,造成各州农业与工程技术人才严重短缺。为应对当时社会发展的需求,1862年,著名的《莫里尔法》颁布,该法案规定"联邦政府向各州拨赠土地,各州将赠地收入开办或资助农业或机械工业学院"③。之后,各地纷纷开办"赠地学院",开展农业与工程技术教育,开设实用化课程,培养实用型专业技术人才。1890年,《第二莫里尔法》颁布,进一步加快了"赠地学院"规模的扩大。"以赠地学院运动兴起为标志的实用性高等教育的发展是

---

① 潘懋元、石慧霞:《应用型人才培养的历史探源》,载于《江苏高教》2009年第1期,第7页。
② 叶飞帆:《新建本科高校向应用型转变的方向与路径》,载于《教育研究》2017年第8期,第74页。
③ 吴式颖:《外国教育史》,人民教育出版社1999年版,第394页。

为适应社会发展主旋律而展开的"①，自此，美国高等教育的教学内容与经济社会发展的实际需要联系日益密切，创新了高等教育为工业社会生产服务的功能。

"二战"之后，各经济发达国家经济社会快速发展，以电子计算机为代表的科学技术的发展超过以往任何一个历史时期，特别是产业结构的变化对高等教育结构及人才培养规格相应地提出新的要求，社会对应用型人才需求的不断增加和细化，使得各国不得不加强应用科技教育及职业技能人才的培养。同时，在社会产业发展的影响下，新职业的出现同样需要大学提供专门的教育，培养专门人才。

20世纪50年代，为满足工业增长对高级技术人才的需求，英国新建了地方学院、区域学院、地区学院和高级技术学院四类技术学院，加强技术专家、技术员和熟练工人三类技术人才的培养②，以此适应和满足社会发展中实际需要的各级实用型技能人才。在德国，进入60年代后期，随着现代科学技术的广泛应用，德国的产业结构更新升级加快，为满足社会发展和产业结构变化的需求，迫切需要大批高层次的应用型人才。然而，"德国自19世纪开始建立的工程师学校、高级技术学院、机械学院已经不能满足从产业升级带来的对高层次技术人才的需求，而德国原有的大学，如洪堡大学等，由于定位于学术型人才培养，无法满足经济社会新的发展需求"③。这时，应用科学大学在原工程师学院、中等专业学校的基础上通过改建应运而生。应用科学大学教学偏重应用技术，培养能将理论知识转化为实用技术的"桥梁式"人才，特别是工程技术人才。

我国高等学校出现于洋务运动时期，当时国家急需"翻译兼译述的人才、海陆军人才及制船造械的技术人才"④。应国家对人才的需求，培养翻译人员的方言学堂、制船造械的技术学堂、军事人才的军事等洋务学堂应运而生，如京师同文馆、福建船政学堂、天津水师学堂等。这些学堂是我国近代以来最早培养高素质实用性人才的高等学校，其专业设置、办学模式及人才培养目标具有鲜明的职业针对性，反映了近代我国国弱民穷、软弱落后，亟须大批应用型人才来改造社会的现实，适应了当时社会发展的需求。

当传统的"学徒制"及工厂"自产自销"式的人才培养模式无法满足经济社会发展需求时，社会发展迫切需要高等教育机构培养更多的应用型人才。这时，"大学"作为有组织、有目的、有计划的人才培养机构，渐渐成为个人系统

---

① 贺国庆、王保星、朱文富：《外国高等教育史》（第二版），人民教育出版社2006年版，第230页。
② 李兴业：《七国高等教育的人才培养——法、英、德、美、日、中、新加坡人才培养模式比较》，武汉大学出版社2004年版，第232页。
③ 邓泽民、董慧超：《德国应用科学大学研究》，科学出版社2017年版，第1页。
④ 陈青之：《中国教育史》，东方出版社2008年版，第453~456页。

地接受理论学习与实践训练的最佳场所,开始按照工厂、企业及技术发展对人才的需求标准,培养适应社会需要的应用型人才。"一切与学习有关的公共机构,都是由社会需求催生的。"① 无论是欧洲中世纪大学、法国的巴黎理工学校,还是美国"增地学院"、德国应用科学大学,抑或我国近代的洋务学堂,它们几乎都在社会需求的导向下应运而生,虽然各国应用型人才培养的社会背景不同,但无一例外以适应社会需求为主。

社会是由人组成的,一切社会活动都是人所进行的活动,一切社会需求也都是人的需求。人类需要消除水患、灌溉农田,所以拦河筑坝,发展水利技术,大学开始培养水利技术方面的专门人才;人类需要住处和防卫,所以建造房屋、城池,大学开始培养工程技术方面的专业人才;人类需要在外界环境里更加快速的游走迁徙,所以发明了木舟、轮船、汽车、飞机,大学开始培养船舶工程、汽车制造、飞行技术等方面的工程技术人才。从逻辑上来讲,先有人类社会的发展需求,才有满足人类社会需求的技术手段,进而产生了与技术进步相应的社会职业,高校才设置与之相关的学科专业,提供专业教育,培养适应社会需求的专业性人才。换言之,世界上并不是先有大学,然后去培养社会需要的各类专业技术人才,而是自人类文明产生之时,随着技术活动的不断发展,社会上就存在具体执行某项社会角色的专业人才。社会不断发展,新知识、新技术不断涌现,职业分工日趋精细化。在这种情况下,仅仅依靠传统的学徒或职业培训体系已经难以适应职业发展的需要,大学特别是应用技术大学最终承担起这一职责,开始专业化、多样化地培养合格劳动力,对社会发展需求作出合理反应。地区变了,问题变了,技术变了,但植根于不同时代的理想和质量还在遵守,这就是"适应"。

### 3. 时代诉求促使高校应用型人才培养引领社会发展

长期以来,高校应用型人才培养与社会的需求之间保持着一种适应性关系,这也是高校应用型人才培养的生命力所在。当然,从世界范围来看,也存在着因社会发展太快高校人才培养与社会需求之间产生了矛盾,"社会拒绝使用学校的毕业生""有些社会正在开始拒绝制度化教育所产生的成果"的现象。② 经济基础决定上层建筑,高校应用型人才培养理应随着社会发展的趋势和发展需求相应做出改变。而今,人工智能的互联网时代已经到来,社会发展与技术进步对人的素质提出了更高要求,对人的素质要求的提高要通过教育来实现,这就使得高校

---

① 张斌贤:《外国高等教育名著研读》,高等教育出版社 2010 年版,第 46 页。
② [法] 埃德加·富尔:《学会生存——教育世界的今天和明天》,华东师范大学比较教育研究所译,教育科学出版社 1996 年版,第 37 页。

应用型人才培养必须做出相应的调整和改变，超前于经济社会发展。这样的应用型人才培养才会具有更加强劲、更可持续的生命力。

在已公布的《2017~2018 年全球竞争力报告》中，瑞士已连续 9 年在全球竞争力排名中拔得头筹。在全球竞争力中，瑞士表现较为突出的方面为创新、劳动力市场效率、企业成熟度及高等教育与培训，而这四大支柱均与其应用技术大学人才培养密切相关①，归根结底靠的是高素质的应用型人才。瑞士应用技术大学主动以产业需求和社会职业为导向，设置学科专业，在人才培养中通过与企业合作，实现应用研究、技术创新与教学、社会实践紧密结合，走出一条大学应用型人才培养链条与产业创新发展链条高度耦合的研发创新—实践应用—后期培训之路，为国家培养了大批高层次的技术技能人才。这些人才成为应用研究与创新发展的重要"引擎"，持续通过技术创新引领瑞士社会发展。美国、荷兰、德国、瑞典、英国等全球竞争力排名靠前的国家与瑞士在人才培养方面存在共性，即注重人才培养的技术开发与应用能力，通过培养高层次的技术技能人才引领经济社会持续发展，助推其竞争力在全球持续领先。

在农耕时代，教育的社会发展作用还比较弱，因此，人、技术与社会三者之间最早的表现形式是"社会—人—技术"。从三者的关系来看，社会启迪和教育了人，人创造了技术，社会居于统治地位，人和由其创造的技术从属于社会。在这样的体系中，人创造技术、掌握技术是为了适应社会的发展。进入工业革命，特别是第二次工业革命时期，技术革新极大地促进了工业技术社会的发展，加之高等教育在技术人才培养方面的功能不断凸显，人、技术、社会、教育之间形成"社会—技术—高等教育—人"系列。具体而言，工业技术社会的发展需要机器工厂不断激发技术革新，满足社会发展的某种迫切需要；高等教育培养了掌握知识和技术的人，满足技术革新对人才的需要。"二战"之后，随着技术体系的不断发展和完善，特别是以计算机为代表的第三次工业革命的发展，技术日益成为人类社会发展进步的核心要素。四者之间的关系发生了进一步变化，形成了"技术—高等教育—人—社会"的系列。技术改变了人们的生产方式、生活方式、教育方式，占据了四者之间的主导地位，整个社会包括人、高等教育都在技术"指令"下行事。在这样的体系下，高等教育进一步明确了技术所需的质量和方向，开始顺应并预测技术的发展趋势，有目的地与之展开互动。当前人类正迎来第四次工业革命，高等教育在社会发展中发挥的作用越来越大，通过对人的型塑，高校人才培养在适应社会发展需求的基础上，同样也能够引领经济社会发展，人、

---

① 赵晶晶：《瑞士应用技术大学与经济社会发展的互动研究》，载于《大学》（学术版）2013 年第 9 期，第 54 页。

技术、社会、教育四者之间的关系表现为"高等教育—人—技术—社会"的系列,"人成了自然界的主宰,自然界的核心地位让位于人和他所创造的技术"①。具体而言,在掌握理论知识和技术技能的基础上,高等教育将学生形塑成更具应用性、复合性、创新性的人,人创造并改造自然的技术体系,以此来发展新材料、新工艺、新产品,不断引领社会发展进步。

一味地"适应"社会需求的高校应用型人才培养不一定是理想的应用型人才培养,也不一定是社会期望的应用型人才培养。"只有以人的发展引领社会发展,才能超越传统发展模式,实现社会和人的全面发展。"② 因此,随着社会发展,高校应用型人才培养不能只是一味跟进当下的产业,迎合社会需求,而应通过对人的型塑,在适应的同时,引领经济社会发展。这样,应用型人才培养才能够走在今日产业发展的前面,走向明日的产业发展,才能够实现引领社会发展的目的,不断增强人才的供给能力。高校应用型人才培养不仅要着眼于当前社会发展需求,也要为未来变化做准备。如果说过去高校的应用型人才培养仅仅是一种谋生教育的话,那么面对未来,高校应用型人才培养应该是一种使学生能面向未来"学会生存"的教育,将以往"适应式"为主向"引领式"转变的教育,将培养"经济人"的职业教育向培养"社会人"的人本教育转变的教育。为此,高校要以理性分析和价值判断为基础,既要遵循社会发展需要和高等教育历史发展规律,还要把握技术发展趋势和人才培养规律,正确地认识应用型人才培养的职能,树立超前意识,不断增强应用型人才应对复杂变换世界的学习技能和变通能力,引领人工智能朝着增进人类福祉的方向发展。

### 4. 培养适应并引领民族地区发展的少数民族高层次应用型人才

新型发展方式决定了民族地区人才需求结构、层次等方面的变化,而民族地区现有的人力资源较难满足新型发展方式的需求。因此,民族地区实现"内生—协同"发展的关键在于培养适应并引领民族地区发展需要的少数民族高层次应用型人才。

(1)民族地区的发展需要大量高层次应用型人才。

人才是经济社会发展的根本。高层次应用型人才主要是指由应用型大学及其他高等院校培养的本科以上专业技术人才,其培养对优化高等教育人才供给结构、推动产业转型升级、服务地方发展需要具有重要的现实意义。民族地区经济增长最重要的是从过度依赖自然资源转向更多依靠人力资源。只有民族地区的人

---

① 王秀华:《技术社会的角色引论》,中国社会科学出版社2005年版,第133页。
② 陈新夏:《以人的发展引领社会发展》,载于《中国社会科学报》2012年7月18日第B01版。

力资本得到增加和改善,劳动者的素质技能提高了,才能从根本上促进其整体发展。① 当前,我国民族地区正处于经济转型、实现跨越式发展的关键时期,经济社会发展对劳动者的能力要求越来越高,对人才类型的需求也更加多元、复杂,对高层次、复合型应用型人才的需求迫切,尤其是对拥有文化传承与创新、技术推广与应用的高素质、高技能型人才的需求更加迫切。少数民族高层次应用型人才具备先进的发展理念和较高的科学、人文素养,能够有效地将自身人力资本转化为现实生产力,满足民族地区对人才需求层次、质量和结构的要求,主动引领社会发展,直接创造经济效益。此外,随着"一带一路"等国家战略的实施,高校也需要相应调整专业设置,培养大量高层次应用型人才来对接"一带一路"发展战略。

(2) 少数民族高层次应用型人才能够适应并引领民族地区的发展。

民族地区的人才培养应适应区域经济社会发展、文化传统、地理环境的需要。少数民族高层次应用型人才多数来自民族地区,他们从小受本民族的文化熏陶,熟悉本民族的社会环境、民俗风情,能够适应当地的文化环境、自然环境和生活环境,对家乡及民族文化有着天然而深厚的感情,对发展当地经济、振兴家乡有着强烈的愿望,能够把个人利益同民族地区的发展统一起来。同时,由于特色专业的地域性,也使得民族地区高校培养的人才不会被其他地区挖走,这些都有助于他们长期扎根在民族地区,服务于当地经济建设。长期以来,我国民族地区的人才培养多是被动地适应社会经济发展需要。少数民族高层次应用型人才在适应民族地区发展需要的同时,也要引领民族地区的发展。高校要顺应民族地区特色产业、新型产业的发展趋势,通过教育对人才的形塑,超越被动适应,适时、适势、适事地培养主动引领民族地区经济发展的少数民族高层次应用型人才。

## (三) 关于应用型人才与应用型人才培养的几对关系探讨

### 1. 应用型人才与学术型人才的关系

人才的分类往往与科学技术联系在一起。人类社会发展中有两种东西占据了特殊的地位,一是科学,二是技术。粗略的区分,"大致可以把科学归为人类对自然界的认识,而将技术归类为对自然界的变革"②。人类认识自然界,揭示事

---

① 刘晓巍、张诗亚:《优先发展教育促进民族地区整体发展》,载于《民族教育研究》2012 年第 4 期,第 5 页。

② 刘兵:《面对可能的世界:科学的多元文化》,科学出版社 2007 年版,第 110 页。

物的本质及其规律、探究科学原理而产生科学理论,类似这样的研究更倾向于学术型,从事这样研究的人才倾向于学术型人才。人类变革自然界,运用技术将科学原理进行转化,将科学原理直接应用于社会实践,类似于这样的实践更倾向于应用型,从事此类实践的人才倾向于应用型人才。因此,按照人才在人类社会发展中所发挥作用的性质不同,学界一般将高校培养的人才划分为学术型(研究型)人才和应用型人才两大类。①

关于人才的分类,学界主要有"两分法"和"四分法"两种方法。"两分法"将应用型人才划分为学术型人才和应用型人才两大类,而"四分法"则将人才划分为学术型人才、工程型人才、技术性人才、技能型人才四种人才类型②,其中,工程型人才、技术型人才和技能型人才属于应用型人才。工程型人才的主要任务是把学术型人才所发现的科学原理转化成可以直接运用于社会实践的工程设计、工作规划、运行决策等,例如工程师、建筑师等;技术型人才不是具体的操作者,而是在生产一线或工作现场从事管理、建设、服务等技术工作的人才,例如在生产现场从事技术工作和管理工作的人才;技能型人才是在生产第一线或工作现场依靠熟练的操作技能来具体完成产品制作,把决策、设计、方案等变成具体产品的人才,主要承担具体的社会生产实践任务,例如车间操作工人等。本书将应用型人才分为工程型人才、技术型人才和技能型人才三种类型。

应用型人才与学术型人才在培养目标、知识结构、工作职能等方面有诸多不同,两者之间也有紧密的联系。如果说学术型人才注重于发现理论和探索客观规律,应用型人才则强调将理论知识和客观规律运用到生产实际当中,为社会直接创造财富,两者之间存在一定的承接关系。此外,无论是应用型人才还是学术型人才,两者各有特点,只是类型上的不同,并非存在层次上的差异,都是人类社会发展中不可或缺的,都服务于经济社会建设。其实,长期以来,对社会发展与大众生活而言,产生直接影响的是将理论转化为工艺流程和实践操作的应用型人才。在社会人才结构中,从事理论研究的学术型人才较少,且与社会生产、实际应用的关系不直接、不紧密,绝大多数人才属于为社会直接谋取福利的应用型人才。

学界将人才划分为学术型人才与应用型人才两大类,这样的划分方式本身无可厚非,而且还为社会人才分类提供了一种学理上的标准。然而有一个问题应该明确,即学术型人才存不存在应用的成分,应用型人才有没有创造知识、进行科学探究的可能,答案应该是肯定的。学术型人才偏重于理论研究,然而随着科学

---

① 华小洋、蒋胜永:《应用型人才培养相关问题研究》,载于《高等工程教育研究》2012年第1期,第101页。

② 严雪怡:《试论人才分类的若干问题》,载于《职教通讯》2000年第8期,第9~11页。

研究与社会生产的联系日益加强，纯粹的理论研究已较少存在，其中或多或少会夹杂些应用的成分；应用型人才偏重于知识的转化与运用，但这本身也是一个"科学研究"的过程，是一种对理论知识再审视、再创造的过程。"随着科学技术的发展和技术的不断科学化，学术型人才与应用型人才之间的划分往往并不是非此即彼的关系，而是可能很和谐地统一在一个人身上。"① 从某种意义上来说，这种统一是"知"与"行"的统一，不同学科知识之间的统一，体现出人才的复合性品性特征。

### 2. 人才培养的应用型与应用性的关系

应用型人才与人才的应用性是两个不同的概念，既有区别，又有联系。应用型人才是相对于学术型人才而言的一种人才类型，主要指拥有较高技术技能的专业人才。应用型人才致力于将科学原理直接应用于社会实践，应用理论知识解决实际问题，为社会谋取直接福利，强调人才与经济社会发展的关系。应用性是人的一种能力特征，是具体专业技能和专业知识的抽象，区别于单纯的理论认知，强调人运用知识解决实际问题的能力，及个人理论联系实际的特性。应用型人才是人才类型，应用性是人才的普遍特征，不管是应用型人才还是学术型人才，这种能力是普遍存在的，只是高低不同，即使是学术型人才也有应用性。应用型人才最突出的特点就是应用性，应用型人才培养贵在其应用性。从人才培养的具体实践来看，很难将某些专业或某类学生简单地定性为应用型专业或应用型人才，而且许多学科专业本身就属于应用学科或者具有很强的应用性。

民族地区的经济社会发展需要的不仅是拥有较高技术技能水平的应用型人才，更是能运用理论解决民族地区实际问题的应用型人才。因此，本书不局限于从应用型人才角度研究高校少数民族人才培养模式改革，也同时兼顾研究少数民族人才的应用性培养问题。

### 3. 少数民族应用型人才培养与非少数民族应用型人才培养的关系

少数民族应用型人才与非少数民族应用型人才都属于我国应用型人才培养的范畴，是按照我国的民族地区和非民族地区来划分的。非少数民族应用型人才是指一般意义上的应用型人才，由普通高等教育和高等职业教育培养的，能够将现代科技知识转化为实际生产技术，具有较好的综合素质和较强的专业性和技术性，直接创造社会综合效益的工程型、技术型、技能型人才。他们可以为民族地区服务，也可以为非少数民族地区服务。少数民族应用型人才包括狭义和广义两

---

① 胡建华等：《高等教育学新论》，江苏教育出版社2006年版，第296~297页。

种。狭义上的少数民族应用型人才具有一般应用型人才的普遍特征，主要是由民族地区地方高校、民族院校为少数民族地区培养的，具有少数民族身份，长期居住在民族地区，热爱本民族文化，对民族地区怀有深厚感情，适应民族地区经济社会发展需要的人才。为使他们能够适应并长期稳定服务于民族地区，除具有一般应用型人才所需要的知识技能，还必须具有一定的民族文化素养，这是应用型人才立足民族地区、适应民族地区、服务民族地区、融入民族地区的必要条件。[①]少数民族应用型人才能够将特色鲜明的民族文化技术、技能，与现代科技相结合，服务于民族地区新型产业和民族特色文化产业发展。在操作上，少数民族应用型人才培养，应在一般应用型人才培养的基础上，注重民族文化的学习与传承。广义上的少数民族应用型人才主要指长期在民族地区居住、生活、工作，为民族地区服务的应用型人才，但不一定具有少数民族身份。本书所指的少数民族应用型人才既有狭义上的少数民族应用型人才，也有广义上的少数民族应用型人才，但以具有少数民族身份的狭义上的少数民族应用型人才为主。

本书所指的少数民族应用型人才主要指少数民族高层次应用型人才，即由高层次的学校（高职以上）培养的，能将理论知识直接用于与民族地区社会生产生活密切相关的社会实践领域，为民族地区创造直接经济利益和物质财富，或为民族地区谋取直接福利的工程型、技术型和技能型人才。考虑到民族地区经济社会快速发展对应用型人才需求特别是本科以上学历高层次人才需求量较大，"内生—协同"发展的实现更需要本科以上学历的高层次应用型人才的支撑，因此，本书重点关注1999年大学扩招后"专升本"的民族地区地方院校和民族院校培养的本科以上少数民族高层次应用型人才。

严格意义上来讲，应用型人才培养模式是没有民族之分的，在培养过程（理论教学、案例教学、校内实训、校外实践）与培养内容（专业建设、师资建设、课程建设）、内—外协作方式等方面，大体是一致的。不同的是，在培养政策与体制上，高校少数民族应用型人才培养政策带有一定的民族性和倾斜性；人才培养体制机制方面，高校少数民族应用型人才培养主要通过发挥民族地区地方院校、民族院校、综合性大学的各自优势及合力优势，"三位一体"培养少数民族应用型人才；人才培养过程方面，高校少数民族应用型人才培养因学生学习基础的特殊性、民族文化的特殊性、民族团结教育的特殊性、人才就业区域的特殊性，在培养过程上存在一定特性；人才培养内—外协作方式方面，高校少数民族应用型人才培养主要是基于民族特色文化产业展开。

此外，因民族地区生产生活、民族文化、地域特征等方面的民族特性，民族

---

[①] 阮学勇：《民族文化教育与应用型人才培养》，载于《中华文化论坛》2012年第2期，第174页。

院校在应用型人才培养过程中应有意地适应这些民族特性,并在专业建设(如藏医、蒙医、民族手工)和师资建设(如双语教师)等方面体现这些民族特性,为民族地区生产生活服务。但是,决不能因为少数民族应用型人才培养理念,而否定了一般意义上的应用型人才培养。

## 四、研究设计

### (一)研究的思路与框架

#### 1. 研究思路

本书基于我国民族地区高层次应用型人才供求矛盾,以满足民族地区发展新型产业和特色文化产业的人才需求为出发点,研究高校少数民族应用型人才培养模式综合改革,研究内容主要分为问题分析、策略研究、方案设计三大板块。

本书的第一部分"少数民族高层次应用型人才供需分析"是问题分析板块,主要从少数民族高层次应用型人才需求情况、供给情况、供需矛盾分析等方面,证实民族地区现有的高校少数民族应用型人才培养不能满足其经济社会发展需求,以此为高校少数民族应用型人才培养模式综合改革提供现实依据。本书的第二部分"高校少数民族应用型人才培养的政策与体制分析"、第三部分"高校少数民族应用型人才培养过程改革"、第四部分"高校少数民族应用型人才培养内—外协作方式改革研究"是策略研究板块,旨在阐明高校少数民族应用型人才培养模式,应当实现培养政策与体制、培养过程及人才培养内—外协作方式改革等各方面的联动综合改革,同时,这一板块分别从政策与体制、培养过程、内—外协作方式、国外高校应用型人才培养实践与启示等方面,为构建新型培养模式提供改革策略。本书的第五部分"高校少数民族应用型人才培养模式综合改革建议"是本书的方案设计板块,主要在对前四部分反思和讨论的基础上,构建综合改革的理论模型,提出综合改革的目标、思路和实施方案。此外,本书还选取贵州毕节和云南大理两个地区,以贵州工程应用技术学院和云南大理大学为个案,分别对彝族应用型人才培养模式和人口较少民族应用型人才培养模式进行深入具体剖析,以此进一步验证和完善高校少数民族应用型人才培养模式综合改革的理论模型。

## 2. 研究框架

本书的研究框架如图 0-1 所示。

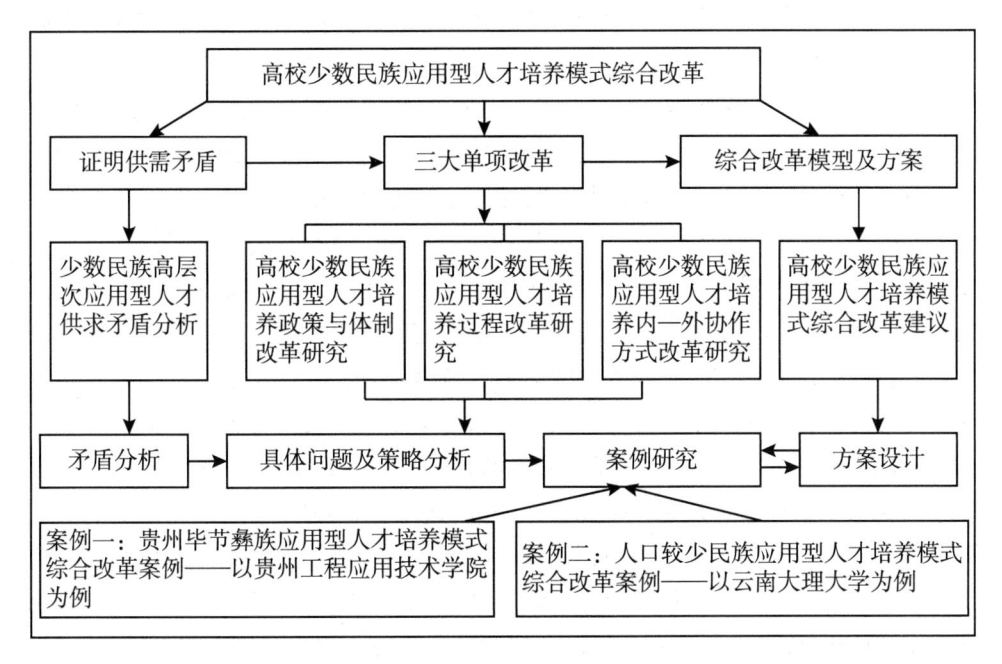

图 0-1 高校少数民族应用型人才培养模式综合改革研究总体框架

## （二）研究方法

### 1. 文献研究法

文献研究法是本书文献梳理、理论分析、框架构建的基本方法。一是历史文献分析，通过查阅历史文献获得有关民族地区的发展方式及思路、民族地区内生发展、经济—文化—教育协同发展、人才培养模式综合改革、高校人才培养的政策体制改革、应用型人才培养过程、人才培养的内外协作方式等方面的文献。二是理论文献分析，通过查阅理论文献获得有关内生理论、协同发展理论等方面的相关理论，构建本书的理论基础。三是现实资料分析，通过现实资料收集与本书有关的政策文本，以期把握当前高校应用型人才培养模式综合改革的现状，分析其中有关高校人才培养模式问题与改革方案和有关高校少数民族应用型人才培养模式综合改革的内容。本书通过文献分析，在前人相关研究的基础上，归纳研究的成果与不足，明确本书研究的突破口和方向。

### 2. 调查法

本书的调查法是问卷调查与访谈法的结合。在本书的第一部分"少数民族高层次应用型人才的供需分析"中，课题组编制了《高校少数民族应用型人才质量满意度调查问卷》，调查用人单位对其少数民族员工的综合满意度。在问卷调查过程中，采用实地收发与网络收发相结合的方式，通过问卷调查和深度访谈，深入分析少数民族应用型人才需求与高校在人才培养过程中的问题。在本书的第三部分"高校少数民族应用型人才培养过程改革"中，课题组赴西藏民族大学、西藏大学农牧学院（林芝校区）、广西民族大学、大理大学、内蒙古民族大学等高校开展了调研，并编制了《大学生学习情况调查问卷》《现代教育技术和模式在少数民族高层次应用型人才培养中的应用》调查问卷，依次了解少数民族大学生的学习情况。为了深入了解情况，调研还以访谈形式，编写《大学生学习情况半结构化访谈提纲》，其中在西藏访谈教师共30人，访谈学生147人。本书的第四部分"高校少数民族应用型人才培养内—外协作方式改革研究"，课题组主要采取访谈的形式，编制《高校少数民族应用型人才培养校企合作访谈提纲》《高校少数民族应用型人才培养校校合作访谈提纲》《高校少数民族应用型人才培养校地合作访谈提纲》，先后赴昌吉学院、伊犁师范学院、喀什大学、和田师范学院，以及乌鲁木齐地区的新疆大学、新疆农业大学、新疆师范大学实地调研。通过调查研究，课题组系统、直接地从培养单位、用人单位、教育管理部门获得了有关高校少数民族应用型人才培养方面的翔实资料。

### 3. 案例分析法

为进一步增强高校少数民族应用型人才培养模式的代表性，增强少数民族应用型人才培养的覆盖面，本书分别选取"贵州毕节彝族应用型人才培养模式综合改革案例——以贵州工程应用技术学院为例""人口较少民族应用型人才培养模式综合改革案例——以云南大理大学为例"两个案例进行深入剖析，以具体的案例来进一步验证和完善"C-U-I-D"模型。此外，在本书的第二部分，通过"广西百色地区应用型人才培养体制改革案例"来具体分析高层次应用型人才培养政策与体制改革过程。在第三部分，通过"西藏民族大学人才培养过程案例"具体分析少数民族应用型人才培养过程具体实践。在第四部分，本书通过"新疆昌吉地区应用型人才培养内—外协作方式改革案例"来具体分析民族地区高层次应用型人才培养内—外协作方式的具体实践。

## 五、主要观点

**1. 民族地区采取"内生—协同"发展方式有利于解决民族地区的发展难题**

现阶段,民族地区面临经济发展滞后、文化发展受限、科教水平不兴等诸多发展难题。解决民族地区的发展难题,既不能走资源浪费式的粗放型增长道路,也不能单纯追求国内生产总值(GDP),消解民族文化,破坏民族地区脆弱的生态环境。民族地区的发展,应从自身特殊性出发,立足自身优势,以丰富的自然与人文资源为基础,以发展新兴产业与特色文化产业为支柱,建立新型的"内生—协同"发展方式。"内生—协同"发展方式的内涵主要包括内生和协同两个方面。"内生"主要指民族地区在适当承接发达地区产业的基础上,通过开发自身的可再生资源(包括人文资源和部分自然资源),形成具有民族特色的产业结构;"协同"主要以民族地区的经济、文化与教育协同发展为内核,以特色的产业结构促进民族地区经济发展和文化繁荣,以少数民族应用型人才培养促进特色产业培育,进而实现民族地区经济、文化和教育协同发展。"内生—协同"型发展是一种激发和培育内生发展动力,注重经济、教育、文化协同发展的发展方式,有利于解决民族地区的发展困境,促进其可持续发展。

**2. 民族地区实现"内生—协同"发展的关键是培养大量能适应并引领民族地区发展的少数民族高层次应用型人才**

民族地区"内生—协同"型发展的关键在于发挥高层次应用型人才的支撑引领作用。高层次应用型人才具备先进的发展理念和较高的科学、人文素养,能够将高科技知识转化为实际生产技术,直接创造较大的经济社会效益,促进民族地区的经济社会发展。少数民族高层次应用型人才不仅要能适应民族地区的文化和工作环境,适应民族地区人才需求的数量与结构,促进民族地区的发展,而且要通过教育对人的型塑,超越适应,使高校少数民族应用型人才培养走在今日民族地区产业发展的前边,走向明日的特色文化产业与新兴产业发展,引领民族地区经济、文化和教育的协同发展,引领民族地区经济发展方式的转变与文化的传承和创新,促进民族地区的"内生—协同"发展。多数民族地区工作条件差,地域特色浓郁,非少数民族应用型人才很难长期、有效地服务于民族地区的发展。因此,培养大量具备现代科技与民族优秀技术应用能力、民族文化传承创新能力,热爱故土并愿返乡就业的少数民族高层次应用型人才,才能促进民族地区实现"内生—协同"发展。

### 3. 培养少数民族高层次应用型人才必须对高校少数民族应用型人才培养模式所涉及的诸多要素进行综合改革

已有的高校少数民族应用型人才培养模式改革多过于关注高校内部的培养过程改革,忽视了培养体制和培养内—外协作方式改革,且这些改革多集中在培养方案、师资建设、教学改革、课程开发等单项改革,改革系统性不强,没有对培养模式涉及的因素实施综合改革。此外,已有改革没有以民族地区发展需求为导向,忽视了民族地区特殊性。民族地区人才培养过程与非民族地区的人才培养过程差异性较小,除了关注培养过程中的一般要素外,还需关注民族地区人才培养的政策与体制及培养过程中的内—外协作方式等问题。因此,高校少数民族应用型人才培养模式改革以培养政策和体制改革为切入点、培养过程改革为关键环节、高校"内—外"协作方式改革为驱动力,对人才培养的政策与体制、培养过程与环节、内—外协作方式等因素进行综合改革。只有这样高校才能培养出适应并引领民族地区"内生—协同"发展的少数民族高层次应用型人才。

### 4. 构建新的人才培养模式促进高校少数民族应用型人才培养综合改革

已有高校应用型人才培养模式同质化严重,没有与民族地区特色产业紧密对接,忽视了民族地区的特殊性;以普通应用型人才培养为主,民族文化特性不明显;民族院校专业设置、培养方案、课程教学等与非民族地区学校相似,人才培养的民族性不强;民族地区地方院校没有实现与综合性大学的实质性合作。结合当前高校发展战略转型的背景,高校少数民族应用型人才培养模式综合改革要对人才培养的政策与体制、培养过程与环节、内—外协作方式等因素进行综合改革。综合改革的主要思路是构建新的高校少数民族应用型人才培养模式;综合改革的目标是推动民族地区地方院校、民族院校与综合性大学共同协作,面向区域特色产业需求,培养少数民族高层次应用型人才,最终实现民族地区的经济社会发展和少数民族人的发展。

# 第一章

# 少数民族高层次应用型人才的供需分析

如前所述,要实现民族地区的"内生—协同"发展方式,其关键的问题在于人才,特别是适应民族地区环境、熟悉本民族文化历史和语言风俗、了解民族地区政治经济特点、接受过高等教育的少数民族高层次应用型人才,能够为民族地区新时期的战略转型与"后发追赶"提供坚强的智力支撑。因此,本章基于民族地区经济社会发展的背景分析,深入民族地区开展实地调研,在宏观上把握少数民族高层次应用型人才的需求状况。同时,在民族八省对少数民族高层次应用型人才的培养与供给情况进行调研,以及在问卷调查和统计数据分析的基础上,基于供需对比分析,归纳少数民族高层次应用型人才的供需矛盾,总结高校少数民族应用型人才培养的问题,并以此提出高校少数民族高层次应用型人才培养模式的初步构想。

## 一、背景分析

少数民族高层次应用型人才的培养是对民族地区经济社会发展的回应,也是民族地区教育改革发展的必然选择,但目前少数民族高层次应用型人才培养还存在诸多问题和矛盾。通过对民族地区政策、经济和教育的背景分析,有助于在宏观上把握少数民族高层次应用型人才的供需矛盾。

## （一）政策背景：国家政策支持下民族地区自主发展的要求

民族政策的制定和实施、调整和变化深刻地影响着民族地区的发展。新中国成立以来，党和国家先后制定了一系列的民族政策。十三届四中全会后，党中央、国务院连续召开了三次中央民族工作会议，明确了把加快发展作为解决现阶段民族问题的核心，创造性地提出了"不断巩固和发展了平等、团结、互助、和谐的社会主义民族关系，坚持和完善了民族区域自治制度"①。党的十八大以来，党和国家要求"全面正确贯彻落实党的民族政策，坚持和完善民族区域自治制度，牢牢把握各民族共同团结奋斗、共同繁荣发展的主题……促进各民族和睦相处、和衷共济、和谐发展"②。这些政策为民族地区的发展指明了方向、提供了保障和动力。如今，在以习近平同志为核心的党中央坚强领导下，民族地区综合实力大幅提升，经济、文化、教育等各个方面都得到了全面进步与发展。

尽管有党和国家的政策支持，但是，民族地区发展仍面临一些突出问题和特殊困难，尤其是自主发展能力不强的问题格外突出。③ 其根本原因在于区域内高层次人才严重缺乏。④ 少数民族高层次人才为民族地区经济社会发展提供了根本的人力与智力保障，尤其是高层次应用型人才更是人力资源的重要组成部分，在民族地区"后发追赶"的发展过程中，亟须大量的高层次应用型人才。如《贵州"十三五"人才发展专项规划》中明确提出"到2020年，全省人才资源总量达到530万人，高层次人才占人才资源总量的14%，高技能人才占技能人才总数的15%"⑤；广西壮族自治区在《广西人力资源和社会保障事业发展"十三五"规划》中明确提出"到2020年，全区专业技术人才总量达到230万人，高技能人才总量达到125万人，占技能劳动者的比例达到25%左

---

① 武建军：《论民族区域自治制度的价值取向》，载于《西南民族大学学报》（人文社科版）2002年第7期，第40~43页。
② 于潜驰、李晓婉：《党的十八大指明了中国民族理论创新发展的方向——"党的十八大与中国民族理论创新发展"学术研讨会综述》，载于《云南民族大学学报》（哲学社会科学版）2013年第1期，第54~57页。
③ 莫代山、莫彦峰：《发达地区对口支援欠发达民族地区政策实施绩效及对策研究——以来凤县为例》，载于《湖北民族学院学报》（哲学社会科学版）2010年第4期，第35~38页。
④ 张姣蓉：《我国少数民族高层次人才培养政策演进探微》，载于《湖北民族学院学报》（哲学社会科学版）2015年第2期，第177~180页。
⑤ 《关于印发贵州省"十三五"人才发展专项规划的通知》，贵州省人力资源社会保障网，http://gz.hrss.gov.cn/art/2016/12/29/art_31_38737.html。

右"①。云南、新疆等省（自治区）也出台了类似的政策规划。从各民族省（自治区）的政策规划来看，高层次应用型人才的培养和引进都是新时期区域内人力资源工作的重点，其原因在于高层次应用型人才在民族地区自主发展的进程中发挥着关键作用，民族地区的经济社会发展急需大量的高层次应用型人才。因此，研究和分析少数民族高层次应用型人才的供需，优化少数民族高层次应用型人才的有效供给，是实现民族地区自主发展的必然要求。

### （二）经济背景："十三五"期间民族地区内生发展的需求

党和国家通过在民族地区开展民族贸易、发展现代工业和交通业、加强牧区建设、加大财政支持、开展对口支援、扩大对外开放、加强扶贫工作、实施西部大开发战略和兴边富民计划等，极大地推动了少数民族地区的经济发展。"十二五"时期，我国少数民族和民族地区发展取得显著成绩，民族地区生产总值年均增长均超过全国年均增长8%的水平，内蒙古自治区年均增长10%、新疆维吾尔自治区年均增长10.7%、西藏自治区年均增长11.7%、广西壮族自治区年均增长10.1%、宁夏回族自治区年均增长9.9%、云南省年均经济增速达到11.1%、贵州省年均增长12.5%、青海省年均增长10.8%。② 随着新一轮西部大开发和"一带一路"倡议的推进，民族地区的经济发展取得了显著进步，经济总量快速增加，占全国GDP的比重也逐年提高，如表1-1所示。

表1-1　　　　　2011~2015年民族地区生产总值　　　　单位：亿元

| 地区 | 2015年 | 2014年 | 2013年 | 2012年 | 2011年 |
| --- | --- | --- | --- | --- | --- |
| 内蒙古 | 17 831.51 | 17 770.19 | 16 916.5 | 15 880.58 | 14 359.88 |
| 广西 | 16 803.12 | 15 672.89 | 14 449.9 | 13 035.10 | 11 720.87 |
| 贵州 | 10 502.56 | 9 266.39 | 8 086.86 | 6 852.20 | 5 701.84 |
| 云南 | 13 619.17 | 12 814.59 | 11 832.31 | 10 309.47 | 8 893.12 |
| 西藏 | 1 026.39 | 920.83 | 815.67 | 701.03 | 605.83 |
| 青海 | 2 417.05 | 2 303.32 | 2 122.06 | 1 893.54 | 1 670.44 |

---

① 广西壮族自治区人力资源和社会保障厅：《广西壮族自治区人民政府办公厅关于印发广西人力资源和社会保障事业发展"十三五"规划的通知》，https://www.gxhrss.gov.cn/xxgk/zcfg/zcfg/201609/t20160927_66237.html。

② 数据来自中国经济网。

续表

| 地区 | 2015 年 | 2014 年 | 2013 年 | 2012 年 | 2011 年 |
|---|---|---|---|---|---|
| 宁夏 | 2 911.77 | 2 752.1 | 2 577.57 | 2 341.29 | 2 102.21 |
| 新疆 | 9 324.8 | 9 273.46 | 8 443.84 | 7 505.31 | 6 610.05 |

资料来源：国家统计局网站数据，http：//data.stats.gov.cn/easyquery.htm? cn。

2011~2015 年，民族地区第一产业增加值分别为 7 043.48 亿元、7 944.67 亿元、8 660.71 亿元、9 374.97 亿元和 9 983.07 亿元，占全国第一产业增加值的比重不断增加。2015 年，广西壮族自治区位居第一达 2 565.45 亿元、云南省位居第二达 2 055.78 亿元。第一产业增加值超过 1 000 亿元的省份还有内蒙古、新疆、贵州，1 000 亿元以下的省份有青海、宁夏、西藏，其中西藏第一产业增加值仅为 98.04 亿元，与其他地区差距较大，如表 1-2 所示。

表 1-2　　　　2011~2015 年民族地区第一产业增加值　　　　单位：亿元

| 地区 | 2015 年 | 2014 年 | 2013 年 | 2012 年 | 2011 年 |
|---|---|---|---|---|---|
| 民族地区 | 9 983.07 | 9 374.97 | 8 660.71 | 7 944.67 | 7 043.48 |
| 内蒙古 | 1 617.42 | 1 627.85 | 1 575.76 | 1 448.58 | 1 306.3 |
| 广西 | 2 565.45 | 2 413.44 | 2 290.64 | 2 172.37 | 2 047.23 |
| 贵州 | 1 640.61 | 1 280.45 | 998.47 | 891.91 | 726.22 |
| 云南 | 2 055.78 | 1 990.07 | 1 860.8 | 1 654.55 | 1 411.01 |
| 西藏 | 98.04 | 91.64 | 84.68 | 80.38 | 74.47 |
| 青海 | 208.93 | 215.93 | 204.72 | 176.91 | 155.08 |
| 宁夏 | 237.76 | 216.99 | 210.81 | 199.4 | 184.14 |
| 新疆 | 1 559.08 | 1 538.6 | 1 434.83 | 1 320.57 | 1 139.03 |

资料来源：国家统计局网站数据，http：//data.stats.gov.cn/easyquery.htm? cn。

2011~2015 年，民族地区第二产业增加值分别为 25 153.68 亿元、28 121.79 亿元、30 329.52 亿元、32 445.36 亿元和 32 841.55 亿元，占全国第二产业增加值的比重不断增加。2015 年，内蒙古自治区位居第一，达 9 000.58 亿元；广西壮族自治区位居第二，达 7 717.52 亿元；云南省位居第三，达 5 416.12 亿元；贵州省位居第四，达 4 147.83 亿元。1 000 亿元以下的仅有西藏自治区，其 2015 年第二产业增加值为 376.19 亿元，与其他地区差距较大。总体来说，西部民族地区第二产业相对落后，第二产业增加值占全国比重虽有所上升，但仍然偏低，如表 1-3 所示。

表1-3　　　　2011~2015年民族地区第二产业增加值　　　　单位：亿元

| 地区 | 2015年 | 2014年 | 2013年 | 2012年 | 2011年 |
|---|---|---|---|---|---|
| 民族地区 | 32 841.55 | 32 445.36 | 30 329.52 | 28 121.79 | 25 153.68 |
| 内蒙古 | 9 000.58 | 9 119.79 | 9 104.08 | 8 801.5 | 8 037.69 |
| 广西 | 7 717.52 | 7 324.96 | 6 731.32 | 6 247.43 | 5 675.32 |
| 贵州 | 4 147.83 | 3 857.44 | 3 276.24 | 2 677.54 | 2 194.33 |
| 云南 | 5 416.12 | 5 281.82 | 4 939.21 | 4 419.2 | 3 780.32 |
| 西藏 | 376.19 | 336.84 | 292.92 | 242.85 | 208.79 |
| 青海 | 1 207.31 | 1 234.31 | 1 151.28 | 1 092.34 | 975.18 |
| 宁夏 | 1 379.6 | 1 341.24 | 1 259.59 | 1 159.37 | 1 056.15 |
| 新疆 | 3 596.4 | 3 948.96 | 3 574.88 | 3 481.56 | 3 225.9 |

资料来源：国家统计局网站数据，http：//data.stats.gov.cn/easyquery.htm? cn。

2011~2015年，民族地区第三产业增加值分别为19 467.09亿元、22 452.06亿元、26 254.48亿元、28 953.44亿元和34 395.38亿元，占全国第三产业增加值的比重不断上升。2015年，内蒙古自治区位居第一，达7 213.51亿元；广西壮族自治区位居第二，达6 520.15亿元；云南省位居第三，达6 147.27亿元。西藏自治区的第三产业增加值仅为552.16亿元，与其他地区差距较大，如表1-4所示。

表1-4　　　　2011~2015年民族地区第三产业增加值　　　　单位：亿元

| 地区 | 2015年 | 2014年 | 2013年 | 2012年 | 2011年 |
|---|---|---|---|---|---|
| 民族地区 | 34 395.38 | 28 953.44 | 26 254.48 | 22 452.06 | 19 467.09 |
| 内蒙古 | 7 213.51 | 7 022.55 | 6 236.66 | 5 630.5 | 5 015.89 |
| 广西 | 6 520.15 | 5 934.49 | 5 427.94 | 4 615.3 | 3 998.33 |
| 贵州 | 4 714.12 | 4 128.5 | 3 812.15 | 3 282.75 | 2 781.29 |
| 云南 | 6 147.27 | 5 542.7 | 5 032.3 | 4 235.72 | 3 701.79 |
| 西藏 | 552.16 | 492.35 | 438.07 | 377.8 | 322.57 |
| 青海 | 1 000.81 | 853.08 | 766.06 | 624.29 | 540.18 |
| 宁夏 | 1 294.41 | 1 193.87 | 1 107.17 | 982.52 | 861.92 |
| 新疆 | 4 169.32 | 3 785.9 | 3 434.13 | 2 703.18 | 2 245.12 |

资料来源：国家统计局网站数据，http：//data.stats.gov.cn/easyquery.htm? cn。

"十三五"期间，我国经济发展已经步入了"新常态"，各民族地区将新能源、新材料、装备制造业、民族医药、旅游、特色文化、生物等产业作为战略性新兴产业列入发展规划，民族地区的经济发展面临转型和升级。但是，产业的转型升级和特色产业的发展需要大批高层次人才，特别是高层次应用型人才作为支撑。如内蒙古《人力资源与社会保障"十三五"规划》就明确提出要完善措施强化少数民族人才的培养和使用，同时健全高层次应用型人才的培养机制①；贵州省在"十三五"期间重点产业人才将达到 30 万人、特色城镇发展领域人才将超过 40 万人、企业经营管理人才将达到 74 万人，全省专业技术人才将达到 159 万人，按照高层次应用型人才比率 10.2% 的计划，届时全省高层次应用型人才的需求量约在 16 万人左右②。因此，加强高层次应用型人才培养，实现从"人口红利"到"人才红利"的转化是民族地区顺利实现产业升级的关键之所在。然而，现实的情况是由于民族地区经济社会发展相对落后且人力资源匮乏，两者形成了恶性循环，加上地理环境艰苦，生活和工作条件差，民族地区劳动力流向发达地区，导致了民族地区高层次人才奇缺，技术力量不足，直接影响了劳动生产率的提高。③ 所以，要实现民族地区"十三五"期间经济发展转型，要实现全面建成小康社会的目标，就必须大力培养和引进高层次应用型人才，在数量、质量、结构上满足民族地区在内生发展上的需求。

## （三）教育背景：教育改革服务民族地区经济社会发展的选择

党和国家高度重视民族人才的培养，并采取了多项措施，出台了专门的政策给予特殊支持，为民族人才教育事业的稳步发展保驾护航。1980 年，教育部、国家民族事务委员会先后颁布实施《关于加强民族教育工作的意见》《关于从民族地区补助费中适当安排少数民族教育经费的建议》，对少数民族学生给予高考优惠政策，从民族地区的各项补助中设置教育补助款项。21 世纪以来，国务院颁布的《关于深化改革加快发展民族教育的决定》对民族教育工作的指导思想、目标任务、基本方针和原则、政策措施、领导管理等作了新的规定。2004 年 7 月，教育部、国家发展和改革委员会、国家民族委员会、财政部、人事部五部委联合印发了《关于大力培养少数民族高层次骨干人才的意见》，教育部和国家民

---

① 内蒙古自治区人民政府：《内蒙古自治区人力资源和社会保障事业发展第十三个五年规划》，http://www.nmg.gov.cn/fabu/ghjhl/fzgh/201612/t20161202_587641.html。

② 《关于印发贵州省"十三五"人才发展专项规划的通知》，贵州省人力资源社会保障网，http://gz.hrss.gov.cn/art/2016/12/29/art_31_38737.html。

③ 奂平清：《西部民族地区经济社会发展的制约因素》，载于《甘肃社会科学》2007 年第 6 期，第 69~72 页。

族事务委员会随后颁布了具体实施方案（《培养少数民族高层次骨干人才计划的实施方案》），以国内高水平大学和研究机构为依托，通过定向和就业的方式，面向中西部民族地区进行招生指标计划单列的招生培养，计划实施10多年来，已经为少数民族地区培养了数以万计的高层次人才。

多年来，通过党和国家的诸多重大举措和特殊的倾斜政策，少数民族地区的教育得到了长足的发展，一系列重大教育发展项目，如在内地开办西藏班、新疆班，实施国家贫困地区义务教育工程、东部发达地区对口支援西部贫困地区学校、西部农村中小学现代远程教育工程、西部地区"两基"攻坚计划等，极大地促进了少数民族地区教育事业的快速发展，进一步缩小了民族地区与其他地区教育发展的差距，对促进教育公平起到了十分重要的作用。2012年末，民族自治地方共有普通高等院校210所，招生49.66万人，在校本、专科生165.71万人，比上年增长3.6%。[①] 在教育领域综合改革的背景下，为提高服务区域经济社会发展的能力水平，加快建设现代职业教育体系和推进地方高校转型发展是民族地区教育改革和发展的两项重要任务。一方面，随着民族地区经济的转型升级，高层次应用型人才的数量和结构远不能满足市场需求，"高级技工荒"难题凸显，需要进一步建设现代职业教育体系，培养更多的高层次技术技能型人才；另一方面，民族地区高等教育发展相对滞后，面临着同质化发展的问题，调整高等教育结构，推动高等教育多样化发展，推动民族地区地方高校转型发展，培养高层次应用型人才，有助于进一步提升人才培养结构与市场需求的匹配度。高层次应用型人才培养既是教育领域综合改革的内生需要，也是民族地区经济社会发展对教育改革的客观需求。

## 二、研究说明与数据来源

### （一）研究说明

**1. 主要研究内容**

人才供给是区域经济社会发展的核心动力。为了全面掌握民族地区少数民族

---

① 国家民族事务委员会：《2012年全国民族自治地方经济社会发展》，http//www.seac.gov.cn/art/2014/9/22/art_657_235719.Html。

高层次应用型人才的需求与供给情况，本书基于国家统计数据、问卷研究和个案分析，对我国少数民族地区高层次应用型人才需求情况做出系统判断。基于调研发现民族地区对少数民族高层次应用型人才的数量、质量和结构方面的需求现状，最终为高校建立适应民族地区高层次应用型人才需求的培养模式改革提供参考。因此，本书的研究内容主要有以下三点：

一是围绕我国少数民族地区高层次应用型人才的需求状况，详细考察少数民族地区经济社会发展和行业企业的人才需求情况。

二是围绕我国少数民族地区高层次应用型人才的供给，全面考察少数民族高层次应用型人才培养的过程与结果，总结少数民族高层次应用型人才的供给质量。

三是基于少数民族高层次应用型人才的供给矛盾分析，全面总结我国少数民族高层次应用型人才培养的问题，并提出少数民族培养高层次应用型人才的改革策略。

### 2. 分析框架与假设

民族地区少数民族高层次应用型人才的需求与供给分析要着眼于民族地区经济社会发展与高等教育的人才培养两个子系统。简单来说，民族地区是需求方，高等教育系统是供给方。需求与供给本身，主要包括了数量上供需的一致性、结构上供需的一致性、质量上供需的一致性。因此，本章的分析框架如图1-1所示。在民族地区的需求侧与高等教育的供给侧之间，以高层次应用型人才为纽带，供需关系主要体现为三种：一是高层次应用型人才数量供需关系。在供给侧，高层次应用型人才的数量主要体现为招生人数、在校生人数以及毕业生人数，而在需求侧主要是基于民族地区经济社会发展而诞生的对工作岗位、从业人员与就业人员的需求。二是高层次应用型人才结构供需关系。在供给侧，高层次应用型人才的结构主要体现为院校类型、专业设置以及学历层次等，而在需求侧主要是基于民族地区经济社会发展的对产业结构、行业结构、企业分布和人才结构的需求。三是高层次应用型人才质量供需关系。在供给侧，高层次应用型人才的质量主要体现为培养过程、课程教学质量以及相关质量保障因素等，而在需求侧主要是基于民族地区经济社会发展中工作岗位生产过程对人才的知识、技能、态度（KSA[①]）等的需求。

---

[①] O'Neill T. A., Goffin R. D., Gellatly I. R.. The Knowledge, Skill, and Ability Requirements for Teamwork: Revisiting the Teamwork-KSA Test's validity. *International Journal of Selection & Assessment*, 2012 (1): 36–52.

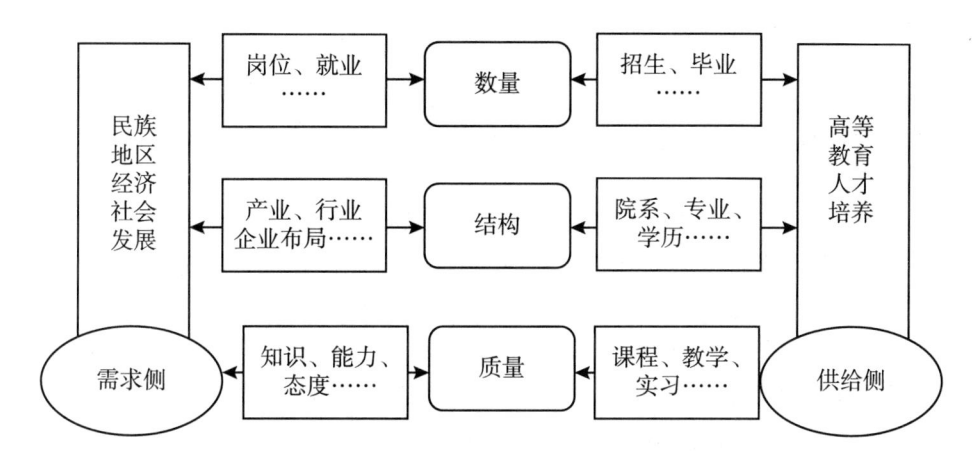

**图 1-1　少数民族高层次应用型人才供需的三维分析框架**

理想的状态下，高等教育能够为民族地区提供足够的人才供给，无论是人才的数量、结构还是质量，都应该是供需平衡的。基于此，本章提出基本的研究假设及其分假设如下：

总假设：高校少数民族高层次应用型人才与民族地区经济社会发展的需求一致。

分假设：

H1：高校少数民族高层次应用型人才的数量与民族地区经济社会发展的需求基本一致；

H2：高校少数民族高层次应用型人才的结构与民族地区经济社会发展的需求基本一致；

H2-1：高校少数民族高层次应用型人才的学历结构与民族地区经济社会发展的需求基本一致；

H2-2：高校少数民族高层次应用型人才的能力结构与民族地区经济社会发展的需求基本一致；

H3：高校少数民族高层次应用型人才的质量与民族地区经济社会发展的需求基本一致；

H3-1：高校少数民族高层次应用型人才培养的过程质量与民族地区经济社会发展的需求基本一致；

H3-2：高校少数民族高层次应用型人才培养的结果质量与民族地区经济社会发展的需求基本一致。

### 3. 技术路线

为了全面掌握民族地区少数民族高层次应用型人才的需求与供给情况，本章采用实证研究的基本范式，运用文献法、问卷调查法，结合国内关于少数民族应用型人才培养的相关文献和国家统计数据，对高校少数民族高层次应用型人才培养与民族地区对少数民族高层次应用型人才需求之间的供需关系进行分析，其逻辑关系如下：

少数民族高层次应用型人才供需分析首先是以民族地区政治背景、经济背景与社会发展为基础，在大的方向上明确人才的需求与供给情况，同时也进一步细化了本书的基本问题。在此基础上，本章建立了少数民族高层次应用型人才供需分析的"数量—结构—质量"三维分析框架，以三维分析框架为基础，进一步细分了民族地区高层次应用型人才需求的测度指标：数量需求的观测指标——岗位、就业等；结构需求的观测指标——产业、行业、企业布局等；质量需求的观测指标——知识、技能、态度（KSA）等。同时，本章还建构了高校少数民族应用型人才供给的观测指标：数量供给指标——招生数量、毕业生数量等；供给结构观测指标——专业结构、学历结构等；供给质量观测指标——专业满意度、教学满意度、就业满意度、毕业生适应性等。基于指标设计，进行数据收集，第一类是国家官方数据，通过统计年鉴或者相关网站获取；第二类是自主研究数据，主要有问卷研究数据和访谈数据。在此基础上，得出少数民族高层次应用型人才供需的基本结论，并分析结果的成因，从供给侧提出改革思路。

### 4. 研究方法与工具

本书采用实证研究的基本范式，除了文献法之外，最主要的研究方法有问卷调查法、访谈法、个案分析法，各种方法所对应的工具与平台如下：

（1）文献法。

文献研究主要在于掌握既往研究中对少数民族应用型人才研究的进展和基本结论，从而便于本书在调查和案例收集上能够有的放矢。具体来说，本书的文献有四种来源：一是利用西南大学图书馆以及国家图书馆进行相关书籍收集；二是利用中国知网等数据库搜索相关的期刊、报刊和会议论文；三是通过国家、云南省、大理大学官方网站收集相关政策法规文件和措施。

（2）问卷调查法。

针对用人单位对少数民族地区毕业生满意度问题，笔者基于对近十年"应用型人才"研究的文献分析，修改和借鉴比较成熟的调查问卷，对企业、事业单位等人事管理者进行深入访谈来获取信息，以及在借鉴比较成熟的调查问卷的基础上，最终确立了本书的调查维度，即数量、结构、质量等维度，编制了《少数民族高层次应用型人才质量满意度调查问卷》。

第一，问卷结构。本书自编了《高校少数民族应用型人才质量满意度调查问卷》，包括指导语、基本信息和两个分问卷。第一部分是基本信息。主要收集了两大特征变量的8条基本信息。一是用人单位基本信息，包含了性质、规模、所在地；二是用人单位的少数民族高层次应用型人才数量基本信息，包含了现有少数民族人才层次、未来几年急需的少数民族人才的学历结构和类型结构。第二部分是质量满意度调查。主要包括知识、能力和态度三个维度，共33题。第三部分是适应性调查。该部分设计了三个维度，共20题，包含了工作环境适应性、人际关系适应性和工作岗位适应性。为了遵循问卷编制的一般程序和基本原则，坚持原始性与忠实性的原则、等级性与差异性的原则、程序性与科学性的原则[①]，问卷所有项目都采用封闭式作答，作答选项采用李克特量表（Likert scale）的五级编码，据被调查对象对少数民族高层次应用型人才的知觉程度，设置由低到高5个级点积分，分别为①=非常不符合、②=比较符合、③=不赞同不反对、④=比较不符合、⑤=非常符合。

第二，问卷分析。《高校少数民族应用型人才质量满意度调查问卷》开发完毕之后，笔者在云南、广西、新疆、宁夏、贵州选择了50家企事业单位的人事管理者展开试测。每家企事业单位发放问卷1份，共发放问卷50份，回收问卷48份，其中，有效问卷47份，有效回收率为94%。其中，被试的基本分布如下：

从单位所在民族区域看，民族聚居区的为13个单位，占27.66%；民族杂居区的为34个单位，占72.34%。从单位性质看，属政府部门的为5个，占10.64%；属事业单位的为10个，占21.28%；属企业单位的为32个，占68.09%。从单位规模看，处于0~50人的为2个，占4.26%；50~100人的为7个，占14.89%；100~500人的为23个，占48.94%；500~1000人的为10个，占21.28%；1000人以上的为5人，占10.64%。少数民族职工所占比例，0~50人的为8个，占17.02%；50~100人的为15个，占31.91%；100~500人的为19个，占40.43%；500~1000人的为5个，占10.64%；少数民族职工没有占1000人以上的单位。

一是项目分析。项目分析的重要意义主要在于检验编制的量表或测验个别题项的适切或可靠程度[②]，即项目的难度和区分度。这里主要选取极端值比较和同质性检验对《高校少数民族应用型人才质量满意度调查问卷》进行因子鉴别力分析，并对其高低分组进行独立样本T检验，求出决断值（CR）。一般而言，对于

---

[①] 邱皓政：《量化研究与统计分析》，重庆大学出版社2009年版，第285页。
[②] 吴明隆：《问卷统计分析实务——SPSS操作与应用》，重庆大学出版社2010年版，第158页。

决断值未达到显著水平的题项，或者显著概率 P 大于 0.05 的题项，通常考虑删除①，因为独立样本 T 检验的 CR 临界比越高，项目的鉴别力越强。项目分析结果如表 1-5 所示。

表 1-5　　　　　　　　　独立样本 T 检验

| 题号 | T 值 | P 值 | 题号 | T 值 | P 值 |
| --- | --- | --- | --- | --- | --- |
| B1 | 3.027 | 0.034 | B25 | 2.358 | 0.023 |
| B2 | 2.051 | 0.022 | B26 | 1.520 | 0.018 |
| B3 | 2.407 | 0.013 | B27 | 2.443 | 0.009 |
| B4 | 2.368 | 0.027 | B28 | 2.657 | 0.033 |
| B5 | 1.121 | 0.016 | B29 | 1.159 | 0.034 |
| B6 | 2.164 | 0.014 | B30 | 2.163 | 0.021 |
| B7 | 1.258 | 0.022 | B31 | 1.607 | 0.036 |
| B8 | 1.361 | 0.046 | B32 | 1.461 | 0.039 |
| B9 | 1.139 | 0.012 | B33 | 2.657 | 0.032 |
| B10 | 1.371 | 0.035 | P1 | 2.516 | 0.015 |
| B11 | 2.834 | 0.066 | P2 | 1.306 | 0.017 |
| B12 | 1.355 | 0.016 | P3 | 1.428 | 0.038 |
| B13 | 2.213 | 0.028 | P4 | 2.451 | 0.031 |
| B14 | 2.061 | 0.021 | P5 | 2.764 | 0.018 |
| B15 | 1.464 | 0.042 | P6 | 1.374 | 0.045 |
| B16 | 1.243 | 0.015 | P7 | 1.154 | 0.034 |
| B17 | 1.107 | 0.017 | P8 | 2.271 | 0.000 |
| B18 | 3.213 | 0.041 | P9 | 2.637 | 0.022 |
| B19 | 1.729 | 0.000 | P10 | 1.280 | 0.035 |
| B20 | 1.156 | 0.028 | P11 | 1.303 | 0.036 |
| B21 | 1.806 | 0.046 | P12 | 1.731 | 0.018 |
| B22 | 1.232 | 0.021 | P13 | 1.269 | 0.040 |
| B23 | 2.437 | 0.017 | P14 | 2.023 | 0.027 |
| B24 | 1.632 | 0.019 | P15 | 1.962 | 0.036 |

---

① 邱皓政：《量化研究与统计分析》，重庆大学出版社 2009 年版，第 285 页。

续表

| 题号 | T 值 | P 值 | 题号 | T 值 | P 值 |
| --- | --- | --- | --- | --- | --- |
| P16 | 2.735 | 0.031 | P19 | 1.907 | 0.019 |
| P17 | 1.132 | 0.023 | P20 | 3.118 | 0.042 |
| P18 | 1.479 | 0.033 | | | |

注：* 表示 p<0.05，** 表示 p<0.01。

量表高低分组分析结果表明，在 95% 的置信区间内，两个分量表的 53 个项目的 P 值无一超过 0.05，亦即是说两个分量表的 53 个项目的区分度都达到了显著性差异水平。对高低组极端值比较之后，笔者还分别对《满意度分问卷》和《适应性分问卷》进行了题项与总水平的相关分析。根据测量学的观点，题项与总水平的相关越高，题项的鉴别力越高，反之鉴别力越低。① 如表 1-6 所示。

表 1-6　　　　　　　　项目与总水平的相关分析

| 题号 | S1 | S2 | S3 | S4 | S5 | S6 | S7 | S8 | S9 | S10 | S11 |
| --- | --- | --- | --- | --- | --- | --- | --- | --- | --- | --- | --- |
| R | 0.405 | 0.438 | 0.412 | 0.479 | 0.442 | 0.425 | 0.431 | 0.461 | 0.454 | 0.537 | 0.407 |
| P | 0.013 | 0.026 | 0.031 | 0.037 | 0.018 | 0.23 | 0.027 | 0.002 | 0.034 | 0.000 | 0.008 |
| N | 47 | 47 | 47 | 47 | 47 | 47 | 47 | 47 | 47 | 47 | 47 |
| 题号 | S12 | S13 | S14 | S15 | S16 | S17 | S18 | S19 | S20 | S21 | S22 |
| R | 0.515 | 0.481 | 0.410 | 0.432 | 0.502 | 0.506 | 0.486 | 0.433 | 0.403 | 0.491 | 0.424 |
| P | 0.009 | 0.017 | 0.030 | 0.011 | 0.007 | 0.007 | 0.037 | 0.014 | 0.012 | 0.011 | 0.016 |
| N | 47 | 47 | 47 | 47 | 47 | 47 | 47 | 47 | 47 | 47 | 47 |
| 题号 | S23 | S24 | S25 | S26 | S27 | S28 | S29 | S30 | S31 | S32 | S33 |
| R | 0.389 | 0.447 | 0.404 | 0.391 | 0.469 | 0.451 | 0.441 | 0.401 | 0.530 | 0.454 | 0.413 |
| P | 0.011 | 0.019 | 0.021 | 0.013 | 0.028 | 0.033 | 0.022 | 0.015 | 0.002 | 0.024 | 0.041 |
| N | 47 | 47 | 47 | 47 | 47 | 47 | 47 | 47 | 47 | 47 | 47 |
| 题号 | A1 | A2 | A3 | A4 | A5 | A6 | A7 | A8 | A9 | A10 | A11 |
| R | 0.413 | 0.406 | 0.561 | 0.437 | 0.443 | 0.462 | 0.454 | 0.412 | 0.474 | 0.410 | 0.488 |
| P | 0.014 | 0.021 | 0.000 | 0.019 | 0.015 | 0.017 | 0.024 | 0.013 | 0.009 | 0.036 | 0.011 |
| N | 47 | 47 | 47 | 47 | 47 | 47 | 47 | 47 | 47 | 47 | 47 |

---

① 王重鸣：《心理学研究方法》，人民教育出版社 2001 年版，第 134 页。

续表

| 题号 | A12 | A13 | A14 | A15 | A16 | A17 | A18 | A19 | A20 |
|---|---|---|---|---|---|---|---|---|---|
| R | 0.458 | 0.395 | 0.432 | 0.481 | 0.427 | 0.445 | 0.436 | 0.472 | 0.424 |
| P | 0.003 | 0.016 | 0.011 | 0.016 | 0.031 | 0.008 | 0.014 | 0.013 | 0.27 |
| N | 47 | 47 | 47 | 47 | 47 | 47 | 47 | 47 | 47 |

注：* 表示 $p < 0.05$，** 表示 $p < 0.01$。

如表1-6所示，《高校少数民族应用型人才质量满意度调查问卷》中第二部分问卷的33个项目和第三部分问卷的20个项目的得分与问卷总分的相关程度都较高，其最低水平分别为 $R = 0.389$ 和 $R = 0.395$，最高相关系数分别为 $R = 0.537$ 和 $R = 0.561$。因此，问卷具有较好的鉴别力。

二是信度分析。信度（reliability）是指测验或量表工具所测得结果的可靠性、稳定性和一致性。[1] 克隆巴赫阿尔法系数（Cronbach's Alpha）是检验信度的常用指标，α系数界于0~1，一般认为，Cronbach's α 系数应在0~1，如果量表的信度系数在0.9以上，表示量表的信度很好；如果量表的信度系数在0.8~0.9，表示量表的信度可以接受；如果量表的信度系数在0.7~0.8，表示量表有些项目需要修订；如果量表的信度系数在0.7以下，表示量表有些项目需要抛弃。[2] 分别对《高校少数民族应用型人才质量满意度调查问卷》中的《满意度分问卷》和《适应性分问卷》及其各因子进行信度分析，所得结果如表1-7所示。

表1-7　　　　　　　　问卷信度分析结果

| 问卷 | 因素 | N | α系数 | Guttman Split-Half Coefficient |
|---|---|---|---|---|
| 满意度问卷 | 知识 | 4 | 0.843 | 0.807 |
| | 能力 | 20 | 0.856 | 0.795 |
| | 态度 | 9 | 0.837 | 0.756 |
| | 分问卷信度 | 33 | 0.864 | 0.811 |
| 适应性问卷 | 工作环境 | 7 | 0.818 | 0.763 |
| | 人际关系 | 9 | 0.802 | 0.801 |
| | 工作岗位 | 4 | 0.822 | 0.752 |
| | 分问卷信度 | 20 | 0.849 | 0.775 |
| 总问卷 | — | 53 | 0.857 | 0.813 |

---

[1] 吴明隆：《问卷统计分析实务：SPSS操作与应用》，重庆大学出版社2010年版，第237页。
[2] 陈胜可、刘荣：《SPSS统计分析从入门到精通》（第三版），清华大学出版社2015年版，第434页。

据表1-7可以发现，各因子的内部一致性α在0.802到0.864之间，分半信度在0.752到0.807之间；分问卷信度良好，其中，《满意度分问卷》的α=0.864，分半信度为0.811；《适应性分问卷》的α=0.849，分半信度为0.775。总问卷的α=0.857，分半信度为0.813。可见，问卷的信度良好，可以施测。

三是效度分析。问卷的效度（validity）是指测验或量表所能正确测量所研究问题的有效程度，即问卷在测量相关问题时的有效程度。测量量表的效度一般从四个方面考虑，即结构效度、内容效度、共轭效度以及标准效度。[①]

就本书的《高校少数民族应用型人才质量满意度调查问卷》而言，问卷的项目除了来自成熟文献之外，还请了5位教育学的专家和5位企业的人事管理者对问卷进行评判，一致认为本问卷基本能够代表要测量的少数民族高层次应用型人才的质量满意度和适应性问题，量表内容效度良好。同时，《高校少数民族应用型人才质量满意度调查问卷》由六个因子构成，各因子之间的区分度与调查点明晰，故本问卷试测并没有进行因子分析与验证性因子分析。但是，问卷的结构效度可以接受。因此，整个问卷的效度可用于实测。

（3）访谈法。

访谈法是研究者通过口头谈话的方式从被研究者那里收集（或者说"建构"）第一手资料的一种研究方法。本书主要采用半结构式访谈，结合案例研究法，对毕节和大理的相关被试者进行访谈。具体来说，访谈的对象可分为三个层次：一是教务处、学生处、招生就业处、人事处等学校管理人员；二是各个二级学院的教师员工，例如教育学院、工程学院、药学院等学院管理人员及教师；三是来自不同专业不同年级的少数民族学生。在对访谈对象进行半结构式访谈中，笔者先备有一个访谈提纲，并根据具体情况对访谈的内容和程序进行灵活的调整。

## （二）数据来源

### 1. 问卷数据的主要来源

笔者于2015年8月14日~9月14日期间，通过抽样研究的方式对民族八省的150家企事业单位、政府机构的人事管理者展开调研，共发放问卷150份，回收问卷117份，有效回收率为78%。被试信息如表1-8所示。

---

① 邱皓政：《量化研究与统计分析》，重庆大学出版社2009年版，第283页。

表1-8　　　　　　　　　被试基本信息

| 项目 | 维度 | 频数 | 占比（%） |
| --- | --- | --- | --- |
| 民族区域 | 聚居区 | 34 | 29.1 |
|  | 杂居区 | 83 | 70.9 |
| 性质 | 政府部门 | 29 | 24.8 |
|  | 事业单位 | 54 | 46.2 |
|  | 企业单位 | 34 | 29.1 |
| 规模 | 0～50人 | 21 | 18.0 |
|  | 50～100人 | 21 | 18.0 |
|  | 100～500人 | 27 | 23.1 |
|  | 500～1 000人 | 14 | 12.0 |
|  | 1 000人以上 | 34 | 29.1 |
| 少数民族职工数 | 0～50人 | 65 | 55.6 |
|  | 50～100人 | 22 | 18.8 |
|  | 100～500人 | 21 | 18.0 |
|  | 500～1 000人 | 5 | 4.3 |
|  | 1 000人以上 | 4 | 3.4 |

如表1-8所示，从单位所在民族区域看，民族聚居区的为34个单位，占29.1%；民族杂居区的为83个单位，占70.9%。从单位性质看，属政府部门的为29个，占24.8%；属事业单位的为54个，占46.2%；属企业单位的为34个，占29.1%。从单位规模看，处于0～50人的为21个，占18.0%；50～100人的为21个，占18.0%；100～500人的为27个，占23.1%；500～1 000人的为14个，占12.0%；1 000人以上的为34人，占29.1%。少数民族职工所占比例，0～50人的为65个，占55.6%；50～100人的为22个，占18.8%；100～500人的为21个，占18.0%；500～1 000人的为5个，占4.3%；1 000人以上的为4个，占3.4%。

### 2. 官方数据的主要来源

本书广泛搜集民族地区的相关书籍、期刊，查阅了大量统计年鉴。本部分的人才规模数据来源于2008～2015年的《中国统计年鉴》和《中国制造2025》，此外还查阅了《中国劳动统计年鉴》《中国区域统计年鉴》《中国教育统计年鉴》《中国民族统计年鉴》《内蒙古统计年鉴》《广西统计年鉴》《贵州统计年鉴》《云南统计年鉴》《西藏统计年鉴》《青海统计年鉴》《宁夏统计年鉴》和《新疆统计年鉴》，以及全国第六次人口普查资料等。由于每个统计体系都有各自的统计口径，也或多或少地存在着数据的缺损，为保证数据的准确性，部分数据序列采用了相互对比、相互印证的方法，为保证数据的时效性，部分数据序列经过了全面梳理和比较整理。

笔者于 2017 年 9 月 25 日查询阳光高考网，收集由各高校应用型专业的学生实名投票的专业满意度、教学满意度和就业满意度数据。满意度分为非常不满意、不太满意、一般、比较满意、非常满意五级，得分水平依次为 1 分、2 分、3 分、4 分、5 分。数据抽样方法为分层随机抽样，在民族地区每省区分别抽取高职（高专）、应用型大学、普通高校各两所，考虑到西藏普通高校数量较少，西藏的普通高校仅抽取西藏大学，民族地区学校共计抽取 47 所。专业的选择主要以投票人数大于 50 的应用型专业为主，专业满意度共有 8 094 人进行有效投票，教学满意度共有 8 087 人进行有效投票，就业满意度共有 8 061 人进行有效投票。具体样本分布如表 1-9 所示。

表 1-9　　　　　　　　　　样本分布表

| 省份 | 普通高校（含专硕点） | 专业 | 应用型大学 | 专业 | 高职（高专） | 专业 |
|---|---|---|---|---|---|---|
| 广西（n=769） | 广西大学 | 计算机科学与技术 | 广西中医药大学 | 针灸推拿学 | 广西机电职业技术学院 | 雕刻艺术与家具设计 |
| | | 自动化 | | 临床医学 | | 印刷图文信息处理 |
| | 广西师范大学 | 机械设计制造及其自动化 | 广西科技大学 | 测控技术与仪器 | 广西交通职业技术学院 | 汽车运用技术 |
| | | 通信工程 | | 制药工程 | | 机电一体化技术 |
| 云南（n=727） | 云南大学 | 制药工程 | 昆明学院 | 水利水电工程 | 云南交通职业技术学院 | 工程测量技术 |
| | | 应用化学 | | 园艺 | | 工程机械控制技术 |
| | 昆明理工大学 | 城乡规划 | 大理大学 | 泰语 | 云南机电职业技术学院 | 焊接技术与自动化 |
| | | 汽车服务工程 | | 药物制剂 | | 材料成型与控制技术 |

续表

| 省份 | 普通高校（含专硕点） | 专业 | 应用型大学 | 专业 | 高职（高专） | 专业 |
|---|---|---|---|---|---|---|
| 内蒙古 (n=1 514) | 内蒙古大学 | 应用物理 | 内蒙古财经大学 | 金融工程 | 内蒙古化工职业技术学院 | 应用化工技术 |
| | | 应用化学 | | 信息与计算科学 | | 机电一体化技术 |
| | 内蒙古师范大学 | 数学与应用数学 | 赤峰学院 | 计算机科学与技术 | 内蒙古建筑职业技术学院 | 建筑设备工程技术 |
| | | 地理信息科学 | | 应用化学 | | 建筑装饰工程技术 |
| 贵州 (n=1 114) | 贵州大学 | 测绘工程 | 贵州财经大学 | 计算机科学与技术 | 贵州交通职业技术学院 | 道路桥梁工程技术 |
| | | 数学与应用数学 | | 应用心理学 | | 汽车运用技术 |
| | 贵州师范大学 | 应用心理学 | 贵州中医学院 | 针灸推拿学 | 贵州电力职业技术学院 | 发电厂及电力系统 |
| | | 电子信息科学与技术 | | 制药工程 | | 供用电技术 |
| 新疆 (n=959) | 新疆大学 | 电气工程及其自动化 | 塔里木大学 | 农业电气化 | 新疆警察学院（专科专业） | 侦查学 |
| | | 资源勘查工程 | | 机械设计制造及其自动化 | | 治安学 |
| | 石河子大学 | 机械设计制造及其自动化 | 昌吉学院 | 计算机科学与技术 | 新疆建设职业技术学院 | 建筑电气工程技术 |
| | | 农业机械化及其自动化 | | 数学与应用数学 | | 城乡规划 |
| 宁夏 (n=1 637) | 宁夏大学 | 电气工程与自动化 | 北方民族大学 | 会计学 | 宁夏工业职业学院 | 机电一体化技术 |
| | | 机械工程及自动化 | | 金融学 | | 应用化工技术 |
| | 宁夏医科大学 | 医学影像学 | 宁夏师范学院 | 计算机科学与技术 | 宁夏建设职业技术学院 | 建筑智能化工程技术 |
| | | 医学检验技术 | | 电子科学与技术 | | 园林工程技术 |

续表

| 省份 | 普通高校（含专硕点） | 专业 | 应用型大学 | 专业 | 高职（高专） | 专业 |
|---|---|---|---|---|---|---|
| 青海<br>(n=929) | 青海大学 | 化学工程与工艺 | 青海民族大学 | 应用心理学 | 青海建筑职业技术学院 | 通信技术 |
| | | 护理学 | | 计算机科学与技术 | | 工程造价 |
| | 青海大学昆仑学院 | 人力资源管理 | 青海师范大学 | 数学与应用数学 | 青海交通职业技术学院 | 计算机应用技术 |
| | | 工商管理 | | 计算机科学与技术 | | 市政工程技术 |
| 西藏<br>(n=445) | 西藏大学 | 数学与应用数学 | 西藏民族大学 | 工商管理 | 西藏大学（专科专业） | 会计 |
| | | 生物技术 | | 教育技术学 | | 畜牧兽医 |
| | — | — | 西藏藏医学院 | 藏药学 | 西藏民族大学（专科专业） | 文秘 |
| | — | — | | 藏医学 | | 计算机信息管理 |

## 三、供需数据分析的主要结论

### （一）少数民族高层次应用型人才需求情况

少数民族高层次应用型人才未来需求既会受到人口结构、相关经济政策和产业结构调整的影响，又会受到教育体制和政策、人才培养系统的影响。2015年国务院印发了《中国制造2025》，这是我国实施制造强国战略以来第一个10年行动纲领。"中国制造2025"的提出对我国制造产业变革影响深远，对民族地区实现工业化、信息化和智能制造的融合发展，走信息化、绿色化、高端化的发展道路带来了新的愿景。制造业作为国家的支柱产业、国民经济的主体，是我国经济增长的主导产业和经济转型的基础；制造业作为经济社会发展的重要依托，是我国城镇就业的主要渠道和国际竞争力的集中体现。[①] 目前，总体来看，制造业是吸纳高校毕业生就业最多的行业[②]，特别是高端制造业吸纳就业人数显著增加。而未来，随着"中国制造2025"的继续实施，制造业必将成为我国未来产业发展的趋势，从趋势上来看，制造业必将是吸纳民族地区应用型人才就业的主要渠道。而在传统产业转型升级的背景下，民族地区资源型产业对人力资本的需求已远远不及加工制造业和服务业。换言之，民族地区对少数民族高层次应用型人才的需求，基本上可以通过制造业对应用型人才需求的情况得以体现。因此这里主要以制造业为例，通过对近十年民族地区制造业就业人数变化趋势的分析，了解民族地区制造业类应用型人才的需求概况。

### 1. 人才数量需求持续增长，西藏、新疆、青海需求量较大

从 2008~2015 年民族地区制造业城镇单位就业人数看，制造业城镇单位就业人数整体呈持续增加态势，如图 1-2 所示。

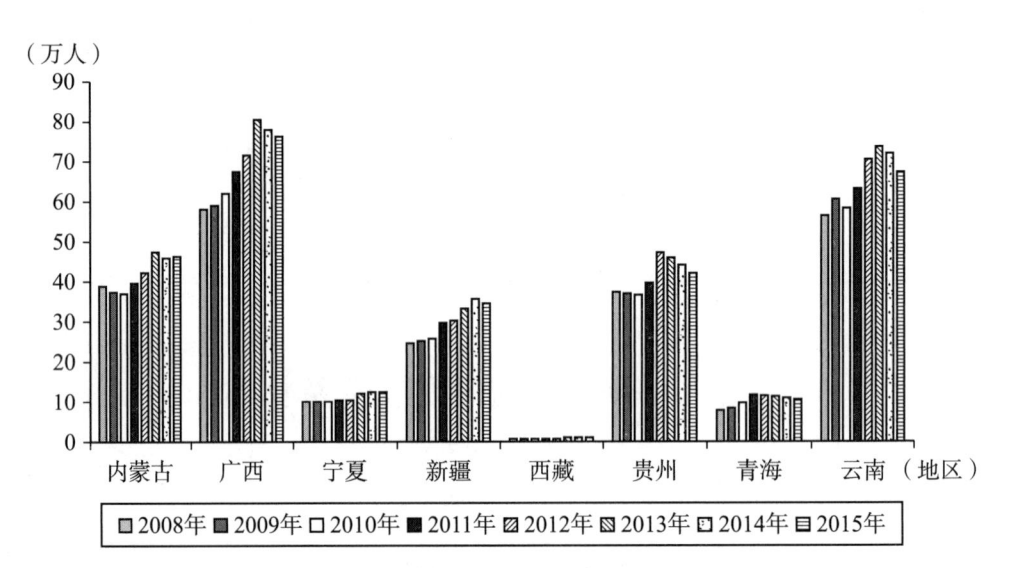

**图 1-2　2008~2015 年民族地区制造业城镇单位就业人数**

资料来源：国家统计局：《分省年度就业人员和工资数据》，http://data.stats.gov.cn/easyquery.htm? cn = E0103。

---

[①] 曾向东、唐启国：《现代农业财政支持体系研究》，东南大学出版社 2013 年版，第 342 页。
[②] 吕扬：《制造业是吸纳毕业生就业最多的行业》，http://www.sohu.com/a/125397722_114731。

由图 1-2 和图 1-3 可知，从制造业城镇单位就业人数变化趋势来看，西藏制造业城镇单位就业人数年平均增长率居于首位，从 2008 年的 0.78 万人到 2015 年的 1.16 万人，年平均增长率为 5.83%；新疆居于第二位，从 2008 年的 25.03 万人到 2015 年 34.84 万人，年平均增长率为 4.84%；青海位居第三，从 2008 年的 7.95 万人到 2015 年的 10.88 万人，年平均增长率为 4.58%；广西位居第四，从 2008 年的 58.44 万人到 2015 年的 76.21 万人，年平均增长率为 3.87%；宁夏位居第五，从 2008 年的 10.65 万人到 2015 年 12.82 万人，年平均增长率为 2.68%；云南位居第六，从 2008 年的 56.58 万人到 2015 年的 67.45 万人，年平均增长率为 2.54%；内蒙古位居第七，从 2008 年的 39.33 万人到 2015 年的 46.69 万人，年平均增长率为 2.48%；贵州位居第八，从 2008 年的 37.61 万人到 2015 年的 42.5 万人，年平均增长率为 1.76%。

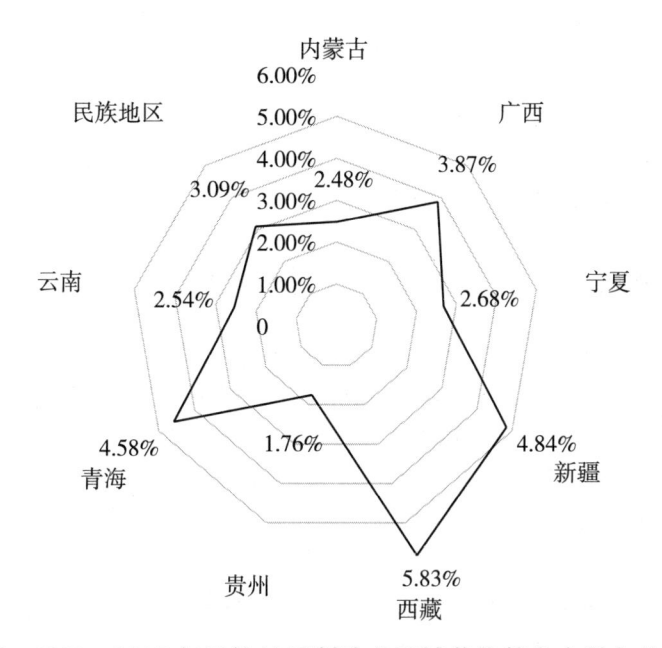

**图 1-3　2008~2015 年民族地区制造业城镇单位就业人数年均增长率**

资料来源：国家统计局：《分省年度就业人员和工资数据》，http://data.stats.gov.cn/easyquery.htm? cn = E0103。

从民族地区制造业城镇单位就业人数的变化趋势可以看出，制造业就业人数增幅明显，2008~2015 年平均增幅 3.09%。制造业所需就业人员主要是高层次的应用型人才，制造业就业人数的变化在一定程度上反映了高层次应用型人才需求数量的变化。通过对民族地区制造业城镇单位就业人数的分析，并结合我国《"十三五"国家战略性新兴产业发展规划》的产业规模发展目标——到 2020 年平均每年带动新增就业 100 万人以上①，以及《国家中长期人才发展规划纲要（2010~2020 年）》② 的人才资源战略目标——人才资源总量从现在的 1.14 亿人增加到 1.8 亿人（增长 58%，人才资源占人力资源总量的比重提高到 16%）等推算，民族地区未来高层次应用型人才数量将保持在年均增长 4% 左右的水平。据此可推知，民族八省未来 10 年制造业城镇单位就业人数总增长数量，即从 2016~2025 年分别为 293.45 万人、305.18 万人、317.39 万人、330.09 万人、343.29 万人、357.02 万人、371.30 万人、386.16 万人、401.60 万人、417.67 万人。

究其原因，民族地区制造业城镇就业人数呈持续增长态势无不与近些年国家加大了对民族地区经济社会的政策引领和资金投入相关联。可以说，民族地区制造业城镇就业人数的持续增长是"精准扶贫""对口支援""设立专项资金""重点扶持"等一系列国家支持民族地区加快经济社会发展的政策措施的显著成果。在良好的政治生态和经济生态下，民族地区经济社会的可持续发展状态喜人，民族地区的高层次人才在需求侧凸显。此外，随着民族地区传统资源型产业转型升级步伐的加快，资源产业的转型正在从对初级劳动力的依赖转向对高层次人才的需求，这需要大量的高层次人才供应。

### 2. 人才需求结构差异较大，高层次应用型人才匮乏

国以才立，政以才治，业以才兴。人才是推动产业结构调整升级的关键。实际上，产业结构与人才资源结构之间存在着相互依存、相互促进的关系，即产业结构调整升级的速度决定了经济增长速度，经济增长速度决定了人力资源结构优化的速度，产业结构的调整和升级势必引起人力资源结构互动的调整和升级；而人力资源结构的调整与升级可以提高产业的劳动生产率，提高产业的经济增长率，为产业结构升级创造良好的经济发展基础，为经济持续增长提供重要的人力资本竞争力，人力资源结构是产业结构调整的条件和基础，人力资源结构的调整与升级必然会带动结构的调整与升级。③ 可以说，产业结构的发展状况决定了人才需求的分布、类型、规格、数量和质量。④

---

① 国务院：《关于印发"十三五"国家战略性新兴产业发展规划的通知》，http：//www.Gov.cn/zhengce/content/2016 - 12/19/content_5150090.Htm。

② 国务院：《国家中长期人才发展规划纲要（2010~2020 年）》，http：//www.china.com.cn/policy/txt/2010 - 06/07/content_20197790_2.Htm。

③ 张晓阳、赵普：《经济增长阶段与人力资本积累阶段关联机制研究——对中国西部地区实证考察》，中国经济出版社 2008 年版，第 185 页。

④ 赵永乐：《宏观人才学概论》，党建读物出版社 2013 年版，第 294 页。

（1）高层次学历的人才偏少。

关于少数民族高层次应用型人才学历结构的调查，主要调查了民族地区用人单位现有人才学历结构及其今后拟增加人才的学历结构。从民族地区用人单位现有人才的学历结构来看，用人单位现有少数民族高层次应用型人才的学历结构呈现出以本科为主，高层次学历人才偏少的现状。如图1-4所示，博士层次应用型人才仅占1.7%，硕士层次应用型人才占16.2%，本科层次应用型人才占43.6%，专科层次应用型人才占21.4%，其他占17.1%。

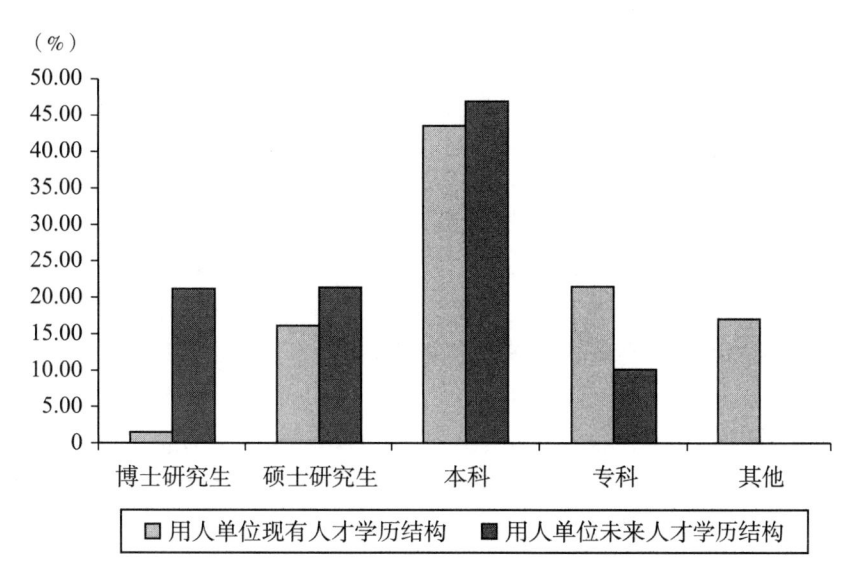

**图1-4 用人单位人才的学历结构**

从民族地区用人单位今后拟增加人才的学历结构来看，用人单位对未来少数民族高层次应用型人才的学历需求以本科及以上学历为主，高学历比例要求凸显。如图1-4所示，今后民族地区用人单位对博士层次应用型人才需求将达到21.4%，对硕士层次应用型人才需求将达到21.4%，本科层次应用型人才需求将达到47.0%，专科层次应用型人才需求将降至10.3%。

（2）技术型和技能型人才匮乏。

调查数据显示，民族地区用人单位对应用型人才的需求主要以技术型和技能型为主，倾向于技术型人才。在调研中，68家单位倾向于技术型人才，占58.12%；35家单位倾向于技能型人才，占29.91%；14家单位倾向于工程型人才，占11.97%，如图1-5所示。

工程型
12%

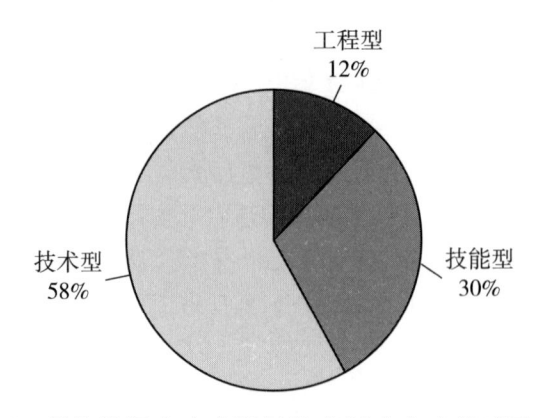

技术型
58%

技能型
30%

**图 1-5　民族地区未来少数民族高层次人才类型需求结构**

基于上述调查结果不难发现，当前民族地区用人单位对少数民族高层次应用型人才结构的需求已发生了新的变化。显然，这一变化与我国把"战略性新兴产业摆在经济社会发展更加突出的位置，大力构建现代产业新体系，推动经济社会持续健康发展"[①]的《"十三五"国家战略性新兴产业发展规划》总要求密切关联，也是落实《加快少数民族和民族地区经济社会发展政策》的绩效彰显，更是民族地区产业结构的转型升级、社会分工专业化程度提高的结果。可以说，由于民族地区产业结构的调整和转型升级使传统的技术结构发生着根本性变化，人才需求的层次也随之发生相应改变。伴随产业结构的演进及产业结构技术水平的提高，产业结构发展将对技术型、技能型、工程型人才的需求增加。

### 3. 用人单位人才质量满意度总体偏低，创新型人才需求突出

少数民族高层次应用型人才质量主要反映了其在社会生产中所展现的知识、能力、态度等因素。基于此，有关少数民族高层次应用型人才质量的分析主要通过用人单位对其知识、能力和态度的评价反映而来，亦即调查用人单位对少数民族高层次应用型人才的知识、能力、态度的满意度。

（1）少数民族高层次应用型人才的知识储备满意度偏低。

有关知识的分类可谓是见仁见智。认知心理中将知识划分为陈述性知识、程序性知识和策略性知识，波兰尼将其分为显性知识与隐性知识，经济合作与发展组织（OECD）将其划分为知事类知识、知因类知识、知能类知识和知人类知识[②]，哈

---

[①] 《国务院关于印发"十三五"国家战略性新兴产业发展规划的通知》，http：//www.Gov.cn/zhengce/content/2016-12/19/content_5150090.Htm。

[②] 石中英：《波兰尼的知识理论及其教育意义》，载于《华东师范大学学报》（教育科学版）2001年第2期，第36~45页。

贝马斯根据人类不同认识需要将知识分为科学技术知识、人文科学知识、自我反思的评判知识[①]。这里基于个体的发展需要将应用型人才的知识划分为通用知识[②]、设备知识和获取新知识三类。

第一，少数民族高层次应用型人才的通用知识有待提升。调查显示，18家单位认为少数民族高层次应用型人才掌握的通用知识水平与其工作岗位非常符合，占15.4%；61家单位认为比较符合，占52.1%。访谈资料显示，有的员工人文社科类知识较为丰富，而有的则表现为自然科技类知识；31家单位不赞同不反对，占26.5%，由访谈可知，产生这一现象的原因可能与用人单位更看重员工的专业技能而不是通用知识有关；6家单位认为比较不符合，占5.1%，访谈资料表明，有的单位认为有些员工虽然技术技能较为突出，但人文社科方面的知识还很薄弱，或是生命科学知识掌握较少；1家单位认为非常不符合，占0.9%。具体如表1-10所示。

表1-10　　　　　　对工作岗位的通用知识掌握情况

| 级别 | 频率 | 占比（%） | 有效占比（%） |
| --- | --- | --- | --- |
| 非常不符合 | 1 | 0.9 | 0.9 |
| 比较不符合 | 6 | 5.1 | 5.1 |
| 不赞同不反对 | 31 | 26.5 | 26.5 |
| 比较符合 | 61 | 52.1 | 52.1 |
| 非常符合 | 18 | 15.4 | 15.4 |
| 合计 | 117 | 100.0 | 100.0 |

调查表明，用人单位对少数民族高层次应用型人才的通用知识掌握情况总体比较满意，已达到了调查总数的2/3。但由于非常符合项的比例仅为15.4%，且不赞同不反对数接近1/3，可见还未达到非常满意的状态，用人单位仍然对少数民族高层次应用型人才的知识提升有很高的期待。

第二，少数民族高层次应用型人才的设备知识有待完善。熟悉设备的性能和构造是员工顺利完成任务的前提。调查数据显示，少数民族高层次应用型人才对

---

[①] 钱厚诚：《哈贝马斯的知识类型观》，载于《南京航空航天大学学报》（社会科学版）2006年第3期，第16~19页。

[②] 通用知识即是在一定范围内公共使用的知识，包括人文社科类和自然科技类的知识，如人文社科类的马克思主义知识、人文科学知识、社会科学知识、认识社会知识，自然科技类的数理化知识、工程科技知识、生命科学知识及其他科学知识。

设备的性能和构造的熟悉程度整体偏高，15家单位认为与其工作岗位非常符合，占12.8%；58家单位认为比较符合，占49.6%；32家单位不赞同不反对，占27.4%，由访谈得知，导致这一现象涌现的原因可能与用人单位对不同岗位员工的素质要求差异有关；10家单位认为比较不符合，占8.6%；2家单位认为非常不符合，占1.7%。见图1-6。

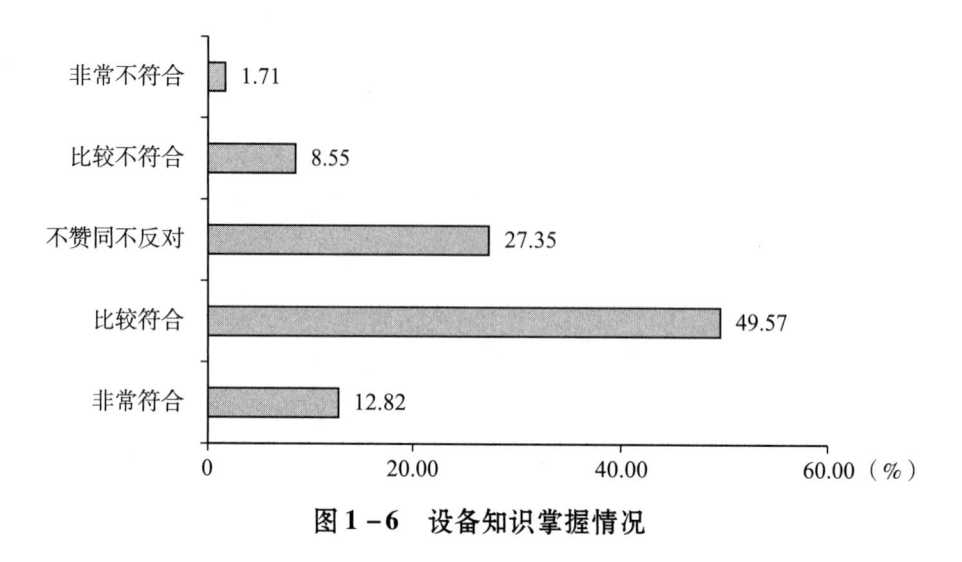

| 选项 | 百分比 |
| --- | --- |
| 非常不符合 | 1.71 |
| 比较不符合 | 8.55 |
| 不赞同不反对 | 27.35 |
| 比较符合 | 49.57 |
| 非常符合 | 12.82 |

图1-6 设备知识掌握情况

调查表明，用人单位对少数民族高层次应用型人才的设备知识掌握情况总体比较满意，已达到了调查总数的2/3。但由于非常符合项的比例仅为12.8%，且不赞同不反对数基本接近1/3，可见还未达到非常满意的状态，用人单位仍然对少数民族高层次应用型人才的设备知识提升有很高的期待。

第三，少数民族高层次应用型人才的新知识学习有待加强。图1-7显示，少数民族高层次应用型人才对新技术、新工艺、新设备和新材料等新知识的掌握程度，有13家单位认为与其工作岗位非常符合，占11.1%；52家单位认为比较符合，占44.4%；37家单位不赞同不反对，占31.6%；10家单位认为比较不符合，占8.5%；5家单位认为非常不符合，占4.3%。

虽然有近半的少数民族高层次应用型人才对新知识的掌握达到了比较符合其岗位的程度，但还有近半的人仍然未达到，这充分说明了用人单位对其期望仍较高，加强对新知识的学习仍是未来用人单位对少数民族高层次应用型人才的素质期待之一。

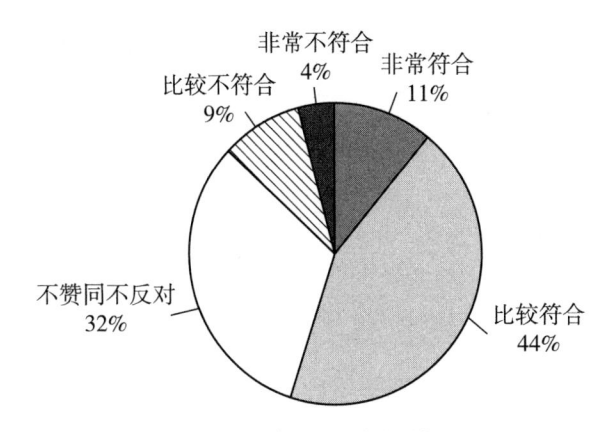

图 1-7　新知识掌握情况

数据调查显示，当前用人单位对少数民族毕业生掌握知识的满意度偏低。虽已达基本满意，但满意度均值仅为 3.63 分，离 5.00 分的非常满意值还有显著的差距，见表 1-11。可见，提高民族地区应用型人才的文化知识水平任重而道远。

表 1-11　用人单位对少数民族毕业生的知识满意度统计表

| 维度 | 平均值（分） |
| --- | --- |
| 通用知识 | 3.76 |
| 设备知识 | 3.63 |
| 获取新知识 | 3.50 |
| 总计 | 3.63 |

（2）少数民族高层次应用型人才的能力满意度偏低。

从个体顺利完成某项活动的角度，可将少数民族高层次应用型人才的能力分为特殊领域的技术能力、面对问题时分析问题和解决问题的能力、不断自我发展的学习能力以及产生新思想、新发现、新事物的创新能力。

第一，掌握技术的能力需求。调查表明，关于少数民族高层次应用型人才掌握岗位所需技能的满意程度，有 18 家单位认为与其工作岗位非常符合，占 15.4%；56 家单位认为比较符合，占 47.9%；30 家单位不赞同不反对，占 25.6%；12 家单位认为比较不符合，占 10.3%；1 家单位认为非常不符合，占 0.9%，如表 1-12 所示。

表1-12　少数民族员工熟悉与本岗位相关的操作技能的情况

| 维度 | 频率 | 占比（%） | 有效占比（%） |
| --- | --- | --- | --- |
| 非常不符合 | 1 | 0.9 | 0.9 |
| 比较不符合 | 12 | 10.3 | 10.3 |
| 不赞同不反对 | 30 | 25.6 | 25.6 |
| 比较符合 | 56 | 47.9 | 47.9 |
| 非常符合 | 18 | 15.4 | 15.4 |
| 合计 | 117 | 100.0 | 100.0 |

据上述数据显示，用人单位对少数民族高层次应用型人才所掌握的技能整体趋于比较满意样态（平均分为3.67分），但从平均分不难发现，用人单位对少数民族高层次应用型人才的技能提升仍有较高的期望值。

第二，分析问题的能力需求。少数民族高层次应用型人才对不同事物间的基本联系和差异的分析能力如图1-8所示，有12家单位认为与其工作岗位非常符合，占10.26%；50家单位认为比较符合，占42.74%；42家单位不赞同不反对，占35.90%；12家单位认为比较不符合，占10.26%；1家单位认为非常不符合，占0.85%。该项调查的平均得分为3.51分，反映出用人单位对少数民族高层次应用型人才在该项的表现并不十分满意。

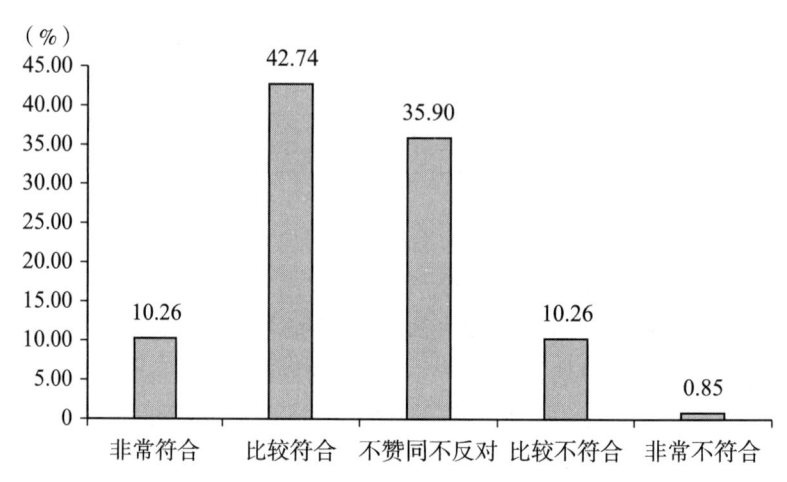

图1-8　善于分析不同事物间的基本联系和差异情况

第三，解决问题的能力需求。解决问题是科学研究的关键，也是推动工作前进的关键。从调查数据可知，少数民族高层次应用型人才在工作中能及时解决复杂问题的平均分为3.64分，能解决技术难题的平均得分为3.44分，能查出事故隐患并采取相应措施的得分为 3.63 分，能将任务分解为简单任务的平均得分为 3.62 分，能处理突发事件的平均得分为 3.74 分，如表 1-13 所示。

表 1-13　　　　　　　　　解决问题的能力统计表

| 项目 | 平均值（分） |
| --- | --- |
| 能及时解决生产过程中的各种复杂问题 | 3.64 |
| 经常在技术改造和扩建项目中解决技术难题 | 3.44 |
| 能查找出事故隐患，并采取相应措施 | 3.63 |
| 能够把任务分解成若干简单的部分 | 3.62 |
| 能对突发事故或紧急情况按规程采取措施 | 3.74 |
| 总计 | 3.61 |

据此可知，少数民族高层次应用型人才在解决问题的能力上整体趋于比较符合的态势，均值为 3.61 分，但离比较符合仍然有明显的差距。

第四，学习能力的需求。如表 1-14 所示，当前少数民族高层次应用型人才有较强的学习愿望和明确学习目标的平均值为 3.57 分，学习过程中喜欢向专家请教的平均值为 3.67 分，善于学习他人的经验与技巧并能应用到实践中的平均值为 3.79 分，积极请他人进行核查和评论的平均值为 3.55 分，其学习能力的总平均值为 3.65 分。

表 1-14　　　　　少数民族高层次应用型人才的学习能力情况

| 项目 | 平均值（分） |
| --- | --- |
| 有较强的学习愿望和明确的学习目标 | 3.57 |
| 喜欢向专家和能者请教 | 3.67 |
| 善于学习他人的经验与技巧，并应用到实际工作中去 | 3.79 |
| 会请他人对工作进行核查和评论 | 3.55 |
| 总计 | 3.65 |

数据充分表明，少数民族高层次应用型人才的学习能力趋向比较符合态势，但源于每项平均值均偏低，其学习能力很难令用人单位满意，因此须进一步明确学习的重要性、学习的方式等，以此进一步强化其学习能力。

第五，创新能力的需求。有 14 家单位认为其应用型人才的创新能力非常符合工作岗位，占 12%；42 家单位认为比较符合，占 35.9%；42 家单位不赞同不反对，占 35.9%；14 家单位认为比较不符合，占 12%；5 家单位认为非常不符合，占 4.35%。具体如图 1-9 所示。

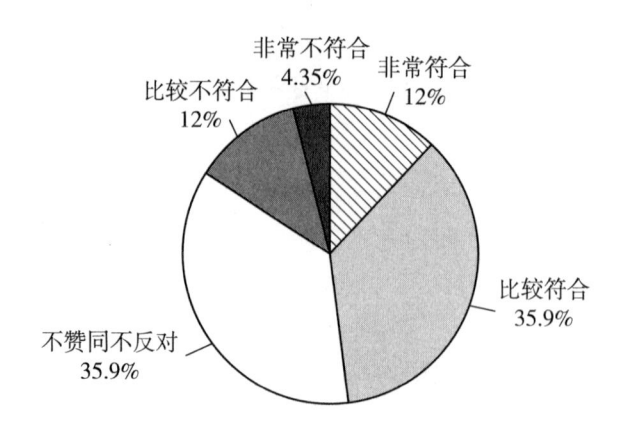

**图 1-9 能运用知识和技能展开与生产相关的发明创造情况**

- 非常不符合 4.35%
- 非常符合 12%
- 比较不符合 12%
- 比较符合 35.9%
- 不赞同不反对 35.9%

对用人单位进行调查的结果表明，少数民族高层次应用型人才的创新能力达到非常认可的评价比例不足 1/3，而少数民族高层次应用型人才的创新能力达到比较符合认可度的不足 1/5。这些数据都说明在少数民族高层次应用型人才的创新能力方面，大多数用人单位的认可度都是很高的，但仍然对少数民族高层次应用型人才有更高的期待。所以在对少数民族高层次应用型人才进行培养时，还需加强对其创新能力的训练。

表 1-15 显示，用人单位对少数民族高层次应用型人才的能力基本满意，其满意度均值为 3.57 分，但其满意度远未达到 5.00 分的非常满意值。因而，少数民族高层次应用型人才的能力还有待提升，尤其是创新能力。

**表 1-15　用人单位对少数民族高层次应用型人才能力满意度统计**

| 维度 | 均值（分） |
| --- | --- |
| 掌握技术的能力 | 3.67 |
| 分析问题能力 | 3.51 |
| 解决问题能力 | 3.61 |
| 学习能力 | 3.65 |
| 创新能力 | 3.39 |
| 合计 | 3.57 |

（3）少数民族高层次应用型人才的态度满意度有待提升。

用人单位认为少数民族高层次应用型人才对目前所从事的工作充满热情的赞同度均值为 3.74 分；认为他们愿意不断提升工作效率的赞同度均值为 3.77 分；

能服从组织安排、尽职尽责做好本职工作的赞同度均值为 3.89 分；能自觉履行工作职责，积极主动完成任务的赞同度为 3.85 分；认为少数民族高层次应用型人才一直在努力提升自己的技能的认可度为 3.69 分，其各项总均值为 3.79 分。具体如表 1-16 所示。

表 1-16　用人单位对少数民族高层次应用型人才的敬业精神满意度

| 项目 | 平均值（分） |
| --- | --- |
| 对目前所从事的工作充满热情 | 3.74 |
| 愿意不断提升工作的效率 | 3.77 |
| 能服从组织安排，尽职尽责做好本职工作 | 3.89 |
| 能自觉履行工作职责，积极主动完成任务 | 3.85 |
| 一直在努力提升自己的技能 | 3.69 |
| 合计 | 3.79 |

调查数据显示，用人单位对少数民族高层次应用型人才的敬业精神认可度整体偏高，但非常符合的占比过低。因而，强化少数民族高层次应用型人才的敬业精神将是今后高校课程教学改革的又一目标。

## （二）少数民族高层次应用型人才供给情况

对于少数民族高层次应用型人才供给现状的分析，主要从三个角度来切入，一是基于民族毕业生的数据，监测反映 2008~2016 年我国民族地区高层次应用型人才供给数量；二是通过学历结构、专业结构反映当前我国民族地区高层次应用型人才的供给结构；三是通过院校满意度、就业满意度等反映当前我国民族地区高层次应用型人才供给质量。

### 1. 少数民族高层次应用型人才供给数量分析

少数民族高层次应用型人才的供给来源主要是本、专科毕业生。通过分析近九年（2008~2016 年）民族地区本、专科毕业生总数，可大致了解少数民族高层次应用型人才供给数量的概况。2008~2016 年，民族地区本、专科毕业生总数为 509.88 万人。广西本、专科毕业生规模最大，九年间共有 139.91 万人，其次是云南和内蒙古，均超过 80 万人，最少的是西藏，不超过 10 万人。见表 1-17。

表 1-17　　2008～2016 年民族地区本、专科毕业生总数　　单位：万人

| 省（区） | 本科毕业生数 | 专科毕业生数 | 本、专科毕业生总数 |
| --- | --- | --- | --- |
| 内蒙古 | 39.94 | 48.51 | 88.45 |
| 广西 | 54.17 | 85.74 | 139.91 |
| 宁夏 | 10.44 | 9.09 | 19.53 |
| 新疆 | 27.2 | 31.21 | 58.41 |
| 西藏 | 4.22 | 3.41 | 7.63 |
| 贵州 | 38.64 | 40.73 | 79.37 |
| 青海 | 5.81 | 5.03 | 10.84 |
| 云南 | 55.08 | 50.66 | 105.74 |
| 总计 | 235.50 | 274.38 | 509.88 |

资料来源：国家统计局：《分省年度就业人员和工资数据》，http：//data.stats.gov.cn/easyquery.htm? cn = E0103。

从本科层次分布看，2008～2016 年民族地区本科毕业生总数为 235.50 万人，占本、专科毕业生总数的 46.2%。云南本科毕业生规模最大，九年间共有 55.08 万人，其次是广西、内蒙古、贵州，均超过 30 万人，最少的是西藏，仅有 4.22 万人。

从专科层次分布看，2008～2016 年民族地区专科毕业生总数为 274.38 万人，占本、专科毕业生总数的 53.8%。广西专科毕业生规模最大，九年间共有 85.74 万人，其次是云南、内蒙古、贵州，均超过 40 万人，最少的是青海、西藏，均不足 6 万人。

从本、专科毕业生数量来看，2008～2016 年民族地区本科毕业生总数为 235.5 万人，专科毕业生总数为 274.38 万人，专科毕业生数量是本科毕业生数量的 1.2 倍。专科院校的人才培养定位多是应用型，而本科院校有很大部分人才培养定位不是应用型。根据"广州日报应用大学排行榜"和教育部公布的高等学校名单统计分析，截止到 2017 年 5 月 31 日，民族地区共有 144 所本科高校，其中约有 83 所应用型本科高校，211 所专科层次应用型高校，专科层次应用型高校占民族地区高校总数的 71.77%。[1] 结合本、专科高校数量和毕业生数量发现，目前专科院校仍是民族地区高层次应用型人才培养的主体，专科毕业生仍是少数民族地区高层次应用型人才的主要来源之一，他们大都属于应用型人才划分中的技

[1] 《2017 广州日报应用大学排行榜》，南方网，http//student.southcn.com/s/2017 - 03/23/content_167532826_2.htm。

能型人才，较难适应民族地区产业转型升级对高素质应用型人才的需求。

### 2. 少数民族高层次应用型人才供给结构分析

"创新驱动、结构优化"不仅是《中国制造2025》明确提出的基本方针，也是少数民族地区经济发展的未来走向，是少数民族地区应用型人才培养的着力点。因此，考察民族地区应用型人才的供给结构现状，对指导民族地区应用型人才的培养工作有重大战略意义。本部分主要考察民族地区应用型人才的学历结构和类型结构。

（1）少数民族高层次应用型人才供给的学历结构现状。

由于少数民族高层次应用型人才供给的学历结构分析数据统计模糊，本部分主要通过分析民族地区各层次高校毕业生人数和所占比例，大致了解少数民族高层次应用型人才供给的学历结构现状。由表1-18可见，2016年民族地区高校毕业生以本科和专科层次为主，共有350 356名本科毕业生，占所有高校毕业生的47.71%，专科毕业生也占到了所有高校毕业生的47.15%，硕士层次和博士层次毕业生最少，仅占到所有毕业生的5.00%和0.13%。

表1-18　　　　2016年民族地区各层次高校毕业生结构

| 地区 | 博士 毕业生数（人） | 比例（%） | 硕士 毕业生数（人） | 比例（%） | 本科 毕业生数（人） | 比例（%） | 专科 毕业生数（人） | 比例（%） |
| --- | --- | --- | --- | --- | --- | --- | --- | --- |
| 内蒙古 | 179 | 0.15 | 5 473 | 4.67 | 55 088 | 47.02 | 56 428 | 48.16 |
| 广西 | 169 | 0.09 | 8 671 | 4.37 | 82 517 | 41.62 | 106 924 | 53.93 |
| 贵州 | 49 | 0.04 | 4 679 | 3.85 | 64 230 | 52.85 | 52 564 | 43.25 |
| 云南 | 379 | 0.23 | 9 551 | 5.88 | 85 795 | 52.84 | 66 640 | 41.04 |
| 西藏 | 5 | 0.05 | 472 | 4.88 | 5 203 | 53.76 | 3 998 | 41.31 |
| 青海 | 7 | 0.05 | 983 | 6.52 | 8 031 | 53.23 | 6 066 | 40.21 |
| 宁夏 | 34 | 0.11 | 1 498 | 4.84 | 16 845 | 54.39 | 12 591 | 40.66 |
| 新疆 | 168 | 0.21 | 5 406 | 6.82 | 32 647 | 41.18 | 41 064 | 51.79 |
| 民族地区 | 990 | 0.13 | 36 733 | 5.00 | 350 356 | 47.71 | 346 275 | 47.15 |

资料来源：教育部公布的2016年教育统计数据，网址：http://www.moe.cn/s78/A03/moe_560/jytjsj_2016/2016_gd/，其中博士、硕士研究生包括非高校机构研究生数。

从分省情况来看，民族地区中，仅有内蒙古、广西和新疆的专科层次毕业生数超过了本科毕业生数，其中广西和新疆的专科层次毕业生数均超过本科毕业生数 10 个百分点,这说明广西和新疆的应用型人才培养主要集中在专科层次;每个省区的高校毕业生均是以本科层次和专科层次为主,本科层次和专科层次的毕业生数占比均集中在 40% ~ 55%;每个省的硕士层次和博士层次的占比都较低,硕士层次毕业生占比均在 7% 以下,博士层次的毕业生占比均在 0.3% 以下;广西的专科层次毕业生占比最高,占所有高校毕业生的 53.93%,宁夏的本科层次毕业生占比最高,占所有高校毕业生的 54.39%;新疆的硕士层次毕业生占比最高,占所有高校毕业生的 6.82%;云南的博士层次毕业生占比最高,占所有高校毕业生的 0.23%。由此可以大致了解:当前应用型人才的供给主要以本科、专科层次为主,研究生层次人才偏少。

(2) 少数民族高层次应用型人才供给的类型结构现状。

应用型人才一般分为工程型、技术型、技能型三类。工程型人才主要负责开发设计,技术型人才主要负责技术推广,技能型人才主要负责操作应用,这三类人才之间交叉较多,工作联系紧密、界限模糊,无法准确区分所对应的培养层次,简言之,各大专学历层次以上的教育都可以培养这三类人才。[①] 技术型和技能型的培养层次定位是非常模糊的,本科层次和专科层次均可以培养,其次中等职业教育也是培养技能型人才的重要阵地。但一般来说,博士层次和硕士层次培养的应用型人才以工程型为主,本科层次和专科层次则是以技术、技能型为主,比较研究生(博士、硕士)与本、专科毕业人数的差异,可大致了解当前少数民族高层次应用型人才供给的类型结构现状。由表 1 - 19 分析发现,当前民族地区研究生毕业生所占比例(5.14%)偏低,与全国平均比例(7.41%)相差 2.27 个百分点,本、专科层次毕业生均占到 90% 以上。由此可以大致了解,当前应用型人才的供给主要以技术、技能型人才为主,工程型人才偏少。

表 1-19　2016 年民族地区高校研究生与本、专科毕业生结构

| 地区 | 研究生(博、硕) 毕业生数(人) | 比例(%) | 本、专科 毕业生数(人) | 比例(%) |
|---|---|---|---|---|
| 内蒙古 | 5 652 | 4.82 | 111 516 | 95.18 |
| 广西 | 8 840 | 4.46 | 189 441 | 95.54 |
| 贵州 | 4 728 | 3.89 | 116 794 | 96.11 |
| 云南 | 9 930 | 6.12 | 152 435 | 93.88 |

---

① 董鸣燕:《人才分类与高层次应用技术型人才界定》,载于《世界教育信息》2015 年第 24 期,第 65~67 页。

续表

| 地区 | 研究生（博、硕） | | 本、专科 | |
|---|---|---|---|---|
| | 毕业生数（人） | 比例（%） | 毕业生数（人） | 比例（%） |
| 西藏 | 477 | 4.93 | 9 201 | 95.07 |
| 青海 | 990 | 6.56 | 14 097 | 93.44 |
| 宁夏 | 1 532 | 4.95 | 29 436 | 95.05 |
| 新疆 | 5 574 | 7.03 | 73 711 | 92.97 |
| 民族地区 | 37 723 | 5.14 | 696 631 | 94.86 |

### 3. 少数民族高层次应用型人才供给质量分析

高校的少数民族高层次应用型人才供给质量主要体现在教学满意度、专业满意度、就业满意度和用人单位对少数民族毕业生满意度等方面。考察教学满意度、专业满意度主要用于了解少数民族高层次应用型人才的供给过程质量；考察就业满意度和用人单位对少数民族毕业生满意度主要用于了解少数民族高层次应用型人才的供给结果质量。

（1）少数民族高层次应用型人才的供给过程质量分析。

本部分主要以民族地区不同层次高校应用型专业的专业满意度、教学满意度、就业满意度为切入点，通过分析不同类型、不同省份高校应用型专业的专业满意度、教学满意度和就业满意度的水平现状和差异性，考察少数民族高层次应用型人才供给过程质量的现实状况。

第一，专业满意度分析。

一是民族地区各层次高校应用型专业满意度总体情况。总体来看，民族地区各层次高校应用型专业满意度较高，平均满意度得分为 4.41 分。具体来看，共有 79 名学生对民族地区各层次高校应用型专业非常不满意，占投票总人数的 1.0%；173 名学生对民族地区各层次应用型学校的专业不太满意，占投票总人数的 2.1%；2 145 名学生对民族地区各层次应用型学校的专业比较满意，占投票总人数的 26.5%；4 791 名学生对民族地区各层次应用型学校的专业非常满意，占投票总人数的 59.2%。如果将比较满意与非常满意合并为满意，将不太满意和非常不满意合并为不满意，则有 85.7% 的学生对民族地区各层次应用型学校的专业持满意的态度，仅有 3.1% 的学生对民族地区各层次应用型学校的专业不满意。可见，超过半数的学生对民族地区各层次高校应用型专业总体满意，超过八成的学生对民族地区各层次高校应用型专业持满意态度。具体情况见表1-20。

**表1-20　民族地区各层次高校应用型专业满意度总体情况**

| 满意度 | 频数 | 百分比（%） | 有效的百分比（%） | 累积百分比（%） |
| --- | --- | --- | --- | --- |
| 非常不满意 | 79 | 1.0 | 1.0 | 1.0 |
| 不太满意 | 173 | 2.1 | 2.1 | 3.1 |
| 一般 | 906 | 11.2 | 11.2 | 14.3 |
| 比较满意 | 2 145 | 26.5 | 26.5 | 40.8 |
| 非常满意 | 4 791 | 59.2 | 59.2 | 100.0 |
| 总计 | 8 094 | 100.0 | 100.0 | — |

二是民族地区各层次高校应用型专业满意度分省情况。总体来看，民族地区中，内蒙古（M=4.62）高校应用型专业满意度最高，广西（M=4.03）高校应用型专业满意度最低，其余各省依次为：新疆（M=4.55）、宁夏（M=4.53）、西藏（M=4.41）、贵州（M=4.35）、青海（M=4.34）、云南（M=4.08）。具体来看，如果将比较满意和非常满意合并为满意，将非常不满意和不太满意合并为不满意，内蒙古的满意率最高，有93.0%的学生对其应用型专业持满意态度；广西的满意率最低，仅有71.4%的学生对其应用型专业持满意态度。广西的不满意率最高，有6.9%的学生对其应用型专业持不满意态度；新疆的不满意率最低，仅有1.1%的学生对其应用型专业持不满意态度。具体分省情况如下，内蒙古有93.0%的学生对其应用型专业持满意态度，有1.7%的学生对其应用型专业持不满意的态度；新疆有91.5%的学生对其应用型专业持满意态度，有1.1%的学生对其应用型专业持不满意的态度；宁夏有91.5%的学生对其应用型专业持满意态度，有1.7%的学生对其应用型专业持不满意的态度；西藏有83.4%的学生对其应用型专业持满意态度，有5.3%的学生对其应用型专业持不满意的态度；贵州有83.1%的学生对其应用型专业持满意态度，有3.5%的学生对其应用型专业持不满意的态度；青海有84.0%的学生对其应用型专业持满意态度，有3.3%的学生对其应用型专业持不满意的态度；云南有72.7%的学生对其应用型专业持满意态度，有5.3%的学生对其应用型专业持不满意的态度；广西有71.4%的学生对其应用型专业持满意态度，有6.9%的学生对其应用型专业持不满意的态度。见表1-21。

表1-21　　　　　　　　　分省份专业满意度情况

| 省份 | 项目 | 非常不满意 | 不太满意 | 一般 | 比较满意 | 非常满意 | 总计 |
|---|---|---|---|---|---|---|---|
| 广西 (M=4.03) | 计数 | 12 | 41 | 167 | 240 | 309 | 769 |
|  | 比例（%） | 1.6 | 5.3 | 21.7 | 31.2 | 40.2 | 100.0 |
| 云南 (M=4.08) | 计数 | 9 | 30 | 159 | 227 | 302 | 727 |
|  | 比例（%） | 1.2 | 4.1 | 21.9 | 31.2 | 41.5 | 100.0 |
| 内蒙古 (M=4.62) | 计数 | 15 | 11 | 81 | 316 | 1 091 | 1 514 |
|  | 比例（%） | 1.0 | 0.7 | 5.4 | 9.9 | 2.1 | 100.0 |
| 贵州 (M=4.35) | 计数 | 5 | 35 | 148 | 303 | 623 | 1 114 |
|  | 比例（%） | 0.4 | 3.1 | 13.3 | 27.2 | 55.9 | 100.0 |
| 新疆 (M=4.55) | 计数 | 3 | 8 | 71 | 255 | 622 | 959 |
|  | 比例（%） | 0.3 | 0.8 | 7.4 | 26.6 | 64.9 | 100.0 |
| 宁夏 (M=4.53) | 计数 | 11 | 17 | 112 | 450 | 1 047 | 1 637 |
|  | 比例（%） | 0.7 | 1.0 | 6.8 | 27.5 | 64.0 | 100.0 |
| 青海 (M=4.34) | 计数 | 14 | 17 | 118 | 273 | 507 | 929 |
|  | 比例（%） | 1.5 | 1.8 | 12.7 | 29.4 | 54.6 | 100.0 |
| 西藏 (M=4.41) | 计数 | 10 | 14 | 50 | 81 | 290 | 445 |
|  | 比例（%） | 2.2 | 3.1 | 11.2 | 18.2 | 65.2 | 100.0 |
| 总计 | 计数 | 79 | 173 | 906 | 2 145 | 4 791 | 8 094 |
|  | 比例（%） | 1.0 | 2.1 | 11.2 | 26.5 | 59.2 | 100.0 |

三是民族地区各层次高校应用型专业满意度分层次情况。总体来看，各层次高校满意度整体较高，满意度得分均超过4.3分，高职（高专）（M=4.53）高校应用型专业满意度最高，应用型本科（M=4.31）高校应用型专业满意度最低，普通本科（M=4.37）高校应用型专业满意度居中。具体来看，如果将比较满意和非常满意合并为满意，将非常不满意和不太满意合并为不满意，高职（高专）的满意率最高，有89.2%的学生对其应用型专业持满意态度；应用型本科的满意率最低，有82.1%的学生对其应用型专业持满意态度。应用型本科的不满

意率最高，有3.9%的学生对其应用型专业持不满意态度；普通本科的不满意率最低，仅有2.9%的学生对其应用型专业持不满意态度。具体分层次情况如表1-22所示。

表1-22　　　　　　　　分层次专业满意度情况

| 高校层次 | 项目 | 非常不满意 | 不太满意 | 一般 | 比较满意 | 非常满意 | 总计 |
|---|---|---|---|---|---|---|---|
| 普通本科<br>（M=4.37） | 计数 | 27 | 42 | 272 | 709 | 1 317 | 2 367 |
|  | 比例（%） | 1.1 | 1.8 | 11.5 | 30.0 | 55.6 | 100.0 |
| 应用型本科<br>（M=4.31） | 计数 | 33 | 75 | 393 | 796 | 1 507 | 2 804 |
|  | 比例（%） | 1.2 | 2.7 | 14.0 | 28.4 | 53.7 | 100.0 |
| 高职（高专）<br>（M=4.53） | 计数 | 19 | 56 | 241 | 640 | 1 967 | 2 923 |
|  | 比例（%） | 0.7 | 1.9 | 8.2 | 21.9 | 67.3 | 100.0 |
| 总计 | 计数 | 79 | 173 | 906 | 2 145 | 4 791 | 8 094 |
|  | 比例（%） | 1.0 | 2.1 | 11.2 | 26.5 | 59.2 | 100.0 |

四是民族地区高校应用型专业满意度差异情况。将高校类型作为自变量，专业满意度作为因变量进行单因素方差分析。如表1-23所示，分析发现专业满意度在不同类型学校间存在显著性差异，且高职（高专）院校专业满意度显著高于普通本科和应用型本科，普通本科处于中间水平，在专业满意度上也显著高于应用型本科，应用型本科满意度最低。

表1-23　　　　不同高校类型专业满意度的单因素方差分析

| 分类维度 | 满意度 | SS | DF | MS | F | 事后比较 |
|---|---|---|---|---|---|---|
| 高校类型 | 专业满意度 | 68.065 | 2 | 34.033 | 49.806 *** | C > A > B |

注：*** 代表 $p<0.001$；A代表普通本科，B代表应用型本科，C代表高职高专。

将省份作为自变量，专业满意度作为因变量进行单因素方差分析。如表1-24所示，分析发现专业满意度在不同省份学校间存在显著性差异，且内蒙古表现最好，显著高于除新疆外的其他民族省份，新疆、宁夏显著高于广西、云南、贵州、青海等民族省份，西藏、贵州、青海显著高于广西和云南，广西和云南专业满意度最低。

表1-24　　　不同省份高校专业满意度的单因素方差分析

| 分类维度 | 满意度 | SS | DF | MS | F | 事后比较 |
|---|---|---|---|---|---|---|
| 高校类型 | 专业满意度 | 319.830 | 7 | 45.690 | 70.027*** | C > A, B, D, F, G, H<br>E > A, B, D, G<br>F > A > B, D, G<br>H > A, B<br>D > A, B<br>G > A, B |

注：*** 代表 $p < 0.001$；A 代表广西，B 代表云南，C 代表内蒙古，D 代表贵州，E 代表新疆，F 代表宁夏，G 代表青海，H 代表西藏。

第二，教学满意度分析。

一是民族地区各层次高校教学满意度总体情况。总体来看，民族地区各层次高校教学满意度较高，平均满意度得分为4.25分。具体来看，共有149名学生对民族地区各层次高校教学非常不满意，占投票总人数的1.8%；286名学生对民族地区各层次高校的教学不太满意，占投票总人数的3.5%；2 033名学生对民族地区各层次高校的教学比较满意，占投票总人数的25.1%；4 338名学生对民族地区各层次高校的教学非常满意，占投票总人数的53.6%。如果将比较满意与非常满意合并为满意，将不太满意和非常不满意合并为不满意，则有78.7%的学生对民族地区各层次高校的教学质量持满意态度，仅5.3%的学生对民族地区各层次高校的教学质量不满意。可见，近五成的学生对民族地区各层次高校教学质量非常满意，近八成的学生对民族地区各层次高校教学质量持满意态度。具体情况见表1-25。

表1-25　　　民族地区各层次高校教学满意度总体情况

| 满意度 | 频数 | 占比 | 有效占比（%） | 累积占比（%） |
|---|---|---|---|---|
| 非常不满意 | 149 | 1.8 | 1.8 | 1.8 |
| 不太满意 | 286 | 3.5 | 3.5 | 5.4 |
| 一般 | 1 281 | 15.8 | 15.8 | 21.2 |
| 比较满意 | 2 033 | 25.1 | 25.1 | 46.4 |
| 非常满意 | 4 338 | 53.6 | 53.6 | 100.0 |
| 总计 | 8 087 | 99.9 | 100.0 | — |

二是民族地区各层次高校教学满意度分省情况。总体来看，民族地区中，内

蒙古（M=4.56）高校教学满意度最高，广西（M=3.76）高校教学满意度最低，其余各省依次为：宁夏（M=4.37）、新疆（M=4.36）、西藏（M=4.30）、青海（M=4.20）、贵州（M=4.09）、云南（M=4.01）。具体来看，如果将比较满意和非常满意合并为满意，将非常不满意和不太满意合并为不满意，内蒙古的满意率最高，有90.8%的学生对其教学持满意态度；广西的满意率最低，仅有56.5%的学生对其教学持满意态度。广西的不满意率最高，有10.5%的学生对其教学持不满意态度；内蒙古的不满意率最低，仅有2.5%的学生对其教学持不满意态度。具体分省情况如下，内蒙古有90.8%的学生对其教学持满意态度，有2.5%的学生对其教学持不满意的态度；宁夏有85.0%的学生对其教学持满意态度，有3.4%的学生对其教学持不满意的态度；新疆有84.5%的学生对其教学持满意态度，有5.1%的学生对其教学持不满意的态度；西藏有78.6%的学生对其教学持满意态度，有7.4%的学生对其教学持不满意的态度；青海有76.3%的学生对其教学持满意态度，有5.7%的学生对其教学持不满意的态度；贵州有71.0%的学生对其教学持满意态度，有7.1%的学生对其教学持不满意的态度；云南有70.9%的学生对其教学持满意态度，有6.5%的学生对其教学持不满意的态度；广西有56.5%的学生对其教学持满意态度，有10.5%的学生对其教学持不满意的态度。见表1-26。

表1-26  分省份教学满意度情况

| 省份 | 项目 | 非常不满意 | 不太满意 | 一般 | 比较满意 | 非常满意 | 总计 |
|---|---|---|---|---|---|---|---|
| 广西（M=3.76） | 计数 | 20 | 61 | 253 | 182 | 252 | 768 |
|  | 比例（%） | 2.6 | 7.9 | 32.9 | 23.7 | 32.8 | 100.0 |
| 云南（M=4.01） | 计数 | 16 | 31 | 164 | 233 | 282 | 726 |
|  | 比例（%） | 2.2 | 4.3 | 22.6 | 32.1 | 38.8 | 100.0 |
| 内蒙古（M=4.56） | 计数 | 23 | 15 | 101 | 320 | 1 050 | 1 509 |
|  | 比例（%） | 1.5 | 1.0 | 6.7 | 21.2 | 69.6 | 100.0 |
| 贵州（M=4.09） | 计数 | 22 | 57 | 244 | 265 | 526 | 1 114 |
|  | 比例（%） | 2.0 | 5.1 | 21.9 | 23.8 | 47.2 | 100.0 |
| 新疆（M=4.36） | 计数 | 14 | 35 | 100 | 252 | 558 | 959 |
|  | 比例（%） | 1.5 | 3.6 | 10.4 | 26.3 | 58.2 | 100.0 |
| 宁夏（M=4.37） | 计数 | 24 | 31 | 190 | 469 | 923 | 1 637 |
|  | 比例（%） | 1.5 | 1.9 | 11.6 | 28.6 | 56.4 | 100.0 |

续表

| 省份 | 项目 | 教学满意度 ||||| 总计 |
| --- | --- | --- | --- | --- | --- | --- | --- |
| | | 非常不满意 | 不太满意 | 一般 | 比较满意 | 非常满意 | |
| 青海<br>（M=4.20） | 计数 | 16 | 37 | 167 | 238 | 471 | 929 |
| | 比例（%） | 1.7 | 4.0 | 18.0 | 25.6 | 50.7 | 100.0 |
| 西藏<br>（M=4.30） | 计数 | 14 | 19 | 62 | 74 | 276 | 445 |
| | 比例（%） | 3.1 | 4.3 | 13.9 | 16.6 | 62.0 | 100.0 |
| 总计 | 计数 | 149 | 286 | 1 281 | 2 033 | 4 338 | 8 087 |
| | 比例（%） | 1.8 | 3.5 | 15.8 | 25.1 | 53.6 | 100.0 |

三是民族地区各层次高校教学满意度分层次情况。总体来看，各层次高校教学满意度整体较高，满意度得分均超过4分，高职（高专）（M=4.41）高校教学满意度最高，应用型本科（M=4.12）高校教学满意度最低，普通本科（M=4.21）高校教学满意度居中。具体来看，如果将比较满意和非常满意合并为满意，将非常不满意和不太满意合并为不满意，高职（高专）的满意率最高，有83.8%的学生对其教学持满意态度；应用型本科的满意率最低，有73.7%的学生对其教学持满意态度。应用型本科的不满意率最高，有6.7%的学生对其教学持不满意态度；高职（高专）的不满意率最低，仅有4.1%的学生对其教学持不满意态度。具体分层次情况如表1-27所示。

表1-27　　　　　　　　分层次教学满意度情况

| 高校层次 | 项目 | 教学满意度 ||||| 总计 |
| --- | --- | --- | --- | --- | --- | --- | --- |
| | | 非常不满意 | 不太满意 | 一般 | 比较满意 | 非常满意 | |
| 普通本科<br>（M=4.21） | 计数 | 39 | 90 | 376 | 681 | 1 181 | 2 367 |
| | 比例（%） | 1.6 | 3.8 | 15.9 | 28.8 | 49.9 | 100.0 |
| 应用型本科<br>（M=4.12） | 计数 | 63 | 123 | 551 | 744 | 1 316 | 2 797 |
| | 比例（%） | 2.3 | 4.4 | 19.7 | 26.6 | 47.1 | 100.0 |
| 高职（高专）<br>（M=4.41） | 计数 | 47 | 73 | 354 | 608 | 1 841 | 2 923 |
| | 比例（%） | 1.6 | 2.5 | 12.1 | 20.8 | 63.0 | 100.0 |
| 总计 | 计数 | 149 | 286 | 1 281 | 2 033 | 4 338 | 8 087 |
| | 比例（%） | 1.8 | 3.5 | 15.8 | 25.1 | 53.6 | 100.0 |

四是民族地区高校教学满意度差异情况。将学校类型作为自变量，教学满意度作为因变量进行单因素方差分析。如表1-28所示，分析发现专业满意度在不同类型学校间存在显著性差异，且高职（高专）院校教学满意度显著高于普通本科和应用型本科，普通本科处于中间水平，在专业满意度上也显著高于应用型本科，应用型本科教学满意度最低。

表1-28　　　　不同高校类型教学满意度的单因素方差分析

| 分类维度 | 满意度 | SS | DF | MS | F | 事后比较 |
| --- | --- | --- | --- | --- | --- | --- |
| 高校类型 | 教学满意度 | 119.206 | 2 | 59.603 | 65.608*** | C>A>B |

注：*** 代表 $p<0.001$；A代表普通本科，B代表应用型本科，C代表高职高专。

将省份作为自变量，教学满意度作为因变量进行单因素方差分析。如表1-29所示，分析发现教学满意度在不同省份学校间存在显著性差异，内蒙古表现最好，显著高于其他民族地区，宁夏、新疆显著高于广西、云南、贵州、青海等民族地区，西藏显著高于广西、云南和贵州，青海显著高于广西和云南，贵州和云南显著高于广西，广西高校的教学质量满意度最低。

表1-29　　　　不同省份高校教学满意度的单因素方差分析

| 分类维度 | 满意度 | SS | DF | MS | F | 事后比较 |
| --- | --- | --- | --- | --- | --- | --- |
| 学校类型 | 教学满意度 | 459.432 | 7 | 65.632 | 75.720*** | C>A, B, D, E, F, G, H<br>F>A>B, D, G<br>E>A, B, D, G<br>H>A, B, D<br>G>A, B<br>D>A<br>B>A |

注：*** 代表 $p<0.001$；A代表广西，B代表云南，C代表内蒙古，D代表贵州，E代表新疆，F代表宁夏，G代表青海，H代表西藏。

第三，就业满意度分析。

一是民族地区各层次高校就业满意度总体情况。总体来看，民族地区各层次高校就业满意度较高，平均满意度得分为4.02分。具体来看，共有502名学生对民族地区各层次高校的就业非常不满意，占投票总人数的6.2%；496名学生对民族地区各层次高校的就业不太满意，占投票总人数的6.2%；1 749名学生对民族地区各层次高校的就业比较满意，占投票总人数的21.6%；3 973名学生对民族地区各层次高校的就业非常满意，占投票总人数的49.3%。如若将非常不满意和不太满意合并为不满意，将比较满意和非常满意合并为满意，则有12.4%的学生对民族地区各层次高校的就业不满意，70.9%的学生对民族地区各层次高校的就业持满意态度。由此可见，超过七成的学生对民族地区各层次高校的就业持满意态度，其中有近五成的学生对民族地区各层次高校的就业非常满意。具体情况见表1-30。

表1-30　　　民族地区各层次高校就业满意度总体情况

| 满意度 | 频数 | 占比（%） | 有效占比（%） | 累积占比（%） |
| --- | --- | --- | --- | --- |
| 非常不满意 | 502 | 6.2 | 6.2 | 6.2 |
| 不太满意 | 496 | 6.2 | 6.2 | 12.4 |
| 一般 | 1 341 | 16.6 | 16.6 | 29.0 |
| 比较满意 | 1 749 | 21.6 | 21.7 | 50.7 |
| 非常满意 | 3 973 | 49.3 | 49.3 | 100.0 |
| 总计 | 8 061 | 99.9 | 100.0 | — |

二是民族地区高校就业满意度分省情况。总体来看，民族地区中，内蒙古（$M=4.36$）高校就业满意度最高，云南（$M=3.58$）高校就业满意度最低，其余各省依次为：新疆（$M=4.22$）、宁夏（$M=4.21$）、西藏（$M=4.12$）、青海（$M=3.83$）、贵州（$M=3.75$）、广西（$M=3.65$）。具体来看，如果将比较满意和非常满意合并为满意，将非常不满意和不太满意合并为不满意，内蒙古的满意率最高，有83.0%的学生对其就业持满意态度；广西的满意率最低，仅有55.0%的学生对其就业持满意态度。云南的不满意率最高，有20.1%的学生对其就业持不满意态度；宁夏的不满意率最低，仅有7.2%的学生对其就业持不满意态度。具体分省情况如下，内蒙古有83.0%的学生对其就业持满意态度，有7.4%的学生对其就业持不满意的态度；新疆有79.8%的学生对其就业持满意态度，有10.3%的学生对其就业持不满意的态度；宁夏有79.0%的学生对其就业持满意态度，有7.2%的学生对其就业持不满意的态度；西藏有73.7%的学生对其就业持满意态度，有14.3%的学生对其就业持不满意的态度；青海有62.7%的学生对其就业持满意态度，有15.4%的学生对其就业持不满意的态度；贵州有62.3%的学生对其就业持满意态度，有17.0%的学生对其就业持不满意的态度；云南有56.0%的学生对其就业持满意态度，有20.1%的学生对其就业持不满意的态度；广西有55.0%的学生对其就业持满意态度，有16.9%的学生对其就业持不满意的态度。见表1-31。

表1-31　　　　　　　　　分省份高校就业满意度情况

| 省份 | 项目 | 非常不满意 | 不太满意 | 一般 | 比较满意 | 非常满意 | 总计 |
|---|---|---|---|---|---|---|---|
| 广西 (M=3.65) | 计数 | 48 | 81 | 215 | 170 | 251 | 765 |
|  | 比例（%） | 6.3 | 10.6 | 28.1 | 22.2 | 32.8 | 100.0 |
| 云南 (M=3.58) | 计数 | 80 | 66 | 173 | 165 | 241 | 725 |
|  | 比例（%） | 11.0 | 9.1 | 23.9 | 22.8 | 33.2 | 100.0 |
| 内蒙古 (M=4.36) | 计数 | 51 | 60 | 143 | 282 | 951 | 1 487 |
|  | 比例（%） | 3.4 | 4.0 | 9.6 | 19.0 | 64.0 | 100.0 |
| 贵州 (M=3.75) | 计数 | 102 | 87 | 231 | 257 | 437 | 1 114 |
|  | 比例（%） | 9.2 | 7.8 | 20.7 | 23.1 | 39.2 | 100.0 |
| 新疆 (M=4.22) | 计数 | 52 | 47 | 95 | 209 | 556 | 959 |
|  | 比例（%） | 5.4 | 4.9 | 9.9 | 21.8 | 58.0 | 100.0 |
| 宁夏 (M=4.21) | 计数 | 55 | 62 | 227 | 440 | 853 | 1 637 |
|  | 比例（%） | 3.4 | 3.8 | 13.9 | 26.9 | 52.1 | 100.0 |
| 青海 (M=3.83) | 计数 | 80 | 63 | 204 | 167 | 415 | 929 |
|  | 比例（%） | 8.6 | 6.8 | 22.0 | 18.0 | 44.7 | 100.0 |
| 西藏 (M=4.12) | 计数 | 34 | 30 | 53 | 59 | 269 | 445 |
|  | 比例（%） | 7.6 | 6.7 | 11.9 | 13.3 | 60.4 | 100.0 |
| 总计 | 计数 | 502 | 496 | 1 341 | 1 749 | 3 973 | 8 061 |
|  | 比例（%） | 6.2 | 6.2 | 16.6 | 21.7 | 49.3 | 100.0 |

三是民族地区高校就业满意度分层次情况。总体来看，各层次高校就业满意度整体不高，除高职（高专）（M=4.25）高校就业满意度得分超过4分外，普通本科（M=3.96）和应用型本科（M=3.82）高校就业满意度得分均不超过4分。具体来看，如果将比较满意和非常满意合并为满意，将非常不满意和不太满意合并为不满意，高职（高专）的满意率最高，有78.6%的学生对其就业持满意态度；应用型本科的满意率最低，有65.0%的学生对其就业持满意态度。应用型本科的不满意率最高，有16.1%的学生对其就业持不满意态度；高职（高专）

的不满意率最低,仅有 8.5% 的学生对其就业持不满意态度。具体分层次情况如表 1-32 所示。

表 1-32　　　　　　　分层次就业满意度情况

| 高校层次 | 项目 | 非常不满意 | 不太满意 | 一般 | 比较满意 | 非常满意 | 总计 |
|---|---|---|---|---|---|---|---|
| 普通本科<br>（M=3.96） | 计数 | 148 | 153 | 436 | 533 | 1 082 | 2 352 |
|  | 比例（%） | 6.3 | 6.5 | 18.5 | 22.7 | 46.0 | 100.0 |
| 应用型本科<br>（M=3.82） | 计数 | 228 | 219 | 528 | 649 | 1 162 | 2 786 |
|  | 比例（%） | 8.2 | 7.9 | 19.0 | 23.3 | 41.7 | 100.0 |
| 高职（高专）<br>（M=4.25） | 计数 | 126 | 124 | 377 | 567 | 1 729 | 2 923 |
|  | 比例（%） | 4.3 | 4.2 | 12.9 | 19.4 | 59.2 | 100.0 |
| 总计 | 计数 | 502 | 496 | 1 341 | 1 749 | 3 973 | 8 061 |
|  | 比例（%） | 6.2 | 6.2 | 16.6 | 21.7 | 49.3 | 100.0 |

四是民族地区高校就业满意度差异情况。将高校类型作为自变量,就业满意度作为因变量进行单因素方差分析。如表 1-33 所示,分析发现就业满意度在不同类型学校间存在显著性差异,且高职(高专)院校就业满意度显著高于普通本科和应用型本科,普通本科处于中间水平,在就业满意度上也显著高于应用型本科,应用型本科就业满意度最低。

表 1-33　　　　不同高校类型就业满意度的单因素方差分析

| 分类维度 | 满意度 | SS | DF | MS | F | 事后比较 |
|---|---|---|---|---|---|---|
| 高校类型 | 就业满意度 | 267.103 | 2 | 133.552 | 93.387*** | C>A>B |

注：*** 代表 $p<0.001$；A 代表普通本科,B 代表应用型本科,C 代表高职高专。

将省份作为自变量,就业满意度作为因变量进行单因素方差分析。如表 1-34 所示,分析发现就业满意度在不同省份学校间存在显著性差异,其中内蒙古高校表现最好,显著高于除新疆外的其他民族省份,新疆、宁夏、西藏显著高于广西、云南、贵州、青海等民族地区高校,青海显著高于云南,云南高校的就业满意度最低。

表 1-34　不同省份高校就业满意度的单因素方差分析

| 分类维度 | 满意度 | SS | DF | MS | F | 事后比较 |
|---|---|---|---|---|---|---|
| 高校类型 | 就业满意度 | 635.252 | 7 | 90.750 | 65.512 *** | C > A, B, D, F, G, H<br>E > A, B, D, G<br>F > A, B, D, G<br>H > A, B, D, G<br>G > B |

注：*** 代表 $p < 0.001$；A 代表广西，B 代表云南，C 代表内蒙古，D 代表贵州，E 代表新疆，F 代表宁夏，G 代表青海，H 代表西藏。

（2）少数民族高层次应用型人才的供给结果质量分析。

本部分主要以用人单位对毕业生的满意度为切入点，通过分析用人单位对毕业生的满意度，考察少数民族高层次应用型人才供给结果质量的现实状况。针对用人单位对少数民族毕业生满意度问题，本书开展了面向用人单位的毕业生适应性调查研究。此调查主要包括工作环境适应性、人际关系适应性、工作岗位适应性等维度。

工作环境适应性方面，整体水平偏低，个体差异明显。工作环境适应性主要是指员工对单位硬件环境和软件环境的熟悉、认同和自觉维护，硬件环境主要是指单位的设施及其布局方式等，软件环境主要是指单位的管理方式、文化和运行机制等，员工只有适应工作环境，才能正常地开展工作。从民族地区应用型高校毕业生的工作环境适应性调查看，平均水平不高，毕业生之间差异明显，适应性水平得分为 3.19 分，这说明民族地区应用型高校毕业生的工作环境适应性较低，尚未达到比较满意水平。根据用人单位的描述，应用型高校毕业生的工作环境适应性存在明显差异。

人际关系适应性方面，整体水平较低，用人单位之间差异明显。人际关系适应性主要是指员工与单位同事、相关人员沟通、协调、合作的和谐程度，是影响员工工作顺利开展的关键因素，也是单位团结进取的重要保障。从民族地区应用型高校毕业生的人际关系适应性调查看，整体水平不高，用人单位之间差异明显，适应性水平得分为 3.38 分，这说明民族地区应用型高校毕业生的人际关系适应性不高，尚未达到比较满意水平。用人单位之间差异明显，有小部分用人单位对毕业生的人际关系满意度达到了比较满意水平，但大部分用人单位对毕业生的人际关系满意度尚未达到比较满意水平。

工作岗位适应性方面，整体水平不高，尚未达到期望水平。工作岗位适应性是指员工所学知识、技能等与其工作岗位的匹配程度，即员工是否能胜任其工作岗位，是用人单位考核员工的关键指标。从民族地区应用型高校毕业生的工作岗位适应性调查看，整体水平不高，与用人单位的期望水平相差尚远，适应性水平得分为3.51分，这说明民族地区应用型高校毕业生的工作岗位适应性不强，尚未达到比较满意水平，与用人单位的期望水平还有一定距离。

(3) 少数民族高层次应用型人才供给质量的总体情况。

通过对少数民族高层次应用型人才供给质量两个维度的得分情况进行分析发现，少数民族高层次应用型人才供给质量得分为3.80分，供给过程质量得分为4.23分，供给结果质量得分为3.36分，这说明少数民族高层次应用型人才供给质量趋于比较满意水平，但尚未达到比较满意水平，还有很大提升空间。通过比较少数民族高层次应用型人才供给质量的两个维度得分情况发现，少数民族高层次应用型人才的供给过程质量和供给结果质量满意度水平不一致，供给结果质量偏低于供给过程质量，这说明少数民族高层次应用型人才的培养质量得到稳步提升，基本达到比较满意水平，但与用人单位的需求契合度偏低，还达不到用人单位的期望水平。少数民族高层次应用型人才的培养工作应进一步对接市场，调整专业结构、培养内容和教学模式，提升人才培养与职业岗位的契合度，全面提升少数民族高层次应用型人才的供给质量。

## 四、少数民族高层次应用型人才供需矛盾分析

本书通过对少数民族高层次应用型人才的供需数据分析发现，当前我国少数民族高层次应用型人才存在着供需数量、供需结构、供需质量等人才供需矛盾，这些矛盾在一定程度上影响了民族地区的经济社会发展和少数民族人的发展。

### （一）少数民族高层次应用型人才供需矛盾的表现

少数民族高层次应用型人才供需矛盾主要表现在供需数量、供需结构和供需质量三个方面。

#### 1. 少数民族高层次应用型人才供需的数量矛盾

少数民族高层次应用型人才的数量矛盾是民族地区经济社会发展需求与高等教育人才培养供给的第一外在表征。然而，数据分析表明，人才数量需求持续增长，西藏、新疆、青海需求量最大。从2008~2015年民族地区制造业城镇单位

就业人数看，民族地区各省制造业城镇单位就业人数整体呈持续增加态势。按照《"十三五"国家战略性新兴产业发展规划》和《国家中长期人才发展规划纲要（2010~2020年）》的人才资源战略目标定位，未来民族地区高层次应用型人才的需求量仍将保持在年均增长 4% 左右的水平，民族八省未来 10 年制造业城镇单位就业人数总增长数量，即从 2016 年至 2025 年分别为 293.45 万人、305.18 万人、317.39 万人、330.09 万人、343.29 万人、357.02 万人、371.30 万人、386.16 万人、401.60 万人、417.67 万人。

但是，由于区位因素、文化因素、经济因素等多重条件的限制，少数民族高层次应用型人才的供给来源主要是本、专科毕业生，尤其是本民族的毕业生。数据分析发现，2008~2016 年民族地区本、专科毕业生总数为 509.88 万人，其中专科毕业生占到本、专科毕业生总数的 53.8%。广西本、专科毕业生规模最大，九年间共有 139.91 万人，其次是云南和内蒙古，均超过 80 万人，最少的是西藏，不超过 10 万人。可见，除了广西壮族自治区的高层次应用型人才突破百万人数以外，其他各省（自治区）的高层次应用型人才数量远远不够。

除此之外，加上当今人才市场的开放性、人力资源的流动性，少数民族高层次人才不可避免的面临着"外溢"和人才流失的可能，这就进一步加剧了民族地区少数民族高层次应用型人才数量的供需矛盾。因此，在少数民族区域经济发展转型和发展提速的阶段，民族地区对高层次应用型人才的需求是巨大的。然而，一方面高校少数民族高层次应用型人才培养的数量严重不够；另一方面，开放的人才市场加剧了高校少数民族高层次应用型人才的流失。所以，可以得出第一个结论：少数民族高层次应用型人才供需的数量矛盾突出，整体呈供小于求的样态，而本科以上应用型人才的供需数量矛盾更加突出。因此，本书的假设 H1 不成立。

### 2. 少数民族高层次应用型人才供需的结构矛盾

数量矛盾是少数民族高层次应用型人才供需矛盾的外化表征，其后果已经相当严重。但是，比数量矛盾更为严重的是高校少数民族高层次应用型人才供需的结构矛盾。数据分析发现，未来我国民族地区需要的少数民族高层次应用型人才需求，在学历结构上，对博士层次应用型人才的需求由现在的 1.7% 增至 21.4%，其需求增长量达到了 19.7 个百分点；硕士层次应用型人才的需求增长量为 5.2 个百分点；本科层次应用型人才的需求增长量为 4.4 个百分点；而专科层次应用型人才需求比例则由现在的 17.1% 下降至 10.3%，降低了 6.8 个百分点。但是，从高校供给侧的学历结构上看，2016 年民族地区高校毕业生以本科层次为主，共有 350 356 名毕业生，占所有高校毕业生的 47.71%，专科层次毕业生数量和本科大抵相当，也占到了所有高校毕业生的 47.15%，硕士层次和博士层次毕业生最少，仅占到所有毕业生的 5.00% 和 0.13%。可见，在学历结构上，少数民族高层次应用型人才供需结构矛盾突出，尤其是本科以上高层次应用型人才匮乏。所以，本书的假设 H2-1 不成立。

在技能结构上，数据分析显示，民族地区对技术型人才的需求量占了 58.12%；对技能型人才的需求量占了 29.91%，对工程型人才的需求量占了 11.97%。可见，民族地区的产业经济结构对人才类型的结构需求越来越高。但是，数据表明，当前民族地区研究生毕业生所占比例（5.14%）偏低，与全国平均比例（7.41%）相差 2.27 个百分点，本、专科层次毕业生均占到 90% 以上。一般而言，博士层次和硕士层次培养的应用型人才则是以工程型为主，本科层次和专科层次则是以技术、技能型为主。由此可以大致了解，当前应用型人才的供给主要以技术、技能型人才为主，工程型人才偏少。所以，我国少数民族高层次应用型人才的技能结构矛盾也相当突出，因此，本书的研究假设 H2-2 不成立。综合来看，高校少数民族高层次应用型人才的结构与民族地区经济社会发展的需求并不一致，也就是说，本书的假设 H2 也不成立。

### 3. 少数民族高层次应用型人才供需的质量矛盾

数量和结构的一致只是满足了少数民族高层次应用型人才供需的基本要求，只有供给质量与需求质量一致才是实现少数民族高层次应用型人才供给平衡的关键。基于 KSA（知识、技能、态度）的问卷调查发现，民族地区用人单位对于人才质量满意度总体偏低，创新型人才需求突出。在少数民族高层次应用型人才的知识储备上，通用知识满意度不超过 70%，设备知识满意度不超过 60%，新知识学习满意度不超过 50%，在少数民族高层次应用型人才的能力需求上，技术使用能力满意度不超过 60%，分析问题的能力满意度不超过 55%，解决问题能力的满意度不超过 50%，学习能力的满意度不足 50%，创新能力的满意度不足 40%；在少数民族高层次应用型人才工作态度满意度上，不足 60%。可见，从整体来看，民族地区企业对少数民族高层次应用型人才的质量需求还是很高的，特别是在民族地区经济发展方式转变和产业转型升级的背景下，民族地区企业对本科以上高层次应用型人才的需求量将不断加大。

但是，供给数据分析表明，在少数民族高层次应用型人才培养过程质量上，对所学专业感到非常不满意的占到了 1.0%，感到不太满意的占到了 2.1%，感到一般的占到了 11.2%，感到比较满意的占到了 26.5%，感到非常满意的占到了 59.2%。对于学习过程中教学质量的满意度情况，认为非常不满意的占到了 1.8%，认为不太满意的占到了 3.5%，认为一般的占到了 15.8%，认为比较满意的占到了 25.1%，认为非常满意的占到了 53.6%。可见，高校少数民族高层次应用型人才培养的过程质量与民族地区经济社会发展的需求并不一致，也就是说，本书的假设 H3-1 不成立。

同样的道理，对于少数民族高层次应用型人才培养的结果质量方面，学生自身对于就业满意的评价如下：非常不满意占了 6.2%，不太满意占了 6.1%，一般占了 16.6%，比较满意占了 21.6%，非常满意占了 49.1%。在用人单位的质量评价方面，少数民族高层次应用型人才的整体适应一般，适应值的平均水平为3.38，分布区间为 [3.1, 3.8]；从人际关系适应性看，适应值的平均水平为3.51，分布区间为 [3.2, 3.9]，整体适应处于一般水平；从工作岗位适应性看，适应值的平均水平为 3.50，分布区间为 [2.9, 3.9]。可见，无论是少数民族高层次应用型人才自身还是用人单位，都对供给质量（就业与从业）满意度的评价不高。也就是说，高校少数民族高层次应用型人才培养的结果质量与民族地区经济社会发展的需求基本不一致。所以，本书的假设 H3-2 不成立。综合来看，本书的假设 H3——高校少数民族高层次应用型技术人才的质量与民族地区经济社会发展的需求基本一致，也不成立。

## （二）少数民族高层次应用型人才供需矛盾的原因分析

少数民族高层次应用型人才对民族地区的发展发挥着至关重要的作用，随着经济、社会和教育事业的不断发展，少数民族高层次应用型人才的数量不断增多、质量得到了很大提升。但仍然存在数量、质量、结构上的供需矛盾，其根本原因是民族地区长期以来相对落后的现状与目前发展速度及要求之间存在较大差距。随着经济的发展和产业结构的调整，社会对少数民族高层次应用型人才数量的需求不断增大、质量的需求不断提高，但是长期以来民族地区的经济发展同东部沿海和发达地区存在较大差距，高等教育发展相对滞后，人才培养能力有限，加上民族地区人力资源长期以来的流失，导致高层次应用型人才供不应求，质量也有待进一步提升。

### 1. 经济发展滞后影响了少数民族高层次应用型人才供给

经济基础决定上层建筑。民族地区经济发展滞后既是少数民族高层次应用型人才匮乏的原因，又是其结果。近年来，西部地区实现了跨越式的发展，但是横向对比来看，西部地区，特别是民族地区与全国、中东部地区的差距仍然在扩大，经济发展水平相对于东部、中部地区而言仍然处于较低水平，GDP 占全国的比重仍然很低。2015 年全国生产总值为 722 767.87 亿元，其中，西部地区

145 018.92 亿元、中部地区 176 097.26 亿元、东部地区 401 651.69 亿元,西部较中部低 31 078.34 亿元、较东部低 256 632.77 亿元,占全国比重比中部和东部分别低 4.3% 和 35.53%。2015 年民族地区生产总值为 74 436.37 亿元,仅占西部 12 省区生产总值的 51.32%。所以相对中东部地区,西部地区 GDP 占全国的比重仍然很低,发展仍然滞后,而民族地区生产总值在西部 12 省区中仅占 51.32%。[①] 此外,民族地区重点投资开发的基础设施和生态环境建设等产业,都是单纯依靠东部地区产业的转移,因此工业化进程缓慢,缺乏长久的产业支撑。从西部地区与中、东部地区的比较中,我们不难发现西部地区和民族地区经济社会发展的差距与问题,民族地区的发展在西部地区中处于相对落后状态,可见民族地区与发达地区存在着更大的差距,面临着更大的问题。由于经济发展的长期落后,导致教育观念落后、教育经费投入不足、教育定位缺乏特色、教育总体质量不高、人才流失等问题,也在一定程度上加剧了少数民族高层次应用型人才在供需数量、质量、结构上的矛盾。

### 2. 经济转型对人才的需求超越了少数民族高层次应用型人才供给

2011~2015 年,民族地区生产总值由 51 664.24 亿元增长到 74 436.37 亿元,增长 44.07%;全社会固定资产投资由 37 011.52 亿元增加到 73 200.95 亿元,增长 97.77%;社会消费品零售总额由 15 734.5 亿元增加到 25 337.1 亿元,增长 61.03%。[②] 但与之相对应的,是民族地区人力资源开发水平总体偏低且人才数量不足。对比几次人口普查的数据发现,2000~2010 年,民族地区具有大专以上教育程度的人口规模基本处于全国的中下游,除广西外,云南、内蒙古、新疆、西藏、青海、宁夏、贵州等都在 20 名之后,且 10 年间只有云南排名有所上升。根据第六次全国人口普查数据,常住人口中具有大学(指大专以上)文化程度的人口数,云南为 265.6 万人、新疆为 231.99 人、西藏为 16.53 万人、青海为 48.48 万人、宁夏为 57.67 万人、内蒙古为 252.19 万人、贵州为 183.88 万人、广西为 275.14 万人。全国具有大学(指大专以上)文化程度的人口数为 11 837.49 万人,西部地区具有大学(指大专以上)文化程度的人口数为 2 703.87 万人,仅占全国总数的 22.84%,民族地区具有大学(指大专以上)文化程度的人口数为 2 703.87 万人,仅占全国总数的 11.24%。[③] 近些年,民族地区的经济快速发展,其经济发展方式的转变与产业转型升级需要大批高层次应用型人才作为支撑,然而现有民族地区人力资源开发水平偏低,少数民族高层次应用型人才总量不足,这也在一定程度上造成了人才供需上的矛盾。

---

①②③ 资料来源:国家统计局网站数据,http://data.stats.gov.cn/easyquery.htm?cn。

### 3. 高等教育供给侧阻碍了少数民族高层次应用型人才的有效供给

从外在因素看，少数民族高层次应用型人才的供需矛盾与经济发展水平、产业转型升级等因素有关，但从内在因素看，作为供给侧，高等教育自身存在的问题是阻碍少数民族高层次应用型人才的有效供给的主要原因，主要表现在以下几个方面：

一是少数民族高层次应用型人才培养政策不够完善，培养体制尚未健全。民族地区经济基础的薄弱严重制约了其教育的发展，而教育的滞后又反作用于经济，形成了恶性循环。由于以往欠债较多，加之现行的政策还不够完善，普适性较强，民族地区高校少数民族高层次应用型人才培养的各项改革受到很多制约。究其原因，"主要是相关的政策法律还不具体、不配套、不实用，难以对既定的方针给予持久有力的支持"①。此外，民族地区高层次应用型人才培养体制尚未健全，应用型人才的培养目标与培养方案在一定程度上与非应用型人才混淆；高层次应用型人才培养单位的结构系统单一，培养渠道狭窄；民族地区教育投入不足；招生机制及人才流动与补偿机制不健全，这也在很大程度上影响了少数民族高层次应用型人才的培养。

二是人才培养体量受限。2016 年，全国高等教育普通本、专科毕（结）业生 6 808 866 人，其中本科 3 585 940 人、专科 3 222 926 人；全国高等教育普通本、专科招生 7 378 495 人，其中本科 3 894 184 人、专科 3 484 311 人；全国高等教育普通本、专科在校生 26 252 968 人，其中本科 15 766 848 人、专科 10 486 120 人。民族地区高等教育普通本、专科毕（结）业生 674 210 人，占全国的 9.9%，其中本科 337 387 人，占全国的 9.4%，专科 336 823 人，占全国的 10.4%；民族地区普通本、专科招生 831 253 人，占全国的 11.26%，其中本科 401 418 人，占全国的 10.3%，专科 429 835 人，占全国的 12.3%；民族地区普通本、专科在校生 2 798 791 人，占全国的 10.6%，其中本科 1 589 667 人，占全国的 10.1%，专科 1 209 124 人，占全国的 11.5%。② 可见，无论是从在校生规模、招生人数、毕业生人数上看，民族省区都远远落后于全国水平。除此之外，民族地区高校专任教师数量、生均教学仪器设备值、教育经费的投入占全国比重都较低，并远远落后于东部地区。可见，民族地区在高等教育招生人数、在校生规模、师资力量、教学条件等方面与发达地区的

---

① 程方平：《少数民族人才培养值得关注的三个问题》，载于《中国民族教育》2015 年第 10 期，第 34~35 页。

② 资料来源：国家统计局网站数据，http://data.stats.gov.cn/easyquery.htm?cn。

差距之大，这种差距对少数民族高层次应用型人才的数量和培养质量都产生了负面影响。

三是高校少数民族高层次应用型人才培养过程中存在诸多问题，影响了人才的有效供给。高校培养应用型人才必需的应用型师资、多元主体协作等保障条件缺乏完善；实践经费投入不足；实践场地、设施落后，实验、实训、实习等实践培养环节教学不足；课程内容陈旧，课程设置缺乏与产业对接；教学方法陈旧、单一；受国家制度环境及高校自身追求"高大上"办学冲动的影响，高校教师学术化倾向严重，实践能力普遍较弱，教师成为制约高校应用型人才培养的"瓶颈"；学科专业布局不合理，缺乏与民族地区经济的有效对接；培养过程缺乏内—外协作，学校与政府、行业企业、其他高校的双边或多边合作机制不健全，现有合作模式不完善。这些因素在很大程度上影响了高校少数民族高层次应用型人才的有效供给。

## （三）从供给侧缓解少数民族高层次应用型人才供需矛盾的改革思路

少数民族高层次应用型人才的供给侧主要是指各级各类高校，由于高校是少数民族学生塑造中华民族共同体意识、学习知识、技能，进行文化交流、交往的重要场所，同时，也是开展人才培养、科研和社会服务的重要平台。因此，从高校这一人才的供给侧实施改革，将会极大地缓解少数民族高层次应用型人才的供需矛盾。通过分析供需矛盾发现，当前我国少数民族高层次应用型人才存在的供需数量、供需结构、供需质量等矛盾，从供给侧来看，主要是培养政策与体制、培养过程、内—外协作方式等整个人才培养系统出了问题。高校少数民族应用型人才培养模式改革应以培养政策和体制改革为切入点、培养过程改革为关键环节、高校内—外协作方式改革为驱动力，对人才培养的政策与体制、培养过程与环节、内—外协作方式等诸多要素进行综合改革。基于此，改革的思路应包括以下三个方面：

### 1. 完善培养政策，健全体制机制

围绕国家引导地方本科高校转型发展的战略部署，不断完善少数民族高层次应用型人才的培养方案，以民族地区特色为办学特色，明确应用型大学的办学定位和高层次应用型人才的培养目标。拓宽培养渠道，丰富少数民族高层次应用型人才培养单位的结构系统，构建以民族地区地方本科院校和民族院校为主、综合性大学为辅的"三位一体"的高校少数民族高层次应用型人才培养体制。优化少

数民族高层次应用型人才的招生与就业机制，以此来适应民族地区发展的城镇化、现代化、信息化等战略对高层次应用型人才的需求。进一步提高国家财政性教育经费对民族地区高等教育的投入，重点支持少数民族高层次应用型人才培养，并引导教育经费向民族地区地方院校倾斜。不断完善学生资助改革措施，通过多种渠道、多种形式增加对少数民族大学生的资助。

### 2. 改革高校少数民族应用型人才培养过程

高校少数民族应用型人才培养，首先应了解少数民族大学生的学习特点，了解并掌握当前乃至今后科技发展的趋势以及民族地区实情，在此基础上再开展其他改革；应加强"双师双能型"师资队伍建设，通过教师资格认证、教师聘任、教师培训、职务（职称）评聘、考核评价等教师管理制度改革，增强教师提高实践能力的主动性、积极性；调整学科专业结构，合理布局适应民族地区特色文化产业和新兴产业发展要求的应用型学科，科学设置应用类专业，优化学科专业组织模式，彰显办学特色优势；加强课程改革，以社会经济发展和产业技术进步驱动课程改革，始终将应用能力培养贯穿整个教育过程的始终，将理论教学与实践教学相结合、课内教学与课外实践相结合搭建人才成长平台；改革少数民族高层次应用型人才教学模式，积极探索适合少数民族高层次应用型人才培养的教学模式、教学内容、教学流程、教学方法；改革高校少数民族应用型人才培养手段，进一步加强实验、实训、实习等实践环节培养，加强工程实践中心、实训基地和企业实习基地的建设，保障学习者有质量的实习实训需求。

### 3. 改革高校少数民族应用型人才培养的内—外协作方式

高校少数民族应用型人才培养既要注重校内培养过程，也要注重校企合作、校地合作、校校合作等内—外协作培养过程，寻求外部合作。鉴于此，应建立高层次少数民族应用型人才培养的内—外协作机制，积极推动校企、校地、校校之间的双边及多边合作，不断创新内—外协作人才培养模式，强化少数民族高层次应用型人才的实习、实践，强化其应用性知识与技能的形塑，为少数民族地区培养真正"用得上"的高层次应用型人才。完善支持政策，通过政府、企业、社会等多渠道筹集学生培养培训经费。

第二章

# 高校少数民族应用型人才培养的
# 政策与体制分析

少数民族高层次应用型人才对民族地区的发展具有重要的推动作用，从数量、质量、结构上增强高校少数民族应用型人才供给具有重要的现实意义。高校少数民族应用型人才培养离不开政策与体制的支持，因此，分析相关的政策与相应的体制是研究少数民族应用型人才培养模式的重要内容。通过政策分析，本书将明确高校少数民族应用型人才培养的发展历程；通过体制分析，本书将明确高校少数民族应用型人才培养机构与培养机制需要的支持系统，围绕少数民族应用型人才培养，分析现有主要培养机构及实施机制存在的问题，并提出相应的改革措施。

## 一、高校少数民族应用型人才培养的主要政策分析

我国是多民族国家，培养少数民族应用型人才对少数民族的进步和发展意义重大。新中国成立以来，国家出台了培养少数民族人才的政策，少数民族人才的培养受到高度重视。基于文献分析的方法，研究发现，从宏观整体发展视角来看，我国少数民族人才的培养经历了从重视少数民族政治干部的培养为主，到强调社会主义现代化建设所需要的各种应用人才培养为主的转变过程。进入 21 世纪之后，则表现为更加注重少数民族高层次骨干人才的培养。

## （一）高校少数民族应用型人才培养政策发展的主要阶段

从历时性发展视角来看，高校少数民族应用型人才培养政策的演进主要经历了新中国成立初期（1949～1958年）、曲折发展时期（1958～1978年）和改革开放以来（1978年至今）三个阶段。

### 1. 新中国成立初期（1949～1958年）

新中国成立之初，根据当时的形势需要，国家开始重点培养少数民族干部——这一在新中国成立初期民族地区社会发展中担负重任的应用型人才群体。这一时期，我国颁布《培养少数民族干部试行方案》，为少数民族干部的培养和民族教育发展奠定了政策基础。

1951年，中央人民政府政务院在第六十次政务会议上，批准了《培养少数民族干部试行方案》（以下简称《方案》）。《方案》指出："我国是一个统一的多民族国家。新中国成立之初，如何在新解放的广大少数民族地区建立各级人民民主政权，恢复和发展当地经济，是一个重要而又紧迫的问题。中国共产党认为要解决好这一问题，就必须建立和发展民族区域自治制度，培养和使用大批少数民族干部。少数民族干部扎根在本民族人民之中，了解本民族人民的愿望和要求，熟悉本民族的语言、文化和风俗习惯，与本民族人民群众有较为密切的联系，易于得到他们的信赖和拥护。少数民族干部熟悉当地历史和现状，在贯彻执行党和国家的方针政策时，更能结合地区特点。同时，他们经过党的培养学习掌握了马克思主义，具有一定文化素养，能够正确地贯彻执行中国共产党的方针政策，是党和政府联系少数民族人民的桥梁和纽带，其特殊作用是汉族干部难以取代的。"[①]

为促进少数民族教育发展，我国对民族学生给予政策照顾。《方案》第八条明确指出："为了鼓励与帮助少数民族学生接受各种高等教育，凡考入高等学校（包括少数民族高等学校）的少数民族学生一律公费待遇。除公费待遇的少数民族中学外，在若干指定的中学亦得设立少数民族学生的公费名额。为了适应少数民族学生的文化差异，对报考高等学校与一般中学的学生应适当规定入学成绩标准。入学后，又应给以适当补习条件。上项实施办法，由中央教育部与中央民族

---

[①] 佚名：《培养少数民族干部试行方案（经中央人民政府政务院第六十次政务会议批准）》，载于《人民日报》1951年6月14日第1版。

事务委员会共同提出，呈交中央人民政府政务院批。"① 这个实施办法解决了部分学生因经济困难而上不起学的难题，在学业上对少数民族学生予以重点关心和照顾，把对少数民族学生的培养落实到政策文件当中，直接由中央发文，具有巨大的政策引领作用。这对少数民族学生培养，特别是从总体上提升少数民族学生的文化知识水平有积极意义。

在具体的办学机构设置、办学定位、办学性质等方面，《方案》第二条提出，在北京设立中央民族学院，并在西北、西南、中南各设中央民族学院分院一处，必要时还可增设。原新疆学院已改称民族学院，但隶属关系仍旧。各有关省份设立民族干部学校，各有关专员区或县根据实际需要和主观力量设立临时性质的民族干部训练班。有关各级人民政府应有计划地逐步调整或设立少数民族的中小学和少数民族的高等学校。1950～1951年，中央和西南、西北、中南以及新疆、云南、贵州和广西创立了8所民族学院，仅西南、云南、贵州三个民族学院第一期毕业学员即达1 400多人。② 无论是临时的少数民族干部培训班，还是各级各类政府设置的少数民族学（院）校，都使得少数民族人才培养走向整体，走向全国，形成了少数民族人才培养的第一次浪潮，对促进少数民族人才发展，促进各族人民团结具有积极意义。例如，云南民族学院在1951～1956年，共结业学员5 700多人，这些学员大多数回到原地区工作，成为党在边疆民族地区的骨干力量，为疏通民族关系，巩固边防，胜利完成"和平协商土改"和"直接过渡"任务，发挥了特殊的作用。③ 此外，各民族地区开展民族干部培训班，以广西为例，广西有民族干部训练班1处，与广西行政干部训练班合办，学员38名，其中瑶族27人、侗族2人、壮族1人、苗族6人。新疆维吾尔自治区人民政府，在各区开办地方干部训练班，培养出各族干部3 600多人，几乎全部被派遣回原地工作。④ 这些学员在少数民族建设方面发挥了重要作用。至1957年我国少数民族干部已达48万人，比新中国成立初期增长9.6倍。我国50多个少数民族都有了本民族的干部，他们在民族区域自治、加强民族团结、巩固国家统一等方面起了极为重要的作用。⑤

新中国成立初期，我国培养的少数民族干部人才广泛投身于少数民族地区政治、经济、文化的建设事业。同时，我国在一定程度上形成了以民族院校为主的

---

① 佚名：《培养少数民族干部试行方案（经中央人民政府政务院第六十次政务会议批准）》，载于《人民日报》1951年6月14日第1版。
② 叶尚志：《四年来培养少数民族干部的工作》，载于《人民日报》1953年10月14日第3版。
③ 周凡：《云南民族学院五十年》，载于《云南民族学院学报》（哲学社会科学版）2001年第5期，第9页。
④ 朴胜一、程方平：《民族教育史》，海南出版社2001年版，第44～45页。
⑤ 李资源：《中国共产党民族工作史》，广西人民出版社2000年版，第280页。

少数民族应用型人才培养模式。

### 2. 曲折发展时期（1958～1978年）

在曲折发展时期，我国经历了"大跃进"和"文化大革命"，在这一时期，我国的高等教育发展缓慢，高校少数民族的人才培养也受到影响。

在高校少数民族学生培养的政策发展历程中，有三次会议具有重要的划时代意义。这三次会议即是1958年2月、1960年5月和1964年5月在北京召开的民族学院院长联席会议。"总体上，这三次会议明确了当时民族学院'在相当长的阶段以培养政治干部为主，同时培养专业人才'的主要办学方针，同时在此之后，也逐渐发展了一定数量的本、专科教育，使民族学院办学模型开始向正规化迈进。这一时期，民族学院培养轮训民族政治干部在校生人数所占比例达到60%～70%。"① 这三次会议对我国制定少数民族人才培养政策具有直接影响。除此之外，多次全国性的政府工作会议、教育工作大会以及特殊历史事件都对少数民族人才培养政策产生了巨大影响。

1956年，在中国共产党第八次全国代表大会上，刘少奇同志指出："各少数民族要发展成为现代民族，除进行社会主义改革以外，根本的关键是要在他们的地区发展现代工业。"而发展现代工业需要大量少数民族应用型人才，这就对少数民族人才的培养提出更高要求。1956年6月4～17日，第二次全国民族教育会议在北京召开，这次会议主要总结了20世纪50年代前期少数民族教育工作的经验，讨论和确定了今后少数民族教育的方针任务，制定了《全国民族教育事业十二年规划纲要》（1956～1967）（以下简称《纲要》）。"《纲要》较全面地呈现了建国几年来民族教育研究的成果，反映了对民族教育特殊规律性的初步认识，提出了要在整个国民教育事业的发展过程中，使少数民族的教育事业逐步接近和赶上汉族水平的奋斗目标。其具体内容是，在少数民族地区有步骤地开展扫盲工作和实行普及小学义务教育。"② 这次会议首次承认了少数民族教育与国家整体教育的差距，并提出了少数民族教育与汉族教育水平应当一致的开创性设想。这次会议还提出培养政治干部和培养专业技术干部并举，指出："随着民族地区建设事业的发展，各民族学院应在摸清当地对干部和人才需要的基础上增设有必要由民族学院建立的高等专业系、科，并逐步转化为当地没有条件另外为少数民族建

---

① 张京泽：《新中国民族教育发展回顾和若干现实问题研究》，中央民族大学出版社2005年版，第12页。

② 青海省民族宗教事务委员会：《第一至五次全国民族教育工作会议》，http://www.qh.gov.cn/mzfw/system/2012/11/08/010009815.shtml。

立的高等民族学校，为民族地区培养高级建设人才。"[①] 该次会议促使各民族学院快速发展，学科不断深化，培育出大量优秀少数民族人才。据统计，1958年全国中等技术学校的少数民族在校生为39 766人，比新中国成立初期（1951年）的660人增长了60.3倍；全国普通高等学校少数民族在校生为22 421人，比1950年的1 285人增长17.4倍。[②]

1958～1960年，受"大跃进"运动的影响，少数民族人才的培养出现倒退的现象。直到1961年中共中央批转《西北地区第一次民族工作会议纪要》，才认清了1958年以来出现的问题，要求必须大力加强对少数民族干部的培养教育工作。民族地区建立的高等学校逐年增加，"到1965年，在内蒙古、新疆、西藏、宁夏、广西5个自治区已设有高等学校31所，比1952年增加了22所，少数民族在校生达到25 096人，比1952年增加21 250人。这些民族地区的高等学校大多能根据当地政治、经济、科学、文化和历史特点开设专业，设置学科，其办学主旨也是立足于为地方服务和为地方的全面发展培养人才"[③]。除在民族地区新建高等学校之外，我国还有计划地对现有院校的专业和学科进行调整，使之更加切合民族地区的实际情况，更好地培养民族地区需要的专门人才。

1966～1976年，受"文化大革命"的影响，少数民族人才的培养遭受重创，这也使少数民族地区现代化进程发展缓慢。"文化大革命"中后期，民族地区的一部分高等院校得以恢复并发展。例如，"内蒙古自治区于1972年恢复高校招生，取消以往的笔试入学，采用推荐的办法，开始实行保送上大学的制度，该年招生2 455名，蒙古族学生350名，蒙语授课学生163名"[④]。这种招生制度一直延续到1976年"文化大革命"结束，这一局面直到1979年才得到了根本改善。

1976年8月，在全国第五次民族学院院长会议上，教育部与国家民族事务委员会（以下简称"国家民委"）在《关于民族学院工作的基本总结和今后方针任务的报告》中规定，"民族学院必须切实照顾不同民族和不同地区的特点，在办学形式、系科设置、教学内容、教学方法、政治思想工作以及生活管理等方面，采取必要的不同于一般高等院校的办法和措施。这次院长会议第一次把培养专业技术人才提到了与培养政工干部同等重要的地位，民族学院培养目标开始由以前的单纯培养少数民族干部为主，转变为培养专业技术人才为主要任务"[⑤]。实际上，此次会议在一定程度上标志着我国对民族地区应用型人才的培养从少数民族干部向更为广泛的民族地区经济社会事业建设人才转变。

---

① 何东昌：《中华人民共和国重要文献》，海南出版社1998年版，第635～639页。
② 朴胜一、程方平：《民族教育史》，海南出版社2000年版，第55页。
③ 朴胜一、程方平：《民族教育史》，海南出版社2000年版，第77页。
④⑤ 张立军：《新中国民族高等教育体制变迁研究》，东北师范大学博士学位论文，2012年。

### 3. 改革开放以来（1978 年至今）

改革开放以来，少数民族应用型人才培养政策不断完善，我国制定了一系列政策促进了少数民族高等教育的发展，培育出了大量优秀的少数民族人才，促进了少数民族地区和少数民族的快速发展。

1981 年，第三次全国民族教育会议提出，今后教育工作要调整和办好少数民族的中等专业教育和高等教育。1987 年 12 月，党的十一届三中全会公报明确指出了培养少数民族地区人才的迫切性和重要性，提出了培养适应中国社会主义现代化建设需要的本土化应用型高级人才的要求。① 1992 年召开了全国第四次民族教育工作会议，会议通过了《关于加强民族教育工作若干问题的意见》，这次会议指出要充分认识发展民族教育的重要战略意义，"尽快把少数民族和民族地区的经济搞上去是当前民族工作的基本任务，而要完成这一任务，就必须依靠科技和教育，从培养民族人才、提高少数民族劳动者的素质入手"②。

1993 年，国家教育委员会民族地区教育司制定和颁发了《全国民族教育发展与改革指导纲要（试行）》，要求民族院校在质量、数量、结构、效益等方面上一个新的台阶。同年，国家民委印发了《关于加强所属民族学院改革和发展的若干意见》，对委属民族院校改革发展等问题进行了系统和全面的阐述，对民族院校发展具有深远影响。同年，中国共产党中央委员会组织部、中国共产党中央委员会统一战线工作部、国家民委联合下发《关于进一步做好培养选拔少数民族干部工作的意见》，指出"民族学院和民族干部学校要在统筹规划的基础上，继续办好具有民族特色的学科，有计划地调整、增设民族地区急需的专业，培养更多的人才。要重视少数民族专业技术人员的继续教育，尽量为他们多提供学习、进修的机会，帮助他们不断更新知识"③。

2002 年，国务院颁发《关于深化改革加快发展民族教育的决定》，要求深化改革，加快发展民族教育的政策措施。④ 这项政策推动了民族院校专业结构的调整，具体表现为政府对民族院校优势与特色的基础性学科采取了有效的保护措施，使其得到了巩固和提高。同时，该项政策的实行也使我国开始对民族地区高校

---

① 袁瑛、雷春香：《重庆地区少数民族应用型人才培养研究——以重庆三峡学院民族学系为例》，载于《湖北经济学院学报》2011 年第 3 期，第 61 页。
② 国家教委、国家民委：《关于加强民族教育工作若干问题的意见》，http：//www.chinalawedu.com/falvfagui/fg22598/17504.shtml。
③ 《关于进一步做好培养选拔少数民族干部工作的意见》，http：//cpc.people.com.cn/GB/64162/71380/71387/71591/4855088.html。
④ 《国务院关于深化改革加快发展民族教育的决定》，http：//www.gov.cn/gongbao/content/2002/content_61658.htm。

和民族院校的学科专业进行改造,进一步强化培养直接服务于民族地区经济社会发展的专业技术人才,并逐步增加应用学科专业和新兴学科专业的招生比重。

2004年,教育部、发展和改革委员会(以下简称"发改委")、财政部、人事部联合发布《关于大力培养少数民族高层次骨干人才的意见》(以下简称《意见》)。《意见》指出:"由于社会、历史、自然等原因,与沿海和内地发达地区相比,少数民族地区的社会经济、科技教育和文化等各项事业的发展还有较大的差距,社会发展仍然比较缓慢,生产力发展水平还比较低,劳动者素质亟待提高,特别是博士、硕士毕业的高层次骨干人才严重匮乏,是制约当地经济建设和社会发展的重要因素。"① 此外,考虑到少数民族的实际情况,《意见》明确规定,"少数民族高层次骨干人才培养计划纳入年度中央级高校研究生招生计划,单独下达管理。培养任务主要由中央部委所属高等学校和中国科学院、中国社会科学院、中国农业科学院承担及组织实施,重点面向西藏、新疆、内蒙古、宁夏、广西、重庆、四川、贵州、云南、甘肃、青海等西部11个省、自治区、直辖市。新疆生产建设兵团,享受西部政策待遇的民族自治地方和需要特别支持的少数民族散杂居地区以及内地西藏班、新疆班,按照'定向招生、定向培养、定向就业'的要求,采取'统一考试、适当降分'等特殊政策措施招收新生。招生对象以少数民族考生为主,同时安排一定比例招收长期在少数民族地区工作的汉族考生。对享受上述政策的拟录取考生,在录取之前均签订定向培养和就业协议"②。一些部属高校积极响应《意见》,招收少数民族地区学生,为少数民族培养骨干人才。《意见》在很大程度上使少数民族人才培养在注重本、专科学历层次的同时,进一步重视高层次人才培养的短板,试图通过少数民族高层次人才培养来进一步提升少数民族人才质量。

2005年,教育部颁布《培养少数民族高层次骨干人才计划的实施方案》,要求培养学校和单位要把培养少数民族高层次骨干人才作为一项光荣而艰巨的政治任务加以高度重视。③ 国务院颁布《关于深化改革加快发展民族教育的决定》,开始酝酿"民族骨干人才计划",并于2006年付诸实施,这是我国少数民族高层次人才培养政策的重要举措。这一政策的实施,加速了民族地区高层次骨干人才的培养进程。

2014年,教育部等五部门发布的《关于进一步减少和规范高考加分项目和分值的意见》中规定保留"边疆、山区、牧区、少数民族聚居地区少数民族考

---

①② 教育部、国家发展和改革委员会、国家民委、财政部、人事部:《关于大力培养少数民族高层次骨干人才的意见》,http://www.moe.gov.cn/publicfiles/business/htmlfiles/moe/moe_155/201001/xxgk_77777.html。

③ 教育部:《培养少数民族高层次骨干人才计划的实施方案》,http://www.moe.edu.cn/publicfiles/business/htmlfiles/moe/moe_763/200506/8651.html。

生"享受高考加分政策。每年的研究生考试,国家对少数民族学生实行定向培养专项招生计划。2015 年,教育部办公厅《关于下达 2015 年少数民族高层次骨干人才研究生招生计划的通知》要求"各招生单位确定硕士研究生招生专业和学位类型时,要根据民族地区经济社会发展和产业结构调整对人才的实际需求,重点向理工类、应用型专业倾斜,且招生比例不低于招生总数的 50%"①。2015 年 6 月,教育部、发改委、财政部、人事部颁布的《培养少数民族高层次骨干人才计划的实施方案》拉开了实施少数民族高层次骨干人才计划政策的帷幕。②

2015 年,为了加快推进少数民族和民族地区教育发展,实现国家长治久安和中华民族繁荣昌盛,国务院发布《关于加快发展民族教育的决定》(以下简称《决定》)。针对高校少数民族人才培养问题,《决定》在少数民族职业教育和少数民族人才培养质量两方面做出了重要部署:第一,发展中等职业技术教育——"适应培养创新创业人才和培育新型职业农牧民要求,合理布局民族地区中等职业学校,保障并改善基本办学条件。现代职业教育质量提升计划、优质特色学校建设等项目重点向民族地区倾斜。加强校企合作,推进产教融合,择优扶持发展民族优秀传统文化、现代农牧业等优势特色专业。聘请民族技艺大师、能工巧匠、非物质文化遗产传承人担任兼职教师。推进招生和培养模式改革,扩大中东部地区职业院校面向民族地区招生规模,提高民族地区中等职业学校毕业生升入高等职业院校比例,实现初高中未就业毕业生职业技术培训全覆盖。鼓励内地优质职业教育资源以及有条件的企业在民族地区开办职业技术学校,落实税收等相关优惠政策"③。第二,支持高校少数民族应用型人才培养,并对人才培养规模、考试招生制度、就业创业指导等方面做出明确规定——"制定实施民族地区高校布局规划、民族院校和民族地区高校学科专业调整规划。优先设置与实体经济和产业发展相适应的高等职业学校。积极支持有条件的民族地区设置工科类、应用型本科院校。引导一批民族地区普通本科高校和民族院校向应用技术型高校转型"④。

据有关资料统计,西部地区各类专业人才仅占全国总量的 20.4%,高级专业技术人才只占 13.6%,两院院士仅占 8.3%,特别是少数民族院士更是凤毛麟角;少数民族地区专业技术人员中,工程技术人员和科学研究人员仅占 15.4% 和 8.8%。⑤

---

① 教育部办公厅:《关于下达 2015 年少数民族高层次骨干人才研究生招生计划的通知》,http://www.moe.edu.cn/publicfiles/business/htmlfiles/moe/moe_763/201409/175651.html。

② 张姣蓉:《我国少数民族高层次人才培养政策演进探微》,载于《湖北民族学院学报》2015 年第 2 期,第 2 页。

③④ 国务院:《关于加快发展民族教育的决定》,http://www.moe.edu.cn/jyb_xxgk/moe_1777/moe_1778/201508/t20150817_200418.html。

⑤ 教育部、国家发展和改革委员会、国家民委、财政部、人事部:《关于大力培养少数民族高层次骨干人才的意见》,http://www.moe.gov.cn/publicfiles/business/htmlfiles/moe/moe_155/201001/xxgk_77777.html。

采取特殊措施大力培养少数民族高层次骨干人才已成为关乎我国各民族共同繁荣发展、维护国家长远稳定统一的一项迫切的政治任务。《教育部民族教育司2014年工作要点》中的改革重点工作第8点明确表示："积极推进少数民族应用型人才培养模式综合改革试点工作。以增强民族地区职业教育、本专科毕业生就业能力为突破口，积极推进培养模式综合改革试点。选取南昌工学院为试点单位，针对该校学生实际，从多层次生源现状出发，因材施教，探索科学可行的培养模式，努力培养政治素养合格、理论素质到位、就业能力强的应用型本专科人才。选择5个专业，围绕专业师资、教学条件及资金投入优先保障开展试点。重点抓好5项工作：一是全员开展转型发展理念培训；二是对试点专业培养方案进行充分论证，制订和实施改革具体方案；三是组织双师型教师培训；四是制订和实施课程教学资源建设计划；五是启动校企合作机制建设。"① 这些政策举措从多个方面推进少数民族应用型人才的培养模式深入开展，为解决民族地区少数民族应用型人才不足的问题奠定了基础。

改革开放以来，国家颁布的上述政策极大地增强了高校少数民族应用型人才培养的数量，有效提升了高校少数民族应用型人才的培养质量。高校培养的少数民族应用型人才使得民族地区的教育、经济、文化都取得长足进步，少数民族地区干部数量和专业应用人才明显增加。以广西为例，2011年，广西公务员和参照公务员管理的人员中，少数民族干部占41.25%，县以上党政领导中少数民族干部占42.11%，均超过少数民族人口占广西总人口的比例（37.94%）。②

新中国成立以来这三个时期的高校少数民族人才培养政策，有效地促进了高校少数民族应用型人才培养，不同类型高校培养出的大量少数民族应用型人才为民族地区经济、文化、政治等各方面的快速发展提供了坚强的人才支撑。如今，民族地区的基础设施建设越来越完善，人民的生活水平越来越高，越来越多的高校毕业生自愿到少数民族地区参加工作。高校少数民族培养政策不断完善，为以后高校少数民族应用型人才培养积累了丰富经验。

## （二）高校少数民族应用型人才培养政策实施中的问题与改革思路

从高校少数民族应用型人才培养政策的演变历程来看，少数民族应用型人才

---

① 《教育部民族教育司2014年工作要点》，教育部网站，http://www.moe.edu.cn/s78/A09/A09_ndgzyd/201412/t20141224_182328.html。

② 《中国重视少数民族干部人才选拔培养任用》，中国新闻网，http://www.chinanews.com/gn/2011/11-19/3471952.shtml。

培养既是一个不断发展的过程,也是一个不断完善的过程。无论在哪一个时期,其政策的制定、颁布与实施,都会面临新的问题,并促成新的转变。结合政策文本与现实情况,本书主要从学校发展规划、培养方案等方面来反映高校少数民族应用型人才培养政策实施过程中存在的主要问题及其改革思路。

### 1. 人才培养方案现存问题及其改革

目前,多数民族地区院校已经形成了多版人才培养方案,使得人才培养的教学工作规范有序。但由于这些院校对现代大学发展趋势和人才培养模式、人才培养方式探索不够,加之国家相关政策的调整,面对目前高等教育快速发展的时代要求和学校转型发展的大趋势,现有人才培养方案已不能满足高质量应用型人才培养的需要。一些专业,特别是涉及一些新兴产业行业的专业,在人才培养方案修订过程中还存在对地方产业行业情况调查研究不足、人才培养方案论证不充分、课程设置脱离职业行业需求、学分学时设置不合理,以及实践教学体系建设不完善、不完整等问题,无法实现应用型人才培养的目标。

(1)人才培养方案存在的主要问题。

人才培养方案是贯彻落实国家人才培养的大政方针,是国家和地方人才培养与管理的具体实施文件,是在学校和专业层面落实人才培养的落地性政策文本。高校少数民族应用型人才培养的质量与水平,基本上依托于人才培养方案的制定和实施。人才培养方案一般包括培养目标、修学年限、毕业条件、实习实训、教学过程等,其中最能体现培养方案并与其他专业相区分的内容主要涉及培养目标。

高校少数民族应用型人才的培养是为了满足少数民族地区经济社会发展中对高素质应用型人才的要求,彰显民族地区特色和民族文化。在高校少数民族应用型人才培养过程中,各专业的培养目标既应体现学生应掌握的本专业基础知识及与专业方向相关的理论体系,也应体现学生应具备的从事本专业的基本职业技能,还应体现民族区域特色与文化,使高校少数民族应用型人才培养定位在满足专业共性要求的基础上,适应民族区域经济社会发展需求。然而,民族地区地方院校和民族院校人才培养目标定位不明,认为应用型人才的培养只是传统本科教育和高职教育的简单叠加,因而在办学实践中没有形成应用型教育的特色,这就导致民族地区地方院校和民族院校在少数民族应用型人才培养过程中,把理论知识传授放在首位,而把实践教学、能力培养作为理论知识传授的补充形式,实践教学比较薄弱。在这种传统观念的制约下,学校在资金与人员分配、管理人员在教学资源配备、教学人员在教学内容选择和教学方法使用上,均倾向于课堂理论教学,致使实践教学处于次要地位。[1]

---

[1] 秦悦悦:《高校应用型本科人才培养模式研究与实践》,重庆大学硕士学位论文,2009年。

此外，一些民族地区地方院校和民族院校设置的人才培养目标定位往往过于宽泛，其人才培养方案中对人才培养规格的要求只是使毕业生掌握一般意义上的公共知识、专业基础知识、相关专业知识的知识结构，具备一般能力、专业能力等能力结构，民族地区特色与民族性体现不足，缺乏民族区域的针对性和服务于民族地区的实用性，难以适应民族地区经济社会发展的现实需求。在实际办学中，一些高校行政管理人员和教师等对应用型人才、学术型人才与技能型人才等人才类型的区分还存在争议。一些民族地区地方院校和民族院校在确定部分专业的培养目标时，对于培养"专才"还是"通才"，是培养"研究型人才"还是"应用型人才"，摇摆不定，至今还在争议之中。

（2）人才培养方案的改革思路：以转型发展为目的调整人才培养方案。

转型发展是民族地区地方院校目前面临的最重要任务之一，也将是今后一段时间这些院校的中心工作之一。民族地区地方院校要实现转型发展，提高应用型本科人才培养质量，首要任务是按照培养"下得去、留得住、用得上、干得好的高素质应用型人才"这一目标，制定科学合理的应用型人才培养方案并严格有效地执行。为此，学校应在广泛调研、仔细梳理、缜密思考的基础上，结合应用型人才培养目标定位和规格要求，兼顾好本科人才培养、专业人才培养、应用型人才培养的基本要求，修订完善现有人才培养方案。同时，民族地区地方院校要建立起有效的执行机制，切实推动具体的教学内容、手段、方式方法的转型。

民族地区地方院校与民族院校学生生源主要以民族地区及其附近地区学生为主，这些学生热爱本民族文化，能够适应民族区域地域及生活环境，毕业后大多留在自己的家乡工作。因此，人才培养目标定位在一般知识、技能要求的同时，更要凸显地方特色、民族特色，这样才能使少数民族高层次人才培养更好地为民族地区社会发展服务。因此，这两类院校的人才培养定位必须考虑三方面因素：一是地方高校自身的办学条件；二是民族地区社会发展与特色行业的需求；三是民族地区的地方文化，只有这样才能培养出满足民族地区地方建设需要的高素质应用型人才。

在凸显民族性、地方性的前提下，民族地区地方院校与民族院校应以民族地区经济社会发展对人才的需求为导向，进一步明确高层次应用型人才的培养目标，将民族地区丰富的文化资源与民族地区地方院校、民族院校长期艰苦奋斗的优良传统转化为教育教学优势，把具有民族地区特色、民族文化的面向生产、管理、服务一线的高层次应用型人才目标写进学校中长期发展规划及各学科专业人才培养方案中，准确定位学校现有本科专业、新设置专业的人才培养目标和规格，做到少数民族应用型人才培养目标与民族地区行业、企业及特色文化产业的需求相一致，少数民族应用型人才培养规格与民族地区工作岗位要求相一致。

## 2. 办学定位存在的主要问题及其改革思路

2014年2月26日,李克强总理在国务院常务会议上,对加快发展现代职业教育做出了"引导部分普通本科高校向应用技术型高校转型"的战略部署。2014年3月22日,教育部前副部长鲁昕在"中国发展高层论坛"上明确"600多所地方本科高校实行转型,向应用技术转,向职业教育类型转"。《关于加快发展现代职业教育的决定》提出,"采取试点推动、示范引领等方式,引导一批普通本科高等学校向应用技术类型高等学校转型,重点举办本科职业教育"。2015年11月,教育部、发改委、财政部印发了《关于引导部分地方普通本科高校向应用型转变的指导意见》,确立了高校转型发展的重要意义、指导思想、基本思路、重要任务、配套政策和推进机制,进一步加快了高校转型发展的步伐。

(1)办学定位存在的主要问题。

应该说,国家教育行政部门对地方本科高校的办学定位是非常明确的,即建设成为直接服务于民族区域经济社会发展,以举办本科职业教育为重点,融职业教育、高等教育、继续教育于一体的应用型高校。然而,现阶段民族地区应用型技术大学联盟单位与整体转型试点高校数量还较少(见表2-1、表2-2),大多数地方本科高校办学定位不明确。

**表2-1　　民族八省区地方普通本科高校向应用型转变试点名单**

| 民族八省区 | 地方普通本科高校向应用型转变试点名单(应用型大学) |
| --- | --- |
| 内蒙古自治区 | 赤峰学院、呼伦贝尔学院、河套学院、集宁师范学院、内蒙古师范大学鸿德学院 |
| 贵州省 | 贵州工程应用技术学院、黔南民族师范学院、铜仁学院、遵义师范学院、六盘水师范学院 |
| 云南省 | 滇西应用技术大学、昆明学院、楚雄师范学院、红河学院、保山学院、普洱学院、昆明理工大学津桥学院、云南师范大学商学院、云南工商学院、云南经济管理学院 |
| 广西壮族自治区 | 桂林航天工业学院、百色学院、玉林师范学院、河池学院、广西财经学院、贺州学院、钦州学院、梧州学院、广西民族师范学院、广西外国语学院、南宁学院、广西大学行健文理学院、广西师范大学漓江学院、广西民族大学相思湖学院、桂林电子科技大学信息科技学院、桂林理工大学博文管理学院、广西中医药大学赛恩斯新医药学院、广西科技大学鹿山学院、广西师范学院师园学院 |

续表

| 民族八省区 | 地方普通本科高校向应用型转变试点名单（应用型大学） |
|---|---|
| 宁夏回族自治区 | 宁夏师范学院、宁夏理工学院、宁夏大学新华学院、中国矿业大学银川学院、银川能源学院 |
| 西藏自治区 | 暂无 |
| 新疆维吾尔自治区 | 暂无 |
| 青海省 | 暂无 |

资料来源：产教融合发展战略国际论坛官网，http：//cms2. huanghuai. edu. cn/s. php/zmd-forum。

**表2-2　　民族八省区应用技术大学（学院）联盟单位名单**

| 民族八省区 | 应用技术大学（学院）联盟单位 |
|---|---|
| 广西壮族自治区 | 百色学院、南宁学院、钦州学院、广西科技大学鹿山学院、桂林航天工业学院、广西科技师范学院、桂林电子科技大学信息科技学院、贺州学院、梧州学院、玉林师范学院 |
| 云南省 | 保山学院、云南工商学院、滇西应用技术大学、红河学院、曲靖师范学院、文山学院、云南师范大学商学院、昭通学院、普洱学院 |
| 贵州省 | 贵州工程应用技术学院、黔南民族师范学院、铜仁学院、遵义师范学院、六盘水师范学院 |
| 内蒙古自治区 | 呼伦贝尔学院 |
| 宁夏回族自治区 | 宁夏理工学院、宁夏大学新华学院、银川能源学院、宁夏大学中卫校区 |
| 青海省 | 暂无 |
| 西藏自治区 | 暂无 |
| 新疆维吾尔自治区 | 暂无 |

资料来源：产教融合发展战略国际论坛官网，http：//cms2. huanghuai. edu. cn/s. php/zmd-forum。

民族地区地方学院与部分民族学院多为地方新建本科院校，经过一段时间的本科教育办学，这些院校盲目攀比，不断谋求办学规模的扩大、办学层次的提升，谋求从学院升级为大学，谋划转型升级，在本科教学的基础上积极申报学术型硕士点、博士点。从学院升格为大学，从培养本科人才到培养研究生，直接关系学校的切身利益。一般而言，学院升级为大学后，授予的硕士或博士学位点增多，地方政府投入增加，学校在招生、学科与专业设置、师资聘用中，获得更大的利益。这就引导学校追逐"高大全"，通过行政级别的上升，争取更多的教育经费与办学资源，学术科研的惯性会越来越强，这种办学生态往往会使这些院校在办学定位中迷失自我，朝着学术化、研究型的高校发展。在这种办学冲动下，部分专业人才培养方案参照老牌本科院校的做法来编制，未能充分体现应用型人才培养的要求。虽然在国家政策的推动下，一些民族地区地方高校已开始转型试点，一些高校则试图向应用型转型，但这些高校基本都是在摸索中前进，各民族地区普通本科高校向应用型转变的方式、目标定位不一。

（2）办学定位改革的主要思路：服务民族区域经济社会发展。

我国少数民族高等教育不能脱离少数民族及其地区的自然生态环境、社会发展水平、文化特征。[①] 民族地区地方院校及民族院校在制定本校发展定位规划时首先要立足民族地区实际，在发展定位上，民族地区地方院校及部分民族院校应坚持以民族地区经济发展需要和特色产业发展需求为导向，以特色学科专业建设为龙头，以"双师双能型"教师队伍建设为重点，以少数民族文化传承为灵魂，坚持地方性、民族性、应用性、技术性和实践性的本质特征，将学校建设成特色鲜明的服务民族区域经济社会文化发展的地方应用型高水平大学，充分体现应用型、区域性、民族性的办学特色与定位。

### 3. 教师管理制度存在的主要问题及其改革思路

高校教师管理制度主要包括教师资格认证制度、教师聘任制度、教师培训制度、职称评审制度、考核评价制度。其中教师资格认证制度是教师入职之初的专业素质达标制度，该制度从教师队伍的建设入手，为教师任职奠定了基础，属于"门槛性"制度；教师聘任制度是专业筛选制度，为应用型人才培养选拔适职教师，保证了高校教师的整体质量，属于"选拔性"制度；教师培训制度是专业成长与提升制度，为教师提供专业训练和专业发展机会，促进了教师整体水平的提高，属于"支持性"制度；职称评审制度是专业导向制度，对促进教师专业发展具有重要导向性，属于"发展性"制度；考核评价制度是专业激励制度，是对教师进行考核评价的指挥棒，考核的结果一般作为续聘、解聘、职务变动和奖惩的依据，属于对教师进行过程管理与考核的"评价性"制度。这五个子制度是高校教师专业发展与管理过程中的五个重要环节，在其教师专业发展的不同阶段对教师管理发挥着选拔性、促进性、导向性、激励性、评价性等作用，从时间维度上构成了高校教师管理的"五驾马车"，是应用型大学提升教师实践能力的核心制度安排。

---

① 覃红霞：《冲突与融合：中国少数民族高等教育发展的思考》，载于《贵州民族研究》2004 年第 3 期，第 135 页。

（1）教师管理制度存在的主要问题。

从表面上看，民族地区地方院校与民族院校都建立了集教师引进、培养与考核评价等要素于一体的教师管理制度，但这些制度供给主要还是沿用转型前普通本科高校的教师管理制度，与少数民族应用型人才培养对教师的要求不一致、不匹配，具体而言：

第一，教师资格认证制度。目前，我国还没有形成具有鲜明应用型教育特色的高校教师资格认证制度。按照《〈教师资格条例〉实施办法》和《高等教育法》的解释，民族地区地方院校普遍采用的是普通高校教师资格认证制度，沿用普通本科高校的教师资格标准。这种教师资格认证强调对申请者学历标准、专业理论知识及普通教育学、心理学等方面的考核，是对教师学历、教学能力的认定，是高校教师资格的基本认证制度，而缺少对申请者的"技术性、职业性"要求，不能很好地反映应用型教育对教师的"双师双能素质"要求。这种"制度沿用"的做法并未从入职源头上对教师进行较为理性的遴选，从而不能真正发挥教师资格认证制度的筛选功能，导致民族地区地方院校教师队伍普遍存在"先天发育不良"的问题，教师专业实践能力先天生成不足。

第二，教师聘任制度。现行教师聘任制度主要建立在学术资格基础上，重学术、学历，轻实践。在教师招聘方面，大多数民族地区地方院校与民族院校对教师的遴选、录用标准，主要关注应聘者的毕业院校、学位等级、学术论文发表的级别与数量等方面，这种聘任制度直接导致大量从"高校到高校"的学术硕士、博士到民族地区地方院校任教。在培养阶段，他们接受的是以理论为主导的扎实、系统的学术训练，基本没有进行过严格的、系统专业实践训练，实践能力严重不足。受现行教师聘任标准、薪酬待遇等因素的影响，实践能力较强的企业专业技术人才、管理人才和高技能人才则较难补充到高校教师队伍中来。

第三，教师培训制度。现行教师培训制度重理论、轻实践。入职前，新教师岗前培训侧重师范性，缺乏进入企业实践的培训环节。入职后，教师培训主要致力于学科知识更新、课堂教学方法的提升等方面，如教师访学、进修、青年教师教学业务能力提升等方面的制度规定，主要以学术交流、教育教学能力提升、科研能力提升为主，较少涉及教师专业实践能力提升方面的培训内容。一些民族地区地方院校与民族院校虽然出台了相关政策文件，引导教师自发地参加职业培训、职业认证或进入企业、政府进行实践，然而这些实践活动基本与职称评聘、教师考核评价关系不大，加之教学与科研压力，教师参与这些实践的内生动力不足，培训效果不佳。

第四，职称评聘制度。现行职称评聘制度主要建立在学术标准的基础上。民族地区地方院校与民族院校现行职称评审制度仍以教师发表学术论文、主持科研项目以及教学科研成果奖项等学术标准来衡量，缺乏衡量教师专业实践能力的相关要求。这在很大程度上偏离了少数民族应用型人才培养对"双师双能"教师的要求，对教师专业发展造成了一种反向激励，使得教师失去了主动参与实践活动，提升自己实践能力的积极性。该制度对教学方面的规定基本上属于达标性规定，而在科研方面的规定则为竞争性规定。由此，两类高校教师在专业发展中陷入两个评价导向不一致的制度中，一方面，在平时的教育教学中，要求教师按照"双师双能"素质方向发展，具备较强的实践能力；另一方面，在职称评审中却要求教师服从"科研主导"的评审标准。这种评审标准对教师专业发展造成较大的"斜向拉力"，使教师专业发展方向偏离"双师双能"导向而向"学术科研"方向发展倾斜。

第五，教师考核评价制度。长期以来，高校考核评价存在重科研轻教学、重数量轻质量等突出问题。科研是较容易量化的考核指标，如申请课题的级别、数量，发表论文的等级、数量等，已成为多数民族地区高校考核评价教师的主要指标。民族地区地方院校与民族院校的考核评价内容主要包括教学和科研两个方面，但实质上硬指标只有科研，在年度考核中，科研往往占有绝对权重，与教师绩效密切相关，而对教学方面的规定往往只是课时量，且多与奖金无关。同时，以学术科研为主的考核评价指标，也为教师的入职、晋升、聘任、培训和奖惩提供了基本依据，与教师的切身利益息息相关。因此，以科研为主的考核评价体系将教师引向做学术科研的道路，偏离了"双师双能"的素质要求。

（2）教师管理制度的改革思路。

民族地区地方院校与民族院校现存教师管理制度主要建立在学术标准、学术资格等学术考核的基础上，以"学术导向"为主。现阶段，"学术导向"下的教师管理制度供给与少数民族应用型人才培养对教师"双师双能素质"的要求不一致、不匹配。为此，少数民族应用型人才培养单位应加强教师聘任、教师培养、职称评审、考核评价等教师管理制度改革，通过制度改革，逐步改变以"学术资格""学术标准"为主的教师管理制度，使之与应用型办学定位、应用型人才培养目标要求相适应、相匹配。

一是建立应用型高校教师职业资格认证制度。目前我国的教师职业资格共分为幼儿园教师、小学教师、初中教师、高中教师、中等职业学校教师、中等职业学校实习教师、高等学校教师七类教师职业资格，其中，高校教师资格中并没有细分为培养学术型人才的研究型高校教师资格和培养高层次应用型人才的应用型高校教师资格。当前，随着越来越多地方本科高校向应用型转型发展的深入推进，现有的普适性高校教师资格认证制度已很难适应应用型高校的办学要求。为凸显应用型高校教师的"双师双能"素质标准，教育行政部门应在我国现有的高校教师资格制度的基础上，建立"双师双能型"教师职业资格制度（当然也包括中高职教师），并将其纳入《教师资格条例》，使其合法化，为民族地区地方院校把好"双师双能型"教师入口关提供法律依据。

二是改革教师招聘制度。当前多数民族地区地方院校与民族院校仍然按照研究型大学的要求配备师资，以学术型博士研究生招聘为主，这样，虽然教师的理论知识、学术能力得到极大提升，但其专业实践能力提升有限。为此，第一，改革教师聘任制度和评价办法，调整教师结构，根据行业、企业人才特点，制定具有行业企业工作背景的人才培养、引进和招聘办法，引进优秀专门人才。第二，通过《教师法》或《教师资格条例》明确少数民族应用型人才培养单位引进"双师双能型"教师资格的标准，破除"唯学历、唯学术论文论"。在放宽学历准入门槛的同时，对教师专业实践能力提出明确要求，即"双师双能型"教师既要接受一定的教学能力训练，取得教师资格证书；同时还必须有一年相关专业的实际工作经验并具有一定等级的职业技能证书。

三是改革教师培训制度。一方面，民族地区地方院校与民族院校可根据既定的"双师双能型"教师资格认定条件制定系统的培训计划，多渠道开展教师专业技能培训工作，并通过各种培训认证、专技职务资格评审和考试、职业资格考试、技能等级鉴定等多种方式帮助教师取得相应的专业技能证书。另一方面，两类高校应建立专任教师到行业企业学习交流的制度，有计划地选派教师到行业企业实践锻炼，并参照国外高校的相应标准，结合自身实际，对专业课教师每年到企业学习交流的人次，以及每隔几年到行业企业实践锻炼的具体实践做出具体规定。此外，在制定教师到企业实践制度时，需充分考虑企业的权益，统筹大学与行业企业之间的利益关系。

四是深化教师职称评审制度改革。现阶段，民族地区地方院校与民族院校的职称评审与研究型大学采取类似的标准，教师职务的晋升主要看科研成果，忽视了应用型高校应用性、实践性、技术性的本质特征。为此，民族地区教育行政部门应尽快采取措施，为高校教师制定符合其办学定位和人才培养目标特点的"单列型"职称评审系列。第一，按照应用型大学的本质特征和专业课教师、实习指导教师的岗位要求，修订教师职称评审条件，逐步实现从主要以发表论文、著作和承担科研项目的数量、质量等条件为主职称评审标准，转变为同时以取得专利、物质产品和设施，以及与企业、社会机构共同承担项目的数量、质量等条件多维度评审，充分调动教师的积极性、创造性。第二，把教师到企业实践锻炼或技术实践经历作为专任教师职称评定的必备条件，将教师参与企业技术创新、发明、专利等所获成果作为职称评审的重要依据之一。

五是改革教师考核评价制度。第一，建立公平、公正的教师评价体系。这个体系可以包括学校评价、教学督导评价、院系评价、学生评价等相结合的评价制度，评价制度要与教师的聘任制度、培训制度、职称评审制度和激励等制度挂钩，使聘任、培训、职称评审、激励和评价成为一个有机的整体。第二，根据各专业类别及方向，对不同专业及方向教师建立分类实践能力考核内容。第三，专业教师的考核从侧重评价科研项目和发表论文为主，转向评价工程项目设计、专利、产学合作和技术服务等方面为主。

### 4. 实践教学评价体系存在的主要问题及其改革思路

虽然实践教学在应用型人才培养中起着重要的作用，但是由于学校在实践教学方面处于起步阶段，实践教学评价和监督体系并没有形成或者仍然不完善。

（1）实践教学评价体系存在的主要问题。

很多高校没有把实践教学看成是与理论教学同等重要的环节，没有专门针对专业课程的实践教学计划。在实践教学安排方面，不重视实践教学计划的制订，缺乏独立于理论教学的实践教学体系。没有明确地将理论教学和实践教学进行划分，更没有专门的实践教学管理机构。在实践教学计划和实践教学质量方面不像理论教学那样，有明确的档案资料和评价指标，这就必然限制了实践教学的科学发展。同时，传统的以考卷为主的考核方法不能有效地反映实践教学成果，很难有效地测量学生实践能力。也就是说，独立的实践教学考核体系目前尚未建立或健全，配套的激励机制尚未出台，从而无法对千差万别的、独特的实践教学成果和实践教学水平做出公正而科学的评价，这样既不利于学生创新意识和实践能力的培养，又严重抑制了学生开展实践活动和教师从事实践教学研究的积极性。[1]

（2）实践教学评价体系改革的主要思路。

为了实现应用型人才培养目标，进一步强化实践教学，民族地区院校及民族院校要不断完善高校少数民族应用型人才评价检测体系，创新评价检测。在评价时段上，要注重全程性，健全课前、课中、课后的实践教学评价体系；在评价标准上，要注重全面性，明确制定实践教学的评价标准细则，针对不同学科专业的实践教学，进行分类评价；在评价主体上，要体现多样性，既要有学校管理人员的参与，也要发挥院系对实践教学评价的主体性作用，更要注重同行、学生在实践教学评价中不可或缺的作用。评价检测时不能只流于形式，要能够全面落实，这样才能培育出高素质的少数民族应用型人才。过去很多高校在评价应用型人才时只注重结果，忽略过程，导致培养的学生应用能力不足，相关培养单位要完善

---

[1] 朱冬梅：《少数民族地区编剧应用型人才培养现状分析与政策建议》，载于《四川戏剧》2014年第12期，第180页。

高校少数民族应用型人才评价检测体系并进行必要的监督。

## 二、高校少数民族应用型人才培养体制分析

高校少数民族应用型人才培养体制主要包括培养机构与培养机制等要素，而围绕高校少数民族应用型人才培养体制实施的改革，也包括机构与机制改革两个重要组成部分。

### （一）高校少数民族应用型人才的培养机构及转型高校改革思路

我国承担民族高等教育任务的高校，按照教育行政管辖关系和属地关系，主要可以分为民族地区地方院校、民族院校、异地办学民族院校三种类型，其中民族地区地方院校与民族院校（包括异地办学民族院校）是我国少数民族高层次应用型人才培养的主要单位。

#### 1. 民族地区地方院校

民族地区地方院校（C1）是指设立在少数民族辖区内，以民族地区地方财政拨款为主且管理权归属民族地区地方政府的，培养民族地区各类高级专门人才并使之为少数民族地区服务的普通本科高等学校，包括省属综合性重点高校、省属行业特色型高校和地方新建本科院校，其中，1999年之后的新建本科院校是民族地区地方院校的主体，它们既具有一般地方院校的普适性特征，也有其独特的民族性特征。这类高校位于民族地区，具有鲜明的民族特色和地域特色。民族地区地方院校的名称有的冠以"民族"二字，有的没有"民族"字样，但在办学上，两者共同的突出特点是"地方性"。这类院校扎根民族地区，专业设置和教学内容的地方适应性都比较强，学校教师容易深入了解民族地区地方经济社会发展需求，学生参与实习和其他专业社会实践活动都较为方便，比较容易适应本民族地区经济社会发展需要。

一般而言，这类院校拥有较丰富的民族文化资源，学生生源也主要以民族地区的学生为主，与民族地区对接性较强，对民族地区经济与社会发展具有较强的信息优势。然而，民族地区地方院校大多建立在少数民族自治地区和少数民族小聚居和大杂居地区的省会城市和地、州（市）级城市，学校区位优势不明显，办

学条件艰苦，办学经费不足，高端优秀人才引进困难，应用型人才培养难度较大，其综合办学实力和整体办学水平与办在发达地区的高校相比具有一定差距。在办学过程中，民族地域文化对民族地区地方院校办学起着积极作用，它孕育和滋养地方高校办学特色，对地方高校的办学实践，特别是为学科建设、人才培养、服务社会、文化引领四大功能的实现，提供强有力的精神指导和文化资源。因此，民族地区地方院校在办学过程中要突出特色，基于地方文化和特色资源，形成地方优势。

民族地区地方院校的特征主要体现在民族性、地域性和服务性三方面。民族性是指长期的民族聚居使得一些特定区域的人群在生活习俗、语言文字、人格心理等方面都具有自身独特性。民族地区地方院校所在区域的地理人文环境、民族文化、经济社会发展现状等对学校的生源结构、学科专业建设和人才培养产生着重要影响，故此，民族地区地方院校在办学上具有显著的地域性特征。民族地区地方院校的另一特征是服务性——多数民族地区地方院校的定位都是"服务民族地区"，培养"下得去、留得住、有作为"的少数民族应用型人才。因此，民族地区地方院校培养的人才更多的面向民族地方基层，面向民族地方的行业企业。

### 2. 民族院校

民族院校（C2）是党和国家为解决国内民族问题而建立的普通高等院校。自 1941 年成立延安民族学院以来，经过半个多世纪的发展，民族院校已成为培养少数民族高素质人才、研究我国民族理论和民族政策、传承和弘扬各民族优秀文化的重要基地，是民族高等教育的重要承担者。民族院校应该以服务民族地区经济社会发展水平为检验标准，创新办学模式，加强教育协同，积极发展工科、医科、管理学科和民族特色学科，重点在民族地区急需的特色产业领域培养人才，不断加大民族地区和少数民族紧缺人才的培养力度，努力把具有区域特点、民族特色的专业做大做强。

现阶段，我国民族院校可以分为两大类：国家民族事务委员会直属的中央部属民族院校和地方民族院校；由国家民委主管的民族院校，大都位于内地中心城市，个别院校如北方民族大学位于民族地区中心城市。这类高校的名称，都含"民族"字样，在办学上重视民族政策、民族理论、民族文化、民族语言等课程的教学。国家民族事务委员会直属六所高校中，中央民族大学位于华北地区，属"985"高校，人才培养层次定位高，面向全国。西北民族大学、西南民族大学、中南民族大学、北方民族大学、大连民族学院分别位于西北、西南、中南、西北、东北地区，具有一定的地域性，也比较容易适应本地域民族地区经济社会发展的需要，但是对民族地区经济社会发展的融入程度赶不上民族地区地方院校，对学校所在地方经济社会发展的融入程度赶不上驻地地方院校，对全球、全国学科发展前沿领域的了解程度又赶不上部属院校。这几所高校的教师理论水平普遍高于民族地区地方院校，但是与部属院校和内地重点大学相比，还存在较大差距。

其实，民族院校与"民族地区地方院校"存在一定交叉，同时也有区别。以广西壮族自治区为例，广西民族大学、百色学院、玉林师范学院、河池学院、广西民族师范学院等都属于民族地区地方院校。但广西民族大学和广西民族师范学院又属于"民族院校"范畴。此外，部分民族院校不仅是民族地区地方院校，也是受中央部委管辖的重要高校，比如西南民族大学和西北民族大学等。这些民族院校并没有位于民族八省区。诚然，无论是民族地区地方院校还是民族院校，都是培养少数民族应用型人才的主阵地，具有不可替代的作用。

民族性与文化性是我国民族院校的基本特征。民族性主要是指我国民族院校是基于少数民族的族群差异而创办所体现出来的办学特性，同时也指民族院校作为一类大学在其长期办学过程中所积淀、凝聚而形成的与少数民族有关的大学文化。我国民族院校在办学的各方面充分体现出了尊重少数民族特点的性向。文化性是指民族院校基于教育人类学而开展的以少数民族文化为主要内容的教育所体现出来的办学特性，是民族院校的应然本质。教育人类学是运用人类学的理论来研究人及其文化的学科，它强调人类群体的文化传承、文化学习、文化交流及文化发展。

除以上两种与少数民族应用型人才培养相关的高校以外，还有一所高校情况比较特殊，无法归入以上任何一种类型，可以称之为"异地办学民族院校"。这所高校就是西藏民族大学——其一，西藏民族大学在教育行政上归西藏自治区管辖，学生一半左右来自西藏自治区，从这一点看它属于民族地区地方院校；其二，它又位于内地省份陕西省咸阳市，除辅导员和行政岗位藏族教职工较多以外，教学队伍主要由内地教师构成，藏族特别是西藏籍藏族教师人数很少，这使西藏民族大学带有典型的内地地方高校特点；其三，与内地地方高校不同的是，它与驻地经济社会发展的联系不如当地其他地方高校紧密，这一点与国家民委直属六所院校很相似；其四，尽管 2009 年西藏自治区与国家民委签署了共建西藏民族大学（时称"西藏民族学院"）协议，但是它毕竟不是国家民委直属院校，无法享受后者所拥有的许多政策资源；其五，尽管它是西藏近现代史上第一所高等学府，但是由于不在西藏本地，错失入选"211"大学的机遇，在学科发展的诸多方面正面临逐渐被后起的西藏大学超越的危机。

### 3. 基于少数民族应用型人才培养的民族地区转型高校改革思路

受到历史发展和地理位置的影响，民族地区经济文化相对落后，特别是在农牧区、偏远地区以及人数较少的民族地区，能够承担科技推广、社会服务的应用型人才极其缺乏。现阶段，少数民族应用型人才的数量和质量与民族地区经济社会发展的实际需求还存在一定差距。面对新形势、新任务、新要求，民族地区地方院校及部分民族院校应按照国家对地方本科院校转型发展的要求，积极转型发展，建设适应民族地区发展要求的应用型高校，培养满足民族地区建设需要的高素质合格应用型人才。基于此，民族地区高校作为少数民族应用型人才培养的重要单位，其改革思路主要应从管理机制、育人机制、学科专业、就业创业等方面着手。

（1）民族地区转型高校人才培养管理机制改革。

管理机制改革是内部改革的重心，人才培养机制改革应从管理上入手。民族地区转型高校有其特殊性，在管理队伍上也更多地彰显出地方特色。因此，民族地区高校需要转型，管理机制改革是首要任务。管理机制改革可以从管理职能部门改革、人力资源更新管理、后勤保障支撑管理等方面入手。在管理职能部门上，需要严格转变和优化管理范围、管理权力、管理组织机构等，服务于应用型人才培养；在人力资源管理上，需要大胆创新，合理布局人员结构，考虑"学缘结构"、学历结构，保持可持续发展的人力资源管理优势，在考核与激励方面充分发挥教师聘任、教师培训、教师职称评审等制度优势，调动广大教职工提升自己实践能力的积极性；在保障体系上，应充分考虑社会空间优化问题和民族资源拓展问题，同时也要顺应市场发展需要，争取效率最大化和公平公正原则。从民族地区转型高校发展来看，必须根据经济社会发展的需要，转变过去学术型人才培养体制，走上满足社会多样化需求和大学生谋生就业的应用型人才培养之路。应用型院校既不同于传统的学术型大学，也有别于高等职业技术院校，它作为新的教育类型，实现了普通教育与职业教育的融合；它作为新的人才培养模式，注重理论与实践的结合与创新；它作为地方经济建设和科技进步的重要力量，在实现教育大国的过程中发挥着不可替代的作用。故此，民族地区转型高校人才培养管理机制改革必须适应应用型高校建设与应用型人才培养的要求。

（2）民族地区转型高校人才培养的协同育人机制改革。

促进学生全面发展，是党的教育方针的一贯要求；坚持以人为本，是教育领域落实科学发展观的集中体现。要达到这些要求，就必须不断在人才培养机制上探寻协同培养的道路。协同育人就是多机构、多部门共同协商联合培养人才。民族地区转型高校协同培养人才需要获得国家部属学校协同，民族学校之间的协同，学校与企业、产业协同，学校与地方协同，学校与国际协同。[①] 获得国家部

---

① 刘贵芹：《创新高校人才培养机制的探索与思考》，载于《中国大学教学》2014年第10期，第4~8页。

属院校协同主要是指获得教育部直属高校的协助和支持，转型院校可利用教育部直属高校的学科、师资等优势，在学科专业建设上给予有效支持，与其联合培养专业化高素质少数民族应用型人才。民族地区转型高校发展需要得到同类民族学校的支持和协同，特别是在专业特色发展和学科发展支撑上需要得到同行业专业人员的支持，进而实现转型高校协同发展的区域经济效益。民族地区地方高校转型发展的核心目标是走向应用型，培养满足社会需要的应用型人才，因此与相关行业企业联合、与相关产业结合是最为直接和有效的发展道路。民族地区转型高校应抓住产教融合这个地方高校转型发展的"牛鼻子"，面向民族地区产业和地方发展需求，积极开展产教融合，并将其融入民族地区经济转型升级各环节，贯穿人才培养全过程，形成政府、企业、学校、行业、社会协同推进的人才培养格局。

（3）民族地区转型高校人才培养的学科专业优化机制。

民族地区转型高校的学科专业优化机制是改革的重中之重。基于民族地区学校转型发展和应用型人才培养的需要，做到需求导向的专业设置优化，实践应用导向的学科优化，科研为基的学科优化。需求导向的专业设置优化主要包括专业准入机制和专业退出机制的优化。随着时代发展，一些新兴行业不断产生，民族特色文化产业不断发展，这就需要我们根据时代发展要求，更新专业，适应新的发展需要。实践应用导向的学科优化主要强调基础学科和应用学科的合作安排和建设。在学科发展上以发展实践性知识为主，提升学生运用知识的能力和水平，为学生提供长期可持续的实践性知识学习通道。科研为基的学科优化机制是指在地方性应用型高校转型过程中，不可忽略学科建设，而是需要更进一步地完善基于实践的学科建设。科研特别是应用研究是民族地区转型高校学科建设的根基，而重点学科建设也能够很好地支撑专业新增与退出机制的实现。

（4）民族地区转型高校人才培养的就业创业优化机制。

民族地区高校转型发展的根本目的是要培养具有创新创业能力的应用型人才。就民族地区而言，虽然社会整体经济发展较快，但其与发达地区的差距还是非常明显的。民族地区物质生产力发展的水平和方式，决定着劳动力的素质。目前在民族高等教育的发展中存在的一个主要问题是能够服务民族地区的应用型高等教育人才较少，不能更好地指导或服务于民族地区的生产生活。从国家战略角度而言，广大民族地区将是未来扶贫开发的重点地区，而民族地区的人才将直接有助于实现民族地区的发展战略。民族高等教育的根本任务是培养少数民族高级专门人才，是少数民族经济、政治、科学、文化传承的桥梁，是维护民族稳定和民族团结的重要力量。民族高等教育自身具有独特功能，它兼有民族教育和民族工作的双重属性，对于促进少数民族和民族地区的政治、经济、文化发展有重大作用。① 从人才培养的服务定位上看，应用型人才的培养既不同于传统院校以知识为主线的理论型人才培养，也区别于职业技术院校以能力为主线的技能型人才培养，应用型人才的根本任务是"服务于区域或行业"，这就决定了其就业方向和创业可能性。就业创业要求培养的人才知识结构鲜明、综合素质较高，能主动适应社会需求。少数民族应用型人才培养的就业方向要与民族地区的经济社会发展需求相匹配，与民族高等教育的发展规律相适应。总之，根据少数民族学生原有学习基础以及未来就业环境，将高校少数民族人才的培养从较单纯的理论性培养转变到应用型人才培养的轨道上，将是一种发展的趋势。

## （二）高校少数民族应用型人才培养机制改革思路

高校少数民族应用型人才培养机制主要包括招生、经费投入、学生资助、人才流动与补偿四个重要组成部分。这四个机制构成了高校少数民族应用型人才培养的主要系统，少数民族学生通过这一系统，逐步成长为少数民族应用型人才甚至进一步发展成为高层次应用型人才。

### 1. 招生机制的问题分析及其改革思路

目前，高校少数民族应用型人才培养过程中招生机制存在的主要问题集中在政府的政策与投入、培养单位的政策落实与学生管理、受惠主体的意识、社会公众的宣传监督等方面。而招生机制的改革思路，也是以这四个方面的问题为主要依据。

（1）招生机制存在的主要问题。

第一，政府层面："制定—支持—保障"体制不健全。一是政策制定不够完善。少数民族招生政策的基本出发点在于教育公平，即全体社会成员可以自由、平等地选择和分配各层次公共教育资源。多年来针对民族考生的招生政策优惠在少数民族聚居的地区力度最大，这也导致很多其他地区的考生为了享受少数民族聚居地区的招生优惠政策，而想尽一切办法从城市转到少数民族聚居地区参加考试，即所谓的"高考移民"现象。"高考移民"破坏了高等教育公平，影响恶劣。但针对此现象的相关管理政策并不完善，有待进一步优化。此外，有关少数民族考生读书就业的相关协议也缺少约束力，导致招生后的人才并不能往预期方向发展。二是投入经费不足，部分少数民族考生不得不放弃入学。现今，我国经济发

---

① 李永、杨科：《民族院校应用型人才培养体制改革的思考》，载于《民族高等教育研究》2015年第5期，第6~10页。

展主要呈现出地域性、结构性和阶层性的差距①，尤其是少数民族地区，不同家庭的教育投资能力也不同。一般大学生的年人均缴费标准在 5 000～10 000 元，仍有近30%的学生家庭对承受此缴费标准感到比较困难。② 政府虽对民族专业适当减免学费，但是少数民族学生因贫困而导致的辍学现象仍然存在。贷款制度和奖学金制度经费投入仍然不足，部分少数民族考生面对沉重压力不得不放弃上学机会。

第二，培养单位层面："执行过程—规范管理"机制有待规范。一是在政策执行的过程中易出现偏差。少数民族应用型人才培养单位主要指民族地区地方院校和民族院校，在招生环节，这两类院校对政策的执行可能出现一些偏差——一方面容易出现严格按照国家统一分数线执行录取而缺乏灵活性的情况，此情况忽略了学科差异性，不利于后续教学工作的开展；另一方面有些地方针对少数民族考生设立的预科班，在实行的过程中却偏离了培养少数民族人才的目的，在预科班招生的过程中出现了"走人情、拉关系"等不良现象。再加上近年来部分民族院校的预科班每名学生年收费 3 万～5 万元人民币，甚至于部分学生的收费达到 8 万～10 万元人民币不等。③ 预科班的高额收费违背了政策的初衷，造成了教育机会的不均等，使部分少数民族学生没有经济能力上学。二是对少数民族学生的教育缺乏科学规范的管理。目前，我国大多数高等院校对享受少数民族高等教育招生政策而招收的学生所采取的培养方式跟其他普通学生几乎一样，忽略了大部分少数民族考生的学科基础相对薄弱的实际情况，学校相应的补偿教育措施并不完善。此外，学校对于少数民族学生的民族教育较弱，没能更好地增强少数民族学生的民族意识；对于少数民族学生的心理教育也不够重视，不利于他们融入集体。最后，对于少数民族群体有针对性的就业相关培训管理，如就业指导、监督统计就业去向等也有待加强。

第三，受惠主体层面："主体—责任"意识较淡薄。一是"读书无用论"，学习意识淡薄。受"读书无用论"思潮逐渐蔓延的影响，不少少数民族学生认为读书前景惨淡主动放弃读书，或者即使进了学校也求知意识淡薄，碌碌无为混沌度日。加上在学校生活中受一定文化因素的阻碍，少数民族学生可能不能很好地融入学校生活，易产生自卑、厌学等不良心理。这些对于招生政策的有效执行都造成了挑战，而民族学生自我观念的偏差也造成了自身生存能力的偏差，从而引发恶性循环。二是逃避责任，"回归"意识淡薄。不少民族学生受到"定向就

---

① 殷琪：《我国少数民族高等教育招生政策研究》，云南大学硕士学位论文，2011 年。
② 赵庆典：《对高等学校招生体制改革的思考》，载于《中国高教研究》2002 年第 1 期，第 56 页。
③ 滕星、马效义：《中国高等教育的少数民族优惠政策与教育平等》，载于《民族研究》2005 年第 5 期，第 13 页。

业"的规定,即少数民族研究生,在完成学业后必须回到定向省、自治区或原工作单位就业。然而部分少数民族学生在经历大城市和偏远家乡生存环境的对比后容易产生观念取向的变化,加上升学机会发展前景等因素的影响,因此选择逃避自己应承担的责任和应履行的义务,不愿意按照政策的要求回生源地就业。

第四,社会公众层面:"宣传—监督"机制不完善。一是宣传力度不够,大众对政策缺乏认识。目前,因为宣传力度不够大,民族地区的民众对于招生政策的认识并不够全面深入,甚至部分民众还对招生政策存在一些误解。这些误解主要表现为:一些民众对于政策的内容、受益人群和执行方式等方面不够了解;公众关注度不高,认为与自身利益无关便无须认识,因此地方教育局在协助招生工作时执行力度不够;部分民众把少数民族高等教育招生政策看作一种照顾,便对少数民族考生存在一定的歧视。二是监督乏力,没有充分发挥舆论监督作用。因为公众关注度不高,所以社会公众还没有意识到自己对该政策享有的监督权和评价权。因此,对该政策各个主体也就还没有形成社会监督氛围,没有积极发挥对此项政策的监督评价作用。①

(2)招生机制的改革路径。

第一,政府层面:制定严格的审核制度。一是积极发挥主导作用,不断完善招生政策。政府作为政策的制定者,应该积极发挥主导作用,坚持少数民族高等教育招生政策的指导方针不变,坚持"民族平等、团结和共同发展",保证少数民族高等教育招生政策稳定、健康的发展。政府在制定政策的时候,还要确保政策的信度与效度,强调政策质量。针对"高考移民""民族预科班"等现象,应结合民族地域差异、文化水平差异、经济差异、融入社会程度等制定具体的实施方法,制定严格的审核制度,保障民族地区考生分配指标的合理性,在真正意义上实践教育机会均等。二是加大政府资金投入,制定完善相关资助制度。政府资金投入对少数民族应用型人才培养尤其重要,对于部分民族贫困地区学生入学难以承担学费的情况,国家及民族地区政府应设立专项基金予以救助;对于在校学习的少数民族大学生应该加大奖助学金的力度,除了学校一般的奖学金外,还应设立民族专业奖学金,以进一步加大奖助学金的资助力度;对于毕业后愿意留在民族地区或愿意去条件更艰苦的少数民族地区工作的学生,可以采取学费补偿、助学贷款代偿,或者政府代付学费的方式资助其上学。三是完善与政策相配套的监督评价机制。教育政策的执行是一个复杂的社会过程,即使在政策质量、执行人员与政策执行资源都不存在问题的情况下,也难免有执行偏差的出现。② 所以

---

① 周晓丽:《我国少数民族高等教育招生政策研究》,兰州大学硕士学位论文,2013年。
② 石火学:《教育政策执行偏差的表现、原因及纠正措施》,载于《教育探索》2006年第5期,第26页。

针对少数民族高等教育招生政策这一特殊政策，建立一个配套的监督评价机制十分重要。首先可以建立一个统一的信息管理平台，公开考生相关信息，设立举报平台，并同步更新考生真实详尽的资料；其次可以建立健全评估考核体系，对培养单位、考生等进行定期或不定期的评估考核，以保证政策执行的力度；最后还可以建立健全依法考试的管理体制，如建立考试领导责任制度，建立层层监督制度，民、汉考点交叉编排，民、汉教师混合监考，使监督制约制度从源头做起。

第二，培养单位层面：实行科学的教育政策与有效的管理过程。一是积极发挥民族地区地方院校与民族院校的纽带作用，严格执行、落实招生政策。民族地区地方院校与民族院校是招生政策的执行主体，在政策实施过程中有重要的责任。首先，这两类院校在招生方面要遵循教育公平的原则，严格执行招生政策；其次，对于学费的制定以及国家补助的落实应严格遵守，杜绝资金滥用；最后，应坚持办预科班的宗旨，杜绝高收费现象，维持预科班设定初衷，保证教育的公平、民族的平等和社会的和谐稳定。二是对民族学生实行科学的教育与有效的管理。高校应该根据少数民族学生的特殊身份采取有针对性的教育及管理。首先，积极向民族学生宣扬民族教育事业，增强其民族责任感；其次，有针对性地开设一些有关民族发展的课程，培养其民族责任感；再次，可以在专业学科上针对少数民族学生的不足进行补偿教育，提升他们的技能，增强他们的学业成就感；最后，在日常管理上，应该权衡应变，体现人文关怀，帮助少数民族学生融入集体。

第三，受惠主体层面：做一个有责任担当的少数民族应用型人才。少数民族学生是优惠招生政策的直接受益主体。少数民族学生群体生源的质量高低影响着人才培养目标和政策目标的实现。同时，该群体执行政策的情况，对是否能够改善少数民族地区高层次人才匮乏的问题，逐步扭转民族地区教育、经济、社会发展落后现状起到至关重要的作用。通过优惠招生政策培养的大批高层次骨干人才，不仅对民族地区的经济发展有着直接的现实意义，更是维护祖国统一、民族团结的重要力量。所以少数民族学生应当明确自己的责任与义务，努力提升自身素养，培养主人翁意识，提升责任感，培养民族归属感，坚定立场，诚信做人，学有所成后坚持"回归"原则，学会感恩，懂得回报。无论从思想上还是行动上都要时刻感恩国家政策的照顾与帮助，要客观地认识到履行"定向就业"对于发展民族地区经济、提高民族地区科学文化素养的重要意义。做一个有诚信、有责任的少数民族应用型人才。

第四，社会公众层面：提高民族地区民众参与政策评价的积极性。民族地区民众对政策认识程度的高低影响到公众能否积极发挥监督、评价作用，从而有效推动政策的实施。首先，要重视社会的舆论宣传作用，大力推广招生政策，可以通过电视、图片、网络等途径加大宣传力度，让更多的公众正确认识招生政策。其次，建立强有力的监考教师队伍，考前认真选拔监考和工作人员，加强考前培训并进行考务测试，签订责任书并要求带证上岗。再次，还需加强考试纪律宣传，优化社会、考场环境，充分利用报名以及新闻媒体进行纪律宣传，及时处理各类违纪现象，加强试卷分类和安保秘密工作，保障监督政策的实施。最后，及时公开政策信息，充分发挥社会舆论的监督作用，对招生名单进行公示，对我国高校设立的少数民族专项基金进行公开透明化的管理，让社会清楚地了解资金的去向、用途等详细情况，充分发挥新闻舆论监督职能，提高社会公众参与政策评价的积极性。

### 2. 经费投入机制问题分析与改革思路

经费投入是人才培养的重要保障，民族地区地方院校及部分民族院校是高校少数民族应用型人才培养的主体，也是民族地区本科高等教育的主体，因此，本书主要从民族地区普通本科教育来讨论经费投入问题及其改革思路。

（1）民族地区本科教育经费投入存在的主要问题。

第一，民族地区地方普通本科高校生均教育经费支出低于东部地区。2009年，民族八省区地方普通本科高校平均生均教育经费支出15 947.41元，全国平均生均教育经费支出16 327.31元，东部地区平均值为20 159.56元，民族八省区分别比全国平均和东部地区平均值低出379.9元、4 212.15元。2013年，民族八省区地方普通本科高校平均生均教育经费支出26 125.65元，全国平均生均教育经费为25 693.36元，略高于全国平均值，而东部地区平均值为30 878.54元，与东部地区相比，两者相差4 752.89元，与2009年相比，这一数值扩大了540.74元。总体来说，2009～2013年，民族八省区地方普通本科高校平均生均教育经费支出大体上与全国平均值持平，但仍低于东部地区的平均水平，且与其差距在不断扩大（见图2-1）。

第二，社会投入在教育投入中的占比较低且呈下降趋势。民族八省区普通本科学校教育经费投入中的主要社会投入部分占比较低。2009年社会捐赠为6 580.6万元，占总投入的0.28%；2013年社会捐赠为9 121.4万元，占当年总投入的0.19%，比2009年下降了0.09个百分点。2009年，民办学校中举办者投入为570万元，占总投入的0.02%；2013年为371万元，占当年总投入的0.008%，比2009年下降了0.012个百分点。学杂费是社会投入中事业收入的重要组成部分，事业收入占总投入的比重相对较大，2009年事业收入为89.25亿元，占总投入的38.43%；2013年事业收入为139.57亿元，占当年总投入的28.79%，相比于2009年下降了9.64个百分点。"十二五"以来，国家对民族地

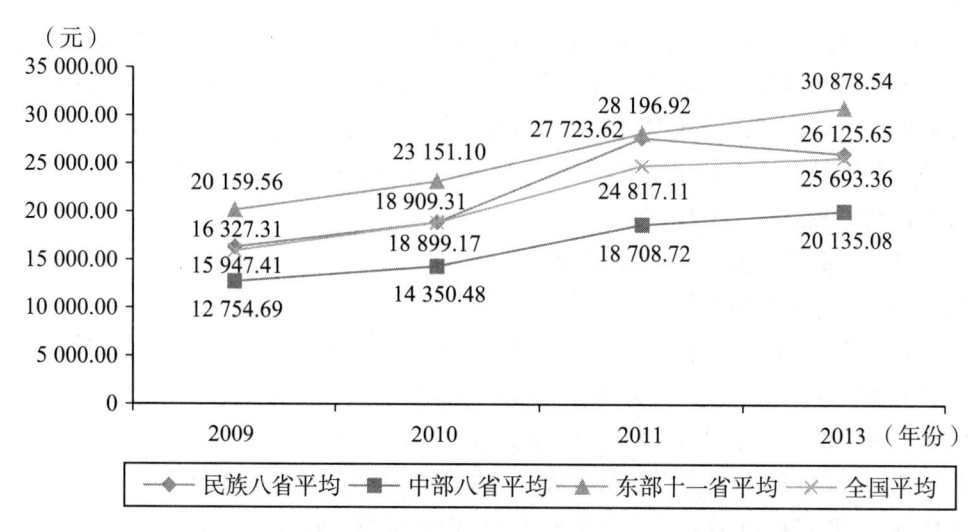

**图 2-1　2009~2013 年民族八省区地方普通高等本科学校生均教育经费支出情况**

资料来源：《中国教育经费统计年鉴》（2010、2011、2012、2014）。

区普通本科学校学生尤其是家庭经济困难学生的资助水平不断提高，与 2009 年相比，2013 年民族八省区事业收入占总投入的比重下降。总的来说，2009~2013 年，民族八省区普通本科高校教育经费来源中，社会投入的占比较低，社会捐赠和民办学校中举办者投入还不足 0.5%，社会捐赠、民办学校举办者投入、事业收入（不含学杂费）占总投入的比重都有不同程度的下降，反映出社会力量参与、投入民族地区普通高等本科教育的积极性不足（见表 2-3）。

**表 2-3　2009 年、2013 年民族八省区普通本科学校教育经费投入中社会投入主要构成情况**

| 来源 | 金额（千元） 2009 年 | 金额（千元） 2013 年 | 2013 年比 2009 年增长 | 构成（%） 2009 年 | 构成（%） 2013 年 | 2013 比 2009 年增减情况 |
|---|---|---|---|---|---|---|
| 总投入 | 23 222 126 | 48 472 642 | 108.7 | 100 | 100 | — |
| 社会捐赠 | 65 806 | 91 216 | 38.6 | 0.28 | 0.19 | -0.09 |
| 民办学校中举办者投入 | 5 700 | 3 710 | -34.9 | 0.02 | 0.008 | -0.012 |
| 事业收入 | 8 924 527 | 13 956 704 | 56.4 | 38.43 | 28.79 | -9.64 |

资料来源：根据《中国教育经费统计年鉴》（2010、2011、2012、2014）计算得出。

第三，地方民族院校办学经费不足。依照国家民委的统计和分类，我国现有

16 所民族院校，其中包括 6 所国家民委直属高校和 10 所省属地方民族院校。地方民族院校多地处民族地区，肩负着培养少数民族人才和促进民族地区经济社会发展的职责。但是，受地方财政和自身服务能力的制约，地方民族院校办学经费短缺，导致其办学质量和办学声誉不高。数据显示，地方民族院校的总体经费与部属民族院校以及"211"院校相差甚大。而且，目前部分地方民族院校正在向应用技术类高校转型[①]，转型改革需要大量的资金支持，这又进一步加剧了地方民族院校的办学经费短缺。

从表 2-4 中可以看出，地方民族院校不仅与部属民族院校的财政拨款和财政总收入差距甚大，也与民族地区一般地方院校的财政拨款和财政总收入差距较大。例如，2014 年，中央民族大学预算收入为 109 986.37 万元，其中财政拨款收入为 70 206.37 万元；广西师范大学预算收入为 92 640.37 万元，其中财政拨款收入为 58 124.26 万元；青海民族大学 2014 年预算收入只有 17 285.43 万元，其中财政预算拨款收入仅 12 352.14 万元。而且，从图书馆总建筑面积和馆藏纸质图书这一指标来看，经过这几年的投入和建设，多数地方民族院校图书馆的建筑面积与部属民族院校和民族地区一般地方院校差距不大，但是，多数地方民族院却与部属民族院校和民族地区一般地方院校差距较大。例如，中央民族大学的馆藏纸质图书为 201 万册，广西师范大学图书馆的馆藏纸质图书约为 305 万册，青海民族大学图书馆的馆藏纸质图书只有约 128 万册。

表 2-4　　地方民族院校与中央民族院校、民族地区地方院校办学条件对比

| 院校 | 2014 年预算总收入（万元） | 2014 预算财政拨款收入（万元） | 图书馆建筑面积（万平方米） | 图书馆纸质藏书（万册） |
| --- | --- | --- | --- | --- |
| 青海民族大学 | 17 285.43 | 12 352.14 | 2 | 128 |
| 湖北民族学院 | 34 786.30 | 32 781.54 | 1.85 | 157 |
| 贵州民族大学 | — | — | 3 | 140 |
| 云南民族大学 | — | — | 4.8（两个校区） | 100 |
| 内蒙古民族大学 | | | 3.2 | 139 |
| 中央民族大学 | 109 986.37 | 70 206.37 | 2.4 | 201 |
| 广西师范大学 | 92 640.37 | 58 124.26 | 3 | 305 |

资料来源：作者根据各大院校官网公布的财务数据和图书馆信息整理。

---

[①] 教育部：《支持有条件的民族地区设置工科类、应用型本科院校》，http://news.xinhuanet.com/legal/2015-08/22/c_128154056.htm。

第四，教育经费监管方面，民族地区高校主要存在两个方面的问题：一是高校教育经费监管力度不足。在高校层面，虽然我国目前已初步构建了包括内部监管、审计监管、纪检监管等方式在内的高校经费使用监管体系，但是仍然存在原则化、滞后化等缺点，亟待构建高校经费使用全过程的、规范化的、常态化的监管体系。① 在高校内部，还存在着二级单位负责人经济责任意识不强；财务部门将大部分精力用在解决师生报账服务方面，而在经费监管方面精力投入不够；内部审计部门注重事后审计监督，没有全过程参与到经费预算、经费使用和管理之中。② 在高校的科研活动中，同样存在经费监管不足的问题，如科研课题管理与科研经费管理相对脱节，科研经费管理制度不完善且执行力度不够；财务部门未能对科研课题中的成本要素进行可靠计量与合理分配，造成科研成本不实等。③ 二是总会计师制度的执行层面并未全面落实。以五个少数民族自治区为例，截至2014年，明确向社会发布高校总会计师信息的民族地区高校只有广西大学、广西师范大学、广西科技大学等8所。④ 而在专门的民族类院校中，明确向社会发布本校总会计师信息的只有中央民族大学、中南民族大学、西南民族大学、西北民族大学、大连民族学院、湖北民族学院6所。可见，在民族类院校和民族地区高校中，总会计师委派制度并未全面实行，教育经费的学校内部监管制度存在一定程度的缺漏。

第五，关于民族文化传承的教育活动缺乏专项经费。目前，关于民族文化传承的教育和培训活动缺乏专项的经费支持，多是以财政性投入为主，社会投入的参与程度较低，以文化产业类企业出资与学校开展办学合作，或通过提供就业岗位进行特定规格人才的订单培养等有限的形式为主。有关少数民族文化传承的教育活动专项经费相对匮乏，只能以特定的项目拨款为主，难以形成经费的长效支持和稳定增长机制。

（2）教育经费投入机制改革的主要思路。

第一，进一步提高国家财政性教育经费对民族地区高等教育的投入。要真正改善和促进民族教育的发展，增加国家财政对民族教育经费投入势在必行。一是提高财政预算内教育经费占教育经费的比例，提高国家和地方各级政府财政性教育支出在少数民族地区高等教育投入中的比例，国家财政在民族地区的高等教育

---

① 焦青霞：《完善高校教育经费使用监督机制》，载于《光明日报》2014年3月16日第7版。
② 王春举、陆秋平：《我国高校经费监管体系框架设计研究》，载于《四川师范大学学报》（社会科学版）2014年第3期，第100~106页。
③ 袁新文、洪少丹：《高校科研经费监管系统若干问题探讨》，载于《中国内部审计》2013年第1期，第73~77页。
④ 《广西高校总会计师论坛在广西财经学院召开》，广西壮族自治区教育厅网站，http：//www.gxedu.gov.cn/Item/8839.aspx。

经费投入理应要高于全国平均水平，各省的民族高等教育经费的投入也要高于全省平均水平，且每年教育经费投入的增长率要高于全省平均增长水平。各级财政教育经费的投入应当严格按照《国家教育中长期发展规划纲要（2010—2020年）》中"三个增长"的要求，持续不断地促进高等教育经费投入的稳步增长。二是继续加大对少数民族高等教育经费的支持力度。当前，在少数民族地区地方高等教育经费投入有限的情况下，应扩大国家对少数民族地区教育经费投入的力度，尤其是加大中央财政教育转移支付资金用于支持民族地区的比例，通过转移支付、专项资金、生活补助、对口支援等多项举措，切实加大对少数民族高等教育的投入。三是进一步加大对民族边远贫困地区高等教育的投入。中央财政通过加大转移支付，支持边远民族贫困地区教育事业发展，加强关键领域和薄弱环节，解决突出问题。

第二，重点支持少数民族高层次应用型人才培养。民族地区高等教育承担着培养少数民族高层次应用型人才、传承和发展民族文化、促进民族地区跨越式发展、维护民族稳定和团结等重大任务，因此，"十三五"期间，一要进一步加大民族地区高等教育的经费投入，教育经费重点向民族地区高等职业教育、应用型本科倾斜，重点向与国家"一带一路"倡议发展需要和民族特色文化、产业发展需要密切联系的学科专业倾斜，重点支持少数民族高层次应用型人才培养。二要进一步加大对少数民族高层次骨干人才培养的经费投入力度，继续实施少数民族高层次骨干人才培养计划。三要在分配国家助学金名额时，对民族院校、民族地区以农林水地矿油等国家需要的特殊学科专业为主的高校予以适当倾斜。四是加强面向民族地区特色文化、产业的高层次应用型人才培养。

第三，引导教育经费向地方民族院校倾斜。一是加大中央财政对地方民族院校的转移支付力度。加大中央财政对民族地区地方民族院校的一般性转移支付和教育专项转移支付力度，对地方民族院校给予特殊支持。二是增加各级政府的教育投入，促进教育投入向地方民族院校倾斜。各级政府要切实增加民族教育投入，加快推进民族地区基本公共教育服务均等化。地方各级人民政府在安排财政转移支付资金和本级财力时要对民族教育给予倾斜，特别要向地方民族院校的建设和发展倾斜。

### 3. 学生资助问题分析与改革思路

学生资助机制是确保少数民族学生完成教育过程，发展成为应用型人才的重要保障。目前，高校少数民族应用型人才培养过程中的学生资助机制主要存在着助学金支出水平不高、贫困生认定工作存在一定的争议、勤工助学岗位有限等问题，而针对学生资助机制的改革思路主要围绕认定标准、资助渠道等方面展开。

(1) 学生资助存在的问题。

第一，助学金支出低于全国平均值，且差距在扩大。2009 年，民族八省区普通高等本科学校平均助学金支出为 2.26 亿元，全国平均助学金支出为 7 亿元，两者相差 4.74 亿元；2013 年，民族八省区普通高等本科学校平均助学金支出为 4.37 亿元，全国平均助学金支出为 12.19 亿元，两者相差 7.82 亿元，与 2009 年相比，差距在不断扩大。高校助学金的资助名额是根据学校数量、类别、办学层次、办学质量、在校人数和生源结构等因素确定的，因此，以上数据在反映民族八省区普通高等本科学校助学金支出低于全国水平且差距不断扩大的同时，也说明民族地区普通本科教育的发展与全国相比还存在一定差距（见图 2-2）。

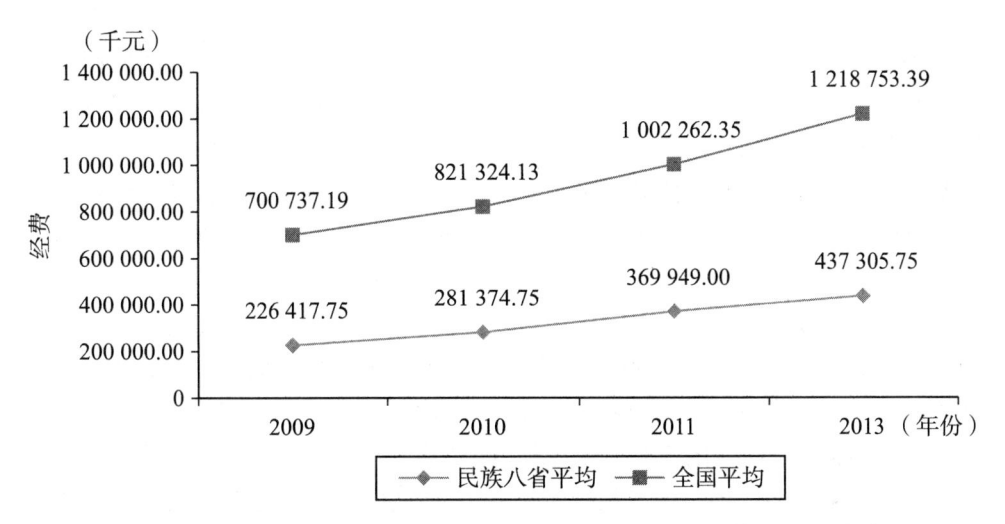

**图 2-2　2009~2013 年民族八省区普通高等本科学校平均助学金支出与全国对比情况**

资料来源：《中国教育经费统计年鉴》（2010、2011、2012、2014）。

第二，经济困难生的认定工作存在争议。国家的资助只是一个笼统的范围，目标不明确，缺乏指向性，许多地区和高校都有自己区分经济困难生的一套标准，但是在实际执行过程中往往易出现偏差。首先，许多贫困生的认定都依靠于一张由县级以上民政部门盖章的贫困证明，而一些偏远山区的少数民族贫困生，由于地形闭塞、交通不畅、信息不流通、政策不到位等原因却没有拿到当地县级以上民政部门的贫困证明，导致初入校门无法确立"贫困生"的身份，进而无法得到高校的各项补助。[①] 又由于学生人数众多，学校不能准确掌握学生家庭实际

---

① 李晨光：《民族高校贫困生资助模式的多维度构建和完善》，载于《学校管理研究》2013 年第 2 期，第 308 页。

经济状况，有一些经济并不困难的少数民族学生和家长能够通过各种渠道获得申请资助的一系列证明，成为所谓的"家庭经济困难生"，接二连三地向学校申请减免学费并得到资助①，导致贫困生资助并不能准确落实到真正急需资助的人身上。

第三，勤工助学岗位缺乏，渠道不够宽广。不少高校受实际校园环境和条件的限制，所能提供的勤工助学岗位有限，而贫困学生数量众多，勤工助学并不能满足大多数贫困生的需要。而勤工助学大多以校内为主，多为临时工岗位的替换，这些岗位很少能与学生所学的知识相联系，不能达到既缓解经济困难学生的经济危机，又让学生所学到的基本知识技能在实践中得以锻炼的"双赢"目的。

第四，社会宣传力度不够，缺乏有效的法律保障和监督机制。许多民族贫困生来自偏远山区，但由于高校贫困生资助政策的宣传不够到位，使得很多贫困学生不知依附国家资助政策这一途径。社会宣传力度的不够，也导致社会力量对于经济困难生资助的参与度低下，比如企业和个人设立的奖学金、赞助、捐赠乃至勤工助学岗位等。再者，国家助学贷款等资助缺乏有效的法律和制度保障，不能有效地监督资助政策的实施，也不利于反馈改进和有效落实。

第五，高校人文关怀、思想教育、心理辅导相对不足。少数民族贫困生是特殊群体，高校针对这一群体的单独关怀相对不足，如饮食习惯、环境适应、集体融入等。现行的贫困生"奖贷助勤补减"资助体系，主要集中于物质、经济方面的资助，而忽视了对贫困生精神、心理和能力等方面的引导，这容易导致少数民族贫困生"等、靠、要"的依赖心理滋生，对从根本上脱贫、提高自身脱贫的能力缺少追求，从而对需要自己付出劳动的勤工助学活动丝毫不感兴趣，而对各类直接拨付的奖助学金则充满热情。这也间接导致一些受助贫困生诚信度下降、感恩心缺失、依赖心形成、维权意识强、履责意识弱的现状。② 除了物质上的支持，高校对于贫困生的思想教育和心理健康教育还不够配套。

（2）完善学生资助制度的改革思路。

第一，加大对民族地区地方高校经费的投入，增强对特困生的专项资助。国家应加大经费投入，并出台相应政策抑制高校学费标准的上扬。同时，地方高校应加强对特困生补助制度的管理，合理增加对特殊困难学生的补助金额，且大力推动国家助学贷款工作的展开，提高其实施的有效性。例如，可结合当前的"精

---

① 卫茹静：《高校少数民族学生有效帮扶教育资助对策研究》，载于《赤峰学院学报》2015 年第 11 期，第 256 页。

② 周晶：《试析少数民族贫困大学生资助体系及完善策略——以青海师范大学为例》，载于《青海民族研究》2013 年第 7 期，第 72 页。

准扶贫"工作，大力深入开展教育精准扶贫，为家庭困难学生彻底解决后顾之忧；在此基础上，建立特困生认定和扶持长效机制，这对促成教育公平正义具有积极意义。

第二，充分考虑少数民族贫困生的特殊性，合理调整贫困生认定标准。不同地区由于其自然资源和人文地理差异，形成贫困的原因也有所差异。从家庭角度来讲，不同家庭，其贫困程度也存在巨大差别，因此，在针对少数民族地区贫困学生资助问题时，要充分考虑其贫困的特殊性，探寻"弹性标准"。一方面，国家应出台具体政策，针对少数民族贫困生的特殊情况进行有效的认定工作；另一方面，高校应该严格审核学生家庭情况，完善贫困生档案，严肃执行贫困生评定工作，尽可能使贫困资助落实到真正需要的学生身上。

第三，发展勤工助学活动，拓宽资助渠道。高校拓宽资助渠道，尽可能为学生提供高质量的勤工俭学岗位；高校还可以对贫困家庭的学生保留学籍，待筹集足够的学费后回校完成学业，或通过国家助学贷款资助完成学业；此外，高校还应以形式多样的资助方式取代单一的经济资助模式，多开展校内外勤工助学活动、社会实践等，并通过政府、企业、社会、家庭等多渠道筹集学生资助经费，不断拓宽学生可以获得资助的渠道。

第四，加大社会宣传力度，建立健全监督保障机制。广大农村家庭子女对学习提不起兴趣的主要原因就在于经济问题。国家针对这种现状建立了较为系统的学生资助体系，但遗憾的是，这么优厚的社会福利却没有很好地传达到农村，农民依然存在"读不起书"的观念。许多贫困农村子女由于"不知道学生资助政策"而错失求学机会。因此，应加大对贫困生资助工作的宣传力度，呼吁更多的社会力量积极参与经济困难学生的资助工作；同时，拓宽资助渠道，主动吸纳社会力量参与资助，建立健全"帮贫助困"的项目保障机制及经费保障机制；此外，建立相关的监督机制，鼓励社会力量参与监督。

第五，加强对贫困学生的教育和关怀，调整学校管理模式。高校应该在对经济困难学生科学认定的前提下，加强教育，实行动态管理。[①] 要对经济困难学生加强精神资助，减轻其心理压力，注重资助与育人的有机结合；"贫困"一直以来就是一个难以承受的"帽子"，任何一个戴着"贫困帽子"的学生，在内心深处都是抗拒和自卑的，因此对贫困学生的人文关怀显得尤为重要。此外，还应建立明确的以有偿资助方式为主的国家助学贷款资助体系。这不仅是为了减轻国家财政负担，也是为了培养大学生的"感恩"品德，明白学成之后应回报国家，为国家做贡献。

---

① 侯艳萍：《西北师范大学经济困难学生资助的现状》，西北师范大学硕士学位论文，2009年。

### 4. 人才流动与补偿机制问题与改革思路

人才流动与补偿机制是高校少数民族应用型人才与民族地区发生互动作用的重要中介，此机制对高校供给的人才能否有效推动民族地区发展具有重要影响。当前，人才流动与补偿机制主要存在着人才回流较难、补偿机制与教育成本不协调等问题。基于此，人才流动与补偿机制的改革思路主要围绕如何解决人才回流困境，以及如何从根源上协调补偿机制与教育成本之间的不协调两个方面着手。

（1）人才流动与补偿机制存在的问题。

第一，人才回流较难。我国民族地区大多数处于祖国的边疆或边远地带，这些地区自然条件相对艰苦，区位劣势明显。在市场经济条件下，国家对大学生就业实行"双向选择"的办法，而少数民族地区在生存环境、学习环境、工作环境、发展环境等方面与其他地区存在较大差距，这导致少数民族毕业生在就业选择时回到生源地区就业的意愿很低。而民族地区的落后也导致非民族地区的人才不愿支援民族地区，这就造成民族地区高素质人才的严重缺乏，人才储备量呈现出逐年减少的趋势。从而人才回流出现问题，民族地区人才总量不足的矛盾日益突出。

第二，补偿机制与教育培养成本不对等。总体而言，少数民族应用型人才培养的补偿机制和培养成本存在不对等现象。一是由于经费不足，用以人才培养的经费难以得到有效的支撑；这主要是由于中国人口基数大，少数民族人口大学生数量较多导致。二是高校办学管理理念不够正确，教育培养成本对应的补偿机制不够完善；三是补偿主体构成单一，未能充分发动社会力量拓宽教育补偿的途径。教育是公益性事业，但中国政府承担主要的教育经费开支，难以满足当前教育需求。积极鼓励社会力量办学，积极发动社会捐赠办学，是行之有效和值得提倡的做法。

（2）对人才流动与补偿机制的改革思路。

针对人才回流困难的问题，首先，应该积极发展民族高等教育，为民族地区人才回流奠定雄厚的基础；发展民族高等教育就是要发展适合民族地区的专业，塑造适合民族学生成长的环境和文化氛围，实现民族学生学习知识与文化熏染以及就地实践有机结合，真正为地方服务。其次，要使经济开发与人才开发相统一，充分发挥市场在人才回流中的驱动作用；要实现人才回流，在有了较为合适、宽松的就业环境之后，就要促成乡村和民族地区就业可能性和农业现代化，为人才回流拓宽渠道，引来源头活水。此外，还要使市场行为和政府行为相结合，充分发挥国家和政府在人才回流中的调控作用。最后，还要坚持正确的思想和舆论导向，为民族地区人才回流提供精神动力。

针对补偿机制的问题，首先，要加强财政主渠道作用，调整高等教育经费的分配结构；在经费得到基本保障的基础上，将"每一分钱用到实处"即是经费分配之问题。其次，高校应及时更正教育培养成本分担理念，建立起科学合理的培养成本分担与补偿机制。最后，还要加强与用人单位或企业、社会团体的合作，适度分担教育培养成本。① 民族学生培养应在校企合作上下大功夫，其中，应积极探索"订单式"人才培养模式，在培养经费上的具体落实也显得非常必要。考虑企业投入培养成本，与企业建立人才培养库和高端人才合作智库，不仅保证学生的就业问题，也同时保证了企业用人的适切性问题。

## 三、广西百色学院应用型人才培养体制改革案例分析

高校少数民族应用型人才培养政策与体制的重要执行主体是各类院校，深入分析具体院校的人才培养体制，有助于明确培养政策落实与体制运行等方面的实际情况。本书以广西百色学院这一典型的转型高校为案例，分析其培养体制。

### （一）广西百色地区发展概况

百色市位于广西西部，同时集"老、少、边、山、穷、富"于一体，即革命老区、少数民族聚居区、边疆地区、大石山区、贫困地区、水库移民区，同时又是资源富集区。百色市现辖11县、1区、133个乡镇、2个街道办事处，总面积3.63万平方公里，是广西面积最大的地级市，居住着壮、汉、瑶、苗、彝、仡佬、回7个民族，2012年末总人口为408.62万人，少数民族人口占总人口的87%，其中壮族人口占总人口的80%；百色与越南的边境线长360.5千米，从近代至1986年，这里都是抗法、抗美援越、对越自卫反击战的前线，百色各族人民为保卫边疆、建设边疆作出了巨大贡献；百色山区占总面积的95.4%，平地、台地只占4.6%，石山面积占32.4%，且土地石漠化严重，全市有近1 300万亩的石漠化土地；百色是全国18个集中连片贫困地区之一，全市12个县（区）中有10个是国家重点扶贫县，2个是自治区重点扶贫县（区），目前12个县（区）均已纳入《滇桂黔石漠化片区区域发展与扶贫攻坚规划》，全市还有149.2万贫困人口；百色境内目前在建和新建的大中型水利水电工程7个，地方老水库188

---

① 杜远阳：《我国高职教育培养成本分担与补偿问题之探讨》，广西大学硕士学位论文，2006年。

座,全市水库移民人口 12 万人,发展任务艰巨。

百色市自然资源尤其是矿产资源十分丰富,目前已探明矿产有 57 种,是我国十大有色金属矿区之一。其中已探明铝土矿储量 7.8 亿吨,远景储量 10 亿吨以上,约占全国的 1/4;煤炭储量在 8.2 亿吨以上,是广西产煤的主要基地;石油初步探明储量达 1 亿吨,天然气 30 亿立方米,现开采原油 12 万吨;锑、铜、石油、煤、黄金、水晶等 10 多种矿藏储量名列广西前茅;水资源总量约 216 亿立方米,可开发利用的水电资源 600 万千瓦以上,已经开发 460 多万千瓦,其中绝大部分通过国家电网输往广东、香港等发达地区,是我国"西电东送"的重要基地;百色是我国无公害蔬菜水果生产基地,拥有"中国芒果之乡""中国茶叶之乡""中国八渡笋之乡""中国茴油之乡"等美誉;百色旅游资源丰富,拥有 4 个国家级 4A 旅游景区,是继桂林山水、北海银滩之后广西旅游新的一极和广西新兴旅游城市,2007 年被评为"中国优秀旅游城市"。

但是,至今为止,百色经济社会发展还比较落后,广大农村地区仍未脱贫,富集的自然资源未能得到充分开发利用,潜在的资源优势未能得到充分发挥,其重要原因就是难于培养、引进、留住百色地方经济社会发展所急需的人才,特别是高层次应用型人才。

## (二) 百色学院应用型人才培养体制改革案例分析

2014 年 10 月,广西确定钦州学院、南宁学院、百色学院、广西科技大学鹿山学院 4 所高校为整体转型试点单位,确定 1999 年后其他新建本科高校的近 40 个专业为转型发展试点专业。[①] 现以百色学院为例,阐述其高层次应用型人才培养状况。

百色学院坐落于广西壮族自治区西部的百色市,是 2006 年经教育部批准在右江民族师范专科学校基础上升格的普通本科高校。长期以来,百色学院坚持在"老、少、边、山、穷"地区办学,为社会输送了近 10 万名"下得去、留得住、用得上、干得好"的专门人才,促进了区域经济社会及教育事业发展,为边疆民族地区的经济发展、社会进步和国防巩固做出了巨大贡献。学校升格为本科院校以来,坚持以"弘扬传统、团结务实、奉献拼搏、争先创新"的百色精神办学育人,科学谋划,艰苦创业,经过"明晰思路、寻求合作、创新模式"等探索改革阶段,实现了从专科教育为主向本科教育为主、从师范教育为主向产业服务型教

---

① 李向红、王西军:《广西本科高校转型发展经验引起关注》,广西新闻网,http://www.gxedu.gov.cn/UploadFiles/jyxw/2015/7/201507301816224805.pdf. 2014 - 09 - 10。

育为主的"两个转型",办学水平显著提升,成为首批 4 个"广西新建本科学校转型发展试点学校"之一。

### 1. 百色学院的发展定位

在总体发展定位方面,百色学院坚持植根百色,服务广西,面向全国,对接东盟,以百色精神办学育人,建设特色鲜明、多学科协同发展的区域高水平应用技术大学。具体而言:

办学类型定位方面,百色学院明确提出建设"应用技术大学"的办学类型定位。百色学院牢固树立培养产业转型升级和公共服务发展需要的高层次应用技术人才的教育观和质量观,以学科专业集群建设为牵引全面深化校企合作,在学校管理、专业建设、人才培养和课程设置等方面推进产—教融合,完善与百色及其周边地区产业链紧密对接的专业体系,突出"双师型"教师队伍建设,依据真实生产和服务的技术及流程加强实验、实训、实习基地建设,形成体现学分制、选课制和模块化教学要求的人才培养方案。

办学层次上,百色学院以应用型本科教育为主体,兼顾发展高职高专教育和专业学位研究生教育,构建各层次有机衔接、普通教育与继续教育相互贯通的应用技术人才培养体系。

培养目标定位方面,百色学院明确提出培养具有百色精神的高层次应用技术人才。百色学院以立德树人、培养社会主义合格建设者和接班人为宗旨,努力把百色丰富的红色文化资源与百色学院长期艰苦奋斗的优良传统转化为教育教学优势,将百色精神融入人才培养之中,融入大学精神的培育之中。积极营造优越的育人环境,培养具有百色精神的面向生产、管理、服务一线的高层次应用技术人才。

学科专业定位方面,百色学院深溯"两个源头",以服务百色及其周边地区产业(事业)为导向,壮大 3 个基础学科专业群、培育 3 个特色学科专业群(见表 2-5)。百色学院不断挖掘、利用"两个源头",将其有机融入全校人才培养、科学研究和文化传承创新等功能培育中,形成红色特有底蕴。以服务百色及其周边地区现代化建设、人的全面发展、同步建成小康社会为目标,努力壮大 3 个基础学科专业群,即教师教育学科专业群、城镇化建设学科专业群和信息技术产业学科专业群;以服务百色及其周边地区支柱产业发展为目标,努力培育 3 个特色学科专业群,即铝工业学科专业群、亚热带农业产业学科专业群、民族文化产业学科专业群。2016 年,百色学院制定了《百色学院"十三五"学科专业建设发展规划》,围绕应用型办学定位及应用型人才培养目标,学科建设与专业建设的发展定位与目标更加明确。

表2-5　　　　　　　2016~2017学年学科门类结构简表

| 学科门类 | 专业数 | 占总专业数的比例（%） |
| --- | --- | --- |
| 工学 | 12 | 26.09 |
| 教育学 | 5 | 10.87 |
| 理学 | 6 | 13.04 |
| 管理学 | 9 | 19.57 |
| 艺术 | 6 | 13.04 |
| 文学 | 5 | 10.87 |
| 法学 | 1 | 2.17 |
| 经济学 | 1 | 2.17 |
| 农学 | 1 | 2.17 |
| 合计 | 46 | 100.00 |

资料来源：《百色学院2016~2017学年本科教学质量报告》，http：//jyt.gxzf.gov.cn/zwgk/xxgkndbg/gxxxgk/W020200324315609275577.pdf。

培养模式定位方面，百色学院不断深化校企合作、产教融合，形成联合培养高层次应用技术人才的多元形式。百色学院依据行业企业运行特点、各专业毕业生未来职业需要及学生学习规律的不同，吸引企业在可持续利益机制引导下参与人才培养，分别采取多种校企合作、教产融合的联合培养形式，如引企入校、校企共建专业、双元制、订单培养、送技入企、实验室模拟教学、大学生创业园、共建校外实践教学基地等（见表2-6）。

表2-6　　百色学院本科专业结构对接地方发展战略、产业链情况

| 产业链 | 百色市发展战略 | 学校学科专业群 | 本科专业 | 专业数 |
| --- | --- | --- | --- | --- |
| 生态铝 | 打造中国生态铝工业基地 | 铝工业产业学科专业群 | 材料化学、金属材料工程、材料成型及控制工程、电气工程及其自动化、化学工程与工艺 | 5 |
| 生态农业 | 打造亚热带特色农业基地 | 亚热带农业产业学科专业群 | 生物技术、设施农业科学与工程、食品科学与工程、市场营销、国际经济与贸易 | 5 |
| 信息技术 | 打造辐射滇黔桂接合部的区域性商贸物流集散中心地 | 信息技术产业学科专业群 | 计算机科学与技术、网络工程、物联网工程、通信工程、电子信息工程、应用统计学、电子商务 | 7 |

续表

| 产业链 | 百色市发展战略 | 学校学科专业群 | 本科专业 | 专业数 |
| --- | --- | --- | --- | --- |
| 城镇化 | 打造广西右江河谷城镇带 | 城镇化建设学科专业群 | 工程管理、工程造价、财务管理、城市管理、人文地理与城乡规划、环境科学与工程、土木工程 | 7 |
| 边疆民族文化 | 打造红色旅游目的地 | 民族文化产业学科专业群 | 环境设计、视觉传达设计、产品设计、服装与服饰设计、音乐表演、旅游管理、酒店管理、舞蹈学 | 8 |
| 边疆少数民族基础教育 | 振兴边疆民族基础教育的"3216"*发展战略 | 教师教育学科专业群 | 学前教育、小学教育、思想政治教育、人文教育、体育教育、汉语言文学（J）、英语（J）、数学与应用数学（J）、物理学、化学（J）、汉语国际教育（J）、泰语（J）、越南语（J）、社会体育指导与管理（J） | 14 |
| 合计 | | | | 46 |

注："3216"：实现教育"三基本两提升一同步六达到"的战略目标。"三基本"，即基本解决"入园难"，基本消除"超大班额""大通铺"，基本普及高中阶段教育；"两提升"，即实现教师队伍整体水平明显提升、高等教育规模和质量明显提升；"一同步"，即在民族贫困地区与自治区同步建成现代职业教育体系；"六达到"，即学前三年毛入园率、九年义务教育巩固率、高中阶段教育毛入学率、高等教育毛入学率、从业人员继续教育人次、新增劳动力平均受教育年限"六个指标"达到自治区要求。

资料来源：《百色学院2016~2017学年本科教学质量报告》，http://jyt.gxzf.gov.cn/zwgk/xxgkndbg/gxxxgk/W020200324315609275577.pdf。

## 2. 百色学院向应用型转型的改革实践

为了顺利实现改革转型，百色学院制定了"5年目标"，具体如下：一是把百色学院建设成为具有百色精神特质的应用技术型大学。以百色精神办学育人，培养生产服务一线的高层次技术技能人才，形成产教融合、校企合作的人才培养模式。二是学校继续保持高就业率。百色学院专业设置、人才培养方案更好地对接职业岗位要求和职业发展需求，毕业生技术应用能力达到本行业先进水平，创业人才培养有重大突破，初次就业率达到90%以上，对口就业率达到80%以上，毕业生起薪水平、就业稳定性高于同层次其他高校。三是服务百色铝工业、生态农业等重点产业转型升级的能力显著增强。围绕百色"四地一带一枢纽"重点产业，建成一批高质量的应用技术型人才培养基地，建成一批协同创新中心，充分发挥其对产业链价值的贡献力和产业群竞争力的提升作用。四是成为以应用型本科为主，中职、高职、本科贯通的多层次现代职业教育的样板。在亚洲开发银行职业教育项目的支持下，在部分专业建立中职、高职、本科贯通的多层次职业教育体系，带动区域内职业教育的发展。

为实现建设区域高水平应用技术大学的目标，完成发展定位目标，在制定符合实际发展目标的基础上，百色学院还制定了切实可行的措施。其具体措施如下：

其一，全面深化校地、校企合作。百色学院以融入百色及其周边地区经济社会发展为向应用技术大学转型发展的突破口，努力在治理结构、人才培养、技术创新、继续教育等方面与地方、企业实现紧密结合，在教学科研、文化体育等基础设施建设方面与地方、企业实现共建共享。各个专业群也努力在参加教育集团方面有所突破，与行业、企业签订更多的实质性合作协议。

其二，健全学校管理体制。一是将产教融合、校企合作列入百色学院章程。通过构建利益共同体，吸引行业、企业更多地参与学校专业建设、课程设置，努力创建有行业企业和用人单位参与的理事会，建设有地方政府、行业企业、用人单位和其他合作方人员参与的各级专业建设指导委员会。二是扩大二级学院的自主权。百色学院进一步明晰二级学院的职责，逐渐下放人权、财权、物权，充分发挥二级学院的主体作用，并鼓励各院系根据不同培养目标，建立理事会和专业指导委员会。此外，学校还要求各院系根据产业链的发展方向及行业企业合作伙伴的要求，优化专业课程结构，制定人才培养方案，聘用兼职教师。

其三，加强面向服务地方行业企业的专业群建设。一是制定《百色学院章程》，将产教融合、校企合作作为学校章程的重要内容。依照章程进行管理，百色学院建立有行业和用人单位参与的理事会（董事会）制度、专业建设指导委员会制度，并扩大二级院系自主权，建立院系理事会和专业建设指导委员会，明确院系根据产业链的发展方向、行业企业合作伙伴的要求设置专业课程、制定人才培养方案、聘用兼职教师和统筹院系经费管理的职权。二是统筹、协调、指导二级院系加强专业群建设。第一，加强分别对应于百色铝工业产业链上游的矿物开采和氧化铝提取、中下游的铝合金熔炼和铝产品加工成型以及生产过程的铝工业电力和过程控制等工艺技术，由化学工程与工艺、材料化学、金属材料工程、材料成型及控制工程、电气工程及其自动化5个专业构成的铝工业专业集群建设。第二，加强由学前教育、小学教育、思想政治教育、人文教育、体育教育、汉语言文学、汉语国际教育、英语、数学、物理学、化学11个师范专业构成的教师教育专业群建设。第三，加强地方农业产业急需的，由生物技术、设施农业科学与工程和食品科学与工程三个专业组成的亚热带农业产业专业群建设。第四，加强与百色市"大力发展右江河谷城镇带"发展战略紧密对接的，由工程管理、工程造价、财务管理、市场营销4个专业组成的城镇化专业群建设。第五，加强服务于地方的环境装饰艺术行业、媒体广告产业以及音乐表演产业，由环境设计、视觉传达设计、产品设计（民族工艺设计和开发方向）、服装与服饰设计、音乐表演（民俗文化艺术表演）5个专业构成的民族文化产业专业群建设。第六，加强由计算机科学与技术、网络工程、物联网工程、通信工程、电子信息工程5个专业构成的信息技术产业专业群建设。

其四，加强高素质应用型师资队伍建设。一是面向社会，从行业、企业、事业、兄弟院校等单位重点引进既有理论基础又有实践能力的业界专业技术高层次人才。二是通过校内职业培训、外出进修、企业锻炼等手段，提高教师的应用性知识理论、实践教学能力、工程技术应用能力，构建"双师"素质教学团队。三是建立向应用技术型教师倾斜的职称结构、职务晋升等管理体制和运行机制。四是制定与完善应用技术型教学团队的激励机制、评价体系，以体制机制保障应用技术型教学团队建设的有序开展。学校通过完善教师绩效考核制度，改革学校教育教学资源配置方法，激发广大教师提高自己的理论水平、增强自己的实践能力的积极性，使"双师型"教师占专任教师的比例持续增长。

其五，加强技术技能实践实训平台建设。一是根据生产、服务的技术与流程建构知识体系、技术技能体系和实验实习实训环境。二是加强地方特色重点实验室、工程技术研发中心、应用类人文社会科学研究所（中心）等平台建设。三是加强校内实训室、工程技术训练中心、第二课堂等校内实训实践平台建设，提高学生专业技能和综合素质。四是加强校外实习实践基地建设，提高学生职业技术能力和适应社会能力。五是完善学生校内实验实训、企业实训实习和假期实习制度，实训实习的课时比例达到30%以上，学生参加实训实习的时间累计达到一年。

其六，构建开放式人才培养模式。面向地方经济社会发展，围绕人才培养的全过程，采用开放式的思维制定人才培养目标、培养规格、培养方案、培养模式、培养内容，以"产学结合、工学交替"为重点，构建与企业、行业、科研院所、社会有关部门等联合培养人才的新机制，实现培养服务与产业需求的对接、课程体系与职业能力的对接、培养标准与资质认证的对接，解决学校教育与社会需求脱节的问题。一是确立明确的应用技术型人才培养目标和培养规格，为地方培养面向生产、管理和服务一线的技术技能型人才。二是制定面向地方行业产业的人才培养方案。吸收相关行业企业人员参与，经过社会调研、论证和审批，制定具有科学性、创新性和前瞻性，可操作性强，能很好地反映培养目标对知识、能力及素质的要求，体现以培养为生产和服务第一线所需要的、具备综合职业能力和全面素质的高级应用型人才要求的人才培养方案，并全面贯彻执行。三是构建"教—学—做"一体化的人才培养模式。实行工学结合和教学做一体化的人才培养模式。与企业、行业、科研院所等合作，强化实践教学平台建设，并逐步构建科学、完备、系统的实践教学体系，使学校培养与企业培养结合更加紧密、专业培养方向与企业需求结合更加紧密、培养目标与企业用人标准结合更加紧密、能力训练与岗位要求结合更加紧密。四是积极推行基于实际应用的案例教学、项目教学和虚拟现实技术应用，专业课程运用真实任务、真实案例教学的比率以及主干专业课程用人单位的参与率要达到100%。

其七，加强应用技术型教学资源库建设。一是建立应用技术型课程体系。百色学院将课程体系建设与本地区行业企业紧密联系在一起，依据行业发展及标准、专业规范进行建设，通过人才需求调研制定专业课程体系。专业课程体系由专业核心课程、专业支撑课程、职业拓展课程、区域特色课程等构成，实现专业课程标准与职业岗位技术技能标准的有效对接。二是建设应用技术型教学内容素材。学校在确定各部分课程后，采取开发校内优质资源、引进借鉴、校企合作等方式，进一步建设各课程资源素材，包括课程标准、教学实施方案、特色教材、实验实训实习指导书、教学案例库、文献资料库、习题库、虚拟实训室等，建设丰富、系统、全面的课程资源。三是建设应用技术型教学和管理方法素材。百色学院加强教学资源库的实践教学和管理方法素材的建设，如实验、实习、实训、实习指导方法，创新、创意、创业、创造辅导方法，双师双能型教师、应用型教学团队培养培育方法，应用技术型教学管理方法等。

其八，完善经费保障机制。百色学院保证教学经费投入充分满足应用技术人才培养需要，教学日常运行支出占经常性预算内教育事业费拨款与学费收入之和的比例，达到教育部本科教学工作合格评估指标体系的要求。在稳步增加非税收入的基础上，百色学院积极争取中央和地方教育经费、科研经费、专项经费、财政性补贴等各种经费；深入挖掘校内增收潜力，在多层次办学、科技创新、后勤改革等方面，寻找新的收入增长点；加强校地校企合作、社会捐资助学等方面的工作力度，用好亚洲开发银行的贷款，同时拓展其他融资渠道，继续调整贷款结构，适量增加长期低息贷款，保障学校事业发展。

# 第三章

# 高校少数民族应用型人才培养过程改革

解决少数民族应用型人才供需矛盾，保障高校少数民族应用型人才服务"内生—协同"发展的有效供给，关键在于培养过程的改革。高校人才培养过程涉及人才培养的基本理念、学生学习、师资队伍、培养内容、培养手段等主要因素。高校少数民族应用型人才培养因学生学习基础的特殊性、民族文化的特殊性、民族团结教育的特殊性、人才就业区域的特殊性在培养过程上存在一定特性。本章确立高校少数民族应用型人才培养的原则、目标与定位，并就少数民族大学生学习特点、教师队伍建设展开探讨；调查与分析高校少数民族大学生学习特点；分析高校少数民族应用型人才培养过程中教师队伍建设存在的问题，提出相应的改革举措；分析高校少数民族应用型人才培养过程中的学科专业建设、课程与教学体系建设、教学支撑与保障体系建设等培养内容，以及实训基地建设等培养手段方面存在的问题与改革措施；最后以西藏民族大学信息工程学院为例，就少数民族应用型人才培养展开分析。

## 一、高校少数民族应用型人才培养的原则、定位与目标

高校少数民族应用型人才培养目标对高校少数民族应用型人才培养过程具有导向、激励和评价功能。根据少数民族地区的特殊性以及对应用型人才需求的特殊性，高校少数民族应用型人才培养目标的制定需要遵循政治性与专业性相统

一、普遍性与民族性相统一、实用性与发展性相统一等几大主要原则，在培养定位上要坚持少数民族应用型人才的地方性、民族性、应用性，落实在内容方面就是政治上"靠得住"、情感上"回得去"、文化上"善融合"、技能上"用得上"和发展上"可持续"。

## （一）高校少数民族应用型人才培养原则

### 1. 政治性与专业性相统一原则

少数民族地区大多位于祖国边疆，是国防安全的重要屏障。少数民族应用型人才是促进民族地区经济发展的主力军，是少数民族群众发家致富的领路人，也是维护民族团结和国家主权与领土完整的中坚力量。无论是从促进民族地区经济发展的角度来看，还是从提高少数民族在城市和内地的生存发展与文化适应能力的角度来看，在少数民族应用型人才培养过程中，要明确树立政治性与专业性相统一的原则。在重视提高高校少数民族应用型人才专业技术能力的同时，加强思想政治教育，特别是马克思主义民族观、宗教观、祖国观、历史观与文化观教育，提高他们维护民族团结和国家统一的责任感和使命感。

### 2. 普遍性与民族性相统一原则

高校少数民族应用型人才培养要着眼于两个方面：一是培养更多更高层次的适应民族地区地方经济社会发展需要的应用型人才；二是提高少数民族大学生参与内地经济社会发展所需要的应用型能力，提高他们在内地就业市场的竞争力。高校少数民族应用型人才培养师资建设要围绕这两大目标来展开，不同类型高校在这两大目标上的侧重点应该有所不同。少数民族应用型人才培养无论是着眼于民族地区经济社会发展需要，还是着眼于少数民族人才进入内地就业的发展需要，都要注重普遍性与民族性相统一。民族地区经济社会的发展，离不开对地区特色、民族特色资源的开发和利用，地区特色、民族特色资源的开发和利用又离不开对国内外社会发展形势和需求的了解。离开了普遍性的广阔天地，民族性也就失去了进一步发展壮大的空间。少数民族应用型人才的培养既要注重国家社会关于人才的需求，也要注重传统文化的继承和传播。少数民族应用型人才不论是在少数民族地区服务还是融入内地经济社会发展的洪流中，只有将这两者结合，才能发挥最大效应。少数民族人才进入内地发展，民族语言、民族文化背景是他们可以利用的宝贵资源和独特优势，他们自身的民族语言文化特色可以和内地企事业的发展目标有机结合。民族性可以成为少数民族应用型人才在内地就业与发展的优势。

### 3. 实用性与发展性相统一原则

应用型人才首先是一种"实用型"人才，即能尽快适应和满足企事业单位当前的用人需求，但在少数民族应用型人才培养方面，又不能一味追求"实用"而忽视了"发展"，只着眼于"当前"而忽视了"未来"。当今社会日新月异，产业和产品更新换代非常快，民族地区尽管经济发展较内地落后，但是其发展变化的速度也可能超过内地很多地方。在这种情况下，少数民族应用型人才培养要有发展的眼光，要着眼于少数民族地区和少数民族学生发展的未来，培养少数民族应用型人才对未来社会发展和持续的技术革新的适应能力。

### 4. 地方经济特色和文化特色相统一的原则

少数民族应用型人才的培养主要是为少数民族地区服务的，既要以民族地区经济特色为基础，同时也要以民族地区的民族特色为着眼点。民族地区特殊的自然环境、自然资源、历史文化、生活习俗和生产发展水平决定了民族地区的经济特色，而镶嵌于特定自然环境和自然资源背景中的民族历史文化与现实生活习俗相互作用，则决定了民族的文化特色。在高校少数民族应用型人才培养方面，体现这两种特色是非常必要的。当然，不是所有的民族地区高校和专业都能够在突出这两个特色方面做到同样的程度，但都应在不同程度上有所体现。

## （二）高校少数民族应用型人才培养定位

民族地区地方高校与民族院校是少数民族应用型人才培养的主体，这两类院校大都位于民族地区，受民族地域特征与民族文化的影响，它们既具有一般地方高校的共性，也有其特殊性。认识高校少数民族应用型人才培养过程，必须考虑高校应用型人才培养定位。

### 1. 地方性

民族地区地方院校与民族院校主要服务于民族区域经济社会发展，在应用型人才培养过程中首先应突出地方性。这两类院校一般位于民族地区，对本民族地区经济社会发展需要有深入了解，加之学生生源以民族地区学生为主，学生见习、实习多数在当地，毕业生也主要在当地就业。因此，这类院校应结合民族地区的特色资源、产业布局、地域文化，以"服务地方"为主要任务，立足于繁荣民族文化、传承民族文化、开发民族文化、创新民族文化的需要，立足于少数民族特色产业发展的需要，立足于人才培养与"中国制造2025""一带一路"等国家倡议的需要，适应并引领民族区域经济、社会、文化发展。

### 2. 民族性

民族性首先体现在民族区域特色上，民族地区地方院校与民族院校大部分建立在少数民族聚集地，民族地域特色与区域文化是其人才培养必须考虑的基础性因素。首先，学科设置应体现民族文化特色，并以地域和民族特色为突破口，构建优势学科，提升在特色领域的话语权和影响力；其次，生源结构反映民族性，民族地区地方院校与民族院校的少数民族学生生源广泛，人数众多，担负着培养少数民族人才的重任；最后，这两类院校在课程建设、教学内容设置、学生活动、校园文化建设等方面都应增加与当地民族文化相关的内容，加强民族传统文化及其现代转化，培养能够促进民族传统文化继承创新的应用型人才。

所有高校少数民族应用型人才培养都要重视民族性，但是民族院校更应将民族性放在其办学定位、人才培养的首位。民族性是民族院校存在的合理性依据，也是民族院校办学特色的源泉。民族院校在应用型人才培养方面，与民族地区地方院校相比地方性不足，在适应内地地方经济社会发展方面，也存在一定劣势。其最大优势在于与民族性有关的学科和专业，即在民族学科发展水平上较一般民族地区地方院校高；在民族地区专业招生方面也比一般民族地区地方院校有吸引力，生源质量较好。所以这类院校在少数民族应用型人才培养方面应有较高的层次定位，强化民族学科特色，加强民族传统文化传承及其现代转化、创新研究，培养能够促进民族传统文化传承、转化、创新的高层次应用型人才。民族院校在重视民族传统文化教育的同时，要大力促进少数民族的文化自觉，即既认识到本民族文化的优势，也认识到本民族文化的不足，这样才能很好地促进民族传统文化的创造性转换和创新性发展。

此外，西藏民族大学地处陕西咸阳，作为全国唯一一个异地办学的民族院校，在少数民族应用型人才培养中应强化西藏、陕西两个省区的地方性。2016年，本科专业招生2 216人，生源分布在西藏及区外13个省（区、市）（见表3-1），其中西藏生源1 317人，占总招生人数的59.4%，其他省区生源899人，占总招生人数的40.6%。① 根据《陕西省援建西藏民族大学实施办法》，到2020年，西藏民

---

① 西藏自治区教育厅：《西藏自治区及4所本科院校2016～2017学年本科教学质量报告》，http://www.pgzx.edu.cn/modules/zhiliangbaogao_d.jsp?id=169499&type=。

族大学招生结构为西藏生源占60%左右,陕西生源占20%左右,其他省区生源占20%左右。这实质上将使西藏民族大学成为藏、陕两省区共有的地方高校,为西藏民族大学既距离西藏路途遥远又难融入陕西本地经济社会发展的"两头不接地气"问题提供了解决的途径。西藏民族大学在少数民族应用型人才培养方面自然应该以适应西藏经济社会发展需要为目标,但是要弥补在西藏开展实践教学的不足,就必须加强和深化各专业与陕西相应行业的联系,在学科建设、专业发展、课程设置等方面,通过适度融入陕西省经济社会发展,培养学生实践能力。这种能力的培养,要注意通用性和迁移性。

表3-1　　　　　西藏民族大学本科招生分类统计表

| 序号 | 生源 | 人数 |
| --- | --- | --- |
| 1 | 西藏自治区 | 1 317 |
| 2 | 广西壮族自治区 | 25 |
| 3 | 河北省 | 100 |
| 4 | 河南省 | 85 |
| 5 | 湖北省 | 40 |
| 6 | 湖南省 | 95 |
| 7 | 山东省 | 113 |
| 8 | 陕西省 | 179 |
| 9 | 四川省 | 60 |
| 10 | 云南省 | 55 |
| 11 | 山西省 | 105 |
| 12 | 甘肃省 | 30 |
| 13 | 重庆市 | 12 |

资料来源:《西藏民族大学2016~2017学年本科教学质量报告》,http://www.pgzx.edu.cn/modules/zhiliangbaogao_d.jsp?id=169499&type=。

### 3. 应用型

我国民族地区经济发展方式转变、产业结构的转型升级和社会生产结构的变革,需要民族地区高校培养大量的应用型人才,增强为地区发展服务的能力。目前,少数民族地区高技能人才严重不足,人才引进困难,人才流失严重。要从根本上解决民族地区人才短缺问题,民族地区地方院校和民族院校就必须适应社会发展要求,向应用型转型发展,坚持"应用型"的办学定位,建设应用型高校,培养应用型人才。这样才能增强民族地区对高素质应用型人才需求的供给能力，才能以高质量应用型人才培养和应用技术研究为民族地区服务，才能在优势林立的高校中形成错位发展，强化自身特色品牌，提高竞争力，赢得生存空间，为可持续发展奠定基础。

当然，强调民族地区地方院校在应用型人才培养过程中突出地方性，并不是忽视其民族性，同样，强调民族院校在少数民族应用型人才培养过程中突出民族性，也不是忽视其地方性。不同院校与民族地区的空间距离和行政关系不同，其办学定位应有所侧重。总之，民族地区高校在少数民族应用型人才培养过程中要明确"民族性""地方性""应用型"的办学定位，并有所侧重，把人才培养与繁荣民族文化、维护民族地区稳定团结、民族共同发展有机结合起来。

## （三）高校少数民族应用型人才培养目标

要为民族地区经济社会发展服务，人才的培养要着眼于为少数民族地区培养政治上"靠得住"、情感上"回得去"、文化上"善融合"、技能上"用得上"、发展上"可持续"，能够适应民族地区经济发展实际需要，并带领少数民族地区群众在各行各业促进经济社会发展、实现共同富裕的技术技能型人才。

### 1. 政治上要"靠得住"

与学术型人才不同，少数民族应用型人才更加深入基层，更加接近生产生活一线，是带领少数民族群众谋发展、奔小康的带头人，促进民族地区维稳定、促团结的"中心人物"，对人民群众思想意识的影响更广泛、更深入。因此，在少数民族应用型人才培养中，高校的首要任务是培养政治上"靠得住"的少数民族应用型人才。鉴于此，高校要高度重视学生的思想意识教育，要把他们培养成爱党爱国、热爱社会主义、能自觉维护民族团结和国家统一的少数民族群众政治带头人，使其积极引导少数民族群众树立正确的民族观、国家观、文化观和集体主义价值观。

### 2. 情感上要"回得去"

大多数民族地区自然环境比较复杂，经济发展相对落后。带领这些地区的少数民族群众搞好经济发展，主要依靠熟悉和适应当地自然环境和生活习惯的少数民族应用型人才。但是我国当前的学校教育在目标和内容上城市化倾向严重，很多少数民族学生从小读书的目的是"走出大山"，见识更广阔的世界，而不是回归家乡"建设大山"。为了更好地发挥少数民族应用型人才的作用，让他们更好地建设家乡，在少数民族应用型人才培养过程中，高校要培养少数民族大学生建设家乡的乡土情怀，增强他们带领少数民族群众建设小康社会的能力与自信。

### 3. 文化上要"善融合"

少数民族文化是民族地区经济发展的宝贵资源，民族地区很多产业与传统文化有关。民族文化产业的兴起离不开民族文化的传承，但如果仅仅立足于传承，民族文化产业就很难走出服务本民族生活需要的自给自足的传统自然经济的狭小范围，也就很难做大做强。因此民族文化产业还必须在创新与融合上下功夫，开拓更广阔的市场。这就要求高校少数民族应用型人才培养要高度重视少数民族语言文化传承与创新能力的培养，同时，积极引导学生将传承本民族文化与学习其他民族优秀文化相结合，不断加强不同民族学生跨文化交往、交流、交融。

### 4. 技能上要"用得上"

少数民族应用型人才所掌握的知识和技能一定是民族地区经济社会发展所需要的。与内地相比，民族地区经济社会发展具有较强的独特性和多样性，然而承担少数民族应用型人才培养的高校在学科专业建设、教师培养、教材使用等方面，往往是基于内地或者国际经济社会发展现状、行业技术发展现状实施的，难以适应民族地区的需要。为此，一方面，承担少数民族应用型人才培养的高校要在学科建设、专业设置、课程安排等方面与民族地区特色产业、新兴产业对接，针对民族地区需求开展人才培养；另一方面，高校教师要不断深入民族地区实践调研，了解少数民族地区的实际需要，掌握民族地区的民族经济、文化特色，不断更新课程体系、教学内容和教学方法。这样才能培养能够适应并引领民族地区经济社会发展需要的、"用得上"的少数民族应用型人才。

### 5. 发展上要"可持续"

我们正处于一个日新月异的时代，科学技术飞速发展，产业结构不断调整，社会观念不断变迁。我国民族地区经济社会发展水平虽然相对内地比较落后，但由于"后发效应"，其发展速度并不慢。在这种情况下，如果高校少数民族应用型人才培养仅仅着眼于当下少数民族大学生在民族地区能"用得上"，在就业方面能"进得去"，是远远不够的。高校要保证所培养的少数民族应用型人才能够适应民族地区产业结构不断调整、生产技术不断提升和经济社会不断发展的需要。终身化学习能力为个体和社会提供可持续发展的动力。对终身学习而言，

"知道更多"的能力比"目前知道多少"更重要,"知道从何处寻找信息"比"知道的信息"更为重要。① 这就要求我们要重视少数民族大学生自学能力的培养,特别是利用现代信息技术获取和学习新知识、新技术的能力的培养。

## 二、高校少数民族大学生学习特点调查与分析

高校少数民族大学生的学习一直是学界研究的焦点之一,之所以受到学者和教育者的关注,主要原因是目前高校少数民族大学生的学业成绩普遍来看不够理想。当前高校少数民族应用型人才培养的宏观思路对少数民族大学生的学习成效提出了一定要求,但对少数民族大学生学习特点还没有一个全面的了解。少数民族大学生肩负着少数民族地区各方面发展的重任,其学习状况如何,能否顺利完成学业,培养目标能否实现,人才的培养最终能否适应各少数民族地区的人才需求,对少数民族地区各方面发展及全国各项事业的发展,都有着重要的意义。因此,为了保证高校少数民族应用型人才培养目标的良好实现,对少数民族大学生学习特点进行研究很有必要。本书即从多个角度对少数民族大学生学习特点进行全面分析。

### (一) 调查设计

#### 1. 调查的视角

为全面深入了解目前高校少数民族应用型人才培养过程中少数民族大学生的学习状况和特点,通过查阅资料、课题组讨论、咨询相关专家,结合实际情况,确定从少数民族大学生的学习动机、学习策略、学习倦怠、学习自我效能感、学习压力共五个方面进行调研。

第一,动机是激发和维持人们行为的内在动力。② 心理学上认为,人类绝大多数意识状态下的行为都是由某种动机所引起的。按耶克斯—多德森定律来看,一般来说动机越强,所产生的动力也就越大,工作效率就会越高。所谓学习动

---

① 钟志贤、王水平、邱婷:《终身学习能力:关联主义视角》,载于《中国远程教育》2009年第4期,第35页。
② 张大均:《教育心理学》,人民教育出版社1999年版,第68页。

机，是指引起学生学习活动，维持学习活动，并导致学习活动趋向教师所设定目标的内在心理倾向。① 从目前的研究来看，学生尤其是大学生的学习受学习动机的影响较大，两者关系似乎非常明显②，一般学业成就高的学生其学习动机也普遍较强。事实上，学习作为一种需要付出努力的有意识行为，其动机的强弱不仅能在一定程度上决定学习者的努力程度，还能间接影响学生的学业成绩。另外，学习动机不仅能起到激发学习行为的作用，还能在这种内在动力作用下，使学生逐渐形成一些应有的学习习惯和方法，进而有益于学习。也就是说，学习动机从一定程度上对大学生在校期间的各种表现尤其是学业表现起到了决定性影响。目前少数民族大学生学业成绩不够理想；对于此，人们常常把原因归结为少数民族大学生学习动力不足，即学习动机较弱。那么究竟是不是学习动机较弱？少数民族大学生学习动机实际上是什么状况？本书从学习动机入手对目前高校少数民族应用型人才培养中大学生的学习特点进行调查。

第二，自认知心理学兴起以来，学习策略的研究逐渐成为热门的研究课题。关于学习策略的概念，众说纷纭，并存在一定差异。综合目前已有的学习策略概念，可以总结如下：学习策略是以内在为主导的提高学习质量和效率的多层次、多种类的操作系统。它可以依据一定的学习任务灵活选择，是学习者在长时期的学习实践中形成的，能充分地体现学习者的主动性和创造性的动态操作系统。随着近年来认知心理学和教育实践的结合，以及"知识爆炸"、学习终身化思想的普及，学者们越来越认识到学习策略不同于简单的读、写、算，它是一种高级技能。学生对学习策略的掌握及运用程度，不仅直接反映了学生的学习努力程度、学习主动性等，还直接影响了学生的学习质量和学习结果，是评价学业成就的重要指标。高校少数民族大学生学业状况是不是受学习策略的影响，他们对学习策略的掌握及运用程度如何，也就成为本书的重要研究内容，即调查视角之一。③

第三，直接从事高等民族教育的教师和学者们有一个较普遍的印象：少数民族大学生的学习能力有一定局限。尤其在与普通院校大学生相比时，少数民族大学生常常也认为自己学习能力有限，没有信心。也就是说，主观上少数民族大学生"学业自我效能感"较低。学业自我效能感是效能感的一种，由美国心理学家艾伯特·班杜拉（Albert Bandura，1925）提出，具体指"个体在执行某一行为操作之前对自己能够在什么水平上完成该行为活动所具有的信念、判

---

① 莫雷：《教育心理学》，教育科学出版社2007年版，第257~258页。
② 吴康妮：《重庆市大学生学习动机与信息能力的关系研究》，西南大学硕士学位论文，2009年。
③ 赵俊峰、杨易、师保国：《大学生学习策略的发展特点》，载于《心理发展与教育》2005年第4期，第79~82页。

断或主体自我把握与感受"[①]。通俗地说,也就是对自己完成某事件能力的主观看法和感受,本书认为是对自己某方面能力的评价。作为一种对自己"能力"的主观评判,"自我效能感"会影响学生的学习行为和努力程度,学生对学习任务的期待及抱负水平、学习过程的坚持性、学习的情感感受也就不可避免地影响学生的学业成绩。"效能感"被认为是影响行为和成效之间的重要因素,一般来说学业自我效能感越高,学生越容易在学习方面表现出良好的学习习惯和成就。那么少数民族大学生学业自我效能感如何?目前学业状况是不是和其自身的学业自我效能感有关?这就成为了解目前高校少数民族大学生学习特点的内容之一。

第四,学习倦怠是指学生对学习没有兴趣或缺乏动力却又不得不为之时,感到厌倦、疲乏、沮丧和挫折,从而产生一系列不适当的逃避学习的行为。[②] 学习倦怠是近三、四十年来由"倦怠"概念衍生到教育领域并引起广泛关注的现象,在学生学习过程中经常出现。各类研究和数据表明,学习倦怠不仅影响学生的学习态度、学习积极性、学业成绩,并且是学生厌学的重要原因。那么少数民族大学生学业成绩的现状是否和学习倦怠有关?或者说目前的学习成绩不够理想的状况是否引起了少数民族大学生的学习倦怠?本书认为,这在调查目前高校少数民族大学生学习特点过程中也是不能忽略的一个方面。

第五,学业压力一直是人们关注的问题,适度的压力能起到唤醒作用,激发学生的学习动力,而压力过大则会对学习和学生心理起到负面作用。在目前高校少数民族应用型人才培养背景下,少数民族大学生学习方面学业压力如何?目前的学业现状与学习压力是不是有关?本书也拟从这个角度对少数民族大学生学习特点进行调查。

## 2. 调查对象

本次调研对象为全日制在校本科生。样本分别从新疆、西藏、云南、广西、贵州少数民族聚居区的地方院校选取。

## 3. 调查方法

问卷法;文献法;访谈法。

---

[①] 董艳等:《少数民族女大学生学习自我效能感研究》,载于《内蒙古师范大学学报》(教育科学版)2007年第7期,第27~31页。

[②] 孙爱玲:《大学生学习倦怠及其影响因素研究》,山东师范大学硕士学位论文,2006年。

### 4. 调查工具

学习动机的研究采用著名教育心理学家黄希庭等编制的学习动机问卷。问卷分 26 个项目共 6 个维度，分别测试大学生的 6 种学习动机：求知进取、社会取向、物质追求、害怕失败、个人成就、小群体取向。① 问卷多次在各种研究中被使用，经过长时间的实证检验，其信度和效度较高。

"学习策略量表"由河南大学杨易编制。该量表在综合国内外多个学习策略量表的基础上，针对我国大学生的学习策略使用状况编制而成，共 49 题，包括四个分量表：元认知策略、情感策略、认知策略、资源管理策略。采用五点记分法记分；总量表内部一致性系数为 0.9332；各分量表内部一致性系数分别为 0.8842、0.7717、0.7738、0.6869；所有的项目与各自分量表总分的相关均达到显著水平，信效度良好。② 该量表经多个研究者使用，效果良好。

"学业自我效能感问卷"由华中师范大学的染宇颂、周宗奎对宾特里奇等 (Pintrich et al.，1990) 联合编制的学业自我效能感量表修订而成。该量表把学业自我效能感分为"学习能力自我效能感"和"学习行为自我效能感"两个独立的维度，每个维度有 11 道题目，共 22 道题 ($\alpha = 0.89$)。③ 采用四分制评分方式。

"学习倦怠量表"是连榕和杨丽娴以马斯里奇（Maslach）的倦怠量表为模板，在本土化的基础上翻译和研究而来，是目前国内使用最广泛的学习倦怠量表。Cronbach's $\alpha$ 系数为 0.865，分半信度为 0.880，分量表与总量表的相关超过 0.7，具有很好的信度和效度；该量表包含 20 道题目三个维度：情绪低落维度、行为不当维度、成就感低维度；使用五点计分。④ 本书即选用此量表。

以往很多研究中对压力感的测量多以近期正在经历的"生活事件"为指标。本次调查中，学习压力的研究借鉴已有研究做法⑤，各项目取自梁宝勇、郝志红编制的《中国大学生心理应激量表》中与学习直接有关的 16 个事件组成一份独立问卷。针对大学生的学习压力调查，从原量表 85 个题目中挑选出 16 个形成学习事件量表，已有研究中以各项目与问卷总分相关的方法进行信度检验，信度尚

---

① 卜荣华：《大学生学习动机现状的调查研究》，安徽师范大学硕士学位论文，2006 年。
② 杨易：《大学生学习策略的研究与测评》，河南大学硕士学位论文，2002 年。
③ 赵丹：《大学生学业拖延、学业自我效能感与学习动机的关系研究》，河北师范大学硕士学位论文，2013 年。
④ 王玉楠：《大学生学习倦怠与专业承诺、学习压力的相关性研究》，吉林大学硕士学位论文，2014 年。
⑤ 高登峰：《大学生学习压力、心理弹性、心理健康的关系研究》，华中科技大学硕士学位论文，2008 年。

可。各题本身已被广泛多次使用,信效度较高。

### 5. 调查时间及具体流程

2016年1~2月,在查阅文献、咨询专家及访谈学生的基础上,确定调查视角,选择合适问卷,设计调查问卷。

2016年3~4月,发放及回收问卷。

2016年4~5月,数据录入,此阶段和"发放回收"问卷阶段交叉进行。2016年5月,统计调研结果,撰写调查报告。

### 6. 数据统计

数据处理用 IBM SPSS20.0 中文版软件包进行统计。

## (二) 调查结果及分析

### 1. 样本概况

研究样本取自新疆师范大学、石河子大学、西藏民族大学、西藏大学农牧学院、广西民族大学、云南民族大学、大理大学、贵州民族大学8所高校的本科全日制在校生。

调查过程要求方面,第一,为保证调研有效性,问卷全部采用纸质形式。第二,由学校打印,组织有经验的教师实施调查。第三,为保证调查严谨性,在特定情况下(如各民族混合班集体测试),问卷测试过程中可以不回避汉族大学生参与。问卷发放和回收由子课题组负责人协调联系完成。

抽样标准方面,调查过程中对各院校调研对象数量、专业、年级分别提出了具体要求。第一,抽取样本尽量涵盖院校已有专业。第二,样本应分布于各个年级,不含研究生和专科生。第三,兼顾少数民族聚居区院校及非少数民族聚居地民族高校。

问卷发放及回收方面,西藏民族大学的调查问卷由子课题组负责人主持发放和回收,其他院校调查完成后通过邮寄方式回收。问卷不计调查过程中所涉及的汉族大学生被试。在整个调查过程中,参与调查院校态度认真,问卷完成质量较好,共发放1 485份,回收1 384份(含10份空白问卷),回收率较高。经严格筛选,剔除无效问卷255份(其中含40份汉族被试),有效问卷为1 119份。其中,除两所学校因测试过程原因,回收少、无效问卷多外,其他院校调查问卷回收率及有效率很高，剔除后，有效问卷结果可靠。

　　样本选取考虑性别、民族、专业、年级等人口学统计指标，兼顾生源（以户口类型来测查生源地）、独生子女、学生干部等因素的影响。样本分别涵盖文、理、工、农、医及术科①六大类专业，文、理科比例分别为42.4%、37.3%，其他4类专业所占比例均衡，在4.3%～5.5%。年级分布从大一至大五，大一为47.7%，考虑大四学生即将毕业，为保证样本有效性仅选取7.4%的被试，因医科类大五本科生实习，采集少量即0.5%的样本人数，大二、大三学生比例大致均衡。具体来看，性别上女生为69.3%、男生为30.7%，符合取样高校女生较多的现状。从民族分布看，涵盖40个民族；考虑西藏有唯一一所非聚居区、异地、藏汉混合高校，藏族被试4成有余，维吾尔族为13.6%、壮族为10%、哈萨克族为5.4%，土家族、苗族、回族、蒙古族、柯尔克孜族、乌孜别克族、瑶族、彝族、独龙族、仫佬族、哈尼族、仡佬族、布依族、白族、侗族等比例在0.3%～5%，另有门巴族、珞巴族、水族、光族、锡伯族、保安族、夏尔巴族等21个民族样本数量小于5，数据统计时统一归为"其他"，占4.2%。

　　同时，调查考虑居住环境和教育环境等因素，分别从少数民族聚居区、非少数民族聚居区、民族院校、普通院校、多民族混合院校、单一民族院校选取样本。其中，除西藏民族大学处于非少数民族聚居区外，其他7所院校均为少数民族聚居区高校。西藏民族大学、西藏大学农牧学院相对为单一民族院校，其他6所均为多民族混合院校；除大理大学、新疆师范大学、石河子大学外，其他5所均为民族高校。从样本分布比例来看，西藏民族大学样本比例较高，占4成；其他大学中，广西民族大学占13.7%、新疆师范大学占11.4%、石河子大学占10.9%，另4所院校除大理大学比例稍低外（1.9%），均在7%左右。总体看，样本具有一定代表性。

　　另外，普通院校存在含汉族大学生在内的混合编班情况，调查考虑到会对学生学习特点有一定影响，要求选取一定数量含汉族大学生的混合班被试作为样本，并且为了保证取样质量，取样过程允许汉族大学生参与，但数据录入统计时将汉族大学生被试样本剔除。

### 2. 结果及分析

（1）学习动机。

　　本书主要研究应用型人才培养背景下少数民族大学生的6种学习动机：求知进取、社会取向（有益于社会集体）、物质追求、害怕失败、个人成就、小群体

---

① 原指军事训练或体育训练中的技术性科目，现多指体育、音乐与美术这三个科目。

取向（为了亲人朋友）。量表各题项均为6级计分，从完全不同意到完全同意，最低分为1分，最高分为6分，分数越高说明该学习动机越强。从数据统计结果看（见表3-2），6种学习动机平均分均在3分以上，除害怕失败动机平均分为3.73分，分数偏低外，其他5种动机平均分均在4.2分以上，也就是说，少数民族大学生的各种学习动机总体上并不弱。另外，从"高分值"（大于等于5分）的选择比例来看，求知进取、物质追求、小群体取向三种动机选择5分以上的均达52%以上，社会取向占49%，个人成就相对较低（33.5%），害怕失败最低，仅为16.9%；除了个人成就动机外，其余5种学习动机的众数均大于等于中值和均值。所以可以得出结论：少数民族大学生学习动机总体上较强，求知进取、为社会做贡献、物质追求和为亲人而学习四方面动机强度偏高；同时，少数民族大学生追求个人成功的学习动机相对不突出，也没有表现出明显因"担心失败"而努力学习的动机。

表3-2　　　　　　　　少数民族大学生学习动机概况

| 项目 | 求知进取 | 社会取向 | 物质追求 | 害怕失败 | 个人成就 | 小群体取向 |
|---|---|---|---|---|---|---|
| 均值（分） | 4.94 | 4.80 | 4.79 | 3.73 | 4.26 | 4.74 |
| 中值（分） | 5.17 | 4.83 | 5.00 | 3.75 | 4.33 | 5.00 |
| 众数（分） | 5.33 | 6.00 | 5.00 | 4.00 | 4.00 | 5.33 |
| 选4分以上百分比（%） | 90.4 | 85.1 | 85.2 | 47.3 | 67.7 | 84.3 |
| 选5分以上百分比（%） | 57.9 | 49.2 | 52.9 | 16.9 | 33.5 | 53.3 |

通过数据分析可知，目前高校少数民族大学生各个方面的学习动机并不弱，反而偏强，尤其在求知进取方面，表现最强。结合大学学习实际情况及其他几方面调查结果可知，少数民族大学生的学习呈现出以下特点，即学习动机并没有激发出高动力的学习行为，实际学习中没有出现大量废寝忘食和专注刻苦的现实局面。之所以表现出这一结果，可能有两方面的原因：一是目前的高学习动机来自外界的宣传和教育，是由外界灌输给少数民族大学生的"学习目的"带来的学习动机，并非个人在阅历基础上自发产生的"内在动机"，或者可以进一步通俗地解释为少数民族大学生所追求的学习目标并不是基于实际条件而产生"合理目标"，因此作为不合理或不可能目标，其动力不会太强；二是学习愿望和学习行为关联不大，即学习并不是美好愿望实现的重要途径或因素，也就是说渴望学习的终极目的和学习直接结果之间缺乏某种深度的连通，譬如就业和学业成绩之间无甚关联，这可能也是高学习动机下没有表现出强烈学习动力的现实原因。

(2) 学习策略

相比学习动机的分值，"学习策略"的平均分值偏低。总体上，少数民族大学生对各种学习策略的运用较少，或运用质量一般。各种学习策略运用情况的数据统计显示，均值、中值差别很小，参照偏度看（数据略），基本呈正态分布。学习策略的使用从"从不运用到总是运用"，最低为1分、最高为5分，而选择4分（经常运用学习策略）以上的百分比明显偏低（见表3-3），各项学习策略中选择5分（总是运用学习策略）的均为个位数。也就是说，目前高校大部分少数民族大学生在学习中不常使用多种学习策略，学习策略运用的意识以及掌握情况均不乐观。这可能也是影响目前高校少数民族大学生学业成绩的原因之一。

表3-3　　　　　　　少数民族大学生学习策略概况一览表

| 项目 | 元认知策略 | 情感策略 | 认知策略 | 资源管理策略 |
| --- | --- | --- | --- | --- |
| 均值（分） | 3.39 | 3.50 | 3.40 | 3.37 |
| 中值（分） | 3.39 | 3.54 | 3.55 | 3.29 |
| 选4分以上百分比（%） | 18.0 | 24.5 | 20.0 | 22.6 |

具体策略使用的分析结果显示：元认知策略使用能力最弱，认知、情感及资源管理策略使用情况不佳。其中，高分值选择中元认知策略比例最低，为18.0%；其他策略均低于24.5%。元认知策略高分比例低说明目前高校大多数少数民族大学生不善于对自己的学习过程进行反思和调整。同时，其他策略的高分选项比例不高，说明少数民族大学生不擅长视情况调用各种资源，此外，增进学习兴趣和热情的情感策略运用能力偏低。

城市和农村少数民族大学生学习策略对比分析结果显示：城市和农村生源的差别在统计学上无意义，即两者没有差异，无论来自城市还是农村的少数民族大学生，在学习策略的运用上都不够理想。以专业为自变量进行单因素方差分析表明，除术科和其他专业表现出显著差异外，其他专业之间无差别。考虑到体育等专业特有的学习特点，可以认为在学习策略的掌握和运用方面，各专业间没有差异，均不良好，各专业学生均不善于在学习中使用学习策略（数据略）。

各年级策略使用的方差分析结果显示：对于四种学习策略，大一学生和大三学生之间有显著差异；部分学习策略大一学生和大二、大四学生之间有差别（见表3-4）。但并不是年级越高学习策略的运用越好，而是随着年级的升高，学生反而越来越不会运用学习策略。这可能和大一新生刚入校有关，高中艰苦学习中摸索出的良好学习习惯在大一时仍有保留，而随着年级增长，大学学习的特殊性及学习压力的减小，渐渐使得已掌握的学习策略弃之不用，由此表现出随年级升高，学习策略的运用情况反而下降。一方面表明，少数民族大学生学习策略拥有和使用的匮乏；另一方面反映出，目前高校少数民族应用型人才培养过程中学生的学习管理等方面可能存在某些不妥，没有给学生更多运用学习策略的机会。这有可能是当前高校少数民族大学生学业成绩不够理想的原因之一，也有可能是高学习动机没有导致高动力和高业绩的重要中介原因，关于这点，下文会继续探讨。

表3-4　少数民族大学生学习策略运用的年级差异

| 项目 | 大一学生~大二学生 T值 | 大一学生~大二学生 P值 | 大一学生~大三学生 T值 | 大一学生~大三学生 P值 | 大一学生~大四学生 T值 | 大一学生~大四学生 P值 |
| --- | --- | --- | --- | --- | --- | --- |
| 元认知策略 | | | 0.17 | 0.00 | | |
| 情感策略 | | | 0.14 | 0.01 | 0.20 | 0.01 |
| 认知策略 | 0.10 | 0.04 | 0.18 | 0.00 | | |
| 资源管理策略 | | | 0.14 | 0.01 | | |

另外，在资源管理策略的使用上，医科学生在大五年级明显优于其他年级（数据略），即实习期间在短时间内突然学会了管理自己和利用资源。这说明医科最后一学年的学以致用对少数民族大学生的学习意识和策略有一个反督促作用，从另一角度说明了实践对少数民族大学生学习的意义所在。

（3）学习自我效能感。

学习效能感题项计分范围为1~4分，分数越高，学习效能感越强。从数据描述统计结果看，学习能力效能感和学习行为效能感两个维度的均值、中值、众数非常接近，均在2.62分附近，稍高于理论平均值2.5分。学习能力效能感和学习行为效能感方面，被试选择2.5分的累积比例均为60%偏上，而选择"3分"以上者分别为27%和18%，并不高。所以，总体来看，少数民族大学生学习效能感总体上居中，对自身的学习能力和通过适当行为达成学习目标的自我判断趋于中等，既没有强烈的自信，也没有明显的自卑。

调查结果显示，目前高校少数民族大学生学习自我效能感没有呈现出偏低的局面，似乎与我们印象中学业成绩欠佳之间没有关系。鉴于此，本书对学业成绩和学习自我效能感的相关性进行了统计和探讨。问卷中对样本被试学业成绩在班级中的排名进行了自评调查，将学业成绩排名分为班级后三分之一、中间三分之一和前三分之一。用交叉列联表方法对"成绩排名"和"学习能力效能感""学习行为效能感"分别进行统计，排名"中间"和"前"三分之一的被试各项效能感选项分数明显较高（因数据排列较长，略）。对两者进行单侧相关分析发现，学习效能和成绩排名相关显著（见表3-5），即学业成绩越优秀，学习自我效能感越强。由此,学生学习方面仍然表现出了"成绩"和"效能感"的密切关联性。

表 3-5　　　　少数民族大学生学习效能感和成绩的相关

| 项目 | 学习能力效能感 | 学习行为效能感 |
| --- | --- | --- |
| 成绩排名 | 0.168** | 0.192** |

注:两类数据基本均呈正态分布,用皮尔逊相关;** 表示在5%的水平上显著。

另外,将学习效能感与各学习动机进行相关分析,学习效能感与各学习动机均显示出显著的相关(数据略),即学习效能感越高,学习动机越强,这点符合班杜拉的看法。班杜拉认为,在合理目标确定的情况下,效能感是决定学习动力的关键因素。因此,学习效能感也可能是学习动机和学习成绩之间的另一个重要的中介因素。下文将对相关问题进行探讨。

(4)学习倦怠。

学习倦怠分三个维度来调查:情绪低落维度、行为不当维度、成就感低维度。情绪低落维度指兴趣下降、心情失落、沮丧低迷等情绪特征;行为不当指学习中出现的不适宜举动,如迟到早退、溜号逃课、不写作业等;成就感低指很少体验到成功感和满足感。各题项计分从 1~5 分,分数越高,学习倦怠程度越高。从数据结果看,三方面均值均在理论中值 3 分左右(见表 3-6),说明在目前的应用型人才培养背景下,少数民族大学生学习方面总体上存在中等程度的学习倦怠现象。

表 3-6　　　　　少数民族大学生学习倦怠概况

| 项目 | 情绪低落 | 行为不当 | 成就感低 |
| --- | --- | --- | --- |
| 均值(分) | 2.83 | 2.92 | 2.70 |
| 中值(分) | 2.88 | 3.00 | 2.67 |
| 选 3 分以上百分比(%) | 43.6 | 51.6 | 35.7 |

另外,从表中数据可以看出,在学习倦怠的三个维度中,"成就感低"高分值选择被试明显比其他两维度少,3 分以上占 35%,即少数民族大学生学习倦怠更多表现在情绪低落和与学习不相宜的行为两方面,如学习兴趣不高、沮丧低迷及不写作业、早退等;个人学习上成功感和满足感的缺乏并不是十分突出的学习倦怠的表现。也就是说,在目前学业成绩仍不够理想的情况下,少数民族大学生总体并没有突出的学习上的不满足感。这点可以解释为,目前高校少数民族大学生的学习多半并非出自个人意愿,更多的是外在因素的驱使,因此,即便学习成绩不理想,也只是更多带来"不情愿"式的情绪和行为反应,个人心理上的失落

感和归因上的自我否定感相对较少。这可能和非少数民族院校大学生有所不同，它从侧面解释了为什么学习动机很高，却没有很大的学习动力，原因就是少数民族大学生学习动机可能更多的是外源性性质。

对学习倦怠的年级差异进行分析发现，仅大一学生和大二学生之间的学习倦怠差异有统计学意义（t值：$-0.11\sim0.16$，$p<0.05$），学习倦怠的三方面均是在大二年级突出表现出来，其他年级之间没有明显差异。这可能是因为，从高考的压力下解放出来进入大学，经过一年的适应和放松，大二年级正好是刚刚适应大学生活而又没有明确前途目标的时间段，因此在情绪、行为及成就感三方面表现出了较明显的倦怠。

对专业差异进行分析发现，情绪低落方面无专业差异，各专业在学习倦怠方面表现出一致的情绪反应。行为不当方面，术科大学生和其他专业有显著差异，术科学生不当行为较少，考虑术科的专业不同，这里不做探讨。成就感低方面，从低到高依次为：术科、文科、农科、理科、医科、工科。其中，术科和其他专业、文科和医科及工科、农科和工科、理科和工科之间的差异达到统计学显著意义水平，表现出明显的专业特点，即在人们观念中越是难学的专业，学生的学习倦怠就表现得越明显，如一般认为最为难学的工科，即是"成就感低"表现最为集中和突出的专业。

（5）学习压力。

学习压力问卷共有16个题目，每个题目均按近2个月内"有"或"无"相关经历分别计分为1或0，即16个题目总计最高分为16分，最低分为0。分数越高，正在应对的学习生活事件越多，学习压力越大。从统计看，平均分为6.28分，中值和众数为6.00分，均低于理论中值8分，明显可以看出目前高校少数民族大学生学习压力不大，或没有感觉到学习压力过大。进一步统计看出，总分6分以下样本被试占54.2%，7分以下者高达70%（见表3-7）。充分说明了少数民族大学生的学习压力确实较小。

表3-7　　　　　少数民族大学生学习应激事件统计

| 项目 | 比例（%） | 项目 | 比例（%） | 项目 | 比例（%） | 项目 | 比例（%） |
| --- | --- | --- | --- | --- | --- | --- | --- |
| 不喜欢专业 | 25.5 | 重修或考试 | 27.6 | 须按时上课 | 92.6 | 准备出国考试 | 12.1 |
| 学习方式变化 | 60.7 | 转系 | 5.5 | 学习难度加大 | 82.1 | 学习内容单调 | 38.7 |
| 学习时间紧 | 55.9 | 备期末考试 | 43.6 | 学习环境改变 | 53.3 | 学习困难 | 53.4 |
| 考试失败 | 30.9 | 学习并打工 | 23.4 | 准备考研 | 19.6 | 考试作弊 | 3.7 |

对"最近正在经历"的16个与学习有关的应激事件进行选择比例统计分析发现（见表3-7）：排在首位的是"须按时上课"（92.6%），其次是"学习难度加大"（82.1%），第三位是"学习方式变化"。本调研于学期初一个月内开始，"课程难度加大"等相关事件选择比例高属于正常现象；而且，选择比例高的事件多为学期初所要面对的常规事件，对大学生未必是"坏事"，很大程度上不一定或不会给大学生带来强烈的负面感受，如高居前三位的"按时上课"等，这又从具体事实的角度补充佐证了上述结论：目前高校少数民族大学生学习方面的压力不大。

但仍然可以通过表3-7看出两点：第一，"学习困难"和"学习内容单调"是明显的负性事件，但样本被试的比例却并不是最低，而且"学习困难"的选项达到了53.4%，也就是说在目前应用型人才培养背景下，有相当比例的少数民族大学生仍然感到了课程的难度和考试的困扰。但是，面对困难，少数民族大学生一般并没有感到强烈的学习压力，也没有产生强烈的学习动力。结合实际究其原因，可能是因为在面对学习困难时，有诸多现实的途径和政策能帮助少数民族大学生顺利获得学业上合格的结果，如考试方式、课程内容等的相应改变。因此，他们虽然感到了学习的困难，却可以不迎难而上，在半回避的状态下，依然可以比较顺利地毕业，这也就导致了学习压力不大、动力不强，学习倦怠等局面。第二，排在后四位的依次是：考试作弊（3.7%）、转系（5.5%）、准备出国考试（12.1%）、准备考研（19.6%）。因为是在学期初展开的调查，"考试作弊"一项比例最低属正常现象，不做探讨。"出国""转系""考研"三事件的选择比例虽然较低，但这些学习事件本身就不是大概率事件，尤其在民族院校概率更低。因此就少数民族大学生而言，此调查结果的比例并不算低，有超过5%的少数民族大学生感到专业不合适并要求转换，超过12%的在准备出国，将近20%的在准备考研，这说明目前高校少数民族大学生已逐渐开始谋求更高、更广、更切合自身实际的学习前景，已经逐渐有了更为明确的自我提高意识。

## （三）调查结论及建议

### 1. 结论

（1）高校少数民族大学生学习动机呈现出总体较强的特点，这是应用型人才培养的基本动力。其中，以"求知进取"为出发点的学习动机最突出，为"社会取向""物质追求"而学习的动机也很明显，并且有着较强的"为贡献社会"而学习的动力；同时，少数民族大学生追求"个人成就"的动机一般，且对来自

"害怕学业失败"的担心不大。

（2）高校少数民族大学生总体上对学习策略的掌握和运用状况不良，这有可能是影响学业及高校少数民族应用型人才培养目标实现的一个薄弱环节。学习中使用学习策略的总体状况是：随着年级的升高，越不擅长运用学习策略；其中，资源管理策略使用情况最差，即最不善于对学习进行反思和调整；但是，"实习实践"却能促进学习策略的使用。

（3）高校少数民族大学生学业自我效能感程度中等，没有强烈的自信，也没有明显的自卑，但学习成绩优异者自我效能感较高，而且学习成绩越是优异者，自我效能感越高。

（4）高校少数民族大学生的学习倦怠程度中等稍偏高、总体上学习压力不大。突出表现在"情绪低落"和"学习行为不当"方面；来自"成就感低"方面的学习倦怠不明显。另外，学习倦怠在各专业之间有明显差异，一般认为越是困难的专业，学习倦怠越明显。

## 2. 建议

首先，着眼于"文化知识积累"，为高校少数民族应用型人才培养奠定基础。这里改革主要指的是学校教育范围内的教育教学改革。从调查结果看，目前高校少数民族大学生有着端正且整体较强的学习动机，但内在学习动力不高，出现"高学习动机、低行为动力"的状况。而这种自发的内在动力较弱的原因不是外部思想教育的不够，而是自身各种"内在积累"的欠缺。目前，相当部分少数民族大学生来自信息不够发达地区，成长过程中信息的获得相对较少，影响了知识、技能、策略及思维等的内在建构，造成了文化基础等方面的薄弱。而按照建构理论，外在知识的内化需要以一定内在知识体系为基础，也就是需要有一定的"积累"。

现阶段，其他普通高校的各种教育教学改革强调以学生为主体的"自学"，在尊重学生个人需求、强调学生自我提高的同时，精简了教学内容。笔者认为这不一定适合少数民族大学生。心理、能力甚至情感的发展需要一点一滴的建构，这是心理发展的规律。因此，在高校少数民族应用型人才培养中，针对少数民族大学生的学习特点应该着力进行相应的改革，包括课程设置、课堂教学、校园文化等。这种改革应针对少数民族大学生特点而进行，突出"积累"的特点，即要有助于少数民族大学生知识、技能、观念等方面的构建。改革时应充分考虑少数民族大学生"基础"薄弱的特点，加强以"积累"为主题的改革。具体说来，可以在工科、理科等专业增加相应的人文社会学科，课堂教学除了激发学生的思考外，应有意识地增加除专业知识之外或与专业知识相关的文化知识，同时改变学生学业评价方式。

其次，改变外部环境，提高学业要求，适当增加学习压力。环境育人，要改善高校少数民族大学生目前的学习状况，需要从外部改变教育环境，让学生感受到学习的压力，这也是高校少数民族应用型人才培养目标实现的必要一环。从调查来看，相当部分学生认为"学习困难"，但来自"学习失败"的压力却并不大，即不担心学习失败。这种矛盾与其在校期间的外部学业要求和自我要求有关。少数民族大学生的外部学业要求可能相对较低，或者完成学业并不难，譬如可以通过各种政策途径达到课程"合格"等。所以，虽然普遍认为大学学习是件不容易的事，但通过一定的应对方法，少数民族大学生达到"及格"却不难，因而其学习压力不大。再者，目前高校少数民族大学生学习上的自我要求总体不高，当"合格""毕业"成为最终甚至是唯一要求时，学生的努力程度和学习压力自然就会下降，加之各种学业管理政策和就业政策的保障，"学习困难"和"学习压力不大"之间的矛盾也就不难理解了。

改变外部环境应从两方面入手：一是从宏观上改变就业环境，包括就业的政策、渠道和方式等；二是从微观上改变学校的评估环境，也就是适当提高对少数民族大学生学业方面的要求。"就业"对大学生而言是关键性事件，具有很强的引导作用。当前，我国部分少数民族地区存在一些保障性就业政策，这些政策使少数民族大学生就业相对轻松，正常毕业的大学生通过"考试"等即可就业。在就业过程中缺少对学生在校表现的综合评估，"就业"和"学业"之间唯一的联系就是"毕业证"，学生拿到毕业证即是获得就业的前提条件，所以学生不需要十分刻苦努力地去完成学业，对于学习的"不努力""没兴趣"随之放大，进而发展成学习不理想的局面。因此，改变少数民族大学生的学习需要改变就业环境，可以参考大学生大学期间的学习和表现来实现，将就业作为"考查"和"选拔"条件对大学生进行全面评估。这不仅会对少数民族大学生的学习起到督促作用，还能激发其奋斗精神和进取心，以保证高校少数民族应用型人才培养目标的实现。

再次，改变评价体系，引导学生学习，提高高校少数民族应用型人才培养质量。少数民族大学生的理论知识与实践技能的建构有其自身的特点，完全照搬或主要沿袭内地普通高校的学生评价体系，对少数民族大学生而言并不合适。评价体系应结合学生的实际基础、能力、未来的发展前景等。从某种角度上说，评价即是导向、引导，从"最近发展区"理论来看，最好的引导是稍高于学生的目前发展现状，通过"跳一跳摘桃子"的努力可以达到的状态。因此，要实现高校少数民族应用型人才培养质量提升，改革中应针对少数民族大学生制定符合其特点的教育评价体系，特别是在少数民族院校进行实验推广。

最后，结合专业和少数民族地方行业，增加实践机会。应用型人才的培养需要实践，这是激发学生反思学习的最有效途径。调查显示，医科类大五学生学习策略运用分值突然升高即说明了"实践对学习的促进"作用。所以，加大实践环节是提高少数民族大学生学习状况的可行途径。少数民族大学毕业生中相当一部分要回到民族地区工作，他们熟悉民族地区的环境，了解民族地区的情况，能够更快地适应工作。结合专业特色，在民族地区增加少数民族大学生的实践机会，对提高大学生学以致用能力、增加其实践自信、提升其学习热情都将起到有效的督促和激发作用。

## 三、高校少数民族应用型人才培养的教师队伍建设问题与改革

高校少数民族应用型人才培养的关键在于教师，一支优秀的教师队伍一方面靠学校建立，一方面靠教师自身努力。不同类型高校应根据本校少数民族应用型人才培养方面的目标、定位及存在的问题来加强师资队伍建设。

### （一）教师队伍建设面临的问题

**1. 民族地区地方院校面临应用型师资"引进难"和"培养难"两大困境**

民族地区地方院校地处经济欠发达的民族地区，区位优势不明显，对高层次人才的吸引力不足。内地优秀应用型专业人才到民族地区任教，除了要承受自然环境不适应、远离熟悉人群和人文环境方面的巨大代价或挑战外，工资待遇相对较低也是制约其到民族地区地方院校从教的重要原因。多年来，与综合性大学相比，民族地区地方院校教师待遇总体提高不快，这是制约学校引进人才、留住人才的一个重要客观因素，在一定程度上降低了学校聚集英才的吸引力。以工科人才为例，一个内地优秀的工科硕士研究生，在企业所得待遇要远高于同等学历民族地区地方院校毕业生。而相比工科人才，文科毕业生和偏理论性的理工科毕业生在内地人才市场上竞争压力较大，更愿意进入民族地区地方院校。这就导致民族地区地方院校在引进内地应用型师资方面，比引进非应用型师资面临更大困

难,从而导致理科、文科等相关专业发展过度,民族地区急需的工科等应用型较强的专业要么难以开设,要么师资紧缺,质量堪忧。对于教师引进和招聘之难,来自上海应用技术大学的援疆教师、喀什大学土木工程学院首任负责人黄俊革有着切身体会:"在上海,我们烦恼的是如何从应聘者中优中选优;在这里,我们担忧的是最后谁能来。第一次招聘教师,我们跑到西北五省区的 14 所高校,收到了 30 多份简历,4 个招聘名额,最后只招到了 3 个,原因大部分是家长不同意孩子去南疆。"①

受相关制度和政策制约,民族地区地方院校难以自主培养应用型师资。民族地区地方院校办学层次较低,一般只有本、专科专业及少量硕士专业,几乎没有博士学位点,其少量的硕、博士学位点培养的多为学术型研究生,先天实践能力不足。而这些院校专业学位点相比内地同类型高校也偏少,专业硕士、专业博士等专业学位研究生培养能力相对有限,且多数选择到行业企业就职。加之受限于相关制度,民族地区地方院校毕业的优秀本科生、研究生,根据制度只能进入辅导员等教学辅助岗位,不能进入教学岗位。有些地方即使允许他们进入教学岗位,但是相比内地引进的同等学历人才,无法享受引进人才待遇。"为什么引进的人才是人才,我们自己的毕业生即使更优秀,却不是人才?"这是我们在民族地区地方院校调查中,听到的最多的一句话。与内地优秀应用型人才不愿意到民族地区地方院校从教一样,民族地区应用型人才紧缺,优秀本科毕业生、研究生在就业市场非常抢手,发展前景广阔,他们留校从教的待遇更是低于内地引进人才,因而也很少愿意留校。

### 2. 民族院校教师对民族地区问题关注不够

民族院校特别是民委所属或民委与地方共建民族院校,财政拨款较为充裕,与民族地区地方院校应用型师资方面"引进难"和"培养难"不同的是,民族院校一般既不愁引进人才资金,也不愁自主培养师资的条件,其主要问题在于教师对民族地区应用型问题关注不够。一些民族院校远离民族地区,对民族地区经济社会发展需要的敏感性相对不足。加之民族院校中非民族地区教师数量庞大,他们往往对民族地区地方文化、民族地区发展现实不够熟悉。受此影响,民族院校教师对民族地区应用型问题研究较少,或者虽有研究,但是走马观花,浮光掠影,难以深入,难以产出对民族地区经济社会发展有较大推动作用的应用研究成果。与此同时,民族院校教师与学校属地的联系也比较疏远,很难融进学校所在地经济社会发展问题的研究中去,也就难以从对学校所在地经济社会发

---

① 钟慧笑:《喀什大学:在转型中崛起》,http://www.sohu.com/a/121326125_498142。

展问题的研究中汲取有益经验和启示，为民族地区经济社会发展服务。民族院校教师在科研上应用性的不足，也影响了教学质量，因为难以在教学中很好地做到理论联系实际——无论是联系内地实际，还是民族地区实际。这样，民族院校毕业生既缺乏在内地人才市场的竞争力，也缺乏对民族地区地方特色优势产业的适应力。

### 3. 教师专业实践能力较弱

不同类型高校因其自身发展实际和定位不同，在师资队伍建设方面存在的问题亦不同，而面对应用型人才培养，教师专业实践能力普遍较弱则是不同类型高校在师资建设方面面临的共性问题。高校少数民族应用型人才培养应注重理论与实践、间接经验与直接经验、抽象概念与具体思维相结合的应用性实践教学过程与实践教学体系，强调实践教学、应用研究。应用型培养定位与应用型人才培养目标的确立，对高校教师的专业素质结构提出了特殊要求，即教师既要具备宽厚的专业基础知识、扎实的行业实践知识，更要具备较强的专业应用能力、实践教学能力、应用研发能力和社会服务能力，具备知识应用、技术操作、实践创新等能力，真正成为"双师双能"型教师。

近年来，民族地区地方院校与民族院校教师学历层次不断提高，其引进的教师主要以应届毕业的学术型硕、博士研究生为主，这对少数民族应用型人才培养和教师结构优化起到了保障作用。然而就应用型高校人才培养的规格和要求而言，其单一化的教师结构无法满足少数民族应用型人才培养的实际需求。学术型硕、博士研究生从高校或科研院所到高校，一般是学术型学位而非专业型学位，很少有基层和生产实践的锻炼，严重缺乏业界实践操作技能、典型工作任务、工作过程知识、实践经验，对本专业新技术、新工艺、新方法了解甚少，往往不具备较强的实践应用能力、实践教学能力和社会服务能力。2016～2017年度，位于云南省文山壮族苗族自治州的文山学院的425名专任教师中，具有专业（行业）任职经历的教师只有6人，占比为1.4%（见表3-8）。① 少数民族应用型人才培养要求教师应具有丰富的行业、企业工作或实践的经历，注重教师的实践操作能力。而现有少数民族应用型人才培养单位绝大多数教师缺乏到企业工作或锻炼的机会，其现有教师的知识、能力结构和专业素质与应用型人才培养需求并不契合，难以满足应用型人才培养需求。

---

① 云南省教育厅：《云南省2016年高校质量报告》，http：//www.pgzx.edu.cn/modules/zhiliangbaogao_d.jsp? id =169503&type =。

表 3-8　　文山学院 2016~2017 学年专任教师具备
　　　　　专业（行业）职业资格情况统计

| 年度 | 专任教师数（人） | 具备专业（行业）职业资格或任职经历教师数 ||||
| --- | --- | --- | --- | --- | --- |
| | | 具有专业（行业）从业资格教师数（人） | 具有专业（行业）任职经历教师数（人） | 合计（人） | 比例（％） |
| 2016~2017 | 425 | 77 | 6 | 83 | 19.53% |

资料来源：《文山学院 2016~2017 学年本科教学质量报告》，https：//max.book118.com/html/2018/0411/161122990.shtm。

在教师培养培训方面，学校一般还局限于教学政策法规、教育学等理论方面的培养培训，而对其工程背景的补全培养与工程素质的养成教育做得不够，教师实践能力比较薄弱。在专业教学任务比较重、专业教师周转余地还不大的情况下，高校派出专业教师到行业、企业实践锻炼的机会不多、时间不长。因此，教师在教学实践中，往往不能很好地将课堂延伸到企业和经济社会发展的前沿。此外，受政策的制约，从企业逆向引进双师型教师受限。很多民族地区地方院校新办的一些专业，多数是为了更好地服务于地方经济社会发展，但往往是在师资等办学条件准备尚不够充分的情况下举办的。

总的来看，民族地区地方院校与民族院校专任教师深入企事业单位实践锻炼的人数还不够多，具有相关行业背景的"双师型"教师比例不够高，教师整体的实践能力不够强，教学上仍不同程度的存在重理论轻实践的现象，企业和学校人才交流互动的机制还不健全，与应用型人才培养的客观要求尚存在一定差距。

## （二）加强师资队伍建设的对策建议

### 1. 民族地区地方院校应提高人才引进待遇，并适当选留优秀人才

民族地区经济发展落后，政府财政投入有限，给予本地高校引进人才的待遇相对较低，从而使民族地区地方院校师资队伍建设困难重重。为此，一方面，学校要不断完善人才引进的优惠政策、激励机制和配套措施；另一方面，中央政府应该加大资金支持力度，拨付专项经费用于民族地区地方院校高层次应用型师资引进和"双师双能型"教师队伍培养。另外，内地高校在过去特定时间内，都曾经通过本校本科、硕士毕业生留校解决师资问题。但现在随着内地师资学历水平的提高，以及国家防止学术队伍"近亲繁殖"和杜绝毕业生选留工作中腐败问题

的制度性需要，民族地区也规定高校不得将本校本科、硕士毕业生留校担任教学工作，只能进入非教学性岗位。鉴于此，坚持重视内部培养与加强外部引进"两条腿走路"的工作思路，正确处理好引进人才与选留人才之间的关系。这方面，国家应给予民族地区地方高校在人才选留方面一定的自主权，同时给民族地区地方院校在专业硕士、博士学位点建设方面给予政策倾斜，以此促进民族地区应用型高层次人才及相应的师资队伍建设发展。

### 2. 民族院校应大力引进应用型师资，服务民族地区经济发展

由于民族院校的前身大都是干部培训学校，在人文类民族类学科和专业建设方面优势突出，应用性学科和专业比较薄弱，加大加快学科和专业结构调整势在必行。但学科和专业结构的调整，归根结底是人的结构的调整，即师资队伍结构调整。缺乏应用型师资队伍，是制约民族院校应用型人才培养的重要因素。因此民族院校需要实施高层次、高端应用型人才的引进和培养计划，实施服务民族发展的教学名师培育计划和优秀中青年骨干教师培养计划，特别是加大对来自民族地区、熟悉民族地区环境的民族地区应用型师资的引进和培养力度，以此有效推进与民族地区特色产业和地方文化相关的应用性较强的学科专业发展。同时民族院校要重视提倡和促进学校内不同学科间融合发展，以"民族"为中心，开展跨学科协同创新，促进与民族相关学科的成果转化，为促进和推动民族地区经济社会发展提供动力。此外，民族院校应积极鼓励和支持教师深入民族地区开展调研，帮助教师成长发展。

### 3. 增强教师的专业实践能力

高校少数民族应用型人才培养突出实践、强调应用、注重实践教学。围绕应用型人才的培养目标，教师的专业化标准应该以"实践"为导向，教师专业发展也应实现由学术资格、学术标准的"学术倾向"向"实践倾向"转向，以此增强教师的专业实践教学能力、满足应用型人才培养的需要。对此，一是改革教师聘任制度和评价办法，调整教师结构，根据行业、企业人才特点，制定具有行业企业工作背景的人才培养、引进和招聘办法，引进优秀专门人才。二是聘请企业优秀专业技术人才、管理人才和高技能人才担任管理人员和兼职教师，参与专业建设和人才培养。这方面，民族地区地方院校与民族院校可构建灵活多样的弹性用人机制，拓宽人才引进渠道，从知名企事业单位中引进一批专业基础好、实践经验丰富、操作技能高、具备教师基本条件的专业技术人员来充实专业教师队伍，优化教师结构；同时采取"柔性引进"的方式，面向科研机构、企事业单位聘请有经验的企业家、高级技术人员和管理人员担任兼职教师，承担专业课程教学或毕业论文指导工作。三是有计划地选送教师到行业、企业接受培训、挂职工

作和实践锻炼。高校应以提高教师专业实践能力为重点，进一步落实教师深入行业、企业实践培训制度，完善教师定期到企事业单位挂职（顶岗）机制，规定应用型专业每年必须选派一定数量的专业教师到合作单位生产一线和相关政府机构参加顶岗实践或挂职锻炼。四是改革教师职称晋升制度，将技术实践经历作为教师职称评审的前提条件，专业教师的聘任、考核从侧重评价科研项目和发表论文，转向评价工程项目设计、专利、产学合作和技术服务等方面为主。五是采取灵活的聘人与用人机制。在编制不足的情况下，建立校内编外聘用、其收入水平与在编教职工同步增长的灵活机制，稳定编外教师队伍，解决编制紧张的问题。

## 四、高校少数民族应用型人才培养内容及其改革

改革培养内容是高校少数民族应用型人才培养目标得以实现之关键。从学科专业建设、课程与教学体系建设到教学支撑和保障体系建设，立体式推进高校少数民族应用型人才培养工作。

### （一）学科专业建设及其改革

使人才培养规格符合社会发展需求是高校人才培养的目标，也是高校的核心任务，学科专业建设在其中扮演着重要角色。高校学科专业建设是高等教育区别于基础教育的重要特征，它基于人类社会分工，最能反映社会发展水平和社会现实需求。从某种程度上说，学科专业建设是高校与社会之间重要的交互载体，其原理是社会发展需求激发学科专业建设，反之学科专业建设驱动社会发展。学科专业建设是高等教育培养社会所需专门人才的基础。更重要的是，学科专业建设也是高等教育适应并引领社会发展的关键途径。

没有一流的学科与专业建设，也就不可能有一流人才的培养。当下推动高校少数民族应用型人才培养模式改革，要着眼于"一流学科"建设的视角，着力解决学科专业建设的问题。具体而言，就是在民族地区地方院校与民族类高校的人才培养过程中积极建设符合少数民族地区可持续发展的学科体系，积极建设有助于少数民族人才优质成长的专业体系。从高校少数民族应用型人才培养的角度出发，就是要明确学科专业建设在高校少数民族应用型人才培养过程中的作用，进而针对少数民族应用型人才培养目标与规格，分析当前我国民族地区地方院校与民族类高校在应用型人才培养过程中学科专业层面存在的问题，最终从学科布局

与专业设置的角度提出改革实践路径。

## 1. 学科专业建设的功能定位

在高校少数民族应用型人才培养过程中，受到社会经济发展与人才自身双重需求的制约，在学科专业建设上具有自身的现实诉求与实践逻辑。由此，以培养少数民族人才为主的民族地区地方院校和民族院校，需要准确把握学科专业建设的功能定位。就高校少数民族应用型人才培养而言，民族地区地方院校与民族类高校就要从民族地区社会经济可持续发展与少数民族人才健康成长出发，科学合理地进行学科专业建设。具体而言，就是要明确学科专业建设在高校少数民族应用型人才培养过程中的作用，准确定位学科专业建设以实现高校少数民族应用型人才培养目标的达成，确保学科专业建设对高校少数民族应用型人才培养发挥正向促进功能。

（1）学科专业建设是教育服务民族地区发展的战略性基础。

从教育的内外部因素的角度上讲，学科专业建设受到教育外部生态系统的影响，与社会之间始终是动态互动的。学科专业建设受到社会分工细化与人类知识演进的影响，其发展是一个不断适应并引领社会发展的过程。因此，在讨论学科专业建设问题时，绝不能脱离社会发展的背景，更不能仅限于高校自身内部要素来讨论。应始终把学科专业建设问题放在高等教育与社会发展的关系坐标中考察。就专业设置而言，"专业设置既要适应教育的外部环境，把专业置于整个经济社会的大循环的动态系统中去考察"[①]。因此，可以说学科专业建设是高等教育实现人才培养与社会服务功能的重要途径。

基于此，在高校少数民族应用型人才培养过程中，学科专业建设要始终把握民族产业的地方性特点。同时，积极整合更新学科布局与专业设置，使之不断紧跟并适应民族地区社会经济的结构调整与发展方式转变。比如20世纪五六十年代，以西南民族大学为代表的动物医学专业最初是为西南民族地区培养基层兽医人员，后来发展成了在西南地区具有影响力的动物医学学科；以石河子大学为代表的农业学科，也是由服务新疆农牧业发展的农技专业而形成了当下高水平的农业科学学科。高校专业建设适应了社会需求，开办以农、林、牧、医为主的专业，培养了大量服务民族地区基层的人才，这些民生性的专业最终形成了高水平的学科。由此，就民族地区地方院校与民族院校的学科专业建设而言，在少数民族应用型人才培养中，两类高校要始终从民族地区社会发展中对应用型人才的需求出发，始终遵循应用型人才培养的内在规律，要通过学科专业建设打牢民族地

---

① 谢安邦：《高等教育学》，高等教育出版社1999年版，第394页。

区社会发展的基础,以学科专业培育社会健康发展的生长点。

(2)学科专业建设是应用型人才培养的重要途径。

高等教育研究者们认为,"在现代社会中,人才培养、科学研究和社会服务依然是大学的主要职能,大学中的学科就是各种职能的具体承担者。只有不断地提高大学中的学科水平,才能更好地承担起大学应尽的职责。任何一所大学的水平和地位,都取决于它的学科水平"①。由此可见,人才培养功能的实现有赖于学科专业建设质量的保障,学科专业建设是人才培养的基础。与此同时,高校作为人才培养的重要机构,其人才培养过程关系着人才培养质量,特别是培养过程中人才素质结构和人才类型适切更关系着人才培养的水平。然而,这样水平的提升恰恰要从社会需求出发,从人才自身特点出发,通过学科专业建设实现科学合理的人才素质结构的构建,实现人才类型适宜性发展。

在高校人才培养的改革中,学科专业的改革是其中最为重要的部分。人才培养的途径与载体恰恰要落实在学科专业上。建设什么样的学科,设置什么样的专业,决定了培养什么类型的人才。反之,要培养什么类型的人,就需要设置什么样的专业,进而布局什么样的学科。例如,近年来信息工程类的人才是民族地区人才结构中的缺口,大量民族院校开设了信息工程专业,培养大量的信息工程人才以满足需求,以西藏大学为代表的藏文信息处理的特色学科也正是得益于此。由此,在高校少数民族应用型人才培养过程中,要夯实学科专业建设这个基础。具体而言,只有在学科布局与专业设置上,将学科专业建设与民族地区应用型人才培养的需求进行互动,才能真正达到应用型人才培养的效果。

因此,学科专业建设在高校少数民族应用型人才培养过程中起到了载体与途径的作用。民族地区地方院校与民族院校应将少数民族应用型人才社会需求与其学科专业建设相契合,将少数民族应用型人才培养中所要求的素质结构与规格落实于学科专业之中,面向少数民族地区发展实况,服务少数民族成员的发展需求。

## 2. 学科专业建设存在的问题

学科专业建设存在的问题是我国高校人才培养过程中亟待解决的问题。特别是在高校应用型人才培养中,问题主要体现在学科的学术性与专业的市场性之间的不协调。具体表现为:"大学以专业建设的市场定位否定学科发展的学术定位,同时大学以学科发展的学术定位代替专业建设的市场定位。"② 这种现象同样存

---

① 冯向东:《学科、专业建设与人才培养》,载于《高等教育研究》2002年第3期,第67页。
② 王丽娟:《论大学学科发展与专业建设相互协调之管理策略》,载于《江苏高教》2012年第2期,第20页。

在于民族地区地方院校和民族院校的学科专业建设之中，平衡这种专业建设的学术性与市场需要的关系便成为民族地区高校与民族院校在学科专业建设中的重大研究课题。

少数民族应用型人才培养主要依靠民族地区地方院校和民族院校，其培养目标指向两个方面：一是服务我国民族地区社会经济发展，为民族地区培养所需人才；二是保障民族地区人才更好的成长发展。然而，我国民族地区长期形成的高校专业建设，主要以民族学科的理论研究为主，同时长期保持着民族地区建设发展的一些基础专业，如师范、农林与医学等。因此在学科建设中，民族地区地方院校和民族院校不能适应当前市场经济条件下的社会发展需求，更不能适应少数民族应用型人才培养的需要。这样的不适应主要表现为：

（1）学科专业建设缺乏整体规划。

在学科专业建设过程中，长期困扰民族地区地方院校发展的"瓶颈"是学科专业建设的整体水平不高。就民族地区地方院校的应用类学科专业建设而言，这些学科专业在建设中普遍存在重基础轻应用、重文史轻理工、重知识轻技能等问题。"大多数少数民族高校，对高等教育规律认识不清，对少数民族地区社会发展对人才的需求研究不够，加上政府主管部门不科学的行政干预，在学科建设上盲目攀比、盲目跟风，追求大而全。为数众多的少数民族高校不顾自身办学条件和学科基础，不考虑社会实际需要和学科发展的内在规律，盲目扩张，增设新学科，盲目合并、打通，导致了基础学科基础太薄，应用学科口径太宽，学科水平无法提升，学科结构严重缺损。"[①] 这样必然导致民族地区地方院校在总体布局上盲目增加学科专业，忽视学科专业结构上的平衡，忽视学科专业与社会需求的整体协调。而当应用类学科专业成为民族地区高校争相追求的热点时，民族地区地方院校与全国性民族类高校的办学目标又是趋同的，学科功能的趋同、人才规格的趋同，就使得应用型人才培养忽视了应用类学科在专业区域的错位发展，忽视了应用型人才层次的差异。

（2）缺乏支持学科专业建设的师资队伍。

在民族地区教育发展过程中，师资一直是影响办学质量与人才质量的重要因素，这一点在民族高等教育层面也十分突出。师资队伍特别是高水平师资队伍是学科专业建设的关键力量，民族地区地方院校作为培养少数民族应用型人才的主要阵地，拥有一支高水平师资队伍是支持学科专业建设的基础。然而，民族地区地方院校在学科专业建设过程中，普遍存在着师资在整体学历结构与专业结构上

---

① 曲木铁西：《试论少数民族高校的学科建设和专业建设》，载于《民族教育研究》2007年第1期，第11页。

的不合理，学科队伍建设滞后。以西藏为例，"西藏高校学科和学术带头人极为缺乏，远不能适应学科建设的基本需要，一些学科还只能依赖对口支援高校的教师的支撑。还有的硕士学位点申请下来后，由于缺乏导师而不能招生。西藏高校在学科队伍建设，特别是学科和学术带头人的引进和培养工作上还比较滞后，措施也不够得力①。"

就高校少数民族应用型人才培养而言，支持应用类学科专业发展的师资队伍明显不强，主要表现在以下几点：一是民族地区地方高校中应用类学科专业的理工科教师短缺，造成一些应用技术类专业课程教学与研究处于低水平状态；二是应用技术类师资的学历层次整体较低，不利于应用类学科专业的成长；三是优秀应用类学科专业师资流失较大，导致"人走专业停"的问题。由此带来的恶性循环便是，师资水平低影响了人才质量，人才质量低影响了学科专业的应用服务质量，最终结果只能是学科专业常常名不符实。

（3）学科专业建设缺乏个性特色。

民族地区地方高校学科专业建设个性化与特色化也是一个亟待解决的问题。整体来看，我国高等教育办学的同质化现象较为严重，各地区办学的复制与效仿使得众多高校的学科专业千篇一律。民族地区地方高校的学科专业建设相对滞后，在学科专业建设中，常常以追赶和效仿内地重点高校为目标，失去了学科专业建设的自主性和个性特色。一些民族地区地方院校的学科专业建设成为某些优秀高校的翻版，一些所谓的重点学科建设既没有高水平的成果，也没有与当地社会现实发展相协调的功能定位，学科专业建设的精准性与自我意识严重缺乏。在学科布局与专业设置中，缺乏"人无我有，人有我优，人优我特"的观念意识。

从应用型人才培养的角度上讲，其社会指向性较明确，而应用类学科专业与社会需求又密切相关，因此，应用型高校学科专业的定向功能应更加凸显。与之相比，在少数民族应用型人才培养中，面对社会对应用型人才的不同需求，民族地区地方院校极少考虑其学科专业的个性化与特色化问题，其学科专业建设思路仍然囿于与发达地区、同类民族地区的高校攀比的"追赶超"模式。多数情况下，学校没有任何针对性论证，也不考虑学科专业建设的同质化问题，更不考虑学科专业建设的社会效能能否实现，就开始发展应用类学科专业。这样的学科专业发展既不能突出民族地区的现实需要，又不能达到学科专业高水平发展的目的。

## 3. 学科专业建设实践改革路径

在高校推进应用型人才培养的办学转型过程中，民族地区地方院校是少数民

---

① 杨小峻、刘凯：《西藏高等教育研究》，西藏人民出版社 2008 年版，第 225 页。

族应用型人才培养的重要阵地，在培养少数民族应用型人才方面将发挥重要的推动作用。学科专业建设是人才培养的着力点，民族地区地方院校只有建设、优化有助于少数民族应用型人才培养的学科专业，合理布局应用型学科，科学设置应用类专业，加强应用型"师资"的培养，努力突出应用学科专业的特色化，才能真正实现应用型人才培养的可持续发展。

（1）合理布局整合应用学科。

学科布局深刻反映了高校发展的质量与水平。《国家教育事业发展"十三五"规划》明确指出，"支持省级政府根据国家建设布局，结合经济社会发展需求和基础条件，自主推动区域内高等学校建设高水平大学和优势学科，积极探索不同类型、不同层次高等学校的一流建设之路"①。由此可见，合理的学科布局有助于高校人才培养质量、科学研究水平的提高，有助于进一步增强其社会服务适应性。

高校少数民族应用型人才培养需要基础学科与应用学科的比例结构趋于优化合理。"十三五"期间，应用型学科成为民族地区高校学科布局的重要内容，新疆明确提出优化学科专业布局和人才培养机制，加大工科类高校人才培养力度，鼓励具备条件的普通本科高校向应用技术型高校转型，从而不断扩大应用型、复合型、技术技能型人才的培养规模。云南、贵州等省提出部分高校向应用型转变，并优化建设与之相适应的学科专业结构。西藏提出以社会需求为导向，调整优化高校学科专业结构。

由此可见，高校少数民族应用型人才培养过程中，要合理规划学科专业设置取向，在做强、做大现有学科专业的同时，有针对性地增设应用型学科专业，使这些学科专业共存共荣、协调发展。同时，高校要改革原有的复制式和同质化的学科建设思路，在民族地区高校中建设不同层次、不同功能的学科群，在民族地区高校建立不同优势高校的应用类学科联盟，努力打造支撑民族地区产业发展的学科专业集群。这样，高校自身内部学科之间可形成相互支持的学科专业集群超级平台，以此发挥学科的社会经济发展导向，适应供给侧结构改革，优化自身的结构与功能，平衡基础类与应用类学科的比重，实现基础学科与应用学科之间互育互培。

（2）强化应用专业建设自主力。

高校的学科建设与专业建设是相互支持的，学科与专业不可以分裂式存在，作为专业的基础，一个专业的发展必须要依靠一门学科的发展。与此同时，作为

---

① 国务院：《国家教育事业发展"十三五"规划纲要》，http：//www.moe.gov.cn/jyb_sy/sy_gwywj/201701/t200119_295319.html。

学科的具体体现，专业的发展状况可以体现一门学科的发展水平，这两者恰恰在互动生长的过程中才能达到服务人才培养的目的。应用型人才培养过程中，专业是最为明显的载体与途径，应用类专业直接发挥着培养应用型人才的功能。建设具有较强自主力的应用专业成为高校改革的重点。

就高校少数民族应用型人才培养而言，在改革学科布局的基础上，要更加深入地开展专业改革，从大学科、小专业的逻辑出发，形成具有较强自主性的专业建设机制。比如民族地区地方院校中，在建设以工学、农学、医学为主的应用类学科时，应当加强专业建设的自主性，在一级学科下灵活设置适应性强的专业，同时也需要建立专业更新优化机制，强化其社会经济的适应性。

此外，建设专业的同时，还需要建设专业教师队伍。在民族地区高校的师资培养中，加快"双师双能"型师资的培养与引进，从应用类专业的现实需求出发，培养应用实践与学术研究双全教师，以有效支持高校少数民族应用型人才的培养。

（3）突出学科的集群式发展优势。

潘懋元先生曾指出，"每所大学能够生存，能够发展，能够出名，依靠的主要是特色"[1]。民族地区地方院校扎根于民族地区，多元的民族地域特色文化与独特的资源优势、地缘优势赋予其特色发展的自然禀赋，在与社会需求的长期博弈中，民族地区地方院校往往会形成人无我有、人有我强的优势特色学科或优势特色类"发展主线"。然而在发展过程中，一些民族地区地方院校特别是新建本科院校，不顾地方社会需求和自身办学实际，一味贪大求全，盲目跟风增设新学科、新专业，这就导致这些学校在学科建设中资源配置较为分散、不够集中，大多数学科发展单薄零散。大学不应该变成各个学科彼此分割的大杂烩，而应基于特色办学形成一种学科发展的整全意识。高校的办学特色往往体现在其学科特色，而使学科富有特色的关键在于主动彰显优势特色学科。为培育学科优势，增强学科特色，民族地区地方院校应集聚优势学科资源，坚持集群式学科发展。

集群式学科发展不是学科分散、无固定逻辑的"群星散布"式学科存在状态，也不是大多数学科都属于优势特色学科的"群星璀璨"式学科发展态势，更不是"群龙无首""各自为政"，而是一个充分发挥"群主"在学科集群建设中核心与导向作用的学科组织。因其类型不同，地方高校可以按照"卫星环绕"或"经纬交织"型学科组织模式构建学科集。

其一，构建"卫星环绕"型学科集群，彰显特色优势。在民族地区地方院校中，一些高校特别是行业特色型高校、民族高校学科特色鲜明，学科门类少而精，且分布相对集中，学科间关联性较强，适宜围绕优势特色学科聚合资源、依

---

[1] 潘懋元：《中国高等教育的定位、特色和质量》，载于《中国大学教学》2005年第12期，第4~6页。

"核"建群,构建"卫星环绕"型学科集群。所谓"卫星环绕"型学科集群,是指以优势特色学科为中心(单中心或双中心),淡化学科边界,拓展学科外延,优化布局上游支撑学科与下游延伸学科,以此构建形成的学科组织。在优势特色学科的辐射带动下,一部分学科是其发展的上游支撑学科,一部分学科是其发展的下游延伸学科,这样,行业特色型高校便能够形成围绕优势特色学科,多学科环绕的"卫星环绕"型学科集群。这种学科集群既能够进一步强化优势特色学科,凸显办学特色,又能够实现学科间的协同进步,是实现应用型人才培养较为理想的一种学科组织模式。

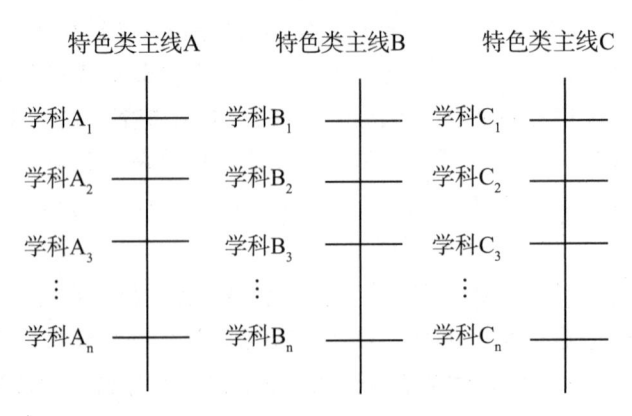

其二,构建"经纬交织"型学科集群,凸显办学特色。新建本科院校是民族地区地方院校发展的主体,整体而言,这类高校学科基础相对薄弱,学科设置较为分散,不同学科间发展差距也不大,并没有较为明显的优势特色学科,短期内不宜发展"卫星环绕"型学科集群。然而,由高职、高专院校升格而来的新建本科院校,在原有办学基础上,往往存在几条特色类"主线"(一般在3~5条),如师范院校的教师教育、医学院的医学教育、工程学院的工程教育等。基于这种学科发展特征,新建本科院校宜依托特色类主线"以链成群",构建"经纬交织"型学科集群。所谓"经纬交织"型学科集群是把特色类主线看作"经线",把凝练成特色类主线的相近、相邻学科专业看作沿"经线"排列集拢的"纬线",以此构建形成的学科组织。如图3-1所示,A、B、C分别是3条特色类主线,也是"经纬交织"型学科集群的3条"经线",$A_1-A_n$、$B_1-B_n$、$C_1-C_n$则是分别凝练成特色类主线的相关学科专业排列。这种学科集群没有单一的中心,相邻、相近学科专业也并非简单的沿着"经线"聚拢,而是彼此围绕特色类"主线"抱团发展,从而推动学科集群的整体优势不断提升。当然,这类高校特色类"主线"不宜过多,一般聚合凝练在2~4条较为合适。

图3-1 "经纬交织"型学科集群

## (二) 课程与教学体系建设问题及其改革

少数民族应用型人才培养最后要落脚在课程与教学体系建设上，课程设置是否合理，教学模式是否得当，直接影响着应用型人才的培养质量。

### 1. 主要问题及分析

高校少数民族应用型人才培养在教学方面存在诸多难题，主要表现在各类高校实践教学不足以及教学目标、课程内容、教学方法、教学评价单一等方面。

(1) 实践教学不足。

实践教学是实现应用型人才培养目标的关键环节，高校少数民族以应用型人才培养必须高度重视实践教学，通过必要的实验、实训、实习条件保障及应用型师资保障，加强对学生实践应用能力的锻炼。然而总体来看，当前民族地区地方高校及民族院校在人才培养过程中，实践教学相对不足。

一是教师在实践教学方面的能力与精力不足。近年来，民族地区地方高校及民族院校引进的教师大都是从学校到学校、从理论到理论的学术型博士、硕士，缺乏行业企业实践经历与经验及相关的职业能力训练，专业实践能力先天生成不足；而入职后受学校的职称评审、考核评价等制度导向，教师专业发展偏向学术科研，使得其后天专业实践能力补充有限。此外，应用型能力培养既要靠课堂，也要靠课外，需要实现课堂内外、学校内外的结合，然而，多数教师课堂教学压力、科研压力本身就很大，再增加课外活动和训练指导，次数少没有效果，次数多就力不从心。为此，一方面，民族地区地方高校及民族院校要进一步加强"双师双能型"教师队伍建设，加大行业企业人才的引进力度，并在职称评定、工资收入上给予相应的政策保障；另一方面，有计划地选送教师到企业接受培训和实践锻炼，并通过考核评价、薪酬激励、职称评聘等教师管理制度改革，增强教师提高实践教学能力的主动性、积极性。

二是实训、实习条件保障有限。作为应用型人才培养主体的民族地区地方院校，其经费来源主要以地方财政投入为主。然而多数民族地区经济发展落后，财政收入较少，能够投入到地方高等教育的经费有限，这些高校的办学经费一直以来都较为紧张。2016年，贵州省普通本科高等学校实验经费为10 414.05万元，生均367.1元；实习经费为3 999.29万元，生均140.98元。而9所地方院校生均实验经费仅212.81元，低于全省生均154.29元，低于全国常规生均87.19元；9所地方院校生均实习经费仅119.75元，低于全省生均

21.23元（见表3-9）。① 与2015年相比，2016年内蒙古自治区工科、农林、财经类等本科院校的生均实习经费均呈现一定程度的下降趋势，其中工科类院校生均实习经费相较2015年下降69.95元（见图3-2）。② 因此，受经费制约，很多民族地区地方院校在实训基地层面没有太多的财力支持，实践教学设施和条件较差，难以满足应用型人才培养对现代化实验、实训条件的要求，难以保障实践教学环节的质量。

为解决这一问题，一方面，除地方财政投入外，国家财政也应对实训基地建设等方面给予一定的财政支持，加强高校少数民族应用型人才实践教学的经费保障。另一方面，民族地区地方院校要加强与行业之间的协同合作，以及不同高校之间的协同合作。比如民族地区地方院校与内地对口援助高校合作，民族院校、内地普通高校与民族地区合作，将少数民族大学生的实习分为两半，一半时间在民族地区实习，另一半时间在内地实习，让学生们在实习中比较两地行业发展差异，加深对行业民族性、地方性与国内外发展趋势相融合的理解与思考。在这方面，西藏民族大学教育学院近年来在毕业生实习中就采取半学期在西藏、半学期在陕西的做法，取得了良好的实习效果。

表3-9　　　　　贵州省普通高等学校实验、实习经费

| 学校类型 | 本科实验经费 校均数（万元） | 本科实验经费 生均（元） | 本科实习经费 校均数（万元） | 本科实习经费 生均（元） |
| --- | --- | --- | --- | --- |
| 全国常模 | — | 300 | — | — |
| 本科院校（24） | 400.54 | 367.1 | 153.82 | 140.98 |
| 贵州大学 | 625.6 | 212.39 | 439.68 | 149.27 |
| 二本院校（17） | 415.90 | 374.78 | 173.65 | 156.48 |
| 其中：省属院校（8） | 682.53 | 483.23 | 255.74 | 181.07 |
| 其中：地方院校（9） | 178.90 | 212.81 | 100.67 | 119.75 |
| 独立学院（6） | 339.76 | 414.51 | 75.95 | 92.66 |

资料来源：《2015～2016学年贵州省普通高等学校本科教学质量分析报告》，http://www.pgzx.edu.cn/modules/zhiliangbaogao_d.jsp?id=141081&type=。

---

①② 内蒙古教育厅：《内蒙古2016年高校质量报告》，http://www.pgzx.edu.cn/modules/zhiliangbaogao_d.jsp?id=169487&type=。

图中数据：

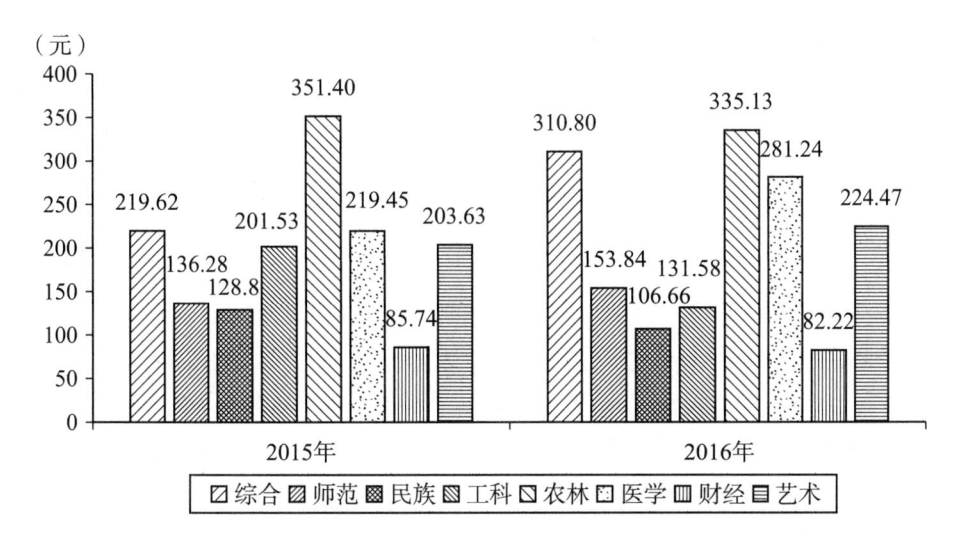

2015年：综合 219.62，师范 136.28，民族 128.8，工科 201.53，农林 351.40，医学 219.45，财经 85.74，艺术 203.63

2016年：综合 310.80，师范 153.84，民族 106.66，工科 131.58，农林 335.13，医学 281.24，财经 82.22，艺术 224.47

**图 3-2　内蒙古自治区本科院校生均实习经费统计分析**

（2）课程内容过于单一陈旧。

少数民族应用型人才培养同一般应用型人才培养存在共性，在课程体系的建设上注重理论教学内容与实践教学内容的合理分配，强调学生学习的知行合一。课题组在西藏、新疆、广西、内蒙古等民族地区地方高校调研时发现，教材与教师讲义是目前课堂教学内容的最重要载体，民族地区地方高校及部分民族院校的课程内容理论成分过重、实践成分较轻，一些学校教师将培养学生实践能力仅仅当作完成一项教学任务，并不注重学生实际操作的学习结果。在应用型人才培养过程中，仅仅将教材与讲义作为教学内容是完全不够的，众所周知，教材受出版周期影响，在内容上具有滞后性，不能及时反映学科和专业知识的最新进展；受教材成本价格限制，其对知识的传授较为概括，抽象性有余而具体性不足。而教师的讲授虽可弥补教材内容滞后和具体性不足的弊端，但也受学时和教师自身知识结构、实践经验缺乏限制。课程内容上实践内容的缺失导致培养出来的学生整体专业知识掌握得较好，但实际运用能力较差，创新能力不足。此外，一些教材和讲义往往缺乏针对性，反映和联系民族地区的实际有限，这将进一步影响它们在少数民族应用型人才培养方面应发挥的作用。这就要求民族地区地方高校及民族院校要鼓励教师在汲取国内外同类教材精华的同时，结合民族地区实际自编教材，特别是自编包含丰富案例的教材。在自编教材展示存在一定难度的情况下，可以结合民族地区实际和教师自身科研实际，在使用普通教材教学的过程中逐渐改编讲义，积少成多，最终形成具有民族地区特色的教材。

学校课程内容承载着将人类社会在科技发展中创造积累的科学认识逐步转化为学生认识的责任，科技发展后必然要对课程体系提出丰富其内容、深化其层次乃至取代业已陈旧的知识体系的要求。然而长期以来，包括民族地区高校在内的我国高校课程内容落后于科技的发展，课程设置跟不上社会经济发展的步伐，难以适应时代的新需要。应用型人才的培养是为了更好地满足社会生活第一线的需要，这就需要国家在高校课程内容方面根据时代需求及时做出反应，根据当地经济与市场发展的需要，更新课程内容，适应时代的需要。

（3）教学方法单一化。

教学方法单一是高校教学中普遍存在的问题，在民族地区高等教育中这个问题也普遍存在，且后果更为严重。在民族地区，高校大多数课程用汉语教学，很多少数民族大学生表面看起来汉语听说水平都比较高，但是从双语教育理论来看，双语能力可以分为日常交际语言能力（BICS）和认知学术语言能力（CALP）[1]，他们的汉语言水平更多停留在日常交际语言能力较强的阶段，在认知学术语言能力方面与汉族大学生相比仍然存在很大的差距。这就可以解释为什么许多少数民族大学生在课堂讨论中不爱发言，在笔试论述题中阐述的内容也很少。当然除了语言方面的原因，还有基础知识方面的原因。因此，简单说哪一种教学方法更适合少数民族应用型人才培养是很难的，这就需要各种方法的综合运用及动态调整。然而，笔者在新疆、西藏、内蒙古、广西等地的多所大学调研中发现，目前民族地区地方院校及部分民族院校的课堂教学还是以传统的讲授法为主，且讲授内容陈旧，与经济、产业的实际需要结合不够紧密，而案例教学、讨论法、情景教学、现场教学等能够使少数民族大学生较易接收讲授内容的教学方法运用得较少或基本不用，单一的教学方法很难达到预期的教学目的和应用型人才培养目标。

（4）教学目标单一化。

高校少数民族应用型人才培养的教学目标，既要符合高等教育教学目标的一般要求，同时在目标定位上也要体现地方特色和民族特色，综合性地设置教学目标。受单线思维影响，在我国高校中普遍存在教学目标单一化的问题，受民族地区的文化与地域特殊性，教学目标单一化的问题在民族地区更加突出。所谓教学目标单一化，不是指整体教学目标的单一化，而是指在一个教学活动或者实践活动单元中，只想达到一种目的。课题组在调研中发现，在课堂教学中，多数高校教师在设置教学目标时，往往只重视理论知识的讲授，实践目标虽然也会写进教案，但在课堂教学中呈现有限或几乎不呈现。这种单一化的教学目标会造成教师在理论课上只重视理论知识的教学而忽视实践能力的培养。课题组在调研中通过

---

[1] Cumins, J.. Cognitive/Academic Language Proficiency, Linguistic Interdependence, the Optimum Age Question and Some Other Matters. *Working Papers on Bilingualism*. 1979, 19: 121-129.

翻阅部分教师的教案发现，绝大多数教师并没有将教学目标的民族性与地方性写进教案，在课堂教学过程中也较少结合民族地区特性有针对性地进行讲解。高校少数民族应用型人才培养应当追求教学目标的多元性实现，在理论教学阶段也重视实践能力的培养，在实践能力培养阶段也追求理论学习的深化；在一般性教学过程中注重民族特性，在民族文化传承中重视一般性教学；打通正式学习时间和课余活动，让课余活动特别是社团活动承担起应用型能力培养的功能等。

### 2. 改进少数民族应用型人才培养教学过程的方法

西藏民族大学教育学院在师范生应用型能力培养方面提出"多元性教学"模式，旨在化解应用型能力培养过程中在教学目标、教学主体、教学内容、教学方法和教学评价中出现的上述问题。"多元性教学"是扈中平教授等人在2001年提出来的一个概念，是"以多元性哲学思想为指导的一种教学理念""主张教学的多样性、灵活性和应变性"[①]。扈中平等人提出的上述多元性教学理论，对于当前教育教学，包括高校少数民族应用型人才创新能力的培养仍然具有重要的意义。当然，多元性教学理论还有进一步发展和完善的巨大空间。从多元性哲学"多"与"一"辩证统一的基本观点出发，多元性教学理论除了强调认识结论的多元性和获得结论的过程、思维的多元性，还可以具有更广泛的目的和内容。就多元性教学理论的目的而言，不仅应着眼于培养学生的创新能力，也应着眼于培养学生的实践能力，而且要把实践能力或者应用型能力以及创新能力的培养，渗透到课堂教学、见习实习、课外活动甚至日常校园生活的方方面面。就多元性教学理论的内容而言，可以总结为教学目标多元性、教学主体多元性、教学内容多元性、教学场所多元性、教学方法多元性和教学评价多元性。这也可以看作是多元性教学的主要原则。下面我们以西藏民族大学教育学院师范生应用型能力培养模式——多样性教学模式为例，来说明高校在少数民族应用型人才培养方面应该注意的问题。

（1）教学目标多元性。

教学目标多元性，是指在一项教育活动中实现多种教学目标。受单一线性思维的影响，人们习惯于一项教育活动实现一个教育目标。比如举办运动会，其目标被局限于体育本身，甚至出现了某学校在中央"八项规定"的背景下，取消了已经排演了几个月的运动会开幕式文艺表演。在这里，开幕式文艺表演被仅仅看

---

① 扈中平、刘朝晖：《多元性教学理念与创新素质的培养》，载于《教育研究》2001年第1期，第20页。

作是给观众欣赏的，因而是"奢侈和浪费"。但如果从多元性教学目标这一思维角度来看，运动会开幕式文艺表演本身具有重要的艺术教育功能，也是大学生舞蹈艺术爱好者的盛会。既然开幕式文艺表演具有教育功能，有利于艺术教育目的之实现，则何奢侈与浪费之有？此外，像会徽、吉祥物、宣传海报、板报、服装等的设计，则为美术爱好者提供了实践锻炼的舞台。还有，如前所述，新闻稿和加油稿的写作，也可以成为文学爱好者的竞技场。所有学校运动会的举办，都在一定程度上有助于上述多元性教学目标的实现。但是如果运动会的组织者明确意识到这一点，采取有效措施，积极促进除体育以外的其他教育目标更好的综合性实现，则一场运动会所能取得的教育效益就会更大化。

同理，开展一次网络安全教育或戒烟知识教育，不是简单地由教师或辅导员给学生讲，而是让学生自己搜集资料，通过讲故事、演情景剧、说快板、PPT制作和讲解等多种形式，开展班级主题教育活动，甚至在二级学院围绕这一主题开展竞赛。这对于小学教育等师范类专业的应用型能力培养，具有重要的作用，对于其他专业培养大学生的实践创新能力，也具有一定的意义。大学中任何大型教育活动，都应考虑更多教育目标的综合性实现。

不仅课外活动，课堂教学更需要重视教学目标的多元性。比如，"满堂灌"式的教学，就只注重了课程知识传授这一目标的实现，而忽视了学生思维能力、阅读能力、表达能力、合作能力等方面能力的培养。对于小学教育等师范类专业的课程教学而言，教师自身的教学理念、教学方法和教学风格等，时时刻刻给学生诠释"怎样教学"这样一个问题。教师必须重视自身教学方法的改革。用最传统的教学方法向学生讲授什么是现代教学理念，用最低效的教学方法向学生讲授什么是有效教学，这是对师范教育最大的讽刺！因此，一堂好的师范类课，必须综合考虑知识传授，思维能力、阅读能力、表达能力、合作能力等与从师技能有关的能力的培养，以及教育价值观念和教育情感的塑造。这里特别需要强调阅读能力。阅读能力是终身化学习的重要能力之一。对于大多数少数民族大学生而言，汉语阅读能力是影响他们自主学习的一个重要因素，也将可能严重制约他们入职后的发展。高校应该把少数民族大学生阅读能力培养作为重要的教学目标之一，所有课程都要重视这一教学目标的达成。师范类课程教学还要给学生的口语表达提供机会，以不断提高师范生的口语表达能力。书写和写作能力的培养，也可以作为所有课程教学所要追求的教学目标之一，而非仅仅是教师口语课和写作课的任务。

（2）教学主体多元性。

传统上，教学的主体是教师。现代教育虽然强调学生的主体地位，但是只要教师与学生共存于同一教育场景之下，两者在主体地位上就必然具有主从之别。

高校少数民族应用型人才培养教学主体多元性不仅要在教师主导的课堂中为学生争取主体性的一席之地，而且进一步强调以下三点：

第一，增加多元文化背景教师和有专业实践背景教师的比重。就传统意义上的教师这一教学主体而言，应加大少数民族教师的比重，或者有更多的教师熟悉少数民族文化和少数民族地区当前发展的实际。离开了对民族文化和民族地区发展实际情况的了解，大学教学就难以承担起培养高校少数民族应用型人才的重任。这需要加强高校教师的多元文化培训，并重视对民族地区经济社会发展现实问题的研究，以研促教。此外，吸收与高校专业相对应的行业实践型专家进入大学课堂，或者担任实践基地指导教师，也是教学主体多元性的题中之义。近年来，西藏民族大学教育学院从基础教育一线聘任多位省级教学名师负责实践性课程教学，取得了显著的效果。

第二，发挥辅导员、班主任在应用型能力培养方面的作用。高校辅导员、班主任不仅承担大学生思想教育和日常管理工作，也可承担起开展第二课堂、集体实践活动的组织工作。在这方面，专业教师受教学任务和科研任务的双重压力，可发挥作用的时间和精力都非常有限。如果一提起实践活动、第二课堂等，就把专业教师作为主力，不仅会加重他们的教学负担，而且影响活动的实践效果。在课外活动的组织方面，辅导员拥有比专任教师更丰富的实践经验，其行政人员身份和对学生会等学生组织的领导身份，也有助于这些活动的开展。班主任则既有班级行政管理者这一身份，又有专家身份，兼具辅导员和专任教师之长。少数民族应用型人才培养要重视和发挥辅导员和班主任的作用。辅导员负责学院层次相关活动的开展，班主任负责班级层次相关活动的开展。两者相辅相成，共同为实践教学发挥建设性作用。让高校辅导员和班主任不仅仅关注学生的思想和日常管理，更重视学生专业学习特别是应用型能力的培养，这是少数民族应用型人才培养多元性教学模式的一大特色。

第三，让学生在应用型能力培养方面适当担任"主角"。在现代教学中，学生不仅是从属于教师主导地位的"主体"，而且在一定情况下也可以成为主导。如果说知识的传授不得不依赖教师的主导作用，那么应用型能力的培养，则必须让学生成为自己的主导。应用型能力的培养离不开大量的练习，这种练习更多时候需要学生在课堂之外自己进行，因为课堂时间总是有限的。比如作为小学教育专业重要应用型能力的口语表达、"三笔字"、课件制作、教案编写等，以及作为学前教育专业重要应用型能力的舞蹈、美术、手工、乐器演奏等，在课堂上仅能提供适当的知识和少量必要的练习，大量的练习都需要依靠课余时间来完成。学生这些应用型能力的高低，更多取决于他们在课余时间练习等时间的投入多少和方法是否具有科学性。学校可以为他们的课余练习提供必要的场地、设施等条件，以及在学生遇到问题时给予必要的指导，但是无法代替他们进行练习。即使学校尽力开设很多的实践能力训练课程，也无法满足学生个性化的学习需求。因为能力的训练，具有比理论学习更大的个体差异性，需要学生针对自身的特点扬长补短，或者扬长避短。所以，在学习的应用型能力获得中，学生自己处于主导地位，这是应用型能力教学与其他教学本质性的区别所在。应用型能力培养必须充分认识到这一点，充分调动和发挥学生的主导作用。

让学生担任应用型能力培养的"主角"，不仅体现在个体的应用型能力训练，也体现于在班级和学院师范技能训练活动中，要充分发挥学生会、班委会、学生社团等学生组织的作用，让高年级学生培训低年级学生，让应用能力突出的学生指导其他学生。这样无论对于"教师"还是"学生"，都是一个很好的"教学相长"的共同学习、共同进步的过程，也减轻了专任教师的工作压力。

（3）课程内容多元性。

高校少数民族应用型人才培养要重视课程内容的多元性，要增加与民族地区有关的地方性知识课程的比重，或者在普通课程中增加地方性知识。例如，在普通教育学课程中增加民族教育学、双语教育等内容。积极开展民族教育，拓展课程内容的多元性。地处内蒙古自治区乌兰察布市的集宁师范学院，积极开展民族教育，设置蒙文系，蒙文系根据民族特色、专业特色和地方特色开设了"三笔字（蒙古文）""蒙古民俗学""蒙古族传统游戏""蒙古族手工艺""察哈尔文化与北方少数民族文化""学前儿童蒙古族舞蹈"等具有较浓郁民族特色的课程。此外，既要重视传统显性课程教学，也要积极利用新媒体开发隐性课程。例如开发微信公众号，利用新媒体向学生推送与教育实践有关的信息等。微信公众号可以由教研室负责，也可以由教师指导，学生社团负责。

（4）教学场所多元性。

应用型人才的培养离不开必要的理论基础知识的传授，因此离不开课堂。但是相比学术型人才的培养，应用型人才培养场所中，课堂所占的比重要低得多。应用型人才的培养场所需要多元化。除课堂以外，校内的实验实训平台和校外的实践实习基地，甚至平时的课外有组织的集体性活动、非组织性集体活动和个别活动，都可以成为应用型教学的场所。作为受教育者，要树立"处处可锻炼，时时可提高"的观念，把应用型能力的锻炼和提高渗透到校内外生活的方方面面。作为学校，则有责任为学生搭建各种应用型能力锻炼的平台。就小学教育专业而言，近年来西藏民族大学教育学院重视建立与实践实习学校更紧密的联系，让学生有更多时间参与见习；发挥师范性学生社团作用，经常举办与从师技能相关的社团活动；为学生购买名师教学光盘，教育名家报告光盘等；开设教育微信公众号，为学生提供更多教育类资讯信息；建立录课视频点播空间，为师范生相互交流切磋提供便利；开发教育学手机客户端软件等。诸如此类的一系列举措，使应用型人才的培养，从课堂延伸到课堂之外，从正式上课时间延伸到可能的每一时段。

（5）教学方法多元性。

高校少数民族应用型人才培养多元性教学模式不是一种固定的模式，教学方法的多元性是"高校少数民族应用型人才培养多元性教学"的题中应有之意，我们只提出一些基本的思路和原则，而不强调某一固定的方法。

首先，因不同类型高校、专业有着不同的具体情况，不可"一刀切"。尤其是学校所在地和生源地基本一致的民族地区地方院校，与学校所在地和生源地不一致的非民族地区地方院校之间，在学生见习、实习和校企合作、校地合作方面各有的优势和劣势。民族地区地方院校在这些方面具有很多便利，更"接地气"，但是在先进理念方法、技术的实践性学习方面存在劣势。非民族地区地方院校便于内地先进理念方法、技术的实践性学习，但是在学生见习、实习和校企合作、校地合作方面，则存在离民族地区太远，内地企事业单位对于合作又"不放心"的问题。

其次，不同教师、班级、学生情况不相同，需要因人、因班制宜。一种方法一旦被过于强调，就会走向固化和封闭。我们要充分相信师生的创造能力，尊重师生的首创精神。

（6）教学评价多元性。

高校少数民族应用型人才培养多元性教学最终要靠学生的积极和主动参与才能实现，这就需要进一步完善课程培养体系和学生评价制度：

第一，完善正式课程体系，调整理论课时与实践课时的比例。要广泛听取师生意见，使理论课时与实践课时比例更加科学合理。增加实践类课程，并聘请有经验的一线专家参与授课。第二，严格实践课教学管理，防止将实践课按理论课教学或者对学生放任自流的做法，将实践教学作为对教师和学生日常考核的重要内容。第三，增加实践创新学分比例，将学生参与学院和教研室实践创新活动、参与实践基地见习次数和表现、获奖情况等纳入学分管理。第四，鼓励学生自主开展应用型能力训练。建立专业应用型能力评价办法，分年级分类别对学生专业应用型能力进行阶段性考核，并将考核结果纳入年度综合测评成绩和学业成绩档案。对于专业应用型能力不达标的学生，不予毕业。

## （三）教学支撑和保障体系建设问题及其改革

学科专业建设以及课程与教学体系建设是支持高校少数民族应用型人才培养

过程改革的两个着力点。但是，如果仅仅将支持点放在学科专业和课程教学这一个层面，对培养应用型人才来说还是远远不够的。从微观视角出发，学科合理布局有赖于专业的优化设置，而专业的优化需要科学的课程体系，课程体系的功能实现，则需要审视教学目标、教学内容和教学策略等综合功能的实现。有鉴于此，为了进一步促进高校少数民族应用型人才培养内容的改革，我们还需要思考如何建设科学高效的教学支撑和保障体系。

由此，考虑到民族地区高校的特殊性，从应用型人才自身知识结构及其获得路径的特点出发，可以从双语教学、案例教学及案例库建设、双师型教师培养这三个方面讨论这个问题。

### 1. 双语教学

教学语言的选择与使用是教学目标达成与否的重要影响因子。对于民族地区高校而言，在教学当中，教师到底是采用国家通用语言，还是采用本民族语言，直接影响着教学效果的提升。因此，"双语教学"问题一直成为我国民族地区高校人才培养过程中的重点与难点问题。

我们所讨论的应用型人才在民族地区当中主要是指理工类学科专业人才，而在为其设置的专业课程体系当中，大量的教学内容主要源于西方近现代科学技术成果，并且在大多数情况下是由我国内地向民族地区传播。因而，大量的教材都是由汉语写成的，特别是工程类和医科类教材，其主要使用的写作语言是汉语。与此同时，极少数采用民族语言文字印制的教材也主要是译自汉语。由此可见，在高校少数民族应用型人才培养过程中，既需要提升少数民族学生的学习能力，同时又必须面对教学语言方面的困难。这样的情况使我们深感民族地区高校教学语言的选择具有极为重要的现实意义。

新中国成立以来，国家一直重视双语教学问题，相继出台了一系列有关双语教学的政策文件。但是，"人们在对待使用语言的选择时，面临着它在感情上看作是'文化象征'和在理性上看作是'交流工具'这样一种双重性，前者注重族群以往的演变历史和文化价值，后者注重族群成员在目前生活中的实际应用价值和未来的发展机会"[①]。在讨论高校少数民族应用型人才培养问题时，这样的双重性更是尤其重要。因此，在民族地区高校教学中，到底是看重语言的"文化象征"意义，还是看重语言的"交流工具"作用，是着重满足少数民族应用型人才在语言上的情感需要，还是为其发展选择更加便捷的工具语言，这是一个我们必须慎重对待的问题。

---

① 马戎：《民族社会学：社会学的族群关系研究》，北京大学出版社2013年版，第358页。

事实上，在教学过程中，应用型人才是通过最优化的学习策略与学习工具以获得知识的，因此，此时语言选择的价值判断自然应该更加倾向于工具性。由此，当国家通用语言在教学的工具性优势弱化之时，选择本民族语言开展教学可以更接近学习者的经验生活，促进学习者对知识的理解，并且促进学习者应用能力的提升。相反，当本民族语言在教学过程中无法达到其应有的效果时，使用国家通用语言，甚至使用世界主流语言就是正确的选择。两种语言选择并没有优劣，仅在于实用与否。所以，在我国许多民族地区高校的教学语言问题讨论中，人们常常囿于对语言的文化性考量，却让语言的工具性"失语"，由此造成大多数高校的少数民族语言教材的编译目的主要在于传承与发展传统语言文字，而并不太考虑学习者的经验。实践中的情况虽然如此，但是目前并没有一项研究能够证明，在民族地区高校的教学中，使用少数民族语言教材的学习效能高于使用国家通用或国际通用语言的教材。

针对民族地区高校双语教学状况的分析，我们认为应该从双语能力培养、双语教材建设和双语教师培养三个方面来着手分析高校少数民族应用型人才培养过程中的双语教学问题，并为其指出改革路向。

（1）重视双语能力培养。

高校所培养出来的少数民族学生，无论他们是在民族地区就业，还是在内地就业，其双语能力都很重要。选择在民族地区就业的少数民族学生，他们所面对的是民族地区独特的语言和文化环境，因此，要想在少数民族地区经济社会建设中发挥技术带头作用，就要善于使用少数民族群众听得懂的语言来交流那些带有很强专业性的问题，这就不可避免地面临双语及跨文化交流的问题。我们在西藏地区调研时也经常发现，许多技术人员不知道如何将专业知识讲给当地的群众，也不知道如何将当地群众生产生活中的问题用汉语讲给不懂藏语的汉族同行。很多时候他们会无奈地摊开双手："这个我不知道怎么说，怎么翻译。"另外，他们要学习内地先进的专业技术与行业企业经验，要与内地甚至外国人交流，因此，他们也需要熟练掌握国家通用语言文字，甚至需要比较熟练地掌握外语。很多理工科少数民族大学生在国家通用语言文字和外语方面的水平较低，这既影响了他们对专业知识的掌握，也影响他们的终身学习和终身发展。特别是在国家"一带一路"倡议的背景下，民族地区正在成为对外开放的窗口，民族语言文化成为对外开放的宝贵文化资源，而国家通用语言文字和外语则成为民族地区进一步对内、对外开放的战略性工具。因此，民族地区高校一定要重视学生双语甚至多语能力的培养。

（2）积极建设双语教材。

《国家中长期教育改革和发展规划纲要（2010—2020年）》指出："大力推进

双语教学。全面开设汉语文课程,全面推广国家通用语言文字。尊重和保障少数民族使用本民族语言文字接受教育的权利。全面加强学前双语教育。国家对双语教学的师资培养培训、教学研究、教材开发和出版给予支持。"为了积极贯彻国家的双语教育政策,在民族地区高校的应用型人才培养过程中,我们要始终从应用型人才学习特点出发,强调教学中教学内容与学习者水平相适应,强调学习者的经验与学习内容之间相适应。因此,在我国少数民族使用国家通用语言文字水平不断提升的情况下,高校少数民族应用型人才培养的大部分教材采用国家通用语言文字来编写是正确的,但是对于一些民族特色比较突出的教材,采用民族语言编写或者民汉双语混合编写,则更有利于学生的学习和将来在工作中的使用。

(3) 积极培养双语教师。

双语教材的编写与使用,其效果如何主要由双主体即学习者与教师来决定。双语教学活动的开展教师因素至关重要。在少数民族应用型人才培养过程中,教师对于应用型知识的传授尤其重要。而在知识的传授过程中,没有优质的双语教师,双语教学的质量就无从谈起。因此,如何培养出能够自如而准确地将学习者需要的知识置于国家通用语言与本民族语言的双轨之上的双语教师,从而减少知识在理解过程中的耗损,同时通过语言上的优势互补来实现学习效能的提质增效,这是双语师资培养过程中必须要认真思考的问题。无论是民族院校还是民族地区地方院校,拥有熟悉民族语言文化的教师对于加强与少数民族应用型人才培养相关的学科和专业建设来说,可谓"无价之宝"。为了充实双语师资,相关高校首先应该重视有少数民族语言文化背景的师资建设,加强对他们的培训。此外,在培养的基础上,应加强对于双语教师的招聘与引进力度,并尽可能提高双语教师的工资待遇。

## 2. 案例教学及案例库建设

案例教学法源自 19 世纪 20 年代的美国,当时著名的哈佛商学院采取了一种案例型教学的方法,这里所说的案例都是来自商业管理的真实事件。此教学方法的目的在于培养和发展学生的自主性,促使其积极参与课堂讨论,最终成为具有较强的分析问题、解决问题能力的人。案例教学法实施之后颇具成效,其不仅仅是一种传授客观知识的具体教学方式,同时蕴含着一种积极的教学理念上的变革,即"知识的形成和运用都有一定的情境性和条件性"[1],应用型知识恰恰就是这样需要置于经验之中才能被理解的一种知识,所以案例教学与应用型人才培

---

[1] 张新平、冯晓敏:《重思案例教学的知识观、师生观与教学观》,载于《高等教育研究》2015 年第 11 期,第 66 页。

养是适切的。就高校少数民族应用型人才培养而言，案例教学在提升教学实效性上的确也具有特殊的价值。

（1）大力推广案例教学。

应用型人才的培养过程中，大量的知识学习的目的在于能够实践。因此，应用型人才培养中始终要将"应用"二字置于重要位置，一切的课程和一切的教学都要指向对其应用性能力素养的要求。怎样才能获得这样的应用能力呢？从教学策略的角度讲，就是要找到能够形成应用能力的教学方法与教学组织形式。此时此刻，教学不再仅仅是习得知识，而是要突出知识的实用性。案例教学"通过面向实践不断建构与生成知识、观点和方法，从而提高学生的实践能力和综合素养"[1]。由此，案例教学在知识观与教学观上都显现出其特殊的价值，特别是针对应用型人才培养来说，一些真实发生的经验性的案例就可以帮助学习者在应用能力取向上获得提升。以民族地区高校医学专业为例，通过大量对患者案例的剖析，使得学习者不一定需要真正的从医经验，也可以通过间接经验来实现高效学习，为其进入临床实践奠定坚实的基础。因此，在民族地区高校应用型人才的培养过程中，我们应该大力推广案例教学，创造性地运用和实施案例教学，发挥案例教学在应用型人才培养过程中的作用。

案例教学在民族地区高校应用型人才培养过程中虽然很重要，但它也不是万能的，在其运用过程中要注意以下几个方面的问题：第一，案例教学并不能完全取代授课教学；第二，案例教学不能替代社会实践；第三，案例教学不能替代习作；第四，案例教学替代不了模拟实践；第五，案例教学要注意处理好教与学的关系，即教师和学生在案例教学当中要扮演好其不同于在传统教学当中的角色。[2]

（2）积极建设案例库。

目前，案例教学在少数民族应用型人才培养中的运用还不太普遍，虽然原因很多，但其中之一便是课程教学的老师或者专门从事案例教学的老师身边并没有足够的案例可供选择使用。为了适应案例教学迅速发展的需要，建设少数民族应用型人才培养案例资源库是一项迫切的工作。

其一，吸纳丰富的案例资源。案例库首先要具有丰富的案例，若案例数量不多，很难称其为"库"。案例的来源一般分为采编和改编两类，无论哪种案例来源，高校教师都是案例开发的主力。就案例采编而言，一方面，他们可通过与企业单位合作，共同开发案例。高校与企业联系较为紧密，通过产教融合等形式，

---

[1] 张新平、冯晓敏：《重思案例教学的知识观、师生观与教学观》，载于《高等教育研究》2015年第11期，第67页。

[2] 朱文：《案例教学方法研究》，载于《西南民族大学学报》（人文社科版）2003年第10期，第40~41页。

教师能够掌握丰富的企业实践事件，因此，教师可不定期的深入企业实践一线，向技术技能人才"取经"，把获取的企业实践事件撰写成满足学生需要的教学案例，将其纳入库存。另一方面，他们也可从自己的教学实践中撰写教学经验、教学心得，从普遍意义出发，为案例库建设提供素材。

其二，对案例进行系统的分类储存。案例分类储存的前提是对丰富的案例资源进行分类。少数民族应用型人才培养涉及的学科教学门类多，从案例教学与应用的角度出发，可对案例库进行不同的分类。按照所涉及的学科门类将案例库按学科进行划分；按照功能类别可将案例库分为教学案例库、案例素材库、案例教学精品课程库等；按照篇幅大小可以分为短篇案例库和长篇案例库；按照内容性质还可将其分为经验型案例库和问题性案例库两类。在案例分类的基础上，重要的是对案例进行完善、系统的分类储存。为方便教师和学生的查询和检索，案例库应具备完善的管理系统和检索系统功能。案例的分类管理可根据案例的类型、适用对象、所属学科来进行，以方便教师和学生通过不同途径查询到所需要的案例。

其三，重视案例资源的共享。少数民族应用型人才案例库建设涉及范围广、影响因素多、工作难度大，需要系统筹划、分步进行，各高校以一己之力难以完成。鉴于此，民族地区地方院校、民族院校等相关培养单位应联合起来共同建设案例库。各培养单位可以根据自己的专业特长和学科优势重点开发某一学科的案例，贡献给案例库，供其他培养单位使用，同时也可以享用其他培养单位开发和贡献的案例。这样，每个培养单位可获得大于自身所拥有的更多的案例资源，既避免了重复建设，又实现了案例的创造和共享。

（3）加强案例教学的师资建设。

教师是实现案例教学质量的根本保证，高校少数民族应用型人才培养质量的高低、培养目标能否完成，与任课教师的实践能力、实践经验、教学方法息息相关。现阶段，从事少数民族应用型人才培养的高校教师大多缺乏在企业生产一线的实践经验，不利于案例教学的实施，不利于应用型人才培养目标的实现。因此，相关培养单位应加大应用型教师的选聘比例，加强对现有任课教师的培训与开发力度。一是加大应用型教师的选聘比例。应用型教师既掌握学科的前沿理论知识，又具备丰富的实践经验和较强的解决实际问题能力，了解行业企业对未来应用型人才实践素养的要求。在选聘教师时，培养单位应当将是否具备企业实践经历和教师职业资质列入遴选指标，并适当降低对职称、学历背景、科研成果等硬性条件的要求，低门槛、高质量的引进应用型教师。此外，高校应积极创造条件，聘请企业技术技能人才、管理人才担任学校的兼职教师，优化师资结构，打造一支既懂理论知识又能很好地指导教学实践的高水平专兼职教师队伍。二是加强对现有任课教师的培训与开发力度。对适合少数民族应用型人才开展案例教学的专业学位类别，相关培养单位一方面要积极组织任课教师进行进修学习和交流研讨，帮助其了解案例教学的教学方式、内涵实质，准确把握案例教学的特点和要求，熟练掌握案例教学方法，提高其案例教学的能力和水平。

### 3. "双师双能型"教师培养

培养什么样的人才，就需要拥有什么样的教师。教师自身的素养直接影响了应用型人才的培养质量。民族地区地方院校与民族院校以培养高层次、高素质的少数民族应用型人才为目标，需要构建理论联系实践、间接经验与直接经验相结合的应用性实践教学过程与实践教学体系，这就要求教师既要具备宽厚的专业理论知识、扎实的行业实践知识，又要熟练掌握相关实践操作技能，既能胜任本专业的理论课教学，又能在实验、实训及实习现场指导并进行示范操作，真正成为"双师双能"型教师。

然而，现阶段，应用型高校的教师来源多数是应届毕业的学术型博士、硕士，特别是具有博士学位的教师数量近几年在应用型大学持续增加，高学历成为应用型高校招聘人才的主要依据。多数应用型高校教师虽然具备扎实的理论基础和较强的学术研究能力，但基本上没有接触过行业企业，普遍缺乏企事业单位的工作经历和实践经验，专业实践能力普遍较弱。他们拥有较强的基础理论水平和知识，但很少有基层和生产实践锻炼经历，所具备的知识、能力、素质基本上都是从事学术研究工作所需的，欠缺解决实践应用问题的实践能力。只有真正培养"双师双能型"教师并发挥其作用，才真正抓住了应用型人才培养的切入点和命脉。

目前我国民族地区地方院校及民族院校的"双师双能"型教师还比较缺乏，"双师双能型"教师队伍的建设既可以采用"请进来"方式，通过专、兼职形式从其他科研机构、产业部门、其他高校和高层次毕业生中直接引进；也可以通过"走出去"的方式，积极鼓励高校教师参与校外培训、参加校外项目和实验室工作，或鼓励教师将自己的科研成果转化为现实生产力，让教师在实践当中提高自己。

为加强"双师双能型"教师队伍建设，提升教师的专业实践能力。民族地区地方院校和民族院校可采取以下措施：一是改革教师聘任制度和评价办法，调整教师结构，根据行业、企业人才特点，制定具有行业企业工作背景人才培养、引进和招聘办法。在新招教师时，从政策层面上向具有相关行业资质证书的人员倾斜。二是从合作企业、行业中选拔和聘请能工巧匠、技术骨干，帮助其提高教育教学理论水平和实践能力，使其成为稳定的兼职教师，参与专业建设和人才培养。三是设立"双师型"教师培养专项基金,通过加强与企业、行业合作,有计划、有步骤地选送相关学科教师深入企业、行业开展实践训练、挂职工作,提升教师专业技术素质。高校可规定应用型专业每年必须选派一定数量的专业教师到合作单位生产一线和相关政府机构参加顶岗实践或挂职锻炼。四是改革教师职称晋升制度,将技术实践经历作为教师职称评审的前提条件,专业教师的聘任、考核从侧重评价科研项目和发表论文为主,转向评价工程项目设计、专利、产学合作和技术服务等方面为主。五是采取灵活的聘人与用人机制。在编制不足的情况下,建立校内编外聘用、其收入水平与在编教职工同步增长的灵活机制,稳定编外教师队伍,解决编制紧张的问题。

综上所述,在推进高校少数民族应用型人才培养内容改革的过程中,高校要始终从学科专业建设、课程教学建设和教学支持保障体系建设三个方面去考量,科学合理地布局学科,具有针对性地设置专业,使得学科与专业能够很好地发挥其在应用型人才培养过程中的引领作用。同时,科学合理地设置课程与设计教学,促进应用型人才的素质结构与课程教学体系建设的协同进步。另外,从双语教学、案例教学和"双师双能型"教师培育三个方面着力建设好教学支持与保障体系,真正实现应用型人才培养的优化。

## 五、高校少数民族应用型人才培养手段及其改革

高校少数民族应用型人才培养的手段主要包括实训基地建设与现代教育技术的应用。受"重课堂教学、轻课外指导;重知识传授、轻实践训练"等陈旧教育观念的影响,总体来看,高校少数民族应用型人才培养的实践教学体系还不够完善,相关培养单位应以培养学生的应用能力和实践创新能力为重点,不断加强改革。

### (一) 实训基地建设问题及其改革

由于实训有校内实训与校外实训之分,因此,实训基地也有校内与校外两种。校内实训基地只关涉高校与学生,而校外实训基地则除了高校与学生之外,还与校外合作单位有关。尽管实训在应用型人才培养当中有着举足轻重的作用,但非常遗憾的是,目前,就总体而言,在包括民族地区地方院校、民族院校在内的中国高校当中,普遍存在着实训经费欠缺、对实训重视不够、"双师双能型"教师数量严重不足等问题。因此,为了更好地发挥实训在高校少数民族应用型人才培养当中的应

有作用,我们有必要首先了解实训基地对于培养应用型人才的价值与意义。

## 1. 实训基地在高校少数民族应用型人才培养中的意义

(1) 有利于增进学生对行业发展的了解,培养学生专业实践能力。

理论与实践相脱离是教育中面临的一个最基本的问题。理论知识在理论学习过程中通过学习者的理论思维,就能内化为学术实践能力,而实践知识则只有在行业性实践中才能内化为学生的行业实践能力。离开实训的实践知识只是"死"的知识,实践是实现实践知识再生产的唯一途径。应用型专业的学生只有通过将理论知识与实践相结合才能真正学到有用的知识,形成应用能力。

(2) 有利于增进教师对行业发展的了解,提高教师科研和教学水平。

应用型专业所对应的专业领域,知识、设备与技术更新换代都非常快,民族地区行业发展又具有很大的特殊性,这就要求从事少数民族应用型人才培养的教师要提高两个敏感性,一是对行业发展新趋势的敏感性,及时了解本专业所对应行业发展的最新动态与未来趋势;二是对民族地区行业发展特点的敏感性,既要了解民族地区行业发展的现状与问题,又要能够不断研究、提出合理化的对策、建议、方案等。这对于提高他们的教学对民族地区的针对性,提高他们的科研项目与民族地区的相关性,都具有重要的意义。

(3) 有利于促进学校专业、学科建设水平的不断完善。

通过实践实训基地建设,学校需要不断了解本校专业设置、课程设置与民族地区社会发展是否适应,学科研究与民族地区社会发展联系是否紧密,从而在专业、课程和学科方面不断加以调整和完善。当然,无论是教师教学与科研水平的提升,还是学校学科、专业建设的完善,最终都能使学生从中受益。

(4) 有利于促进企业技术、管理现代化水平不断提高。

高校拥有高水平的学科和专业队伍,长于学术研究而短于实践转化,企业拥有高水平应用型人才队伍,长于实践问题解决而短于战略性技术或管理问题研究。高校需要加强大学生实践能力训练,企业也需要加强员工理论性、战略性知识培训。因此实训基地建设可以成为校企双方开展项目研究合作与人才培训合作的平台,有利于促进企业在技术、管理等方面现代化水平的不断提高。由此可见,实训基地建设的意义不能简单地理解为帮助大学生从这些基地"学到什么",还要重视教师、学校和企业可以从这些基地"学到什么"。

## 2. 高校少数民族应用型人才培养实训基地建设存在的问题

在高校少数民族应用型人才培养上,要重视校内和校外两种实训基地建设。不同类型高校在这两种基地建设方面存在的问题也不尽相同。

（1）民族地区地方院校实训基地建设存在的问题。

民族地区地方院校扎根民族地区，在校外实训方面容易"接地气"，学生在实训中所面对的情况就是他们在毕业之后所要面对的，因此，通过实训比较容易获得适应当地行业工作实践的经验。民族地区地方院校实训基地建设方面存在的主要困难和问题，主要是由于民族地区经济发展比较落后，与民族院校和内地重点高校相比，民族地区政府对民族院校实践教学的经费投入比较少，校内实训基地场地建设、设施设备建设、实验教学耗材配置等都存在很多历史欠账，设备老化问题比较突出。以贵州省为例，贵州省本科实验经费较低，实习实训质量难以保证，覆盖面窄，实习质量有待提高。从表3-10统计结果来看，贵州省地方本科院校和独立学院实习实训经费不足，未达到全省平均值（140.98元）。加之教学观念、管理观念落后，很多民族地区地方院校对实践教学的重视程度不够，实践教学课时比例比较低。2016年，内蒙古自治区本科高校理学、工学、农学、医学等学科门类实践教学所占总学分比例均在30%左右（见表3-11），这一比例虽然稍高于2012年教育部对理工农医类学科专业实践教学不少于25%的规定，但在地方本科高校向应用型转型发展的背景下，实践教学课时比例还是相对较低。此外，在校外实训方面，由于民族地区各行业技术和管理发展水平较低，学生在学校课堂上所学到的理论和专业知识与行业实践之间往往存在很大的差距。行业指导老师理论水平较低，难以从理论上给予学生行业实践经验的说明和指导。

表3-10　　　贵州省2015~2016学年实习实训经费统计

| 学校 | | 本科实习经费（自然年度内用于本科培养方案内的实习环节支出经费） ||
|---|---|---|---|
| | | 本科实习经费（万元） | 生均（元） |
| 贵州省平均 | | 153.82 | 140.98 |
| "211工程" | 贵州大学 | 439.68 | 149.27 |
| | 省属高校 | 255.74 | 181.24 |
| | 地方院校 | 100.67 | 118.82 |
| 三本院校 | 科技学院 | 75.95 | 116.02 |

资料来源：贵州省教育厅：《贵州省普通高等学校本科教学质量分析报告》（2015~2016），http://www.pgzx.edu.cn/modules/zhiliangbaogao_d.jsp?id=141081&type=。

此外，从民族八省区各地方高校提供的2016年本科质量数据报告得知，不少应届本科毕业生认为高校教学"最需要改革和加强的地方"是"实习和实践环节"；绝大多数学校的教学质量报告虽然列举了校外实践基地建设情况，但很少有高校能够提供具体数据说明参加校外实践基地实习的人数和时间，学生实习难、实习走过场的现象比较普遍。从总体上看，实践和实习环节存在覆盖面小与难以满足应用型人才培养需要等问题。

表3-11　　　内蒙古自治区本科高校分科类实践教学比例

| 序号 | 学科门类 | 学校布点数 | 总学分（分） | 实践教学 学分（分） | 实践教学 所占总学分比例（%） | 选修课 学分（分） | 选修课 所占总学分比例（%） |
|---|---|---|---|---|---|---|---|
| 1 | 哲学 | 2 | 142.5 | 22.3 | 15.6 | 81.0 | 28.4 |
| 2 | 经济学 | 10 | 160.6 | 34.6 | 21.5 | 37.7 | 23.5 |
| 3 | 法学 | 14 | 152.4 | 33.0 | 21.7 | 37.2 | 24.4 |
| 4 | 文学 | 16 | 250.9 | 65.4 | 26.1 | 56.6 | 22.6 |
| 5 | 历史学 | 7 | 157.0 | 30.8 | 19.6 | 41.3 | 26.3 |
| 6 | 理学 | 15 | 327.0 | 92.2 | 28.2 | 57.8 | 17.7 |
| 7 | 工学 | 16 | 594.9 | 193.3 | 32.5 | 117.6 | 19.8 |
| 8 | 农学 | 7 | 170.6 | 51.0 | 29.9 | 41.9 | 24.6 |
| 9 | 管理学 | 16 | 264.5 | 67.0 | 25.3 | 58.0 | 21.9 |
| 10 | 艺术学 | 11 | 164.2 | 54.4 | 33.2 | 45.1 | 27.5 |
| 11 | 教育学 | 10 | 157.8 | 45.6 | 28.9 | 40.1 | 25.5 |
| 12 | 医学 | 5 | 564.5 | 190.5 | 33.8 | 69.8 | 12.4 |

资料来源：内蒙古教育厅：《2016年内蒙古高等教育质量报告》，http://www.pgzx.edu.cn/modules/zhiliangbaogao_d.jsp?id=169487&type=。

(2) 民族院校实训基地建设存在的问题。

如前所述，民族院校一般设在距离民族地区较近的中心城市，在实训基地建设方面容易接近民族地区，便于了解民族地区实际，即"接地气"，又容易接近发达地区，便于了解行业发展最新趋势，即"承天露"，但也容易与两边的实际都脱离。在加强校地合作方面，民族地区政府与民族地区地方院校之间有直接的行政隶属关系，地方政府在促进校地合作方面发挥了主导作用，在经费投入方面也有较大的投入，特别是像内蒙古、云南等经济发展较快的民族地区，地方政府与民族地区地方院校的合作及对民族地区地方院校的经费投入都很大。而民族院校隶属于国家民委，在经费投入方面主要依靠中央财政，在校地合作方面，地方政府也不会像对民族地区地方院校那样积极作为。校外实践基地建设方面，民族院校对于在民族地区还是内地建设实训基地，内部存在争议，有的人认为民族地区实训基地更接近民族地区实际，因此更加重视在民族地区建设实训基地，有的人则认为民族地区实训基地行业发展水平太低，因而主张多在内地开展实训、实践活动。但在内地开展实训、实践活动过程中，也存在部分实训基地对民族院校学生特别是少数民族学生专业知识和能力程度"不放心",在安排实践、实训任务时"不放手"的情况,影响了少数民族学生参加实训、实践的积极性和自信心。

### 3. 高校少数民族应用型人才培养实训基地建设之对策和建议

(1) 指导高校少数民族应用型人才培养实训基地建设的基本理念。

中共十八届五中全会提出"十三五"时期必须牢固树立并切实贯彻创新、协调、绿色、开放、共享的发展理念。"五大理念"是新时期我国社会发展的总的思想指引,对于我们认识高校少数民族应用型人才培养中的实训基地建设问题也具有重要的指导意义。一是创新。主要包括观念创新、制度创新和设备更新。要不断打破旧的观念束缚和制度束缚,为校企合作、校地合作共建实训基地提供便利,要及时淘汰过时的训练设备,更换当前主流的设备。二是协调。实训基地建设与一般的专业建设、学科建设不同,它涉及学校、企业、地方政府和内地援建高校、援建省市等多个主体,要善于调动各方面的积极性。三是绿色。民族地区地方院校、民族院校实践教学经费比较紧缺,在实训基地建设中务必精打细算,把钱花在"刀刃"上。无论是校内基地建设还是校外基地建设,务必严格论证,加强监管,杜绝资金浪费和设备、场地闲置。四是开放。需要按照系统科学的开放性原则来认识实训基地建设问题,打破局限于某一专业、某一院系、某一学校、某一地方、某一企业等看问题的封闭性系统观念。比如民族地区地方院校与内地普通高校开展合作,互相利用对方实训基地开展人才培养工作。这样民族地区地方高校学生能够理解内地行业发展的先进经验,而内地普通高校中具有到民族地区工作意向的少数民族学生和汉族学生,以及对民族地区相关问题有初步研究兴趣的研究生,则获得了了解民族地区行业发展状况的机会。内地有在民族地区拓展业务的企业,也可以通过与学校或民族地区共建实训基地,为本企业选拔、培养和储备合适的人才。五是共享。开放理念的目标在于实现共享共赢。第一,要加强高校内部专业间、院系间的实训、实践资源共享;第二,要加强民族地区地方院校、民族院校和内地普通高校特别是承担对民族地区地方院校援建任务的高校之间的实训、实践资源共享;第三,加强校企之间的实训、实践资源共享;第四,相关高校、企业和地方政府要从促进民族地区发展和实现民族教育公平的政治高度认识高校少数民族应用型人才培养问题,共同做好实训基地建设。

(2) 高校少数民族应用型人才培养实训基地建设的具体建议。

按照上述五大理念,高校少数民族应用型人才培养基地建设要创新观念,改革制度,协同合作,追求共享共赢。具体来说:其一,民族地区地方院校与民族院校要加强紧密对接行业、企业生产一线实际的实践教学资源建设,根据生产、服务的真实技术和流程，构建技术技能训练体系和实验实训实习环境。依托合作联盟共建校外实习实训基地，引进企业科研、生产基地，建立校企一体、产学研一体的大型实验实训实习中心。其二，具体到民族地区地方院校，要积极利用援建高校对口支援的政策优势，利用好本校本地和援建高校两种实训资源，促进"两校两地"（民族院校及其所在地和援建高校及其所在地）在人才实训方面的合作。比如西藏民族大学[①]选拔优秀师范生到对口援藏高校——华东师范大学的实训基地实习，同时安排华东师范大学部分西藏籍免费师范生和研究生到西藏实习，利用两校教师在知识结构上的互补性和两地中小学幼儿园名师在知识结构上的互补性，开展西藏在职教师培训等。所以民族地区地方院校实训基地改革的主要方向是"向内地增强"，即增强与内地高校和行业合作，提升实训与行业主流发展趋势的适应性。其三，民族院校本身介于内地与民族地区之间，既容易"两头均沾"，也容易"两头脱离"，所以民族地区地方院校实训基地改革的主要方向是"向两头增强"，既要加强与民族地区和内地的行业及地方的合作，也要加强与两地高校的合作。

最后，特别需要强调的是，培养和提高高校少数民族应用型人才的实践能力，对于民族地区经济社会的发展和少数民族学生就业都具有直接的决定性的影响，而高校少数民族应用型人才实训基地建设水平的高低，又直接关系到高校少数民族应用型人才实践能力培养的高低，这就要求有关各方要从讲政治的高度来重视这一问题。

## （二）现代教育技术在少数民族高层次应用型人才培养中的应用

高校应用型人才培养的关键在于促进学生理论与实践的有机结合，如何破解当前普遍存在的理论实践"两张皮"的问题是研究者关注的焦点。传统教学模式通常按照"先理论后实践"的方式进行教学，学生在充分理解和掌握理论知识之前就开展实践技能的教学，导致他们无法利用所学知识解决实际问题，实践技能的教学也就简化为对技能本身的训练，这是引起理论与实践脱节的重要原因。近年来，随着信息技术的迅猛发展及其在教育领域的广泛深入应用，现代教育技术正在深刻影响着教育实践。相关领域的研究者也意识到了传统教学中存在的理论实践"两张皮"的问题，并尝试将教育技术融入教学过程中，实现理论实践相统

---

[①] 如前所述，西藏民族大学兼有民族地区地方院校和民族院校的特点，这里将其看作民族地区地方院校。

一。最近的一次影响较大的尝试是将传统教学过程进行"翻转",即将传统教学中"课上讲授,课下内化"的流程翻转为"课下自学,课上内化",从而强化了知识的内化,并在此基础上更好地应用相关理论指导实践。可见,翻转课堂对于少数民族学生实践创新能力的提升有着较大潜力。下面我们就以翻转课堂的实施过程和实施效果为例,分析现代教育技术在高校少数民族应用型人才培养中的应用。

### 1. 问题提出[①]

翻转课堂自提出以来,在世界范围内都得到了广泛关注,许多一线教师和研究者纷纷开展实践探索和理论研究。目前关于翻转课堂的研究与实践成果非常丰富,有的关注翻转课堂的理论模型[②],有的关注翻转课堂的实践效果[③][④]。在研究者的研究报告中,翻转课堂的效果有积极的报告,也有消极和中立的报告,但总的来看,翻转课堂的积极效果得到了更多研究的反馈。例如,有研究者对比了传统教学模式与翻转课堂模式的教学效果差异,结果显示后者能够在学业成绩上表现更佳[⑤],且学生也对翻转课堂的满意度更高[⑥]。消极和中立的研究结果则主要体现在学习成绩上,有研究发现,翻转课堂并不能够比传统教学模式对学生的学习成绩有更大的促进和提升作用[⑦],并且学生对翻转课堂的满意度也并不比传统教学模式更高[⑧][⑨],这就对之前的研究结论提出了挑战。在早期研究关注成绩、满意度之后,人们期待翻转课堂能够在其他方面,例如在学生的批判性能力素

---

[①] 该部分一些内容源于课题组成员杨小峻 2016 年 4 月发表于《远程教育杂志》第 4 期上的文章《翻转课堂在高校少数民族应用型人才培养中的实践效果——基于学习空间的准实验研究》。

[②] 宋艳玲、孟昭鹏、闫雅娟:《从认知负荷视角探究翻转课堂——兼及翻转课堂的典型模式分析》,载于《远程教育杂志》2014 年第 1 期,第 105~112 页。

[③] 马秀麟、赵国庆、邬彤:《大学信息技术公共课翻转课堂教学的实证研究》,载于《远程教育杂志》2013 年第 1 期,第 79~85 页。

[④] 王素珍:《翻转课堂背景下不同实验教学方式对"操作练习型实验"教学效果影响的研究》,载于《化学教学》2015 年第 3 期,第 8~11 页。

[⑤] Mason, G. S., Shuman, T. R. and Cook, K. E.. Comparing the effectiveness of an inverted classroom to a traditional classroom in an upper-division engineering course. *IEEE Transactions on Education*, 2013, 56 (4): 430-435.

[⑥] Butt, A.. Student views on the use of a flipped classroom approach: evidence from Australia. *Business Education & Accreditation*, 2014, 6 (1): 33-43.

[⑦] Whillier, S., and Lystad, R. P.. No differences in grades or level of satisfaction in a flipped classroom for neuroanatomy. *Journal of Chiropractic Education*, 2015, 29 (2): 127-133.

[⑧] Strayer J. F.. How learning in an inverted classroom influences cooperation, innovation and task orientation. *Learning Environments Research*, 2012 (2): 171-193.

[⑨] 卢强:《翻转课堂的冷思考:实证与反思》,载于《电化教育研究》2013 年第 8 期,第 91~97 页。

养、创造性思维等方面有积极影响。典型的研究包括叶冬连等人①、江绍祥②的研究，他们发现翻转课堂在学生的高阶思维能力和教学表现方面有积极效果，包括对学生的批判性能力、创造性、互动效果等都有良好的促进作用。

综上所述，当前国内外对翻转课堂的研究与实践已经比较深入，并且出现了一些高质量的研究报告，应用对象也已经拓展到了包括各国大学生、中小学生在内的多个群体，对翻转课堂的教学模式和教学效果的理解和认知也在逐步深入，但从少数民族应用型人才的视角来看，翻转课堂的研究还存在几个不足。第一，应用对象中少数民族学生缺失，当前研究中对少数民族学生应用翻转课堂的研究还非常不足，由于少数民族学生的特殊性和翻转课堂的优势，翻转课堂的应用能否有效促进少数民族学生的学习是一个值得关注的话题；第二，关于翻转课堂影响学生高阶思维能力的研究还较为匮乏，尽管已有研究开始关注这个问题，但相较于翻转课堂的大规模应用和实践来讲，该问题仍需继续深入；第三，不同类别人群的翻转课堂教学效果差异研究还比较薄弱，例如性别差异、学习起点差异等方面的研究很少有研究者涉及，而这些对于我们进一步理解翻转课堂的教学影响和教学效果都有着重要意义。

参考之前的研究成果，我们可以从五个方面对应用型人才进行评价，包括知识、技能、管理、创新和社会融合度③，其中后三个方面都属于高阶思维能力的范畴。根据该评价标准，为了探究翻转课堂在少数民族应用型人才培养中的作用和效果，本书确定了五个研究问题：第一，翻转课堂在少数民族大学生知识掌握中的作用如何？第二，翻转课堂在少数民族大学生技能掌握中的作用如何？第三，翻转课堂在少数民族大学生高阶思维培养中的作用如何？④ 第四，不同性别学生在翻转课堂中的表现是否有差异？第五，不同学习起点学生在翻转课堂中的表现是否有差异？下面本书将围绕上述五个研究问题开展研究设计，分析和讨论研究结果。

## 2. 相关研究

本部分将对学习空间和高阶思维的内涵进行界定，分析高阶思维的测量方式，并探讨少数民族学生的学习特点。

---

① 叶冬连等：《基于翻转课堂的参与式教学模式师生互动效果研究》，载于《现代教育技术》2014年第12期，第77~83页。

② Kong, S. C.. Developing information literacy and critical thinking skills through domain knowledge learning in digital classrooms: An experience of practicing flipped classroom strategy. *Computers & Education*, 2014, 78 (259): 160-173.

③④ 杨小峻、许亚锋：《翻转课堂在高校少数民族应用型人才培养中的实践效果——基于学习空间的准实验研究》，载于《远程教育杂志》2016年第4期，第65~73页。

(1) 学习空间。

从字面意思上理解，所有能够为学习活动提供场所的地方都可以称作学习空间，传统意义上的学习空间通常是指物理场所，随着互联网的快速普及，网络学习空间也与物理学习空间一起成为学习者学习的重要场所。[①] 20 世纪末期以来，受建构主义理论和学习科学的影响，人们试图改造传统的教学场所来适应新的教学理念和教学方法，学习空间逐渐被赋予了新的内涵，各式学习空间开始出现和兴起，尽管名称不一、侧重点也不尽相同，但通过分析可以发现，其背后的教学理念和设计理念基本是一致的，都强调通过空间的创设来促进学生的主动学习、协作学习、个性化学习，体现到空间的设计特征上就是大多具备灵活的桌椅布局、多屏显示功能、教师和学生信息的分享与展示等。因此，这些新近出现的各类学习空间、未来课堂等术语其实都是体现了学习科学和建构主义学习理论的新型学习场所，本书在此统一将其称作学习空间。

作为一个新兴研究领域，学习空间的研究目前还处于初期阶段，无论是理论基础还是实践开发都处于探索阶段，但一些研究机构已经开始借助已有的学习空间进行了一系列相关教学实验。其中，翻转课堂作为近年来受人关注的教学形态也被研究者引入到了学习空间中进行应用。由于学习空间本身就是根据学习科学和建构主义理念构建的，其中的很多特征非常适合翻转课堂所强调的主动、协作、共享等理念，因此在学习空间中开展翻转课堂教学实践具备较好的基础与条件。

(2) 高阶思维。

所谓高阶思维是一个相对概念，它的对应概念是低阶思维。[②] 有研究者将布鲁姆认知目标分类中的分析、综合、评价视作高阶思维，其余的识记、理解、运用则被视作低阶思维。[③] 还有研究者从另一个视角出发来界定高阶思维——他们将涵盖批判性思维、创造性、元认知等方面的综合能力或素养称为高阶思维。[④][⑤] 本书从可操作性的角度考虑，主要参考后一种界定，即高阶思维是一种包含了批判性思维、创造性和元认知等方面的综合能力框架。参照该框架，本书将从批判性思维和元素养两个方面对高阶思维进行评估。

其一，批判性思维。

批判性思维是指个体反思性地分析与判断事务的能力和心理倾向，其中分析

---

[①][②] 杨小峻、许亚锋：《翻转课堂在高校少数民族应用型人才培养中的实践效果——基于学习空间的准实验研究》，载于《远程教育杂志》2016 年第 4 期，第 65～73 页。

[③] 王帅：《国外高阶思维及其教学方式》，载于《上海教育科研》2012 年第 9 期，第 31～34 页。

[④] 钟志贤：《如何发展学习者高阶思维能力？》，载于《远程教育杂志》2005 年第 4 期，第 78 页。

[⑤] 氾勇、王兰兰：《认知学徒制在高阶思维能力培养中的应用研究——以信息技术课程教学为例》，载于《现代教育技术》2010 年第 4 期，第 38～41 页。

与判断事务的能力被称作批判性技能，分析与判断事务的心理倾向则被称作批判性精神。[①]

关于批判性思维的评价也有多种方法和工具，根据工具的类型大致可以分成两种，一种是利用多选题测量个体的批判性思维，另一种则是利用自陈量表测量，前者多用来评估批判性技能，后者则多用来评估批判性精神。比较著名的多选题工具包括加利福尼亚测验和康奈尔测验，知名的自陈量表则有加利福尼亚思维倾向量表[②]，国内学者还在加利福尼亚思维倾向量表的基础上改编形成了适合中国的批判性思维倾向量表，本书以该量表为基础，对学生的批判性思维进行评估。

其二，元素养。

元素养这一概念是在信息素养的基础上产生和提出的，美国学者针对当前信息素养已经无法涵盖个体21世纪必备素养的现实困境，于2010年提出了一个综合框架——元素养框架。[③] 如图3-3所示，该框架认为一个能够适应21世纪的个体应该具备多种能力，包括元认知能力，获取、识别、评价和理解的能力，利用社交媒体、开放教育资料、在线资源和移动设备开展创造、合作、分享、参与、

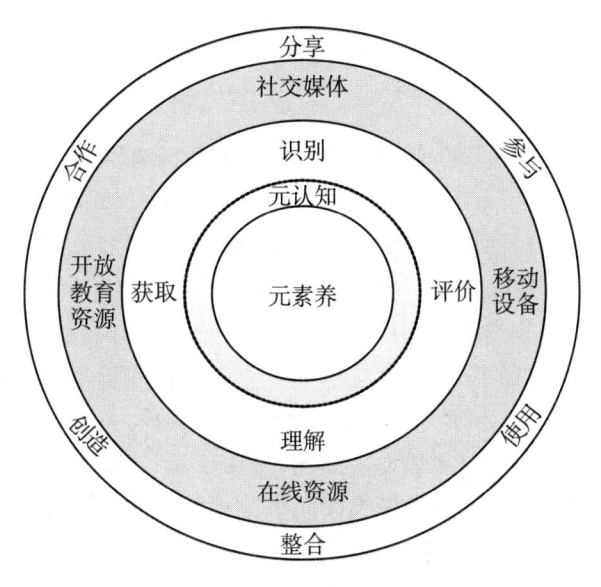

图3-3 元素养模型

---

① 罗清旭：《批判性思维的结构、培养模式及存在的问题》，载于《广西民族大学学报》（自然科学版）2001年第3期，第215~218页。

② 杨小峻、许亚锋：《翻转课堂在高校少数民族应用型人才培养中的实践效果——基于学习空间的准实验研究》，载于《远程教育杂志》2016年第4期，第65~73页。

③ Mackey, T., and Jacobson, T.. Reframing information literacy as a metaliteracy. College and Research Libraries, 2011, (1): 62-78.

使用和整合信息的能力等。[①] 该素养涵盖的能力框架与高阶思维中所强调的元认知能力、创造和整合信息的能力有相同之处，对学生元素养的评估有助于我们更好地理解翻转课堂对学生高阶思维的影响。

（3）少数民族学生的学习特点。

少数民族学生来源广泛，受地理环境、文化背景等方面的影响，不同民族、不同地域的学生学习特点不可能完全一致，但总的来看，在学习特征上又存在某些共性，主要表现在下列几个方面。一是少数民族学生的学习基础相对较差，从而导致他们在学习过程中容易遭受挫折，这种挫折进而又会引起他们对学习的信心减弱。二是学习的主动性、积极性有待增强。受宗教和家庭教育观念的影响，个别少数民族学生对待学习的态度不积极、不主动，存有听天由命、安于现状的潜意识[②]，在学习中的主动性不强。三是少数民族学生与其他民族的学生共同学习时，经常出现焦虑和紧张的现象。[③] 由于语言不通导致的交流障碍、宗教文化不通导致的心理障碍，少数民族学生在与其他文化背景下的学生共同学习时，不可避免地会出现焦虑、紧张等现象，这些现象如果过于严重就会导致学习效果不佳。

### 3. 研究设计

本部分将对研究的过程、假设、教学策略等进行阐释。

（1）研究过程。

研究采用非等量对照组、实验组准实验设计，一名教师和72名藏族大学生参与了教学实验，其中包括38名小学教育专业大三本科生和34名教育技术学专业大一本科生。利用分类随机抽样方式对72名学生进行随机抽样，对照组中包含19名小教专业学生和17名教育技术学专业学生，实验组中包含另外的19名小教专业和17名教育技术学专业学生。利用这种抽样方式有效避免了由于学生成熟和学习基础所导致的结果差异。如图3-4所示，两组学生均参加了摄影理论、摄影技能、元素养、批判性思维倾向等方面的前测，经过21个学时的不同教学模式之后，两组学生再次接受了后测。

---

[①] Mackey, T., and Jacobson, T. *Met literacy: Reinventing information literacy to empower learners*. London: Facet Publishing, 2010: 23.

[②] 刘瑞琦、达红旗、达瓦：《藏族大学生认知风格研究——以对西藏大学农牧学院180名藏族大学生的测验为例》，载于《西藏研究》2011年第2期，第104～111页。

[③] 李海俊：《藏族学生英语教学的认知依据和认知准备》，载于《郑州大学学报》（哲学社会科学版）2002年第6期，第47～50页。

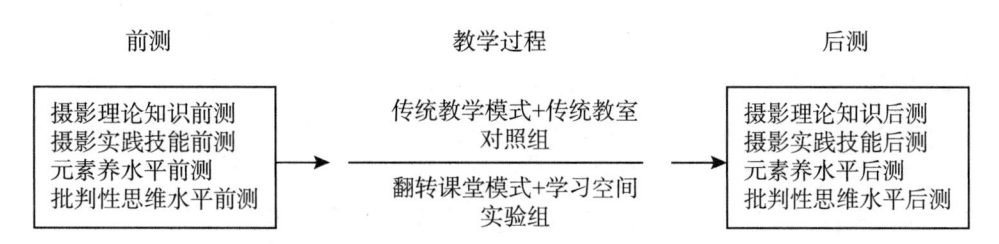

```
   前测                教学过程              后测
┌──────────────┐   ┌──────────────┐   ┌──────────────┐
│摄影理论知识前测│   │传统教学模式+传统教室│   │摄影理论知识后测│
│摄影实践技能前测│ → │    对照组     │ → │摄影实践技能后测│
│元素养水平前测 │   │              │   │元素养水平后测 │
│批判性思维水平前测│ │翻转课堂模式+学习空间│   │批判性思维水平后测│
│              │   │    实验组     │   │              │
└──────────────┘   └──────────────┘   └──────────────┘
```

**图3-4 翻转课堂在高校少数民族应用型人才培养中的实践效果研究过程**

学习场所方面,实验组是在西藏民族大学教育学院的学习空间中展开的,该空间的主要特征包括可灵活移动和转向的桌椅、多个大屏幕、全自动录播系统、可书写便携白板等。对照组是在一个包含了传统多媒体设备和中控的教室中开展教学活动的。

(2) 针对性策略和研究假设。

翻转课堂是对传统教学流程的再造,通过改变教学流程能够有效促进知识内化、强化理论知识的深入理解,同时对于实践技能而言,理论与实践的结合又有助于学生综合实践能力的提升,实验组的教学模式如图3-5所示。为了促进学生的知识与技能提升,实验组除了采用翻转课堂模式对教学流程进行变革以外,还采用了两个针对性教学策略以克服少数民族学生学习态度不主动、不积极的问题。一是在课前自学时,由专门的辅导老师指定时间地点进行集中学习,并为他们提供设备、资源、任务清单等;二是在设计微课时,慢节奏、小步骤地讲解并演示设备的操作部分和理论的学习部分,力求使学生通过微课能够更好地理解和掌握知识与技能。

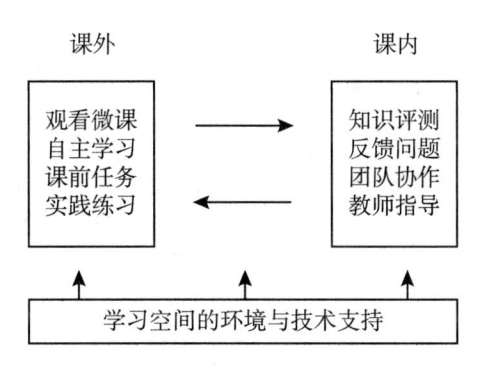

```
       课外                  课内
┌──────────────┐      ┌──────────────┐
│  观看微课    │  →   │  知识评测    │
│  自主学习    │      │  反馈问题    │
│  课前任务    │  ←   │  团队协作    │
│  实践练习    │      │  教师指导    │
└──────────────┘      └──────────────┘
       ↑           ↑            ↑
   ┌─────────────────────────────────┐
   │     学习空间的环境与技术支持      │
   └─────────────────────────────────┘
```

**图3-5 实验组的教学模式**

研究假设一:通过翻转课堂模式和这两个针对性策略能够有效促进学生的知识与技能提升。

翻转课堂强调知识内化,强调课堂中通过讨论、协作来促进学生的学习,这些活动的有效组织对学生的批判性思维有着积极影响。为了更好地促进学生的批判性思维,根据前人研究成果①,本研究还采取了一些针对性策略。一是鼓励学生积极发言;二是鼓励学生积极探究;三是鼓励学生积极展示学习过程和学习成果;四是创设条件让学生充分思考、讨论和协作。

研究假设二:通过翻转课堂模式和这四个针对性策略能够有效促进学生批判性思维提升。

在实验组的教学过程中,教师积极引导学生利用网络资源开展学习,并鼓励学生利用社交软件进行在线交流与合作,这对学生的元素养可能有着积极影响。为了更好地促进学生的元素养,根据已有研究成果②,本研究有针对性地采用了三个教学策略。一是将搜索引擎的使用纳入学习活动;二是将社交软件的在线交流与分享纳入学习活动;三是将学生对自身信息策略的反思纳入学习活动。

研究假设三:通过翻转课堂模式和上述三个针对性策略能够有效促进学生元素养的提升。

(3) 研究工具。

研究涉及的研究工具包括两个自陈量表(批判性思维量表和元素养量表)、一个试卷(摄影理论知识试卷)、一个技能评分表(摄影技能评分表)。其中,批判性思维量表在彭美慈等人量表的基础之上,根据藏族大学生的特点进行了一些文化表述上的处理,使量表更容易被学生理解和接受。修订后的量表包含70道五分制李克特题目,从寻找真相、开放思想、分析等七个方面对批判性思维进行测量。③ 信度检验结果显示,量表的前测信度与后测信度均超过了0.8(前测信度为0.8,后测信度为0.81),表明信度良好。另外,焦点小组访谈内容也用来分析学生的批判性思维倾向变化情况。

元素养的评估也是利用量表进行测量,选择了许亚锋等④开发的量表,从信息技能、信息安全等六个方面进行测量。信度检验显示,量表的前测信度与后测信度均超过了0.8(前测信度为0.84,后测信度为0.9),表明信度良好。

摄影理论知识试卷被用来评价学生对理论知识的掌握情况,该试卷满分100

---

① Kong, S. C.. Developing information literacy and critical thinking skills through domain knowledge learning in digital classrooms: An experience of practicing flipped classroom strategy. Computers & Education, 2014, 78 (259): 160-173.
② 许亚锋、张会庆、塔卫刚:《我国西藏地区大学生元素养的现状与教育对策》,载于《知识管理论坛》2015年第4期,第23~31页。
③ 杨小峻、许亚锋:《翻转课堂在高校少数民族应用型人才培养中的实践效果——基于学习空间的准实验研究》,载于《远程教育杂志》2016年第4期,第65~73页。
④ 许亚锋、张会庆、塔卫刚:《我国西藏地区大学生元素养的现状与教育对策》,载于《知识管理论坛》2015年第4期,第23~31页。

分，包含判断、选择、填空等题型。同质性信度检验结果显示，前测信度系数为0.77，后测信度系数为0.81，通过了信度检验。

摄影技能评分表通过对学生所拍摄的照片进行打分来评价学生的摄影技能水平。五张照片满分100分，由两名老师分别从主体、构图、画质等方面进行主观评价。评分者一致性信度检验结果显示，前测的斯皮尔曼相关系数为0.80，后测的斯皮尔曼相关系数为0.78，显著性水平为0.01，两者均通过了一致性信度检验。

### 4. 结果与讨论

（1）知识与技能检验结果。

为了验证研究假设一是否成立，本研究对实验组和对照组的前后测进行分析，研究结果显示，两者在理论知识与摄影技能方面的前测结果没有显著性差异，但是经过教学之后，实验组的理论知识后测结果显著高于对照组的理论知识后测结果（$p<0.01$）。进一步的后测与前测的差值检验表明，实验组的理论知识和总成绩差值都要显著高于对照组的差值（$p<0.05$），这说明实验组比对照组在理论知识和总成绩方面都有了更为显著的提升，第一个研究假设得到了部分证实。

（2）批判性思维检验结果。

为了验证研究假设二，本研究同样对实验组和对照组的批判性思维倾向水平进行了前测和后测，结果显示，实验组与对照组的批判性思维倾向水平在教学实验之前并无显著差异，但在教学实验之后，两者的水平有了显著差异（$p<0.05$）。进一步的差值检验则表明，实验组的后测与前测的差值水平要显著高于对照组的差值水平（$p<0.05$），这说明实验组的学生比对照组的学生在批判性思维倾向上得到了更大的提升，实验组所采用的教学模式和教学策略能够显著提升学生的批判性思维。具体到批判性思维的各个维度上，实验组的学生在分析、认知成熟度两个子维度上均显著优于对照组，说明实验组的教学模式和教学策略有助于提升学生的分析能力和认知成熟度。

以上研究结果与之前的研究结果[1][2]类似，证实了翻转课堂模式与针对性教学策略的结合有助于学生批判性思维的提升。对于学生分析能力和认知成熟度的积极影响可能主要是由于教师所采用的创设条件为学生充分思考和讨论提供了支

---

[1] 陈雪蕾、戴小红：《翻转课堂教学模式对护理本科生批判性思维能力的影响》，载于《华夏医学》2015年第1期，第142~144页。

[2] Kong, S. C. . An experience of a three-year study on the development of critical thinking skills in flipped secondary classrooms with pedagogical and technological support. Computers & Education, 2015, 89 (C): 16–31.

持，鼓励学生分享观点和学习成果，鼓励学生反思和批判等。在这一过程中，学生发现问题、分析问题的能力得到了提升，并且在与小组同伴和其他小组成员交流的过程中提高了自身的认知成熟度。尽管如此，我们也应该看到批判性思维的系统化、自信心、求知欲等其余五个子维度并无显著提升。这其中的因素复杂，绝非21个学时的教学实验所能完全解释的，但我们可以推测，随着时间的推移和策略的不断优化，上述五个子维度会朝着积极的方向发展。

焦点小组访谈的结果再次验证了翻转课堂与针对性教学策略对学生批判性思维倾向的积极影响。例如学生 S1 的发言就表明，在翻转课堂中采用鼓励学生积极发言的教学策略，对于提升他们的分析能力是有促进作用的。她说道："我算我们组里比较爱发言的人，他们很多时候都让我发言，我们有时候拍得好，但是由于评论别人评论的不好就扣分了，这样我就想，下次我要好好想想怎么说，就是怎么评论别人的作品，这样才能够不扣分。"

（3）元素养检验结果。

为了检验实验组与对照组的学生在元素养检验中的表现情况，本研究同样采取前测、后测和差值检验，结果显示，无论是前测结果、后测结果还是差值检验结果都不存在显著性差异。这表明，学生的元素养经过教学实验之后并无显著变化，实验组对学生的元素养未能起到显著提升作用。研究假设三中关于元素养的假设未能够得到证实。

根据已有的关于信息素养和元素养的相关研究[①②]，学生元素养的提升是一个长期而复杂的过程，只有综合各方力量，通过教学改革、内容更新、多元评价、制度建设等多项举措才可能有效提升在校学生的元素养水平。尽管本研究在前人研究的基础上，利用翻转课堂教学模式结合针对性教学策略开展教学，试图提升学生的元素养水平，但结果表明，短短的21个学时对于学生元素养的提升而言还远远不够，也说明了元素养提升的复杂性和艰巨性。

（4）性别差异检验结果。

为了探索不同性别的少数民族大学生在翻转课堂中的表现是否存在差异，本研究将实验组中的14名男生与22名女生进行了分组检验，分析他们在批判性思维、元素养和学习成绩方面的差异。检验结果显示，男生与女生在上述三个方面的后测与前测差值上均无显著性差异，说明不同性别的少数民族大学生在翻转课

---

① Patil, S. B.. Why and how to integrate information literacy curriculum in higher education. *Current Science*, 2014, 107（1）：11.

② Tang Y., and Tseng, H. W.. Distance Learners' Self-efficacy and Information Literacy Skills. *Journal of Academic Librarianship*, 2013, 39（6）：517-521.

堂中的表现并无显著差异。该结果与之前的研究结论①一致,无论男生还是女生,他们在翻转课堂中的表现主要依赖于教师的有效指导和自身的积极参与,性别因素对翻转课堂的影响并不显著。

(5) 学习起点差异检验结果。

不同学习起点的学生在一个全新的教学模式下会有何种表现,高起点的学生和低起点的学生在学习成绩上是否会存在差异是本研究关注的另一个问题。为了探索该问题,本研究在教学实验之前对实验组的 36 名学生进行了前测,并根据前测结果将他们分成两组:排名前 18 名学生组成的高起点组和排名后 18 名学生组成的低起点组。图 3-6 显示的是两组学生前测与后测时的平均分(总分由理论知识和实践技能相加而得,总分 200 分),可以看到低起点组的前测平均分是 90.83 分,高起点组的前测平均分是 108.00 分。经过教学实验之后,低起点组的后测平均分变成了 131.92 分,高起点组的后测平均分则变成了 132.19 分。低起点组经过教学实验之后大幅度提升了 41.09 分,高起点组经过教学实验之后仅仅提升了 24.19 分,高起点组的变化幅度远远小于低起点组。进一步的独立样本 t 检验再次验证了上述结论,即高起点组的学习成绩提升幅度显著低于低起点组的学习成绩提升幅度($p<0.001$),低起点组学生在翻转课堂模式下更为受益。

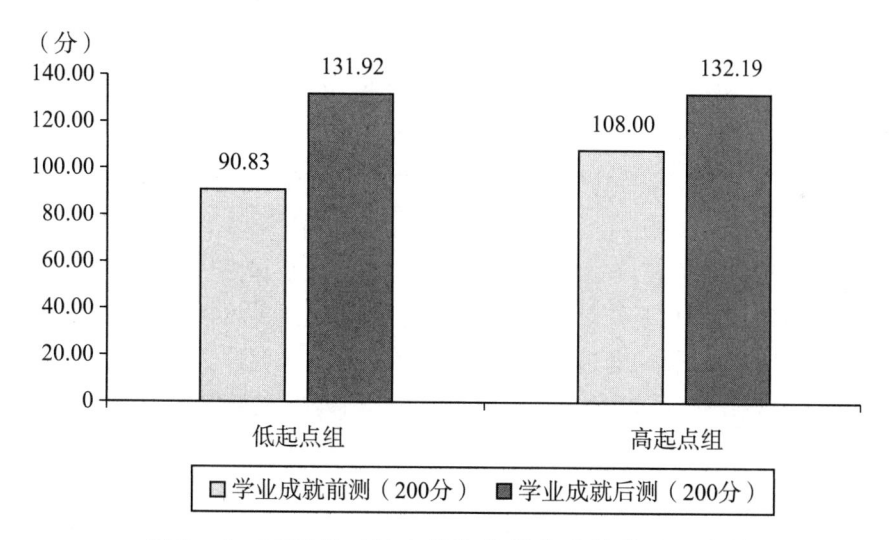

**图 3-6 不同学习起点学生的学业成就前后测分数**

尽管很少有研究关注翻转课堂中不同学习起点学生的差异情况,但在其他类

---

① Kong, S. C.. Developing information literacy and critical thinking skills through domain knowledge learning in digital classrooms: An experience of practicing flipped classroom strategy. *Computers & Education*, 2014, 78 (259): 160-173.

似研究中有些结论值得我们参考。例如，有研究者在一个促进主动学习和协作学习的学习空间中开展大学物理教学改革，并分析了不同学习起点学生的学习表现情况，研究结果与本研究所揭示的结果类似，他们同样发现低起点的学生比高起点的学生在教学改革中更加受益。[①] 本研究认为有几个方面的因素导致了这一结果：一是由于低学习起点的学生发展和提升空间更大，导致他们有更大的可能来获得好的学习表现；二是由于小组成员之间的互帮互助，以及各小组之间的相互讨论、协商更有助于低起点的学生从高起点学生那里获得帮助，进而提升学业表现；三是由于教师在制定策略时，未充分考虑不同学习起点学生的个性化学习需求，导致对高起点学生的关注不足，因此他们的学业提升有限。

## 5. 总结

本研究的主要贡献在于揭示了翻转课堂与针对性教学策略的应用对少数民族高层次应用型人才的影响。通过实证研究，本研究发现，翻转课堂教学模式和针对性的应用能够对少数民族大学生的理论知识掌握和学业成就产生积极影响，并且对少数民族大学生批判性思维的提升也起着促进作用。本研究的另一个贡献在于揭示了不同性别和不同学习起点的少数民族大学生在翻转课堂中的表现差异。研究结果表明，性别并不是翻转课堂影响教学效果的主要因素，男生和女生在翻转课堂中的学习表现和学业成就并无显著性差异。但是，不同学习起点的少数民族大学生在翻转课堂中的学业提升程度却有着显著差异，低学习起点的少数民族大学生比高学习起点的少数民族大学生在翻转课堂教学模式中更可能受益，获得更大提升。

根据研究结果，我们有两个实践建议。第一，在翻转课堂教学中，教师应根据教学对象特征，采用有针对性的教学策略创造性地开展教学设计，以提升教学效果。翻转课堂教学模式通过将传统教学流程再造，来促进学生知识的内化和深度理解，但是仅仅依靠流程的改变并不能从根本上解决传统教学存在的问题，针对性的教学策略是与翻转课堂教学模式相辅相成的，只有将两者有机结合起来，才能取得良好效果。第二，学校应从学习环境改造、课程设置、评价方式、技术支持、外部激励等多个方面对翻转课堂的顺利有效实施提供支持，通过上述举措来为翻转课堂的实施提供必要环境支持的同时，也能够激发教师的教学改革热情和促进学生的主动参与。

---

① Dori, Y. J., and Belcher, J.. How Does Technology - Enabled Active Learning Affect Undergraduate Students' Understanding of Electromagnetism Concepts? *Journal of the Learning Sciences*, 2005, 14（2）: 243 - 279.

研究存在两点不足：一是教学实验的科目类型单一，教学时长仅有 21 个学时，无论是课程类型的多样性，还是教学时间的长度都有自身的局限，导致研究结论的推广性有待进一步提升；二是批判性思维的评价采用了思维倾向量表，批判性技能未纳入评价范围，这也造成了研究结果的不完整。针对上述问题，后续研究中将进一步扩大教学实验范围，选择不同类型的课程开展教学实验，并对教学实验的效果进行更加完整、系统的评估。

## 六、西藏民族大学人才培养过程案例分析
### ——以信息工程学院为例[①]

### （一）西藏民族大学发展概况

西藏民族大学坐落在古都咸阳，是西藏和平解放后党中央在祖国内地为西藏创办的第一所高等学校，也是中央治藏方略的重要布局，在西藏平定叛乱、政权建设、民主改革和社会主义建设等不同历史阶段都发挥了不可替代的独特作用，形成了适应西藏实际和需要的人才培养模式，构建了与西藏经济社会发展高度契合的学科专业体系，凝练了服务西藏经济社会发展的科学研究优势，有着鲜明的办学特色。西藏民族大学虽地处陕西，但由于属于西藏自治区地方院校，在其发展的过程中，除了不受西藏自然环境的影响之外，仍受西藏的政治、经济、文化、基础教育等的制约。故此，以西藏民族大学为例，探索其在应用型人才培养方面的做法，基本上能够说明西藏高校的应用型人才培养现状。

西藏民族大学虽然在西藏经济社会发展中发挥了重要作用，然而随着西藏经济社会的不断发展，西藏民族大学在人才培养上出现了针对性不够、应用性不强等问题。根据教育部关于普通高校人才培养目标的定位，以及西藏经济社会发展的现实需求，近几年，西藏民族大学应用型人才培养体系建设以立足学科专业建设、课程和教学体系建设、教学支撑和保障体系建设三大系统工程为核心进行了一系列的改革。在学科专业设置与调整时，西藏民族大学把学科专业发展目标与西藏经济社会发展目标统一起来，使之与西藏经济社会需要紧密结合，加强应用性较强的学科专业建设，大力发展与西藏支柱产业密切相关、能够满足农牧区经

---

① 本部分相关信息及数据由笔者根据相关资料整理。

济社会发展适应性较强的应用型学科专业，适当控制文学、理事、哲学、艺术学等学科门类，适当加强法学、经济学、力学、工学、医学管理学等学科专业门类。在人才培养上，西藏民族大学创新人才培养模式，加强课程体系建设，加重实践教学比例，加大学生的创新创业教育，完善教学评价体系等，积极培养面向地方的应用型专业人才，为地方经济建设输送各类应用型人才。

## （二）西藏民族大学信息工程学院应用型人才培养过程分析

信息工程学院是西藏民族大学规模最大、发展最迅速的理工类二级学院，涵盖电子信息科学与技术、通信工程、计算机科学与技术等9个本科专业，2个专科专业和3个硕士研究方向；学院现有教职工101人，其中博士32人（含在读），硕士以上学历占80%以上，教师平均年龄30多岁。[1] 为了贯彻教育部《国家中长期教育改革和发展规划纲要（2010~2020年）》和《关于进一步加强高等学校本科教学工作的若干意见》的精神，更好地满足西藏经济发展的需求，信息工程学院提出了"重点培养应用型人才，兼顾培养创新性人才"的人才培养目标。为了实现这个人才培养的目标，自2013年开始，信息工程学院从应用型较强的专业入手，针对电子信息类专业进行了专业综合改革尝试，深化人才培养方案和课程体系改革，推进课程体系、教学内容、教学方法和手段的改革，以社会经济发展和产业技术进步驱动课程改革，整合相关的专业基础课、主干课、核心课、专业技能应用和实验实践课，构建新的课程结构，加大选修课程开设比例，更加专注学生的专业技术技能和创新创业能力的培养，加强他们的实践创新意识的培养，全面提高该校理工科学生的工程能力和创新能力。

### 1. 课程体系存在的问题

电子信息类专业是实践性很强的专业，信息工程学院在应用型人才培养过程中做了大量的改革和探索。学院在分析以往课程方案的基础上，指出现有的课程体系主要存在三个方面的问题，一是课程结构不合理，主要体现在课程结构不均衡，理论教学课程比例过大，实践教学课程占比过小，使得学生所学知识远离实践应用。例如，电子信息科学与技术专业，只有一门课程与工程技术有关（可编程逻辑电路），而电路设计、传感器技术、FPGA技术等实用技术课程均未开设。二是课程结构中，知识体系相互隔离，前序课程与后续课程的知识衔接性差。例

---

[1] 资料来源：西藏民族大学官网，http：//www1.xzmu.edu.cn/xg/contentlist? dept_id = 24&column_id = 605&column_type = 1&per = 1&url = list2。

如电子信息科学与技术专业，专业课程中有电磁学，这门课程既无前序课程，又无后续课程，与其他专业课程无知识相关性。三是课程的内容陈旧，未关注科技进步的发展需求（例如单片机课程用汇编语言编程，现在的单片机程序设计大多使用 C/C++等高级语言编程），没有将新知识、新理论和新技术充实到教学内容中。

## 2. 课程体系改革的主要内容

课程体系的改革主要体现在课程结构和课程教学内容两个方面。为切实解决课程体系方面存在的问题，信息工程学院以西藏经济社会发展为导向，依据"重点培养应用型人才，兼顾培养创新性人才"的培养目标，从核心课程群入手，构建了电子信息类专业的课程体系结构。

（1）从核心课程群入手，构建电子信息类专业的课程体系。

电子信息类专业是信息工程学院的主干专业，长期以来，由于这些专业的培养目标、培养计划及培养环节管理等方面存在着缺陷和不足，使得西藏民族大学电子信息类专业的教学质量不尽人意。因此，信息工程学院以电子信息类专业为重点，针对该校西藏生源和部分内地生源的底子薄弱、自信心不强的特点，凝练出了"将学生的实践应用能力和团队协作能力的培养放在首位，兼顾学生的创新能力的培养"的教学改革思想，结合电子信息类专业基础，紧紧围绕创新驱动发展、"中国制造2025"国家重大战略，增强电子信息科学与技术专业为区域经济社会发展服务和为行业企业技术进步服务的能力。在课程体系结构的改革过程中，信息工程学院坚持课程体系要侧重基础技能的培养，兼顾创新能力的培养，侧重基础技能的训练，力求达到知识目标、技能目标和情感目标的兼顾。

从电子信息类专业知识体系构成入手，信息工程学院组织与课程体系相关的教师，成立课程体系改革小组（以下简称"改革小组"），根据经济社会发展和科技进步的需要，讨论专业课程体系结构，明确课程逻辑关系，反向设计课程体系与课程教学内容。学院还结合西藏民族大学的办学特色，围绕基本技能、基本方法、基本知识和基本理论，对以前的课程体系进行适当取舍，实现从注重知识传授向更加重视能力和素质培养的转变。

其一，课程教学内容设计。

依据专业的学科知识体系，以培养学生的专业基础能力和综合能力为目标，在课程体系结构的构成中，改革小组以建立核心课程群为课程体系改革的突破点，明确了核心课程群构建的原则，依据这个原则，进行学科知识系统的优化，构建新的课程体系。核心课程群构建原则就是在核心课程群构建过程中，既要注意基础知识丰富、结构合理，注重实践环节，突出专业特色，紧跟科技发展步伐，又要注意纵向课程之间的衔接，横向课程之间的相互关联，避免教学内容的交叉、重复和脱节，使得核心课程群形成有机联系的课程模块。

依据上述核心课程群构建原则，在核心课程群构建中，优先改革的内容是电子信息类专业基础知识和基本专业技能，电子信息类专业的基础知识体系涵盖了三大知识领域，分别是电路与电子学知识领域、信号系统与控制知识领域、计算机知识领域。因此，在课程体系构建的时候，从这三个知识领域中选择核心知识单元作为核心课程群的主要构成部分。

为了保证教学内容的完整性，突出课程之间的相互衔接和横向的相互关联，课程教学强调对行业领域中的先进技术的应用，注重将与电子信息专业学科相关联的科学技术发展的新技术、新成果引入核心课程群中。例如，新型电子系统越来越复杂，电子产品转向小型化、智能化，要求产品设计高密度、高集成、低功耗，达到芯片系统化、系统芯片化，在核心课程群的构建中，把相应的、新兴的、高科技含量的电子技术，如FPGA技术、电子设计自动化技术和复杂电路的测试技术等引入到核心课程群中，使得在综合能力培养课程设置和教学内容上跟上学科和技术发展的步伐。

新一代信息技术与各个产业深度融合，正在引发影响深远的产业变革，信息工程学院瞄准国家重大战略对人才的需求，在课程体系改革中，既要保证学科知识体系的完整性，又要打破学科之间的界限，将与电子信息专业相关度很高的其他学科领域的知识内容补充到课程体系结构中。例如，在课程体系重构中，加强了计算机学科领域的知识补充，针对电子信息类专业的特点，对计算机课程教学提出了要求。计算机课程教学要系统完整、结构合理、详略适当、突出应用，应建立起完整的计算机理论和技术的知识框架，并进行系统的计算机应用训练。在专业核心课程群基础上，增加计算机仿真、计算机辅助分析和设计等环节，提高该专业学生计算机软件的编程能力和计算机应用水平，使学生具有计算机专业的视角、思考问题的方式和处理问题的方法。

其二，课程结构设计。

改革小组在进行课程体系改革中，首先以核心课程群为中心，在保证学生专业知识体系系统性和完整性的情况下，浓缩必修课程，必修课的设置必须能为学生搭建起本学科的理论知识框架和逻辑思维框架，为学生实践能力和创新能力的培养打下坚实基础。浓缩必修课程，减小课程繁多给学生增加的负担，在学生掌握了基础知识和技能之后，使得学生有精力依据自己的特长和兴趣选修专业性或实践性较强的课程。

在浓缩必修课程的基础上，增设专业特色课程，同时增设专业性较强的选修课程，选修课程设置以模块化的综合性课程为主，模块化保证了学生合理的知识结构，综合性课程内容主要是将电子专业的基础知识与实际应用相结合，有利于学生实践能力和创新能力的培养。改革小组还在选修课中新增设了实践性很强的课程，实践类课程注重理论与实际的结合，以专业设计课程为主体（如《模拟电路课程设计》），该类课程训练了学生的实践能力，在实践活动中培养了学生的创新思维。结合社会发展需求，为培养学生的创新意识，信息工程学院还强化了选修课程的前沿性、工程性和综合性，注重迅速将科学技术的最新成就引入选修课程内容中，以此拓展学生的知识领域。

经过改革，在整个核心课程群的结构中，必修课程的比重有所减少，选修课程和实践课程比重相应的增加，体现了课程结构的均衡性，既保证了学生知识结构的系统性和完整性，又可以满足学生个性化发展的需要。在课程内容上，必修课程为选修课程打下了理论基础，选修课程是对必修课程内容的补充和延展，必修课程和选修课程形成了相辅相成的关系，它们将专业理论与实际应用有机地结合起来。

（2）以核心课程群为重点，重新构建实验课程内容。

改革小组在对核心课程体系结构进行改革的同时，制定了实验教学改革目标——"侧重基础技能的训练，兼顾创新能力的培养"，力求达到知识目标、技能目标和情感目标的兼顾。依据这个目标，改革小组制定了优化实践教学和实验教学课程内容的改革方案，首先在选修课程结构中，加强了实践课程的设置，将课堂转移到实验室；再就是以核心课程群为重点，重新构建核心课程群的实验课程内容，各课程在实验内容上应注重其实用性、工程性、前瞻性。依据这个方案，改革后的实验教学计划和内容（如新增设嵌入式技术与FGPA技术）使学生时时感受和体验到前沿技术，引导他们关注社会发展和科技进步，培养他们的科技创新意识，激发他们科技创新和科学探究的兴趣。

在核心课程群实验教学内容的设计中，考虑到该校生源结构的复杂性，改革小组提出了构建差异化实验教学内容，针对不同专业，同一个课程的实验内容，其侧重点不同。对于电子基础类课程，电子信息科学与技术、通信专业的学生实验课中的验证性内容减少，增加了综合性内容；对于计算机科学与技术的学生，对验证性实验的教学内容进行改革，侧重点放到计算机实践能力的训练上，例如流水灯是单片机课程的验证性实验；对于电子信息科学与技术专业和通信专业的学生，改革小组将简单的流水灯实验改为三维LED灯显示实验，这样就将简单的验证性实验改成了综合性实验；对于计算机科学与技术专业的学生，为了训练学生的编程能力，改革小组将该实验的重点放到了单片机开发板的程序编写训练上，通过不同程序来控制流水灯的显示方式，这样，既可以让学生直观地看到验证结果，也训练了学生的程序编写能力。又如，"智能控制与机器人"公选课，在上课学生中，涉及 6 个学院 3 个年级的 13 个专业，针对不同学院的学生，改革小组将课程内容的难易程度进行了调整：信息工程学院的学生使用 stm32 开发板，制作了蓝牙控制小车，而其他学院的学生使用 arduino 小开发版，利用外围元器件，制作了 LED 灯的控制、按键控制、传感器（人体传感器）等作品。

### 3. 教学方法改革

（1）教学模式改革。

信息工程学院以强化实践教学为重点，提出了"以实践教学推动理论教学、以科研促教学"等教学模式改革的方法，整合各类教学资源，推动理论教学与实践教学紧密结合。实践教学与教师科研紧密结合，使得大学生在实践与科学研究中积累专业知识。

其一，开启第二课堂实践教学模式。

信息工程学院组织各专业骨干教师，成立课外实践教学小组。各个实践教学小组以各专业教研室老师为主，利用业余时间，依据学生和老师的专业特长，开展与专业相关的兴趣课外实践活动，并在专业教师的指导和参与下，完成专业相关小作品。每个小作品可提交调研可行报告，学院组织开题答辩，给予经费支持。每个课外实践教学小组完成作品后，实践教学小组教师再组织学生完成具有一定难度的课题，课题应能体现光、机、电和软件四者的结合，能实现某种系统功能。通过这种课外实践教学活动的开展，培养学生的系统性思维和知识综合能力。

其二，开启以教师科研项目训练学生科研能力的实践教学模式。

2010～2015 年，信息工程学院引导老师以各自的科研课题为主要内容，动员和鼓励电信、通信和计科等专业的学生参与教师的课题研究活动中，鼓励教师将科研成果与学生分享。从 2014 年开始，为了使学生更加顺利地参与到教师的科研活动中，信息工程学院为教师和学生提供了开展科研活动的场所，鼓励教师和学生利用课外时间，开展科研活动，实现以科研能力的提高带动学生实践能力的提高。五年间，有 22 人参与到教师的科研项目中，参与发表论文的学生有 10 人，其中何成伟发表科技论文一篇，并获得自治区"成才杯"自然科学类一等奖，获得国家"挑战杯"三等奖。这些成果的取得，也进一步激发了学生开展科学研究的兴趣，学生自主参与教师的科研项目的积极性显著提高，在 2015 年的大学生创新创业训练计划 24 项项目中，9 项基于教师科研项目，仅此就有 36 人参与到教师的科研项目中。这些学生中有 11 人已经毕业，其中 2 名学生进入西安交通大学硕博连读，考入其他重点院校攻读硕士研究生的有 7 名学生，1 名学生自主就业，1 名考取西藏公务员。从这些数据可以看出，让学生参与到教师的科研项目中，通过开展科学研究活动，激发了学生开展科技创新的兴趣，达到了训练学生实践能力的目的。

其三，通过学科竞赛带动实践教学。

通过参加专业竞赛，学院给学生提供了较大的自主学习的时间和空间，这种形式易于调动学生学习的积极性，培养他们的学习兴趣并提高创造性思维的能力。通过学生参加学科竞赛，信息工程学院构建了开放式实验室，在学生晚自习时间开放了公共机房、计算机组装与维护、单片机等多个实验室。为使学生熟练掌握实验、实训技能，达到竞赛所要求的技能，信息工程学院设立了电子设计实训室、软件实训室等。例如，综合实验楼7楼（三个房间）是电子设计实训室，是电子设计的训练场所，9楼是计算机设计和软件设计的实践教学场所。这些场所为学生在课外实训提供了极好的平台，吸引了一大批学生在各个开放性实验室进行实验、实训操作、技能训练等。在对学生进行课外实践训练基础上，信息工程学院还积极组织和承办各种竞赛，这些学科竞赛有效促进了相关专业课程教学体系的改革，使得该院各专业学生的工程能力和创业能力明显增强，教学成果逐渐体现。

其四，依托科技创新平台，进一步深化实践教学改革。

2016年，西藏民族大学申请的《西藏大学生科技创新创业服务平台建设》项目已经立项，该项目以培育大学生科技创新意识和创业精神为宗旨，搭建科技引领、创业指导培训和综合服务于一体的科技创新创业孵化平台，建设一支高素质的大学生科技创新创业导师团队。该项目将依据"大众创新、万众创业"的有关会议和文件精神，依托该平台建设，将实践教学改革进一步深化。

其五，探索校企合作实践教学模式。

为了探索企业全程参与的人才培养模式，信息工程学院2014年尝试与校外企业合作，聘请企业技术工程人员担任实践指导教师（金工实习）。由于企业专家具有丰富的实际开发和研究经验，让他们加入到学生课外实践训练活动中，可以丰富学生的实践活动内容和方向，了解社会对专业实践能力需求，为学校训练学生实践能力提供新的思路。通过拓展校际之间、校企之间、高校与科研院所之间的合作，加强各种形式的实践教学基地和实验室建设，这是信息工程学院进行实践教学模式改革的一条新路子。

（2）教学方式改革。

理论教学方面，信息工程学院在传统教学的基础上，加大课堂教学方法的改革与创新力度，积极探索理论教学方法，加强信息技术在理论教学中的应用，集中优质教学资源，加强资源共享。

实验教学方面，增加了开放性课程和实践性较强的公选课两种教学方式。首先是增加开放性实验课，该教学方式的特点是将开放性和趣味性结合起来，激发学生的创造和创新兴趣。开放性实验分两类，一类是专业性较强的实验，面向信息工程学院所有学生。例如，借助电子设计与制作实验室（PCB 实验室），信息工程学院开设了电子线路板制作课程，这个课程是开放性课程，其特点是没有确定的上课时间，通过电话或到实验室预约确定上课时间；该课程没有确定的上课内容，依据学生的个性需求，在电路板制作过程中，教师讲授相关内容。目前该实验课程面向电子协会的学生（电子协会成员共 67 人）开放，电子协会的学生在开展电子设计活动中，需要制作电路板，他们通过预约方式，在专业老师的指导下完成电路板制作。另一类是基础性、趣味性较强的实验课，面向全校学生，如电子工艺课，该课不设定实验内容，而是让学生成为实验主导人，学生自主确定训练题目，在老师指导下完成作品。例如，有些藏族学生自己设计一个转经筒结构，通过焊接训练，做出转经筒立体结构，加上驱动电机，让转经筒自动转起来。也有些学生自己设计风车、汽车等其他结构，加上电机使其"动"起来。其次是增加实践性较强的公选课，通过实践公选课教学，对学生进行课内实践能力训练。例如计算机基础教学，开设了实践性较强的公共计算机公选课，现在每个专业按照专业需求，选择一个计算机教学模块，学生就能以公共课的形式选修其他的教学模块，扩展学生的计算机知识，提高学生的动手能力。同时，学院紧跟技术发展脚步，将前沿技术引入实践教学中。2015 年 5 月 8 日，国务院正式印发《中国制造 2025》，为了紧跟我国发展需求，针对《中国制造 2025》中提出的智能制造方向，结合信息工程学院的专业方向，学院于 2015～2016 学年的第一学期，面向全校开设了"智能控制与机器人"公选课。这些课程的开设主要是想引导学生关注前沿发展技术，在教师指导下制作出作品，让学生体会科技创新乐趣，激发他们的科技创新兴趣。

### 4. 基于核心课程改革，进行考评体系改革

学院将从两个方面对简单的、传统的闭卷考试方法进行改革。一是对专业核心课程实施综合考核的考试模式，将学生重视期末考试的认知转移到注重平时的学习，将课堂表现、平时作业、实验环节等作为评定成绩的依据。二是改革考试内容。传统考试中的考试内容过多地局限在教材的记忆性知识点上，造成划范围、划重点，使得学生死记硬背，不利于学生综合分析能力和创新能力的培养，在考试内容中引入综合设计型题目，引导师生在教与学的过程中不仅重视基本知识，而且注重应用理论知识及解决实际问题的能力的培养。

### 5. 通过改革达成的效果和成果展示

（1）改革的成效。

改革小组经过对核心课程群的建设，将新知识、新理论和新技术充实到教学

内容中，为学生提供符合时代需要的课程体系和教学内容。这次课程体系结构改革与实验实践教学改革取得了一些成绩，主要体现在以下方面：

其一，培养了一支高水平的教学团队。

学生实践应用能力的提升，需要有良好的实践条件为支撑，更重要的是要有良好的师资队伍与之相适应。以核心课程群为主线，学院制定相关教师能力提升的计划，把提升青年教师的实践能力和高级职称教师的科技创新能力作为核心目标，通过教师外出培训学习，例如学院围绕核心课程群的建设，先后派出5位老师到东南大学或专业技能培训机构进行学习，培训范围包括嵌入式技术、单片机、FPGA、工业机器视觉最新技术与实践等，使得教师的实践能力得到了大幅度的提高，形成了一个稳定、高水平的电子信息类的实践教学团队，他们积极开展教学理论研究，进行教学实践探索，开发了教学资源。该教学团队的实践教学水平获得了学校和外界的认可。2013年，闫刚印老师获得学校的"优秀指导教师"称号；2015年，乔丽萍、李鹏和孟江老师在首届陕西高校中青年教师电子类实验技能竞赛中喜获三等奖，全省48个高校的120个参赛队共计300余人参与了此次竞赛，获奖率为25%；2016年，该教学团队的教学成果获得西藏民族大学教学成果二等奖。

其二，大学生的自主创新意识和参与意识显著提高。

通过电子信息类专业核心课程群体系的构成，学生的专业知识水平和专业技能得到了有效提高，其知识目标和技能目标也达到了预期效果。同时，学生的情感目标的培养也达到了预期效果——学生由原来的不敢尝试到勇于动手，创新意识、实践能力和自信心得到了显著提高。这些主要体现在以下两个方面，一是学生参加全国电子设计竞赛和德州仪器（TI）杯模拟及模数混合电路应用设计竞赛的参赛队数及人数呈增加趋势，成功提交作品数及成功测试作品数也在每年增加。二是学生申报各种项目（如大学生创新创业项目）的积极性明显提高，电子设计类题目增多，项目的实施效果和结项率良好。具体数据如下：

①大学生创新创业训练计划项目申报数量多。

2014~2016年，信息工程学院大学生创新创业训练计划项目立项89项，其中国家级项目21项，自治区级项目56项，校级项目12项（见表3-12）。

表3-12　　大学生创新创业训练计划项目中国家级与自治区级项目的具体情况

| 序号 | 项目编号 | 项目名称 | 主持人 | 项目组成员 | 级别 |
|---|---|---|---|---|---|
| 1 | MY2014029 201410695029 | 基于MSP430的便携式无线数据收发系统设计 | 蔡勇 | 李月桐、普次仁 | 国家级 |

续表

| 序号 | 项目编号 | 项目名称 | 主持人 | 项目组成员 | 级别 |
|---|---|---|---|---|---|
| 2 | 201510695022 | 藏药信息管理平台建设 | 赵坤明 | 孙少锋、陈雪倩、罗扎、徐小涵 | 国家级 |
| 3 | 201510695026 | 基于大数据的西藏壁画检索系统设计与实现 | 王宇轩 | 胡晗晔、央措 | 国家级 |
| 4 | 201610695023 | 藏区 Web 站点指纹信息提取研究 | 郭沛精 | 吴志浩、尚亚瑞、益西桑布 | 国家级 |
| 5 | 201610695024 | 基于 Android 的移动端网络工具设计与开发 | 薛恒 | 恰多、李子豪 | 国家级 |
| 6 | 201610695025 | 六足抢险救灾智能机器人 | 曾喜生 | 刘亚平、孙晨阳、扎西顿拉 | 国家级 |
| 7 | 201610695027 | 基于 FPGA 的智能语音控制类人脸机器人系统 | 曾祥 | 唐永锋、王志强、达娃次仁 | 国际级 |
| 8 | 201661045029 | 基于 STM32 的人体平衡检测仪 | 关金丽 | 王光祖、郭志成、洛松丁增、索朗次仁 | 国家级 |
| 9 | MY2014084 | 基于 3ds max 的赛马动画环境与特效制作 | 巴桑顿珠 | 旦增曲宗、央宗、益西桑姆、麦卓嘎 | 区级 |
| 10 | MY2014087 | 网络商品交易网站开发 | 郝玉丹 | 赵清山、李婉君、何此平 | 区级 |
| 11 | MY2014089 | 基于 3ds max 的赛马动画角色建模 | 巴桑拉姆 | 索朗央措、扎西次仁、曲珍、琼拉 | 区级 |
| 12 | MY2014095 | 理工类课程教学资源库设计与开发 | 白景波 | 吴铜鑫、卓嘎措姆 | 区级 |
| 13 | MY2014096 | MOOC 资源利用情况调查研究报告——以西藏民族学院为例 | 李青霞 | 仓决、韦鑫宇 | 区级 |
| 14 | MY2014097 | 校园信息化应用与发展调查分析 | 熊云 | 陈智慧、孔琳玉、次仁普赤 | 区级 |
| 15 | MY2014098 | 西藏民族学院学生参加各项竞赛活动调查研究报告 | 张欢 | 何欣、曹宇、刘苗昭、米玛 | 区级 |

续表

| 序号 | 项目编号 | 项目名称 | 主持人 | 项目组成员 | 级别 |
|---|---|---|---|---|---|
| 16 | MY2014106 | 社会格局下藏族大学生就业心理的调查研究——以西北片区民族高校为例 | 李福兰 | 于光辉、梅措、熊星铸 | 区级 |
| 17 | MD2015045 | 基于Android平台的校园餐饮"帮帮"App开发应用 | 许珂 | 王昊娜、张宇龙、卢琦 | 区级 |
| 18 | MD2015046 | 金属纳米颗粒荧光增强结构研究 | 伦志港 | 申晓东、崔伟航 | 区级 |
| 19 | MD2015047 | 基于Web的西藏传统音乐资源库管理系统设计与实现 | 宫铭皓 | 张世炜、洛桑丹塔、靳建明 | 区级 |
| 20 | MD2015051 | 高校教室内部空间设计对学生学习行为的影响——基于西藏民族大学分析研究 | 周大顺 | 仇杭、扎西邓珠、加永次仁 | 区级 |
| 21 | MD2015057 | 堆排序算法的实现及动态演示文稿的制作 | 赵梓璇 | 旦巴江村 | 区级 |
| 22 | XZ201610695097 | 西藏日喀则自治区电子商务发展现状调研 | 索朗拉珍 | 边旦卓嘎、桑旦次仁 | 区级 |
| 23 | XZ201610695098 | 西藏高原公路边坡典型病害处治办法适用性分析 | 陈家乐 | 李乐意、加措 | 区级 |
| 24 | XZ201610695099 | 西藏民族大学学生学习能力提高团队建设 | 刘涛 | 格桑江村、孔祥辉、许善民、徐波 | 区级 |
| 25 | XZ201610695100 | 建立西藏游个人向导网站平台 | 万川川 | 高天宇、德庆格桑 | 区级 |
| 26 | XZ201610695103 | 仿人形机器 | 张航 | 德勒江措、斯他、何雪飞、孔祥鹤 | 区级 |
| 27 | XZ201610695108 | 室外扫地机器人 | 关杰尹 | 韩国纲、罗昊、伍才能 | 区级 |

续表

| 序号 | 项目编号 | 项目名称 | 主持人 | 项目组成员 | 级别 |
|---|---|---|---|---|---|
| 28 | XZ201610695110 | 西藏日喀则地区中小学多媒体课件使用情况调研 | 田鸿华 | 丹增拉姆 | 区级 |
| 29 | XZ201610695111 | 西藏文化产品交易平台开发 | 覃亚君 | 赵梓璇、宫铭皓 | 区级 |
| 30 | XZ201610695113 | 苗族民俗风情研究及网页设计宣传 | 郭勇 | 马玥 | 区级 |

②电子设计类项目立项数量多。

在2014年立项的31项项目中，其中10项是基于电子设计类项目，其他项目是计算机和调研类。在2015年立项的24项项目中，9项是基于教师科研项目，8项是电子设计类项目，6项是计算机网页和App开发类，调研类项目只有2项。2016年立项的34项项目中，电子设计类项目占19项，几乎是2014年和2015年电子设计类项目的总和。

③将前沿技术引入电子设计类项目中。

在2014年和2015年，电子设计类项目全部基于单片机技术，在2016年的17项电子设计项目中，均涉及行业领域中的前沿技术，例如嵌入式技术（基于STM32芯片）、FPGA技术。

④藏族同学参与人数明显增加。

信息工程学院鼓励藏族同学参与到各种实践活动中来，采取一帮一的方式（例如，电子设计小组中，一个小组带一个藏族同学），对他们的训练从易到难，逐渐树立了藏族同学的信心，使得越来越多的藏族同学也参与到了电子设计类实践活动中。2014年和2015年的立项项目中，藏族同学参与的项目共有13项；2016年，藏族同学参与项目达到了14项（见表3-13）。

表3-13  藏族同学参与大学生创新创业训练计划项目的情况

| 序号 | 项目编号 | 项目名称 | 主持人 | 项目组成员 | 级别 |
|---|---|---|---|---|---|
| 1 | MY2014029 201410695029 | 基于MSP430的便携式无线数据收发系统设计 | 蔡勇 | 李月桐、普次仁 | 国家级 |
| 2 | MY2014089 | 基于3ds max的赛马动画角色建模 | 巴桑拉姆 | 索朗央措、扎西次仁、曲珍、琼拉 | 区级 |
| 3 | MY2014095 | 理工类课程教学资源库设计与开发 | 白景波 | 吴铜鑫、卓嘎措姆 | 区级 |

续表

| 序号 | 项目编号 | 项目名称 | 主持人 | 项目组成员 | 级别 |
|---|---|---|---|---|---|
| 4 | MY2014096 | MOOC 资源利用情况调查研究报告——以西藏民族学院为例 | 李青霞 | 仓决、韦鑫宇 | 区级 |
| 5 | MY2014097 | 校园信息化应用与发展调查分析 | 熊云 | 陈智慧、孔琳玉、次仁普赤 | 区级 |
| 6 | MY2014098 | 西藏民族学院学生参加各项竞赛活动调查研究报告 | 张欢 | 何欣、曹宇、刘苗昭、米玛 | 区级 |
| 7 | MY2014084 | 基于 3ds max 的赛马动画环境与特效制作 | 巴桑顿珠 | 旦增曲宗、央宗、益西桑姆、麦卓嘎 | 区级 |
| 8 | 201510695022 | 藏药信息管理平台建设 | 赵坤明 | 孙少锋、陈雪倩、罗扎、徐小涵 | 国家级 |
| 9 | 201510695024 | 基于 android App 的藏文化传播软件 | 杨磊 | 李淑敏、普珠、晋美曲桑 | 国家级 |
| 10 | 201510695026 | 基于大数据的西藏壁画检索系统设计与实现 | 王宇轩 | 胡晗晔、央措 | 国家级 |
| 11 | MD2015047 | 基于 Web 的西藏传统音乐资源库管理系统设计与实现 | 宫铭皓 | 张世炜、洛桑丹塔、靳建明 | 区级 |
| 12 | MD2015051 | 高校教室内部空间设计对学生学习行为的影响——基于西藏民族大学分析研究 | 周大顺 | 仇杭、扎西邓珠、加永次仁 | 区级 |
| 13 | MD2015057 | 堆排序算法的实现及动态演示文稿的制作 | 赵梓璇 | 旦巴江村 | 区级 |
| 14 | 201610695023 | 藏区 Web 站点指纹信息提取研究 | 郭沛精 | 吴志浩、尚亚瑞、益西桑布 | 国家级 |
| 15 | 201610695024 | 基于 Android 的移动端网络工具设计与开发 | 薛恒 | 恰多、李子豪 | 国家级 |
| 16 | 201610695025 | 六足抢险救灾智能机器人 | 曾喜生 | 刘亚平、孙晨阳、扎西顿拉 | 国级 |

续表

| 序号 | 项目编号 | 项目名称 | 主持人 | 项目组成员 | 级别 |
|---|---|---|---|---|---|
| 17 | 201610695027 | 基于FPGA的智能语音控制类人脸机器人系统 | 曾祥 | 唐永锋、王志强、达娃次仁 | 国家级 |
| 18 | 201661045029 | 基于STM32的人体平衡检测仪 | 关金丽 | 王光祖、郭志成、洛松丁增、索朗次仁 | 国家级 |
| 19 | XZ201610695097 | 西藏日喀则自治区电子商务发展现状调研 | 索朗拉珍 | 边旦卓嘎、桑旦次仁 | 区级 |
| 20 | XZ201610695098 | 西藏高原公路边坡典型病害处治办法适用性分析 | 陈家乐 | 李乐意、加措 | 区级 |
| 21 | XZ201610695099 | 西藏民族大学学生学习能力提高团队建设 | 刘涛 | 格桑江村、孔祥辉、许善民、徐波 | 区级 |
| 22 | XZ201610695100 | 建立西藏游个人向导网站平台 | 万川川 | 高天宇、德庆格桑 | 区级 |
| 23 | XZ201610695103 | 仿人形机器 | 张航 | 德勒江措、斯他、何雪飞、孔祥鹤 | 区级 |
| 24 | XZ201610695110 | 西藏日喀则地区中小学多媒体课件使用情况调研 | 田鸿华 | 丹增拉姆 | 区级 |
| 25 | MD201610695164 | 简易旋转LED显示屏的设计与制作 | 白玉龙 | 拉多、李静静、杨智涵 | 校级 |
| 26 | MD201610695165 | 多功能可控光立方 | 曾晶 | 顿珠 | 校级 |
| 27 | MD201610695166 | 智能电风扇 | 高瑶 | 洛松西绕 | 校级 |

其三，学生创新与实践能力初见成效。

经过系列改革，学生的实践能力得到了明显提升，学生参与学科竞赛的人数和成绩充分说明了这一点。2010年至今，信息工程学院组织和承办的各学科竞赛有20多项院级竞赛、12项校级竞赛、18项省级和18项国家级竞赛，获得省级奖52项，国家级奖16项。具体情况如下：

①全国大学生数学建模竞赛。

在2011年由信息工程学院发起，西藏民族学院首次组队参加的全国大学生数学建模竞赛中，3支代表队获联合赛区一等奖，2支队伍获二等奖，14支队伍获成功参赛奖。经过教学改革后，获奖人数明显增多，2013~2015年，在全国大学生数学建模竞赛中，由信息工程学院学生参与的30支参赛队伍中，获得国家奖的有3项，陕西省赛区奖19项。从这个数据也可以看出，获奖级别显著提高。

②中国大学生计算机设计大赛。

通过系列教学改革后，学生的计算机技能得到了显著提高。2010~2012年有6支队伍参赛，获得陕西省三等奖2项，优胜奖4项，没有作品进入国家决赛。到2015年，共有5支队伍参赛，三支队伍进入国家决赛。

③电子设计竞赛。

西藏民族大学在2013年以前，没有参加过任何一种形式的电子设计竞赛，从2013年开始，信息工程学院加快了实践教学改革的步伐，从电子类专业知识和专业能力入手，进行了系列改革，随着实践教学改革的深入，电子信息类专业的实践教学改革涉及内容逐渐扩大，基本形成了自己的实践教学特点，使得学生的实践能力得到了明显提高，从下面这些数据可以看出，电子信息类专业的实践教学改革成果显著。例如，在2013年9月，西藏民族大学首次参加全国大学生电子设计竞赛，参赛队伍5支，人数已经达到了15人，获得国家二等奖（陕西省一等奖）一项，陕西省三等奖两项（其中藏族学生1人）。2014年，信息工程学院的学生又参加了陕西省第四届大学生德州仪器（TI）杯模拟及模数混合电路应用设计竞赛，参赛人数已经达到24人（藏族同学2人），两支队伍获得陕西省三等奖。2015年，学校第二次组织学生参加了全国大学生电子设计竞赛，共有9支队伍参赛，5支队伍获奖，其中3支获得陕西省二等奖，2支获得陕西省三等奖。

从上面这些数据可以看出，电子信息类实践教学改革不仅提高了学生的实践能力，也增强了学生的自信心，达到了知识目标、技能目标和情感目标兼顾的实践教学目标。

其四，改革受益人群范围进一步扩大。

通过改革，电子信息类专业的课程体系结构基本完善，相应的实践教学体系得到优化，实践教学资源得以丰富，学生的实践能力得到了提高，改革的影响力显著增强，改革成果受益的学生人数不断增多，涉及专业范围广。例如，2013年学院试用电子设计竞赛专业知识的培训，经过培训，非电子和通信专业的学生都很好地掌握了电子设计的基础知识和技能，如赵刚，2010级工业本科学生，完成了国家级大学生创新创业项目（基于单片机与视频采集卡的智能监控报警系统的设计与实现）。2014年的陕西省第四届大学生德州仪器（TI）杯模拟及模数混合电路应用设计竞赛和2015年全国大学生电子设计大赛，共51名学生参加，21名学生获奖，获奖和参赛学生几乎覆盖了信息工程学院的6个专业。

其五，改革成果呈现多样化。

经过系列改革后，教师的实践能力和水平得到了大幅度的提高，学生的毕业设计题目也逐渐多样化，题目更加贴近实际应用。例如，在 2017 年的电子信息科学与技术专业的毕业设计 40 个题目中，涉及单片机、嵌入式（ARM 与 STM32 两种嵌入式版）、FPGA 等前沿技术的应用，使用的编程语言有 C、C + + 、Verilog、VHDL 语言等行业主流编程语言。

（2）改革成果展示。

部分综合实验展示如下：

①综合实验 1：流水灯实验。

实验说明：该实验将模拟电路三极管经典电流放大作用与单片机控制作用结合，使学生能够更好理解课程之间的联系，学会知识综合应用（见图 3 - 7）。

②综合实验 2：点阵模块实验。

实验说明：该实验将数字电路中三八译码器和模拟电路的三极管与单片机控制作用相结合，使学生感受到直观、动态显示的魅力，显示内容可以个性化设计，提高了学生的专业学习兴趣（见图 3 - 8）。

③综合实验 3：简易计算器。

实验说明：要求学生将电路基础、模拟电路、单片机等课程知识综合应用，综合了单片机的输入输出于一体，初步实现小系统和人机对话，焊接器件增多，要求学生动手能力更强，不论是知识的综合应用和动手制作都要求更高的综合实验（见图 3 - 9）。

图 3 - 7　流水灯实验

图 3-8　点阵模块实验

图 3-9　简易计算器

④综合实验 4。

让焊接作品动起来是西藏民族大学开展综合能力训练的又一尝试，之前的焊接作品仅限于对学生基础能力的训练，为了训练学生的机械设计和电子系统设计能力，改革小组提出了将焊接作品与控制系统或驱动系统相结合的实验设计思想，要求学生在焊接作品设计时，必须考虑机械结构是否能正常运转等实际情况，因此，该实验在训练学生的基本焊接能力的同时，训练了学生的机械设计能力和电子系统设计能力（见图3-10）。

图3-10 学生综合能力训练作品

# 第四章

# 高校少数民族应用型人才培养
# 内—外协作方式改革研究

高校少数民族应用型人才培养既要注重校内培养，加强学生学习、教师队伍、培养内容、培养手段等培养过程改革，也要注重与外界建立广泛、密切、有机的共生关系，强化校企合作、校校合作、校地合作等内—外协作培养过程，寻求外部合作。应用型高校内—外协作是指应用型高校与外部系统建立的全方位合作，既包括高校之间的合作，也包括与政府、企业、行业等建立的双边或多边合作。内—外协作是民族地区高校应对产业转型升级、主动融入区域、服务社会发展的必然结果，也是化解风险和挑战、凝聚发展合力、推进转型发展的一条极其重要的路径。这条通力合作、多边共治、内—外协作的道路必将成为提升应用型高校人才培养质量的必由之路，同时也是适应并引领民族地区特色产业和新兴产业，增强服务民族地区发展能力，提高核心竞争力的关键路径。高校少数民族应用型人才内—外协作方式主要是基于民族特色文化产业展开。

## 一、高校少数民族应用型人才培养内—外协作方式

新疆维吾尔自治区作为我国典型的民族地区和经济欠发达地区，正处于经济发展的快速增长期和结构转型关键期，其特色产业与新型产业的快速发展，对人才质量产生了更高的要求。为此，新疆地区高校加快培养地方经济社会发展所需

的应用型人才，加强与政府、行业企业、其他院校等合作，构建产教融合、内—外合作的办学模式，解决产业发展的人才"瓶颈"问题，提升服务经济社会发展的能力。因此，新疆高校应用型人才培养内—外协作方式在民族地区具有较强的典型性和代表性，能够在一定程度上反映出其他民族地区高校应用型人才培养的内—外协作情况。为深入了解新疆地区高校少数民族应用型人才培养内—外协作情况，课题组赴石河子大学、新疆农业大学新疆工程学院、昌吉学院、伊犁师范学院、喀什大学等院校，围绕校企合作、校校合作（特别是与对口支援高校的合作情况）、校地合作、院校转型发展等内容进行专题调研。

## （一）校企合作模式

2014年国家六部委颁布的《现代职业教育体系建设规划（2014—2020年）》将"产教融合、校企合作"作为职业教育体制改革的方向。应用型大学具有职业教育的属性，其特点之一是重视校企双方的合作。以校企合作教育形式培养应用型人才能更有效地实现培养目标，对高校突破自身发展约束，进一步提高办学质量和效益有重要作用。下面从分析现有校企合作的显性模式出发，对校企合作的典型模式进行分析、总结。

### 1."订单式"人才培养模式

（1）模式概况。

"订单式"人才培养模式是指企业根据自身行业发展需要而与学校签订用人协议，并且企业参与课程设置、实习实训、评估考核等人才培养过程的"订单人才培养"模式。

（2）模式特点。

"订单式"人才培养模式具有导向性、实践性和委托性三大特点。第一，人才培养目标的需求导向性，即从高校招生到毕业生就业整个人才培养的过程充分体现以市场和企业为导向；第二，人才培养过程中的实践性，包括课程实践性和教学实践性，学生的学习内容与岗位契合，在企业中进行学习和实践活动，接受企业的系统实践训练；第三，校企形成法定的委托培养关系，就业导向明确。

（3）案例："高校＋地方＋企业"的"订单式"人才培养模式。

"高校＋地方＋企业"的订单定向式人才培养模式，是指高校尤其是民族高校根据民族地区人才紧缺行业的人才需求，以及国家或当地政府给予特殊的优惠政策，吸引考生报考面向民族地区人才紧缺行业的专业，高校尤其是民族高校开展订单定向式人才培养，学生毕业后按招录时的签约到指定民族地区的行业就业。[①] 通过"订单式"人才培养模式培养出来的学生，可以适应民族地区产业转型发展、经济结构调整，满足现代化、工业化、信息化等战略对高层次应用型人才的需求，提高人才培养质量和结构与行业需求的匹配度。

新疆维吾尔自治区为推进新型工业化建设，大力实施优势资源转换战略，加快资源优势向产业优势转化，在其优势、支柱产业，特别是石油化工、能源、煤炭工业、资源勘查、特色农业等重点产业领域发展、培养急需紧缺人才。为此，新疆工程学院面向民族地区紧缺专业人才开展订单定向式培养。近年来，学校先后与神华（集团）新疆分公司、特变电工股份公司、徐矿（集团）新疆分公司、宝钢集团八钢公司、新疆天业集团、新特能源、鲁能（集团）准东煤电煤化工项目公司等二十多家企业签订订单培养协议。[②] 用人单位参与人才培养的全过程，学生在学校学习理论，在用人单位实习实践，完成了由学生到企业员工的无缝对接。通过多年的探索与实践，"订单式"人才培养模式获得了新疆维吾尔自治区的高度重视和学校的大力支持，也获得了订单定向生、企业的认可。新疆工程学院招收培养的订单定向生入校后，自愿定向就业，与培养院校和拟就业单位签订经相关人事部门认可的"自治区重点产业紧缺人才专业学生定向就业协议书"，以明确各方的权利和义务。学校非常重视这些订单定向生的培养，与企业共同商讨教学课程和实习实训事宜。

根据民族地区的实际情况，企业围绕产业需要，院校订单定向式培养人才，使少数民族学生毕业后即完成了由学生到企业员工的无缝对接，既解决了民族地区专业人才匮乏的问题，又解决了少数民族毕业生结构性就业难的问题，使人才培养目标与社会需求契合，提升了服务社会经济、产业转型升级的能力。

### 2. 校企联合参与人才培养模式

这一模式可以有很多形式，一般包括：以人才培养为核心，合作办学模式为体制基础，依托学校、企业和行业的资源和能力共同培养专业化的人才，共同制定专业标准、制订人才培养方案、实施专业建设计划、建设实训实习基地、探讨工学结合的人才培养模式。

（1）企业参与制订人才培养方案。高校需从培养目标与社会需求的结合点入手，与企业共同制订人才培养方案，包括制定大纲、课程标准、课程设置、教学

---

① 张明善、严茜、李永政：《面向民族地区紧缺人才行业开展订单定向式人才培养模式的对策》，载于《西南民族大学学报》（人文社会科学版）2012年第11期，第207~209页。

② 根据调研数据整理而得。

内容、教材建设、实习实践、教学评价、职业能力和职业素质等。比如，昌吉学院建立由行业、企业专家参与的专业设置评议制度，邀请企业单位的专业技术人员和管理人员参与学校的专业建设和教学指导委员会。喀什大学就旅游管理专业人才培养方案征求众多企业的意见，专门召开校企研讨会征集企业的意见。伊犁师范学院的物理与电气工程学院在制定人才培养方案时，走访了国家电网、华能集团有限公司等众多企业，获得关于人才培养的宝贵意见。

新疆农业大学机械交通学院探索"3+1"卓越人才培养计划，与新疆中收农牧机械有限公司（以下简称"中收公司"）联合培养人才（3年学校，1年企业），培养模式重视企业实践课程计划，注重学生掌握与生产实践相结合的知识和技能，切实提高学生的实践能力和丰富实践经验。学院与企业双方就即将开展的一年企业培养计划进行了实质性的沟通，双方就"3+1卓越工程师企业实践课程培养计划"的培养内容、方式以及时间安排、考核与评定等细节问题进行了深入探讨，并初步达成了共识，即以拟定该班学生的毕业设计题目为牵引，以毕业设计所涉及的内容为主线开展即将开始的"四合一"综合实习，让学生在综合实习中充实实践知识。新疆农业大学非常强调学生在企业中的实习训练，对学生实践能力培养有非常明确的方案，并在方案中提出人才培养要以企业的需求为导向，要不断深化校企合作，从企业的需求方出发做好产学结合工作，从而培养高质量的复合应用型人才，实现校企双赢。与此同时，为了使学生的知识体系更好地与企业实际相结合，双方对综合实习过程实施的细节问题进行了良好的沟通，包括实习过程中开展哪些讲座，具体时间节点安排及讲座人的落实，学生绘图能力培训工作安排，题目分配、导师分配及任务分解落实等工作，企业方对学生在公司实习期间的实践内容安排、指导人员配备、生活等方面给予了周到的安排和部署，促进了"3+1"卓越人才企业培养计划的有效实施。

（2）共建实训实习基地。校企合作和工学结合是完善实践教学环节的有效途径。实习基地的选择与建设是实习效果、实践能力培养的关键，实习基地建设直接关系到实践教学的质量。推进少数民族教学改革和提高少数民族教学质量，以提高少数民族学生实践动手能力为突破口，进一步加强实践教学环节，提高少数民族学生的实践能力、动手操作能力，对增强学生综合职业能力和职业素养具有重要作用。

石河子大学强化实践教学和专业职业教育的思路，不断实践探索校企合作育人，重视少数民族工科应用型人才实践能力的培养，与企业共同建立校外基地、学生实习基地。例如，2016年，石河子大学与北新建材工业集团就举行了校企合作的签约，双方正式建立了校企合作关系，通过"石河子大学产学研基地"以及"石河子大学建筑产业化科研基地"的建立，大学能够更加敏锐和科学地了解建材行业的市场最新消息,双方能够更加互通有无地分享行业需求的动态变化,加强企业对人才培养的关注程度,提升大学人才培养的技能水平和应用能力。再如,石河子大学早在2000年就建立了大学农业教学实验场,实验场规模发展到现在已经具备种子生产、农副产品加工、销售等功能于一体,并且每年都会输送大量的在校学生进入实验场进行实习训练,借以培养学生的实践应用能力。同时,实验场也是大学重要的苗种试验基地,为大学农业科学研究的发展提供了重要的场地服务功能。此外,与企业共建现代高水平高效农业科技示范基地,比如,建立高效种植示范区、无公害蔬菜种子繁育生产示范基地、优质粮食作物种子繁育生产示范基地、农业技术生产示范基地、优良畜禽养殖示范区、畜禽高效养殖示范基地、优质牧草种子繁育以及青饲料生产示范基地。石河子大学在与企业合作的过程中,不断加强校企间的沟通和联系,其人才培养实践模式注重教学过程与生产实践的一致性、教学环境与工作岗位的一致性,大力提高了学生的实践能力。

新疆农业大学和中收公司共同成立工程实践教育中心,即大学生校外实践教育基地。机械交通学院已与中收公司开展了双导师制工作试点,中收公司调集技术骨干,农牧机械工程系选派4名青年教师作为企业指导教师的助手,共同作为24名2014届毕业生的毕业实习和毕业设计指导老师。目前新疆农业大学24名本科生,已在该设计室开展毕业设计工作,并在公司的各车间进行同步实习。建设实践教育中心,对培养大学生的工程意识、工程素质和工程实践能力,突出新疆农业大学"重基础、强实践、能创新"的教育特色具有非常重要的意义,同时也为"农业机械化及其自动化专业"卓越工程师计划的开展提供了必要的保障。

(3)设立校企联合培养人才基金。学校与企业联合培养企业所需的专门人才,企业在学校指定专业设立专项的助学基金,资助学生完成学业。校企联合培养人才基金由联合培养企业提供,用于资助学生完成四年大学(或三年研究生)的学费和基本生活费。例如,新疆天富集团有限责任公司(以下简称"天富集团")是一家发展热电联产、水火电并举、天然气供应、煤炭生产经营的区域能源企业,自2009年起天富集团就与石河子大学在人才培养等方面开始了交流与合作,双方在实习基地的建设、科研项目开发以及共享资源利用等方面都进行过较为深入的合作,并且在2014年第二轮校企合作协议签订中,天富集团专门设立了"奖教基金和奖学金",重点用于奖励大学在科研、教学等方面比较突出的教师,以及在专业学习方面的优秀学生。

(4)实施企业深度参与毕业论文(设计)方案。学生的毕业设计应结合生产实际问题,这不仅缩短了学生以后从事工作的适应期,而且有利于提高毕业设计的质量和生产实践能力。教师在指导民族学生毕业设计时,应让民族学生选择偏向实际操作的毕业设计题目，增强民族学生的动手实践能力。对少数民族学生的培养要发挥民族学生的优势，因材施教。老师在教学方面适时锻炼少数民族学生的应用能力，而在校外合作企业实习则可以培养少数民族学生的应用能力。比如，伊犁师范学院鼓励学生在企业实习与毕业论文完成同步，鼓励民族学生选择企业需要的、偏向实际操作的毕业设计题目，由教师和实习企业指导教师共同指导。学生毕业论文的选题来自企业的真实需求，使学生在实习中了解企业，体验真实的实践环境，通过毕业论文解决企业面临的问题，将学习理论应用于实践。

（5）校企合作开展特色活动。校企合作积极开展大学生社会实践、文化活动、学科竞赛及创新创业教育，创造条件鼓励民族学生在校期间进行专业实践能力的训练，更多地走向社会、融入社会，不断提高学生的实践能力和社会适应能力。

一是与企业合作开展民族文化节活动。通过活动，既可以展示各民族学生的民族文化创意，推进民族传统行业传承、发展、创新，还可以促进民族产业融合发展。二是在企业的协助下开展各类竞赛。目前，我国经济发展全面进入"新常态"，创新是引领发展的第一动力。"大众创业、万众创新"是党中央、国务院的一项重大战略部署，民族地区地方院校担负着培养民族学生创新创业能力的重要任务。参加各类竞赛对民族学生来说既是挑战，也是积极的尝试。在比赛中促进学生跨民族合作交流，在团队合作中培养民族学生的创新能力和综合实践能力，在企业的支持下将民族学生竞赛项目成果付诸实践，有利于少数民族学生创业能力的培养。三是依托企业开展各类论坛活动，邀请知名的少数民族人士开展专业讲座，介绍行业发展状况和发展趋势以及经验分享等，为少数民族大学生树立专业理想、明确学习目标、顺利完成大学学业指引方向。

### 3. 双师团队共建模式

发挥企业优势，整合内部资源，解决当前应用型高校的软肋——双师团队的建设，双师团队共建模式能够有效解决我国应用型高校师资队伍实践能力缺乏、师资结构不合理的问题，以提高应用型人才培养质量。

（1）模式概况。

高校教师具有突出的理论教学能力，但缺乏必要的实践技能；企业人员则具有良好的实践经验，但是在课堂教学能力方面相对较弱。双师团队共建模式主要是从人才培养的角度出发来加强校企双方的联系与合作，生产与教学的结合，打造一批具有一定企业实践经验的高校教师和具备良好教学技能的企业人才，即通过校企双方的联合培养，选派教师到企业一线进行不定期的实践训练，提升教师企业实践的感性认识。或者把具有丰富企业实践经验的人员选派到高校进行授课培训，借以提高其相应的教学能力，从而打造出一批具有专业理论知识和实践技能的教学人员，为应用型人才培养提供高质量的师资保障。

（2）模式特点。

双师团队共建模式的特点主要在于高校和企业的联动互助。具体表现在高校和企业共同培养兼备教学理论知识和实践技能的教师或者企业人员，从而实现课堂教学或者企业实训方面理论与实践的结合，避免学生在理论知识或实践技能方面的单一发展。

（3）案例分析。

建立"双结构型"教师，强化应用型学科教师社会实践能力的培养和提高。聘请优秀企业技术人员和管理人员担任兼职教师、客座教授、实习指导教师，选派专业教师到企业接受培训、挂职和实践锻炼，培养老师的实践教学能力，这是"双师型"师资队伍建设的重要内容。比如昌吉学院为了增强教师的实践经验，提高"双师"素质，部分专业实行新教师先实践、后上岗和教师定期实践制度，每年安排专业教师参与企业的实践锻炼或到企业兼职，要求煤电煤化工专业教师每两年专业实践的时间累计不少于两个月。又如新疆农业大学机械交通学院与中收公司联合培养年轻教师，企业专门为年轻教师安排了有多年经验的工艺工程师，进行"一对一"的指导工作，开展首批为期两个月的基于工艺设计的实战训练。学院希望通过此次联合培养，能够切实充实年轻老师的实践经验，更好地培养"双师型"教师，从而更好地推进新疆维吾尔自治区重点产业紧缺人才专业——农业机械化及其自动化专业的"双师型"教师培养和落实卓越工程师培养计划。

### 4. 校企共建技术研究中心模式

（1）模式概况。

校企共建技术研究中心从本质上讲是一种产学研合作模式，是一种紧密型的、可持续发展的校企合作模式。企业与高校之间以项目、课题为纽带，双方各自发挥在人才、技术、设备和环境方面的优势，联合进行科技攻关、成果转化和学生培养。

（2）模式特点。

校企合作共建技术研究中心模式的优势表现在：院校可以及时了解企业技术需求，结合产业需求进行科研，提高学校服务企业发展的科研能力和技术水平；企业通过技术改造、技术研发和技术创新，获得相应的经济利益；教师参与技术研发可以及时掌握行业最前沿的新技术、新工艺、新知识，革新从教内容，提高教学质量；教师与学生共同参与技术研发，有利于培养学生的技术应用能力、创新能力和综合职业素质。

（3）案例分析："校—校—企"共建工程中心。

基于新疆地方本科院校科研实力薄弱的现实，地方高校应全方位地利用支援高校技术、科研的资源力量，提高民族地区地方院校的科研实力。以科研合作为切入点，昌吉学院与厦门大学成立了"新疆洁净能源化工联合研究院"，通过联合研发提高昌吉学院在洁净能源化工技术的科研能力，提升学校对接企业的研发能力，创造与企业开展深层次合作的条件。同时，2016年，昌吉学院、厦门大学与新疆中泰化学股份有限公司（以下简称"中泰化学"）合作成立了"新疆化石资源加工与新能源技术工程中心"，充分发挥厦门大学的研究和技术优势、昌吉州的区位和资源优势、昌吉学院的政策和平台优势，利用中泰化学的产业化纽带，吸引研发机构和研发人员开展原创性技术、共建关键技术和瓶颈技术的研发，以技术辐射推广中心成为重要科技援疆基地，形成了"支援高校—受援高校—地方企业"三方联动研发的合作路径。聚焦昌吉州煤电煤化工行业的特色优势和地域优势，选择具有全局性、战略性的重大工程，成立"工程中心—联合研究院—应用基础研究部—工程技术研究部"，集中支援高校—受援高校—地方企业、行业的力量，组织攻关新能源技术开发、化石资源加工、电力设备控制等关键性技术，探索多方合力、多技术集成的重大研发和工程转化平台以及人才培养中心，服务民族地区地方产业发展。

成立于2016年的新疆化石资源加工与新能源技术工程中心力争在3~5年内，成为国家工程研究中心或"2011计划"协同创新中心的重要成员单位。工程中心以工程应用研究和技术研发为主要内容，主要从事针对准东煤盐（碱）含量较高的技术处理、废水废气处理、煤炼焦、合成气制替代天然气、煤基"醇—醚"燃料的科研，促进能源的可持续发展。

技术研发中心的本质是产学研合作模式，是学生提升实践能力和应用能力的重要平台。通过研发中心为少数民族学生提供一个在校内可对接企业学习、实践、创新的平台，形成校企合作的有效"产、学、研"人才培养机制。研发中心所做的大多是关于一些前沿技术的研发，学生在教师带领下共同参与技术研发，参与企业真实的研发环境，直接接触到生产领域中的各类技术问题。在研发中心的学习实践，有利于学生创新意识、实践能力以及技术应用能力的培养，人才培养更能满足企业的实际需要。少数民族大学生在正式进入社会工作时，就已经具备了企业员工相应的研发能力和应用技术能力，较易实现少数民族大学生学以致用。

（4）模式的运作机制。

第一，建设相适合的管理机制。为了保障工程中心的良好运作，工程中心成立联合研究院管理委员会，设主任一名、副主任两名，代表三方负责督促和监管三方的合作研发工作，以及日常管理工作。每年定期举行会议，审议研究院年度工作状况和制定下一年工作计划，明确工作任务和工作重点，确定 2~3 个研发项目和课题。中心管理委员会起草了《工程技术中心规章制度》《发展规划管理办法》以确保其良好运作。

第二，项目的运行机制。厦门大学负责加强和完善"应用基础部"平台建设，充分利用资源，开展相关技术研发，为工程中心科研方向的把握提供依据。同时依托厦门大学的优势，组建院士工作站，为科研合作起支撑作用。中泰化学负责加强和完善"工程技术研究部"平台建设，使之将科研成果从应用基础研究走向产业化。根据新能源技术的发展趋势，工程中心负责协助中泰化学制定相应的科技发展规划，对关键的前沿技术和共性技术提出攻关计划和方案，并根据技术需求和产业发展规划，组织人员开展获准立项的各类科研项目的实施。

第三，权益分配机制。维持技术研究中心这个经济实体健康有序地发展下去，权益分配是技术研究中心需要解决的重要问题。建立和完善校企合作的权益分配和风险投资机制，建立理顺科技成果的转化机制，建立公平合理的利益分配机制、知识产权分配机制，保证各方的利益与风险均衡。

第四，坚持教育性原则，推进研究中心人才培养机制。研究中心是科研技术项目的实施平台，也是应用型人才培养的重要载体。研究中心有先进的仪器设备、优秀的技术人员及丰富的企业资源。高校作为研究中心的共建单位，不仅要推进企业技术创新，提升行业、领域的技术创新能力，还应依托研究中心培养学生的工程实践能力与创新能力。

实施"项目化"教学设计，将研究中心实际项目作为理论教学和实践教学的重要组成部分，围绕"项目"设计专业培养方案和课程，实施项目驱动的研究式教学方法。同时依托研究中心，鼓励学生到研究中心实践和生产实习，可以使学生学习企业的生产流程、生产技术和生产管理。研究中心主要开发行业领域的基础性、关键性技术，积极探索科研项目与人才培养相结合的途径，培养学生科研能力、适应能力、合作能力和人际交往能力。

### 5. 大学科技园建设模式

（1）模式概况。

大学科技园是我国地方高校推动区域经济社会发展的新形式。大学科技园是政府、企业和大学产学研合作的一种形式，为创业企业提供了知识源、技术源和人才源。大学科技园在加快科研成果转化、高新技术企业的孵化、创新创业人员的培养等方面发挥了重要作用。

（2）模式特点。

民族高校科技园依托科技资源优势和人才优势，推动民族地区科技进步、增强自主创新能力，对解决其经济发展的直接制约因素中的技术因素和人才因素发挥重要作用。

（3）案例分析。

石河子大学是国家"211工程"重点建设高校和国家西部重点建设高校，现由教育部和新疆生产建设兵团共建，是"中西部高校综合实力提升工程"（一省一校）入选高校。学校坚持"以服务为宗旨，在贡献中发展"的办学理念，服务于兵团经济社会发展、产业结构调整。2004年，石河子大学成立了石河子大学科技园，它是由地方政府、院校主管部门、学校和企业联合打造高新企业孵化、技术研发创新、创新创业人才培养为一体的校企合作综合科技园，园区占地面积100亩，综合建筑面积70 400平方米，建成综合孵化空间2.38万平方米。园区建立产业共性技术创新研发平台、产业化支撑平台、科技企业孵化、大学生创业实习实训基地、科技中介服务平台等公共服务平台，引进了"石河子大学新农村发展研究院""国家遥感中心兵团分中心""石河子市农业信息化工程技术中心"等高水平创新服务机构。

自2004年成立以来，石河子大学科技园根据企业和产业调整需要，着重发展现代农业、信息服务产业、装备制造和材料化工等。2015年底，石河子大学科技园引进企业61家，其中科技型企业59家、高新技术企业4家、大学生创业企业12家，为校企合作提供了广阔的平台。2014年以来，石河子大学科技园先后被国家科技部、教育部认定为"国家大学科技园"，被兵团工业和信息化委员会认定为"兵团小企业创业示范基地""兵团中小企业公共服务示范平台"，2015年被确立为"国家级科技企业孵化器"。石河子大学国家大学科技园依托大学技术研发、科技信息、人才资源，为园内企业提供创新源和创业源，提升服务创新创业能力；实现项目成果与企业需求、资本市场间的精准对接；实现资源共享、互利多赢、开放共享机制；形成完善的孵化载体，推动大众创业、万众创新和企业孵化，打造一个高度融合的众创生态环境。

石河子大学科技园建设的重要出发点之一是培养符合行业企业需要的高层次复合型人才以及创新创业人才。借助大学科技园这一平台，将企业引入大学科技园，为建设生产性实训基地、学生实训实习、教师企业实践等创造有利的条件。国家大学科技园是国家创新体系的重要组成部分，是师生创业的实践基地，也是创新创业人才培养的重要平台。石河子大学国家级科技园重视创新创业人才的培养，在石河子大学国家级科技园区建设新疆兵团青年创新创业基地（众创空间），为创新创业提供场所、资金、创业指导、便利化的创业服务，使其成为兵团青年创新创业的重要基地，依托学科人才优势，发展科技文化产业，为创业人才发展提供了广阔的空间。

（4）模式的经验分析。

第一，优化民族地区大学科技园的外部环境。发挥政府的引导优势，利用有效的政策和制度设计来扶持民族地区大学科技园中的孵化器，并通过优惠的政策吸引企业进驻科技园。围绕集群化发展模式，推动大学科技园资源共享；完善产品开发、科技成果转化、股权激励、知识产权在内的政策保障。总之，大学科技园在建设和发展过程中必须处理好大学科技园与依托大学的关系，创造共赢机制。

第二，解决好民族地区大学科技园的资金不足问题。民族地区经济发展相对滞后，技术改造、产业升级和发展高新技术产业都需要大量的资金投入。然而民族地区高校科技园资金缺乏，不能满足科技园的运作。因此，要努力增加大学科技园区的多渠道资金来源，开拓市场，创设融资环境，采取市场化运作机制，形成多主体投资，吸引中介服务机构入园。比如，石河子大学国家大学科技园支持科技企业发展，增加科技型中小企业创新基金数额，对科技企业贷款融资给予贴息、风险补偿等鼓励政策。

第三，民族地区大学科技园的特色建设。民族高校科技园支持民族地区经济发展，应注重研究当地的自然条件、各类资源、产业结构以及文化历史等要素的特色，仔细分析其优势和劣势，把其经济特色和优势作为服务重点，全力支持其特色经济的发展。同时，民族高校科技园要尽量发挥自己的智力服务产品的特色和优势，使之在民族地区的特色经济发展中发挥作用，使服务的效用最大化。① 比如石河子大学科技园根据民族地区产业的发展状况，成立农业装备制造、食品加工、生物技术、电子信息、遥感技术等企业加速成长基地，高新技术产业化支撑公共服务平台建设、技术转移基地建设等，加强平台和基地的建设，推动科技创新与地方经济发展相结合，促进高新技术产业的发展，形成科技创新的特色与优势，服务民族经济发展。

第四，加大科技成果转化推广力度。依托"国家大学科技园"，加强科技成果转化与推广服务，充分利用大学科技园科技成果转化平台，推动技术转让与转移，提高科技成果转化率。石河子大学加强"国家大学科技园"的建设与管理，申报并建设"兵团农业信息化工程研究中心"，建设兵团新兴产业技术创新公共服务平台，充分发挥其转化高新科技成果、"孵化"高新技术企业的功能，加强科技成果转化，促进"政产学研用"紧密融合。另外，加快中小微科技企业科技成果转化基地的培育，2015年兵团投入2 300万元支持60家中小微科技企业实

---

① 张春雨、时光：《民族高校科技园与民族地区经济发展》，载于《西南民族大学学报》（人文社科版）2006年第6期，第13~15页。

施技术创新项目 80 项，技术服务项目 2 项，有力地促进了科技成果转化转移，为社会创造了直接的经济效益。

第五，依托大学科技园，培养少数民族学生的创新创业能力。针对部分少数民族大学生就业观念落后、缺乏创业意识、自主创业能力不强、竞争意识弱的现实问题，加强少数民族学生创新创业能力培养是转变少数民族学生就业观念，提高少数民族学生就业能力的重要路径，也是践行"大众创业、万众创新"战略的重要举措。石河子大学国家级科技园区建设新疆兵团青年创新创业基地（众创空间），成为青年创新创业的基地。大学科技园与创新创业教育之间有紧密联系，大学科技园是培养少数民族学生创新创业能力的实践平台，依托大学科技园整合创新创业教育资源，组建创业导师指导团队，为少数民族学生提供实践性的创业指导。与此同时，设立创新创业基金，解决少数民族大学生创业资金的"瓶颈"问题。提供"孵化"场地，搭建创业平台，支持少数民族大学生参加创业大赛、项目展示等，提供创业项目，吸引有意愿、有能力参与的少数民族学生参加。为少数民族学生搭建创业交流的平台，实现"以老带新"模式下的创业文化传承。

### 6. 职教联盟模式

（1）模式概况。

职教联盟以校企政为依托，由职业院校、行业、企业以及其他社会组织合作，一般以一两所高职院校为龙头，以相关院校和企业为主体，形成以契约或资产为纽带的办学联合体，以促进职教资源优势互补。从职教联盟的性质看，是横跨职业教育与产业间的中间组织，目前地方本科院校也积极参与到职教集团，以促进自身的发展。

（2）模式特点。

组建职业教育联盟的目的主要在于优化资源配置，集中各校优势，发挥规模效应，适应市场竞争。职业教育集团化办学的最大特点是集团内部成员之间的资源共享；对于职业教育联盟内部的体制管理，应该在保持相对独立的前提下在培养目标、教育管理、教育监控等方面实行统筹协调；在专业设置、教学计划、师资等方面实现统筹管理。[①]

（3）案例分析。

新疆维吾尔自治区昌吉回族自治州（以下简称"昌吉州"）2014 年 10 月 14 日成立了"昌吉州职教联盟"，昌吉州职业教育联盟是经州党委、州人民政府批准，由州教育局牵头，依托昌吉学院、新疆农业职业技术学院、昌吉职业

---

① 孙琳：《职业教育集团化办学实践的思考》，载于《教育研究》2007 年第 10 期，第 62~66 页。

技术学院联合新疆准东经济技术开发区、昌吉国家农业科技园区、昌吉国家高新技术产业开发区及州直相关部门、大中型企业、行业协会、社会组织、科研院所、援疆省市大中专院校成立的一个区域性、非营利性、非法人的职业教育联合体。

立足于行业发展需要，昌吉州职教联盟成立了煤电煤化工职教集团、现代农业职教集团、先进装备制造业职教集团、现代服务业职业教育集团。昌吉州职教联盟的核心目的是促进昌吉州的职业学院联合政府、企业、行业、科研机构等为昌吉州培养应用型、技术型人才，以解决昌吉州用工荒和学校培养的人才与企业需求不对接的问题。这种由政府促成的联盟将企业和学校紧密地联系在一起，打破了以前封闭、单一办学模式的局面，推动政企校合作，深化昌吉州职业教育产教融合。职教联盟已经成为昌吉州开展职业教育合作的典范。职教联盟实际上是一种资源整合的组织，实现高校、企业、科研机构资源整合和共享，寻找协同效应。从职教联盟的战略角度来看，推动校企、校地、校校深度协同合作，有利于全面提升职业教育发展质量。

（4）职教联盟的运行。

第一，政府支持。在昌吉州人民政府的大力支持下，整合联盟成员的办学资源，推动职教集团相关工作顺利开展。按照昌吉州职业教育发展的规划，昌吉回族自治州人民政府印发《关于自治州促进职业教育联盟发展指导意见的通知》，提出加快实施职业教育联盟化发展，并明确了职教联盟的指导思想、基本原则、联盟范围、运作模式等。为了进一步推进职业教育联盟发展，成立了由州党委组织部、发展和改革委员会、经济和信息化委员会、财政局、农村工作委员会、经济和信息化委员会、人力资源和社会保障局、农业局等单位人员组成的职业教育联盟发展领导小组。通过这种顶层设计，昌吉州职业教育联盟成为政府主导下行业参与、校企深度融合、产学对接的平台。

第二，制定章程，规范职教集团的活动。通过章程，规制学校、企业、科研院所、其他社会组织等成员的权利与义务，对于所涉及成员的权责都进行了详尽的规定和划分；明确内部组织结构，成立由政府、高校、企业、行业等方面人员组成的理事会、常务理事会和秘书处等组织机构。理事会是最高权力机构，决定联盟的重要事项，负责制定联盟年度工作方案、年度工作报告和讨论重大事情等。常务理事会是执行机构。秘书处是联盟理事会及其常务理事会的常设办事机构，集团秘书处常设在牵头单位。

第三，资源共享。由企业、大学、科研机构等主体组成的职教联盟，充分挖掘利用各自的资源，优势互补，实现信息共享、师资共享、实习实训基地共享、仪器设备共享。具体体现在以下两个方面，一是校企成员之间共同制定专业标准、共建课程内容、共建专业教学资源、共同进行技术研发、共建生产型实训基地、共同开展教师培训、共建二级学院、共建经营实体等。比如先进装备制造业职教联盟推进校企协同育人机制实施二元主体现代学徒制人才培养模式。二是院校成员之间通过师资共享、学分互认、联合招生、共享人才培养方案、教学资源、建立职业教育人才"立交桥"等实现教育资源的优化配置。

通过职教联盟办学形式，推进产教融合与校企一体化办学，实现教育资源与经济资源的整合，人才培养与产业、行业的紧密对接，推动校企合作机制体制的创新、资源的互补、利益的双赢。

第四，开展广泛的社会服务。职教联盟积极为南北疆开展新型职业农民培训、生产经营型职业农民培训、专业技能型职业农民培训，从而为农村一线培养下得去、用得上的技术技能人才；对农牧民进行全程指导；为企业人员提供在职培训、社会人员就业培训等。比如，昌吉州现代农业职教联盟，通过搭建农村人力资源开发平台，开展农村各级各类人才培养培训，初步形成了"五级、三层"（即区、地、县、乡、村五级，初、中、高三层）覆盖南北疆的立体化网络培训体系，年均培养培训各级各类农村人才 23 000 余人次。又如，昌吉州现代服务业职教联盟充分利用集团成员的专业和行业优势，开展精准扶贫就业培训，实施国家精准扶贫，通过技能扶贫一个人，带动一个家庭，就业一人、致富一户。

校企合作是应用型人才培养的必经之路，尤其是在我国经济结构性转型和"一带一路"倡议的背景下，加强校企合作，充分发挥企业在应用型人才培养中的参与度，这是提升人才实践技能水平、创新型应用型人才管理模式的必然要求。不断深化各类校企合作模式，协调企业—高校—行业—地方等多方的相互关系，不断完善校企合作的内外机制，实现企业在应用型人才培养过程中的全方位参与，充分发挥企业在人才培养的方案制定、内容学习以及实践训练等方面的关键性作用，实现校企双方信息共享、互利共赢，进而推动应用型人才的培养更加市场化、社会化和高效性，促进民族地区经济社会发展中人才有效供给不足问题的解决，实现民族地区人才培养和经济社会的协调发展。

## （二）校校合作模式

民族地区校校合作模式的一个重要特征就是"对口支援"。我国大多数民族地区都属于经济发展落后的地区，民族地区能否在新的历史时期实现经济社会的突破性进展，能否逐渐缩小与发达地区差距，高等教育将在这一过程中起着非常重要的推动作用。以"对口支援"为主要方式的校校合作，能够将发达地区应用人才培养的先进管理模式、学科建设经验以及课程改革经验引入民族地区，协助民族地区高校在应用型人才培养的过程中更加科学、高效。

## 1. 高校对口支援

（1）高校"对口支援"的背景与特征。

高校"对口支援"是指由政府启动的，在发达地区的支援高校和不发达地区的受援高校之间建立稳定的伙伴关系，通过支援高校向受援高校输入物质和智力资源，促进欠发达地区受援高校发展的一种教育援助模式。本书中的"高校对口支援"特指国家实施西部大开发战略以来，教育部自2001年下发《教育部关于实施"对口支援西部地区高等学校计划"的通知》和此通知之后陆续出台的一系列政策文件中涉及的"对口支援西部地区高等学校"的援助政策和行为。地处边疆的高校充分利用了教育部启动的"对口支援西部地区高等学校计划"（简称"对口支援"），与内地高校建立对口支援与合作关系，开展校校合作。

高校"对口支援"政策是我国为促进东西部高等教育均衡、协调发展，促进教育公平的一项重大举措。西部高校是西部大开发的重要人才库和智力源，西部高校的发展对西部经济社会的发展有着至关重要的作用。受历史、区位和经济等因素的影响，西部高校与中、东部高校相比，差距较大。东、西部高等教育发展的不平衡具体表现在以下四个方面[1]：其一，高等教育的布局不均衡。我国高等教育存在东、西部地区分布不均衡的状况，主要表现为东部地区高校多，西部地区高校少。2000年，我国东部地区[2]普通高校467所，西部地区[3]普通高校249所，东部地区高校数量是西部地区高校数量的1.8倍之多。[4] 其二，教育经费投入不均衡。一方面，由中央财政支持的部委所属高校大部分集中于东中部地区，西部地区获得的中央财政投入较中东部地区差距较大。2011年，全国共有部属院校115所，其中东部地区有部属院校82所，西部地区有部属高校21所。另一方面，由于地方经济发展水平差异巨大，导致各地区高等学校经费投入不均衡。2007年，东部地区地方高等学校经费投入1 450.07亿元，而西部地区地方高等学校经费投入仅577.96亿元。其三，重点院校和重点学科分布不均衡。例如，东部地区拥有多数国家重点扶持的"985工程"和"211工程"院校，这些重点院校的发展背后是国家投入了大量优质的高等教育资源，而国家向地方高校尤其是西部高校投入的高等教育资源非常有限。其四，接受高等教育的机会不均等。

---

[1] 徐爱龙：《高等教育，跨越之前先均衡》，载于《甘肃日报》2010年3月10日第2版。
[2] 东部地区包括北京、天津、河北、辽宁、上海、江苏、浙江、福建、山东、广东、海南。
[3] 西部地区包括内蒙古、广西、重庆、四川、贵州、云南、西藏、陕西、甘肃、青海、宁夏、新疆。
[4] 夏鲁惠、于今：《中国高等教育区域发展报告》，国家行政学院出版社2011年版，第88页。

例如，北京、上海、南京、武汉等中心城市有大批部属院校和重点院校，其本地考生较外地考生享有优惠的招生政策，这样就大大减少了中西部地区许多优秀学生接受优质高等教育的机会，造成受教育的机会不平等。为统筹东西部地区高等教育协调发展，提高西部高校的办学水平和服务地方经济社会发展的能力，教育部组织实施了"对口支援西部地区高等学校计划"。

高校"对口支援"表现出三个特点：一是强制性。高校"对口支援"的启动、组织与实施都由教育部下发文件统一安排和要求，从支援高校和受援高校的遴选与结对，到"对口支援"方式（"一对一"模式的对口支援、"多对一"模式的对口支援、"团队式"模式的对口支援）的改变均由教育部主导安排。由中央政府主导推动和实施，带有强制性特征。二是无偿性。"对口支援"政策以政府委托代理支援高校的方式，由支援高校完成对受援高校的援助，从而达到提升受援高校办学水平的目的。政府凭借其权威，无偿调配支援高校的资源，援助受援高校。政策对支援方来说具有无偿性。三是长期性。高校"对口支援"从2001年正式启动至今已执行多年，鉴于政策的实施对促进西部高校的发展发挥了重要作用，政策还将长期延续。

（2）高校"对口支援"模式。

"对口支援"成为西部边疆高校与内地高校合作的主要方式。西部高校，尤其是地处边疆的高校充分利用对口支援政策，与内地高校在师资队伍建设、专业建设、管理干部交流、挂职、科研项目合作、学生培养等方面建立对口合作关系，不断提升学校的办学能力，提高人才培养质量。利用"对口支援"进行学生培养的途径如下：

①开展联合培养学生项目。受援高校选拔优秀的学生到支援高校插班学习或进行"1+2+1""2+2"等形式的联合培养。例如：新疆大学与西安交通大学开展"2+2"模式联合培养热能与动力工程本科生，与中国矿业大学联合培养"采矿工程"专业本科生。联合培养学生入校后，第一、第二学年在新疆大学学习，第三、第四学年在支援高校学习并完成毕业论文（设计）。联合培养学生的选拔要根据入校后两年的表现从优选拔确定；学费收取前两年执行新疆大学收费标准，后两年执行支援高校的收费标准；培养方案由新疆大学和支援高校联合制订；毕业证和学士学位证由新疆大学颁发，毕业证和学士学位证盖新疆大学和支援高校的印章，同时注明两校联合培养。昌吉学院与对口支援高校开展联合培养学生项目，每年选派经济管理、能源工程及自动化、计算机专业的学生赴山东大学开展联合培养，派出中文、数学、体育专业的学生赴陕西师范大学联合培养。

案例剖析：华东理工大学与石河子大学联合培养化学工程与工艺专业本科生

项目①。

2001年，石河子大学依托华东理工大学的国家级特色专业——化学工程与工艺专业开展本科生联合培养工作。参与联合培养的石河子大学生大一、大四年级在石河子大学就读，大二、大三年级在华东理工大学就读。石河子大学每年从大一新生中选拔25名优秀本科生，送到华东理工大学联合培养。两校化工专业负责人在充分沟通的基础上，预先对两校《专业培养方案》的课程进行对接，为联合培养项目的学生制订完整的培养方案。华东理工大学对联合培养的学生实行单独编班、集中授课的模式进行培养，保证学生的学习质量。

人才培养方案是进行人才培养的依据，联合培养方案的制订对于联合培养的成效至关重要。两校根据各自的办学特色、培养目标和服务面向，尊重教育规律，在发挥各自优势的基础上联合制订了《化学工程与工艺专业本科生联合培养方案》。此方案无论从课程体系的对接，还是教学内容的安排上，都充分考虑了如何将华东理工大学的优质教育资源与新疆地区经济建设的需求紧密结合。比如，该方案中设置的"化工原理课程设计"和"化工专业课程设计"环节，尽管是在华东理工大学完成的，但设计课题却是针对新疆天业集团有限公司生产中所涉及的单元操作问题或产品生产问题。

联合培养学生的成效具体表现在：一是为石河子大学化学化工学院培养了一批优秀的学生。85%左右的学生学习成绩达到了良好状态（绩点2.3以上）。联合培养学生一致认为最受益的是专业核心课程的学习，最受益的环节是实践教学环节，使用最多的教学资源是图书馆。二是提升了受援高校的生源质量。2010年石河子大学化学工程与工艺专业在新疆二本招生，专业录取分数线高出二本线32分，且以100%一志愿率完成招生计划。2011年，石河子大学化学工程与工艺专业调整到一本招生，以100%的一志愿率完成一本招生。2013年以92%的一志愿录取率完成一本招生计划。

②选派学生到支援高校实习基地实习。受援高校充分利用支援高校的实习基地资源，派出学生赴支援高校实习基地开展实习和实践活动。例如：新疆大学化学化工学院选派学生赴大连理工大学的实习基地实习。受援高校选派学生赴支援高校参加暑期学校或假期夏令营活动，通过学习暑期学校课程、参加夏令营活动等方式开阔学生的视野、促进学生间的交流和互动。例如：新疆大学选派学生参加清华大学暑期英语夏令营活动。

案例剖析：对外经济贸易大学与石河子大学开展暑期学校项目。

---

① 教育部对口支援工作研究指导中心：《教育部对口支援西部高校工作优秀研究项目》，清华大学出版社2015年版，第106~128页。

暑期学校是指高校利用暑假时间，聘请优秀的师资，为学生开设相关的课程，并设立课堂教学、教学评估、成绩考核、学生实践活动等环节，同时给予学分互换认定的项目。对外经济贸易大学自2012年开办暑期学校，每年7月开始，为期4周，暑期学校通过国际化课程建设、海内外知名教授专题讲座、学生海内外交流、科研创新活动、社会实践等系列举措，营造国际化办学环境，深化国际化办学特色，强化教学实践环节，培养学生创新能力。在对口支援过程中，对外经济贸易大学与石河子大学开展了暑期学校项目，对外经济贸易大学的暑期学校吸纳石河子大学的学生参加。对外经济贸易大学暑期学校项目对石河子大学实行的优惠政策如下：减免每学分800元的学费，减免住宿费，协助学生办理e卡。

　　暑期学校的优势与特征：一是开放性。对外经济贸易大学的暑期学校本着资源共享、服务社会的宗旨，面向校内外、国内外开放课程和项目，鼓励并欢迎国内其他高校的学生、国外高校的学生参加。暑期学校打通了不同学校、不同专业、不同年级间学生的学习。暑期学校促使石河子大学学生感受对外经济贸易大学的学习氛围，开阔学生的学术视野，丰富学习经历。二是课程的多元化和丰富性。对外经济贸易大学暑期学校的课程形式丰富、多样，既有外教的全英文课程，又有国内知名专家的讲座，还组织学生参加海内外短期访学、夏令营、实习等活动，促进海内外高校学生间的访学与交流。三是集中利用假期时间易于安排学习计划。学校充分利用了学生暑期的时间，安排学习计划，避免了与正常学期学习时间相冲突。

　　③培养与提升专业教师的教学、科研水平。其一，利用对口支援政策，受援高校选派教师到支援高校进行访学、课程进修和短期培训和攻读学位等，以此提升教师的教学、科研水平。2007年，教育部、财政部联合下发了《关于实施高等学校本科教学质量与教学改革工程的意见》，特设"高校对口支援"专项，重点资助受援高校的教师和管理干部到支援高校进修和挂职学习。2010年，教育部下发了《关于对口支援高校申请定向培养博士，硕士研究生单独招生指标办法等有关工作的通知》，为受援高校定向培养博士、硕士学历师资打开了绿色通道。教师进修、访学和攻读学位得到了国家政策和经费的大力支持，已成为受援高校师资培养的主要措施。例如：2001~2011年，青海大学教师到清华大学进修、访学以及参加短期培训累计达1 100余人次，占青海大学专人教师总数的95%以上；[1] 为给石河子大学培养高层次师资，北京大学在石河子大学建立了"北京大学研究生培养基地"，已为石河子大学培养82名博士研究生，专业涉及经济、教

---

[1] 教育部对口支援工作研究指导中心：《教育部对口支援西部高校工作优秀研究项目》，清华大学出版社2015年版，第24页。

育、文、历史、理、医、管理等；2010~2013年，新疆大学40名教师到支援高校攻读博士学位，派出81名教师赴支援高校进修学习；苏州大学计算机科学与技术学院为伊犁师范学院电子与信息工程学院培养两名博士师资。① 其二，支援高校派出教师赴受援高校开展支教活动，提高受援高校教师的教学水平。例如：为支持石河子大学教学，2011年，石河子大学与对口支援高校团队②签署了"500名教师支教"计划合作协议书，截止到2015年，对口支援高校团队选派185名教师到石河子大学支教，开课209门，举办讲座120余场。石河子大学给每位支教教师配备了1~2名助教，以提高石河子大学教师的教学水平。为提高伊犁师范学院电子与信息工程学院信息类课程的教学水平，苏州大学计算机科学与技术学院派出高水平教师到伊犁师范学院为学生授课，同时帮助伊犁师范学院提高教师的教学水平。2010~2013年，新疆大学共邀请支援高校170多名教师来校进行讲学和开展学术交流。

④引进学科带头人，促进学科发展。新疆的高校充分利用对口支援契机和新疆维吾尔自治区"天山学者"计划引进对口支援高校的专家、学者作为学校的学科带头人，促进学科发展。例如，2015年，昌吉学院获得自治区级"化学工程"和"能源与动力工程"两个学科的"天山学者"特聘计划项目，在厦门大学、山东大学、南京大学、中国石油大学等对口支援高校的帮助下，组建两个学科方向团队，通过"天山学者"特聘计划的实施提高学校的科研师资能力，加强学校的对接企业的研发能力，便于与企业开展深层次的合作。伊犁师范学院"天山学者"团队合作，主要体现在以下几个方面：人才培养方案的审定，实验室建设规划（含研究性实验室），科研课题的申报指导或联合申报（主要围绕国家自然基金或高新技术项目、自治区自然基金、高新技术项目、科技支撑项目等），研究生培养（电气自动化专业专业的硕士和博士）；学科团队和相关平台建设，培养学科带头人，培养相关学科的团队成员。喀什大学化学与环境科学学院引进南开大学的5位教授作为"天山学者"特聘教授，支持学科建设，成功申报一项自然科学基金项目。新疆大学聘请西安交通大学1名教授为教育部"长江学者"，从东华大学引进1名"千人计划"专家，聘请支援高校7名教授为"天山学者"特聘教授，13名教授为"天山学者"讲座教授支持学科建设。

⑤共建科研平台。受援高校与支援高校共建科研平台，共享资源，共同开展科学研究。例如，新疆大学依托清华大学的学科优势，与清华大学共同成立了

---

① 资料来源：石河子大学对口支援办公室工作资料。
② 2010年，教育部组建了以北京大学为组长单位，华中科技大学、华东理工大学、华中农业大学为副组长单位，重庆大学、江南大学、对外经济贸易大学、南京师范大学和华南农业大学为成员单位的9所高校团队对口支援石河子大学。

"新疆大学—清华大学中亚发展研究中心"。新疆大学与中南大学、新疆有色集团等单位分别签订《"新疆矿产资源开发与利用及生态修复"区域协同创新中心合作框架协议》,并联合成立了"中南大学—新疆有色联合研究院"。新疆大学与东华大学成立"东华大学—新疆大学科技成果推广中心"。

⑥资源共享。支援高校在对口支援受援高校的同时,更为重要的是促进双方高校实现资源共享,促进双方互利共赢。例如,在浙江大学对口支援新疆农业大学的过程中,浙江大学为新疆农业优秀本科生赴浙江大学访学,部分专业、精品课程和教学创新团队以及特色和重点学科建设,教师、中层干部来校进修学习和挂职锻炼,科研项目申报,重点实验室或工程研究中心的建设等方面给予支持、帮助或指导;新疆农业大学面向浙江大学师生开放疆内实习实践基地,为浙大师生进疆开展交流合作、培训实习等提供支持和帮助;两校还相互开放部分网络课程和教学资源库,互派专家学者到对方学校进行学术交流,联合申报国家和省部级重点项目,共同开展技术攻关和成果转化等。

### 2. 校际合作模式

校际合作是两个或两个以上高校,在教学、科研和社会服务等各功能活动上进行合作,实现人力、物力、信息、课程、文化等资源方面的整合,达到一定行动目标的方式。① 高校开展校际合作的具体方式和内容有学分互认、教师互聘、课程和图书资源共享、科研项目的合作等。高校开展校际合作的目的是,通过高校间开展合作,更好地获取资源,降低办学成本,更好地实现教育资源的整合和共享,以应对高校资源短缺和剧烈竞争的挑战。各校根据自己的实际情况,开展了不同模式的校际合作,主要方式有:

其一,单项合作模式。单项合作表现为合作双方或多方以一种合作项目为依托进行的合作活动,主要有以下几种:一是联合培养学生。为借助合作方高校的学科优势和人才培养经验,合作的一方高校选拔优秀学生赴合作的另一方高校进行专业课程的学习,提高人才培养质量。例如:伊犁师范学院与西南科技大学签订了联合培养本科生协议书,联合培养本科学生以"专业课程学习"为主要模式,即伊犁师范学院选派大二、大三年级本科生到西南科技大学学习专业课程,充分利用西南科技大学在理工科方面的优势,尤其是在学生创新实践能力培养方面所取得的经验,为伊犁师范学院培养优秀的理工科学生,也为伊犁师范学院"十二五"期间的办学转型奠定基础。二是资源共享,联合科研。合作双方基于共同的研究旨趣,在某一领域发挥各自的优势,进行资源共享,联合进行科学研

---

① 胡弼成、江艳:《高校校际合作何以可能》,载于《煤炭高等教育》2007年第4期,第1~4页。

究，联合申报科研项目。例如：新疆农业大学与陕西理工学院就陕西和新疆生物资源保护、开发和利用达成合作意向。陕西和新疆均具有特殊的生态地理环境，境内有丰富的特色野生动植物资源，而野生动植物资源的保护、开发和利用是科技创新的重要源泉。在国家创新驱动发展战略背景下，陕西理工学院与新疆农业大学加强野生动植物资源合作交流，既有利于双方丰富和拓展野生动植物资源的种质储备，也有利于双方提升科技原始创新能力，为促进区域特色农牧业发展奠定基础。

其二，多项合作模式。多项合作指高校间在多个项目上的合作，即综合以上单项合作的两个或两个以上的内容进行的交互合作的行为，是较之单项合作更为扩展的合作方式。例如，新疆农业大学与西北农林科技大学开展的战略合作即是采用了多项合作模式，根据协议，双方将在科研力量统筹、项目申报、人才培养、师资队伍建设、国际交流合作式等方面进行深入合作。在国家"一带一路"倡议环境下，两校的合作依托双方优势，重点围绕国家建设新丝绸之路经济带新疆核心区重大需求，在科研、人才培养、项目申报等各个方面紧密联系，共同促进双方发展，共同促进新疆科技和经济社会发展。为促进学院发展，伊犁师范学院电子与信息工程学院与苏州大学计算机科学与技术学院签订合作协议，双方在师资培养、计算机技术工程硕士培养、教师支教、联合申报项目方面开展全方位的合作。

## （三）校地合作模式

民族地区地方高校的经费投入、生源结构、人才培养、学科发展都具有区域性特征，决定了民族地区地方院校的发展方向应该是面向民族地区。只有立足于地方，加强校地合作，增强办学特色，才能提高自己的竞争优势。校地合作旨在发挥地方与高校两个优势，促进民族地区院校与地方产业发展对接，与地方经济社会发展互动，有利于学校培育特色学科和优势学科，培养服务地方经济发展的应用型人才。

### 1. 校地共建应用型学科

应用型人才培养立足于服务所在地区的社会发展，在专业设置上应与地方的社会经济和产业结构接轨，对于学科建设基础相对薄弱、优质教育资源相对缺乏的民族地区地方院校来说，要集中有限资源，培育学科特色，使学校的学科结构和专业结构更加适应区域经济和社会发展需要。学科建设更意味着转型的"拐点"，只要积极疏导、应对得当，必将成为倒逼发展方式转变、推动地方高校转型的一种契机，更好地融入地方，变学术导向为实践导向，为地方产业提供需要的应用型人才和强大的技术支持。①

教育部民族教育司2014年工作要点提出：部署民族地区高校和民族院校学科专业结构调整改革。以西藏、新疆高校为试点，调整民族地区高校和民族院校学科专业结构，重点加强理工、农牧、管理类等薄弱学科建设，完善高校人才培养结构，切实加大民族地区高校和民族院校理工科，特别是工程类专业人才培养力度。积极推进少数民族应用型人才培养模式综合改革，增强民族地区职业教育和本专科就业能力。民族地区高校要根据民族地区经济社会发展的变化、产业结构和市场需求及时调整专业，大力发展民族地区支柱产业的应用学科，服务于民族地区产业发展的需求。

民族地区地方应用型本科院校在"校地合作"中以地方产业、企业需求为导向，积极推动政府、企业、行业参与学校的专业规划与建设，成立由政府、行业、企业等组成的专业指导委员会。新疆农业大学围绕着自治区农牧业现代化建设的客观需要，重视发展服务新农村建设需求的经济、管理及人文社会学科专业，把草业科学、水利水电工程、农业经济管理、动物营养与饲料科学、土壤学、水文学与水资源、作物遗传育种、果树学、基础兽医学、森林培育、食品科学和土地资源管理等学科建成特色鲜明、疆内一流、国内知名的学科。该校充分发挥自治区重点产业紧缺人才专业的示范作用，加强与企业、农业示范县、农民专业合作组织的合作，推动专业建设和人才培养模式的改革，全面提升教学质量。

电子与信息工程学院作为伊犁师范学院唯一的工科学院，培养目标是为区域经济发展培养高素质的工程技术人员，办学指导思想以区域的行业发展需求为导向，特别是以工业化的过程装备控制、设施农牧业的现代化控制、新型城镇化的交通控制为基础，在专业建设时与国家电网、伊河电力有限责任公司、华能集团有限公司等地方企业交流与合作，不断调整优化专业结构，成立了电子信息科学与技术、信息管理与信息技术、计算机科学与技术、电气工程及其自动化四个本科专业，其中电气工程及其自动化被自治区批准为紧缺专业。电气专业把服务区域经济社会发展作为专业目标，服务于新型工业化，为自治区工业经济发展，为伊犁河谷、霍尔果斯的煤化工、煤转电、农产品生产加工、环境监测等的工艺流程控制、机械装备运行控制等提供人才保障和技术支持；服务于农牧业现代化，研制农牧业生产过程的自动控制系统，为现代设施农业的自动控制培养复合型、应用型人才；服务于新型城镇化，为城市新型交通控制系统的设计、运行和维修

---

① 陈新民：《地方本科高校转型：分歧与共识》，载于《教育发展研究》2015年第7期，第18~22页。

提供技术人才，为城市环境污染的智能化检测和预警系统提供智力支持。

喀什大学服务地方经济社会发展的现实需要，学校主要聚焦与地方特别是南疆经济社会发展关系密切的专业，建立紧密对接产业链、创新链的专业体系，设置了社会工作、财务管理、环境与环境工程、旅游管理等7个新专业，进一步拓展了南疆高等教育领域众多应用型专业建设的发展空间，提高少数民族学生就业与专业对口的程度。

学科除了与产业发展密切衔接，还要满足公共服务的需要。喀什大学地处南疆，为了满足南疆地区双语教学的需求，大力发展双语教育，立足南疆、民族、师范，体现办学特色。因此，喀什大学的发展定位思路是：师范教育和双语教育是学校发展的传统优势，这两个优势不能丢，在此基础上发展新专业，为边疆经济发展培养靠得住、下得去、用得上、留得住的应用型人才，为南疆地区乃至全疆培养合格的教师，特别是培养合格的双语教师是喀什大学的职责，也是喀什大学的使命。

总之，应用型人才培养、学科建设要体现地方性特点，地域性是地方高校学科建设最基本的特点。民族地区高校在培养应用型人才方面，要立足地方需求，以地方需求为生命线，加强与地方政府、企业、行业、事业单位等合作，服务于区域发展。在当前"一带一路"倡议实施过程中，民族地区急需高级外语、国际贸易、工商管理、工程设计、物流运输、文化传播等大批专门人才。因此，探索适应经济社会发展和办学需要的专业设置及动态调整机制，整体提高本科教学质量，探索实施学科、本科专业和学位点"联动"建设与管理模式。

## 2. 校地合作推动技术创新与人才培养互动

学校与地方政府、企事业单位合作，共建地方公共创新平台、行业创新平台、重点实验室、技术研发中心等平台，进一步提高学校承担科研任务和培养科研人才的能力，有效地发挥科技创新、技术改造的作用，成为科学技术改革创新的动力，推动地方经济增长。

新疆农业大学积极参与地方政府相关规划的制定，主动承担一些产业尤其是支柱产业和新兴产业的重大项目和课题，加速科技成果转化，提高农业科技贡献率。加强科技服务的组织领导，充分发挥市场机制作用，以科技示范基地为依托，以项目为载体，与企业、农民专业合作组织广泛合作，加快科技成果推广转化，健全社会服务和创新成果转化工作组织模式和运行机制。深化"农、科、教""产、学、研"结合，重点抓好2~3个校地合作典型市（县），3~4个校企合作示范企业，推进典型县示范（企业）农业产业化进程，进一步提升学校服务自治区三农的显示度，推广转化科研成果20项（次）左右，产生显著的经济、社会效益。

学校依托重大项目和课题,形成了人才培养和科学研究的良性互动,打造以现代农业人才培养为特色的高素质人才培养基地,根据"产业+企业+专业"的方式创新人才培养模式,按照"对接产业、锁定职业"的思路,产学合作、工学交替,培养具有厚基础、强实践、重技能的应用型人才。

### 3. 开展咨询,拓宽学生的学术视野

地方高校的咨询服务是多样化的,咨询范围包括企业、政府;咨询内容涉及政治决策、企业管理以及技术发展等各个方面。例如,伊犁师范学院电子与信息工程学院始终保持着与企业的密切联系,聘请了电力企业的12名高级工程师做客座教授,有6位硕士导师被伊犁供电公司聘为技术顾问,向企业做科技项目咨询前后两批共34项,参与项目指导6项,通过企业项目将硕士导师、企业技术人员、毕业实习生和研究生紧密地联系在一起。与此同时,通过项目合作建立了友谊,为应用型人才的培养打下良好的基础。石河子大学落实《中共中央关于进一步繁荣发展哲学社会科学的意见》,加强人文社科处和人文社科联建设,加强校级—省级人文社科研究基地建设与管理。聚焦国家重大需求,紧紧围绕新疆大局,积极推进高校特色新型"智库"建设计划,结合学校的区位优势和学科特色,围绕"一带一路""中巴经济走廊""新疆、兵团经济社会治理"等热点建成高水平智库,每年为国家、自治区和兵团各级党政部门提供决策咨询报告20份以上。重点在兵团屯垦经济发展、公司治理与管理创新、少数民族地区发展与边疆和谐稳定、中亚研究、"一带一路"、中巴经济合作走廊、社会治理等领域开展研究,推出一批产生广泛影响的优秀成果,进一步增强了服务民族地区发展的能力,也加强了与地方政府、企业的联系。学院教师以咨询项目为平台,积极吸收学生参与课题的调查研究,培养和锻炼了学生的创新思维和实践能力,拓宽学生的学术视野和知识面,也给学生创造了更多学习和交流的机会。

### 4. 校地合作培训农牧区人才

当前,我国正处在全面建设小康社会的关键时期,关键和难点是"三农"问题。党中央始终把解决"三农"问题作为全党工作的重中之重,明确提出建设社会主义新农村的重大战略任务。新农村建设以现代农业人才培养为基础。

新疆现阶段正处在传统农业向现代农业加快转变的关键时期,现代农业的发展必然要有一大批有专业技能、懂生产经营的农民从事现代农业生产。2011年4月,国家统计局发布的第六次全国人口普查数据显示,新疆总人口为2 181.33万人,其中少数民族人口占59.9%,农村人口占63%。高中(含中专)以上程度

人口占 22.2%，初中程度人口占 36.1%，小学程度人口占 30.1%；文盲人口占 2.4%。新疆农业从业人员素质普遍较低成为制约新疆农业发展的主要因素。

新疆工程学院为服务"三农"，加强农村人力资源开发，充分发挥学科、科技培训的优势，为南北疆农牧区少数民族青年提供专业技能培训、农村劳动力转移培训、农村实用人才技术培训，在提供这些服务时，充分利用现代多媒体、网络教学等技术，扩展服务的时空范围和受益面，取得了显著的成效，有力地支援了自治区农业发展和经济建设。石河子大学根据自治区和兵团人才发展战略，重点针对工矿企业、农牧团场等领域职业技能人员以及基层各行各业管理工作人员，采取多种途径和方法，大力开展理论和实践技能的全方位培训服务。例如，自建校以来，石河子大学依托兵团发展特点，重点培养农业技术类、农医技术类人才，先后为农垦系统培养、培训各类管理和专业人才近 20 万，并且积极开展"科技服务队""专家科技服务蹲点""科技之冬""科技扶贫""三下乡""医疗巡回诊断"等多种服务项目，派遣专家团队进驻周边团场进行授课、讲座，为兵团建设和发展提供了重要的智力保障作用。

### 5. 校地合作弘扬少数民族传统文化，培养传承少数民族文化人才

挖掘民族文化、繁荣民族文化、传承创新民族文化、促进经济发展是民族地区应用高校办学的重要使命。新疆是我国少数民族文化荟萃之地，民族的文化丰富多彩，各具特色，资源深厚。如新疆舞蹈、维吾尔族中药、维吾尔族文学、十二木卡姆、哈萨克族的"阿肯弹唱"等，丰富多彩的少数民族文化资源是民族文化发展的基础。

喀什大学植根于南疆优秀少数民族文化土壤中，发展民族文化产业、推进民族文化进步是喀什大学办学的重要使命。喀什大学根据南疆独特的维吾尔族文化优势和民族文化产业发展的人才需求市场，推动民族文化产业发展，培养传承、发扬和创新民族文化的专业技术人才，与南疆少数民族艺术保护与传承中心、民族文化企业、文化产业基地等合作，聘请民族文化传承中的工艺大师、技术大师和非物质遗传承人作为兼职教师。例如，喀什大学在 2016 年依托语言环境和专业优势，成立了"巴基斯坦研究中心"，对巴基斯坦的经济、文化、风俗习惯以及中巴关系等诸多方面进行研究，为加强中巴交流，促进中巴友谊提供了智力支持和人才服务，也为"中巴经济走廊"的建设提供了重要的研究基地。

此外，为发展民族旅游业，推动喀什地区旅游业的全面发展，喀什大学开展旅游管理专业与企业合作实施"订单式"的人才培养，设立企业实习基地、聘请校外兼职教师，并依托政府支持、企业合作的机制和平台，打造人才供应链，为民族地区培养出更多的高技能、高素质、更适合社会发展需要的应用型人才。

## 二、高校少数民族应用型人才培养内—外协作方式存在的问题

由于历史、类型和区位的影响，民族地区地方高校发展相对滞后，民族地区高等教育发展已成为国家、社会各界、学界一直关注的议题。通过调研我们发现，"内—外协作"是推动民族地区地方高校转型发展的重要动力源。民族地区地方高校加大"产学研"合作力度，积极构建校校、校企、校地以及国际合作等协同发展机制，通过合作得到更多的外力和资源支持，更好地融入社会、服务社会，但是在融合发展过程中也存在一些问题，需要统筹设计，整体推进合作的发展与深化。

### （一）校企合作存在的问题

2015年10月23日，教育部、国家发展和改革委员会、财政部颁布了《关于引导部分地方普通本科高校向应用型转变的指导意见》，提出地方高校转型发展的主要任务要以产教融合、校企合作为突破口。自此，各地转型高校不断探索校企合作的实践，取得了一定的成就，但校企合作仍然十分薄弱，校企合作的广度和深度不够。通过调研发现，民族地区地方转型高校与区域内行业、企业的联系还不够紧密，校企合作的长效机制尚未建立，校企合作存在政府、企业、院校等层面的问题。

#### 1. 政府层面存在的问题

第一，政府支持行业企业参与力度不大。没有制度具体支持和有利的政策措施鼓励行业企业参与校企合作。专业实习是应用型人才实践能力培养和职业技能锻炼的重要环节，实训与实习基地数量不足会影响少数民族学生实践能力的提高，也必然制约少数民族专业技能的提高。新疆少数民族学生在企业顶岗实习面临很多困难，需求矛盾突出。例如，少数民族学生在企业顶岗实习的一个前提条件是企业有需求，指导老师很热心，并能够帮助学生解决一些具体的问题，如学生的实习指导、饮食、住宿、安全等问题。今年企业有人对接又有需求，明年没有合适的任务，没有人对接，合作就不能进行。因此，工学结合人才培养模式缺乏有效的体制和机制，没有形成政府、行业、企业和学校协同育人的支持体系。

第二,在加强区域内学校与产业、行业等部门之间的协调时,政府发挥的作用不够,缺乏系统的保障机制和公共服务平台。应用型人才培养离不开校企合作,但是,学校与企业各自有不同的运行机制,院校与企业之间存在一定隔阂,在合作上缺乏相互沟通的平台,对双方的需求不了解,存在信息不对称的情况,尤其是民族地区政府搭建学校与企业合作平台的体制不健全,这些都制约着学校与企业的合作发展。

第三,校企合作的相关法律法规不健全、不规范。比如实习是"校企合作、工学结合"的重要途径,但是对实习生群体没有出台具体法律法规,没有明确学校和企业双方的责、权、利,实习学生的工作报酬、劳动安全和人身损害赔偿等劳动权益也都缺乏法律制度保障。

### 2. 企业层面存在的问题

第一,企业界参与合作动力不足,校企合作缺乏利益共享机制。民族地区经济发展滞后,特别是在民族贫困地区,加之特殊的地域性和人文环境,企业数量严重少于发达地区,且大多为中小型私营企业,这类企业着眼于企业发展的短期利益,一旦合作不能给企业创造效益,校企合作往往很难再继续维持。另外,民族地区企业发展不稳定客观上也影响着与学校的合作。

第二,企业参与校企合作育人的社会责任意识不够。有些企业获得相应的民族地区资源,却没有承担相应的社会责任。根据《中华人民共和国民族区域自治法》第六十七条,上级国家机关隶属的在民族自治地方的企业、事业单位依照国家规定招收人员时,优先招收当地少数民族人员。国家和地方政府已经建构了一个照顾少数民族利益的框架,对招收少数民族员工都有明文规定。通常情况下,国家企事业单位在招收人员时,还能依照国家规定,优先或按比例招收当地少数民族人员。但部分企业并未树立"企业在少数民族地区要发展,离不开少数民族社会参与"的理念,或是出于市场竞争和减少管理成本的考虑不愿意将这些政策付诸实施。结果是少数民族学生在实习和就业方面相对困难。事实上,这也是少数民族学生认为只有进入体制内才算就业的根本原因。

第三,企业缺乏与学校合作的积极性。在校企合作过程中,受限于民族地区地方院校和民族院校的办学层次与发展水平,很多企业对于学校的人才培养并不看好,或者不感兴趣,只是将人才培养中的企业实习环节当作一种表面的合作契约,没有真正融入人才培养的过程中。这种局面出现的原因主要在于:一是高校现有的教育模式和企业预期收益存在着分歧;二是在现有政绩观下政府更加注重人才培养的短期利益,而忽视联合培养的长期收益,这在无形中也阻碍了校企合作的进程。一些企业也担心少数民族大学生实习会对企业的安全生产带来隐患,尤其是化工企业和建筑企业，一方面担心少数民族学生实习影响企业安全生产，另一方面担心少数民族学生实习时出现人身安全事故，企业难以承担责任。此外，近几年经济下行压力加大，一些行业企业与学校合作的愿望不够强烈，合作的力度和成效受到一定影响。

第四，一些民族地区企业不愿意接受少数民族学生到企业实践。由于语言差异、生活习俗、行为方式等影响，部分企业愿意接受汉族学生实习，不愿意接收少数民族学生实习。在新疆昌吉访谈时得知，少数民族学生的培养是昌吉学院的弱项，特别是到企业就业的少数民族学生情况不乐观。其实，昌吉的企业近年来发展状况很好，得益于煤化工、西气东输、西电东送等一系列项目的开发和促进，因此，昌吉企业对人才的需求量很大，但就是在这种情况下，把民族学生介绍去企业实习，企业借口没法解决少数民族学生的吃饭问题拒绝接收少数民族学生。

### 3. 行业层面存在的问题

从民族地区地方院校与行业协会合作的现状分析，大多数院校还是直接与企业进行合作，与行业联系不够紧密；行业协会参与应用型人才培养的意识不够，行业协会较少参与应用型人才培养标准的制定、专业建设、课程建设、教学大纲项目、考核标准、师资培养等；行业协会没有有效地搭建校企合作平台，没有充分发挥信息交流、行业指导、教学质量监督等作用。

### 4. 院校层面存在的问题

第一，合作的有效机制尚未建立。所调研的学校比较重视应用型人才的培养，从专业的申报、师资队伍建设、课程设置、实验实践教学、各种创业创新比赛、实习实训、毕业设计等环节重视与企业合作，但是校企合作的有效机制尚未建立（比如沟通机制、保障机制和利益共享机制等），资源整合的力量薄弱。

第二，学校专业水平、技术技能、科研实力、科技创新能力不强，科研创新平台数量很少，标志性科技创新成果数量不多，科技成果转化强度不大，服务社会的水平较弱，对民族区域经济发展的参与率和贡献率低，这导致学校的科研成果、技术力量难以吸引企业参与合作。

第三，高校缺乏与企业全方位、深层次的对接。少数民族学生人才培养和市场的脱节较为严重，由于我国民族地区高校长期以来走的是较为封闭的办学之路，往往缺乏与企业的深度对接。具体表现在专业建设、专业布局与民族区域经济、产业的匹配度不够；课程体系缺乏对实践育人体系的深入思考，培养的学生缺乏职业岗位的技能；教学内容缺乏面向现代产业、行业的新知识、新技术和新工艺；民族学生去企业实习面临困难，特别是在新疆，部分高校让少数民族学生自己联系实习单位，学生是否实习了、实习的质量怎么样无从得知，学校没有对少数民族学生实习监管到位，没有对实习质量进行系统的评价，无法保障少数民族学生实习实训的质量。实习流于形式、偏离实习的真正目标，造成培养的少数民族学生缺乏实际操作能力和实践经验；教师实践能力不强，"双师型"教师的比例偏低，具有双语、双师型的教师比例更低，严重制约少数民族应用型人才的培养。

## （二）校校合作存在的问题

尽管通过校校合作，地处边疆的高校获得了学校发展的资源支持，特别是改善了办学条件，促进了师资、学科、教学、科研、管理等多方面的进步，提升了人才培养质量，但校校合作依然存在不少问题。合作前景需要更好地设计与谋划，利用和整合外在资源促进学校更快更好的发展，为少数民族应用型人才培养提供更好的资源与平台。具体而言，校校合作还存在以下问题与不足：

### 1. 对口支援的动力不足，可持续性堪忧

一是高校对口支援缺乏激励机制，对口支援很难实现"双赢"与"共赢"。高校对口支援依据政策的强制力推动，以政府为主导强制性实施。东、西部支援和受援高校虽为对口支援政策实施的主体，但支援方将对口支援作为一项政治任务，常常出于为完成国家任务的心态被动地去执行。这种以中央政策指令、政治动员为特征的单边支援在对口支援的初期发挥了很大的作用，政策也取得了可喜的成效。随着对口支援工作的深入开展，十多年的对口支援促进了西部受援高校在硬件建设、人才队伍建设等易见成效方面的改观，下一步对口支援工作将进入提升西部受援高校学科质量和服务地方经济社会发展能力的攻坚阶段。由于高校对口支援缺乏激励机制，支援高校的长期付出得不到补偿，有学者认为支援高校在对口支援中，政治方面是正收益，而在学术方面属于负收益或零收益或很小的正收益，而经济方面则完全是负收益。[①] 对口支援政策的运行动力不足，可持续性堪忧，难以实现支援、受援方的"双赢"与"共赢"。

二是高校对口支援缺乏资金保障，影响支援、受援双方的积极性。高校对口支援作为一项协调区域高等教育均衡发展的长期性政策，充足的政策经费投入应该是政策的强力保障。但现实中，高校对口支援一直遭遇经费短缺的"瓶颈"，"增加经费投入"被支援、受援高校多次呼吁。目前，开展对口支援工作的主要

---

① 康凯：《对口支援成效及推动西部地区高等学校发展的经济学模型》，载于《医学教育探索》2004年第1期，第4~7页。

经费仍由支援高校和受援高校双方自筹，教育部仅仅将受援高校教师、干部进修费和受援高校数字化教室建设费单列出来给予支持，诸如对口支援工作中产生的公务互访、硬件建设、课酬薪资、科研经费完全依靠高校自身的经费运作。按照教育部的计划，高校对口支援工作还将长期进行下去，如果没有稳定的经费支持，不但会影响支援、受援双方的工作积极性，而且会影响政策的后续效果。

三是高校对口支援缺乏监督与评估机制，政策的结果无法问责。目前高校对口支援还没有建立起一套监督和评估的机制，其原因是多方面的：政策缺乏稳定的资金保障；政策依靠政治动员，由支援高校发挥高风亮节作用组织实施；政策目标宏观、难以量化等，造成的直接后果就是高校对口支援的实施效果无法问责，出现了"干好干坏""干多干少"一个样，对口支援的力度和成效无法评价，出现对口支援流于形式、"走过场"等问题。

### 2. 联合培养学生项目还有待改进

联合培养学生项目是校校合作促进人才培养的重要举措，对探索人才培养新方式，提高人才培养质量，吸引派出学校生源，促进合作高校间的交流和互动都有积极影响。但目前的联合培养学生项目还存在以下问题亟待解决：

一是联合培养的体制对接不够畅通，有效的项目学分转换体制有待完善，灵活的培养方案有待出炉。据调查，联合培养学生项目中联合培养学生存在的最大困难和障碍是学习、生活的适应和学分转换不畅。由于参加联合培养项目的学生要进行跨地域、跨校学习，生活上、学习上都要经历二次适应，加之两校的人才培养方案不同，大多数高校还没有针对联合培养学生专门制定人才培养方案，因此联合培养学生在跨校学习时既要兼顾派出高校的人才培养要求选修课程，返校后还要补休因跨校学习而未能选修的课程，无形中增加了学生的学习负担和学习压力。联合培养模式中更长的适应期和更加难以克服的对接困难源于没有建立有针对性的培养方案和学分转换机制。

二是项目的辐射作用有限，面向全过程、全方位的辐射制度有待建立。联合培养项目的目标不仅是要提高项目学生的学习水平、拓宽他们的学术视野，更重要的是要通过他们的辐射作用对派出高校的本科生培养质量产生积极有益的影响。但调研发现，由于对辐射作用的认识理念不够深入，并受活动组织形式、管理体制和联合培养规模的限制，目前项目的辐射作用仍然比较有限，并呈现短期性与零散性并存的特点。虽然派出高校和院系组织活动邀请项目学生分享跨校学习的经历，但是活动次数有限，活动形式较为单一，对全校学习氛围的改变作用非常有限。一些学生反映，他们从派出高校返回母校后，受到大环境的影响很快就恢复到了以前的学习和生活状态当中。每年参加联合培养项目的学生有限，并分布在不同的院系专业,因此项目学生对整个学生群体的影响还是相对较小。如何有效利用项目成果、增加辐射能力将是需要持续关注的重要问题。

三是校际合作主动性不强,力度不够。(1)边疆多数高校在校际合作方面思想保守,依然存在"等、靠、要"的落后思想。调研中发现,边疆高校开展的校际合作大多数都是在政府的牵头和督促下进行的,高校间的合作主要是一种政府指导型合作(或称命令型合作),高校主动寻找合作伙伴的行动不多。(2)合作的方式单一,缺乏互利双赢。目前边疆高校开展的校际合作方式单一,如仅在学生培养或联合科研等一个项目上进行单一合作,多项目的组合式合作缺乏,合作效益低;且在与其他高校的合作中,边疆高校由于自身发展的局限,重视对合作高校资源的利用,而忽视对合作高校的资源共享与互利共赢,使得合作陷入了资源的输入,缺乏互利共赢价值的追求,从而影响后续合作的开展。

四是缺乏稳定的专门机构和人员。边疆高校实施校际合作尚缺乏专门的合作管理机构和管理人员,校际合作缺乏统一管理,工作不能深入开展。校际合作工作的多向性、持续性、复杂性特点需要有专门的负责机构和管理人员长期谋划以开展此项工作。

### 3. 尚缺乏大学联盟模式的合作

大学战略联盟是指大学之间通过资源共享和项目合作,为实现大学学术水平的提高、降低大学的管理成本、共同解决大学发展中的重大问题等战略目标,并通过各种契约而建立起来的松散型网络组织。[①] 大学联盟合作是较之单项合作和多项合作更为深入的校际合作方式,是校际合作的高级阶段。人们熟知的国外的大学联盟,如"常春藤联盟"(The Ivy League)、美国大学联合会(AAU)、大学合作委员会(CIC)、"十大运动联盟"(Big Ten)等,都是大学联盟的不同形式。这些大学联盟成立的目的是通过联盟促进资源共享、项目合作,提高大学的学术水平,降低大学管理成本,提高大学的运行效率。大学联盟一般都有正式的组织管理和活动章程。大学联盟开展的合作项目主要有:师资和管理人员的互相培训,联合图书馆、出版社合作,学生交叉注册,联合开展专业发展活动和学术研讨会,校园间在线课程共享以及大学物资的集团采购等。[②] 我国的高校在高等教育管理体制转变过程中,办学自主权扩大,参与联盟的意识增强,形成了具有代表性的高校联盟,如 C9 联盟、安徽知行联盟、武汉七校联合体、北京学院路 16 校联合体、杭州下沙高教园等。高校联盟为高校间资源共享、优势互补发挥

---

① 胡弼成、江艳:《高校校际合作何以可能》,载于《煤炭高等教育》2007 年第 4 期,第 1~4 页。
② 董志惠、沈红:《论中国大学战略联盟》,载于《教育发展研究》2006 年第 2 期,第 48~49 页。

了重要作用。边疆高校尚缺乏高校联盟形式的校校合作。

### （三）校地合作存在的问题

校地合作是地方应用型本科院校人才培养的基本途径之一，目的是处理好学校发展与地方政府、市场的关系，从而为自身赢得更大的生存和发展空间。从现状来看，校地合作存在以下几个方面的问题：

#### 1. 合作的范围和层次有待提升

地方政府对高校在地方经济社会发展中的作用认识不到位，没有真正认识到与高校合作的重要性，不重视与高校合作以培养民族地区经济建设所急需的应用型人才，地方政府和学校也没有找到人才培养和人才需求的对接点，缺乏"学校＋政府"有效的少数民族应用型人才培养模式。一些地方企业追求短期利益，缺乏长远的战略部署和合作安排，无法保证人才合作培养的持续性和稳定性。高校缺乏主动服务地方的意识，民族地区地方高校为新型工业化、农牧业现代化、新型城镇化服务的意识不够。民族地区地方院校的校地合作内容少、形式单一、层次较低，缺乏有效的互动机制和实质性的合作，高校与地方资源有效整合和共享机制尚未建立。

#### 2. 民族地区地方本科院校服务地方的深度、力度和强度不够

民族地区地方院校服务社会的力度和深度还不够，与民族地区的需求相比仍存在一定差距。顶层设计没有得到足够的重视，表现在专业设置、专业布局与区域经济、产业的匹配性不够，人才培养与地方经济社会的实际需要存在较大差距。比如，喀什由于经济相对滞后，本地大型企业较少，中小型企业比起北疆也少，且外地入驻企业不多，中小民营企业来喀什大学招聘大都需要市场营销、企业管理、房地产开发、矿业开采以及数理统计等专业毕业生，这与喀什大学专业设置存在一定差距，学生对招聘企业普遍存在专业不对口、不感兴趣的思想而不愿去。又如新疆各少数民族严重缺乏专业技术人才，但是却存在相当数量的毕业生未就业的情况。2011～2012 年，新疆分批选送 23 300 名未就业高校毕业生赴 19 个援疆省市及国家部委所属的 188 所院校进行为期两年的培养，其中少数民族毕业生 19 378 名，占 82.97%。① 一方面少数民族应用技术型人才严重匮乏，另

---

① 喀什市人民政府：《新疆五年送近 3 万名未就业大学生赴援疆省市培养》，http：//www.xjks.gov.cn/Item/37248.aspx。

一方面少数民族毕业生就业困难、就业率低，反映出少数民族人才的培养不能满足企业对人才的需求，不能满足民族地区经济社会发展的需要。民族地区地方院校主动服务和融入区域经济发展的意识不够，参与度不够，为企业、行业提供的技术力量和服务支持不够，未能提供较先进技术及时解决企业运行过程中的问题。

### 3. 工作体制和机制尚待健全

高校服务地方工作在对外局面的开拓、校内管理体制和制度的完善等方面都还存在不足与困难。服务地方工作牵涉到高校管理机制的变革，需要创新管理机制，促进学校和政府、企业、行业建立有效的联动机制。由于受高等教育管理体制的影响，高校在外部管理方面呈现"条块分割"的特征，在内部管理方面形成了较为封闭的办学模式，尤其是那些位于经济发展滞后、办学理念较为封闭的民族地区的地方高校，其教学、科研、人才培养、学科发展等与社会缺少密切联系，很少融入地方政府、企业，难以与地方社会接轨，显然这种管理方式不利于校地对接。

## 三、高校少数民族应用型人才培养内—外协作方式改革建议

高校少数民族应用型人才培养需要政府、行业、企业、学校等多部门共同完成。因此，民族地区高校应按照"资源共享、优势互补、项目共担、互惠多赢"的原则，坚持产教融合，推动高校、企业、行业、科研机构等多主体之间产生互动、互惠和合作的关系，推进校企、校地、校校深度协同合作，打造多主体合作、多团队协作、多模式运作的教育、科研、服务一体化协同育人平台，全面提升少数民族应用型人才培养质量。

### （一）校企合作改革建议

#### 1. 政府层面

（1）创新校企合作的体制和运行机制。校企合作、工学结合、产教融合是培养应用型人才的重要途径。各级政府组织学校和行业、企业共同研究制定支持校

企合作的各种切实可行的方案，为校企合作提供体制保障；政府搭建校企互动发展的平台，形成企业与学校相互嵌入的深层次、多样化、紧密型的校企合作模式；引导校企发现和培育合作的共同利益生长点，形成政府、企业、学校共同育人的长效机制，保障校企合作的质量。尤其是政府要充分发挥宏观调控的能力，利用丰富的信息资源，了解民族地区各类特色产业的发展动态，从民族地区的特殊要求出发，引导企业发展具有民族特色的产品，引导学校打造具有民族特色的优势学科，实现学校、企业和民族的相互融合，以人才培养促企业发展，以企业发展显民族特色。

（2）制定和完善相关法律法规。建立激励企业参与应用型人才培养的动力机制，制定相关法规在税收减免、政策倾斜、行业改进等方面对参与应用型教育的企业给予支持。建立激励企业参与应用型人才培养的约束机制，政府要结合地方实际和行业特点，明确政府、企业、学校在校企合作中的责任、权利和义务，比如少数民族学生在企业顶岗实习的生产安全、管理、工资报酬的问题，企业按照教育的目标要求，有计划地、系统地安排并实施教育，尤其是要尊重民族地区的民族文化和民族风俗，在企业的生产和学校的人才培养方面都引入民族融合的观念，并且，逐步完善具有民族特殊性的校企合作育人的法律环境，为校企合作提供法律保障和政策支持。

（3）加强校企合作协调指导机制建设。校企合作涉及学校、企业、行业、研究机构不同主体之间的合作，通过政府的统一规划、制订相应的工作规则、政策引导和合作协调，推进校企合作。各级政府建立校企合作联席会议制度，商议推进合作；中央和民族地区地方政府应为应用型人才培养校企合作提供人员互聘、信息整合、交流沟通、对话交往等多种平台。鼓励学校加强与民族地区地方企业进行交流与合作，在管理层面上组成应用型人才培养管理共同体，在师资层面上推动企业人员和教师交叉任职，担任实职，改变单项聘任兼职为双向兼职，同时要注重民族地区的发展特殊性，在人员选用上保持少数民族与汉族合理的比例。建立国家、行业和地方校企合作信息化平台；建立校企对话制度，使之制度化、长期化。建立区域的企业用人需求、职业学生实习就业信息服务中心。

### 2. 企业层面

（1）充分发挥企业自身在产学研合作中的作用。企业是技术生产和应用型人才培养的重要载体，应充分发挥自身优势与学校联动开展技术研发，共建技术应用中心、工程中心、协同创新中心或研发平台等；为学校提供工程实践、实训基地和实习基地，为少数民族应用型人才培养搭建稳定的人才实践培养平台；参与少数民族应用型人才培养方案，参与学科、专业和课程建设，接受高校教师挂职、实践、培训等。

（2）企业要积极参与校企合作，履行社会责任。企业方面需要改变以往在学校人才培养方面的懈怠态度，主动与学校进行资源和信息沟通，表达人才资源的条件和需求，逐渐完善顶岗实习制度，认真对待学生的实习训练，切实提高学生的岗位工作技能和实践能力。国家还应通过法律法规和政策性制度保障、维护少数民族学生的利益，让企业意识到自己应该承担的社会责任，愿意接收少数民族实习生。同时，出台相应的配套措施补偿企业的利益，调动企业主体参与校企合作的积极性，激发其参与少数民族应用型人才培养的动力。

（3）大力推进少数民族企业与学校合作，为少数民族学生提供更合适的机会。少数民族传统产业较多，具有独特的民族风格，如哈萨克传统刺绣、柯尔克孜族的畜牧业、维吾尔族传统手工业、医药、特色旅游业等。推动少数民族企业积极参与校企合作，不仅有利于传承与发展少数民族传统工艺，也有助于发挥少数民族学生的优势和特长，促进少数民族学生就业。

### 3. 行业协会层面

国务院发布的《关于加快发展现代职业教育的决定》中明确指出，要加强行业协会在职业教育发展中的地位和作用。行业协会应在校企沟通协调、人才需求、课程内容制定、职业资格标准的制定、师资考核、质量保障等方面发挥其应有的作用，反映和代表行业内企业的利益诉求，真正担负起推动校企合作沟融的重任。

（1）行业协会要参与到少数民族应用型人才培养的管理中。各行业要根据行业发展的实际需求和战略规划颁布具体的行业人才标准，引导民族地区高校按照行业标准进行学科体系调整、专业设置以及课程安排等，在实现校企结合的同时，满足行业长期发展的要求；同时，各行业还要根据市场变化对人才需求进行及时的调整和反馈，实现民族地区人力供求的平衡。

（2）行业协会要在职业资格认定中起主要作用。职业资格认证对应用型人才的培养具有重要的含义，它是对学生学习成果的重要反映和重要凭证，从市场需求的角度出发，职业资格认证必须由各行业作为主要的评估主体，这是由于只有满足各行业的实际需求，应用型人才的培养才能称得上真正意义上的成功。各行业组织可以成立专门的职业资格认定委员会，专门负责对职业技能进行开发和标准评价，指导企业和学校按照具体的标准进行学科体系建设、专业设置、课程开发以及实习训练，让少数民族应用型人才培养切实符合行业发展的标准和规范。

（3）行业协会要在少数民族应用型人才培养过程中起到重要的监督作用。行业协会的监督作用主要是由其特殊地位决定的，它作为联结企业和学校的中间者，有必要也有优势对双方的人才培养进行监督。一方面，行业协会可以很好地反映或传达行业内部对技术、产品等方面的革新要求，引导企业进行良性的调整和转变，进而影响人才培养标准和规范的变动；另一方面，行业协会在民族地区地方院校课程开发、课程标准以及课程内容等方面给予指导，对教学、人才培养以及学校管理等方面进行评价，引导学校按照行业发展的要求培养学生，同时，当学校人才培养偏离民族地区发展的轨道时，行业协会需要及时对学校进行信息反馈，要求学校进行调整和革新。

### 4. 院校层面

（1）校级层面牵头、引导、协调，系院实施校企合作。自上而下推进以学院为主体的校企合作，同时设立专门的机构负责合作项目的指导和管理，建立与企业的定期沟通机制，密切与企业的合作与交流。在学校、院系和专业三个层级与企业开展深度合作，推进人才培养层面的实质性的校企合作。比如，学校成立校企合作工作委员会，负责推进学校与政府、行业、企业开展合作，院系、各个专业成立教学指导委员会，指导各个院系、专业深入开展校企合作。

（2）构建应用型专业的合作发展联盟，推进产教融合、校企合作。民族地区地方院校应调动各方资源，主动作为，积极与政府机构、行业企业、科研院所对接，按照"资源共享、优势互补、项目共担、互惠多赢"的原则，成立多个合作发展联盟，打造多主体合作、多团队协作、多模式运作的教育、科研、服务一体化协同育人平台。

（3）切实了解企业的需求，服务中小企业，主动对接企业的需求。民族地区高校应积极支持区域内行业企业技术改革和创新，建立政府—学校—企业—研究所共同参与的协同创新团队，重点研究和解决企业面临的技术尖端领域问题，并提供先进技术解决企业运行过程中的问题；同时，开展面向中小企业的基础性研究、应用研究，满足企业差异化的需求，推动产学研合作模式由短期合作、松散合作、单项合作向长期合作、紧密合作、系统合作转变。[①] 此外，学校要更加注重提高少数民族应用型人才培养水平，更加顾及企业方面的现实利益，同企业加强交流合作，制定符合双方共同利益的人才培养计划，为企业发展提供符合要求的"人力资源"。

（4）积极与企业合作共建大学生实践教学基地，建立统一的实习实训基地和实践教学共享平台。民族地区高校应积极促进少数民族学生去企业顶岗实习，负

---

① 刘宇陆：《适应新常态建设高水平应用技术大学》，载于《中国高等教育》2015 年第 9 期，第 38～40 页。

责联系企业落实少数民族学生的实践岗位，并要求企业对少数民族学生进行指导和评估，提高少数民族学生在企业实习实训中实际技术技能训练的实效性；同时积极推动学院、基层教学组织与企业共建实践教学保障机制，增强学生科学实验、生产实习和技能实训实效，不断提高实验、实习实训、实践和毕业论文的质量。

（5）促进校企多方位深度对接。一是专业与产业深度对接。高校应根据民族地区经济社会发展的变化、产业结构和市场需求及时调整专业，适当扩大民族地区重点产业、支柱产业急需应用型专业，以保证民族地区产业发展对人才的需求。二是课程内容与岗位需求深度对接。高校可根据行业企业所需的专业能力安排课程内容，使课程紧贴社会和行业岗位需求，同时鼓励学生在获得学位的同时，获得相关行业准入资格考试和专业资格证书。三是教学过程与生产过程深度对接。教学过程是工作与学习紧密结合的过程，高校要推动教学流程改革，依据生产服务的真实业务流程设计教学空间和课程模块。四是加强"双师双能型"师资队伍培养。高校应探索教育师资定向培养制度和"学历教育+企业实训"的培养方法，加大聘请校外企业、行业专家上专业实践课程的力度，使得"双师型"教师培养落到实处。

## （二）校校合作改革建议

### 1. 激发对口支援动力，促进高校对口支援可持续运行

一是政府应发挥多元的政策管理职能，将政策的运行规范化、法制化。在高校对口支援过程中，各级政府要切实履行统筹规划、政策引导、监督管理和提供服务的职责。为此，中央政府在教育对口支援的配套政策、专项经费拨款、法律制度保障、科学评价与监督等方面，应切实履行政府引导、服务与监督的义务，保障支援、受援高校对口合作的权利。[①] 地方政府应加强对高校对口支援工作的支持和问责，受援高校所在地方政府应设立相应的组织机构管理高校对口支援工作，并划拨相应的对口支援工作经费支持本地区的高校对口支援工作。

二是拓展对口支援工作的经费筹措渠道。教育对口支援政策的主导思想是要求支援一方讲风格、做贡献，体现支援和帮助，因此政策的执行是以支援一方的付出甚至是利益损失为前提的。这样一来，支援高校对口合作的积极性就被利益

---

[①] 解群、房剑森、石芳华：《走向"合作"：东西部高校对口"支援"政策透视》，载于《教育发展研究》2012年第1期，第13~17页。

失衡所压制，从这个角度来看，政府要提高支援高校的积极性应逐步健全补偿机制。① 在目前政府投入高校对口支援工作经费欠缺的情况下，支援、受援高校应充分发挥自身筹措资金的主动性，加强与当地政府和企业的联系，运用对口支援合作优势，切实为当地政府和企业解决相关难题，拓宽经费来源。双方还应积极设立对口支援教育基金，向企业和社会募集对口支援经费。

### 2. 改进与完善联合培养学生项目

一是对项目进行制度创新，利用双方各自的优势和特有资源，达成关于联合培养方案的共识。对联合培养项目进行制度创新，制定不同的培养方案，通过两校相关专业教师的协商评定，选定可以互换的学分和课程，并形成一套相对稳定的制度。如果能够针对联合培养项目的学生群体制定特定的培养方案和灵活的学分对接制度，将有利于降低项目学生跨校选课的障碍，减轻项目学生返校后的学习压力，进而增加项目的实施效果。

二是全方位、全过程增强联合培养项目的辐射作用。第一，增强选拔前的辐射作用。在招生和新生入学教育阶段，更加充分利用返校项目学生的宣传作用，进行项目的大范围、多渠道的宣传，增加项目在学生中的知名度和影响力，提高他们的竞争热情和学习积极性。第二，加大选拔过程的辐射作用，在选拔过程中注重设立更为科学和多元化的选拔标准。第三，在联合学习阶段，通过多种方式加强项目学生与派出学校所在宿舍、班级和专业同学的联系，如开辟一个联合培养项目的论坛，向项目学生约稿并在学校相关刊物发表。同时，可将参加项目返校的学生成立一个"联合培养项目学生社团"，定期在校内开展一些学习经验交流、学习帮扶和学习氛围营造等活动，不仅能更好地延续跨校的学习状态，还能形成合力，增加插班生返校后对原学校学生的辐射和带动作用。第四，加强对项目学生的追踪调查和评估，对于毕业后表现优秀的项目学生进行表彰和宣传。

### 3. 加大校际合作力度

一是加强校际合作的观念和意识，增强开放、合作办学的主动性。从时代的发展来看，高等教育迅速发展、竞争不断加剧，加强合作已越来越成为充分利用资源和创造优越办学条件的基本途径之一，它对于高校共存共荣具有现实战略意义。② 高校管理者应为学校广开资源，创造办学条件的高度认识和谋划高校合作工作，把校际合作作为学校开放办学的一条途径，加大力度组织实施。

二是边疆高校在合作中须树立合作共赢的理念，建立稳定而持续的校际合作

①② 胡弼成、江艳：《高校校际合作何以可能》，载于《煤炭高等教育》2007 年第 4 期，第 1~4 页。

关系。边疆高校由于所处环境和自身的劣势，在校际合作中经常陷入被支援的境地，但稳定而持续的合作关系是建立在平等互利、共享共赢的基础上的。因此，边疆高校应努力发挥和挖掘自身优势，结合资源、政策和学科优势与合作高校开展利于自身发展和利于伙伴发展的校际合作，探索出一条适合自身发展的合作之路。

三是边疆高校应设立相应的机构和人员统筹管理校际合作工作。校校合作工作不仅要考虑如何与其他高校开展合作，而且要协调和调动校内的资源促成合作的有效开展。因此，由专门的部门和人员管理校校合作事务十分必要，这也是许多校校合作出色的高校的成功经验。

### 4. 探索建立高校联盟形式的校校合作

高校联盟是为实现共同的利益需求，实现资源共享、优势互补的校校合作的最高形式。边疆高校的校校合作尚缺乏高校联盟的形式。例如，针对少数民族应用型人才培养的问题，边疆高校可以探索建立一个高校联盟，专门解决少数民族应用型人才培养的课程、师资、培养方案、语言、应用技能、就业等一系列问题，共同促进少数民族应用型人才培养。为此，政府可以出台相应的政策，鼓励联盟的缔结和工作的开展。

## （三）校地合作改革建议

民族地区地方院校是民族地区校地合作中最主要的参与者。想要赢得发展空间，民族地区地方院校应该建立服务民族地区经济社会发展的服务意识，将地方发展作为高校责无旁贷的使命，紧密立足地方、依靠地方和服务地方。

### 1. 充分发挥政府的作用，为高校与地方合作发展创造良好环境

民族地区地方院校在与地方合作中面对许多障碍与问题，单纯依靠学校的力量很难突破，这需要地方政府积极介入，成为地方高校可持续发展的有力支持者。

首先，地方政府完善教育立法，赋予民族地区地方院校更大的办学自主权，比如，扩大学校在办学定位、人才培养模式、学科发展、课程结构、专业设置、教师聘用、校企合作等方面的权力，引导民族地区地方院校建立与区域经济社会良性互动的办学机制，提高服务社会的力度。

其次，在"一带一路"背景下，政府应搭建高校与地方之间合作的平台，引

导多元主体深入参与高校，推动不同主体能够及时地进行对话、协商与联动，逐渐提升高校的开放性与国际化水平，融入"一带一路"发展趋势的大洪流中，这也是提升校地合作能力的关键；同时，地方政府要通过税收优惠、经费投入、有效激励等措施鼓励民族地区地方院校与当地产业、行业合作，走产学研合作发展之路，形成高校与经济社会协同发展、互利共赢的局面。

再次，地方政府还应加大对民族地区地方院校的宣传力度，积极争取社会力量共同参与合作办学。政府可以利用政治、资源优势，广泛地向社会各界宣传民族地区地方院校的办学特色，让社会公众对民族地区地方院校发展有全面、深刻的了解，提高民族地区地方院校的知名度，广泛吸引国内外企业、学术机构、社团组织等多种形式参与少数民族应用型人才培养，从而使院校在与社会互动发展的过程中获取多元化的源动力。

最后，积极探索"政府+学校"订单式培养少数民族应用型人才模式，为当地培养急需的少数民族应用型人才。民族地区地方院校应拓宽与州（市）、县政府合作办学的渠道，充分利用少数民族学生优势和特点进行人才培养模式的改革，形成"学校+政府"两个办学单位合作办学形式。办学双方在人才培养定位、经费投入、教学管理、教学组织、教材建设、质量评价、师资队伍建设以及毕业生就业等方面应做出合同式的规定。按双方签订的人才培养协议书，人才培养的目标规格由地方政府按照实际需要的标准来设置，改变过去由学校设计的做法。政府根据人才培养规模，投入相应人才培养共建经费，凡进入该培养模式的学生毕业后由地方政府根据相关需要安排到相关的部门和岗位就业，以从根本上解决少数民族毕业生就业难的问题，民族地区也能得到经济建设所急需的应用型人才。[1]

### 2. 积极推进产学研密切结合，服务产业发展和人才培养

民族地区都有自己的特色文化和资源特点，民族地区高校也是充分依托了地方特有的文化优势、资源优势和区位优势，构建自己的优势学科、特色专业。学校应立足自身的实际以及所在区域的经济特点，以科研项目为纽带，整合资源优势，积极引导教师与地方政府、企业开展科研项目合作、技术创新、技术攻关，共建产学研联合体以服务区域发展需要。

首先，民族地区地方院校积极参与"产学研"合作联盟，加强与企业、科研院所合作，共建研发中心、工程技术研究中心、重点实验室、技术转移中心等创

---

[1] 和少英、和光翰：《中国少数民族语言文学人才培养模式改革的探索与实践》，载于《云南民族大学学报》（哲学社会科学版）2014 年第 6 期，第 151~156 页。

新平台，依托科技创新推动产业振兴和技术革新，切实增强对产业发展的引领作用。依托"产学研"合作联盟切实推动以学生职业能力为本的"产学合作、工学交替"的人才培养模式。

其次，根据《国家中长期科学和技术发展规划纲要（2006~2020年）》、民族地区经济发展战略、社会发展的需要，紧跟现代科技发展的趋势所确定的重点领域及特色产业，比如在新能源、化学化工、水资源利用、生产环境治理、特色作物提质增效、机械装备工程与电子信息技术、农副产品精细加工等领域，加强与产业、工业和企业合作，大力提高服务产业的贡献率。引导教师个人的研究兴趣，面向国计民生和社会热点难点问题，与国家和地方经济社会的需求相结合。

最后，深入研究"一带一路""互联网+"和"新型城镇化""大数据战略"等重点发展战略，围绕民族地区发展并与之相关的支柱产业领域，以重大项目实施为依托，主动承担一些产业尤其是支柱产业和新兴产业的重大项目和课题，向区域战略需求的应用研究方向转变，针对地方经济建设中重大关键技术、共性技术和突出问题与企业联合实施科技专项合作。从松散型的科研小组研究为主，向依托学科平台的团队集群创新组织体系转变；从个体性的单一技术开发、转让、咨询和服务为主，向团队式的共性关键技术开发与产学研联动转移转化并重转变，促使科技开发成果直接应用于产业发展，充分发挥特色专业和技术创新两个平台的优势，形成人才培养和科学研究的良性互动，形成科研反哺教学的机制，实现应用型人才培养质量的不断提升。

### 3. 整合高等教育资源，构建学校服务社会体系

首先，"深度介入"要求民族地区地方院校要切实转变发展方式，加强与政府、企业和科研院（所）的合作，充分发挥民族地区地方院校智库作用，积极开展战略研究和政策咨询服务，多方面参与社会服务。学校应立足实际需求，主动融入地方政府、企业，主动参与地方发展规划，为政府决策做系统、合理的咨询工作。民族地区地方院校紧密围绕经济宏观调控、确定重点支持和优先建设的服务"三农"问题、产业结构调整、资源能源、收入分配、社会民生等重大课题，为地方政府决策、企业发展提供前瞻性、建设性意见建议。

其次，建立健全全方位参与地方经济社会发展的服务体系，全面提升学校服务区域经济社会发展能力，重点推进新阶段扶贫开发，持续加大结对扶贫帮困工作力度，做好精准扶贫、科技扶贫。

最后，由于民族转型院校主要建在民族地区，多数院校能够主动面向民族地区"三农"主战场，服务民族地区"三农"，主动深入解决"三农"的实际问题，积极支持社会主义新农村和新型农牧团场以及城镇化建设。大力实施"科技

兴村（连队）行动""教授、博士进驻企业（农牧团场）行动"；进一步推进"科技行动计划"的有效实施，选派专家、教授、博士等到大中型企业和农牧团场开展技术服务，全面打造"专家教授、博士（企业和农牧团场）行"；构建一支专门从事"三农"服务的精干队伍，重点立足民族地区，以优势和特色服务"三农"的建设和发展。

### 4. 引领民族文化发展，培养民族文化传承的应用型人才

首先，民族地区地方院校在民族文化传承与创新方面具有天然优势，可以担当民族文化传承创新的重任，充分发挥高校的文化传承功能，适当开设或者举办具有民族特色的专业以及文化活动，发挥高校独特的教育功能，提高学生的文化品位、民族文化素养和技术技能，进而提升民族地区具有特色优势的应用型人才质量。

其次，民族地区地方院校作为民族文化继承和弘扬的中心，应引领民族文化的发展，服务民族产业发展，实现民族产业升级。民族地区地方高校依托丰富的民族文化资源和人才优势，为民族文化产业发展提供理论支撑和应用性研究；加强与国内外民族文化产业企业的联系和战略合作，利用"一带一路"的时代机遇，与周边国家进行紧密的交流与合作，逐渐完善各类具有民族优势的学科，推动民族文化与民族文化产业的协调发展，共同提升民族地区特色产业的附加值，实现民族产业升级。

最后，加强与地方、企业乃至国际的合作，培养文化产业方面的少数民族应用型人才，为民族特色产业、民族文化产业的发展提供有力的人才支撑和智力支持。民族地区地方高校通过文化合作与交流平台，向外界展示学校具有民族特色、文化特色和地域特色的优势学科、专业，吸引国内外感兴趣的机构、企业、社会组织等共同参与办学。

### 5. 服务于"一带一路"建设

"一带一路"是中国政府在经济全球化、文化多样化、社会信息化背景下推出的深层次的区域合作。作为地处"一带一路"重要的民族地区地方高校，凭借现有的文化优势、地缘优势、人缘优势，服务于"一带一路"建设。

首先，民族地区地方院校应依托学科优势、语言优势、地缘优势积极培养为社会经济文化发展与合作交流服务的国际人才，并通过课程共享、文凭互认、学分互认、学位互授、文化交流、学术交流，加强与国际知名大学的联合培养人才体系；通过中外合作机构共同合作培养少数民族应用型人才，充分发挥好合作平台在人才培养方面的功能和作用，培养"一带一路"所需管理、金融、贸易、文化、语言、民族、宗教、法律、旅游等领域复合型、应用型人才，充分发挥人才

培养在"一带一路"中的支撑作用。

其次,促进与"一带一路"沿线国家的高等教育机构合作。民族地区地方院校充分发挥独特的地缘区位优势、民族文化优势,加强与沿线国家的高校、科研机构、企业、组织在科研、教育、文化之间开展全方位、实质性的学术合作与交流,积极与沿线国家共建国际科技合作平台、实验室、协同创新平台、文化合作交流中心、信息共享平台、合作论坛、孔子学院,深化与丝绸之路经济带沿线国家高校的交流与合作。

最后,提供智力支持,服务"一带一路"。在"一带一路"建设过程中会遇到各类问题与挑战,需要开展诸多领域的前瞻性研究,对所面临的"瓶颈"问题和解决方案提供咨询和政策建议。民族地区地方院校要紧跟国家战略,通过"政产学研"的合作研究平台,为"一带一路"建设提供学术支撑。建立"一带一路"高校智库联盟,对丝绸之路经济带沿线相关国家的政治、经济、文化、语言等领域进行长期跟踪研究,重点关注信息情报和数据库建设、法律和边贸对接便利化、中亚经济文化等,将其整体提升为"一带一路"建设中的竞争力和特殊作用。

### 6. 不断完善高校内部校地合作的制度机制

民族地区地方院校要转型发展必须从思想意识、管理体制机制等方面做出系统化的改革,在思想上坚持服务民族地区的理念,始终将学校的改革发展与国家、民族地区发展需求紧密结合,积极参与区域经济的建设,努力维护民族地区的社会稳定和长治久安。在学校内部管理上要"简政放权",推进教学管理重心下移,扩大二级学院办学自主权,调动二级学院办学积极性,使其主动走进行业或企业,深度推进人才培养层面实质性的校企合作,使自己的办学落地生根,真正实现学校的转型发展。① 通过发展规划处、校友和校董事会等职能机构,建立校地合作的平台,通过平台加强与国内外交流与合作,推动学校与政府机构、国内外院校和企业等社会组织的交流合作。

深化校地对接,抓住丝绸之路经济带核心区建设的契机,推进校地合作项目力度。学校以自己的优势和特色为基点,寻找与地方各种可能的合作机会,鼓励、支持教师走进社会,积极参与地方服务工作,深入企业;加强与产业、企业联合进行应用性的技术研发,以科学、技术研究支撑高素质应用型人才培养,走产学研结合的创新之路;通过合作调研、专题研讨、教师挂职锻炼、管理培训等形式加强与外部系统联系,改变学校与企业、行业、科研院所彼此分割的格局,

---

① 曲殿彬、赵玉石:《地方本科高校转型发展的问题与应对》,载于《中国高等教育》2014 年第 12 期,第 25~28 页。

加强与区域内科研机构紧密结合,争取与对方合作。只有学校加强与外部系统的联系、合作才能获得更多的外部资源支持,才能更好地融入社会、服务社会,才能提高少数民族应用型人才培养的契合度。

总之,大学渐渐地承担起社会变革与发展的责任,民族地区地方院校应主动承担起民族地区经济社会发展的重任。随着大学的环境和任务在不断地变化,大学从知识工厂不断演化为知识中心,以推动区域科技创新和经济发展。[1] 大学职能不是抽象的,是与地方经济、社会发展需求密切联系的。引领区域民族经济社会发展是社会对民族地区大学的期望。内—外协作发展作为实现民族地区高校少数民族应用型人才培养的重要路径选择,必须重视与政府、企业、对口支援高校等之间的有效合作,注重社会资本的培育和积累,实现外部系统与高校内部发展的协同推进,深度的合作行为增强民族地区地方院校与区域社会经济发展的适切性,逐渐实现高校—企业—地方的紧密结合,从地方经济社会和企业需求出发合理调整学科体系、逐渐完善专业设置、进一步优化课程安排,为少数民族应用型人才的培养打下更加完善、全面的基础,努力实现经济社会与人才培养的协调发展。

## 四、新疆昌吉地区应用型人才培养内—外协作方式改革案例分析

新疆昌吉地区在我国西北经济圈中具有重要的经济战略地位,正处于工业化快速发展的阶段。区域内交通运输、煤炭化工等第二、第三产业发展迅速,迫切地需要大量具有较强专业技能的应用型人才满足产业的发展,这促使昌吉地区的职业教育不断改革创新,率先在全疆建立职业教育先行区,培养多层次、多类型应用型人才,为昌吉地方经济社会发展提供人才支撑。为此,本书选取昌吉地区作为高校少数民族应用型人才培养的案例区域。

### (一)新疆昌吉地区发展概况

新疆维吾尔自治区昌吉回族自治州取"昌盛吉祥"之意,成立于1954年,全州辖两市五县和3个国家级园区,总面积7.39万平方千米,有回、汉、维吾

---

[1] Jan Youtie, Philip Shapira. Building an innovation hub: A case study of the transformation of university roles in regional technological and economic development. *Research Policy*, 2008, 37 (8): 1188–1204.

尔、哈萨克等 42 个民族，总人口 160.09 万，其中少数民族人口占总人口的 28.8%，驻有新疆生产建设兵团农六师和农八师的 21 个团场。昌吉州自然资源丰富，具有特色的产业体系和人文条件，是国家面向大西北开发的重点区域，发展潜力巨大。

昌吉回族自治州是我国西北地区经济圈中的重要组成部分，在大力推进乌昌一体化战略的背景下，昌吉州充分利用中心城市的辐射作用，加快推进新型工业化进程，有力促进了区域经济发展，实现了经济增长速度新的突破，已成为带动新疆经济发展新的增长极。昌吉州经济总量大幅提升，占新疆经济总量的比重不断提高；在加大区域经济发展的过程中，昌吉州带动天山北坡一带经济发展，打造中亚经济重心地位。

昌吉州具有明显的产业优势，培育了现代煤电煤化工、有色金属冶炼及压延加工、先进装备制造、石油天然气开采和深加工、特色农产品精深加工、新型材料六大支柱产业，做大做强优势支柱产业，形成产业集群，形成独具特色的产业体系。全州中等以上规模工业企业达 292 家（营业收入 2000 万元以上），销售收入超亿元的企业有 70 家。目前，全州已建成 3 个国家级园区（新疆准东国家级经济技术开发区、昌吉国家级高新技术产业开发区、昌吉国家农业科技园区），自治区级园区 6 个；拥有国家级、自治区级知名品牌 97 个。昌吉的区域发展取得了显著经济效益，但是当前仍存在一些问题，例如企业融资困难、技术基础薄弱、产业结构不合理等，其中，缺乏高层次技术技能人才是制约昌州吉产业发展的主要"瓶颈"。

昌吉州域内有昌吉学院、昌吉职业技术学院、新疆农业职业技术学院等 13 所大中专院校，是全疆重要的民办教育和职业教育基地。昌吉州不断创新人才培养引进机制，优化人才成长环境，借助援疆平台、扎实推进招才引智工程，出台引智项目，大力开展高层次人才引进工作，助推产业转型升级。深化职业教育改革，成立了职教集团，构建产教融合的办学机制，充分发挥职教集团的作用，整合区域内职业教育资源，培养多层次、多类型产业工人、技能、技术人才。

## （二）新疆昌吉地区应用型人才培养内—外协作方式改革案例分析

### 1. 新疆昌吉州职教集团的背景分析

教育部在 2015 年 6 月 30 日发布《教育部关于深入推进职业教育集团化办学的意见》，明确职业教育集团化办学的指导思想、目标任务和政策行动。职业教育集团化办学是职业教育产教结合、校企合作办学模式的发展与提升,是职业教育由量的扩张到质的提高,由"小而散"到"大而精",由粗放经营向集约经营转变的重要标志,是一种范围更为广域、办学主体更为多元、内容涉及更为复杂的办学模式。职业教育集团化办学的发展离不开中央政府顶层设计,同时还需要地方政府对职业教育集团化办学相关问题进行深入思考和不断探索,比如如何深化地方职业教育集团办学体制的改革、推进职业教育集团办学制度创新、推动职教教育集团办学有效运作等问题。

在"一带一路"倡议、乌昌一体化经济发展推动下,新疆昌吉回族自治州经济发展迅速,吸引相当数量的大型企业入驻,面对新的环境和新的经济形势,昌吉州积极培养经济建设急需的应用型、技能型人才,探索完善合作办学的新模式。在此背景下,昌吉州通过了《昌吉关于促进职业教育联盟发展指导意见》,在当地政府的推动下成立职教联盟(见表4-1),率先在全疆建成现代职业教育先行区。"昌吉州职教联盟"是经州党委、州人民政府批准,由州教育局牵头,依托昌吉学院、新疆农业职业技术学院、昌吉职业技术学院联合新疆准东经济技术开发区、昌吉国家农业科技园区、昌吉国家高新技术产业开发区及州直相关部门、大中型企行业协会、社会组织、科研院所、援疆省市大中专院校成立的一个区域性、非营利性、非法人的职业教育联合体。昌吉州职教联盟是由政府促成,以增强综合实力为核心的区域联盟。

表4-1　　　　　　　　　　昌吉州职教联盟情况

| 项目 | 联盟情况 |
| --- | --- |
| 联盟的范围 | 区域内高校、职业院校、科研院所;区域内规模以上企业;对口支援昌吉州相关院校及企业;联盟的范围逐步向全疆及疆外相关院校及企业延伸 |
| 运作模式 | 成立以专业为纽带,以骨干示范学校为核心,以相关职业院校、社会组织为基础,联合行业、企业、事业单位以及其他相关组织,组建各种类型的职教集团 |
| 合作的内容 | 人才培养;师资队伍共建共享;学科、专业课程共建共享;招生、招工与就业市场建设;实验、实训、实习基地共建;科学研究;学历与非学历共同发展;发展信息互通共享 |
| 联盟机制 | 建立联盟成员单位联席会议制度。职教联盟下成立四个不同的职教集团,各职教集团设立理事会制度,负责集团成员的管理、协调工作 |
| 资金支持 | 政府每年安排1 000万元专项资金,奖励在职教联盟发展中做出突出贡献的单位 |

资料来源:昌吉回族自治州人民政府:《昌吉关于促进职业教育联盟发展指导意见》,2014年。

为服务于地方经济，适应产业发展区域性特色，昌吉州职业教育联盟成立了煤电煤化工职教集团、现代制造业职教集团、现代服务业职教集团、现代农业职教集团四个行业联盟为基本运行的职教集团。煤电煤化工职教集团由昌吉学院、昌吉州煤炭工业协会、昌吉州准东经济技术开发区、中泰化学集团公司、新疆新华能电气股份有限公司等联合成立，是行业职教集团的探索和尝试。

煤电煤化工职教集团的牵头单位是昌吉学院，坐落在新疆维吾尔自治区首府乌鲁木齐市以西30公里的昌吉市。昌吉市是昌吉州的政治经济中心，也是昌吉人民正在努力打造的自治区首府副中心城市。昌吉学院目前是新疆昌吉州唯一一所全日制本科院校，少数民族学生来源广泛、人数众多，占学生总数的30%。该校的人才培养走应用型本科人才培养职业化道路，是自治区重要的应用型人才培养基地。昌吉学院根据新疆和昌吉州经济社会发展需要以及学院自身的办学特点向应用型大学转型发展，把学院建设成为"地方性、应用型、开放式、国际化"的应用型大学，以基础学科为依托，以应用学科为重点，积极发展与昌吉州经济社会发展关系密切的工科类学科与专业，不断满足新疆经济社会发展对高层次应用型、创新型人才的需求。依托煤电煤化工职教集团打造昌吉学院的化学化工类专业品牌，形成专业集群，深化产学研合作，推动"双师型"教师队伍建设，为学校转型发展创造有利的条件。

### 2. 新疆昌吉州职教集团的实践分析

本部分以新疆昌吉煤电煤化工职教集团作为案例分析对象，通过研究发现该职教集团办学具有以下几个方面的特点。

（1）政府和对口支援高校支持。

一是地方政府对职教集团的支持。首先，政府的推动和引导。昌吉州出台了《昌吉关于促进职业教育联盟发展指导意见》，提出要加快实施职业教育联盟化发展。职教集团是在地方政府推动下成立的组织联盟，通过成员的联合行动争取更大的发展平台和项目。在政府的推动下，不仅加快了职教集团的构建，而且在调动企业参与的积极性、重点项目的运作方面起到了重要作用。其次，资金支持。一方面政府每年安排专项资金，奖励突出贡献的单位；另一方面为职教集团的项目运作提供前期启动和运行资金，比如昌吉学院"新疆化石资源加工与新能源技术工程中心"得到了新疆维吾尔自治区、昌吉自治州政府和福建省政府对口援疆等各类政府的专项扶持经费。在集团发展的初期，政府的引导、支持、激励对职教集团的发展和推动具有重大的现实意义。

二是对口支援高校的支持。高校对口支援政策是国家促进高等教育区域协调发展的重要举措。对西部民族区域高校进行持续性的援助和支持，形成支援高校与受援高校相对稳定的合作关系，改善其发展条件，增强其自我发展能力。昌吉学院与对口支援高校开展多方面合作（专业建设、科研合作和人才培养等），提高学校的综合实力。例如，借助厦门大学实力，以科研合作为切入点，昌吉学院与厦门大学成立了"新疆洁净能源化工联合研究院"，提高昌吉学院在洁净能源化工技术的科研能力，创造与企业开展深层次合作的条件。同时，昌吉学院、厦门大学与新疆中泰化学股份有限公司合作成立了"新疆化石资源加工与新能源技术工程中心"，"新疆洁净能源化工联合研究院"将成为"新疆化石资源加工与新能源技术工程中心"的主要技术开发机构和重要支撑机构，成为昌吉州职教联盟煤电煤化职教集团政产学研合作的支点和典范，成为福建省科教援疆基地、新疆洁净能源化工技术中心和人才培养中心。

（2）面向区域优势产业，服务地方经济发展。

煤电煤化工职教集团在办学过程中面向区域优势产业，服务地方经济。2014年，教育部等六部门印发的《现代职业教育体系建设规划（2014~2020年）》进一步明确提出职业教育要促进经济提质增效升级。煤电煤化工职教集团体现了职业教育对经济社会功能的认识、提升职业教育服务当地特色优势产业。昌吉州有大量丰富、优质的煤炭资源，建立煤电煤化工产业带，成立准东煤电煤化工产业园区和工业园区，这是发展新型煤电煤化工产业的机遇，也是煤电煤化工职教集团发展的机遇。煤电煤化工职教集团深深扎根于当地产业发展、整合区域资源，具有地域根植性的特点。

一是培养服务民族地区经济发展的煤电煤化应用型人才，促进应用型人才与民族地区优势产业紧密对接，促进职教发展适应地方经济的发展。通过大量培养煤电煤化特色产业急需的高层次技术技能人才，有利于加快昌吉特色优势产业振兴步伐，大力提升昌吉产业发展水平。昌吉学院与企业共同制定专业标准、共同制订人才培养方案、共同实施专业建设计划、共建实训实习基地、共建"双师型"教师、共同探讨工学结合的人才培养模式。推动教学内容的改革，按照企业真实的技术和装备水平设计理论、技术和实训课程；推动教学流程改革，依据生产服务的真实业务流程设计教学空间和课程模块；推动教学方法改革，通过真实案例、项目激发学生的兴趣。①

二是职业教育之所以成为经济发展重要的驱动力量之一，还在于职业教育对持续发展的职业教育培训的作用。煤电煤化工职教集团利用丰富的师资资源，以职业技能鉴定中心为依托，建立职业资格培训基地，开展职业资格培训鉴定、职

---

① 昌吉回族自治州人民政府：《昌吉州职教联盟煤电煤化工职教集团发展规划（2015~2020年）》，http：//zjlm.cjc.edu.cn/index.php？m=content&c=index&a=show&catid=19&id=10。

业技能认证、企业人员在职培训、社会人员就业培训等业务，提高社会服务能力。

三是建立煤电煤化工联合研究院、成立煤电类专业研究所。为了进一步满足企业对技术的需求，增强技术创新与技术服务能力，昌吉学院与联盟成员之间在新能源技术开发、准东煤盐的技术处理、电力设备控制等技术方面实现共同研发，推动技术创新，形成行业技术研发的规模效应，促进行业技术水平发展。

另外，借助专家力量，成立与煤电煤化工行业相关的专业指导委员会，对人才培养、技术研发、教育质量标准、就业等进行指导。设立专业设置评议制度，建立紧密对接煤电煤化工产业链的专业群。建立专业教育和职业资格对接认证制度。制定和实施企业服务方案，规划与企业共建共管混合所有制的二级学院和股份合作制的工作室。[①] 煤电煤化工职教集团定位于区域的以专业为纽带的行业联盟，使集团发展与昌吉州区域产业特色相结合，促进职业教育与区域经济联动发展。

按照"十二五"职业教育发展规划设计煤电煤化工职教集团发展模式，解决中等与高等职业教育衔接的问题，构建中等职业教育与高等职业教育课程、培养模式和学制贯通的"立交桥"；解决学校培养的人才与产业发展、企业需求对接的问题，构建支撑地区产业升级和结构调整相适应的职业教育合作办学机制，形成学校和企业、行业联合培养人才的新机制。

（3）校企利益共享，推动互惠能力。

在调研中，我们发现高校普遍重视与企业的合作，但是在与企业的合作中也面临许多的问题，其中最为关键的是如何和企业建立合作的长效机制。因此，集团成员之间如何寻求共同的利益生长点，建立长期稳定的合作关系是解决职教集团的根本出路，否则联盟的长效机制就难以维持下去。无论是用博弈论、资源依赖理论还是利益相关者理论来分析，合作共赢是职教集团发展的理性选择。

通过煤电煤化工职教集团平台，帮助昌吉学院切实了解企业需求，为企业"订单"培养一定数量的煤电煤化工类的人才，为企业优先优惠提供技术服务、员工职业培训、选送优秀毕业生、科研成果转让等。企业为昌吉学院提供教师到企业培训、挂职和实践锻炼、派优秀技术人员和管理人员担任专兼职教师指导学生实习、参与高校人才培养、教学改革、专业调整和课程开发等。校企共建科研创新平台、行业技术研发平台、教师定期实践制度、人才培养实训基地等，构建双赢机制。

---

① 昌吉回族自治州人民政府：《昌吉州职教联盟煤电煤化工职教集团发展规划（2015~2020年）》，http://zjlm.cjc.edu.cn/index.php? m=content&c=index&a=show&catid=79&id=10。

### 3. 职教集团办学的机制分析

目前，职业教育集团办学模式的研究和实践还在进行中，昌吉煤电煤化工职教集团作为众多民族地区职教集团的一个缩影，处在发展的初级阶段。因此，可以通过完善职教集团运行的机制推动其发展。

（1）职教集团运行的保障：政府支持机制。

职教集团作为一种体制设计，主要融合区域内职业教育资源，促进教育与产业、企业的深度融合，实现人才培养与产业、行业的对接，这需要政府引导和顶层设计解决职业教育条块分割的管理体制弊端，做好职教集团发展规划，设计职教集团发展模式、治理模式，提供政策支持。因此，在职教集团发展中，政府支持机制发挥的是保障性作用。

政府切实以战略性眼光进行宏观管理，不断推动职教联盟的发展。一是政府应强化政策支持，比如经费保障（昌吉州政府每年安排 1 000 万元专项资金，奖励在职教联盟发展中做出突出贡献的单位，起了很好的引导、激励作用）、优惠政策、激励机制、公共财政政策支持、健全的法律制度等。二是政府需致力于提供良好的公共服务，为职教集团成长提供完善的制度。在人才培养、市场运作、平台搭建等方面提供条件，打造高效、开放、多元、有序的职教集团制度，加快创新职业教育成本分摊制度、校企融合型职业院校办学制度、灵活多样的招生制度、中高职协调发展制度、现代学徒制培养制度、高技能岗位劳动准入与就业稳定制度、双证书融合制度。[①] 三是完善规划制度，明确不同类型的职教集团的功能定位和发展差异，科学、合理规划职业教育发展，引导职教集团与区域经济社会协调发展。四是积极推动对口支援高校政策，促进职教集团区域之间的合作，拓展互助的领域，激发西部职教集团办学活力。

（2）职教集团运行的基础：决策协调机制。

联盟成员的不同意见不是依赖层级治理的行政权力命令方式解决，而是采用协商方式解决。职教集团治理有赖于行为主体之间平等、合理、有效的协商，形成理性决策。因此，决策协调机制是职教集团网络治理的基础。

教育部《关于深入推进职业教育集团化办学的意见》提出，"建立和完善集团内部治理结构和决策机制，提升内部聚集能力，促进集团成员的深度合作和协同发展"。目前，职教集团主要是通过章程形成的契约式联盟，但是依靠契约联结带来集团成员间的纽带脆弱，集团仅靠章程规约，既无资产、人事、业务等方

---

[①] 胡坚达、王孝坤：《职业教育集团化体制改革路径探索》，载于《教育研究》2013 年第 1 期，第 154～158 页。

面的责任捆绑，又无共同经营产生的利益作为纽带，一旦受不利因素影响，成员单位往往各行其是，集团成员单位的行为普遍带有短期性，本位主义倾向也比较明显。[①] 当前企业、行业等嵌入职教集团治理结构的程度较弱，通过网络结构的嵌入提高职教集团办学的效益，通过明显的效益驱动增强集团合作的稳定性和凝聚力。

一是结构的嵌入，提高结构嵌入强度有利于长期合作，提高合作的稳定性。结构嵌入途径的实质是将利益相关者参与治理的个体行为通过制度化、组织化，形成一种集体行为，使其在整个网络结构中具有一定的地位，这是一个多元主体参与治理、分享决策权的过程。[②] 目前，职教集团主要是契约型的联盟（根据协议、契约的合作），积极探索股权式联盟（合资、合并、共建），形成相互参股的关系；建立行业作为中介组织发挥协调的作用；构建校企双主体的治理模式，提高企业参与决策度。

二是关系的嵌入，关系嵌入将影响职教集团的决策行为。关系嵌入指经济行为主体嵌入所在的关系网络中并产生影响，关系嵌入重视网络合作主体间信任、互动、互惠和情感等关系。关系嵌入客观要求职教集团各主体进行积极的信息交流，通过交流与沟通增进相互之间的适应性，提高相互之间的信任程度。因此，需要完善联席会议制度，建立良好的信息交流机制和有效的沟通机制，促进职教集团合作伙伴关系的建立。

（3）职教集团运行的核心：利益共享机制。

网络组织的活力取决于网络主体之间的协同效应，协同效应的价值建立在网络成员的共同利益之上。建立良好的利益实现与共享机制是职教集团成功运行的核心因素，也是职教集团持续发展，形成长效机制的关键。

一是寻找利益的生长点。提高职教集团自身经营意识、市场意识和效益意识，扩展职教集团办学的收益是激发职教集团办学活力的重要途径。在信息化和工业化"两化融合"的时代背景下，企业对技术、人才、信息、知识和技能的要求不断更新，构建持续发展的企业在职员工培训体系；构建与农村经济结构相适应的农业人才继续教育体系；开展技术服务工作，建立合作项目和联合攻关机制，推动技术与工艺的创新，并将技术转换为生产力，为集团成员带来实际效益。

二是坚持利益共享的原则，赢得企业和其他成员的支持。尽管集团重视成员的利益，但是在实际情况下，由于在合作中受短期利益驱动、利益非对称等影响，利益共享的实现存在一些挑战。因此，坚持互惠共赢、利益共生、利益补偿

---

① 袁靖宇：《江苏职教集团发展的基本经验、主要挑战与关键问题》，载于《中国大学教学》2015年第4期，第59~65页。

② 孟韬：《嵌入视角下的大学网络治理机制解析》，载于《教育研究》2011年第4期，第80~84页。

的原则，多考虑企业的客观需求，使各成员在联盟生存域中获得更多发展。

（4）职教集团运行的动力：资源整合机制。

从资源理论的视角来看，在合作组织中，合作者将互补性的资源和能力与其他合作者协作，实现资源要素的整合，推动资源优势的优化。资源整合机制是职教集团治理能力的重要体现，也是职教集团发展的驱动力。

其一，形成联合培养人才的机制。职教集团办学的核心是提高技术技能人才培养的质量内涵。职教集团集成了区域内企业、职业院校、科研院所、行业协会的资源优势力量，可以发挥各方面的优势联合培养人才。一是促进职业教育与产业发展、人才培养与企业需要无缝对接，共同培养产业需求的人才，提高人才培养与行业需求的契合度。二是重视企业在人才培养中应该承担的社会责任，从单纯追求"经济效益"转变为"经济效益"与"社会效益"兼顾，从提高企业综合实力、人才储备、社会声誉等方面入手承担职业教育发展的责任。三是提高少数民族学生应用实践能力与就业能力。作为民族地区的职教集团，承担着对少数民族应用型、技能型人才培养的责任。借助职教集团平台，依托学校和企业，联合培养民族地区少数民族学生动手实践能力、创业能力和社会适应能力，这对促进当地民族融合、加强民族团结、解决少数民族就业问题起着积极的作用，能够促进民族地区的"经济—文化—教育"协同联动发展。

其二，通过平台的建设促进联盟的资源整合和优化配置，提供增值服务。联盟成员之间不同合作者形成资源共享、优势互补，并通过多维路径的媒介作用产生协同关系。平台是职教集团网络结构的重要媒介，构筑专业群平台、信息网络平台、行业技术研发平台、资源共享平台等多方合作平台，推动职教集团建设深度发展。

（5）职教集团运行的目标：维护推动机制。

构建绩效评估是推动职教集团效益的重要手段，通过对职教集团发展的各项指标进行监控，对职教集团办学质量进行全面评估，增强办学的整体效益。目前，无论在理论方面还是实践方面，关于职教集团绩效评估的研究成果还比较少，构建一个全面系统的职教集团效益评估体系，有利于国家和各级地方政府对职教集团科学、合理、有效的管理。

构建集团化办学的质量评估体系，首先要设计科学、具体的评价指标体系。职业教育集团化办学的评价指标中既要有教育指标，也要有经济指标、就业指标及民生指标。这些指标至少应反映出技术技能人才培养的数量和质量、覆盖产业链的深度、企业总量覆盖程度、全国和区域 GDP 覆盖比例、财政收入贡献份额和就业贡献水平等。[①] 既包括"量"的指标，也包括"质"的指标。评估应该

---

① 周凤华、宁锐：《如何评价集团化办学质量》，载于《辽宁教育》2013 年第 18 期，第 20~21 页。

对当前职教集团的功能、有效的战略计划、管理与运作、目标的完成程度以及办学活力等方面进行评估。其次，建立综合质量评估体系。在职教集团的评估中构建"多主体参与、内容全面、多方支持、客观公正"的评估体系；完善学校、行业、企业、研究机构和其他社会组织共同参与的职教集团办学质量标准和评价机制。

# 第五章

# 国外高校应用型人才培养的实践与启示

国外应用型高校产生较早,其应用型人才培养模式发展相对成熟,较为典型的有德国应用科学大学的双元制、英国产学研合作的"三明治"育人模式和"寓学于工"的高等学徒制育人模式、澳大利亚的技术与继续教育(简称"TAFE")、日本"产学官一体化"应用型人才培养模式及美国的"职业胜任能力本位"模式和"工学交替"模式等。国外高校在应用型人才培养方面积累了十分宝贵的经验,他们的经验做法与应用型人才培养模式对我国高校少数民族应用型人才培养模式改革具有一定的启发和借鉴价值。

## 一、国外应用型人才培养实践

德国、美国、英国、澳大利亚、日本等国应用型人才培养已相对较为成熟,它们在应用型人才培养方面的典型做法、特有培养模式对我国高校少数民族应用型人才培养具有重要的参考价值。

### (一)德国应用型人才培养实践

"二战"之后,为适应经济建设的需要,德国在扩大高等教育规模的同时,大力发展应用型教育,培养应用型人才,形成了以包括综合性大学和应用科技大学为主体的高等教育类型。这两类大学人才培养分工明确，各司其职，综合性大学倾向于"理论探究""科学研究"，主要培养发现客观规律、科学原理的学术型人才，而应用科技大学倾向于"应用研究"，主要培养将理论知识转化并运用于生产实践、为社会创造直接福利的应用型人才。德国应用科技大学所采用的著名的"双元制"职业教育模式培养了大量的高层次、高素质人才，为德国工业和服务业做出重要贡献，应用科技大学也被称为战后德国重新成为世界工业强国和经济强国的"秘密武器"。德国政府也认为"德国经济强势的根本原因在于完善的和统一的职业教育及职业继续教育"[1]。

### 1. 解析"双元制"模式的"双元"特性

"双元制"的英文是"dual-system"，具有"二元"的含义，是德国立法支持、校企合作共建的一种办学模式。"双元制"中的一元是"高校"，主要负责对学生进行文化知识的讲授，让学生较早接触与职业有关的理论知识；另一元是"企业或其他校外实习场所"，它们的主要职能是训练与考核学生的操作技能，即对学生所学的相关理论知识的实践运用与专业培训。"双元制"教育强调理论知识和实践技能相结合，目的是让学生既能够掌握相关职业的理论知识，又能够将理论运用到实践中，提升自身的职业技能水平，是一种融理论与实践于一体的高效能应用型人才培养模式。

理论与实践的科学组合是实现"双元制"教育的重要基础，而在课程设置、教材使用、师资配备、人才培养等方面的"双"套导向则是"双元制"教育获得实效的关键。"双元制"教育的课程设置包括两大类：理论课和实训课，理论课主要在学校完成，由教师在课堂上向学生讲授一些企业实训现场的技能；实训课则主要在企业内进行，企业除了培训学生的职业技能以外，也会为学生补充部分专业理论知识。"双元制"教育的教材使用分两类：实训教材和理论教材。实训教材是全国统编教材（保证质量），根据职业技能及相关知识进行模块式组合而著；理论教材属于非统编教材，由各州专业委员会的著名专家编写形成，这种教材强调理论的适用性，侧重介绍"为什么要这样做"的知识内容。"双元制"教育配备两类师资：理论教师和实训教师。理论教师每5年要进行一次进修培训，确保教师的理论知识以及教学水平及时更新，保障教学质量不断提高。"双元制"的教学目的是"为未来工作做准备"，以"能力为本"和"行为导向"制定教学模式，普遍推行"能力为本位"的行动导向教学法，使学生具备职业技

---

[1] Helmut Pütz. *Vocational Training Reform Act—New Impetus for Vocational Training after 35 Years*. BWP Special Edition, 2005 (2): 1-3.

能、工作方法以及社会交际等综合能力，以满足企业的实际发展需要。实训教师的主要职责是培训学生的实践技能，他们主要由企业自主招聘，一般包括培训顾问、培训教员、师傅、监管人员等；理论教师主要负责向学生传授专业理论和普通文化知识，聘任条件较高，须具有大学硕士研究生学历，且至少三年的本行业工作经验，主要由联邦州政府通过组织正规的资格考试进行招聘，考试通过者或者被录用者还需进行至少两年的教学实习才能够成为正式教师。

### 2. 德国应用科技大学"双元制"的实施

（1）企业积极参与教学，重视人才培养过程。

在应用科技大学，企业可以具体参与教学实施及评价的各个环节。在招生方面，德国的企业与高校之间信息相互流通，企业将不同岗位的需求信息传达给学校，学校则根据具体的岗位需求面向社会招生，并对招收的学生进行专门的理论和技能培训，以适应企业岗位发展需求。在教师聘任方面，应用科技大学会专门聘请企业技术人员、研发人员等作为学校的兼职教授，邀请其结合企业实际开设各类实践课程，开展专门讲座，对企业产品、技术发展、研发动向以及市场需求等方面进行讲授，让学校以及学生了解企业以及市场最新的发展动态和岗位需求。在培养阶段，实习训练是应用科技大学"双元制"教育的重要组成部分。很多大学在新生入学前要对学生进行为期近6个月的企业实习训练，要求学生对企业生产制造的工作流程有基本的认识，为学生的理论学习积攒必要的实践经验；在培养期间，大学也会在不同学期组织学生多次进入企业实习。在毕业设计方面，多数应用科技大学会要求学生把企业实践中所遇实际问题作为研究出发点，开展毕业设计，由此，企业实习经历便成为学生形成毕业设计的必要环节，而且实习企业也会参与毕业设计的考核过程。与此同时，学生的专业考核成绩还要通过国家工商行会评定，这也是学生获得毕业证书以及技术等级证书的依据，双证齐全是学生进入企业工作的关键。由于企业与学校之间的交流合作，学校对企业的人才需求更加清晰明确，其人才培养过程也就更加适应市场的实际需求，学生的高就业率得以保障。

（2）大学强调应用性知识，为未来职业岗位的需要做准备。

应用科技大学学生的培养目标通常包含两个方面：一是掌握必要的基础理论知识和科学方法，能够良好处理社会生活中所遇到的实际问题；二是通过对理论知识和实践技能的运用，能够有效完成企业科研项目管理和技术开发。在人才培养的过程中，应用科技大学很注重学生对基础理论的学习与掌握，因此，单独开设了多门物理、数学等方面的课程，并且对这些理论课程有较高的学时数要求。同时，大学也注重学生的实践性教学，包括各种实验和实习训练，主要是为培养学生的实践能力,让学生较早掌握实际工作岗位的技能,提高学生的未来就业和工作能力。此外,教师还注重培养学生独立思考和独立学习的能力,鼓励学生将理论知识和实践技能灵活使用、互相转化,在岗位工作以及实践研究中以理论知识作为指导,在实践过程中不断强化理论知识的学习。[①]

应用科技大学注重对学生岗位技能以及就业能力的培养,培养过程立足于职业的实践活动,授课内容与职业标准衔接。在进行文化知识培养的过程中,学校强调学生解决"怎么做"而不是"为什么"的问题,培养学生运用知识解决实际问题的能力。应用科技大学的项目教学、技术实习、练习案例、毕业论文都是围绕应用实践问题进行,这也凸显了应用科技大学对实践性教学的重视程度。

另外,"双元制"教育还要求应用科学大学教师具有学历和企业工作经验的相关要求,例如,教授不仅要具有博士学位,而且一般要具备 5 年以上相关企业领域的工作经历。在应用科技大学,作为教师队伍重要组成部分的很多兼职教授也是企业或公司的专业技术工程师、研发人员或管理人员,他们通过在学校举办各类技术讲座,开设相应专业课程,让学校以及学生了解企业以及市场最新的发展动态和岗位需求,从而有效保证了人才供给和学生的高就业率。

(3) 专业设置灵活应变,增强人才培养的适应性。

应用科技大学的建设特别注重与当地的经济发展、社会规划相协调,注重人才的培养模式与市场发展需求相匹配,注重学校的专业、课程设置与当地行业的共生发展,强调学校发展与社会经济发展的"全面接轨"。这种类型的发展和改革思路在提升学校综合竞争实力的同时,也满足了地方经济社会的发展需求,有力地推动了地方优势产业的发展,实现了学校发展与社会发展的双赢局面。例如,不来梅应用科技大学充分利用邻近空中客车生产基地的优势,大力发展航空科技、航海技术以及船舶制造等学科专业,既满足了当地生产企业的人才需求,也促进了学校规划与城市产业布局的协调发展。应用科技大学在专业改革的过程中也会根据市场需求的变化而做出相应的调整。例如,随着产业结构的调整以及能源需求结构的变化,德国对可再生能源的重视程度逐渐提升,根据德国经济发展能源需求结构的变化,魏恩施蒂芬—特里斯多夫应用科技大学也开始对旧有的专业设置进行调整,增设了风能专业,并在 2012 年逐渐引进风能专业方面的教授。应用科技大学与企业的合作非常密切,其根据合作企业的岗位需求对专业类型以及规模大小进行不断调整,为企业的发展输送所需人才。[②] 尤其是工程技术

---

① 余蕾:《高校应用型创新人才培养模式的国际借鉴》,载于《重庆科技学院学报》(社会科学版) 2009 年第 12 期,第 194~195 页。

② 卢亚莲:《德国应用科技大学 (FH) 应用型人才培养模式及其启示》,载于《职教论坛》2014 年第 13 期,第 84~88 页。

类大学，附近一般会有历史悠久的著名企业和现代化公司，这些大学在与企业的合作过程中，通过对企业岗位以及人才需求的了解，招收、培养相应的企业人才。企业也为学生设置了实际的生产实践岗位、实训指导教室和专业培训课堂，并为毕业生提供工作岗位，为增强学生就业实用性的实践教学提供切实可靠的保障。由于注重与当地经济发展共生协调发展，应用科技大学灵活设置课程，不仅为市场提供了有效人才供给，也解决了相当一部分人口的就业问题，为毕业生提供了良好的就业途径。

（4）政府颁布法律法规，支持应用科技大学。

德国政府很重视对应用科技大学的发展，并且通过颁布各类法律对应用科技大学的发展予以支持。早在1976年，德国就颁布了《高等教育总法》，该法规定应用科技大学拥有与综合大学的同等地位，对应用科技大学的地位给予了肯定。《高等教育总法》的颁布极大地促进了应用科技大学的发展，提升了学生报考应用科技大学的积极性。在1985年和1987年，德国对《高等教育总法》进行了两次修订，进一步巩固了应用科技大学的社会地位。为顺应经济全球化和欧洲一体化的发展，德国在20世纪末和21世纪初又对与应用科技大学相关的法律法规作了进一步的修订。1998年，德国在对《高等教育总法》的修订中对高等教育的学制和考核方式进行了完善，开始逐渐实行"学分制"，并且把培养年限缩短到四年，以更加适应市场经济快速发展的需求。2004年，德国颁布《21世纪高等教育学校服务法》，对教授的工资评级进行了重新修订，该法的颁布促进了应用科技大学和传统大学工资发放标准的公平化，为应用科技大学吸引优质教师人才提供了法律保障，保障了应用科技大学教师资源的长期供给。2015年，德国在新修订的《高等教育总法》中提出，"教育行政部门负责组织专家或者委托第三方机构对高等学校的办学水平、效益和教育质量进行评估"，这一法律的颁布更加规范了应用科技大学的办学质量和办学标准，避免了应用科技大学的盲目扩张，保障了应用科技大学的人才供给质量。与此同时，各地州也通过颁布相应的地方法律为应用科技大学的发展提供支持和保障，例如，部分地州允许应用科技大学毕业生继续进入传统大学攻读博士学位或者在不同大学之间进行自由转学。

2014~2015年德国共有425所高等教育机构，其中应用科技大学215所，占德国高校总数近一半的比例。这些大学为德国培养了大量的优质应用型人才，满足了德国经济社会发展的巨大人才需求。应用科技大学的快速发展是适应德国经济社会发展的必然趋势，是德国高校改革适应市场变化做出的合理调整，也是大众化教育发展的必然要求。

## （二）美国应用型人才培养实践

应用型大学起源于美国，20世纪80年代以来，美国曾多次颁布法律提倡大力发展应用型大学，培养应用型人才。美国应用型大学强调对学生应用实践能力的培养，注重提升学生的社会适应能力和创新创业能力，鼓励学生在读期间进行创业实践，而且通过创业教育课程体系、大学创业中心、创业计划竞赛、创业项目、创业基金会等对学生的创业给予充分的支持。各类高校的应用型人才培养模式各有不同，有"职业胜任能力本位"模式、"工学结合"模式、"创业实践"模式、"校企合作"模式、"个人专业"模式、"创业孵化器"模式等。这些高校的应用型人才培养模式对我国应用型大学的建设及人才培养有着一定的参考借鉴价值。

### 1. "职业胜任能力本位"培养模式

美国高校数量众多，大学生占美国总人口的比例一直居世界前列，根据高校的主要职能不同，美国高校也有众多类型，主要包括社区大学、本硕型大学和研究型大学，其中社区大学和本硕型大学是培养美国应用型人才的主力军，社区大学还被称为具有"冷却功能"，即在保证满足个人自身学习意愿的同时，获得了相应的专业技术能力[1]，成为"人人可以进来，人人可以成功的地方"[2]。《美国教育部2008~2013年战略规划》（2008）中明确指出："应用型本科人才培养的目标是使教育者具备从事某一特定职业所必需的全部能力，即以培养人才的职业能力为主要目的。"美国大学对于学生的职业胜任力高度重视，很多大学在学生培养的过程中特别强调这方面能力的培养，甚至把职业胜任能力作为学生能力评价的核心因素。为提高学生毕业后的就业以及工作能力，美国应用型高校会邀请各类行业和企业进入学校参与学生的培养过程，对学生进行职前教育及企业实训，通过企业向学生传达岗位需求信息，把学生培养内容与未来可能面对的实际工作直接联系起来，让学生较早地接触职业训练，提高学生的职业胜任能力。同时，应用型高校在设置的各类实践教学环节以及企业实习过程也会对学生进行相应职业能力的训练。以职业胜任能力为核心的教育，培养模式相对比较灵活，它

---

[1] ［美］菲利普·G. 阿特巴赫·帕特丽夏·J. 冈普奥特、布鲁斯·约翰斯通：《为美国高等教育辩护》，别敦荣、陈艺波译，中国海洋大学出版社2007年版，第100页。

[2] Clark B. R.. The "Cooling Out" Function in higher education. *Function of Ecology*, 1960 (6): 569 - 576.

能够从学生自身的兴趣以及职业倾向出发,充分考量其各类学生的不同基础水平,充分发展学生的优势、特色职业能力。

美国应用型人才培养非常注重通用技能和专业技能的并重培养,即美国应用型高校除了让学生掌握必备的专业技能外,还要对学生一般的沟通能力、合作能力、领导能力以及学习能力等多方面通用技能进行训练,目的就是让学生既能在未来的就业中胜任本职工作,也能学会利用周边各类资源高效完成工作。随着职业等级的不断提高,社会对应用型人才的综合素质要求不断提高,学生不仅需要熟悉本行业的专业知识和岗位技能以胜任专业工作,同时还要具有相应的沟通协调、组织管理等能力。因此,为更好地培养学生的职业胜任能力,应用型高校在课程设置方面既要考虑学生专业技能的培养,也要考虑学生的通用能力,通过设置一些基本技能和文科选修课,使专业课程与基础课程充分结合起来。例如,罗斯—霍曼理工学院作为美国著名的工程技术类应用型大学,除了实施精深的专业教育,还要求学生具有基本的修辞和写作能力,并对当今经济、文化和全球性问题有基本了解,以便学生理解工程师的职责、工程对经济和社会的影响,使其更好地在现实环境中应用专业知识和技能,为此,学生需要从全球化研究、修辞和表达、自我和社会以及价值观和当代问题四大主题中至少各选修两门课。丰富多样的人文和社会科学基础课程,为罗斯—霍曼理工学院培养专业人才创设了良好的通识教育环境,有力地促进了学生的全面发展。[①]

### 2. "工学结合"的合作教育模式

美国高校在长期的人才培养模式探索过程中,通过汲取其他国家的教育经验,并结合本国人才发展的实际情况,探索出了"工学结合"的合作教育模式,并且被大多数高校采用。至今在全美 3 000 多所高校中,有 1/3 的高校实施这种模式,辛辛那提大学、东北大学、加州州立理工大学、安提亚克大学等的合作教育在美国甚至在世界上都有一定影响。合作教育最显著的特点是把理论知识与实践工作融会贯通在学生培养的全过程,学生根据自己的兴趣和意向,选取不同类型的专业培养与合作教育项目。

虽然,美国高校的合作教育项目并不完全相同,但是普遍采用的是"工学结合"的培养模式,即学生在上学期间既要在学校学习专业理论知识,又要到企业参加至少三个学期的工作实习。在"工学结合"培养模式中,实习被当作一门必修课程,三个学期的实习并不要求学生集中在一个时间段全部完成,而是可以在

---

① 刘志文、郑少如:《美国应用型本科院校的特色发展之路——罗斯—霍曼理工学院的经验与启示》,载于《江苏高教》2015 年第 4 期,第 60~63 页。

学校学习一段期间后选择到外面实习，校外实习与校内学习相互交替。并且，学校对实习给予学分规定，学生必须通过实习获得这部分学分才能顺利通过毕业考核。其实，实习也为学生进入一些知名企业训练提供了机会，因为与学校合作的许多企业都是国内外或者行业内的优秀企业，学生在实习期间也不用交付任何学费并且可以领取工资，这为学生减轻了很大一部分学费负担。

美国的合作教育发展到今天已经形成了比较完备的组织体系。国家有专门的合作教育委员会对全美高校的合作教育工作进行统筹协调。高校内部也设有专门的组织机构对合作教育进行管理——合作教育部，这里既有专门负责专业课程教学的教师或教授，也有专门负责协调学生校内学习与校外实习的管理学生合作教育项目的工作人员。

### 3. 引导学生自由发展的教学模式

美国应用型高校在课堂教学过程中强调学生的自由发展，给学生充分独立思考的空间，因此，其在班级规模、教学方法等方面都围绕着这一培养目标开展。例如，美国的应用型高校设有选课制、学分互换制、学分累计制、弹性学制、转专业制等制度，鼓励学生自由学习。并且大多数高校采用小班授课的方式，每个班级的人数在 20～30 人，课桌椅可以灵活挪动，以便于小组讨论形式的开展。教师在课堂教学的过程中，很少出现纯理论性知识的灌输式教学，更多采用"现场教学""情景教学""案例分析"等方法与学生进行互动式教学，鼓励学生发现问题、提出问题，发表自己的思想观点，对固有的理论知识权威提出挑战。比如，在一些情景式教学中教师鼓励学生置身其中，以小组讨论等形式共同对实际问题提出解决方案，给学生充分的自由想象及独立思考空间。部分高校的教师也采用讲授式的方法教学，在课堂中不断地通过提问、小组讨论等方式，提高学生课堂的积极性与活跃程度，鼓励学生参与到课堂教学的过程中。同时，为了培养学生创新思维及独立思考的能力，多数应用型高校提倡教师灵活多变地发展教学方式和教学方法，鼓励教师个性化发展，通过教师的个性化培养来实现对学生的个性化发展，这也极大调动了教师的教学热情，营造了活跃的课堂氛围，提高了学生的学习积极性。

### （三）英国应用型人才培养实践

19 世纪前的英国高等教育注重知识传授和学术能力的培养。"二战"后，英国政府开始意识到人力资源的重要性，为了满足产业界需求，高校开始对学生培养模式进行改革，重视对学生应用型综合技能的培养，逐渐发展起独具特色的应用型人才培养模式。

### 1. 应用型大学产学合作的"三明治"育人模式

受到产学合作传统的影响，英国大学在学生培养过程中非常注重产学结合，学生在理论知识学习的过程中穿插企业实践部分，学校也通过与各类企业交流合作，为学生的实践训练提供相应的专业场所。在产学合作人才培养模式下，高校多采用"三明治"的育人模式，将课堂教学和工作训练分段交替进行，突破传统学科本位的课程体系。"三明治"的育人模式是一种"理论—实践—理论"或"实践—理论—实践"的培养模式，其根据实践训练的周期长短通常被划分为"厚三明治"和"薄三明治"两种类型。"厚三明治"模式下的学生在入学前先要进入企业进行为期一年的实习训练，才回归到课堂进行三年的专业理论学习，课堂学习的过程中也主要学习与专业实践相关的理论知识，以强化对理论知识的学习和理解；"薄三明治"则是在入学的第一年和最后一年对专业理论知识进行学习，在第二年和第三年进入企业进行实习训练，即采用工读交替的方式对学生的应用实践能力进行培养。

（1）课程设置紧贴社会和行业需求。

在学校教育上，学生就业能力的培养已成为各高校、学生以及社会的重要关注点。这也推动了英国大学课堂教育观念的转变，由以往的让学生"知道什么"逐渐转变为"能做什么"，这种转变更加注重贴近社会、贴近岗位的课程设置。在课堂教育观念转变下，高校也开始逐渐引入企业参与到学生课程设置的过程中，邀请一些知名企业或者行业参与到课程的认证、实施和管理中，并且与一些企业合作开设"公司学位课程"，让学生充分了解各行业的就业要求，提高学生对就业能力的认知。例如，西英格兰大学通过与惠普公司的合作共同开设了新的学士学位，学生只要通过惠普专业的专门考核，获得相应的行业内认证资格便可以顺利毕业，既可以获得学士学位又可以得到惠普公司方面的就业认可。此外，高校通过与各类行业协会合作，在了解各行业的准入标准后对课程进行合理的设置和规划，按照行业标准对学生的学习、实习进行相应的考核，学生在顺利通过考核后不仅可以获得相应的学位也可以获得行业内的资格认证，大大提升了学生的实际就业能力。为了提高学生的就业能力，许多大学还通过建立导师制度，对学生的学习进行专门辅导，由导师对学生的整个学习情况进行支持和反馈，同时也对学生的实习训练提供一些必要的帮助和建议等。

（2）企业深度参与学生实习。

企业深度参与学生实习是应用型人才培养的一个重要方面，企业对学生的实习训练有不同类型，主要分为项目训练、长期实习、短期实习。在项目训练的过程中，企业对学生分配真实的项目工作，让学生运用理论知识处理真实工作环境中的问题，提升学生理论知识的实际运用能力。长期实习主要是指学生在企业进行一年左右的企业实习，在该过程中，学生既要对岗位专业技能有较为熟练的掌握，同时又要对沟通、协调等通用能力进行必要的学习，这种长期实习模式几乎是完全将学生置于工作环境中，很好地提升了学生的实际工作能力。短期实习则是学生在企业进行为期3~5周的实习训练，由于实习时间较短，学生可以在整个大学期间进行多次短期实习，以此了解不同企业或者行业岗位工作的差异化需求，同时也可以对自己的一些相关职业能力进行发掘，为以后发展自己的优势职业能力做更好的准备。

（3）全过程的人才培养评价体系。

"三明治"课程的考核是一个全过程考核体系，学生的考核不仅来自教师评价、企业考核，也包括学生的自我评价。在这一评价体系中，企业主要对学生的实习训练成果进行评估；指导教师的评价则贯穿了学生的整个学习阶段，对学生的学习评价起主导作用；自我评价主要由学生对自己的个人发展计划、实习情况等方面进行总结性概括和反馈。企业、教师、个人的三方评价基本上对学生的学习和工作进行了较为完备的反映。目前，"三明治"教育模式已成为英国职业教育中最普遍的人才培养模式，得到了国内外以及社会各界的广泛认可。

## 2. 产业界主导"寓学于工"的高等学徒制育人模式

高等学徒制是目前英国唯一以产业界为主导的高层次应用型人才培养模式，学生可通过"寓学于工"的学习路径获得高等教育学历证书和较高等级的职业技能证书。[①] 在2012~2013学年，高等学徒制项目招生人数已高达近万人之多。高等学徒制人才培养模式已成为英国"技能革命"进程中的最大亮点。

（1）多元主体合力的联合人才培养。

英国产业界对高等学徒制的重视与投入源于其对新产业革命时代背景下，如何应对全球竞争、确保企业可持续发展的战略考量。高等学徒制的人才培养方案框架体系的策划与开发通常由相关行业或者企业、高等教育机构以及技能培训机构等各类专业领域相关的行为主体通力合作构建起来。在这一评价体系框架下，各行为主体需要经过反复的磋商和调整设计出为各方接受的培养方案和评价标准。由于这一联合培养方案的形成过程较为复杂，有些专业领域的培养方案的形成要经过近一年的时间。联合培养方案对学生的学习和实践能力要求较高，学生

---

① 王辉、刘冬：《本硕层次学徒制：英国高层次应用型人才培养的另辟蹊径》，载于《高等教育研究》2014年第1期，第91~98页。

在学习期间要在联合机构的不同环境下进行学习和训练。与此同时,学生也获得了不同环境下的工作训练和理论技能,学生培养质量相对较高。

(2) 综合开发学生的理论和实践能力。

高等学徒制是基于"寓学于工"的人才培养模式逐渐发展出来的,在这个模式框架下的培养方案更加注重学生应用综合技能的培养和开发。其一,高等学徒制注重对学生工作能力的培养,一般情况下学生在一周内的工作时间要长于学习时间,这与传统的"寓工于学"基本上区别不大,但是学生的学习任务却比过去要相对较重,在学期间既要获得行业内的执业资格认证,同时还要获得相应的学位,这对学生的实践能力和学习能力都是重大考验。其二,专业理论与实践操作的地位同等重要,在过去传统学徒制的培养模式下,学校或者学生更加注重对实践操作能力的培养,对于理论知识的学习并不是特别看重,但是在高等学徒制环境下,要求学生同时掌握专业理论知识与实践操作技能,把两者的地位放在同样重要的位置上,学生的综合能力得到了明显的提高。其三,"寓学于工"的经历和职业证书对学生未来的就业和职业认同是重要的凭证和保障。学生在顺利毕业后获得的学位证书和职业资格认证是其以后进入企业或者公司的必要条件,而在"寓学于工"期间的知识学习和实践训练更是重要的经验积累,有利于以后工作的顺利展开。其四,学徒项目注重"应用型综合技能"培养,在全球范围内,产业界对应用型人才包括基本功技能、终身学习技能、学以致用技能、应用技术技能、职业生涯技能在内的综合技能的诉求正经历"升级换代"。高等学徒制人才培养"项目群"具有因产业之需而设、多元协作网络开发等特性,产教融合理念在各个项目的设计与实施过程中充分落实,应用型综合技能的全面开发成为诸多项目的共同焦点。①

(3) 学历证书与职业资格证书相结合。

在高等学徒制培养模式下顺利毕业的学生会获得"含金量"很高的的学历证书和资格证书。例如,在英国顺利完成六级学徒制学业后,学生不仅可以获得最高级的荣誉学士,还可以获得相应的国家职业资格证书(四级及以上)以及行业领域内的执业资格证书,七级学徒制毕业后,则可以获得行业领域内最高级的执业资格证书。随着职业教育的发展,现代学徒制的优势逐渐显现出来。其一,学徒制培养模式下的学生不仅可以接受学校教育,也可以获得相应的工资收入,是一种带薪学习的教育模式,很好地将学生的知识学习和社会工作结合起来,有利于学生综合能力的培养。其二,高等学徒制模式下理论知识的学习和社会实践工

---

① 王辉:《英国高等学徒制人才培养模式勃兴之源探析》,载于《比较教育研究》2015 年第 6 期,第 96~101 页。

作具有同等重要的地位，学生在工作的同时要学会对理论知识的实践运用，极大提升了学生的工作能力和岗位技能，为毕业后寻求更好的工作岗位提供了重要的保障。其三，高等学徒制面向的群体更加广泛，让没有接受过高等教育的适龄青年有机会接受高层次的知识学习和技能培养，并且获得与高等教育同等学力相应的学位和资格证书，对于没能接受普通高等教育的青年来说，学徒制教育像普通教育一样，是开放的教育体系，可以通过考试获得入学资格接受教育，每一级教育结束后还可以继续申请升级，直到获得七级学徒。例如，七级学徒相当于博士学位[1]，能够在很大程度上提高社会群体的整体知识水平和技能水平。

## （四）澳大利亚应用型人才培养实践

澳大利亚的技术与继续教育（Technical And Further Education，TAFE）是澳大利亚应用型人才的主要培养模式，已有100多年的历史，其教学机构遍布各地。TAFE是以行业为主导、以职业为本位的培养模式，在这类培养模式下，教育教学是围绕着职业工作进行的，培养的人才也多是直接面向工作岗位的各类技术人才、管理人才以及一线人才等。

### 1. 培养目标体现市场需求

TAFE的特点是面向生产第一线，采用该模式的很多学校都和当地的企业或者行业有着较为密切的交流与合作，人才的培养标准由学校和企业或者行业共同制定，许多课程由校企双方共同商定。TAFE的人才培养偏重于实践训练，培养大纲中对专业的就业形势、就业前景等方面都有较为详细的讲解，以便让学生更快地了解目前就业形势以及应掌握的就业能力。合作企业或者行业会向学校及时反馈市场和岗位需求变化并提出建议，TAFE的培养内容根据现实情况对学生的培训计划和能力培养进行不同程度的调整。[2]

### 2. 教学过程体现应用性

在TAFE以职业为本位的培养模式下，学校认为学生毕业后可以找到工作最为关键，因此在学校的实际教学过程中，学校非常注重学生掌握和运用知识的能

---

[1] 陈鹏磊、李郡：《英国职业教育协同育人模式的经验借鉴——基于"三明治"教育模式与现代学徒制模式》，载于《职业教育研究》2015年第7期，第84~87页。

[2] 胡卫中、石瑛：《澳大利亚应用型人才培养模式及启示》，载于《开放教育研究》2006年第4期，第92~95页。

力，把学生解决问题的能力放在重要的位置，学生在理论知识的学习过程中，教师也会对理论的实际运用进行较为详细的介绍和讲解。例如，在传统的经济学原理的课程中，更多的是对经济原理的概念、作用等进行比较详细的讲解，让学生掌握基本的理论分析方法。在 TAFE 模式下，教师试图让学生融入企业当中，使学生在不同的经济环境下考虑如何运用理论知识对企业进行管理和决策。教师在讲授实际操作技能时，往往把重点放在实际操作与其支撑的理论。例如，教师在对促销技能进行讲解时，重点考察不同商品如何影响消费者的购买决策，让学生置身其中进行购买方案的选择并给出相应的理论依据，这样既考察了学生理论知识的学习情况，又对学生的实践操作技能进行了训练。

### 3. 人才培养质量评价注重实践性

TAFE 对学生的考核有一套较为完善的评价体系，学校和上级教育部门都有各自的一套评价模式。在学校方面，学校通过制定过程观测或录像、口语考试或书面答卷、现场实践操作或上机制作、通过第三者评价或证明、师生面谈、案例分析报告等 12 种标准测试方法对学生的理论水平和实践能力进行考核。而对于理论知识和实践能力考核的侧重也有所不同，基于职业本位的培养理念，学校更加注重对实践技能方面的考核，学生可以通过开具各种有效证明免修某些理论知识课，而实践技能方面的考核则不允许以任何理由进行免修，必须参加考核评估。① 在上级教育部门方面，各州都设有相应的 TAFE 人才培养评估机构，专门对毕业生的工作能力进行跟踪调查，通过用人单位和学生本人对学生的实践工作能力进行评估反馈。

### 4. 行业（企业）深度参与，主导应用型人才培养

TAFE 教育制度的显著特点之一是形成了以行业为主导的职业教育制度，充分发挥企业、行业在职业教育过程的主导地位，使 TAFE 有了可持续发展的动力，也使 TAFE 教育质量真正赢得公众的认可和国际声誉。

在国家层面上，国家和各州管理 TAFE 的组织机构，如澳大利亚国家培训委员会、国家行业技能委员会、国家质量委员会，其多数成员来自行业，这些机构对 TAFE 发展的重要事项，如职业资格框架的制定、行业技术标准的设立、培训质量考核标准、培训包的开发以及课程的开发等起主导作用。在学院层面上，TAFE 学院一般都设有董事会和行业咨询委员会，董事会主席和绝大部分董事会

---

① 李健：《TAFE 对我国应用型本科教育的启示》，载于《山西广播电视大学学报》2015 年第 3 期，第 34～36 页。

成员是企业一线的资深行业专家，董事会的成员构成确保行业、企业在 TAFE 学院内的决策地位。它的作用具体表现在：参与"TAFE"学院的管理、课程设置和开发、实训基地建设、师资培训、教学质量评估、指导职业院校的专业设置、岗位技能培训等。为了确保学生的职业能力、动手操作能力等符合企业要求，TAFE 学院招聘全职教师时一般要求其有 3~5 年的企业工作经历。行业企业参与 TAFE 学院教师的选聘，并接受学院教师到企业生产实践，吸收教师成为行业协会会员，同时，行业企业为 TAFE 学院提供兼职教师，兼职教师除要承担一定量的教学任务外，还要参与课程的研究开发。

TAFE 学院以行业为主导、以能力培养为本位的职业教育培训为企业发展提供了强大的人才保障。行业深度参与并发挥主导作用成为 TAFE 发展的根本动力，这种良性互动的模式，共同推动了 TAFE 的发展。

## （五）日本应用型人才培养实践

日本的应用型人才培养模式是由官产学三方合作的，主要涵盖了五个方面的内容：在研究层面，企业和大学共同研究、委托研究；在教育层面，大学生在企业实习、学校与企业共同开发教育计划；在技术转移层面，大学的成果通过技术转移机构向企业转移；在咨询层面，基于兼职制度的技术指导等研究者的咨询活动；在创业层面，基于大学研究成果和人力资源的创业活动。[1] 日本"产学官一体化"的应用型人才培养模式的特点是：突出行业与地方特色，重视多学科综合能力的培养，产学协作共同培养人才。

### 1. 突出行业与地方特色

日本的应用型本科院校大多为各府县地方的公立及私立大学，这些大学的发展非常注重依托当地企业和行业，根据地方经济社会及支柱产业发展具有优势的学科和专业。例如，日本长野县的医疗保健和旅游观光产业是当地的重要经济支柱，尤其是丰富的旅游资源是当地各行各业发展的重要依托和保障，这也促使当地各行业非常注重旅游业相关人才的培养。长野大学正是借助当地自然旅游资源和社会各行业发展的实际情况，非常注重环境观光和旅游等专业方面的学科发展，并且依托优越的自然地理环境，专门设有环境观光旅游学部，以满足当地经济社会发展对人才的需求。日本国土面积相对较小，很多地区的行业发展都具有

---

[1] 陈劲、张学文：《日本型产学官合作创新研究——历史、模式、战略与制度的多元化视角》，载于《科学学研究》2008 年第 4 期，第 880~886 页。

较为明显的地方特色，市场需求也呈现出地区行业发展的特殊性和专门化。应用型本科院校在与地方行业合作过程中，通过与企业的协作与沟通，在学科建设方面着重建设具有地方特色的优势专业，以此满足当地经济社会的发展需求。这种根据地方产业进行优势学科设置的发展模式，非常适合当地经济产业的专门性和集约化，在协调教育与经济社会发展方面具有很好的促进效果，实现了地方行业发展与高校人才培养的良性循环。

### 2. 重视多学科综合能力的培养

日本应用型人才培养既突出学生专业能力培养，也注重学生综合能力的发展，以便适应职场变化的需求。日本应用型高校对学生综合能力的培养表现在综合化的课程教育、双师型师资队伍的建设等诸多方面。在对学生综合能力培养的过程中，学校根据市场和企业需求的变化突破学科和专业的限制，按照行业（企业）的需求充实跨学科的课堂教学内容，并开发交叉研究学科，提升专业课程设置的灵活性和多样性，有针对性地培养学生的专业应用能力，培养具有交叉学科背景的学生。例如，日本的长冈技术科学大学在综合化课程开发方面就取得了很好的效果。长冈大学通过采用大讲座制授课方式，把各类学科和课程安排巧妙地连接起来，形成具有特色的学科教学体系，极大提高了应用型人才的培养能力。此外，日本很多应用型高校还开设了生产计划工学、多媒体教育工学等学科专业，对具有工学背景的学生进行各行业方向的交叉培养，这在很大程度上提高了学生的综合能力，同时也为市场提供了相应的专门技术人才和管理人才。

### 3. 产学协作共同培养人才

产学协作既是对学生理论知识运用能力的检验，也是对学生实践工作能力的考查。学校产学协作的培养通常有两种主要模式：一是实习训练，一般高年级学生都掌握了一定的理论知识，在规定的学期会被分配到各生产现场或者企业进行实习训练，负责具体的生产任务，这种实习训练通常为半年左右；二是课题研究，学校在与企业合作的过程中，企业会将一些难以解决的问题与学校对接交流，而学校则将企业的现实问题作为研究课题分配给教师和学生，学生的最终研究成果由企业进行分析评估并用于市场研发，这一过程需要学生较为熟练地掌握各类理论知识，运用专业方面的知识解决相关问题。此外，日本高校在对应用型人才的培养方面也特别重视双师双资队伍的建设，许多高校通过与企业进行合作，对教师进行专门的实践技能培训，规定教师在掌握专业理论基础知识的同时，必须进入企业进行相关实践能力的训练，提升教师的实践技能。

综上所述，通过对国外应用型大学人才培养实践的分析，发现各国高校在培养应用型人才方面既有共性也有个性。国外应用型大学人才培养的共性主要有以下几个方面：第一，将应用实践能力融入人才培养体系之中。培养学生应用能力、职业能力、实践能力一直是国外应用型大学人才培养的重要目标，如美国"工学交替"模式，德国"双元制"模式，英国"三明治"模式等都强调专业知识学以致用和学生的职业胜任能力。第二，注重人才培养的适应性，如何培养人才的适应性成为国外应用型大学办学目标的关键所在。国外应用型大学的经验是重视人才培养符合社会经济发展需求，服务地方特色产业；专业设置、学习方式、教学方式、课程内容适应产业和市场的需求。第三，注重企业、行业等机构参与应用型人才培养的全过程。德国、美国、英国、澳大利亚、日本应用型人才培养的一个显著特点就是注重企业、行业等机构广泛参与育人环节。

国外应用型大学人才培养的区别主要有以下几个方面：第一，培养主体方面，相比于美国工学结合教育模式、日本职业教育模式、澳大利亚 TAFE 学院办学模式，英国现代学徒制培养具有"系统性"特点，政府、行业、企业、培训机构、学徒等广泛参与，形成一个完整的培养体系，其中企业雇主主导学徒制，雇主承担了学徒的主要培养任务。第二，能力培养方面，相比于其他国家，美国高校普遍开设了创新创业教育课程，更重视学生自由发展和创业创新能力的培养。第三，课程方面，德国"双元制"由企业和学校共同开发课程、共同完成教学任务，因此，其课程与工作的匹配程度很高；英国通过推行国家职业资格证书，使课程内容与工作要求的结合达到了较高水平；美国职业教育与工作的匹配程度相对较低，更重视人的全面发展；日本的课程十分强调实用性，课程与工作的匹配程度较高，课程的理论深度则不是很高[①]；澳大利亚根据职业资格框架体系、培训包设置课程，课程与工作的匹配程度很高，对基础理论要求不高。第四，人才考核评价方面，各个国家也不尽相同，美国、日本以高校考核为主，澳大利亚 TAFE 办学模式中学校和上级部门各有一套评价体系，德国双元制人才考核由企业主、企业实训教师、学校、行业代表组成考评委员会实施，英国现代学徒制要求学徒参加由雇主制订的考核，考查其是否达到学徒制相关等级的要求（见表 5 - 1）。

---

① 刘大立：《高等职业教育国际比较研究的文献综述》，载于《中国青年政治学院学报》2005 年第 2 期，第 130~137 页。

表 5-1　　　　　　　国外应用型人才培养模式比较

| 地区 | 模式 | 培养主体 | 能力培养 | 特点 课程 | 特点 考核评价 |
|---|---|---|---|---|---|
| 德国 | 双元制 | 企业主导 | 理论与实践相结合，突出职业能力培养 | 企业和学校共同开发课程，课程与工作的匹配程度很高 | 企业主、企业实训教师、学校、行业代表组成考评委员会 |
| 美国 | 合作教育 | 学校主导 | 强调自由发展和创新创业能力 | 课程与工作的匹配程度相对较低，更重视人的全面发展 | 高校考核为主 |
| 英国 | "三明治" | 学校主导 | 理论知识和实践能力 | 推行国家职业资格证书，使课程与工作结合达到了较高水平 | 全过程人才培养评价体系 |
| 英国 | 高等学徒制 | 企业主导 | 应用型综合技能培养 | 课程与工作的匹配很高 | 参加由雇主制订的考核内容 |
| 澳大利亚 | 职业本位 | 行业主导 | 注重岗位技能 | 根据职业资格框架体系、培训包设置课程，课程与工作匹配程度很高 | 学校和上级部门各有一套评价体系 |
| 日本 | 产学官一体化 | 政府主导 | 综合能力培养 | 课程与工作匹配程度较高，课程的理论深度低 | 学校为评价主体 |

## 二、国外应用型人才培养实践的经验与启示

对国外应用型大学人才培养实践的分析，目的是总结其经验，取其精华，为我国高校少数民族应用型人才培养提供经验与启示。

## （一）应用型人才培养改革创新要遵循高等职业教育的规律

应用型人才培养强调理论与实践相结合，注重学生的实际操作能力与实践创新能力的获得。应用型本科教育主要由高等职业教育体系来实现和完成，体现高等职业教育的特征，推进应用型人才培养改革要遵循高等职业教育的规律。

### 1. 遵循贯通、融合、立交的原则

国外应用型教育给我们的一个重要启示是建立完善的制度体系。没有完善的制度体系，应用型人才培养就失去了健全发展的环境。不管是德国的双元制，英国的现代学徒制，还是澳大利亚的技术与继续模式都有比较完善的制度体系，它们实现了中等与高等职业教育的有效衔接、普通教育与职业教育的相互连通、职业教育与产业的相互融合，通过构建贯通、融合、立交的教育制度体系使职业教育成为有机的整体。

（1）贯通。贯通原则，主要是指少数民族应用型人才培养的过程要贯通市场与教育，要贯通从中职到专业学位研究生的培养体系。在少数民族应用型人才的培养过程中要注重遵循市场和职业教育的发展规律。首先要满足市场对人才的多元化需求，遵循地方行业和企业的发展特点，注重不同的教育阶段学生培养要求的不同侧重点。具体来讲，少数民族应用型人才培养的完整培养体系应包含多个层次，即初等职业教育——主要培养技术劳动者，中等职业教育——主要培养初级技能型人才，高职专科教育——主要培养高技能型人才，应用本科教育——主要培养技术开发应用型人才，专业研究生教育——主要培养知识技术开发应用型人才，不同层次的人才培养在民族地区地方行业和企业发展的过程中将发挥不同的人力资本作用。同时，少数民族应用型人才的培养又要注重完善职业教育的内部培养体系，贯通从中职、高职、本科到专业学位研究生的人才培养体系，使彼此之间有机衔接，保障少数民族应用型人才培养可以满足民族地区行业和企业发展的需求。从根本上实现有梯度的衔接体系，推动培养目标、专业设置、课程体系、学分互认等方面的衔接，保证少数民族应用型人才培养体系的系统性。

（2）融合。融合原则，是指要建立有效机制，促进人才培养与经济社会、产业相融合。国外应用型大学的应用性更适用于所在地区的经济环境，与行业企业紧密联系，与生产领域、经济界结合密切。少数民族应用型人才的培养更要注重与民族地区的产业、所在城市、所在社区的联结，从地方经济社会发展的现实水平出发，与地方建立某种意义上的共同体，实现与区域的良性互动、共同发展。高校在培养少数民族应用型人才的过程中切忌闭门造车，要注重与企业、地方之

间密切合作，加强校企间的信息共享和沟通，共同关切在人才需求预测、专业设置、课程与教材开发、教学改革、教育质量评价等方面的调整和改革，逐渐完善高校的学科体系、专业设置以及课程安排等，形成校企间人才供求的良性循环，进而有效地促进地方经济社会的发展。同时，地方政府要深入推进区域产教对话，促成行业、企业深度参与的日常机制，积极支持行业、企业举办或参与少数民族应用型人才培养，并且不断落实和完善相应的支持政策。

（3）立交。立交原则，主要是指为学生构建一个校企联合、各级教育紧密衔接的促进学生全面发展的立体交叉的成才通道。建立系统化的少数民族应用型人才培养制度，要形成职业教育、普通教育、继续教育相互沟通衔接的系统。尤其是要注重职业教育以及非全日制教育的社会地位，实行全日制教育与非全日制教育并重，逐步推进职业教育与普通教育在教师职称评定、学生学历认证等方面的平等，逐渐构建开放、内外衔接的人才成长立交桥，拓宽学生继续学习的通道，让学生有多次选择的机会，有多样化的方式继续深造，真正建立终身学习的制度。

## 2. 构建"双招""双培""双证""双评""双师"人才培养模式

现代学徒制已成为国外应用型人才培养的重要模式。现代学徒制是学校与企业合作，以学生（学徒）的培养为核心，教师理论讲授与师傅实践指导相结合的一种人才培养模式。推行现代学徒制，应构建学校与企业"双主体"人才培养模式，实行"双招"招生制度，形成"双培"人才培养体系，建立"双证"课程结构，打造"双师"师资队伍，建立"双评"质量评价体系。

（1）双招。现代学徒制，招生是基础，要解决我国现代学徒制学生的"双身份"（既是学生，又是企业员工）的问题，招生是其中的重要环节。一是改革院校招考制度。单独招生、对口单招、技能拔尖人才免试等政策除了面向普通高中、院校招生，也要面向企业招收企业员工，考试以"知识+技能"的模式进行考核。下放应用型大学招生自主权，优化一线劳动者继续学习深造的路径，实现优秀人才在职业领域与教育领域的顺畅转换。推行"注册入学"制度，让应用技术人才有学历提升的机会，为应用技术人才发展提供多样化选择。二是改变企业招工制度。围绕企业招工难、企业用工不稳定、劳动者收入低、劳动者难以实现自我价值的问题，改革招工制度，推行现代学徒制。将企业员工与人才培养相结合，让企业的技术人员有学历提高与技术提升的机会，从而提高员工的整体素质，增强企业的竞争能力。三是推行招生录取和企业用工一体化的招生招工制度。建立校企联合招生招工制度，由学校与企业签署校企合作协议，再由企业与学生签署培养协议，三方主体基于自愿和利益追求一致原则，使三方在合作过程中都有动力来履行各自在协议中确定的义务，使学生在校期间具有企业准员工的身份，并可以开始计算工龄、获得基本工资和社保等。

（2）双培。现代学徒制需要学校与企业共同育人，从人才培养目标、专业设置、课程内容共同培养人才。推行现代学徒制重点是解决人才培养系统性的问题，要突破单一的学科知识的培养，注重对学生理论知识、实践技能、情感态度、价值观等多方面的培养。一是学校教育为学生提供基本理论知识、专业知识、文化课程、基本技能训练和职业素养，形成系统化的理论知识。在教学方法上突出理论与实践的结合，重点强调理论的针对性和实践的基础性。二是企业教育以工作过程的学习为主，学徒参与企业生产与实践，围绕学生生产实践进行问题解决、知识实践、岗位实训等，进行应用型综合技能的培养，掌握精湛的技术与技能。因此，现代学徒制"双主体"培养模式必须由学校与企业共同完成，制定企业实践与学校学习相融合、工学结合的人才培养方案。

（3）双证。积极推进学历证书和职业资格证书"双证书"制度，大力推进双证融通与互认，确保经过毕业考核达到要求的学徒获得相应的学历证书和政府承认或行业认同的职业资格证书，并在不同地区和不同企业均得到认可。同时，建立职业资格证书课程体系，促进国家职业资格标准与专业课程教学标准的有效衔接，从而实现学历证书与职业资格证书的融合，提升学生上岗从业和岗位竞争能力。

（4）双评。学校与企业共同开发"双主体"考评体系，建立"学业标准"与"学徒标准"相结合的"双标准"评价考核体系。一是企业的评价，制定企业"学徒"考核标准，在企业当学徒期间，学徒的岗位技能实践由师傅考核，考核的内容包括对学徒的技术理论知识掌握程度的评估；对学徒灵活运用工具解决实际问题的能力考核；对学徒不同技能等级的考核；对学徒企业文化、职业规范以及创新创业意识的考核。二是学校的评价，学生理论知识与基本技能的考核由学校负责，从而实现学生与学徒、教育与培训、考试与考核的"双重培养"模式。

（5）双师。在现代学徒制探索中，双师育人是现代学徒制的重要支撑力量，打造"双导师"师资队伍，需要校企共同建立了一支高质量、高水平的"学校导师"和"企业导师"。一是建立学校导师机制。学校要建立学徒制导师制度，学生一进校就配备专职导师，导师的责任是指导学生规划职业生涯，指导学生成长，促进学生个体发展。二是建立企业导师机制。对涉及实践教学领域的内容由企业导师指导，强调在企业由生产实习师傅对学徒进行操作技能训练，制定导师（师傅）的职业标准，选择有责任心、使命感、工作经验丰富的技术技能专家、生产制造一线高级技工、管理方面的优秀员工来指导学生的企业实习环节，引入企业精细化管理，强化对学生专业技能、职业能力、职业素养等方面的培养。三是制定"双师型"教师评价标准和准入制度，完善学徒制导师资格认定标准和程序，建设校企互聘共用的师资队伍，打造学校导师、企业导师"双导师"专兼职师资队伍。

现代学徒制已成为许多发达国家广泛实施的教育制度。目前，我国正在积极开展现代学徒制试点工作，国家应在全国现代学徒制试点工作经验基础上，结合民族地域、产业与文化特色，探索少数民族现代学徒制育人模式，培养企业急需的技术技能人才，使现代学徒制在缓解少数民族大学生就业，提高少数民族优秀传统工艺传承，促进民族产业的发展中发挥重要作用。

### 3. 建立职业资格证书与学历证书等值制度

建立职业资格证书与学历证书等值制度，能够实现职业教育与普通教育、高等教育之间的紧密衔接，为学生的发展提供较为广阔的空间。以澳大利亚为例，其资格框架体系将职业教育与高等教育证书纳入同一体系进行认定。欧洲资格框架推动了区域内各级各类资格证书的互认，建立起不同教育间学分转换和学生流动的国家资格框架。欧洲资格框架的诞生也带动了欧洲范围内其国家资格框架的发展。比如，统一资格证书等级，确立"双证书"互认参考标准；依托学分制，累积和转换资格证书表征的学习成果；建立质量保障体系，确保"双证书"互认的高质量。"双证书"互认本质上是将两种资格证书彼此包含的学习成果等值并互相认可，建设"双证书"互认制度的关键在于课程的互认、学分的互认，并且保证互认的质量。学历证书和职业资格证书的互认意味着"两种证书"表征的内容具有共同属性，给予"两种证书"同等地位或等值，这是产教融合、校企协同育人、推动教育教学改革与产业转型升级衔接配套的客观需要。

《现代职业教育体系规划建设（2014—2020年）》提出强化学历、学位和职业资格衔接，完善学历学位证书和资格证书"双证书"制度，逐步实现职业教育学历学位证书体系、专业学位研究生教育与职业资格证书体系的有机衔接。建成一个国家资格框架，需要做好顶层设计，系统规划，实现普通教育、职业教育融通以及设立与之等值的学历（学位）资格与职业资格，实现各类教育衔接、互相转换和等值。国家资格框架对职业教育来说最直接的作用还应该是解决教育制度和劳动制度、职业教育与高等教育、正规教育和职业培训之间的分离。建立职业资格证书与学历证书的等值制度的目的是构建纵向衔接、横向融通的职业教育体系，最终消除劳动、人事系列与教育系列之间的分离状态，实现教育内容体系与劳动部门的职业资格证书体系的对接。

目前，我国"双证书"互认制度面临诸多障碍，缺乏互认的标准、量化工具，认证的质量把关不严等。将学历证书和职业资格证书纳入国家资格框架中，逐渐消除两者间在社会观念和地位的差异，对于我国职业教育的发展以及少数民族应用型人才的培养都具有重要的现实意义。要实现双证书的互认，重点是通过借助质量认证体系、学习成果互认、学分累积、学分转换等实现两者互认，逐渐完善国家职业资格认证的顶层设计，统一行业内部的专业标准，规范职业资格认证评价市场。在终身学习背景下，必须要深化改革，强化制度创新，搭建两种证书融通和互认的桥梁，促进人才多样化选择和有序流动。

## （二）应用型人才培养应适应地方经济社会发展需求

教育与生产劳动相结合是马克思主义教育学说的重要理论，该理论要求教育必须与经济社会发展变化的要求相符合，遵循经济社会发展的一般规律进行调整和改革。国外应用型人才培养实践往往从地方经济社会发展的现实需求出发，充分利用地方的各类社会资源，瞄准职业发展与岗位需求，建立适应当地发展需求的学科专业，服务地方经济社会发展。

### 1. 培养目标定位要紧跟地方经济社会发展

为地方经济社会发展服务是地方大学的职责与使命，也是地方大学良性发展的必然选择。受到地域、文化差异以及经济基础等方面的影响，不同区域的经济发展水平存在着较大的差距，支柱性产业也存在着地方特殊性，这也对少数民族应用型人才提出了不同层次和类型的需求，学校在对人才培养的过程中必须对当地经济社会的现实发展情况做深入的调研，从企业规模、学校运作、学生发展等多方面考虑制定科学合理的学科专业设置以及人才培养方案。例如，我国贵州省属于欠发达地区，经济发展较为落后，但是特殊的地理位置使其成为我国西南地区的重要交通枢纽，加之拥有丰富的矿产资源，都为其发展工业奠定了坚实的基础。由此，贵州提出了"工业强省"的战略发展目标，这也为贵州高校在培养少数民族应用型人才方面提供了新的方向。高校要通过实地调研，对当地企业发展进行科学考察，合理分析市场人才需求在数量、类型以及层次等方面的变化，制定适宜的人才培养目标，契合和引领社会需要。[1]

---

[1] 卢亚莲：《德国应用科技大学（FH）应用型人才培养模式及其启示》，载于《职教论坛》2014年第13期，第84~88页。

### 2. 专业设置立足于地区经济和产业发展

国外应用型大学在注重与地区经济和产业发展对接的同时，在专业设置方面着重强调应用性，设置应用性强的专业，主要有应用性自然科学或社会科学，以培养能够解决实际问题的应用型人才。比如，德国应用科学大学的专业设置主要集中在应用性比较强也比较容易就业的学科或专业领域，例如工程科学、经济学、社会福利与社会教育、行政管理和法律维护、计算机科学、设计、信息通讯、健康护理等。① 我国少数民族应用型人才培养应强调其专业的应用型，突出行业、企业的需求，一方面学校的专业设置应立足于地区经济和产业结构，建立经济产业结构的专业群；另一方面扩大少数民族应用型人才招生规模，大力培养理科、工科、管理类等专业少数民族应用型人才，提高少数民族学生专业就业对口率。

### 3. 应用型人才培养改革要瞄准职业发展与岗位需求

国外高校在应用型人才培养方面非常注重人才培养与市场需求的对接，往往瞄准职业发展与岗位需求开展应用型人才培养工作，增强应用型人才的有效供给。

一是高校要根据市场需求和企业发展要求，从实践教学体系入手整合教学内容、课程设置，着重培养学生的理论应用能力，这一点可以参照国外"高校—地方—企业"交互合作模式。在少数民族应用型人才培养的过程中，相关培养单位应进一步加强与行业、企业的交流合作，发挥行业、企业在人才需求、岗位技能方面所起到的引导作用，强化少数民族学生实习训练的有效性和常态性，将理论知识学习与实习训练有机结合，通过岗位实习训练强化知识运用，切实提升学生的岗位技能水平和实践操作能力。

二是深化改革实习考核方式，切实提升少数民族学生实践能力。我国高校在少数民族应用型人才培养的过程中都有实习环节，但是对于实习结果的考核却往往缺乏专业监管，使得部分少数民族学生对于实习训练存在疲于应付的态度，很难有效地提升学生的实践技能。学校要逐渐推进实习训练考核的规范化和专业化，将实习考核成绩单列，形成学生毕业要求的硬性标准。同时，对于考核的内容也应当注重对少数民族学生能力发展方面的测评，打破以往"学分本位"的局面，鼓励少数民族学生积极参与到实习工作中。

三是可以尝试入学前的预实习。我国高校的少数民族人才培养方案通常要求

---

① 孙进：《德国应用科学大学专业设置的特点与启示》，载于《清华大学教育研究》2011 年第 8 期，第 98 ~ 103 页。

学生先在学校进行两到三年的理论学习，在第三学年或者第四学年再把学生送入实习单位进行实践训练，这种模式下学生对岗位工作的接触较晚，在理论学习的过程中缺乏对知识的具体运用，对知识的深入了解程度不够。高校可以在部分专业打破以往的人才培养方案，借鉴国外经验，采取先实践后理论的方法，在少数民族学生进入学校之前先在工厂或企业实践训练一年，培养少数民族学生早期的实践能力，为之后的理论知识学习提供必要的专业启蒙，更好地选择适合自己的能力发展方向。

### 4. 牧区地区高校人才培养要服务于牧区生产发展

牧区经济是民族地区经济发展的特色产业和重要部分，牧区经济的发展对人才需求也有其特殊性，牧区高校以及很多学科专业是依托牧区产业发展起来的。从牧区产业发展的角度出发，牧区高校在培养应用型人才的过程中不仅要注重与当地企业的交流与合作，也要与牧区密切联系，打造"高校—牧区"人才联合培养模式，服务于牧区产业的发展。

一是要让高校深入牧区，与牧区工作者进行交流，了解牧区的经济发展情况和人才需求状况，对牧区的人才需求结构、人才需求数量以及人才质量进行合理的评估和预测，有针对性地建立相关的学科专业，培养相应的牧区人才。高校可以通过派遣专业教师和科研人员进入牧区，对牧区的发展动态以及现实需求进行深入了解，向牧区介绍学校的科研成果和学科专业，表达与牧区的合作意愿和合作方向，加强相互间的交流与沟通。

二是牧区要进入学校，主动与学校进行合作，表达在人才需求方面的诉求，为学生提供牧区工作的实习基地和实训平台，让学生直接接触牧区工作，积攒必要的牧区工作经验和知识，了解牧区的发展前景和人才需求状况，为之后牧区工作人才的引入提供后备力量保障。同时，牧区还可以派遣经验丰富的牧区工作人员进入学校以授课或者讲座的方式对学校相关专业的教师进行培训，将牧区所需人才的专业和技能要求传达给教师，引导教师在课程教学过程中注重学生相应能力的培养。

三是民族地区政府要为高校与牧区搭建合作与交流的平台，为高校与牧区提供更加完善的人才市场信息服务与人才交流平台，加强对牧区生产与高校人才培养层面的指导建议，引导学校与牧区在人才供求方面形成对口合作机制。

## （三）应用型人才培养要构建特色化教育新体系

人才培养模式是指在一定教育理论指导下，按照特定的培养目标，以相对稳定的教学内容和课程体系、管理制度和评估方式，实施人才教育过程的总和，它从根本上规定了人才特征并集中体现了教育思想和教育观念。应用型人才的培养更应如此，不仅要明晰培养目标，更要打造应用性特色，要融入创业教育提升教育质量。

### 1. 明晰人才培养目标，打造应用型特色

目前，民族地区高校办学模式面临着向综合型、研究型大学目标靠拢而导致办学定位模糊、专业设置"同质化"、特色迷失、人才培养趋同等问题。国外应用型大学办学定位明确：培养应用型人才，服务区域经济发展。人才培养要求学生掌握基本的理论知识、文化知识以及具备岗位工作的专业技能和实践能力，突出应用性和实践性。例如，德国应用科技大学主要培养高层次专业技术人员、工程师、信息技术人员、生产一线管理人员、社会工作者；美国应用型大学则主要为当地培养专业技术人才、工程科技人员、管理人员、社会服务人员等实用型、创造型人才。我国民族地区高校在学科、专业设置等方面应贴近社会产业需求，从地方的实际发展情况出发，形成人无我有、人有我优的学科特色、专业特色和民族特色，培养适销对路的少数民族应用型人才。

### 2. 应用型人才的培养要融入创新创业教育

国外高校应用型人才培养的一个明显的特征就是注重培养学生的创新创业能力，无论是在教学过程还是在实习过程都注重发挥人的主动性和积极性，鼓励学生敢于打破传统思维的限制，发现新问题，提出新想法。比如美国重视创新创业教育，形成了政府、学校、社会机构等多主体参与的创新创业教育体系，呈现出支持保障有力、产学合作广泛、重视精神培育和价值引领、注重国际性和开放性等特点。[①] 我国少数民族应用型人才培养的过程中尤为缺乏对学生创新创业能力的培养。对于少数民族应用型人才要从理念到过程再到实践进行创新创业能力的培养，系统地和全方位地把创新创业能力融合到人才培养的整个过程中。一方面，要注重个性化创新人才的培养。根据不同学生的个性化差异，高校要突破传统办学理念的桎梏，鼓励少数民族学生发展自己的优势技能，从地方行业和产业发展的要求出发，构建专业化创新创业教育体系，为打造专业化的创新创业人才提供充分的保障。另一方面，要注重创新创业教育培养模式的普遍性和特殊性相结合。创新创业教育的培养贯穿于课程教学、教学管理、实习训练等多个方面，对于多个不同的培养过程和环节要注重导师制、科技园、创业中心、创客空间等

---

① 郝杰、吴爱华、侯永峰：《美国创新创业教育体系的建设与启示》，载于《高等工程教育研究》2016年第2期，第7~12页。

模式的多元应用,为少数民族学生创新创业能力的培养提供便利,充分利用地方民族特色资源,开设具有民族特色的创业课程和创业实训,引导学生自觉、自发地创业。

### 3. 人才评价社会化,加强教育质量管理

教育质量监控是保障人才培养质量的重要手段,有效地质量监控能够起到优化人才结构、提高人才质量的重要作用。同其他地区高校一样,我国民族地区地方院校也大都建立了质量监控体系,但是对少数民族应用型人才培养的评估还是主要集中在学校内部进行。应用型人才的培养注重理论知识和实践技能并重,应用型人才直接面对的是众多的企业和行业岗位,因此,少数民族应用型人才评价不仅仅是高校一方的事情,企业和社会也要参与进来,形成"高校—企业—社会"等多方参与的评价机制和评价体系,保障少数民族应用型人才的培养能够符合市场化发展的需求,只有这样才能够保证少数民族应用型人才的质量符合经济社会发展的要求,从而提升其应有的社会竞争力。对于人才评价可以参照国外的先进模式,单独成立独立于民族地区地方院校的人才评价机构,由相关领域的专家和技术人才等组成专门的评价团队,制定符合校企双方共同利益的评价体系和评价标准,对达到评价标准的人才颁发相应的行业资格证书,作为学生日后进入企业或者行业工作的专业凭证。同时,民族地区高校现有的人才评估体系中也存在着过于重视学校整体评估而忽视专业评估的问题,这种评估模式不利于激励学校发展地方优势特色的学科,导致教育教学和人才资源的浪费问题。民族地区地方院校和社会各界应该逐渐完善学校整体的评估体系和质量监控,加快推进对专业学科评价机制的建立健全,对民族地区地方院校的评价指标进行细化,加强专业评估在学校整体评估中的地位和作用,鼓励地方高校发展优势特色的学科专业,为地方的经济社会发展培养相应的专业人才,切实做到服务地方、发展地方。

## (四)应用型人才培养要构筑政产学合作与互动机制

德国应用科技大学、英国高等学徒制、澳大利亚 TAFE 等应用型人才培养以政产学合作与互动为特色,政府和企业积极参与应用型人才培养工作,成为应用型人才培养的重要力量。政产学合作机制既是应用型人才培养的有效路径,也是应用人才培养机制必不可少的一部分。国外应用型人才培养模式的成功最鲜明的特征就是将高校与企业、政府紧密结合在一起,真正意义上实现政产学合作协同育人。

受到传统教育思想以及落后经济发展水平的影响,少数民族高校教育往往注

重对少数民族学生理论知识的灌输，忽视对学生实践能力的培养，造成了少数民族应用型人才短缺的局面，加剧了结构性失业等社会问题。随着少数民族大学生就业难的社会问题日渐突出，高校也在逐渐反省培养模式中的弊端和问题，许多高校开始逐渐重视加强与企业合作培养少数民族学生应用实践能力。近年许多民族地区高校开创的"产学研相结合""校企合作教育""订单式培养""学工交替培养"等人才培养模式起到了很好的效果，这些应用型人才培养模式的实践和创新也是马克思主义"教育与生产劳动相结合"重要思想的反映和应用。高质量少数民族应用型人才的培养需要在企业、学校、政府三方的通力合作的基础上才能够真正实现。

企业和学校在人才培养的过程中属于独立的利益主体，各自都会衡量人才培养对自身发展的利弊大小，学校需要依靠企业提供的实训平台和市场信息，企业则需要学校的科研成果和人才供给，双方都希望在人才培养的结果中获益，而如何让双方都作出相互妥协和让步进而实现共赢局面，这就需要依靠政府的力量介入，推动和保障双方的合作基础与利益互惠，促进双方利益的最大化。政府要在政策层面上给予支持和扶持，企业和行业要进入高校参与到少数民族应用型人才培养的过程中，高校在具体的理论教学以及学生管理等方面要发挥主要作用，只有各方力量有机结合形成人才培养的多元协作网络，才能够推进少数民族应用型人才培养改革的最后成功。[①]

一是高校与企业建立良好的协作沟通机制。民族地区高校应逐渐建立并完善校企合作平台，在相关制度设计中充分考虑企业的权益，激励并调动企业在应用型人才培养过程中的参与度和积极性，吸引企业参与到少数民族应用型人才的培养过程，建立长期稳固的校企合作机制。建立与企业的定期沟通机制，了解相关企业的基本情况及未来的发展方向，使大学课堂紧紧连接民族地区经济社会的人才市场需求，牢牢把握民族地区经济发展的特殊性和特色性，及时调整学校专业及课程设置，使其能尽可能适应市场的发展和民族地区的特色，实现地方、企业、产业、行业和高校专业之间的有效交流和良性互动。

二是高校聘用企业人员参与课堂教学过程。邀请经验丰富的企业相关岗位人员进入课堂进行现场教学，通过企业人员与少数民族学生的直接接触，让学生了解企业和市场需求的最新动态以及民族当地对人才的特殊要求，让企业向学生传达入职条件和要求，为用人单位和未来应聘者直接对话提供便利和条件。此外，也可以采用导师制，由企业岗位人员作为少数民族学生实践导师，对学生的实践

---

① 王辉：《美国应用型人才培养的"首席品牌"——"一贯制科技高中"办学模式之述评》，载于《比较教育研究》2014 年第 8 期，第 57~62 页。

训练以及相关理论学习进行必要的指导和交流。

三是政府应加强信息指导和政策引导，规范学校与企业的关系。德国双元制得益于德国完善的职业教育法律体系，以此推动"双元制"职业教育体系校企合作的制度化、规范化。英国现代学徒制建立了完备的法律法规，规范了雇主与学院合作培养学徒制，保障了现代学徒制的地位。基于此，民族地区地方政府应从总体上对少数民族应用型人才培养进行战略规划，组织相关的教育、科研、行业、企业等部门对市场上各类人才的需求、变化等进行调研和预测，为学校和企业的人才培养提供必要的信息指导，传达少数民族应用型人才需求的特殊信号，努力推进人才的供求平衡，避免少数民族应用型人才的培养脱离市场而盲目发展。同时，民族地区政府要通过颁布各类政策文件对校企合作培养少数民族应用型人才给予一定的政策支持，对双方的行为进行必要的约束，保障合作能够在各方共赢的基础上有效运作。

四是加强政府的统筹协调与资金支持。政府要在应用型人才培养的过程中充当好学校与企业之间、学校与社会之间的协调者和组织者的角色，充分利用自己的行政优势，建立通畅的信息交流和资源共享平台，对市场行业的信息动态进行及时有效的反馈，引导少数民族应用型人才培养面向市场需求。同时，国家应加快少数民族应用型人才培养教育资金的法制化进程，对资金拨付的最低标准通过法律法规和政策文件的形式予以明确的规定，单列少数民族应用型人才培养资金，促进资金使用的规范化，确保少数民族应用型人才教育的基本投入。同时，民族地区政府可以逐渐拓宽高校资金来源渠道，鼓励高校和企业的项目合作，推动资金来源的多元化发展。

# 第六章

# 高校少数民族应用型人才培养模式综合改革建议

  前面几个章节分别对少数民族高层次应用型人才的供求矛盾、高校少数民族应用型人才培养的政策与体制、培养过程、内—外协作方式等做了深入研究分析，为制定高校少数民族应用型人才培养模式综合改革方案奠定了坚实的基础。本章首先对前几章研究内容进行反思和讨论，再在此基础上对之前的内容进行分析、综合、抽象、概括，以确定高校少数民族应用型人才培养模式综合改革的目标与模式，并进一步阐释综合改革的思路，最终提出高校少数民族应用型人才培养模式综合改革方案。

## 一、反思与讨论

  为保证高校少数民族应用型人才培养模式综合改革方案的有效性和可行性，以下将专门针对前面研究的内容进行讨论与反思，紧跟中国教育改革和民族地区经济社会发展之实际，进一步深化研究结论，弥补部分研究内容的不足，厘清高校少数民族应用型人才培养模式综合改革各因素之间的关系。

## （一）少数民族高层次应用型人才供求矛盾研究的反思

### 1. 少数民族高层次应用型人才供求矛盾的根源

无论是关于少数民族高层次应用型人才供求矛盾的研究，还是民族地区经济社会发展和民族教育的实际，均表明少数民族高层次应用型人才供给的数量、质量和结构与民族地区经济社会发展对应用型人才的需求不匹配。前面的研究指出，民族地区经济发展水平滞后、民族地区对少数民族高层次应用型人才需求旺盛和民族地区高等教育发展滞后，是少数民族高层次应用型人才出现供求矛盾的主要原因。实际上，形成少数民族高层次应用型人才供求矛盾的原因是多方面的，其中，教育系统和社会系统的分化是少数民族高层次应用型人才供求矛盾突出的根源。

教育系统及其组织和社会系统及其组织的分化是社会发展的必然结果。在人类社会形成之初的很长一段时间里，教育活动都融在一般的社会生产活动之中，并不存在独立的教育系统。随着生产力的发展和社会分工的深化，教育活动逐渐从社会活动中分化出来，形成了以学校组织及其教育行政部门为主体的教育系统。可以说，教育系统的独立，或者说教育系统和社会系统的分化，极大地促进了教育的发展和社会的发展。

然而，教育系统和社会系统的分化却为教育系统和社会系统的互动协作埋下了祸根。教育系统是社会大系统（包括政治、经济、文化等系统）的子系统，教育系统和其他社会子系统有着天然的联系——它们都是促进人的发展和经济社会发展不可或缺的必要条件。教育活动和政治、经济、文化、社会活动都是人类活动的重要组成方面，教育活动和其他社会活动的相互促进共同促成了人类文明的发展动力。教育系统和其他社会子系统只有形成良好的互动协作，才能保持社会大系统的健康运行和发展，增进人类的福祉。

教育系统和社会系统的分化加剧少数民族高层次应用型人才供求矛盾表现在以下三个方面：

第一，增加了高校与其他社会组织协作培养少数民族高层次应用型人才的成本。分工可以形成专业化，提高生产效率，但同时也会增加组织间的交易成本。教育系统和社会系统的分化，提高了教育组织和其他社会组织的生产效率，但同时增加了教育组织和其他社会组织之间相互协作的成本。在少数民族高层次应用型人才的供给上，高校想通过和企业、社区、政府等社会组织协作培养满足民族地区经济社会发展需求的少数民族高层次应用型人才，但是它们之间协作的成本太大，不同组织寻求的利益差异明显，以至于协作难以达成。以校企合作培养应用型人才为例，高校在校企合作中需面临搜寻合作对象、签订和修改契约、监督和实施契约、信息沟通、责任和纠纷解决等诸多方面的成本。以解决纠纷成本为例，许多专业（比如化学、工程、机械等）的学生在大三、大四需到企业见习实习培养实践能力，但期间学生很可能面临一系列工伤风险，那么学生一旦出了问题谁来承担？对学校而言，他们宁愿学生缺失培养实践能力这一环节，也不愿置学生于巨大的安全隐患之中；而对企业来说，学生在企业实习并不能为企业带来多少实质性的盈利，而企业还需要花大量的成本来培养这些实习生，更没有理由为学生可能承担的风险买单。因此，学生一旦在实习中出现工伤等问题，在学校与企业权责界定不清的情况下，学生的安全得不到保障，学校和企业之间也很容易引发法律纠纷。因此，没有足够的资金保障规范学校、企业和学生的权责利，企业和高校都没有校企合作培养应用型人才的积极性。

第二，演变出少数民族高层次应用型人才培养中的多元目标冲突。教育系统和社会系统的分化，使教育组织及其成员和其他社会组织及其成员的目标产生了冲突。总的来看，学校、教育行政部门、企业等组织都希望把学生培养好，但分开来看，学校、教育行政部门、企业等组织又各有其打算。比如，学校的首要目标是通过培养大量优秀的毕业生提高学生的毕业率与就业率，以维持学校的生存和发展，教育行政部门则倾向于大量优秀学生的产出以扩大自己的预算和权力，而企业则希望优秀的毕业生能为企业的发展带来更多的经济利益。这种多元的目标冲突，不仅增加了教育系统和其他社会系统合作的成本，而且导致各类组织在相互协作过程中困难重重、冲突不断。例如，在少数民族高层次应用型人才培养中，许多民族地区地方院校和民族院校并不想转型为应用型大学，培养应用型人才，而是更倾向于向研究型大学看齐，培养学术型人才。但民族地区的不少产业都是承接中东部地区产业转移而来的劳动密集型、资源密集型产业，这些产业处于产业链的中低端，盈利能力较弱，技术创新有限，往往看重短期的经济利益，而并不愿与民族地区地方院校开发当前有限的合作空间。

第三，加大了少数民族高层次应用型人才供求矛盾调节的"时滞"和"风险"。教育系统和社会系统的分化，致使市场或政府在调节少数民族高层次应用型人才供求矛盾中出现时滞。究其原因，一方面是由于原本信息在不同组织之间的传递就需要一个过程，另一方面是由于各类组织之间的目标冲突无形中阻碍了各种调节力量的发挥。高校的人才培养需要一段时间（至少需要3~4年），而地方经济社会发展对少数民族应用型人才的需要却是变动不居的，因此，在机制上高校的人才培养就很有可能滞后于经济社会发展需求。高校培养的少数民族应用型人才也有可能存在超过经济社会发展需求的风险，这与政府在教育改革和教育资源配置中的主导作用分不开。政府的主导经常使市场信息无法有效传导到高校之中，增加了少数民族高层次应用型人才供求矛盾调节的时滞和风险。

### 2. 化解少数民族高层次应用型人才供求矛盾的策略

化解少数民族高层次应用型人才供求矛盾的关键，是推进高校少数民族应用型人才培养模式综合改革。从根本上说，不论是需求的数量、结构还是质量，民族地区的社会经济发展对少数民族应用型人才的需求都是客观的，因此，化解少数民族高层次应用型人才的供给矛盾应从少数民族应用型人才的供给着手，加紧实施高等教育的供给侧改革，以民族地区经济社会发展对人才的需求为导向，改革高校少数民族应用型人才培养模式，优化少数民族高层次应用型人才的数量、质量和结构。

影响少数民族高层次应用型人才供求矛盾的因素是多种多样的，仅仅改革高校少数民族应用型人才培养模式，并不能完全化解少数民族高层次应用型人才供求矛盾，具体而言：

一方面，少数民族高层次应用型人才供求是教育市场和劳动力市场相互作用的结果，单方面改革教育供给并不能有效缓解少数民族高层次应用型人才供求矛盾。也就是说，仅仅依靠发展或者改革教育，并不能有效消除高等教育市场和劳动力市场的结构性失衡，促进民族地区的经济社会发展。教育在缓解就业问题和促进经济社会发展方面的价值不是万能的，而是有限的。供需矛盾需要从供需两方面予以调节。基于教育和经济社会发展的相互关系，不难预见，单方面改革教育供给并不能有效解决少数民族高层次应用型人才供求矛盾。

另一方面，影响高校少数民族高层次应用型人才供给的因素和影响民族地区劳动力市场需求的因素存在差异。少数民族高层次应用型人才的供给情况主要取决于居民的教育需求以及高等教育供给的数量、质量和类型。民族地区劳动力市场的需求则取决于民族地区的产业结构、文化和经济社会发展水平以及劳动力市场的发展水平。由此可见，影响少数民族高层次应用型人才供给情况和需求情况的因素差别很大，只改革高校少数民族应用型人才培养模式，并不能化解少数民族高层次应用型人才的供求矛盾。

综上，化解少数民族高层次应用型人才的供求矛盾，一方面应尽可能弥合高等教育系统与社会系统之间的分化，建立一种高校与市场需求、产业发展以及经济社会与人的发展协同联动的少数民族应用型人才培养模式。另一方面，必须打破单纯强调教育供给的改革理念，从影响供给和需求两方面的影响因素进行调节，包括促进民族地区产业机构优化升级，加强不同民族文化之间的交流融合，改革少数民族人才引进政策，完善民族地区劳动力市场的流动制度，等等。其中，尤其要注意发挥市场的作用，建立完善市场与高校的沟通渠道，让市场的需求信息及时传导到高校内部。

## （二）高校少数民族应用型人才培养政策与体制改革研究的反思

高校少数民族应用型人才培养政策在学科专业结构、人才培养方案、人才培养的条件保障等微观层面存在问题，高校少数民族应用型人才培养机构在体系、培养机制等宏观、中观层面也存在问题，这些问题既是老问题，又是新问题。说是老问题，是因为这些问题是民族地区甚至是全国高校应用型人才培养中存在的普遍性问题，是长期以来一直未能有效解决而遗留下来的问题；说是新问题，是因为在当前国家对地方本科高校转型发展政策的引领下，这些少数民族应用型人才培养政策与体制方面的问题面临着新的环境、新的处理方式，甚至在一定程度上存在老问题与新的政策环境、新问题交织的情形。在当前地方高校转型发展的背景下，解决高校少数民族应用型人才培养政策存在的问题的关键是处理好国家引导下的地方本科高校转型发展政策与少数民族高层次应用型人才培养的关系；而解决高校少数民族应用型人才培养体制存在的问题的关键是在以民族地区地方院校、民族院校为主要机构的基础上，怎样寻求辅助机构，并处理好少数民族应用型人才培养机构之间的关系，使其更好地服务少数民族应用型人才培养。

### 1. 地方高校转型发展政策与民族地区地方院校转型的难题

地方普通本科高校转型发展政策已经成为指导民族地区应用型人才培养的纲领性政策。2013年开始，为缓解高等教育的结构性矛盾、高等学校发展的同质化倾向、大学生就业难等问题，促进高等教育适应和引领新常态下产业结构优化升级和经济社会发展，政府开始积极推动地方部分普通本科高校向应用型高校转变，培养应用型技术技能型人才，服务地方经济社会发展。2015年11月，教育部、国家发展和改革委员会、财政部印发了地方普通本科高校转型发展的纲领性文件——《关于引导部分地方普通本科高校向应用型转变的指导意见》，确立了高校转型发展的重要意义、指导思想、基本思路、主要任务、配套政策和推进机制，进一步加快了地方普通本科高校转型发展的步伐。

地方普通本科高校转型发展政策同样对少数民族高层次应用型人才培养具有巨大的影响和指导意义。少数民族高层次应用型人才培养的主要机构是民族地区的地方院校，在这些民族地区地方院校中，很大一部分高校现在培养的人才还没有达到应用型人才的标准，没有突出人才培养的应用性、职业性，这也是少数民族高层次应用型人才无法适应和引领民族地区的经济社会发展的重要原因。因此，民族地区的地方院校能否成功转变为应用型高校，直接关系着少数民族应用型人才培养的质量。

但是，民族地区地方院校的转型却面临诸多的困难，以致许多民族地区地方院校的转型举步维艰或华而不实。具体表现为：第一，许多民族地区地方院校的学校管理者、教师甚至部分学生及其家长，习惯于学术型教育和学术型人才的培养模式，不理解也不支持学校转型发展。第二，在利益和评价标准的驱动下，许多民族地区的地方院校在发展中盲目追求成为"高、大、全"的综合性大学，盲目模仿综合性大学的办学模式和师资配置，部分学校管理者和教师不愿意调整其学科专业设置，导致其学科专业设置趋同化现象严重，无法适应与引领民族地区的产业结构优化升级和经济社会发展。第三，许多民族地区的地方院校多由专科学校、职业大学和独立学院合并、转制、升格而来，不愿意转型发展为高等职业院校，而且由于缺乏本科教育办学的历史积淀，办学资源有限，办学基础薄弱，对企业的吸引力不强，企业的积极性也不高。第四，民族地区的一些地方政府在统筹转型发展、协调校企联合培养应用型人才、发布应用型人才需求信息、监督和评价地方院校转型发展等方面存在缺位，不少民族地区的地方院校为执行上级指令或应付检查滥竽充数、弄虚作假。

民族地区地方院校转型发展困难的主要原因有四：一是民族地区地方院校转型发展的目标不明。比如，什么是应用型人才，如何培养应用型人才，应用型高校的内涵和标准有哪些，服务地方经济社会发展中的地方囊括哪些区域，等等。这些问题至今从理论到实践都尚未明确，所以不少民族地区的地方院校在转型发展中找不到目标，无处下手。二是多数民族地区的地方院校并不想发展为应用型高校。一些院校虽然做出了转型发展的规划，但实际上更关心如何发展为综合性大学，仍然追求申报硕、博士点，培养学术型人才。这既和我国地方普通本科高校转型改革的"自上而下"的改革方式有关，因为许多民族地区的地方院校并不是自愿转型，而是为应付政府或者获得政府的资助才选择了转型发展；也和大学的评价体制有关——倾向于综合性研究型大学的评价体制，导致民族地区地方院校的学校管理人员和教师都希望向综合性研究型大学靠拢，以获取相应的经费支持和学术声誉。三是民族地区地方院校转型发展也面临诸多内部困难，包括教师的去留问题、评价制度的调整问题、教育经费的筹集和配置问题、人才培养模式改革问题，等等。四是民族地区地方院校转型发展面临很多外部困难，包括行业组织力量薄弱、企业参与校企合作的积极性不高、地方政府的协调校企合作和监督学校转型发展成效方面的作用不足、地方产业发展水平欠佳等。

少数民族高层次应用型人才培养不只是理论问题，更多的是实践问题。少数民族高层次应用型人才培养首先必须建立相应的培养机构；其次高校要从内心接受并主动向应用型院校转变，否则高校少数民族应用型人才培养模式综合改革也根本无处落实。因此，推进高校少数民族应用型人才培养模式综合改革，必须积极贯彻地方普通本科高校转型发展政策，推动民族地区的部分地方院校向应用型高校转型发展。而民族地区地方院校要立足民族区域实际，紧紧围绕适应与引领区域发展这个主题，始终把转型发展与促进民族地区的团结、繁荣有机结合起来，与适应并引领民族区域经济、社会、文化发展有机结合起来，不断增强民族地区地方院校转型发展与民族区域经济社会发展的适切性。

## 2. 少数民族高层次应用型人才培养机构之间的关系、问题和改革

在第二章的高校少数民族应用型人才培养体制中已讨论过，民族地区地方院校与民族院校是我国少数民族高层次应用型人才培养的主要机构，其中民族地区地方院校是少数民族应用型人才培养的主体机构，民族院校则是少数民族应用型人才培养的重要机构。民族地区的地方院校数量多，地处民族地区，生源以民族地区学生为主，且具有少数民族身份的学生占有相当大的比例，目前正在向应用型高校转型发展，培养应用型人才，建设应用型大学，服务民族区域经济社会发展；而民族院校数量较少，且有部分民族院校本身也属于民族地区地方院校，但民族院校少数民族学生较多，民族性较强，能够在少数民族应用型人才培养中承担不可忽视的重要角色。无论是民族地区地方院校还是民族院校，大都处于经济发展相对滞后的西部地区，整体办学水平、师资水平相对较低，经费投入相对有限，这些都在一定程度上制约了少数民族高层次应用型人才的有效供给。为此，在这两类培养机构的基础上，寻求少数民族应用型人才培养的辅助机构是提高少数民族应用型人才培养质量的重要举措。

在我国，部委所属综合性大学数量较多，这类大学过去以国内的"211""985"大学为主，现在主要指国内的"双一流"大学。这类大学学科比较齐全，学科专业实力强，办学规模宏大，科研实力强劲，一般地处中心城市，区位优势明显，学科优势突出，教学、科研、社会服务能力强。这些大学一般都具有某一学科或多学科方面的突出优势，学科优势明显，表现出很突出的特色优势，在一些学科方面颇具竞争力。在人才培养方面，学生基础性训练扎实，学术素质普遍较高；这些大学校园文化生活丰富多彩，社会实践活动多种多样，有利于培养学生的全面素质。鉴于部委所属综合性大学在人才培养中的突出优势，为更好发挥其优势，服务于民族地区发展，民族地区地方院校、民族院校可与综合性大学展开多种合作，充分依托综合性大学相对集中的学科、教学、科研等资源优势，与综合性大学合作培养少数民族高层次应用型人才，并利用综合性大学在新型产业

等方面的科研成果,通过民族地区地方院校进行产—教—研转化,最终通过少数民族高层次应用型人才服务于产业发展,适应并引领民族地区发展。

因此,综合性大学可以作为少数民族高层次应用型人才培养的辅助机构。在国家政策的引导下,综合性大学与部分民族地区地方院校、民族院校开展了对口支援、联合办学等多种形式的合作,具有服务于少数民族高层次应用型人才培养的良好基础,在已有合作基础上,民族地区地方院校与民族院校可借助综合性大学的学科专业优势、师资优势,与其联合培养应用型人才。

综上所述,少数民族高层次应用型人才的培养机构主要包括民族院校、民族地区的地方院校和综合性大学三类,其关系如图 6-1 所示。

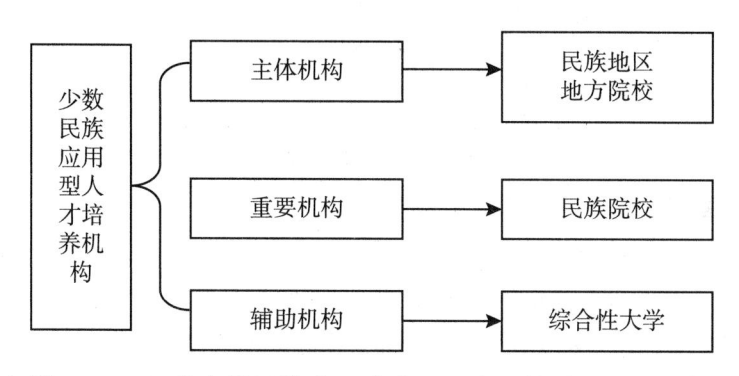

**图 6-1 三类少数民族高层次应用型人才培养机构的关系**

少数民族高层次应用型人才培养机构中存在如下问题:

第一,培养机构数量不足,优质民族教育资源短缺。截至 2015 年,民族地区本科学生人数占全国本科学生的 7.86%,少数民族研究生数只占全国研究生数的 5.78%[1],远低于少数民族人口占全国总人口的比例（8.49%）,少数民族学生接受高等教育的比例还需进一步提高。2015 年,全国各类民族院校有 36 所（见表 6-1）,仅占全国高校总量（2 553 所）的 1.4%。民族地区地方院校是应用型人才培养的主体,2015 年民族地区地方院校共 179 所（含在民族地区的部分民族院校）,全国共有本科院校 1219 所,仅占全国本科高校总量的 14%。[2] 可见,少数民族应用型人才培养机构（主要是民族院校和民族地区地方院校）数量明显不足。全国 36 所民族院校中,专科院校就有 10 所,只有一所"211"大学,民族地区 179 所本科院校中,只有 9 所"211"大学,少数民族高层次应用型人

---

[1] 中华人民共和国教育部,http://old.moe.gov.cn//publicfiles/business/htmlfiles/moe/s7567/201309/156878.html。

[2] 根据《中国统计年鉴》(2016) 有关数据计算而得,http://www.stats.gov.cn/tjsj/ndsj/2016/indexch.htm。

才培养的优质高等教育资源短缺。

表6-1　　　　　　　　民族类高校的类型与数量

| 民族类高校类型 | 民族类高校数量 |
| --- | --- |
| 民族类大学 | 12所：中央民族大学、中南民族大学、云南民族大学、西南民族大学、广西民族大学、西北民族大学、西藏民族大学、青海民族大学、贵州民族大学、内蒙古民族大学、北方民族大学、大连民族大学 |
| 民族类学院 | 13所：呼和浩特民族学院、湖北民族学院、湖北民族学院科技学院、右江民族医学院、广西民族师范学院、广西民族大学相思湖学院、四川民族学院、兴义民族师范学院、黔南民族师范学院、贵州民族大学人文科技学院、贵州医科大学神奇民族医药学院、甘肃民族师范学院、河北民族师范学院 |

资料来源：根据《2015年全国高等学院名单》统计而得，http://www.moe.gov.cn/srcsite/A03/moe_634/201505/t20150521_189479.html。

第二，民族院校总体办学水平不高，人才培养的应用性不强。《2015中国大学评价研究报告》显示，除中央民族大学外，其他民族院校都未能进入中国大学200强，民族院校总体办学水平不高。非部属民族院校多是2000年以后由一些地方的专业院校、职业技术学院和高等专科学校合并组建而成，地处中小城市，且以培养普通本专科生为主，办学水平亟待提高。同时，民族院校的专业设置、人才培养模式、师资来源、评价体系存在诸多问题，且基本沿用的是研究型大学的办学范式，导致其所培养的人才应用性不强，在劳动力市场上竞争力弱，既不能服务并引领民族地区的经济社会发展，也难以适应民族地区产业升级、创新驱动的战略要求。

第三，民族地区地方院校办学资源有限，转型困难大。受民族地区经济发展水平及地方政府财政收入约束，民族地区地方院校办学经费缺口大，优秀师资难引进、留不住，吸引社会资源能力差，办学资源有限，导致其人才培养质量与层次不高。当前，民族地区部分地方院校在向应用技术类高校转型过程中，面临动力不足、经费有限、工程技术型师资难引进、专业结构调整难度大、人才培养模式变革困难等诸多难题，致使这些高校的转型起步难、效果差，少数民族高层次应用型人才培养质量提升困难。

拓宽少数民族高层次应用型人才培养的优质教育资源，要"三条腿"（民族院校、民族地区地方院校和综合性大学）走路，构建以民族院校、民族地区地方院校和综合性大学为主的"三位一体"的少数民族应用型人才培养机构体系。具体改革意见如下：

一是明确"三条腿"的地位和作用。发挥民族地区地方院校在少数民族应用型人才培养中的主体作用,明确民族院校在少数民族人才培养中的专职作用,通过人才联合培养、教师培训、特色成果转化等形式积极发挥综合性大学在少数民族高层次应用型人才培养中的辅助性作用。

二是改革民族院校专业结构与人才培养模式,提高办学绩效。依托"一带一路"等国家区域发展新理念,结合民族地区经济社会转型跨越发展对人才的新需求,优化民族院校的学科布局与专业设置,重点建设应用学科、应用专业和新兴专业(如生物工程、有机农业、网络商业、高端装备制造等专业),改进人才培养模式,增加实践教学学分学时,切实提高少数民族人才的应用能力与培养质量。加快现代大学制度建设,支持并督促民族院校制定和完善大学章程,以改善民族院校的筹资能力与管理水平,提高资源配置效率与办学绩效。

三是加强院校间合作,推进民族地区地方院校转型发展。加强综合性大学与民族地区地方院校的合作,创新对口支援模式与机制,发挥政府引导作用,扩大并落实对民族地区地方院校的对口支援项目,促进对口支援兄弟院校间的资源共享与合作交流。加大国家对民族地区转型院校在政策、资金等方面的支持力度,建立配套性专项转移支付制度,激励民族地区地方政府的预算支出向地方院校倾斜,依法监督政府对民族地区地方院校的教育经费投入水平,完善社会捐赠与支持机制,为民族地区地方院校转型提供经费保障。

### (三)高校少数民族应用型人才培养过程改革研究的反思

应用型人才培养是存在共性的,无论是各省确立的应用型转型试点高校,还是应用型联盟高校,其在学科专业建设、师资建设、产教融合、课程建设等应用型人才培养方面的一些实践,同样也适用于少数民族地区高校的应用型人才培养。严格来说,应用型人才培养是没有民族与区域之分的,大体上都是一样的;稍有不同的是,因民族文化、生产生活、地域特征等方面的特有属性,高校少数民族应用型人才在培养上要有意地适应民族文化、生产生活、地域特征的民族特性。换言之,高校少数民族应用型人才培养是在一般应用型人才培养模式的基础上,具体结合民族地区地域特征、民族文化、特色产业发展而开展的对"人"的培养过程。需要注意的是,在这一过程中,决不能因为少数民族应用型人才培养理念而否定了一般意义上的应用型人才培养。

#### 1. 少数民族应用型人才培养过程与一般的应用型人才培养过程的关系

高校少数民族应用型人才培养模式改革,主要研究少数民族应用型人才的培养过程。少数民族应用型人才的培养过程和一般的或非少数民族应用型人才的培养过程既有共性，也有区别，具体而言：

一方面，少数民族应用型人才培养过程从属于一般的应用型人才培养过程，因此必须遵从通常的应用型人才的培养方式过程来培养少数民族应用型人才，比如深化产教融合、校企合作，建设"双师双能型"教师队伍，建立密切对接产业链、创新链的专业体系，加强实践课程，加强实验实训实习基地建设，等等。总体来看，一般的应用型人才的培养过程，基本都是少数民族应用型人才的培养过程，不能缺少任何一个环节。

另一方面，少数民族应用型人才培养过程有其特殊性，必须在一般应用型人才培养过程的基础上，对少数民族应用型人才培养过程予以丰富和调整。具体而言，少数民族应用型人才培养过程的特殊性如下：

第一，学生学习基础的特殊性。总体来看，民族教育发展水平和教育资源相对短缺，少数民族学生的知识积累总体上较弱，又加之语言、文化等原因，少数民族学生的学习基础相对薄弱。

第二，民族文化的特殊性。民族文化是各民族在其历史发展过程中创造和发展起来的具有本民族特点的文化，包括物质文化和精神文化。饮食、衣着、住宅、生产工具属于物质文化的内容；语言、文字、文学、科学、艺术、哲学、宗教、风俗、节日和传统等属于精神文化的内容。民族文化的特殊性，不仅反映了该民族历史发展的水平，也是该民族赖以生存发展的文化根基所在，同时也和经济发展密切相关。少数民族应用型人才培养过程，必须增加民族文化课程，传承和创新民族文化，促进不同民族间文化的交流，让少数民族应用型人才在传承和运用自己的文化中促进民族地区的经济社会发展。

第三，民族地区经济社会发展的特殊性。民族地区经济社会发展滞后，地理位置特殊，生态脆弱，资源相对匮乏，基础设施落后，且各种文化、宗教、势力错综复杂。更重要的是，民族地区特殊的政治经济文化环境，导致民族地区的经济社会发展必须依靠特殊的产业，采用特殊的发展模式。因此，少数民族应用型人才的培养过程，必须紧跟民族地区经济社会发展的实际情况，设置特殊专业，开发特殊课程，重视现代学徒制，同时关注"互联网+""人工智能""物联网"等新兴产业的发展与需求。

第四，民族团结教育的特殊性。我国是各族人民共同缔造的统一的多民族国家。在新时期，在科学发展观的指导下，实现我国经济社会事业又好又快发展、促进我国的团结统一和繁荣富强、全面构建和谐社会等，都要求必须大力加强学校的民族团结教育工作。各级各类学校扎实抓好以马克思主义民族观、党和国家的民族政策为重点内容的民族团结教育工作，培养各族学生的民族团结意识，提高各族学生维护祖国统一、民族团结、反对分裂的自觉性，增强各民族的向心力和凝聚力，是关系中华民族伟大复兴的战略任务，是巩固和发展"平等、团结、互助、和谐"的社会主义民族关系，维护社会稳定和国家统一的必然要求。因此，少数民族应用型人才的培养过程，必须加强民族团结课程，树立少数民族学生的民族团结意识，使少数民族应用型人才在维护国家统一、促进民族地区和中华民族的稳定和发展中发挥重要作用。

第五，人才就业区域的特殊性。从民族地区经济社会发展的需要看，让多数少数民族应用型人才就业并服务于民族地区，才能增强民族地区的自身"造血"功能，更好地解决民族地区经济社会发展的实际问题，进而促进民族地区的经济社会发展。所以，高校少数民族应用型人才培养模式综合改革的最终结果，是让高校培养的少数民族应用型人才到民族地区就业。因此，少数民族应用型人才培养过程，必须加强学生的就业创业教育，激发他们建设家乡、服务民族地区的责任感和使命感。

### 2. 处理好知识技能传授与民族文化传承的关系

在高校少数民族应用型人才培养过程中，结合民族地区文化和少数民族应用型人才培养的特殊性，培养单位要处理好知识技能传授与民族文化传承的关系。少数民族应用型人才培养，首先应遵循一般人才的培养规律，借助师资、培养内容、培养手段，将人类知识有序、合理地传授给学生，这是少数民族应用型人才培养的基本前提和首要任务。同时，在长期发展过程中，我国的少数民族结合特有的民族环境，创造出灿烂的民族文化，都属于人类文明的重要组成部分，同样需要我们传承发扬。高等教育是知识传承的重要载体，鉴于此，民族地区地方院校与民族院校可以开展以下教学活动：开办民族文化传承班，培养民族民间文化传承人才；依托民汉双语服务基地，举办民汉双语师资培训班；实施"中国非物质文化遗产传承人群研修培训计划"，举办非物质文化遗产传承人培训班；开展民族传统体育进课堂、民族语言和民族文学课堂教学活动；开设"民族数学文化与地方数学课程资源开发研究"等特色课程；积极组织并使学生参与民族民间文化竞赛、环保民族服装设计大赛等活动；积极资助少数民族文化传承与发展协同创新中心专项课题立项研究等。通过这些举措，少数民族文化在得到传承、弘扬的同时，民族地区"内生—协同"发展也可得到持续助力。

### 3. 民族地区地方院校"双师双能型"教师队伍建设的困境及其突破

民族地区地方院校的"双师双能型"教师队伍建设，不仅是少数民族高层次应用型人才培养的基础条件，而且是高校少数民族应用型人才培养模式综合改革的核心要素。然而，民族地区的地方院校在"双师双能型"教师队伍建设的三大途径——引进行业企业优秀师资、教师培训和聘用兼职教师面临诸多困境。

第一，优秀行业企业师资难引进。由于提供的教师工资待遇较低，民族地区地方院校根本无法引进行业企业的优秀师资。就人才培养的角度而言，民族地区的地方院校希望引进的企业师资往往是大型企业中的中年高级工程师，这个年龄段的工程师既有一定的理论和实践积累，也掌握了本领域的核心技术，能准确把握本领域的前沿问题，更好地将产业需求和生产的尖端技术带给学校的教师和学生，从而提高少数民族高层次应用型人才的培养质量。但是，这个阶段的工程师往往又是企业的"顶梁柱"，企业给他们提供的工资往往高于企业员工的平均工资。在如此悬殊的工资待遇下，民族地区的地方院校当然吸引不到优秀的企业师资。更为严重的是，一些民族地区的地方院校给企业师资提供的工资待遇非常低，有时甚至还不如学校的讲师或助教，导致其很难从行业企业引进优秀的高级工程师。

第二，教师培训阻力大。教师培训是提高民族地区地方院校教师实践教学能力的重要途径。目前可操作的教师培训方式有三种：教师到企业挂职学习；教师到国外应用技术大学考察学习；教师到国内较好的应用型高校交流学习。但是，资金短缺、教师培训意愿不高、评价制度、观念等现实条件的束缚给民族地区地方院校的教师培训带来一系列阻力。尤其是教师培训增加了教师的工作量，在薪酬没有相应增加的情况下，多数教师更倾向于以过去讲授课本知识为主的教学方式进行授课，并认为这样的教学方式照样可以完成教学工作，所以不愿意去企业参加培训。

第三，外聘兼职教师不实用。在校内教师实践教学能力不强和优秀的行业企业师资难引进的情况下，民族地区地方院校只好外聘一些兼职教师来弥补"双师双能型"教师的不足。兼职教师主要在企业工作，学校只能要求他们定期或不定期地以讲座、报告、教授少量实践课程的方式参与教学工作，并提供一定的报酬。在如此零散的教学方式下，学生的收获非常微弱。

造成民族地区地方院校的"双师双能型"教师队伍建设困境的原因，既有历史的原因，也有现实条件的原因，还有体制的原因。历史原因方面，许多民族地区地方院校过去采用的是学术型人才培养方式，所招聘的教师也多是毕业于研究型大学的硕博士研究生，师资队伍的机构调整，很难在短期内改变；现实条件原因方面，民族地区的经济社会发展滞后，没有内生出校企合作、"双师双能型"教师队伍建设的强烈需求，民族地区地方院校本身的发展水平和条件也没有能力建设良好的"双师双能型"教师队伍；体制原因方面，政府对高校管得过严，教育管理体制僵化，以致民族地区的地方院校丧失了加强"双师双能型"教师队伍建设的动力和能力。

突破民族地区地方院校"双师双能型"教师队伍建设困境的思路有二：其一，积极实施《关于引导部分地方普通本科高校向应用型转变的指导意见》（以下简称《指导意见》）中关于加强"双师双能型"教师队伍建设的意见。调整民族地区地方院校的教师结构，改革教师聘任制度和评价办法，积极引进行业公认专才，聘请企业优秀专业技术人才、管理人才和高技能人才作为专业建设带头人、担任专兼职教师。有计划地选送教师到企业接受培训、挂职工作和实践锻炼。通过教学评价、绩效考核、职务（职称）评聘、薪酬激励、校企交流等制度改革，增强教师提高实践能力的主动性、积极性。其二，明确"双师双能型"教师的标准，建立"双师双能型"教师的评估体系，改革教育管理体制，理顺高校和政府的关系，激励民族地区的地方院校主动且有责任地加强"双师双能型"教师队伍建设。

### 4. 高校少数民族应用型人才培养的实践实训基地建设的困难及其解决思路

少数民族高层次应用型人才的培养，需要以实训实践基地为支撑。实训基地也称实训中心，是学生实习（实践）和培训的主要场所，既包括学校自己筹办建立的校内实训基地，也包括学校和企业合作建立的校外实训基地。实训基地是提高应用型人才实践能力和职业素养的重要场所，一般为配备有一系列可供学生操作的设备和仪器的真实或仿真度较高的生产车间或场所。

《指导意见》指出，"加强实验、实训、实习环节，实训实习的课时占专业教学总课时的比例达到30%以上。按照所服务行业先进技术水平，采取企业投资或捐赠、政府购买、学校自筹、融资等多种方式加快实验实训实习基地建设"。然而，民族地区地方院校的实训实践基地相当匮乏，不能为少数民族高层次应用型人才的培养提供良好的条件，表现在以下三个方面：

第一，校内实践实训基地有限。民族地区地方院校的校内实践实训基地较少，一般通常不超过5个。这是因为实训基地占地面积大、仪器配备数量多，很多基地必须装备一些完整的操作系统而非一两套仪器，需要投入大量的经费，一般的民族地区地方院校很难有此财力。

第二，校外实践实训基地培养效果不佳。民族地区地方院校的校外实训基地较多，只要和企业建立合作关系，企业基本可以成为学生的实践实训基地，尽管一些企业只允许学生在企业的特定部门或车间实习。较之校内的实践实训基地，教师和学生在校外实训基地进行教学的交易费用很大。其原因在于，学生到企业实践实训的交通费、住宿费花销较大，学校和学生都不愿意承担这笔花销。因为，一则学生缴纳了学费，按规定已经缴纳了参加实训等人才培养的费用，不应该再缴纳其他费用；二则民族地区地方院校的学费收入和办学经费本就紧张，自然不愿拿太多的钱支持学生到校外实训，况且高校的学费还受到政府规制。此外，高校和行业企业的沟通成本也不小，尤其学生一旦出了安全问题，双方极容易出现"踢皮球"现象。

第三，实践实训基地条件配备差。众所周知，大学的一些教学设备非常昂贵，一台仪器、一块材料、一些药剂的价格可能动辄上万。应用型人才的培养，需要大量的生产一线的教学设备。但民族地区地方院校的办学经费有限，很难自筹经费购进大量教学仪器设备，建设大型的实践实训基地。而且应用型人才的培养需要让一批又一批的学生长期反复实践学习，对仪器设备的消耗磨损也较大，而实践实训基地的运行和维护经费也非常有限。此外，民族地区地方院校很难从企业和社会上募捐到相应的教学设备，一定程度上也是民族地区地方院校教学设备紧缺的原因。

造成高校少数民族应用型人才培养实践实训基地建设困难的主要原因在于民族地区地方院校的办学经费非常短缺。因此，解决少数民族高层次应用型人才培养实践实训基地建设困难的重点是加大民族地区地方院校的办学经费，具体的途径有三：优化教育资源配置，促进高等教育资源向地方院校倾斜；加大财政转移支付，增加民族教育经费投入；民族地区地方院校要多渠道筹集教育经费，并提高教育经费的分配和使用效率。

## （四）高校少数民族应用型人才培养内—外协作方式改革研究的反思

少数民族应用型人才的培养离不开高校与企业的长期稳定合作，需要企业参与到少数民族应用型人才的培养过程中来，为少数民族应用型人才的培养提供专业实践导师，并参与少数民族学生的评价。促进少数民族高校与企业合作的关键在于满足企业的需求，激发企业的合作动力，消除企业与高校对接的障碍，形成民族地区地方院校、行业企业、政府之间的内—外协作。

### 1. 少数民族高层次应用型人才培养中校企合作的动力及其长效机制

校企合作是高校和企业内—外协作培养少数民族高层次应用型人才的关键环节。然而，现实来看，校企合作的动力不足，尤其是企业参与和支持高校培养少数民族高层次应用型人才的动力非常不足，直接制约了少数民族高层次应用型人才培养的质量。

少数民族高层次应用型人才培养中校企合作的动力不足的主要原因在于，民族地区地方院校和民族院校的人才培养、科学研究和社会服务没有引起或满足民族地区企业的需求。需求会创造供给，一旦认识到某种资源可以满足自己的需求，只要具备获取这一资源的客观条件，如知识、技术等，个人便会受自利的动机驱使，而无须政府的引导和其他力量的强制与诱骗，自然而然地去努力获取这种资源。这既是人性使然，也是国民财富增长的源泉。相反，如果一项行动的结果被人们认为无益于增益自己的需求——这种需求包括政治的、经济的、文化的多方面需求，既可以是利己的，也可以是利他的，但必须是其个人自愿的需求的满足，那人们必然没有采取此项行动的内在动力。甚至，在内在动力不足的情况下，依靠外在的强制和监督来迫使人们采取某项无益增进自身福利的行动，其结果往往只有三种：弄虚作假、偷懒和反抗。所以坦白来讲，之所以企业参与校企合作的动力不足，很大程度上是因为它们根本没有产生和应用型高校合作的需求，很多校企合作都是政府在"拉郎配"。

校企合作实际上是一种交易，企业参与少数民族高层次应用型人才培养的动机是增加自己的利益。合作源于利益的共享或对共荣利益的追求，这种利益可以是物质的，也可以是非物质的。任何企业和学校合作，首先考虑的问题便是合作能为自己带来何种收益或满足自己的哪方面需求。

企业之所以寻求与民族地区的地方院校合作，看重的正是民族地区地方院校提供的人才、技术、设备、社会服务等产品对其的效用，或者说是这些产品能否满足企业的需求。企业和高校联合培养人才，可以利用应用型高校的人力资源——到行业企业实习的大学生和到企业挂职的大学教师，节约行业企业到市场上挑选人才和自主培育人才的费用。行业企业和高校联合开展项目研究，可以利用高校的科研设备、科研技术和科研成果，促进企业产品开发和创新，减小其项目研发经费支出。行业企业和高校合作，可以以较低费用获取应用型高校直接提供的如决策咨询、科技推广、继续教育等社会服务。

民族地区地方院校所提供产品的效用能否满足民族地区企业的需求取决于四个因素：产品的被替代性、产品的价格、交易费用和企业的自生产能力。

第一，民族地区地方院校所提供产品的被替代性越强（或越特色越不鲜明），企业参与校企合作的动力越弱。在非完全垄断的市场上，产品具有很强的供给替代性，总有一些其他竞争者或潜在竞争者能够供应类似产品，满足人民的需要。多数民族地区地方院校提供的人才、技术、设备、社会服务等产品具有较强的替代性，企业可以通过市场购买获取，而无须求助于民族地区的地方院校。比如，企业所需的应用型人才基本可以从劳动力市场上获得，劳动力市场上有大量的具有丰富经验的工程师、技师，也有毕业于研究型大学的综合素质较高的大学毕业生。企业所需的科研技术和咨询等社会服务，也可以从科研机构、企业和研究型大学获得。

第二，民族地区地方院校所提供产品的价格越高，企业参与校企合作的动力越弱。在一定的预算约束线下，如果两种产品之间存在替代关系，消费者会倾向购入市场价格比较低的产品，减少购入市场价格比较高的产品。因此，在市场产品对民族地区地方院校产品存在替代关系的情况下，民族地区地方院校所提供相同产品的价格越低，越能吸引行业企业的合作。同时，在相同价格下，民族地区地方院校所提供的产品的质量越好，越能吸引企业的合作。

第三，企业从民族地区地方院校购买（或获取）产品的交易费用越高，其参与校企合作的动力越弱。交易费用和价格共同构成企业从民族地区地方院校购买产品的成本。在相同价格条件下，如果企业从民族地区地方院校购买产品的交易费用低于从市场上购买替代性产品的交易费用，行业企业就会寻求与民族地区地方院校合作；反之，则会拒斥与民族地区地方院校合作。一般来说，民族地区地方院校对所在地方的行业企业来说，合作的交易费用较低，容易得到它们的青睐。

第四，企业生产民族地区地方院校所能提供的产品的能力越强，其参与校企合作的动力越弱。企业的规模和边界取决于企业的边际生产成本和边际交易费用。简言之，企业是一种生产要素的配置组织，并不只生产特定的产品，其会根据自己的生产成本和交易费用调节自己的生产规模和经营范围。所以，如果企业的生产能力很强，且从市场购买或同应用型高校合作的方式获取应用型高校所能提供的产品的交易费用较高，在外部获取相应产品的成本（包括价格和交易费用）大于企业自己生产相应产品的成本（包括生产成本和管理成本）时，企业会自己组建学校、科研机构或培训机构。

此外，生产力（经济社会发展）决定生产关系（产教关系），企业参与校企合作的动力根本上取决于企业（行业）的类型和民族地区的经济社会发展水平。一个不可忽略的事实是，许多民族地区的一些从事低端制造业、服务业的企业（行业），几乎没有对高层次应用型人才的需求，自然也没有动力寻求和民族地区地方院校的合作。

基于以上分析，不难发现，少数民族应用型人才培养中校企合作的动力和民族地区的经济社会发展水平和民族地区地方院校的办学水平有直接的正相关关系。当下，增强少数民族应用型人才培养中校企合作的动力，核心是发挥市场和政府的作用，建立长期的校企合作机制。一方面，要强化政府责任，由政府出资弥补校企合作的短期收益不足问题，政府出台对企业免税等优惠政策激励企业主动参与校企合作；另一方面，要充分发挥市场的作用，让高校更多地面向市场，主动适应市场变化，实行错位发展和特色发展，不断提升自身竞争力，从而寻求或吸引企业的支持。

### 2. 民族地区地方院校的专业与地方产业对接的障碍及其消除

促进民族地区地方院校的专业设置与民族地区的产业发展需求相对接，才能培养出能适应和引领民族地区经济社会发展的少数民族高层次应用型人才。否则，高校培养的少数民族人才可能会脱离民族地区的经济社会发展需求，或者流向非民族地区，甚至出现大量失业现象，造成教育资源浪费。民族地区地方院校的专业设置与民族地区的产业发展需求相对接，需要民族地区的地方院校、行业企业、政府之间的内—外协作。但是，这种协作面临很多障碍。

第一，方向上的障碍。其一，民族地区地方院校的专业设置应该对接哪些区域的产业发展需求？是省区、地市还是县？其二，民族地区地方院校的专业设置应该对接哪些产业？是民族地区的所有产业，还是专门的民族产业？如果是后者，那么在云南、贵州、广西等多民族聚居地区又该分别针对哪些民族产业？其三，民族地区的地方院校的专业设置是不是该"对接"民族地区的产业发展需求？人才培养的滞后性和教育先行理论表明，民族地区地方院校的专业设置应该根据民族地区未来的产业发展需求进行调整。

第二，信息上的障碍。民族地区地方院校的专业设置与民族地区的产业发展需求相对接，要求获取民族地区产业发展情况及其对人才的需求信息。这些信息既需要企业主动公布，也需要政府统计和发布，还需要民族地区地方院校去主动获取。但实际上，要准确获取某民族地区产业发展对人才的详细信息非常困难。这不仅因为获取信息需要耗费大量的成本，而且因为信息在搜集、统计和传递中会出现不同程度的滞后和失真。

第三，制度上的障碍。政府对民族地区地方院校办学自主权的过度干预，是民族地区地方院校的专业设置对接民族地区的产业发展的最大制度障碍。政府对高等学校专业设置的硬性规定（专业设置应遵循教育部发布的《普通高校本科专业目录》）、审核、备案和审批，在很大程度上限制了民族地区地方院校专业设置的自主权，导致民族地区地方院校在调整专业设置方面交易费用较高、灵活性差、无法突出特色，消解了民族地区地方院校依据产业发展需求动态调整专业的动力。

第四，理论上的障碍。这主要表现为专业设置能否对接产业发展。专业是学科的下位概念，而学科是依据特定研究对象形成的。产业更多的是一种统计术语，或者说一系列企业的联合。现实中，很难找到和产业严格对应的专业，或者是和专业严格对应的产业，何谈专业和产业的对接？

消除民族地区地方院校、行业企业和政府通过内—外协作培养少数民族高层次应用型人才的障碍，可以从以下三个方面着手：一要发挥民族地区地方院校的主动性，自主探索专业和产业对接的范围和途径，通过订单培养等方式与企业共同推进专业和产业的对接。二要发挥行业企业的作用，建立行业企业用人需求信息平台，为民族地区地方院校的专业设置调整提供指南。三要强化政府责任，由政府统计并公开地方产业发展情况及其对人才的需求信息，并据此作为评估民族地区地方院校办学绩效的重要指标。

此外，民族地区地方院校必须密切关注少数民族特色产业。少数民族特色产业是基于当地（民族地区或非民族地区）特殊的自然资源、自然条件、自然环境以及民族文化、历史基础而产生的有别于其他地区的产业形式，其中特色文化产业是少数民族特色产业发展的重点，如表6-2所示。少数民族特色产业是民族

**表6-2　　　　"十三五"民族特色优势产业振兴计划**

| 民族特色优势产业振兴计划 |
| --- |
| （1）民族地区矿物功能材料示范基地建设。以节能环保、土壤治理、生态修复、现代农业等需求为牵引，加大优势非金属矿资源科学开发支持力度，打造一批特色非金属矿产业园区。发展先进适用技术和装备，提高非金属矿资源开采、选矿回收率和综合利用率，打造一批尾矿近零排放的非金属矿深加工示范区。围绕石墨、膨润土、高岭土、硅藻土、云母等优势矿种，大力推广新技术新产品，培育20个矿物功能材料产业示范基地。 |
| （2）民族地区食品农产品出口示范基地建设。推进食品农产品出口示范基地建设，改善食品农产品出口经营环境，提高出口食品农产品质量安全水平，培育食品农产品出口龙头企业，提升食品农产品国际竞争力。 |
| （3）民贸民品企业"千家培育百家壮大"工程。重点培育1 000家民族贸易和民族特需商品定点生产企业，重点扶持100家民族特需商品定点生产企业、100家民族贸易县内民族贸易企业，培育壮大行业龙头和骨干企业。 |
| （4）少数民族传统手工艺品保护与发展。重点打造一批少数民族传统手工艺品保护与发展基地，扶持一批少数民族传统手工艺品企业，支持一批少数民族传统手工艺品项目，提升一批少数民族传统手工艺品民族特色品牌，建设一批职业院校民族文化传承创新示范专业点，培养一批少数民族传统手工艺传承人。 |
| （5）民族医药产业发展。充分发挥民族医药资源优势，提升民族医药及相关产品研发、制造能力，打造民族医药品牌，培育壮大民族医药产业，推进民族医疗与养老保健、健康旅游、服务贸易融合发展。 |
| （6）清真食品产业发展。充分发挥清真食品资源优势，加快传统清真食品产业改造提升，培育清真食品知名品牌，支持现代化的清真食品生产、加工、出口基地和产业园区建设，健全清真食品研发、生产、交易支撑体系 |

资料来源：国务院：《关于印发"十三五"促进民族地区和人口较少民族发展规划的通知》，http://www.gov.cn/zhengce/content/2017-01/24/content_5162950.htm。

地区的普遍优势产业，对于推进民族地区全方位的发展具有不可替代的作用。①因此，民族地区地方院校要培养能适应和引领民族地区经济社会发展的少数民族高层次应用型人才，必须根据民族特色产业的需求和规划，调整自己的学科专业设置。

## 二、综合改革的目标与模式

高校少数民族应用型人才培养模式综合改革首先应确立综合改革的目标，在此基础上再就综合改革模式的具体内涵、与其他单项改革之间的关系及运作模式展开探讨，以服务于综合改革的目标。

### （一）综合改革的目标

#### 1. 总目标：促进少数民族人的发展和民族地区的经济社会发展

总体来看，高校少数民族应用型人才培养模式综合改革，既是一项"由外及内"的教育变革，也是一场"由内至外"的教育变迁。所谓"由外及内"，就是指高校少数民族应用型人才培养模式综合改革是由高等教育与其外部的整个社会及其他子系统的关系引起的。也就是说，民族地区经济社会发展的需要催生了高校少数民族人才培养模式的改革需求。所谓"由内至外"，是指高等教育甚至部分高校的转型发展，倒逼高校调整其人才培养定位，进而引发高校人才培养模式的变革。

教育的改革与发展常常是教育的外部关系和内部关系相互冲突、不断协调的产物。从教育的外部关系来看，教育一方面受外部的经济社会等因素的制约，另一方面又能促进或阻碍经济社会等方面的发展。高校少数民族应用型人才培养模式的改革，恰恰要发挥教育对经济社会发展的正向作用，通过教育及其培养的人才解决民族地区经济社会发展滞后的困境。从教育的内部关系来看，高校少数民族人才培养模式的改革，是为了促进少数民族学生的个性化和社会化，促进少数民族的人的全面、自由发展。联系到目前我国民族地区的实际情况，在高校少数

---

① 张璞、赵周华：《少数民族特色产业的内涵和特征分析》，载于《前沿》2011年第17期，第152~155页。

民族应用型人才培养模式综合改革过程中，不能片面强调综合改革适应民族地区经济与社会发展的倾向，不能过于看重高校少数民族应用型人才培养的功利回报。

因此，高校少数民族应用型人才培养模式综合改革的总目标有二：一是促进少数民族的人的发展，二是促进民族地区的经济社会发展，两者相互作用，不可偏废。如果不关注并适应民族地区的经济社会发展，教育就可能脱离社会实际，浪费大量的教育资源，丧失教育的社会价值；如果一味地追求教育的社会功能，无疑会伤害教育的本质目的，影响人的培养和发展。因此，高校少数民族应用型人才培养模式综合改革，必须遵循教育的外部关系规律——寻求教育与经济社会发展之间适应性进而促进民族地区的经济社会发展，和内部关系规律——运用一定的教育教学规律培养全面发展的人进而促进少数民族的人的发展。

高校的首要目的是培养人，培养出品德高尚、身心健康、掌握应用技术技能的应用性人才，促进人的发展。人的发展在高校少数民族应用型人才培养综合改革价值体系中处于核心地位，是综合改革的灵魂所在。从人与社会的关系来看，人的发展是社会发展的最终决定力量，培养人是促进社会发展的唯一途径，相对于社会而言，人的发展更具有决定意义。社会是由人组成的，高校少数民族应用型人才培养模式综合改革对社会的促进作用，要通过培养人来得以实现。离开了少数民族人的培养、人的发展，综合改革不仅丧失了其本质特征和协同存在的价值，其他价值也不会存在。少数民族应用型人才首先是人，发展人的基本素质是基础和前提，之后才是服务社会的应用型的"才"。"才"是社会发展对人的要求，也是个体自我价值实现的工具，而人的全面发展包括"德、智、体、美、劳"等要素的发展，人的发展才是根本的。综合改革的首要目标是重建以少数民族人为中心的发展价值体系，重视人的成长与和谐发展。高校少数民族应用型人才培养模式综合改革的目标首先应使每个少数民族人都能掌握改变自己的命运的能力，使人作为人，而不是作为生产手段，以便让其能在促进社会的发展与进步中贡献自己的力量。

促进经济社会发展是高校少数民族应用型人才综合改革的派生价值，高校少数民族应用型人才培养模式综合改革的关键是实现民族高等教育与民族地区产业行业、少数民族人的发展的协同联动。这一过程中，民族地区高校培养少数民族应用型人才、实现少数民族人的发展是综合改革的基础和前提。应用型人才培养是为经济社会发展服务的，高校培养的少数民族应用型人才首先应适应民族地区特色产业、新型产业的发展需要，积极传承民族特色文化，促进资源优势向经济优势转化，为加快民族地区经济社会发展方式的转变提供智力支撑。

在发挥市场主导作用的体制下，社会是按照效益原则配置资源的，其功利性和竞争性非常明显。一方面，高校作为少数民族应用型人才培养模式综合改革的承载者，必须最大化地发挥其促进经济社会发展的效能；另一方面，民族地区高校除了向一届又一届的学生传递人类社会及民族地区创造的文明成果、将学生纳入现有民族地区经济社会发展体系之中，并使之成为能够履行各种民族地区社会责任的合格公民和适应民族地区社会需求之外，高校还按照未来民族地区的社会需求和文明理想来培养一代又一代新的社会成员，使成长的一代人再继往开来，为民族地区开辟更有希望的未来，从而推动民族地区在朝着新时代社会进步的过程中发挥应有的作用。

### 2. 实现综合改革目标的路径：培养适应并引领民族地区发展的高素质应用型人才

无论是促进少数民族人的发展还是民族地区的发展，关键是培养适应并引领民族地区发展的高层次应用型人才，这样既能够实现少数民族人的发展，又能在此基础上为民族地区的发展提供智力支持。为此，民族地区地方院校和民族院校应把握好少数民族应用型人才培养与民族地区社会发展需求之间的关系，着眼当前、面向未来培养应用型人才，重塑应用型人才的培养目标与定位。

（1）加强对少数民族应用型人才的应用性培养。

"应用性"是人的一种能力特征，区别于单纯的理论认知，强调人运用知识解决实际问题的能力及理论联系实际的特性，是专业知识与专业技能的抽象。"应用型"人才最突出的特点就是其应用性，适应并引领民族地区发展的少数民族应用型人才培养必须加强对学生的应用性培养，使其具备解决社会实际问题的能力。理论教学、案例教学、校内实训、基地实践是一条融理论与实践于一体的综合一体化高校应用型人才培养模式，能够有效增强学生的应用性。理论教学能够使学生系统地学习基础理论知识，夯实少数民族应用型人才成长的理论基础。案例教学是连接理论与实践之间的桥梁，能够使学生明确理论知识的应用条件，知道怎样把理论知识运用到解决实际问题上。通过校内实训，教师将学生置于问题解决的真实情境之中，并引导他们体验生产流程、动手操作实践项目，使学生增进对理论知识的深层理解，初步具备解决现实问题的能力，并形成一定的外显实践行为。基地实践能够使学生经历真实的企业环境熏陶和生产实践操作。经过这一环节，学生基本具备解决实际问题的能力，外显操作行为也变得更加娴熟。如上所述，理论教学、案例教学、校内实训、基地实践是一条跨越高校与企业行业的联合培养模式，能够使学生真正将理论联系实际，学以致用，有效地增强学生运用知识解决实际问题、应对复杂环境的能力。

（2）实施跨学科少数民族应用型人才培养。

人类已步入人工智能时代，各项技术加速融合，跨领域的技术交叉融合与集成不断催生出新的技术形态，人才的需求呈现出更加综合化的态势。这就要求民族地区高校打破过去习惯性、分散性的学科结构体系，越过专业藩篱，促进学科融合发展，实施跨学科少数民族应用型人才培养。跨学科少数民族应用型人才培养能够使学生既掌握本专业的知识和技能，也掌握相关专业的知识和技能、更具全局意识。鉴于此，民族地区地方院校与民族院校可根据社会发展对应用型人才的新要求，从学科知识的内在逻辑和应用型人才的外在需要出发，不断淡化专业界限和学科边界，对学科知识进行再选择、再规划，在学科与院系复杂的"矩阵结构"中重新规划有利于应用型人才培养的学科知识新版图，使学科知识以一种复合性的体系结构传授给学生。具体而言，民族地区地方院校与民族院校可结合自身发展实际，围绕特色优势学科，整合优化学科资源，把较为分散的相近或相邻学科组建成跨院系的综合性学科集群。依托学科集群，它们可以有效利用学科间互联互补、共荣共生的机制，以学科间统一的话语方式与交往理性，实现由单一学科培养应用型人才扩大到学科集群培养人才，在更宽泛的学科领域培养学生理论知识、实践技能、人文素养、思维品质。

（3）注重对少数民族学生"关键性能力"的培养。

20世纪70年代，德国学者梅腾斯（D. Mertens）提出了使人面向未来的"关键性能力"概念，旨在使职业教育培养"为明天工作的人"。"关键性能力"作为一种应对不确定性的能力，是方法能力和社会能力的进一步发展，是具体专业技能的抽象，主要包括对技术的理解能力和掌握能力、决策能力、独立解决问题的能力、质量意识、合作能力、环保意识、社会责任感七个方面。① 为满足未来社会发展的需要，民族地区地方院校与民族院校必须培养具备"关键性能力"的应用型人才。一是将"关键性能力"引入高校应用型人才培养环节。少数民族应用型人才培养一方面要强调理论学习与实践训练的密切结合，另一方面加强校产教融合，在实践培养环节对接企业需求、对接社会发展趋势，加入职业领域必备的"关键性能力"的教育内容，使学生的专业技能与行业技能训练相结合，获得与纯粹的专门职业技能和职业知识无直接联系而又超出职业能力和职业知识范畴的能力。二是注重课程设置的基础性和多样性。加强课程的基础性是当前国际上在职业教育课程设置方面的共同趋势。除设置基础性的专业课程之外，民族地区地方院校与民族院校在应用型人才培养中还应加强职业基本知识和技能、基础职业教育、通识课等基础性课程的设置，为满足当前及未来的技术发展打下基础。能够引领社会发展的少数民族应用型人才应当具备广博的特性，故此，结合

---

① 李兴业：《七国高等教育的人才培养——法、英、德、美、日、中新加坡人才培养模式比较》，武汉大学出版社2004年版，第82页。

"关键性能力培养"，民族地区地方院校与民族院校在课程设置方面应更加丰富化、多样化，广泛开设人文素养教育、人工智能与不同领域相融合发展、自主创新创业等方面的必修课或选修课，并鼓励学生依据自身情况选取相关课程，以此拓宽学生的知识面和思考维度，不断增强学生应对现实及未来的创新性与能动性。

## （二）综合改革的模式："C-U-I-D"模式

### 1. "C-U-I-D"模式的内涵

"C-U-I-D"是本书构建的高校少数民族应用型人才培养的综合改革模式。C（College 的缩写）是指民族地区地方院校（C1）和民族院校（C2），其中民族地区地方院校是C的主体；U（University 的缩写）主要是指国家部委所属的综合性大学；I（Industry 的缩写）主要是指民族地区特色产业，主要包括民族地区现有特色产业、经科学论证适度承接发达地区转移的产业、尚未形成具有开发潜力的民族特色产业，其中民族特色文化产业是民族特色产业发展的重点。D 是在内生发展的基础上最终实现民族地区经济社会发展（D1）以及少数民族"人"的发展（D2）。而 D 的发展又能为 C、U 提供更多各项资源支持，促进 C 和 U 的发展。

高校少数民族应用型人才培养模式是以民族地区的地方院校（C1）和民族院校（C2）为主体，以部属综合性大学（U）的教学、学科、科研和服务等资源平台为支撑，以少数民族本科以上学生为主要对象，以少数民族高层次应用型人才培养适应并引领民族特色文化产业和新兴产业（I）发展为主要内容，以促进少数民族地区经济社会发展（D1）和少数民族"人"的发展（D2）为目标的多元复合的综合改革体系。

### 2. "C-U-I-D"模式与高校少数民族应用型人才培养政策和体制、培养过程、内—外协作之间的主要关系

高校少数民族应用型人才培养模式综合改革涉及政策、体制、机构、过程、内—外协作等诸多方面，是一项复杂的系统工程，既不能一蹴而就，更不能单项推进，必须在充分协调各项改革关系的基础上，实施以联动为思路，以诸项协同为策略的系统改革。为此，本书在分析政策与体制、培养过程、高校内—外协作方式等主要单项改革之间关系的基础上，建立综合改革的"C-U-I-D"模式。

各单项改革与"C–U–I–D"模式的具体关系如下:

(1) "C–U–I–D"模式与高校少数民族应用型人才培养政策与体制的关系。

人才培养政策与体制是人才培养的机构体系及其运行的宏观规则,也是人才培养模式及其效率的根本所在。第一,对新中国成立以来高校少数民族应用型人才培养政策演进的分析,提供了少数民族应用型人才培养模式改革的政策依据。第二,高校少数民族应用型人才培养体制分析明晰了少数民族高层次应用型人才主要培养机构——民族地区地方院校(C1)与民族院校(C2)的特征,确定了其在少数民族应用型人才培养过程中的功能定位。同时,通过对C1、C2的分析,也为寻求少数民族高层次应用型人才培养的辅助机构提供了现实依据。第三,确立了高校少数民族应用型人才培养的主要机构,就必须对现有人才培养机制中的招生机制、投入机制及其保障适度进行深入系统的研究,以便更好地发挥C1、C2在少数民族高层次应用型人次培养中的作用。此外,"C–U–I–D"模式并非单纯的人才培养模式,而是集新型产业培育、适应并引领"内生—协同"发展等战略于一体的创新的制度与机构体系的综合,从这个意义上来说,其本身既可以称为高校少数民族应用型人才培养的政策,也可以称为一种体制。

(2) "C–U–I–D"模式与高校少数民族应用型人才培养过程的关系。

人才培养过程是"C–U–I–D"培养模式的具体化,集中体现了人才培养的目标定位与思想理念,并从根本上框定了高校少数民族应用型人才的培养特性。培养过程改革是高校少数民族应用型人才培养模式综合改革的重点领域和关键环节,高校少数民族应用型人才培养过程涉及学生学习、教师队伍建设、培养内容、培养手段等方面,"C–U–I–D"综合改革模式的构建,表面上看起来是校校、校企、校地之间的复合多元协作,本质上还是多元协作过程中如何基于少数民族大学的学习特点提升学生的培养质量,如何寻求复合多元协作的师资保障、学科专业建设、课程与教学体系建设、实训基地建设及现代化的教学保障体系支撑。因此,高校少数民族应用型人才培养过程改革为"C–U–I–D"模式的构建疏通了教师队伍、教学内容、教学手段等学校内部阻碍,奠定了多元复合协作模式的内在教学支撑。

(3) "C–U–I–D"模式与高校少数民族应用型人才培养内—外协作方式之间的关系。

高校少数民族应用型人才培养内—外协作方式涵盖校企合作、校校合作、校地合作等多种协作方式,涉及高校、民族地区地方政府、企业等不同主体,这些主体因不同民族地区地理环境、生产方式和风俗文化而异。本书通过对不同协作方式、主体和民族地区特殊性的深入剖析,探讨民族地区地方院校(C1)、民族院校（C2）与综合性大学（U）、民族地区企业（I）、民族地区地方政府等内—外协作的现有协作方式经验总结、存在的问题及改革建议，分别为"C-U-I-D"中"C-U-D1""C-I""C-D-D2"的凝练、生成奠定了事实基础，提供了现实依据，同时，"C-U-I-D"模式本身也可看作一种新的统合校校合作、校企合作、校地合作的协作方式，对现有内—外协作方式的分析，也为"C-U-I-D"新协作方式的构建，及各类高校的内—外协作方式改革提供可行的、普适性路径。

### 3. "C-U-I-D"之间的运作模式

C-U-I-D模式定位：以利益为纽带，校校合作、校企合作、产教融合，形成联合培养高层次应用技术人才的多元形式。

首先，C与U的运作模式。一是实现C与U之间定向对接。受师资、科研水平、办学经费等因素的影响，民族地区地方院校（C1）在少数民族应用型人才培养方面的实力相对较弱，而民族院校（C2）总体办学水平不高，因此，可利用U自身要素优势积累产业研究成果，通过民族地区地方院校（C1）设置的民族地区特色应用技术类专业，民族院校（C2）设置的民族性特色学科，C与U在师资、教学、科研等方面建立共享交流机制，实现双方在人才培养、特色学科专业培育等方面的定向对接，以此来提升C培养应用型人才的能力。二是加强C与U之间的多方面合作，创新对口支援的模式和机制，发挥政府引导作用，扩大并落实对C的对口支援项目。双方可借助彼此的资源优势，通过"1+2+1"（中间两年在综合性大学学习）或"2+2"（最后两年在综合性大学学习）等学制形式联合培养应用型人才，利用双方各自优势，在人才培养、应用研究、社会服务等方面互利互惠，以此建立长期、高效、稳定的多方合作机制。三是联合培养学生。民族地区地方院校（C1）与民族院校（C2）可借助U的学科优势和人才培养经验，选拔优秀学生赴U进行专业课程学习，以此提升C的应用型人才培养质量，在这方面，少数民族地区地方高校已开始尝试探索，并取得一些成效。

其次，C、U与I之间的运作模式。一是C根据民族地区的特色、支柱产业开设特色专业，设置专门课程。我国民族地区文化多元，不同的民族地区其优势产业不同，民族特色产业多样，因此，C可根据不同民族特色产业的工艺特点设置特色专业、专门课程，培养适应I发展需要的应用型人才，建立起协调合理、富有竞争力的人才培养体系。二是将U的特色科研成果，通过C的特色学科、专业及与地方产业之间的联系，进行产、学、研转化。换言之，U出技术，C培养将技术应用于区域内特色产业的应用型人才，通过C与区域内特色产业的合作平台，服务于特色产业发展。此外，在 U、C 服务于民族地区优势产业的同时，通过创新驱动，创新创业，使 U 与 C 培养的少数民族高层次应用型人才能够培育新兴产业与文化特色产业。

最后，C、U、I 与 D 之间的运作模式。在 U、C 之间运作模式及 U、C 与 I 运作模式的基础上，通过 C 与 U 之间定向对接、校校合作、定性人才培养、产学研转换等具体运作模式，培养适应并引领民族地区产业需求及社会发展的高层次应用型人才，培育新兴产业与文化特色产业，进而通过"双向合作→优势互补→人才培养→产业培育→文化创新"的路径，把特色人才培养、民族文化传承与保护、新型产业发展融为一体，在实现少数民族人的发展的同时，最终实现民族地区经济、教育、文化的协同发展。此外，民族地区特色产业要为民族地区地方院校、民族院校和部委所属综合性大学的人才培养提供产业和人才需求信息，这样才能不断优化其学科专业结构，丰富其课程设置，凝练办学特色，吸纳其培养的高层次应用型人才就业，实现特色产业发展的有效人才支撑。

### 4. C-U-I-D 的核心："三位一体"培养少数民族应用型人才，实现民族地区"内生—协同"发展

我国民族地区自然资源、文化资源富集，传统文化、风俗民情丰富多彩，然而因"资源诅咒"效应，自然资源的开发利用对民族地区经济增长的贡献率较低。民族地区要实现经济社会的跨越和转型发展，在利用好国家支持政策之外，还需要挖掘和培育自身发展的内生动力。内生发展从本质上说是一种"土生土长"的发展，以当地人作为地区开发主体，通过对本地区资源、技术、文化等的开发和利用，最终培养地方基于内部的生长能力，同时保持和维护本地的生态环境及文化传统。

民族地区的发展是个极其复杂的复合系统，它是由经济、文化、生态等众多子系统共同复合构成的社会系统，各子系统之间高度协调，整个社会系统便能获得新的结构，产生特定的功能。经济和文化是民族地区社会系统中两个非常重要的子系统，实现经济、文化协同发展离不开教育，通过教育能够培养具有协同发展理念和人力资本的人才，实现现实意义上的文化优势到经济优势的转化。因此，建立民族地区"经济—文化—教育"协同发展的机制，将有利于实现"内生—协同"发展。

因此，内生—协同发展是一种激发和培育民族地区内部发展能力，注重经济、文化、教育协同发展的新型可持续发展方式。少数民族应用型人才是加快民族地区快速发展，实现民族地区全面建成小康社会的重要支撑。构建以民族地区地方院校、民族院校、综合性大学（"三位一体"）为主的少数民族应用型人才

培养体系，能够更有效地培养适应并引领民族地区发展需要的高层次、高素质人才，推进高校少数民族应用型人才培养。构建以"三位一体"为主的少数民族应用型人才培养体系关键在于根据不同类型、层次、区域高校的办学特色，发挥各主体的优势，具体而言：

首先，发挥民族地区地方院校的地方性优势。民族地区地方院校一般位于民族地区的地、州级城市，以地方生源为主，毕业生也主要在当地就业。这些学校以服务民族区域经济社会发展为目标，其所处地域独特的文化资源、产业优势，是学校生存发展的重要基础。因此，民族地区地方院校应根据当地市场需求，明确"地方性、应用型、服务型"的办学定位，立足"地方"、突出"应用"、着眼"发展"，坚定不移地走融入地方经济社会和文化生态的办学发展之路，走服务于地方经济社会的转型发展之路，围绕地方主导产业、特色产业着力打造契合地方需要的特色专业群，凝练办学特色，重点培养能够服务于民族文化产业、民族特色产业的本科层次应用型人才。

其次，发挥民族院校的民族性优势。民族院校是国家为解决国内民族问题而建立的综合性普通高校，是研究民族理论与政策、传承和弘扬各民族优秀传统文化的重要基地。这类院校一般位于内地中心城市或民族地区省会城市，与学校所在区域经济的联系虽不够紧密，但其在办学质量和生源质量方面比地方院校好些，在人才培养方面应有较高的层次定位。因此，建议在民族院校设立区域性、民族性的民族文化研究和传承中心，建设一批特色学科，开设一批既具有民族地域特点，又有民族传统文化特色的专业、课程，加强民族文化传承与经济发展的对接，加强民族传统文化及其现代转化、创新研究，重点培养能够促进民族传统文化传承、转化和创新的本科及专业硕士学位层次的应用型人才。

再次，发挥综合性大学的学科优势。综合性大学学科门类齐全，学科特色突出，学科优势明显，一些学科在国内或国际上颇具竞争力。因此，民族地区地方院校和民族院校要借助部委所属综合性大学的多学科、跨学科、强学科优势，设置与所在大学优势学科对接的特色学科专业和课程，制定联合培养方案，把综合性大学的学科优势充分利用起来，联合民族地区地方院校和民族院校为民族地区培养更高层次的应用型人才。此外，当前少数部委所属综合性大学还设立了民族学院，然而这些民族学院多半有名无实，在少数民族应用型人才培养方面的作用并不明显，因此，没办民族学院的要办起来，已办起来的要办好。这些民族学院可在原有基础上，统筹校内优势学科资源，集中力量在少数民族应用型人才方面发力，为民族地区培养少数民族高层次应用型人才发挥更大的作用。

最后，发挥以民族地区地方院校、民族院校、综合性大学为主的"三位一体"的合力优势。该三者在少数民族应用型人才培养方面各具优势，也可优势互补，形成合力优势。受学校层次、办学资源等因素的影响，民族地区地方院校和民族院校在相应层次应用型人才培养方面实力相对较弱。因此，两者可利用综合性大学积累的产业研究成果，通过设置民族地区特色应用技术类专业，借助综合性大学师资、教学、科研等方面的优势，在应用型人才培养、特色专业培育等方面与综合性大学定向对接，合作办学，以此提升民族地区地方院校和民族院校高层次应用型人才的培养质量。此外，在应用型人才的培养层次上，民族地区地方院校应重点培养本科层次的应用型人才，部分民族院校和民族学院可重点培养专业硕士学位层次的应用型人才，部委所属综合性大学可通过与民族地区地方院校和民族院校的合作，既培养本科层面的应用型人才，也依托自身学科优势培养硕士、博士层面的应用型人才。这样三者之间可形成从本科到硕士、博士三个学位层次并举的三位一体的少数民族应用型人才培养体系。

## 三、综合改革的思路

高校少数民族应用型人才培养模式的综合改革要在确定好改革方式的前提下，抓住改革的重点，找到改革的切入点，突破改革的难点。

### （一）综合改革的方式：强制性的渐进式改革

#### 1. 教育改革的几种方式

教育改革方式是教育改革过程中主体、诱因、规模、速度等的总和。从改革的主体和诱因划分，教育改革可分为诱致性改革和强制性改革。从改革的速度看，教育改革包括激进式改革和渐进式改革。

（1）诱致性改革。

诱致性改革指的是由个人或群体自发倡导、组织和实施的改革。诱致性改革主要有如下特点：第一，改革主体来自基层。诱致性改革以基层的各种行为人为改革主体，正是这些来自基层的行为人看到了改革的潜在利益，所以他们成了改革的需求者、推动者和创新者。第二，程序为自下而上。处于基层的行为人在认识到改革的好处之后，为获得改革的潜在收益，便开始在小范围试行改革的同时，有意无意地扩散这项改革的好处，逐渐使改革的获利需求主体不断增加，甚至最终导致政府或者国家采取这项改革。第三，具有边际调整性质。诱致性改革多是在维持原有的内核——核心的制度或利益分配格局不变的前提下，对其外围制度或新的利益分配格局的逐步微量调整，采取的是由简到繁、由易到难、小步伐推进的试探性变革方式。

诱致性改革是自然演化而来的，改革动力稳定持久，改革决策失误的可能性小，也能切实让改革者得到改革收益，改革一般不可逆。但是，诱致性改革时间长、成本高，往往会出现改革不彻底或新改革与旧传统长期并存的混乱局面。

（2）强制性改革。

强制性改革通常由政府命令、法律来引入和实现，改革的主体是国家或各级政府。根据新制度经济学的制度变迁理论，国家在使用强制力推动变革时会形成很大的规模经济，节省改革的供给成本以及改革制度的实施与组织成本。[①] 与诱致性改革相反，强制性改革主要有如下特点：第一，政府是改革的主体。强制性改革往往是由政府看到或预见到改革的潜在收益后主动策划并推动实施的。第二，程序是自上而下的。这种改革通常是政府确定改革目标，由各级政府及其部门推动执行。第三，具有存量革命性。强制性改革能抓住主要矛盾，从重点问题或核心利益相关者下手改革，改革的幅度大、革命性强。

强制性改革的优势是推动力大，改革方案出台时间短，改革相对彻底。缺陷是决策失误的可能性大，改革带来的震动大，改革效果很难把握。而且，强制性改革往往可能是政府的一厢情愿，容易忽视底层利益和群众力量，造成上层与下层的冲突，最终导致改革的低效甚至无效。

（3）激进式改革。

激进式改革的改革时间短、速度快，采取的是果断行动、一步到位的改革思维。激进式改革常被称为"休克疗法"，这种改革常常建立在否认现行制度或利益分配格局的基础上，迅速地打破旧的制度或格局，建立新的制度或格局。这种改革方式可以减少不必要的争论，减少改革逐步推进的风险，它能迅速实现新旧制度的转换。但是，这种改革的风险较大，而且改革的成本也会由于新旧制度的巨大变化而增加，改革一旦失误，后果可能相当严重。

（4）渐进式改革。

渐进式改革是根据改革的目标，慢慢逐步推进的改革，耗费的时间相对较长，采取的是稳步实施、阶段性突破的思维。渐进式改革强调利用已有的组织资源推进改革，在基本不触动既得利益格局的前提下实行增量改革。例如，改革开放以来，中国的市场化改革就是一条渐进式改革之路，这条道路具有先农村后城市、先试点后推广、先易后难、先做后说四个特点，是中国改革开放取得巨大成

---

① 卢现祥：《新制度经济学》（第2版），武汉大学出版社2011年版，第198页。

功的重要原因。①

值得注意的是，以上四种改革方式并无优劣可分，而且可以进行适当组合。至于具体采用何种改革方式，则要依据不同国家或地区的体制、意识形态、改革的受益、改革的成本、改革的性质、改革的动力与阻力、改革的效应等因素因地制宜、灵活运用。

### 2. 高校少数民族应用型人才培养模式综合改革的方式

高校少数民族应用型人才培养模式综合改革应该采取强制性的渐进改革方式，但在改革过程中要尊重并注重诱致性改革，主要原因如下：

第一，高校少数民族应用型人才培养模式综合改革主要体现的是国家的意志，故应采取强制性改革方式。直观而言，高校少数民族应用型人才培养模式综合改革是教育部的立项课题，属于政府购买的范畴，课题的成果也将作为教育部推行高校少数民族应用型人才培养模式综合改革的重要依据和方案，这本身就属于政府主导的强制性变革方式。从改革目的来看，高校少数民族应用型人才培养模式综合改革倾向于为民族地区的经济社会发展服务，是国家"西部大开发"、均衡发展和民族团结等战略的一部分，体现的是国家的意志和目的，应该采取强制性变迁的方式。

第二，高校少数民族应用型人才培养模式综合改革属于外生性改革，而且改革面临的内部阻力较大。高校少数民族应用型人才培养模式综合改革核心在应用型人才培养模式的改革，但是，目前高校的人才培养模式主要是学术型的，高校的教师不仅不习惯于学术型人才的培养模式，也不熟悉甚至不赞成应用型人才的培养模式。同时，高校的管理者倾向于将学校发展定位于研究型大学，培养学术型人才。而且，从稳定发展的角度看，学校管理者也不希望发生大幅度的改革，因为大范围改革会伤害太多人的利益。此外，在当前崇尚学术学位的背景下，高校的学生为将来能找到更好的工作，也会追求学术型学位。因此，高校的管理者、教师、学生多数是不想变革的，也自然无法内生出高校少数民族应用型人才培养模式综合改革。但是，高校少数民族应用型人才培养模式综合改革又是一项对国家经济社会发展有利的改革，在改革对象的改革积极性不大的情况下，为了获得改革红利，就需要国家利用其政治权利和成本优势推动教育变革。

第三，高校少数民族应用型人才培养模式综合改革不可能通过激进式改革实现，只能采取渐进式改革。一方面，高校少数民族应用型人才培养模式综合改革

---

① 布成良：《渐进式改革的张力——中国改革的特点、风险及前景》，载于《当代世界与社会主义》2008 年第 5 期，第 121~126 页。

涉及的利益相关者较多，面临的阻力很大。在这种情况下采取激进式改革，会激发社会矛盾，不利于调动改革对象的积极性。另一方面，人才培养模式改革包括师资队伍建设、学科专业调整、课程改革、教学方法改革等一系列变革，这些变革本身只能是一种渐变的过程，根本无法一蹴而就。高校少数民族应用型人才培养模式综合改革涉及政策体制、人才培养模式、内—外合作等多个方面的变革，需要总体设计、协调推进，只能采取渐进式变革的方式。

## （二）综合改革的重点：深化产教融合

高等学校的人才培养模式改革，不仅与人才培养目标、内容、方式和条件等直接关联，而且与高校发展定位、学术治理结构和管理体制机制等密切关联，必须举全校之力，从教育观念、制度建设、教师队伍、培养方案、教学过程和质量保证等方面统筹设计和系统改革，才能取得实质性的效果，切实提高人才培养质量。[①] 但是，综合改革并不意味着"眉毛胡子一把抓"，而是要通过研究和抓住综合改革的重点与主流来推进问题的解决。

高校少数民族应用型人才培养模式综合改革的重点是深化产教融合，促进少数民族高层次应用型人才培养机构的学科专业结构适应民族地区的产业结构融合，促进少数民族高层次应用型人才培养机构的教育教学活动与行业企业的生产相融合。产教融合包括两个方面，一方面指宏观层面的教育与产业的融合，主要涉及教育发展与产业发展在规模和结构方面的协调问题，其核心问题是学校的学科及专业设置与产业发展的适应问题；另一方面指微观层面的教育教学活动和生产活动的融合，主要涉及学校与生产组织的协同育人问题，其核心问题是人才培养模式与生产活动的衔接问题。

深化产教融合是培养少数民族高层次应用型人才的重要途径。产教融合这一命题可追溯到"教育与生产劳动相结合"（简称"教劳结合"）的思想，是"教育必须与生产劳动相结合"的教育方针在具体时代和具体领域的一种延伸和升华。"教劳结合"既可以促进人的智力、体力、才能、道德、情感等方面的全面发展，也能促进生产的发展及经济社会的发展。与"教劳结合"相比，产教融合在时代背景和内涵上已有很大转变，这表现在产业结构升级转型、教育与产业协同发展、培养应用型人才、服务地区经济发展等方面。产教融合更强调拉近教育与产业之间的距离，提高教育发展与产业发展的适应性，加强人才培养与企业生

---

① 钟秉林：《加强综合改革平稳涉过教育改革"深水区"》，载于《教育研究》2013年第7期，第4~9页。

产的融合度，培养出能理论联系实际并将科学知识转化为现实的生产力以直接为产业发展服务的应用型人才。国务院《关于加快发展现代职业教育的决定》和《现代职业教育体系建设规划（2014~2020年）》都把"深化产教融合"作为加快发展我国现代职业教育的指导思想和基本原则，提出要"加快现代职业教育体系建设，深化产教融合、校企合作，培养数以亿计的高素质劳动者和技术技能人才"。2015年11月，教育部、国家发展和改革委员会、财政部印发的《关于引导部分地方普通本科高校向应用型转变的指导意见》在高校转型的指导思想、基本思路和主要任务中都指出，要"深化产教融合，建立产教融合、协同育人的人才培养模式，推动转型高校把办学思路真正转到产教融合、校企合作上来"。少数民族高层次应用型人才从属于应用型人才，培养少数民族高层次应用型人才也必须坚持产教融合。

深化产教融合对民族地区产业结构优化升级意义重大。第二次工业革命以来，教育与产业的关系日益密切，产业的升级发展也越来越需要以教育为龙头。随着第三次工业革命的扩展和第四次工业革命的萌发[1]，高等教育与产业的联系日益紧密（当然这种日益紧密的关系也给教育发展带来了一些弊端）[2]，高校也在积极寻求与企业、行业、产业在科学研究、人才培养和社会服务等方面的密切合作。然而，民族地区的经济社会发展却面临着经济增速下滑、产业及经济发展方式亟待转变等挑战。在此情况下，如何协调高等教育与产业的关系，就成为民族地区高等教育发展和民族地区经济社会发展的一项重大工程。

民族地区地方院校积极深化产教融合，有利于培养民族地区产业发展需求的少数民族高层次应用型人才，带动应用研发和技术转化，促进民族地区的产业结构优化升级。《"十三五"促进民族地区和人口较少民族发展规划》指出，培育壮大民族特色优势产业：大力培植民族地区现代农牧业、区域特色能源矿产产业、战略性新兴产业、现代服务业等优势产业，加快发展民族特色农牧业、林业、旅游业、民族医药及关联产业、民族传统手工艺品产业等民族特色产业，扶持民族贸易和民族特需商品生产。培育壮大民族特色优势产业，无疑需要发挥高等教育的作用。为此，必须重点打造一批具有民族特色、区域特点的高职院校和应用型高校，加强符合民族特色优势产业和经济社会发展需要的应用型特色专业建设，完善产教融合、校企合作机制。

目前，我国正在倡导大力发展以物联网、大数据、云计算为代表的信息产业，培育节能环保、生物、新材料、新能源、高端装备制造业等新兴产业，以科技含量高的产业优化升级引领我国经济的转型发展。近年来，国家也陆续出台了一系列经

---

[1] 胡鞍钢：《中国赶上第四次工业革命发动期》，载于《北京日报》2013年2月25日第17版。
[2] ［美］罗杰·盖格：《大学与市场的悖论》，郭建如、马林霞等译，北京大学出版社2013年版，第238~239页。

济转型和产业升级的战略和政策，包括"互联网+"战略、"一带一路""京津冀协同发展区""长江经济带"和"综合改革试验区"等区域产业经济发展战略，以及《中国制造2025》《关于积极推进"互联网+"行动的指导意见》、"十大产业振兴规划"和《"十三五"促进民族地区和人口较少民族发展规划》等产业发展政策。同样，民族地区也响应国家号召，在承接中东部产业的基础上，以民族特色产业和新兴产业为核心，积极进行产业结构优化升级。在这样的发展框架下，产教融合在推进产业升级转型发展中的作用日益突出。因为，一方面，产教融合可以实现科学研究和产业发展的"联手"，有利于借助新的知识技术促进民族地区的产业结构优化升级；另一方面，产教融合可以培养适应和引领民族地区产业发展的少数民族高层次应用型人才，为民族地区的产业结构优化升级发展提供重要的现实条件。

产教融合与"C-U-I-D"有着密切的内在联系。"C-U-I-D"中的C和U所指的是学院或大学，它们都属于教育的范畴，是高等教育实施的机构。"C-U-I-D"中的I指的恰恰是产业。"C-U-I-D"中的D指的是发展，这种发展不是相互脱离的各自发展，而是相互结合或融合的协同发展。可见，产教融合基本是"C-U-I-D"的核心凝练。因此，在当前的背景下推进"C-U-I-D"，必须紧紧抓住产教融合这一核心主题。

## （三）综合改革的难点：利益调整

高校少数民族应用型人才培养模式综合改革的主要利益相关者包括高校管理者、高校教师、学生及其家长、企事业单位及其人员、行业组织及其人员、政府及其人员等。综合改革利益相关者的教育理念、目标偏好、利益关系、信息结构、资源状况以及相关制度等都是影响综合改革成功与否的因素。其中，利益关系是核心影响因素。

利益的背离，或者说利益激励和利益分配的不合理，是造成教育改革长期没有较大突破的关键。因为，"对绝大多数人来说，最终决定他们是否以及在多大程度上参与或支持教育改革的主要因素，是对利益的权衡"[1]。而且，教育改革在制度上的变迁或创新，表面上似乎是规范教育改革活动主体的行为，实际上是对教育方面利益分配的制度化。教育改革就是要改变人们之间在教育资源上的利益分配格局和关系。[2] 对积极支持并参与教育改革者予以合理的利益回报，这是

---

[1] 吴康宁：《中国教育改革为什么会这么难》，载于《华东师范大学学报》（教育科学版）2010年第4期，第10~19页。

[2] 马健生：《教育改革论》，安徽教育出版社2007年版，第43页。

教育改革社会合法性的前提。①

可见，综合改革利益相关者积极支持并参与改革的目标是寻求自己利益的最大化，没有好的利益激励或者协调不好他们之间的利益冲突，综合改革的动力就会大打折扣，少数民族高层次应用型人才的培养也会真的成为"一阵风"。

从宏观上看，教育改革之所以发生，通常是因为社会各个利益集团在教育资源分配上的均衡被打破，教育改革之所以能够发生，则主要是各个利益集团在政治上达成新的妥协，或者某个或某些利益集团在斗争中处于优势，从而有足够的权力制定新的教育资源的分配方案，这种分配方案往往以法律形式或中央政府的政策或决议形式表现出来。②

根据"C-U-I-D"理论模型，高校少数民族应用型人才培养模式综合改革涉及的利益相关者主要包括中央政府及其教育行政部门，地方政府及其教育行政部门，高校的教师、管理者和学生，学生家长，社区，教育专家，校友，社会公众等。按照与高校少数民族应用型人才培养模式综合改革的关联度和重要程度，大致可以将这些利益相关者分为三个层次，如表6-3所示。

表6-3　　　高校少数民族应用型人才培养模式综合改革利益相关者

| 层次 | 利益相关者 | | 个体目标 | 在改革中的地位 |
| --- | --- | --- | --- | --- |
| 核心利益相关者 | 中央政府及其教育行政部门 | 教育部 | 促进民族教育发展 | 改革的主要策划者 |
| | | 国家民委教育科技司 | 促进民族地区和少数民族的稳定与发展 | 改革的次要策划者 |
| | 地方政府及其教育行政部门 | 各省、市政府及教育局 | 执行中央命令，促进地方教育和经济社会发展 | 改革的主要推动者 |
| | | 各省、市的民宗局教育处 | 促进所在民族地区及少数民族的稳定发展 | 改革的次要推动者 |
| | 高校管理人员 | | 响应政府号召，寻求学校及个人效用最大化 | 改革的主要执行者 |
| | 高校教师 | | 做好本职工作，寻求个人效用最大化 | 改革的对象 |
| | 高校学生 | | 自我提升，就业，升学，寻求个人效用最大化 | 改革的接受者 |

---

① 吴康宁：《教育改革成功的基础》，载于《教育研究》2012年第1期，第24~31页。
② 马健生：《教育改革论》，安徽教育出版社2007年版，第30页。

续表

| 层次 | 利益相关者 | 个体目标 | 在改革中的地位 |
|---|---|---|---|
| 重要利益相关者 | 学生家长 | 追求学生效用最大化 | 改革的关注者 |
|  | 教育专家 | 批判并纠错教育理论和实践 | 改革的参谋与批判者 |
|  | 企业等用人单位 | 追求用人单位利益的最大化 | 改革的合作者 |
| 边缘利益相关者 | 社区 | 追求社区福利的最大化 | 改革的合作者和波及者 |
|  | 校友 | 资助学校，维护学校声誉 | 改革的波及者 |
|  | 社会组织和公众 | 追求组织和个人的效用最大化 | 改革的波及者 |

教育的利益相关者各有其目标，并且这些多元目标在很大程度上是相互冲突的。譬如，学生可能更多地追求升学、就业和幸福享受；教师往往以自身的经济收入、职业发展和社会影响为目标；学校管理人员更关心强校升位、扩大权力、争取资源、晋升职位、稳定局势、获得政府认可；政府官员比较看重政绩、社会稳定和选民意愿；教育行政部门期望能争取更多的预算，扩大自己的权力，影响学校发展；教育专家希望教育和学校的发展可以符合自己的教育理念；企业、行业希望教育能为其提供相应的技术和人才，从而提高其利润和收益；社区渴望学校能给其带来繁荣、文明和安宁；社会公众则会根据自身的素质和地位，对教育提出不同的要求。

不仅教育的利益相关者之间的目标是冲突的，并且随着教育规模的不断扩张和教育体制改革的逐步深化，教育利益相关者增多，不同利益群体强烈地表达自身的利益诉求，其价值取向日渐呈现出多元化趋势，目标之间的冲突更为突出。

为顺利实现改革目标，首先必须尽量找出所有影响改革的动力因素和阻力因素，并据此分析改革的收益与成本，判断改革面临的主要矛盾和次要矛盾，进而尽可能增大改革收益，降低改革成本。在分析改革的动力因素和阻力因素方面，勒温的"力—场分析法"为我们提供了良好的分析工具。

"力—场分析法"由社会心理学家勒温（Kurt Lewin，也译为卢因）首先提出，他认为任何一种制度的均衡都可以归结为各方作用力相互作用的结果，是一种作用力间彼此消长的动态平衡。因此，可以借鉴物理学中力学分析方法进行分析。这一理论的核心是：任何事物都处在一对相反作用力之下，且处于平衡状态。其中推动事物发生变革的力量称为驱动力，试图保持原状的力量是制约力。一个系统处在二力作用的动态平衡之中，一个组织就是一个动态系统，如要发生变革，驱动力必须超过制约力，从而打破平衡。

力场分析法的具体分析步骤如下：首先，明确处于均衡状态中的各利益团体，即对发力源进行探索；其次，分析各利益团体在均衡状态中的力量消长；最后，通过绘制力学分析图，把处于各方作用力下的均衡状态直观地展现出来。

运用该方法讨论变革的过程，有如下几个特点：一是通过科学的思维步骤，全面了解组织变革中的各种影响因素；二是直观地发现影响因素中的可变因素和不可变因素；三是合理运用因素间可转换的特性，及时调整作用力，通过把阻力转换成推动力，促使变革向预期的方向发展。①

从高校少数民族应用型人才培养模式综合改革利益相关者来看，综合改革主要涉及三个层面，即政府、高校和社会。我们可以运用"力—场分析法"从这三个层面来具体分析综合改革的动力因素和阻力因素，如表6-4所示。

表6-4　　　高校少数民族应用型人才培养模式综合改革
"力—场"分析

| | 推进综合改革的动力因素 | 当前高校少数民族应用型人才培养的状态 | 推进综合改革的阻力因素 |
|---|---|---|---|
| 政府 | 1. 中央政府<br>(1) 有促进民族地区发展的愿望；<br>(2) 希望满足公众对教育均衡发展的诉求；<br>(3) 具备推动教育改革的权力；<br>(4) 有改革部属高校的权力和能力<br>…… | →→<br>→→<br>→ ←<br>→ ← | (1) 担心依靠综合改革无法促进民族地区发展；<br>(2) 担心均衡发展会降低教育资源配置效率；<br>(3) 综合改革会招致社会的质疑，使自己处于被动地位；<br>(4) 高校的惯性和盘根错节的力量可能导致综合改革失败<br>…… |
| | 2. 地方政府<br>(1) 有促进本地区的经济社会发展的愿望；<br>(2) 被赋予执行中央行政命令的责任；<br>(3) 有提高本地区高等教育发展质量的愿望；<br>(4) 具备改革本地区地方院校的权力<br>…… | → ←<br>→ ←<br>→ ← | (1) 看重短期利益，有重视经济改革与发展、忽视教育发展的倾向；<br>(2) 盲目执行或者打折执行中央的计划、政策和行政命令；<br>(3) 受财政与权力等约束，无力发展教育；<br>(4) 高校的惯性和盘根错节的力量可能导致综合改革失败<br>…… |

---

① 孙晓东：《公安队伍的力场分析与激励制度设计纵论》，载于《中国人民公安大学学报》2012年第6期，第546~548页。

续表

| 推进综合改革的动力因素 | 当前高校少数民族应用型人才培养的状态 | 推进综合改革的阻力因素 |
| --- | --- | --- |
| 高校 | 1. 高校管理者<br>（1）有"强校升位"的意愿和压力；<br>（2）想通过改革获取改革红利；<br>（3）有改革本学校人才培养模式的权力；<br>（4）不得不执行政府政策与命令；<br>（5）面临政府考核、社会监督和生源的压力<br>…… →←<br>→←<br>→← | （1）追求任职期间稳，尽量在适当改善中实现平稳过渡；<br>（2）担心改革成功红利被别人抢去，改革失败自己承担责任；<br>（3）担心综合改革会影响教师和学生的利益，进而遭到反对；<br>（4）表面一套、背地一套地执行政府命令；<br>（5）应付政府检查，弄虚作假，欺骗社会和学生<br>…… |
|  | 2. 高校教师<br>（1）希望通过改革提高自己的收入；<br>（2）希望通过改革提高自己的自我认同；<br>（3）希望通过改革让自己的学生找到好的工作；<br>（4）会根据学校制度的变革调整自己的行为<br>…… →←<br>→←<br>→ | （1）担心成为改革中的利益受损者；<br>（2）担心改革会降低自己的地位，甚至让自己淘汰出局；<br>（3）学生的就业受多种因素影响，人才培养模式作用可能微乎其微；<br>（4）习惯于原有的人才培养模式，教师自己是既得利益者<br>…… |
|  | 3. 高校学生<br>（1）希望自己通过改革找到好的工作；<br>（2）想通过改革学到一些实用的知识和技能；<br>（3）希望通过改革提高学习的兴趣<br>…… →←<br>→← | （1）担心改革会降低证书含金量，没办法找到好工作；<br>（2）担心改革流于形式，无法学到实用的知识和技能；<br>（3）改革后的学习内容和课程枯燥、没有趣味性<br>…… |

续表

| 推进综合改革的<br>动力因素 | | 当前高校少数民族<br>应用型人才培养的状态 | 推进综合改革的<br>阻力因素 |
|---|---|---|---|
| 社会 | 1. 企业<br>（1）改革可以为企业培养需要的人才；<br>（2）希望与高校合作，获得声誉和利润；<br>（3）与高校合作育人，可以低价使用劳动力；<br>（4）希望资助或帮助高校，贡献社会价值<br>…… | →→<br>→→<br>→ ← | （1）企业需要的人才可以甚至必须在劳动力市场上获得；<br>（2）无法与知名高校建立合作关系；<br>（3）高校与企业合作，反而影响企业的正常生产与运行；<br>（4）贡献可能得不到任何回报，还可能担心被挪作私用<br>…… |
| | 2. 社区<br>（1）希望通过改革进一步扩大与高校的合作；<br>（2）希望通过改革进一步促进社区的发展；<br>（3）希望改革不危及社区安全<br>…… | →←<br>→← | （1）改革压缩高校的交往空间，会阻碍社区与高校的合作；<br>（2）改革没有促进社区的发展，反而有所倒退；<br>（3）改革打破社区正常秩序，引发社区不安全因素<br>…… |
| | 3. 教育专家<br>（1）改革与自己的观念一致，支持综合改革；<br>（2）改革与自己的利益一致，支持综合改革<br>…… | →←<br>→ | （1）改革与自己的观念不一致，批判并反对综合改革；<br>（2）改革与自己的利益不一致，批判并反对综合改革<br>…… |

注：表中"箭头"表示推动综合改革的动力因素与阻力因素对当前高校少数民族应用型人才培养的作用力。

从以上分析可以看出，高校少数民族应用型人才培养模式综合改革的主要阻力是高校的管理者、教师和企业。因此，高校少数民族应用型人才培养模式综合改革方案，必须调动各方力量，激励和约束这些利益相关者的行为，重点消除高校管理者、教师和企业的阻力。

为此，必须做到以下三点：第一，强化学校管理者的责任。强化学校管理者在高校少数民族应用型人才培养模式综合改革中的主要责任，并确定相关的分管领导，将少数民族高层次应用型人才培养模式改革成效、少数民族高层次应用型人才培养质量、少数民族高层次应用型人才就业率等指标列入学校管理者聘期任务考核，将考核结果与学校的评估和高校少数民族应用型培养模式综合改革的相关经费投入挂钩。第二，激励教师积极参与高校少数民族应用型人才培养模式综合改革。根据教师投入，提高教师待遇；设立相关专业的高校少数民族应用型人才培养模式综合改革项目，鼓励教师申报；加强教师培训，支持教师到综合性大学的应用型学科专业和国内外高水平应用型高校交流学习。第三，激励民族地区行业企业支持高校少数民族应用型人才培养模式综合改革。政府向支持高校少数民族高层次应用型人才培养的行业企业提供降税等政策，放宽高等教育办学限制，鼓励民族地区行业企业举办应用型高校和高职高专，甚至是营利性高校；民族地区地方政府主动搭建平台，建立民族地区行业企业与民族院校和民族地区地方院校的定期合作交流机制。

## （四）综合改革的切入点：评价制度改革

在处理综合改革利益关系的诸多方法中，制度的变革和创新至关重要。制度是一个社会的博弈规则，它构造人们在政治、社会和经济领域里交换的激励和约束机制，影响着人的行为。同时，"制度具有很强的社会赏罚功能，它让服从制度导向的人得到其渴望得到的利益，令不服从制度导向的人失去其不愿失去的利益，从而把人们的行为统一到制度所规定的目的上"[1]。因此，通过制度创新把人们的目标和行为统一到综合改革上，无疑是推进综合改革的一条重要通道。具体来说，要建立清晰、明确、有效的产权制度，建立合理的资源投入分担制度和利益分配制度，完善高校内部治理结构，改革现行评价制度和合作制度。其中，改革评价制度是推进综合改革的切入点。因为，"评价具有导向、诊断、鉴定、改进、激励和监控等功能"[2]。评价不仅暗含着目标标准，也决定着最终的资源配置和利益分配结果，它对综合改革利益相关者的行为有直接的导向和激励作用。

一方面，评价制度对综合改革的利益相关者的行为有着很强的导向作用。在评价活动中，一般要根据评价目标设计评价指标和标准，然后依据评价标准进行评价。评价内容、标准与评价结果有着内在联系，不同的评价内容、标准会得出

---

[1] Han Dongping. Institution Determine History：An Innovative Theory about the Basic Law of Human Society Development. *South China Quarterly*，2016（1）：120－130.

[2] 王景英：《教育评价学》，东北师范大学出版社2005年版，第8～10页。

不同的评价结果，因此，评价内容和标准就像一根指挥棒指明人们活动的方向。在实际的教育活动中，教育评价的导向作用十分明显。同时，评价目标对于社会或个人都是有意义的，所以，人们在实现目标的过程中，又会根据自己对目标价值的判断来决定努力的程度。如果目标价值大，就会表现出高度的积极性；如果目标价值不大，就会表现出较低的积极性。可见，评价对象的积极性受目标价值的影响。发挥评价的导向功能，主要是通过建立以评价指标和标准为核心的评价指标体系实现的。

另一方面，评价制度对综合改革的利益相关者的行为有很强的激励作用。激励就是激发动机或调动积极性。合理的、适时的评价，有利于公平竞争，能调动多方面的积极性。通过科学评价，明辨是非，区分优劣，既可以为管理者提供决策服务，也可以为被评者或被评单位提供反馈信息，使管理者、教育者、受教育者明确自己的优点与不足。

## 四、高校少数民族应用型人才培养模式综合改革方案

为贯彻落实党中央、国务院关于促进少数民族和民族地区教育发展的一系列决策部署，加快推进少数民族和民族地区发展，按照民族地区经济社会及高等教育发展的要求，结合教育部等部委印发的《引导部分地方普通本科高校向应用型转变的指导意见》，现就高校少数民族应用型人才培养模式提出如下改革方案。

### （一）指导思想

按照国家"建设人力资源强国"的战略部署和对应用型本科高校发展的要求，坚持以发展为主题，以内涵建设为主线，以新思路抢抓新机遇，以新办法破解新难题，以新举措推动新发展，强化应用型办学定位，解放思想，深化改革，为民族地区经济社会发展培育高层次应用型人才。高校少数民族应用型人才培养应主动适应我国经济发展新常态和技术发展新动态，结合少数民族和民族地区的实际，以促进民族地区的"内生—协同"发展为目标，以少数民族高层次应用型人才培养适应并引领民族地区发展为重点，以少数民族高层次应用型人才培养机构改革为龙头，以"双师双能型"教师队伍建设、学科专业设置、课程体系、人才培养方案、教学模式、实训实习等人才培养过程改革为核心，以校企、校地、校校等内—外协作及政、产、学、研一体化为抓手，以及

经费、项目等方面的政策支持为保障，推动高校少数民族应用型人才培养模式综合改革，全面提高少数民族高层次应用型人才适应和引领民族地区"内生—协同"发展的能力。

## （二）重要意义

少数民族人才培养，关系少数民族和民族地区的发展，关乎国家长治久安和中华民族繁荣昌盛。新时代，改革高校少数民族人才培养模式，培养大批能适应和引领民族地区发展的少数民族高层次应用型人才，对深入推进民族地区院校转型发展，化解少数民族高层次应用型人才供需矛盾，补齐民族地区发展短板，加快推进少数民族和民族地区的发展，进而实现"两个一百年"奋斗目标和中华民族伟大复兴的中国梦，具有重要的现实意义。

## （三）基本思路

### 1. 坚持"内生—协同"发展

破解民族地区经济发展滞后、文化发展受限、科教水平不兴、生态环境恶化等难题，民族地区必须改变过去高消耗、重污染的粗放型发展模式，依靠自身特色资源与文化优势，结合国家的经济形势和发展战略，培养和增强经济发展的内生发展动力，并通过教育盘活经济与文化的关系，建立民族地区"经济—文化—教育"协同发展机制，最终实现"内生—协同"的新型可持续发展。

### 2. 坚持适应与引领并举

高校少数民族应用型人才培养首先要适应民族地区发展，积极根据经济社会发展和产业升级转型需求，调整民族地区地方院校的学科专业设置；密切联系现实问题和前沿理论，更新课程体系，加强实践教学；依据应用型人才的培养规律，改革人才培养方案和教学的方式方法；加强实践基地建设，深化产教融合、校企合作，切实满足民族地区经济社会发展对少数民族高层次应用型人才的需求。同时，通过高校对人的型塑及培养模式的改革，少数民族高层次应用型人才培养能够引领经济社会发展；根据民族地区未来社会需求及科技的发展趋势，设置新兴专业，重组人才培养结构、课程结构，做到人才走在今日民族产业的前面，走向明日的民族产业发展。

### 3. 坚持服务少数民族和民族地区的发展

顺应国家"一带一路"倡议的要求，努力促进少数民族人的发展和民族地区发展的高度统一。积极探索应用型人才培养的模式和规律，以少数民族高层次应用型人才培养为核心，促进少数民族人的发展。构建寓人才培养与民族地区社会发展于一体的应用型人才培养模式，加快构建现代人口较少民族高层次应用型人才培养体系。同时，通过订单培养、就业政策调整、服务意识养成、产教融合等多种手段，吸引高校培养的少数民族高层次应用型人才就业并服务于民族地区，让高校培养的少数民族高层次应用型人才适应并引领民族地区的"内生—协同"发展，提升为民族地区经济社会发展的服务能力。

### 4. 坚持综合改革

抓住人才培养模式的核心要素，以教师队伍建设、学科专业设置、课程体系、人才培养方案、教学模式、实训实习为核心，改革人才培养模式。同时，从培养的政策与体制（包括人才培养政策、培养机构、培养保障机制、质量评价机制等），培养过程（包括培养目标、教学主体、培养内容和培养手段等），内—外协作方式（包括校企合作、校地合作、校校合作等）等方面综合用力，推进高校少数民族应用型人才培养模式改革。

## （四）改革建议

### 1. 政策与体制改革

（1）深入推进民族地区地方院校转型发展。围绕适应、引领民族区域社会发展这个主题，深入推动民族地区地方院校向应用型高校转型发展，把民族地区地方院校转型发展与促进民族地区的团结、繁荣有机结合起来，与适应、引领民族地区经济、文化发展有机结合起来，增强民族地区地方院校转型发展与民族地区经济社会发展的适切性。

（2）培养机构改革。充分发挥民族地区地方院校的地方性优势、民族院校的民族性优势、综合性大学的学科优势，拓宽优质民族教育资源，"三位一体"（民族地区地方院校、民族院校和综合性大学）培养少数民族应用型人才；加强民族地区地方院校、民族院校与综合性大学的合作，优势互补，形成合力优势，推进民族地区地方院校转型发展。出台应用型大学建设的专项规划，进一步推进民族地区地方院校转型发展。

（3）招生机制改革。培养单位要积极发挥纽带作用，严格执行、落实招生政策，对民族学生实行科学的教育与有效的管理。政府要完善与政策相配套的监督评价机制；加大政府资金投入，制定完善相关资助制度；积极发挥主导作用，提高政策的完备度。社会公众要积极发挥监督、评价作用，从而有效推动政策的实施。少数民族学生应当明确自己的责任与义务，努力提升自身素养，培养主人翁意识，提升责任感，培养民族归属感，学业成就后坚持"回归"原则，学会感恩，懂得回报。

（4）经费投入机制改革。加大政府财政性教育经费对民族地区高等教育的投入，特别是提高对民族地区地方院校的教育经费投入，保障其转型发展、建设应用型高校的物质基础。完善民族高等教育投入机制和成本分担机制，多渠道筹集少数民族高层次应用型人才培养经费；借鉴国外拨款体制经验，建立权威的中介拨款机构；开辟财政支持民族高等教育的新渠道；加强相关高等教育财政法制建设，完善教育财政投入监督评价机制。

（5）学生资助制度改革。加大对高校经费的投入，增强对特困生的专项资助；充分考虑民族地区贫困学生的特殊性，合理调节贫困学生认定标准；通过政府、企业、社会、家庭等多渠道筹集学生资助经费，不断拓宽学生可以获得资助的渠道；加大社会宣传，建立健全监督保障机制；加强对民族地区贫困学生的教育和关怀，调整学校对应管理模式。

（6）人才流动与补偿机制改革。人才流动机制改革要积极发展民族高等教育，为民族地区人才回流奠定雄厚的基础，使民族地区经济开发与人才开发相统一，充分发挥市场在人才回流中的驱动作用；市场和政府相结合，充分发挥国家和政府在人才回流中的调控作用；坚持正确的思想和舆论导向，为民族地区人才回流提供精神动力。人才补偿机制改革要加强财政主渠道作用，调整高等教育经费的分配结构；高校应及时更正教育培养成本分担理念，建立起科学合理的培养成本分担与补偿机制；加强与用人单位或企业、社会团体合作，适度分担教育培养成本。

（7）质量评估与监测机制改革。加快促进"管办评"分离，充分发挥第三方评价组织在民族地区地方院校和民族院校评估中的作用，将少数民族高层次应用型人才的质量评估结果作为评估民族地区地方院校和民族院校办学绩效的重要方面。建立少数民族应用型本科教育评估体系，突出少数民族高层次应用型人才的应用能力评估。由民族地区的地方教育行政部门和人力资源与社会保障部门联合建立少数民族高层次应用型人才需求和就业平台，定期公布少数民族高层次应用型人才的需求信息和就业情况。

## 2. 培养过程改革

（1）学科专业设置改革。合理布局应用学科专业，加强学科专业集群发展。

促进专业结构适应当地经济发展需求，紧密结合地方经济建设发展需要，科学运用市场调节机制，合理配置教育资源，加强应用型学科专业建设，积极设置主要面向地方支柱产业、高新技术产业、服务业的应用型学科专业，为地方经济建设输送各类应用型人才。加强对少数民族地区当地产业结构的调查与取证，增强专业结构与市场需求的契合度。学科专业设置充分体现地方特色与实用性，强化民族院校和民族地区地方院校专业设置的自主性和灵活性，根据民族地区产业发展需求突出优势特色学科专业。

（2）课程体系改革。围绕民族特色农牧业、林业、旅游业、民族医药及关联产业、民族传统手工艺品产业等民族特色产业设置专业和课程，民族地区积极根据地方产业发展需求开发少数民族高层次应用型人才培养的地方课程，民族院校和民族地区地方院校积极根据区域产业发展需求开发少数民族高层次应用型人才培养的校本课程。增加实践课程比例，加强双语课程，突出民族文化和民族特色，增强课程的实践性和民族性。组织各学科专业领域专家，利用专业学位全国教育指导委员会的力量，开发各专业的少数民族高层次应用型人才培养专用教材。加强应用型课程体系建设，以课堂教学改革为重点，推广案例教学、现场教学，让学生在做中学。

（3）人才培养方案改革。依据高校自身的办学条件和就业区域与领域的需求，调整高校少数民族应用型人才的培养目标。根据少数民族地区经济特点与市场发展需求，以实践和应用为核心，打破学科界限，优化整合知识点，按专业能力培养模块构建课程体系。以培养学生的实践应用能力和实践创新能力为重点，修订人才培养方案，科学研究和制定实践教学体系。

（4）教学模式改革。推进多元性教学，实行以多元的教学目标、教学主体、教学内容、教学场所、教学方法为特征的多元性教学模式；加强教研室建设，完善班主任和辅导员管理制度、教学和科研管理制度、见习实习与"双师"制度、课程培养体系与学生评价制度，为多元性教学提供制度保障。实施"翻转课堂+特定教学策略"等具体教学模式，提升少数民族应用型人才的核心素养，培养其批判性思维和创业就业能力；完善相关制度，引导、鼓励、资助广大教师深入开展实践教学方法、实践教材建设，指导学生开展专业实践活动；积极推进学校与地方政府、行业、企业合作建设大学生创业基地，开展大学生创业培训、实习实训、成果孵化等实践教学。

（5）师资队伍建设改革。打破人才引进的条框限制，坚持"不求所有、但求所用"的引人原则，引进或聘任校外有专长的、实践经验丰富的高层次人才，聘请地方少数民族传统文化专家学者、民间艺人到校兼任师资短缺课程教师；不断完善人才引进的优惠政策、激励机制和配套措施；坚持外部引进和内部培养"两条腿走路"的工作思路，政府给予民族地区地方院校人才选留方面一定自主权，使其通过自主培养，解决高层次人才引进难的问题。加强高校教师与外聘教师的交流，强化高校教师解决问题的针对性和实效性；设立"双师双能型"教师培养专项基金；搭建学校与民族地区地方行业、企业合作的平台，深入开展校地合作、校企合作、校校合作，选派更多的教师到民族地区地方企事业单位挂职、顶岗锻炼，开展项目合作，鼓励教师定向、定点参与产学研合作、专业实践能力培训和生产实践锻炼，提升教师队伍服务地方发展和培养应用型人才的能力；根据不同类型高校制定不同的教师管理制度，并通过教师资格认证、教师聘任、教师培养、职称评聘、考核评价等制度改革，从制度层面有效引导教师进行必需的社会实践，提升广大教师的专业实践能力。

（6）资源库、实验室、实训实践基地建设改革。增加民族地区地方院校和民族院校的教育经费，加大中央政府转移支付，促进教育资源向民族地区地方院校倾斜；实践教学基地要以自身为平台，建立一个由学生、实践教学指导教师、高校分管领导、校外合作单位分管领导等人组成的实践教学领导小组，开展实践教学活动。高校在建设校外实践教学基地的过程中必须重视和发掘政府、企业、行业协会等机构的作用，重视实践教学基地的初始建设和后续投资；加强实践教学教师队伍的建设，加强与实践教学基地工作人员、实践教学指导教师等的沟通与联系，充分挖掘社会资源。改进管理机制，加大实验、实训室开放力度和开放实验、实训项目的支持力度，激励学生充分利用实验室开展创新性、研究型团队学习。

（7）人才评价方式改革。建立健全人才分层分类体系，明确应用型人才的内涵与核心素养；建立独立的应用型人才培养体系，注重从知识应用、技术创新、产品生产和制造、问题解决等方面评价应用型人才。根据少数民族的特殊性和民族地区发展的实际，建立少数民族高层次应用型人才评价体系；改变人才评价方式，提高行业企业在少数民族高层次应用型人才的评价权重，增强少数民族高层次应用型人才应用能力的考核；将人才考核评价结果与学生的奖励、毕业、教师绩效相挂钩；完善高校少数民族应用型人才评价检测体系，注重评价时段的全程性、评价标准的全面性以及评价主体的多样性。

## 3. 内—外协作方式改革

（1）校企合作改革。政府要创新校企合作的体制和运行机制，制定和完善相关法律法规，加强校企合作协调指导机制建设；行业协会要突破行政区划限制，共同制定区域产业、行业发展与职业教育发展规划，推进区域职业教育资源的衔接和整合等。企业要积极参与校企合作，履行社会责任，积极促进少数民族企业参与人才的培养，为少数民族学生提供更合适的机会；高校要牵头、主导、引导、协调系院实施校企合作，切实了解企业的需求，服务中小企业，加强支持区域内行业企业技术改革和创新能力，积极与科研院所、行业、企业、社会部门合作共建大学生校外实践教学基地，建立从内容到形式上统一的实习实训基地和实践教学共享平台；促进校企多方位深度对接，专业与产业深度对接。

（2）校校合作改革。各级政府在高校对口支援过程中，要切实履行统筹规划、政策引导、监督管理和提供服务的职责，拓展对口支援工作的经费筹措渠道，建立科学、有效的对口支援评价机制，激发对口支援的动力，促进高校对口支援的可持续运行；加强联合培养项目的制度创新，全方位、全过程增强项目的辐射作用，建立科学、多元的选拔标准，加强项目学生与派出学校的联系，改进与完善联合培养学生项目；加大校际合作力度，设立相应的机构和人员统筹管理校际合作，探索建立高校联盟形式的校校合作。

（3）校地合作改革。部署民族地区高校和民族院校学科专业结构调整改革，根据民族地区经济社会发展的变化、产业结构和市场需求及时调整专业，适当扩大民族地区理工、农牧、管理人才培养，服务民族地区产业转型升级；深入研究"一带一路""互联网+""新型城镇化""大数据战略"等重点发展战略，围绕民族地区发展并与之相关的支柱产业领域和民族特色产业领域，服务民族地区经济社会发展。整合高等教育资源，积极构建学校服务社会体系；从管理体制机制、运行模式和发展战略等方面，不断完善校地合作的制度机制。

## （五）推进机制

（1）政策引导。扩大民族地区地方院校和民族院校符合民族地区产业发展需求的专业招生计划，综合性大学的应用型本科学科专业招生向少数民族学生倾斜。支持民族地区地方院校向应用型高校转变，深化产教融合、校企合作，培养少数民族高层次应用型人才；支持民族地区地方院校实行办学体制改革，鼓励民族地区的行业企业参与兴办或直接兴办应用型高校。以下放专业设置权为突破口，扩大和落实民族地区地方院校和民族院校的办学自主权，促进民族地区地方院校和民族院校面向民族地区人才需求市场，自主培养应用型人才；改善少数民族高层次应用型人才的就业和引进政策，加大就业自由和政策优惠，提高民族地区对少数民族高层次应用型人才的吸引力。

（2）经费支持。建立民族高等教育经费长期增长机制，加大对民族地区地方院校和民族院校的经费支持；中央财政建立高校少数民族应用型人才培养模式综合改革专项资金，支持民族地区地方院校和民族院校的综合改革，并根据评价结果，奖励综合改革成绩显著的高校；地方财政对符合民族地区产业发展需求的特色专业和紧缺专业给予倾斜支持；民族地区地方院校和民族院校要多渠道筹集社会资金，促进学校经费分配向应用型学科专业倾斜。

（3）项目推动。建立高校少数民族应用型人才培养模式综合改革试点项目，以试点为中心，推动一部分民族地区地方院校和民族院校实施少数民族应用型人才培养模式综合改革，带动全国高校少数民族应用型人才培养模式综合改革；加强并扩大"对口支援"项目，引导中东部地区的综合性大学和高水平应用型高校，在应用型人才培养、"双师双能型"师资队伍建设、应用学科专业建设、应用研究、课程改革等方面，支持民族地区地方院校；实施"少数民族应用型人才培养支教项目"，引导中东部综合型大学的应用学科专业教师和高水平应用型高校的"双师双能型"教师到民族地区地方院校支教。

（4）责任落实。落实省级政府统筹责任，强化民族八省区省级政府推进民族地区地方院校转型发展的责任，引导、支持和监督高校少数民族应用型人才培养模式综合改革的责任，以及收集和发布少数民族应用型人才培养需求信息和供给质量报告的责任；强化民族地区地方院校和民族院校在少数民族高层次应用型人才培养中的责任，将少数民族高层次应用型人才培养质量重点列入民族地区地方院校和民族院校的考核标准。

（5）制度配套。打破高等学校单一化评价制度，建立应用型高校的设置标准和评价体系，建立应用型人才评价体系。加快"管办评"分离，扩大和落实应用型高校的办学自主权；加快应用型高校办学体制改革，让应用型高校面向市场调整学科专业设置，改革人才培养模式，提高应用型人才培养质量；建立高等教育系统和产业系统的协调机制，创新校企合作制度，加快民族高等教育和民族地区产业的融合。加快民族地区地方院校和民族院校的现代学校制度建设，完善其内部治理结构，提高其教育资源的配置和使用效率。

# 附件

## 案例一 贵州毕节彝族应用型人才培养模式综合改革案例

毕节是我国贵州省下属地级市，位于贵州省西北部，地处乌蒙山①腹地。毕节作为少数民族集聚区，是乌蒙山区国土面积最大的地区，也是彝族的主要聚居区。区域内有威宁彝族回族苗族自治县。受历史、地理和生产力水平等影响，毕节彝族聚居区经济发展普遍低于乌蒙山区的平均水平，基础设施薄弱，教育发展相对滞后。为此，课题组在调研毕节经济社会发展对应用型人才需求情况基础上，分析毕节高等教育彝族应用型人才培养情况，并以毕节唯一的本科高校——贵州工程应用技术学院为个案，综合运用问卷和访谈法，分析其彝族应用型人才培养供应与毕节地方经济社会发展的人才需求情况，指明彝族应用型人才培养的未来发展方向，为推进少数民族应用型人才培养模式综合改革提供有益的探索和参考。

### 一、贵州毕节彝族应用型人才需求现状

#### （一）贵州及毕节应用型人才发展定位

人才是社会发展的决定性因素之一。毕节应用型人才发展定位，需在准确掌握贵州省人才需求状况的基础上，结合毕节经济社会发展的现实情况，有针对性地分析、明确毕节市人才需求。

**1. 贵州应用型人才发展定位**

毕节彝族聚居区经济社会的发展是该区域应用型人才发展定位的标尺。要真

---

① 乌蒙山区是由东北向西南横亘在四川东部、贵州西北部、重庆西南部、云南东北部的长达五、六百公里的巨大山脉，总面积10.7万平方公里。贵州境内乌蒙山片区主要位于西北部的毕节市和遵义市境内，包括毕节市的七星关区、大方县、黔西县、织金县、纳雍县、赫章县、威宁彝族回族苗族自治县，遵义市的赤水市、习水县、桐梓县和六盘水市钟山区的大湾镇。

正建构起适应毕节经济社会发展所需的人才发展目标与实施体系，不仅需要考察毕节区域发展走向，还必须从国家、省、市的综合发展规划来分析毕节应用型人才发展定位，其中较为重要的是对贵州省人才需求的有效定位与分析。目前贵州省对于各级各类人才的需求量非常巨大，特别是各领域内的应用技术型人才（见表A1-1）。

表 A1-1　　　　　　　　贵州人才需求类型

| 产业分类 | 具体产业 | 人才需求类型 |
| --- | --- | --- |
| 支柱产业 | 钢铁 | 板材研发、高纯净钢冶炼、焦化、烧结、采选矿、化学工艺、净水污水化处理等高级专业技术人才 |
| | | 炼钢工、轧钢工、司炉工、机修工、钣金工、天车工等高级能技术工人 |
| | 有色金属 | 电气、锅炉、汽机等高级技能人才，主要处理和管理设备运行 |
| | | 采选矿、安全、冶金、继电保护、氧化铝工艺、电解工艺等专业技术人才 |
| | | 精铸、机修、焊接、冷轧/箔扎操作、氧化铝制取等生产技能 |
| | 能源 | 煤化工生产人员、炼焦人员、化工工程技术人员 |
| | 食品 | 食品原料、食品加工、食品服务产业链所分别对应的专业技术人才，包括粮油输运与检测技术、食品安检技术、包装技术、农产品保险与加工技术、粮油饲料加工技术、食品冷链技术、烹饪技术、食品营养与健康资源等方面的人才 |
| | 石化 | 油气储运、化工技术、化学分析检测、有机合成研发等高级专业技术人才 |
| | | 化工操作、仪器仪表、质检、机电维修等高技能人才 |
| | 装备制造 | 港口机械、大型钢结构等装备的生产、操作、维护与保养等领域人才，包括自动化工程师、软件测试工程师、硬件工程师、机械设计工程师、结构工程师、设备维修工、设备操作工、数控员、维修员、技术支持工程师、锻造工程师、品质（IQC）工程师等 |
| | 新材料 | 材料技术员（材料技术员、技术操作员）、材料工程师（复合材料工程师、高分子材料工程师）、研究员（材料工艺、复合材料设计）、强度工程师等 |

续表

| 产业分类 | 具体产业 | 人才需求类型 |
|---|---|---|
| 战略新兴产业 | 新能源 | 以核能、太阳能、生物质能、新能源汽车为代表的新能源产业技工、工程师，集中在科技研发、装备制造、应用推广、产业服务等领域 |
| | 节能环保 | 高效电机及控制系统领域、高效节能领域、水处理领域、资源循环利用领域数量技工、中高端专业技能人才 |
| | 信息技术 | 研发类：软件工程师、测试工程师、算法技术工程师，主要职责是软件开发与测试 |
| | | 安全类：IT信息安全技术工程师、IT网络安全技术工程师 |
| | | 产品类：产品工程师、网络工程师 |
| | | 硬件类：硬件维护工程师、硬件测试工程师，主要职责是负责计算机硬件维护和测试 |
| 现代服务业 | 养生健康 | 健康管理咨询师、家政护理师、养生保健专业技术人才（中医师、中药师、针灸师、推拿师等中医养生专业技术人才、医疗美容医师）、训练、康复与保健师、健身教练、体育指导等，生物治疗领域人员（如细胞检察院、实验员、现场QA专员、临床研究助理、物理化学坚持、环境检测员、纯化技术员等）、医药器械、健康休闲服务产品开发与制作人才 |
| | 金融业 | 投资理财服务、股票/期货操盘手、证券/期货/外汇经纪人、证券/投资客户经理、证券分析/金融研究、离岸金融、互联网金融、P2P、跨境金融等专业人才 |
| | 现代物流业 | 物流操作与销售、物流（港口物流方向）、高级物流管理与规划咨询 |
| | 电子商务 | 移动互联网、电子商务、跨境电子商务 |

资料来源：笔者根据相关资料整理。

"十三五"期间，贵州发展必须依托资源优势，坚持工业为主导，重点发展能源、有色金属、食品、石化、装备制造六大支柱产业，延伸产业链，同时加快发展新材料、新能源、节能环保、先进装备制造、信息技术、养生健康等新兴产业，打造产值超百亿元的战略性新兴产业集群。具体而言，对目前贵州经济发展状况加以分析，贵州省内主要的人才需求类型有三类，即支柱产业领域内的人才需求、战略新兴领域内的人才需求及现代服务业领域内的人才需求。

贵州省内应用型人才培养的适切性较为突出，各院校专业设计及实施情况与人才需求的适切性存在较大的矛盾。为更好地规划人才培养的方向与数量，有必要对目前作为应用型人才培养主力军的高职院校培养情况加以说明。如表 A1-2 所示，贵州省内各高职院校在应用技术型专业相应的人才培养适切性存在较明显的问题，培养人数严重不足，远达不到产业发展的现实需求。

表 A1-2　　　　贵州省高职院校专业大类适切性情况

| 专业大类 | 51 | 52 | 53/63 | 54 | 55 | 56 | 57/60 | 58 | 59 | 61 | 62 | 64 | 65/67 | 66 | 合计 |
|---|---|---|---|---|---|---|---|---|---|---|---|---|---|---|---|
| 就业人数（人） | 1.6 | 11.3 | 16.7 | 18.4 | 13.5 | 46.9 | 4.6 | 46 | 3.4 | 14 | 12.6 | 4.1 | 49.6 | 54.5 | 297.2 |
| 当前培养人数（人） | 0.56 | 0.43 | 1.04 | 0.25 | 0.18 | 1.11 | 0.17 | 1.22 | 1.08 | 0.16 | 1.45 | 0.64 | 0.85 | 0.35 | 9.49 |

注：专业大类代码说明：51——农林牧渔大类、52——交通运输大类、53——生化与药品大类、54——资源开发与测绘大类、55——材料与能源大类、56——土建大类、57——水利大类、58——制造大类、59——电子信息大类、60——环保、气象与安全大类、61——轻纺食品大类、62——财经大类、63——医药卫生大类、64——旅游大类、65——公共事业大类、66——文化教育大类、67——艺术设计传媒大类、69——法律大类。对产业就业人数进行了合并统计。

资料来源：根据 2014 年《中国统计年鉴》、2014 年《贵州省统计年鉴》计算而得。

在对贵州省人才需求类型与贵州高职院校在应用型专业上人才培养适切性的整合、解析的基础上，《2016 年贵州省人才需求白皮书》根据省内人才信息管理系统数据，详细分析了 2016 年贵州省迫切需要的大教育科研、大健康医疗及大数据产业方面的应用型人才情况，一方面为贵州人才发展、引进与培养指明了前行方向，另一方面也指明了以上应用型人才的培养符合贵州省战略发展布局，是贵州省产业发展与人才发展的核心领域（见表 A1-3）。

表 A1-3　　　　2016 年贵州省人才需求情况

| 产业分类 | 人数（人） | 比例（%） |
|---|---|---|
| 大教育科研 | 1347 | 24.2 |
| 大健康医疗产业 | 1104 | 19.8 |
| 大数据信息产业 | 447 | 8.03 |
| 现代山地高效农业 | 125 | 2.24 |
| 文化旅游 | 127 | 2.28 |
| 新型建筑人才 | 226 | 3.06 |

续表

| 产业分类 | 人数（人） | 比例（％） |
|---|---|---|
| 金融 | 315 | 5.66 |
| 商业服务业 | 112 | 2.01 |
| 工业 | 216 | 3.88 |
| 化工行业 | 11 | 0.19 |
| 环境工程 | 44 | 0.79 |
| 交通运输 | 76 | 1.37 |
| 能源行业 | 191 | 3.43 |
| 食品工业 | 48 | 0.86 |
| 文化传媒 | 98 | 1.76 |

**2. 毕节应用人才发展定位**

当前，贵州省以创新、协调、绿色、开放、共享五大发展理念为主导，坚持生态建设，坚持加速发展、加快转型、推动新跨越，深入推进工业强省和城镇化带动主战略，突出抓好大数据、大扶贫两大战略行动，统筹推进经济等各项社会事业的建设，这是毕节优化构建应用型人才体系的前提与基础。2016年毕节市发布了高层次人才需求表，产业发展与人才需求的对应量表与贵州省人才需求规划有内在的一致性，具体如表A1-4所示。

表A1-4　　　　　　　　　毕节人才需求类型

| 产业分类 | 人才需求类型 |
|---|---|
| 大教育科研 | 科技管理、会计学、测绘工程、水利水电工程、软件工程、金融工程、风景、工程力学、运动训练、过程装备与控制、通信与信号处理、地图学与地理信息系统、桥梁与隧道工程、建筑学、新闻学、特殊教育学、艺术设计、机械工程、舞蹈学、公共管理、化学工程、医学、学科教学、美术、心理学、数学、物理学 |
| 大健康医疗产业 | 医学类、临床医学、中医学、药剂学 |
| 大数据信息产业 | 软件工程或计算机科学与技术、计算机软件与理论、信息处理与办公自动化、数据库存应用与信息管理 |
| 现代山地高效农业 | 作物遗传育种、农学专业、植物营养、植物保护、植物病理学、农业昆虫与害虫防治、农药学、经济林、食品菌、蔬菜、花卉 |
| 文化旅游 | 生态旅游管理、森林生态旅游 |

续表

| 产业分类 | 人才需求类型 |
|---|---|
| 新型建筑人才 | 建筑水电设备工程、工业与民用建筑工程、测绘、建筑学 |
| 金融 | 应用经济学、人口、资源与环境经济学、区域经济学 |
| 工业 | 工程管理、机电设备维修 |
| 环境工程 | 水利水电工程、水文学与水资源、地理环境遥感、地质工程、土木工程、环境保护、水土保持与荒漠化防治、森林资源保护与游憩 |
| 能源行业 | 现代林业技术、压缩机研发设计、压缩机实验与测试、蓄冷蓄热研发、蓄冷蓄热实验与测试 |
| 食品工业 | 食品科学与工程、蜂学专业 |
| 文化传媒 | 通信与信息系统、播音与主持艺术、广播电视编导 |

资料来源：根据《2016年毕节市市直单位及其他单位高层次人才需求汇总表》整理。

从毕节市人才需求统计分析可知，毕节市高层次人才的需求领域较为广泛，各领域均有较大数量的高层次人才缺口，特别是产业部门的高层次应用型人才相对缺乏。因此，补充人才必须符合毕节市经济社会发展需求，毕节市人才发展定位要在创新、协调、绿色、开放、共享五大发展理念下，在坚持守住发展和生态两条底线的基础上，在深入推进工业强省和城镇化带动主战略背景下，围绕地方大数据信息产业、生态产业、地方装备制造业、煤磷化工产业等，通过培养、对口引进与支援等方式，培养工业化、城镇化、信息化、农业现代化所需要的应用型人才，促进毕节市人才与社会的和谐发展。基于此，立足毕节市经济社会发展的构想及毕节市人才结构合理优化建设的实际，发展所需应用型人才的核心定位标准在于：处于各领域专业前沿，知识层次较高、创新能力较强，精通专业技能，对毕节地区经济社会发展贡献较大的人才群体。

## （二）毕节彝族聚居区发展现状[①]

为了全面了解毕节彝族同胞当前的生活状况和区域经济社会发展情况，自2015年10月起，实验课题组召开了专题会议，周密部署、精心安排，成立了专题调研组，以大方县彝族地区经济发展现状为主题，选择了大方彝族聚居区沙厂彝族乡、核桃彝族白族乡、安乐彝族仡佬族乡和响水白族彝族仡佬族乡青山村、八堡彝族苗族乡天宝村、凤山彝族蒙古族乡凤山村等彝族为主体的民族乡、非民族乡（镇）中彝族人口占总人口50%以上的村和自然村寨中居住有50户以上彝

---

[①] 资料来源：根据课题组调研数据整理而得。

族人口的村寨进行调研。调研组在开展调研过程中，坚持实事求是的基本原则，采取点面结合、点上调研的方式，主要对具有代表性的彝族聚居村落进行抽样调查，广泛听取各区域彝族同胞的意见和建议；同时采取面上调研的方式，参考了有关专家、学者和热心人士对彝区现状的分析和下一步发展的见解，使调研的层次进一步升华。

通过两种层面的调研，基本掌握了彝族聚居区具有普遍性和代表性的情况。

一是毕节彝族人民生存环境条件相对较差。彝族大多数居住在海拔超过1 700米以上的山坡和高寒山区，由于受交通闭塞、气候恶劣、土地贫瘠的影响，大部分彝族聚居区生态脆弱、经济作物少、粮食产量较低，部分乡镇彝族聚居区的同胞还处于贫困状态。二是毕节彝族聚居区人民生活有一定的提高。随着国家经济改革发展及精准扶贫工作的不断深入，人们的思想意识逐步开放，逐步摒弃了仅仅依赖土地生存的观念，对各种生存门路进行有益探索，增加了经济收入，逐步摆脱贫困。三是毕节彝族与汉族生活水平尚有差距。从整个毕节市的经济发展平均水平来看，除了少部分有产业发展支撑的乡镇或村寨以外，大部分彝族聚居村寨的经济发展普遍低于全市平均水平。四是毕节彝族聚居区经济收入结构单一。乌蒙山彝族聚居区的经济收入主要源于玉米、小麦、土豆、大豆等旱作物种植及鸡、猪、羊、牛家禽养殖以及外出务工，而且收入普遍不高。五是毕节彝族聚居区彝族人民受教育程度较低。从调查的"人口素质"方面的内容来看，在对5个村寨彝族人口2 603人的调查中，大专以上的人共有92人，仅占3.5%，而且毕业生多数未回到自己家乡就业，贫困地区为发达地区培养输送人才现象突出。小学文化和文盲人数占一半以上。另外国家公职人员也很少，掌握一技之长、受过正规教育培训的人数同样也很少。

毫不讳言，毕节彝族聚居区由于受特殊的地理、自然、历史等影响，长期以来经济社会发展滞后，基础设施薄弱，产业培育落后，项目投资偏少。这种自给自足的生产方式使得人们市场经济意识淡薄，很少主动找机会投身到市场的创业发展中，也使得彝族聚居区市场化水平较低，经济总体发展水平滞后。随着时代的进步和经济社会的不断发展，现阶段彝族社会正处于由传统农耕社会向现代工业化社会发展的转型初期，无论是民族工业、生产生活方式，还是文化价值观念等都处在更新和变革中。在这巨大的变化中，彝族企业和企业家是最活跃的一分子。调查显示，彝族企业涉足的领域多是商业、制造业和社会服务业，但这些新兴的彝族企业，普遍存在经济实力不强、经营规模小、管理方式落后等问题，这与彝族缺乏应用型人才有很大的关系。调查显示，彝族企业家的文化程度普遍偏低，小学以下的文化程度占到了58.32%。因此，毕节彝族应用型人才的培养尤为重要，一方面作为高层次人才可以直接提升企业学历水平，另一方面作为知识和技术能力的应用型人才,可以将最新产业发展信息、经营管理模式注入企业经营发展中,促进彝族聚居区产业更新和向前发展。

### (三) 毕节彝族聚居区应用型人才需求情况

从上述毕节彝族聚居区发展现状分析可知,毕节彝族聚居区经济建设和社会发展急需专业的应用型人才。民族地区的应用型人才是一种特殊的应用型人才,为使他们能够适应并长期稳定服务于民族地区,除具有一般应用型人才所需要的知识技能,还必须具有一定的民族文化素养,这是应用型人才立足民族地区、适应民族地区、服务民族地区、融入民族地区的必要条件。[1] 根据彝族发展实际情况和毕节经济社会发展状况,毕节彝族应用型人才在以下领域需求较为迫切。

**1. 彝族医药人才紧缺**

彝族同胞自己的传统医药经过了漫长的历史发展,在与疾病的对抗中积累了大量的技艺资料,已成为彝族人的宝贵财富。彝族同胞居住的地方大多呈现出集中的山川、复杂的地形、多样的气候等特点,这样的地理区域蕴含着丰富的动植物资源,为彝族同胞创造医药提供了重要的物质基础,但同时也致使药材开采的难度较大,加之医药技艺主要以个体间传授为主,掌握彝族医药技艺的人才较少,无法在短期内将丰富的动植物资源转化为民族医药,实现质的飞跃。目前,随着经济方式的转变、人才观念的更新、多样文化的兴起,年轻一代对传承和发展本民族医药事业的意识不足、兴趣不够,与此同时,原有传承人存在老龄化、潜在传承人数量锐减、传承人受教育程度低等问题,使民族医药的传承和发展大大受限,本来已经稀有的民族医药人才濒临严重的断层危机。[2] 在社会深入转型和科学技术日新月异的今天,民族医药大多已处于"名医消逝、名方流失、名药失传"的境地,其人才培养面临着前所未有的挑战。

**2. 彝族工艺品制造人才断代**

彝族的工艺制品享誉世界,市场需求量较大。在新的社会环境、市场行情和外来文化艺术品的多因素冲击下,具有代表性的漆器、刺绣、蜡染、银饰和雕刻绘画等彝族民族工艺品在设施设备、工艺流程和制作技术等方面都发生了相应的改变,这些新的变化对从业者和传承人的素质要求越来越高。如作为昔日皇家"贡品"的大方彝族漆器,具有较高的知名度和美誉度。但是由于这些漆器的生产基本依靠"传帮带"的旧式师徒方式传承技艺,致使技能的获得效果不佳,又

---

[1] 阮学勇:《民族文化教育与应用型人才培养》,载于《中华文化论坛》2012年第2期,第174~179页。

[2] 李维宇、王婷:《论云南民族医药人才培养的问题和对策》,载于《当代经济》2015年第16期,第100~102页。

因工艺过程繁杂,导致新学徒不愿学、老艺人不愿意教的问题,加之相关企业厂家对技艺技巧和生产资料的收集整理不够重视,致使这一传统工艺的保护形势愈来愈严峻。此外,现代工业生产出来的大量实用性工艺品,取代了彝族人民千百年来使用的工艺品,彝族工艺文化的传承、发展模式逐渐被打破,短短20多年,就已使传承了几千年的彝族刺绣工艺面临失传、消亡的局面,使用了几千年的绣品迅速被现代工业绣品取代,年轻人亦不善于学习、传承刺绣老艺人的技艺,随着老人们的过世,流传了千百年的古老艺术,由于得不到继承而流失。凡此种种,都说明了培养相关人才对彝族工艺技艺有效传承和科学发展的重要性。

### 3. 彝族文化传承人才不足

"越是民族的便越是世界的。"很早以前,彝族人民就创造了自己的文字,并在历史发展的过程中,创造了光辉灿烂的民族文化,在彝族历史、彝族语言文字、彝族音乐、彝族舞蹈、彝族传统礼俗、彝族饮食文化、彝族服饰、彝族工艺品等方面都具有独特而丰富的文化要素,但在外来文化潮流的巨大冲击下,原有的传统民族文化却在大量流失。随着当代经济格局的变化,人员流动速度的加快,加之多元文化交织的频繁,许多彝族学生对本民族的传统文化认知越来越少。特别是当代的青少年群体,部分彝族学生不了解本民族的历史、文化与传统,民族的认同感较为淡漠,民族文化传承的使命感不断缺失,致使彝族优秀传统文化濒临消亡。彝族传统文化的传承、更新与创造须依靠优秀的彝族应用型人才的培养来实现,只有具有时代精神的文化传承精英才能推进民族文化的时代性。然而,目前毕节市对此类人才的培养不尽到位,除部分层次相对较低的中专院校开设专门针对彝族文字、古籍传承的专业及贵州工程应用技术学院开设过专门的彝汉双语专业外,并没有专门针对彝族文化传承的人才培养目标与专业、学科建设计划,在课程与教学体系中也未有明显的体现或落实。一方面是应用型彝族文化传承人才的缺乏,另一方面是应用型彝族文化传承人才培养的不足,两者间的矛盾有待于现实的解决与完善。

### 4. 彝族工程应用人才匮乏

乌蒙山的毕节彝族聚居区属于典型的喀斯特地区,在历史发展进程中长期处于农耕发展时期。工业化作为现代化不可逾越的一个重要发展阶段,将成为推进彝族聚居区经济社会发展的主要动力,也是彝族聚居区发展的选择。因为彝族聚居区矿产资源丰富、农产品种类繁多,地方实施的工业化、城镇化、农业现代化和信息化发展战略需要有数以万计的工程类应用型人才。毕节市"十三五"人才规划显示,毕节市高层次人才需求达80余万人,工程类人才需求达10余万人,彝族工程类人才需求达1万余人,而毕节地区内培养彝族工程类人才的高校仅有1所全日制普通本科高校和3所高职高专。根据课题组调研统计,这些高校培养的工程类彝族人才仅占人才培养总量的1%~2%。因此，应加大对这些高校的人才培养改革，结合地方经济社会发展需要，多管齐下，加大对能工巧匠、民间医生等乡土人才的培养力度，不断壮大彝族聚居区人才队伍，为彝族聚居区经济社会发展提供工程类应用型人才支撑。

## 二、毕节彝族应用型人才培养模式改革研究设计

毕节市户籍人口达905万，其中彝族人口60万，彝族6岁以上受教育人口数量为469 925万[①]，其中2015年、2016年两年四所高校招生报到人数合计为18 937人（见表A1-5），仅占4%，而彝族学生数仅为920人。从绝对数量上看，能服务于地方经济社会发展的彝族较高层次人才数量严重不足。就目前毕节较高层次人才培养机构来看，毕节现有服务于地方经济文化发展建设的高校共四所，分别是贵州工程应用技术学院、毕节医药高等专科学校、毕节职业技术学院、毕节幼儿师范高等专科学校，这四所高校在近两年招收了部分彝族学生，起到了一定的人才培养作用。从表A1-5可看出毕节高校每年均招收彝族学生，但数量相对较少，比例相对较低，彝族学生的培养还有较大的提升空间。

表A1-5　　　　　毕节高层次彝族人才培养情况　　　　　单位：人

| 学校 | 年份 | 招生报到数 本科 | 招生报到数 专科 | 招生报到彝族学生数 本科 | 招生报到彝族学生数 专科 | 毕业生数 本科 | 毕业生数 专科 | 毕业生彝族学生数 本科 | 毕业生彝族学生数 专科 |
|---|---|---|---|---|---|---|---|---|---|
| 贵州工程应用技术学院 | 2015 | 1 493 | 286 | 84 | 13 | 2 490 | 130 | 110 | 5 |
| 贵州工程应用技术学院 | 2016 | 2 538 | 711 | 142 | 38 | 1 562 | 181 | 124 | 12 |
| 毕节医药高等专科学校 | 2015 | — | 1 884 | — | 128 | — | 0 | — | 0 |
| 毕节医药高等专科学校 | 2016 | — | 2 789 | — | 161 | — | 0 | — | 0 |
| 毕节职业技术学院 | 2015 | — | 3 227 | — | 135 | — | 2 207 | — | 67 |
| 毕节职业技术学院 | 2016 | — | 4 669 | — | 160 | — | 3 561 | — | 90 |
| 毕节幼儿师范高等专科学校 | 2015 | — | 831 | — | 31 | — | 0 | — | 0 |
| 毕节幼儿师范高等专科学校 | 2016 | — | 509 | — | 28 | — | 0 | — | 0 |

注：毕节医药高等专科学校2014年开始招生，毕节幼儿师范高等专科学校2015年开始招生，两校还未有毕业生。

---

① 根据第六次人口普查资料整理而得。

本书在问题确立的基础上，对贵州工程应用技术学院部分学生进行了问卷试测，并在此基础上对问题进行了部分调整与删补，最终形成了贵州工程应用技术学院彝族应用型人才培养情况调查问卷。问卷包括三个部分：第一部分是问卷的前言，向被试表达谢意，并介绍调查的目的与使用情况；第二部分是问卷正文的第一部分，主要采集被试的基本信息；第三部分是问卷正文的核心部分，以Likert式五分等级量表来测试彝族学生培养情况，以1~5分为五个等级，分别表示"非常不同意""比较不同意""中立""比较同意""非常同意"。在问卷数据回收基础上，对问卷进行分析，主要采用Excel和SPSS21.0进行分析。

## （一）毕节彝族应用型人才培养现状

　　数量仅能说明一定的问题，并不能完全表明毕节在彝族人才特别是较高层次应用型人才培养上的现实问题。通过对毕节市人才需求状况与彝族人才培养状况的分析，已然明确要培养较高层次应用型人才，必须发挥本科院校的引领作用。因此，通过对贵州工程应用技术学院彝族应用型人才培养情况的调研与分析，能更好地从教育视域出发，发现学校在人才培养定位、人才培养现状及人才培养成果等方面的问题，并在此基础上分析出现的问题，寻求对策、建构模式。

　　要对贵州工程应用技术学院的彝族应用型人才培养情况进行调查，首先要获得典型的、具有代表性的数据，必须兼顾不同层次的彝族学生群体，在通过问卷抽样调查基础上，再次结合对学生个体、教师代表及对彝族应用型人才培养质量有重大发言权的彝族企业家的调查，能够更好地提升调查反思之质量。

　　在调研中首先通过座谈的方式与专家、学者、教师共同探讨彝族应用型人才培养问题，在座谈中对具有价值的问题进行梳理，为问卷及访谈提纲的设计提供支撑。其次，采用分层抽样与随机抽样相结合的方法对彝族大学生进行调查，分层抽样是为保证调查结构的合理性，随机抽样是为保证调研对象的普适性。最后，采用访谈法在各类群体中抽取部分代表进行深度访谈，以获取更深入、更完整的解释性材料。在访谈过程中，前期重视开放性访谈，尽量了解分层结构中个体对所有问题的核心观点，后期主要采用补充性访谈，对具有代表性的问题、部分问题设置不能一步到位的问题、未得以深入解答的问题、对研究极为重要的问题进行深入访谈。

## （二）贵州工程应用技术学院彝族应用型人才培养调查初始结果

**1.《贵州工程应用技术学院彝族应用型人才培养问卷》调查描述性统计分析**

　　《贵州工程应用技术学院彝族应用型人才培养问卷》设计完毕后，在贵州工程应用技术学院四个二级学院展开了问卷调查，分别是艺术学院、理学院、矿业工程学院、师范学院，此四个学院是该校彝族学生分布最多的学院，且四个学院覆盖了该校文科、理科、工科三大门类，能代表该校在民族应用型人才培养方面的基本情况。在确立好学院分布的基础上，分别对大一至大四学生进行了分层，本次问卷必须要覆盖四个学院大一至大四各年级的彝族学生，在确立分层问卷调查定位的基础上，进行了问卷的随机发放，共发放问卷125份，回收问卷121份，有效回收率为96.8%，达到了预期要求。

在彝族学生培养情况的调查中，男生36名，占总人数的29.8%，女生85名，占总人数的70.2%；大一学生54名，占总人数的44.6%，大二学生21名，占总人数的17.4%，大三学生37名，占总人数的30.6%，大四学生4名，占总人数的7.4%；共产党员1人，占总人数的0.8%，共青团员95名，占总人数的78.5%，群众25名，占总人数的20.7%。

**2. 信效度检验**

通过对《彝族应用型人才培养问卷》进行试测，并对结果进行分析，重点进行了问卷的信效度检验，这是确保问卷可信度与可行性的关键。

在信度检验方面，采用克隆巴赫阿尔法系数（α系数）和分半信度（Guttmann Split – Half Coefficient）来检验《彝族应用型人才培养问卷》的信度，一般情况下要求数值应大于0.5，理想化的信度指标则要求超过0.7。通过SPSS21.0统计软件对问卷进行信度检测，该问卷各项目的内部一致性α介于0.644~0.822，分半信度介于0.599~0.791，其中，人才培养目标的α系数为0.644，分半信度为0.646；人才培养现状的α系数为0.822，分半信度为0.791；人才培养价值的α系数为0.676，分半信度为0.599。由此可知，该问卷无论在α系数还是分半信度上都达到了标准要求，问卷具有可信度，如表A1-6所示。

表A1-6　　　　　　　　问卷信度分析结果

| 维度 | 因素 | N | α系数 | Guttmann Split – Half Coefficient |
|---|---|---|---|---|
| 1 | 人才培养目标 | 4 | 0.644 | 0.646 |
| 2 | 人才培养现状 | 6 | 0.822 | 0.791 |
| 3 | 人才培养价值 | 9 | 0.676 | 0.599 |
| 总问卷 | — | 19 | 0.821 | 0.659 |

注：在对《彝族应用型人才培养问卷》进行效度检验时，主要采用了内容效度检验方式，通过对学生信息资料的收集与分析，特别是得到相关专家的论证与分析，在反馈、筛选、调整的基础上形成本问卷的三大维度，较好地保证了具体问卷指标与研究目标的一致性。

## 三、毕节彝族应用型人才培养现状分析——以贵州工程应用技术学院为例

### (一) 毕节彝族应用型人才培养特征归纳

**1. 彝族学生发展目标的基本特征描述**

贵州工程应用技术学院人才发展目标定位的调查具体体现在教育与个体发展、民族发展的关系定位上，分别从"我热爱自己的民族""我为民族发展而读书""普通高校应重视民族教育""普通高校应重视民族学生应用能力培养"四个问题出发进行调查。根据彝族人才培养情况调查的结果分析可知（见表 A1-7），关于人才发展定位的总水平为 2 190.00，平均水平为 18.0992，最小值为 8.00，最大值为 35.00，标准差为 1.87263。整体而言，在对贵州工程应用技术学院彝族人才培养目标定位的分析方面，无论是学生的自我发展定位还是高校的人才培养定位都呈现出较为统一的表现形态。

表 A1-7　　　　　彝族人才培养定位的描述性统计

| 项目 | N | MIN | MAX | SUM | MEAN | SD |
| --- | --- | --- | --- | --- | --- | --- |
| A1 | 121 | 2.00 | 5.00 | 583.00 | 4.8182 | 0.04839 |
| A2 | 121 | 2.00 | 5.00 | 517.00 | 4.2727 | 0.06843 |
| A3 | 121 | 2.00 | 5.00 | 553.00 | 4.5702 | 0.06191 |
| A4 | 121 | 2.00 | 5.00 | 537.00 | 4.4380 | 0.06417 |
| 总水平 | 121 | 8.00 | 35.00 | 2 190.00 | 18.0992 | 1.87263 |

在对彝族人才培养目标定位的调查中，四个子项目的调查表明了彝族学生发展性定位情况，从均值分布可以看出（见图 A1-1），彝族学生发展性定位水准较高。无论是彝族学生对于本民族的发展性认同，还是高校发展与民族教育、与彝族应用型人才培养的有机统一，都得到了彝族学生较为一致的认同，均值都达到了比较认同以上的水平。

从四个问题的内部分析可见，彝族学生在民族情感上的认同度最高，均分达到 4.8182 的水平，完全同意的比例高达 86.8%，同意的比例共计 96.7%，而四项中"我为民族发展而读书"（A2）的均分尽管达到了 4.2727，同意的比例达到

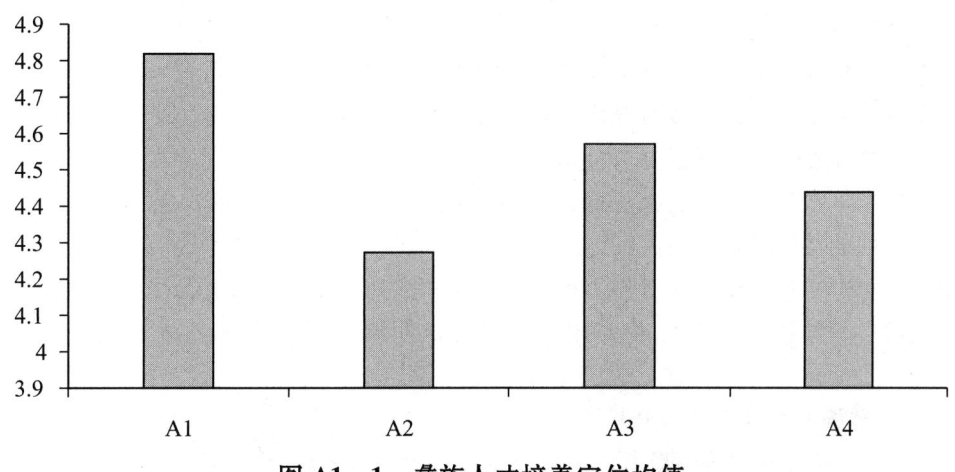

图 A1-1　彝族人才培养定位均值

85.1%，但完全同意的人数仅占43.8%（见表A1-8），与第一项相比仅有半数之人将民族情感与接受教育高度统一。在对高校在民族教育与民族学生应用技术能力培养的定位性调查中，彝族学生的认同度也处于较高的水平，分别为4.5702、4.4380，表示同意的人数达到了92.5%和90.9%，绝大多数学生对普通高校在重视民族教育和重视学生应用能力培养方面持肯定意见。

表 A1-8　　　　　　　彝族学生发展定位分类调查

| 项目 | 完全不同意 人数 | 百分比(%) | 基本不同意 人数 | 百分比(%) | 中立 人数 | 百分比(%) | 基本同意 人数 | 百分比(%) | 完全同意 人数 | 百分比(%) |
|---|---|---|---|---|---|---|---|---|---|---|
| A1 | 0 | 0 | 2 | 1.7 | 2 | 1.7 | 12 | 9.9 | 105 | 86.8 |
| A2 | 0 | 0 | 2 | 1.7 | 16 | 13.2 | 50 | 41.3 | 53 | 43.8 |
| A3 | 0 | 0 | 2 | 1.7 | 7 | 5.8 | 32 | 26.4 | 80 | 66.1 |
| A4 | 0 | 0 | 2 | 1.7 | 9 | 7.4 | 44 | 36.4 | 66 | 54.5 |

结合本部分问卷调查，为更好地分析贵州工程应用技术学院在彝族应用型人才培养方面的现实情况及存在的现实问题，调研组对部分彝族学生和部分彝族教师进行了访谈，访谈也围绕着学校转型发展的人才培养定位问题展开。以下是具体的访谈内容：

学生A：我们的民族情感还是很深的，也希望学校能重视我们的优势，如果能专门设计培养我们应用能力的目标我们肯定是期待的。

学生B：没怎么觉得学校有专门培养我们应用能力的发展定位啊！

教师A：我们学校要想特色发展就应该重视少数民族教育资源的开发，特别是在学校转型发展定位上应该强化民族教育，这对少数民族应用型人才的培养是一个很好的切入口，应该明确体现在学校的转型发展目标之中。

结合问卷与访谈材料分析可知，目前贵州工程应用技术学院的人才培养定位与彝族学生、教师对于民族情感、民族教育需求存在一定的距离。当前学校处于转型发展的关键时期，为更好地培养应用型人才，在众多地方本科院校中脱颖而出，必须走特色之路，而贵州工程应用技术学院处于民族聚居区，少数民族的优势资源、少数民族特色优质人才的培养应该明确体现于学校的发展目标与定位中。

**2. 彝族人才培养现状分析**

贵州工程应用技术学院彝族应用型人才培养现状的调查具体体现在培养目标、课程设置、教学活动、实践活动、评价体系、人文关怀六个方面，分别设置六个问题展开调查。根据彝族应用人才培养现状的调查结果分析可知（见表A1-9），贵州工程应用技术学院人才发展现状调查的总水平为2 704.00，平均水平为22.5333，最小值为6.00，最大值为30.00，标准差为4.19069。整体来看，贵州工程应用技术学院在彝族人才培养方面进行了一定的探索。

表A1-9　　　　　彝族人才培养现状的描述性统计

| 项目 | N | MIN | MAX | SUM | MEAN | SD |
| --- | --- | --- | --- | --- | --- | --- |
| B1 | 121 | 1.00 | 5.00 | 465.00 | 3.8430 | 1.11062 |
| B2 | 121 | 1.00 | 5.00 | 426.00 | 3.5500 | 0.94246 |
| B3 | 121 | 1.00 | 5.00 | 438.00 | 3.6198 | 0.82922 |
| B4 | 121 | 1.00 | 5.00 | 458.00 | 3.7851 | 0.99337 |
| B5 | 121 | 1.00 | 5.00 | 455.00 | 3.7603 | 0.94890 |
| B6 | 121 | 1.00 | 5.00 | 482.00 | 3.9835 | 0.88491 |
| 总水平 | 121 | 6.00 | 30.00 | 2704.00 | 22.5333 | 4.19069 |

贵州工程应用技术学院在彝族应用型人才培养方面的具体情况必须通过学生的评价展现，从学生的评价数据分析可知（见图A1-2），在"我校有针对彝族学生发展的培养目标"（B1）项上，得分为3.8430，在"我校有开设提升彝族学生应用能力发展的课程"（B2）项上，得分为3.5500，在"我校的教学活动能提升彝族学生应用能力发展"（B3）项上，得分为3.6198，在"我校有适合彝族学生发展的实习实践活动"（B4）项上，得分为3.7851，在"我校有激发彝族学生

应用能力发展的评价体系"（B5）项，得分为 3.7603，在"我校对彝族学生大力开展人文关怀"（B6）项上，得分为 3.9835。由均值分析可见，学生对贵州工程应用技术学院在彝族应用型人才培养上所做各项举措的评价处于中等以上水平，其中对贵州工程应用技术学院在彝族学生人文关怀上的评价最高，对学校课程开设情况的评价最低。

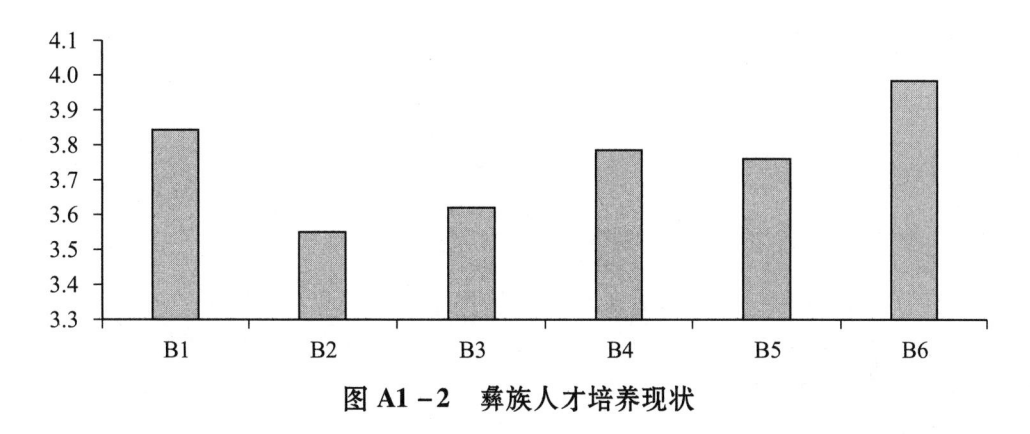

图 A1-2　彝族人才培养现状

对六个子项目详细分析可知（见表 A1-10），在贵州工程应用技术学院有针对彝族学生发展的培养目标项中，学生持同意意见的占 68.6%，达到了大部分的认同度，说明贵州工程应用技术学院在设置人才培养目标时能够有针对性地服务于民族学生的发展；在对贵州工程应用技术学院有开设提升彝族学生应用能力发展的课程的调查中，学生持同意意见的占到总人数的 52.9%，仅过半数，尽管不同意的人数仅为总人数的 5.8%，但仍显示出课程设置方面存在一定的不足；在对贵州工程应用技术学院教学活动能提升彝族学生应用能力发展的选项中，学生持同意意见的占到总人数的 56.2%，人数也仅过半；在对贵州工程应用技术学院有适合彝族学生发展的实习实践活动选项中，学生持同意意见的占到总人数的 67.8%，占到总人数的大部分，但比例并不具有绝对优势；在对贵州工程应用技术学院有激发彝族学生应用能力发展的评价体系选项中，学生持赞同意见的占到总人数的 62.8%，占到总人数的大部分，但比例仍不具备绝对优势；在贵州工程应用技术学院对彝族学生大力开展人文关怀选项中，学生持同意意见的占到总人数的 71.9%，占到总人数的大部分，且是六个子项目中得到学生认可比例最高的选项，说明贵州工程应用技术学院地处民族聚居区，在彝族学生的人文关怀方面开展的工作相对扎实。

表 A1-10　　　　　　　　彝族人才培养现状分类调查

| 项目 | 完全不同意 人数 | 完全不同意 百分比（%） | 基本不同意 人数 | 基本不同意 百分比（%） | 中立 人数 | 中立 百分比（%） | 基本同意 人数 | 基本同意 百分比（%） | 完全同意 人数 | 完全同意 百分比（%） |
|---|---|---|---|---|---|---|---|---|---|---|
| B1 | 9 | 7.4 | 1 | 0.8 | 28 | 23.1 | 45 | 37.2 | 38 | 31.4 |
| B2 | 6 | 4.9 | 3 | 2.5 | 48 | 39.7 | 47 | 38.9 | 17 | 14 |
| B3 | 2 | 1.7 | 5 | 4.1 | 46 | 38.0 | 52 | 43.0 | 16 | 13.2 |
| B4 | 4 | 3.3 | 8 | 6.6 | 27 | 22.3 | 53 | 43.8 | 29 | 24.0 |
| B5 | 3 | 2.5 | 6 | 5.0 | 36 | 29.8 | 48 | 39.7 | 28 | 23.1 |
| B6 | 2 | 1.7 | 2 | 1.7 | 30 | 24.8 | 49 | 40.5 | 38 | 31.4 |

结合本部分问卷调查，为更好地分析贵州工程应用技术学院在彝族应用型人才培养方面的现实情况及存在的现实问题，调研组对部分彝族学生进行了访谈，访谈也围绕着彝族学生应用型能力培养的六个层面展开。以下是具体的访谈内容：

学生 A：其实学校改名就是想培养应用型人才吧，无论是不是彝族学生都是这个目标，有目标，但我觉得没有专门针对彝族学生应用能力提升的目标，毕竟民族不同，培养目标肯定应该有不一样的地方。

学生 B：课程问题最严重，讲应用型，但课程还是那些，最多就是增加了点课程，变化不大。课程设置杂乱无章、缺乏系统性和专业性；教材不实用，理论多、实践少；专业教师不够，这个问题特别突出，有些非专业的老师来上专业课，自己都没搞清楚，根本满足不了需要。没有针对彝族学生的不一样的课程，即使有选修课也不是针对我们的。

学生 C：老师的教学能帮我们提升应用能力，但有的老师根本就不用心，或者说自己都还没适应应用型需要，也没有这方面的系统训练、专业知识，指导起来力不从心。

学生 D：学校的实践活动开展还是太少了，与专业相关的实践机会远远不够，没有把民族的传统优势放进来，而且没有太多的社会实践机会，我觉得应该和我们的产业结合起来，我还是看到很多小企业的，我们可以去学习，没必要非得在学校。

学生 E：评价好像有变化，但我也不太清楚什么是应用能力，学校好像也在关注我们的应用能力提高，但总觉得和我们的民族性、和我自己的应用能力没什么必然联系。

学生 F：人文关怀很重要，无论哪种能力发展都需要人文关怀，老师们还不错，但民族情感、民族历史还是体现不够。

教师 A：学校已经改名，要培养应用型人才，但有针对性的彝族应用型人才培养目标没有得到准确定位，像彝族的一些紧缺应用型人才并未在学校的目标和专业设置中体现，像彝族医药、工艺品专业真的必须赶紧建起来，这是学校特色发展的需要。

教师 B：目标没有确立好，课程、教学、实践实训的问题很严重，评价也还是大一统，没什么针对性、独特性，人文关怀就是理想。

结合访谈内容可见，目前贵州工程应用技术学院已进入应用型高校的转型发展过程中，学校在应用型人才培养目标的定位中，重视应用型人才培养目标的确立，但对不同民族学生应用型人才培养的目标差异并未重视，也未在培养目标中有效地体现并落实。在贵州工程应用技术学院彝族学生应用能力培养中，课程体系的问题最为明显，是学生关注度最高的一个部分，目标与课程的不匹配，课程大纲与课程实施的不一致，课程实施中的具体教材、师资问题都极大地影响着应用型人才培养的目标实现。教学活动则围绕着教师的指导作用展开，大部分学生在谈及教师时都肯定学校在提升教师教学能力方面的努力，但教师们的教学活动与应用型人才的培养需求有内在的不一致性。关于有针对性的实践活动则远远不足，且在校本资源开发、民族资源开发上远远不足，一定程度上未进入发展视野之中。关于评价与人文关怀的民族性都表现出极大的不足。整体来看，贵州工程应用技术学院彝族应用型人才培养现状尽管在得分上处于中等水平，但同学们对其中呈现的问题及期望解决的需求是非常强烈的。

**3. 彝族人才培养价值分析**

贵州工程应用技术学院彝族应用型人才培养价值的调查具体体现在三个领域，一是民族人才培养对学校发展的价值；二是高等教育发展对民族人才的人生发展价值；三是民族人才培养对服务民族地区发展的价值，因此本部分的问卷主要围绕这三个领域展开，共 9 项问题。根据彝族应用型人才培养价值的调查结果分析可知（见表 A1－11），贵州工程应用技术学院人才发展现状调查的总水平为 4 528.00，平均水平为 37.4215，最小值为 25.00，最大值为 45.00，标准差为 3.87460。

表 A1－11　　　　　彝族人才培养价值的描述性统计

| 项目 | N | MIN | MAX | SUM | MEAN | SD |
| --- | --- | --- | --- | --- | --- | --- |
| C1 | 121 | 1.00 | 5.00 | 458.00 | 3.7851 | 0.82872 |
| C2 | 121 | 1.00 | 5.00 | 456.00 | 3.7686 | 0.98116 |
| C3 | 121 | 1.00 | 5.00 | 483.00 | 3.9917 | 0.88030 |

续表

| 项目 | N | MIN | MAX | SUM | MEAN | SD |
| --- | --- | --- | --- | --- | --- | --- |
| C4 | 121 | 1.00 | 5.00 | 545.00 | 4.5041 | 0.77593 |
| C5 | 121 | 3.00 | 5.00 | 553.00 | 4.5702 | 0.61680 |
| C6 | 121 | 3.00 | 5.00 | 535.00 | 4.4215 | 0.71592 |
| C7 | 121 | 1.00 | 5.00 | 492.00 | 4.0661 | 0.97242 |
| C8 | 121 | 1.00 | 5.00 | 490.00 | 4.0496 | 0.91151 |
| C9 | 121 | 1.00 | 5.00 | 516.00 | 4.2645 | 0.83435 |
| 总水平 | 121 | 25.00 | 45.00 | 4 528.00 | 37.4215 | 3.87460 |

整体来看，贵州工程应用技术学院学生在该校彝族应用型人才培养价值方面有较高的认同度，但就三个领域分析可见（见图 A1-3），学生们对民族人才培养在学校发展价值方面的认同度相对较低，而在高等教育对彝族人才个体的价值上的认同度最高，在彝族学生自身在民族发展中价值的认同度居中。其中得分最高项是高等教育有利于民族地区的发展，均分达到 4.5702，得分项最低的是该校在彝族学生应用能力培养上作用巨大，均分为 3.7686。

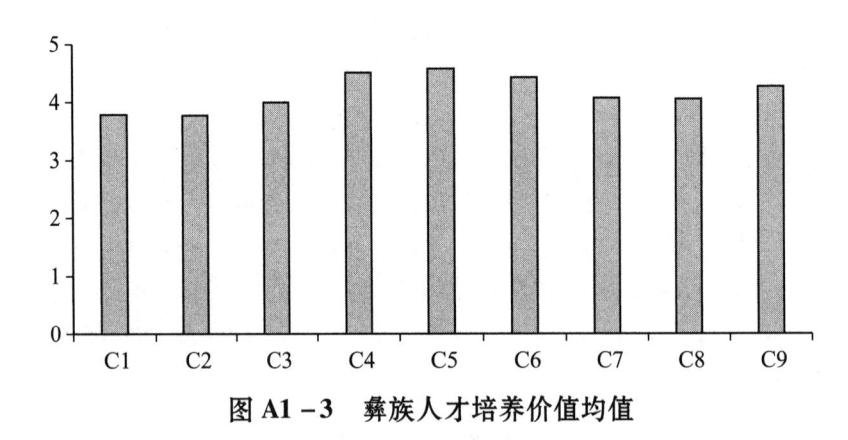

图 A1-3　彝族人才培养价值均值

对九个子项目详细分析可知（见表 A1-12），在对彝族人才培养与学校发展关系的认知方面，在"有针对性的民族人才培养有利于我校的长远发展"（C1）选项中，持同意意见的人数占总人数的 66.1%，在"我校在民族学生应用能力培养上问题明显"（C2）选项中，按反向数据分析来看，持同意意见的人数占总人数的 60.3%，在"我校民族应用型人才培养需要其他高校支持"（C3）选项中，持赞同意见的人数占总人数的 71.9%。总体来看，三项调研结果显示学生的认同比例较高，说明同学们在民族人才培养与学校发展认同度上相对较好，而高校间的支持在地方院校民族应用型人才培养中的作用与价值也得到了大多数学生的认可。在对高等教育与个人发展、民族发展关系的认知方面，在"高等教育对我的人生意义重大"（C4）选项中，持同意意见的学生人数占总人数的90.1%，在"高等教育有利于民族地区的发展"（C5）选项中，持同意意见的学生人数占总人数的93.4%，在"高等教育有利于民族产业的发展"（C6）选项中，持同意意见的学生人数占总人数的86.80%。总体来看，学生在高等教育对个体与民族发展价值认同上都达到了绝大多数的认同，高等教育在个人发展、民族发展方面的意义得到了几乎所有学生的认可，在三项中得分最高的是高等教育对民族地区发展的认同，说明贵州工程应用技术学院在服务于本地区经济社会发展方面做出了一定的贡献。在民族人才服务地方认同度的调查上，在"我毕业后会回本民族所在地工作"（C7）选项中，持同意意见的学生占总人数的71%，在"我毕业后会从事所学专业工作"（C8）选项中，持同意意见的学生占总人数的74.4%，在"我将为本民族产业的发展贡献力量"（C9）选项中，持同意意见的学生占总人数的81%，赞同比例均达到总人数的大多数，其中赞同比例最高的是将民族人才与民族产业发展内在关联。

表 A1-12　贵州工程应用技术学院彝族人才培养价值分类调查

| 项目 | 完全不同意 人数 | 完全不同意 百分比（%） | 基本不同意 人数 | 基本不同意 百分比（%） | 中立 人数 | 中立 百分比（%） | 基本同意 人数 | 基本同意 百分比（%） | 完全同意 人数 | 完全同意 百分比（%） |
|---|---|---|---|---|---|---|---|---|---|---|
| C1 | 2 | 1.7 | 3 | 2.5 | 36 | 29.8 | 58 | 47.9 | 22 | 18.2 |
| C2 | 3 | 2.5 | 4 | 3.3 | 41 | 33.9 | 42 | 34.7 | 31 | 25.6 |
| C3 | 1 | 0.8 | 4 | 3.3 | 29 | 24.0 | 48 | 39.7 | 39 | 32.2 |
| C4 | 0 | 0 | 1 | 0.8 | 11 | 9.1 | 33 | 27.3 | 76 | 62.8 |
| C5 | 0 | 0 | 0 | 0 | 8 | 6.6 | 36 | 29.8 | 77 | 63.6 |
| C6 | 0 | 0 | 0 | 0 | 16 | 13.2 | 38 | 31.4 | 67 | 55.4 |
| C7 | 2 | 1.7 | 4 | 3.3 | 29 | 24.0 | 35 | 28.9 | 51 | 42.1 |
| C8 | 2 | 1.7 | 3 | 2.5 | 26 | 21.5 | 46 | 38.0 | 44 | 36.4 |
| C9 | 1 | 0.8 | 1 | 0.8 | 21 | 17.4 | 40 | 33.1 | 58 | 47.9 |

结合本部分问卷调查，为更好地分析贵州工程应用技术学院在彝族应用型人才培养价值认知方面的现实情况及存在的问题，调研组对部分彝族学生和本土彝族企业家进行了访谈，访谈也围绕着人才培养价值三个核心子维度展开。以下是

具体的访谈内容：

学生 A：我觉得来贵州工程应用技术学院读书，对我自己很有必要，至少将来我可以找个工作，不用出去打工。

学生 B：没想过出去，毕业就回老家，打算创业，民族旅游是很好的，但我学的不是这个专业，现在有时间会关注下，如果学校能在这方面给我们指导就更好了。

企业家：我一直在致力于民族产业的发展，彝族的民族优势大，就企业发展现状来看，接受过高等教育的彝族人才在企业发展中作用更大，但真正来我们企业的却远远不足，我们需要大量的本民族优质应用型人才，也希望贵州工程应用技术学院能够真正培养我们需要的人才，希望能够合作。

教师 A：贵州工程应用技术学院要往应用高校转型，应用型人才培养是必然，而毕节地处民族地区，像彝族的民族资源就应该好好运用，开发优质的民族资源，培养出优质的彝族人才，他们得到发展，进而引领、带动民族产业发展，民族产业发展的同时也是高校质量提升的重要表征，如此就能实现良性循环，也是我们学校转型发展的可行途径。

从问卷调查与访谈调查结果分析来看，彝族应用型人才培养的价值巨大，是实现贵州工程应用技术学院转型发展的破题之路。

## （二）毕节彝族应用型人才培养差异与相关分析

### 1. 彝族应用型人才培养差异性分析

在对不同性别民族型人才培养方面的差异性调查基础上分析可知，贵州工程应用技术学院在彝族应用型人才培养过程中，不同性别彝族学生的培养情况并未呈现出显著差异，男学生与女学生在关于人才培养目标、人才培养现状、人才培养价值等方面的认同度基本一致（见表 A1-13）。

表 A1-13　　　　　不同性别彝族人才培养差异分析

| 项目 | 男 M | 男 SD | 女 M | 女 SD | t | Sig |
| --- | --- | --- | --- | --- | --- | --- |
| 人才培养目标 | 4.5694 | 0.49139 | 4.5059 | 0.45965 | 0.133 | 0.716 |
| 人才培养现状 | 3.8194 | 0.65632 | 3.7282 | 0.71781 | 0.008 | 0.927 |
| 人才培养价值 | 4.1481 | 0.43644 | 4.1621 | 0.43052 | 0.008 | 0.930 |

基于不同专业学生对彝族人才培养情况的调查结果分析（见表 A1-14），不同专业学生对彝族人才培养情况的认同度存在着显著差异，由此可见，不同专业

彝族学生的培养目标、培养过程与培养价值有着内在的差异，在彝族应用型人才培养过程中应注重学科与专业的差异性，加强深入调研，有针对性地进行人才培养策略与模式的探讨。

表 A1-14　　　　　不同专业彝族人才培养差异分析

| 项目 | 变量 | N | M | SD | F | Sig |
| --- | --- | --- | --- | --- | --- | --- |
| 人才培养目标 | 师范学院 | 43 | 4.5988 | 0.44030 | 6.494** | 0.000 |
|  | 矿业工程学院 | 25 | 4.2500 | 0.58630 |  |  |
|  | 艺术学院 | 33 | 4.7197 | 0.24010 |  |  |
|  | 理学院 | 20 | 4.3875 | 0.47624 |  |  |
| 人才培养现状 | 师范学院 | 43 | 3.6085 | 0.74703 | 10.113** | 0.000 |
|  | 矿业工程学院 | 25 | 3.3681 | 0.51775 |  |  |
|  | 艺术学院 | 33 | 4.2323 | 0.56969 |  |  |
|  | 理学院 | 20 | 3.7500 | 0.56325 |  |  |
| 人才培养价值 | 师范学院 | 43 | 4.1705 | 0.34405 | 3.679** | 0.014 |
|  | 矿业工程学院 | 25 | 4.0267 | 0.41732 |  |  |
|  | 艺术学院 | 33 | 4.3333 | 0.41851 |  |  |
|  | 理学院 | 20 | 4.0056 | 0.54131 |  |  |
| 人才培养总况 |  | 121 | 4.1118 | 0.40914 | 9.659** | 0.000 |

注：** 表示 $P < 0.01$。

基于不同年级学生对彝族人才培养情况的调查结果分析（见表 A1-15），总体而言，不同年级学生人才培养情况不存在显著差异。但从具体调查来分析，在人才培养目标方面，不同年级的彝族学生表现出了一定的差异性，其差异主要体现在大一、大二和大三学生身上，而大一、大二、大三学生的培养目标与大四学生间没有明显的差异。由此可见，目前贵州工程应用技术学院在彝族应用型人才培养方面，对不同年级学生的培养目标、培养过程、培养价值进行有针对性的指导，将学校发展与学生发展、民族发展有机结合，落实于学生学业发展的每个阶段。

表 A1-15　　　　不同年级彝族应用型人才培养差异分析

| 项目 | 变量 | N | M | SD | F | Sig |
| --- | --- | --- | --- | --- | --- | --- |
| 人才培养目标 | 大一 | 53 | 4.3774 | 0.53848 | 3.970* | 0.010 |
|  | 大二 | 22 | 4.7386 | 0.23751 |  |  |
|  | 大三 | 37 | 4.5743 | 0.44043 |  |  |
|  | 大四 | 9 | 4.6667 | 0.27951 |  |  |

续表

| 项目 | 变量 | N | M | SD | F | Sig |
|---|---|---|---|---|---|---|
| 人才培养现状 | 大一 | 53 | 3.6827 | 0.66688 | 2.223 | 0.089 |
| | 大二 | 22 | 3.6136 | 0.80571 | | |
| | 大三 | 37 | 3.8198 | 0.67971 | | |
| | 大四 | 9 | 4.2593 | 0.49379 | | |
| 人才培养价值 | 大一 | 53 | 4.0943 | 0.44838 | 0.962 | 0.413 |
| | 大二 | 22 | 4.1414 | 0.41030 | | |
| | 大三 | 37 | 4.2312 | 0.43696 | | |
| | 大四 | 9 | 4.2716 | 0.32447 | | |
| 人才培养总况 | | 121 | 19.920 | 0.40914 | 2.032 | 0.113 |

注：*表示 0.01 < P < 0.05。

**2. 彝族应用型人才培养相关性分析**

人才培养目标、人才培养过程、人才培养价值是应用型人才培养的三大核心维度，三大子系统之间是否具有相关性，彼此间的相关性对于贵州工程应用技术学院彝族优质应用型人才培养整体效果是否有必然影响，这是对三大维度间相关性分析的关键所在（见表 A1 – 16）。

表 A1 – 16　　　　　　　相关性统计分析

| | | 人才培养目标 | 人才培养内容 | 人才培养价值 |
|---|---|---|---|---|
| 人才培养目标 | Pearson | 1 | 0.354** | 0.379** |
| | Sig（2 – tailed） | | 0.000 | 0.000 |
| | N | 121 | 121 | 121 |
| 人才培养内容 | Pearson | 0.354** | 1 | 0.425** |
| | Sig（2 – tailed） | 0.000 | | 0.000 |
| | N | 121 | 121 | 120 |
| 人才培养价值 | Pearson | 0.379** | 0.425** | 1 |
| | Sig（2 – tailed） | 0.000 | 0.000 | |
| | N | 121 | 121 | 121 |

注：**表示在 0.01 水平上（双侧）显著相关。

从问卷数据分析来看，在应用型人才培养目标、培养过程、培养价值三大维度间呈现出显著相关性。从贵州工程应用技术学院应用型高校转型与彝族应用型人才培养需求来看，只有强化应用型人才培养目标的精准定位，强化包括具体目标、课程、教学、实践、评价、文化提升等所有培养内容的完善，将人才培养价值与学校发展、民族及民族产业发展融合并真正落实到工程人才培养的全过程，如此方能真正有效地从整体视野出发，从局部发展优化，最终实现人才培养质量的本质提升。

## 四、贵州工程应用技术学院彝族人才培养改革

贵州工程应用技术学院在转型发展过程中，要注意民族地区发展的特殊性、民族性人才培养的独特性，将民族优势与学校转型有机结合，延承"艰苦创业、不断进取"的办学精神，以兴学育人为根本，以培养服务于基础教育的一线教师和服务于工业化、城镇化、信息化和农业现代化建设需要的一线工程师为目标，不断深化产教融合、校企合作，深化教学改革、提升教学质量和办学水平，探索出适合学校彝族应用型人才培养的合理路径。

### （一）转变传统观念，树立彝族应用型人才培养意识

随着经济发展方式的转变、产业结构的转型升级，国家经济社会发展变革逐步深入推进，在此时代背景下，地方高校也必须要转型发展，走时代变革所需的发展变革之路。近年来随着人才培养格局的调整，高校在不断的变革探索过程中发现，地方本科院校的生命之本在于优质人才的培养，特别是如何培养出服务于地方经济社会发展的优质应用型人才，是其安身立命之根本，是其卓越发展的前提与基础。

对贵州工程应用技术学院而言，要培养出卓越优质的彝族应用型人才，首先要深入调查，从地方实际出发，立足于彝族聚居区，立足于贵州西部山区，发掘地方优势资源，找寻并建构特色化发展的道路。其次，要着眼于应用型人才的特色与民族地区地方特色的融合。毕节处于少数民族聚居区，民族融合、民族团结既是人才培养的现实背景，也是人才培养特色与优势彰显的关键交织点，贵州工程应用技术学院在发展变革转型时期，需重视人才培养的特色化建构，在服务地方、培养彝族应用型人才方面增强意识，将彝族应用型人才的培养作为学校特色发展的平台与目标，与培养地方经济社会发展有机结合。最后，将应用型人才培养理念融入全体学校成员育人活动之中。应用型人才的培养理念不仅要在学校的政策制度中落实，更重要的是必须成为学校内部所有成员认同的观念体系，包括学校的领导者、组织管理者、中层干部、教师以及所有的学校学生，只有所有的学校群体观念一致、共同努力，才能实现预定之理想。

## （二）完善体制机制，保证人才培养目标落实

### 1. 完善彝族学生培养制度

毕节彝族高层次应用型人才培养主要依靠本区域唯一的普通本科高校贵州工程应用技术学院。为真正有效落实这一发展目标，学院必须制定和完善系统化的人才培养制度，特别是服务于彝族应用型人才培养的新模式；要整合校内外教育资源，创造条件与政府、教育行政部门、中小学校、教育培训机构建立联系，建立职前培养和职后培训于一体的开放型人才培养模式。以毕节政府及教育行政部门为主导，中小学及教育培训机构共同参与，建立"教师教育发展研究中心"，由政府管理，统筹毕节人才资源，制定彝族后备人才参与培训、进修的规章制度。政府部门负责彝族教师培训的检查、考核、评估工作，以此形成一体化的、开放式的彝族应用型人才培养模式。

### 2. 构建人才培养标准体系

彝族应用型人才在地方经济社会发展中所起的作用是巨大的，在地方经济发展过程中其被寄予的期望是深远的，因此在彝族应用型人才的培养过程中，不能因其民族特色而降低要求，反而要更加强化目标的准确性与专业性。根据教育部、中国工程院《卓越工程师教师培养计划通用标准》提出的"本科工程型人才培养通用标准"，贵州工程应用技术学院应从毕节实验区彝族人才培养的实际出发，真正落实应用型人才培养的实际能力。首先，应从毕节人才结构（包括非彝族人才结构与彝族人才结构）与产业结构（包括彝族产业情况与非彝族产业情况）的内在联系出发，通过翔实的调研、分析、整合，明晰彝族人才培养的目标。其次，应结合彝族人才培养目标与导向，建构起《彝族应用型人才培养标准》，明确彝族人才培养的核心价值观及核心能力体系。最后，应该结合各专业、学科的发展方向，以《彝族应用型人才培养标准》为基础，建立起更具特色化、更有针对性的人才培养标准系统，只有真正建立起国家、地方、学校、专业一体的人才培养标准体系，彝族应用型人才培养目标才能真正得到落实。

### 3. 建构彝族应用型人才培养的服务体系

专业化、标准化的服务体系是现代社会应用型人才培养的必要支撑。建构立体式服务体系，真正做到以应用型人才培养为准绳，将服务意识、服务质量有机结合。一是重视彝族学生人文素养与社会科学知识的养成。彝族应用型人才的培养对学生的发展与引领能力有较高的需求，这就要求此类学生必须具备较高的人文素养，在爱国敬业、艰苦奋斗、社会责任感方面具有准确的自身定位，对于基础学科、人文素养有较扎实、宽厚的基础。二是强化彝族学生专业技能训练，提升其职业素质。彝族应用型人才培养的基础要求学生们有较高的专业技能水平，

在工程、应用水平上能够达到国家相应人才培养的基本标准。三是培养一支专业技能水平较高的"双师双能型"教师队伍。"双师双能型"教师是职业教育现代化发展的现实需要,贵州工程应用技术学院现有的教师学术水平较高,但专业实践能力较弱,难以满足应用型人才培养要求。因此,欲培养高层次应用型人才,必先造就一支高素质的"双师双能型"教师队伍,提升教师的专业实践能力。

### (三) 注重供给侧改革,优化学科专业建设

贵州工程应用技术学院已经明确了地方性、应用型办学定位,并将办学思路转向为服务地方经济社会发展上来,转到培养应用技术型人才上来,转到产教融合校企合作上来,转到增强学生创新创业能力上来。鉴于此,在学科专业的建设方面应主要落实两点。

一是调整学科专业结构。目前贵州工程应用技术学院已经开始学科建设改革的实验,强化特色优势学科建设,推进多学科交叉融合,形成以工学、教育学为主体,文学、理学、管理学、艺术学等多学科共同发展的学科体系。但从服务彝族地区、培养彝族应用型人才视角来看,专业与学科建设无论从定位还是设计都没有将彝族优势挖掘出来。因此,在专业相对稳定的基础上,贵州工程应用技术学院需要对学科加以特色化建设,特别是将彝族医药、旅游、手工业、服饰艺术等彝族特色融入学科的完善与优化之中。二是构建面向地方产业发展需求的专业群。目前贵州工程应用技术学院构建了面向地方矿产资源开发的矿业类专业群,面向煤化工产业发展的化工类专业群,面向地方装备制造产业发展的机械类专业群,面向地方信息化、大数据产业发展的信息类专业群,面向地方城镇化建设的建筑类专业群,面向地方文化事业发展的人文艺术类专业群。

### (四) 坚持应用为本,深化课程与教学体系改革

贵州工程应用技术学院彝族应用型人才培养的关键落脚点在课程与教学体系的改革与落实上,为服务于彝族应用型人才的培养,必须进行课程、教学体系的深入改革与实践。在课程改革方面,重点实施模块化课程体系的改革实践探索,明确构建课程结构模块和课程内容模块的"双模块"课程体系。在教学体系建设过程中,以学生专业能力、实践能力、应用能力、创新能力为主线(四能力),构建起课程实验、技能训练、专项实习、综合实践的实践课程体系(四模块)。在课程与教学体系结构建设的过程中,将彝族人才培养的特殊性、发展性、引领作用落实是真正实现彝族应用型人才有效培养的重要依托,这就要求课程内容的改革不仅要贴近职业标准,还必须要增加民族性课程的比重,组织专家学者开发

一系列的适合彝族应用型人才能力发展的校本课程,在具体实施过程中,通过模拟教学、情境教学、实践教学及任务驱动教学等方法,实现课程和教学真正与现实需求结合,保证教育教学质量的提升。

深化课程与教学体系改革应当打通校本课程与实习实训的通道,真正做到产教融合。毕节的产业发展水平相对滞后,一方面给人才培养提出了更高的要求,另一方面也为本土人才的发展提供了机遇。毕节地区有大量彝族产业优势可以得以发挥,如彝族中医药、彝族古籍开发、彝族旅游、彝族畜牧产业、彝族原生态歌舞、彝族服饰与工艺品、彝族种植业等产业,均是可以开发与发展的地方优势特色产业。目前贵州工程应用技术学院在此类特色产业的开发与服务中作用稍显不足,在彝族应用型人才的培养中,既要立足于地方产业发展的现实,又要突破现实条件的局限,学会走出去、带进来、赶上去,通过主动调研、主动对接,实现对地方产业、民族产业发展基础、发展优势、发展空间的准确把握。

### (五) 回归育人根本,构筑多元文化育人体系

教育作为少数民族文化传承、发展、创新的最主要、最有效的手段,在彝族应用技术型人才的培养过程中,不仅要重视显性资源的开发,更要注重隐性资源的塑造。在建构校园优质文化的过程中,应有意识、有侧重地开辟民族文化宣传栏、民族文化推广板块,引导彝族学生强化民族认识、提升民族认同感,帮助学生持续、主动地促进自身发展,更好地开发民族资源,服务地方经济社会发展。

近年来,少数民族地区应用型人才培养的研究得到了大量学者的关注。彝族应用型人才的培养既有普通应用型人才培养的共性,也有少数民族人才培养的独特性,毕节彝族应用型人才的培养,是一个从理论到实践的探索过程,只有不断的研究和实践,才能培养和拥有一支适应和有效促进毕节彝族地区经济社会发展的坚实队伍,进而有力推动毕节彝族地区产业发展、文化繁荣、社会进步、民族和谐。

## 五、毕节彝族应用型人才培养模式改革探究

贵州工程应用技术学院要实现真正的转型发展,须培养能够适应并引领民族地区发展的高层次应用型人才,绝不能走单打独斗之路,而是要通过内外协作,教育、经济、文化联动发展的路径来发展和落实,在优化与完善现有人才培养模式的基础上,积极探索寓人才培养与民族地区社会发展于一体的应用型

人才培养模式。

### (一) 以需求为导向，把彝族应用型人才培养融入地方经济社会发展之中

贵州工程应用技术学院面向地方经济社会发展需求进行应用型人才培养，一方面要面向毕节产业结构调整与社会发展要求，设置具有地域特色和行业特点的培养方向，开设具有针对性的应用型课程；另一方面要学会利用毕节社会发展的现有成果，建设实践实训基地，特别是在少数民族应用型人才的培养过程中，必须将学生培养与地方民族产业发展相结合。

通过与地方产业融合，贵州工程应用技术学院可建立起 C-I-D 人才培养模式。其一，C-I 的协作是双向互通的协作模式。一方面毕节市彝族所在区域有着丰富的自然资源、文化资源，贵州工程应用技术学院作为服务地方的本科院校，可以充分依靠地方优质民族资源，从中汲取营养，开发民族特色专业，建立联合培养机制与实践基地，使彝族学生立足于民族特色提升应用技术能力；另一方面，毕节市彝族区的发展也有其复杂性，彝族产业发展的优势并未得到有效的开发，这就要求贵州工程应用技术学院不能只从民族资源中获取，还要通过彝族应用型人才的培养来服务于彝族地区的发展，引导学生从实践中发现发展点，通过思考、构筑、实践，实现民族产业的开发与创造，使民族产业焕发出新的生机。其二，I-D 协作模式是少数民族与地区优势发展的良性协作模式。毕节彝族特色产业的开发需要地方社会的支持，特别是毕节政府与学校的大力支持。特色产业的开发不仅要服务于彝族文化的传承与创新，还要服务于彝族群众的发展与致富，彝族文化是地区文化的有机组成部分，彝族特色产业的发展必须服务于地区的整体发展以及彝族群体的发展与优化；另外，这也要求地区政治经济发展与调控必须将民族产业、民族发展融入其中，并在此过程中关注地区群体中的所有个体，不偏向、不放弃。这是 I-D 协作模式最核心的要求，即民族与地区共荣。其三，C-D 协作的现实意义彰显，教育本就承担着服务地方经济社会发展的使命，对贵州工程应用技术学院来说，要想实现学校的发展、特色化的提升，必须从地方实际发展出发，从服务于地方经济社会发展所需现实人才的分析出发，优化教育体系，服务于地方产业发展的同时实现学校质量的优质提升；地区经济社会发展则必须重视教育，特别是要重视高等教育在地方发展中的积极意义，充分开发教育资源与本科院校的人才优势。

### (二) 拓展合作模式，培养应用型彝族人才

贵州工程应用技术学院要实现应用技术型人才培养目标的战略转移，必须重

视培养模式的创新，必须重视"内生"基础上的"协同"。"内生"强调学校抓住时机，强化自身体制、机制的改革，逐步推进、落实转型；"协同"强调学校在现有发展背景下，积极寻求协作，而多路径、多层次、多形式协作是保证学校在相对薄弱的办学条件下实现办学质量突破、提升人才培养质量的最有效路径。就应用型彝族人才的协同培养模式来说，有以下几种合作培养模式：

**1. C-U 合作**

C-U 合作中"C"就是指民族地区的地方院校，贵州工程应用技术学院属于这一层次，"U"在本书中主要指部属综合性高校，但适应于贵州工程应用技术学院发展需要，特别是毕节彝族应用型人才的培养来看，可将 U 做一定的扩展和补充。目前，贵州工程应用技术学院已经开展了一系列的 C-U 合作项目，包括与西南大学、中国矿业大学（北京）的合作，通过挂职、支教、顶岗等合作模式更新了教学管理理念，促进了学校教学、科研、管理、服务水平的提升，为学校应用型人才的培养做出了一定的贡献。在现有合作基础上，要更好地发挥合作效应，可以实现合作优化：第一，C-U 合作院校进一步拓展，不仅要和部属综合性高校合作，还应该与一流的应用技术型大学、应用技术专业领域有突出特点与优势的专业院校、民族类的优质高校合作。培养彝族应用技术型人才，发挥出院校合作的最佳效能，其关键在于对接点的适切整合。对彝族人才的培养来说，民族类高校走在前列，对民族教育的独特性有深刻的认识与实践经验，能为学校彝族及其他少数民族教育提供参考与帮助；对地方高校人才的培养来说，部属综合性高校能够提供一定的先进理念、优质资源，特别是能对学校的发展规划做出研究性的探索与指导；对应用技术型人才的培养来说，国内其他地区的应用型高校，特别是一些转型成功的非一流院校，也应该纳入合作的范畴之内，这部分高校能够发现现实转型问题，给予我们对策、实践以及更直接有效的建设性建议。由此可见，在 C-U 合作模式中，学校的选择不是排名越靠前越好，综合实力越强越好，多类型的合作、多方面的指导才能更好地促进学校转型发展的需要。

第二，在具体合作过程中，还呈现出对民族学生的同一性培养，支教、进修、顶岗、交流等各类型的合作都采用的是无差别选拔、推荐模式，没有对少数民族学生及其教育给予相应的指导与倾斜。少数民族学生受到原有教育环境、教学水平的影响，在这样的体制之下，很少能够获得协作培养的支持，尤其在外省学生的冲击下，更多的机会降临到省外学生身上，毕业后的离校、离市、离省致使对口合作在真正培养服务于毕节少数民族区域的作用难以得到体现。因此，C-U 合作不仅要强调合作机构的多样性，还要保证合作方式的多元化，更要在合作过程中对部分特殊群体，特别是对服务地方发展有潜力的民族类学生、教师给予倾斜与帮助。

### 2. C–S 合作

C–S 合作主要指贵州工程应用技术学院与地方中小学合作。C–S 合作是贵州工程应用技术学院的传统，也是学校多年来人才培养的经验与优势，随着学校向应用型大学转型，优势与传统不应放弃，而应让其在新型化发展中焕发出新的生机，做出更大的贡献。对彝族应用型人才的培养来说，贵州工程应用技术学院的定位应面对大学生培养及其后续发展，但中小学的教育水平、彝族学生受教育的质量也影响着这些学生未来发展的空间及路向。在新的历史时期，C–S 合作不只是师范生的培养模式，而是将 S，特别是民族地区的中小学、民族类中小学作为合作的重点学校，在 C–S 合作过程中，不仅要将此类学校作为贵州工程应用技术学院的实习、实践基地，还应该以合作的方式，在中小学校中开展校本调研，关心、关注彝族中小学生，为其学习发展服务，激发学生们的学习积极性，强化其对本民族的认同，主动地将自我的人生规划、民族的发展未来结合起来。目前为止，贵州省内彝族学生的高考升学率比较低，这极大地制约了彝族应用型人才的培养，为长远考量，贵州工程应用技术学院的人才培养体系应主动下移，主动与中小学接轨，有效地运用预科、函授等方式帮助有发展可能但基础较差的学生走上应用技术型人才的发展道路。

### 3. C–I 合作

C–I 合作是指贵州工程应用技术学院与民族地区的产业结合。毕节市的产业发展水平在全国乃至全省都相对滞后，但毕节作为少数民族聚居区，民族产业有很大的发展空间与发展优势，特别是彝族的医药、工艺品、歌舞、种植等产业均有其优势，但目前彝族民族特色产业的发展也呈现出相对滞后性。C–I 合作就是要发挥出高校科研与服务优势、民族产业发展的空间优势，通过 C–I 合作，依托地方高校相对集中的学科、教学、科研等资源优势，调研、整合、设计、开发出一系列的民族产业模块，通过高校人才作用的发挥促进民族产业的优势生成，同时民族产业的开发过程也是民族应用技术型人才的培养过程，在合作过程中，彝族学生能够在参与民族产业开发的过程中深化民族知识，提升民族认同，探索民族产业发展空间，主动地将自己的民族身份与民族发展接轨，实现自我完善、民族引领、学校发展的三效合一。

### 4. C–G 合作

C–G 合作是指贵州工程应用技术学院应与政府职能部门、政府下设事业单位合作。彝族应用型人才的培养目标不仅是为彝族学生的个人发展服务，更是为地方经济社会发展服务，这与政府组织的发展目标是一致的，在人才培养过程中学校不应脱离、远离政府，或只是简单化的行政任务合作模式，而应该走向深层次的内涵式合作。发展彝族地区社会经济、提升彝族群众受教育水平、生成彝族产业的特色化，一直是毕节政府力图实现的战略目标，贵州工程应用技术学院应主动与政府部门联络，参与政府项目，提供政府咨询，特别是与政府下设的民族机构合作，尽力拓展合作路径，实现多元合作。

### （三）优化培养体制机制，提高彝族应用型人才培养质量

贵州工程应用技术学院要提升人才培养质量，培养出一批批彝族应用型人才，就必须优化学校的培养体制、机制。通过完善制度体系、优化课程设置、强化实践实训等方式积极推进人才培养模式的改革。

第一，市场导向。近几年随着非物质文化遗产保护政策的提出，以及校企联合办学培养人才路径的开拓，彝族传统文化，如彝族医药、彝族彝语、彝族舞蹈和音乐、彝族服饰乃至彝族彝语等专业的人才需求有所回升。因此，学校要深入市场调研，以市场需求为导向，并据此改革人才培养目标，通过"校企联合办学""高校对口支援"等途径培养出在彝族传统文化学习上"精""专""新"的人才，为彝族传统文化传承提供新的血液。

第二，课程为重。贵州工程应用技术学院作为地方本科应用型人才培养高校，要培养彝族应用型人才，就必须根据地域特点、民俗传统、经济发展特点、校内资源状况，进行灵活多样的个性化课程设置。围绕应用技术型人才的培养标准，通过模块化课程的设计，建构起不同专业的核心课程。既要重视基础知识的掌握，更要强调课程的应用化，比如加入彝族医药、彝族本土文化、彝族彝语等课程的学习，同时加大实践课程的比例，使其能够适应彝族聚居区人才培养需求，增加彝族学生就业机会。

第三，制度保障。制度的确立是人才培养目标得以逐步推进与落实的基本要求，学校确定了应用技术型大学的转型之路，在规章制度的完善方面就必须以此为核心，而为实现彝族应用型人才培养质量提升的目标，在制度的制定过程中，就必须考虑共性与个性问题，必须协调汉族与少数民族学生在培养目标一致性、培养过程差异性、培养结果卓越性等方面的现实问题，在学校管理规章制度的各个层面给予有理有据的适当倾斜，其核心目标必须坚定不移地落实到民族应用型人才培养质量上来。

彝族应用型人才培养模式的探究不只是服务于彝族人才的培养，更是通过民族教育培养的探索性研究，在不断反思与优化的基础上，以期在不远的将来实现各民族优秀人才的培养，真正实现多民族的共同繁荣。

# 案例二  人口较少民族应用型人才培养模式综合改革案例

培养高层次应用型人才是我国时代发展需要和高等教育由精英教育向大众化教育转变对高校人才培养提出的新要求。教育部在 2014 年明确提出要引导一批普通本科高等学校向应用技术类高等学校转型，建立以职业需求为导向、以实践能力培养为重点、以产学结合为途径的应用型人才培养模式。[①] 大理大学地处西南边疆，为少数民族聚居区。多年来扎根边疆民族地区，坚持"立足大理，服务滇西，面向云南及周边地区"的办学思想。学校非常重视应用型人才的培养，连续 8 年获得云南省高校毕业生就业工作一等奖，2009 年被评为全国 50 所毕业生就业典型经验高校。学校有着浓厚的学术氛围和研究基础，先后为社会培养输送了各类高素质应用型人才，为民族地区社会经济发展做出了重要的贡献，因而是本次调研的集中考察学校。

## 一、研究目的与意义

### （一）研究目的

本次调研的目的是了解云南省高校关于人口较少民族应用型人才的培养情况。以云南大理大学为例，了解该校的人才培养体制和政策、人才目标定位与教育思想理念，了解该校人口较少民族学生的培养情况与就业情况，并在此基础上形成经验总结及问题分析，从而形成对高校人口较少民族应用型人才培养的科学认识，进一步探究高校少数民族应用型人才培养方式改革路径。

### （二）研究意义

就国家战略和地区稳定而言，人口较少民族的发展有利于边境稳定和国家安全。人口较少民族多为聚居生活，通常一个地区就是一个民族，他们地处边远地区、边境地区，交通相对闭塞，发展相对落后。国家如果能够重视这些人口较少

---

[①] 中华人民共和国教育部：《李克强主持召开国务院常务会议部署加快发展现代职业教育》，http://www.moe.gov.cn/jyb_xwfb/s6052/moe_838/201402/t20140227_164679.html，2014 - 2 - 26。

民族地区的文化、经济、教育发展,那么对于稳定边疆地区的和平安定具有极大意义。如果长期忽视这些地区经济的需求,忽视这些地区经济的发展,那么这些边境地区不稳定因素将慢慢蔓延,一些不良的社会风气将慢慢侵蚀,如毒品买卖、艾滋病、恐怖主义等。

从教育文化角度而言,应用型人才培养可以为促进人口较少民族地区经济、教育、文化发展提供战略部署,有利于提高民族地区人口素养,促进民族自我内涵式发展。目前,针对人口较少民族的研究非常少,但是人口较少民族的存在确有其独特的意义与价值。民族地区有着得天独厚的自然生态资源、民族文化资源、手工艺作坊、中医药生产等资源,这些传统的文化和技术却因得不到推广和传承而面临绝迹。

应用型学术研究主要研究人口较少民族与其他类型的民族的差异问题。具体研究人口较少民族的应用型人才问题,自然要关注其差异性与特殊性。人口较少民族应用型人才的发展会遇到自然环境与社会环境所造成的一些特殊问题,需要解决如何适应社会转型与经济结构调整以及传统文化的保护和继承等诸多问题。

研究人口较少民族应用型人才的发展,设计扶持人口较少民族发展的方案,特别是高层次应用型人才,这是促进人口较少民族发展的必由之路。这个研究不仅有助于国家边境稳定和民族团结,也有利于重新发掘人口较少民族的自然资源,为国家制定相关政策提供帮助。本研究基于人口较少民族高层次应用型人才发展的现实状况,努力探寻破解制约其发展的现实困境,探究解决问题的方法与对策,以期为人口较少民族的高层次应用型人才的发展,特别是为促进人口较少民族发展提供路径选择。此外,本研究也对丰富与发展我国人口较少民族教育的成果提供了借鉴。

## 二、研究设计与过程

### (一)核心概念:人口较少民族

据1990年人口普查数据显示,人口较少民族主要依据人口的绝对数量划分,即人口数量在10万人以下的22个小民族被界定为人口较少民族。这是我国首次使用"人口较少民族"的概念。此后,相关政策法规文件与学术研究多将"小民族"称为"人口较少民族",尤其是国家的政策法规文件中已统一称为"人口较少民族"。《扶持人口较少民族发展规划(2011~2015年)》对人口较少民族的界定范围已扩大到总人口在30万以下的28个民族。这些民族是:珞巴族、高山族、赫哲族、塔塔尔族、独龙族、鄂伦春族、门巴族、乌孜别克族、裕固族、俄罗斯族、保安族、德昂族、基诺族、京族、怒族、鄂温克族、普米族、阿昌族、塔吉克族、布朗族、撒拉族、毛南族、景颇族、达斡尔族、柯尔克孜族、锡伯族、仫佬族、土族。根据全国第五次人口普查数据，28个人口较少民族总人口为169.5万人。①

本研究中的"人口较少民族"是依据国家《扶持人口较少民族发展规划（2011~2015年）》规定，人口数量在30万以下的少数民族。依据该项国家标准，云南省有独龙族、德昂族、基诺族、怒族、阿昌族、普米族、布朗族和景颇族8个人口较少民族。据统计，2010年8个人口较少民族的总人口为42.1万人，主要聚居在保山、红河、普洱、西双版纳、大理、德宏、怒江、迪庆、丽江、临沧10个州（市）、35个县（市、区）、138个乡（镇）的395个建制村3 520个自然村（见表A2-1），涉及17.9万户75.9万人，这8个人口较少民族有38.3万人，占全省人口较少民族总人口的91%。②

表A2-1　　　　　　云南人口较少民族地区分布

| 民族名称 | 主要分布地区 |
| --- | --- |
| 独龙族 | 怒江傈僳族自治州 |
| 德昂族 | 德宏傣族景颇族自治州、临沧市 |
| 基诺族 | 西双版纳傣族自治州 |
| 怒族 | 怒江傈僳族自治州 |
| 阿昌族 | 德宏傣族景颇族自治州、保山市 |
| 普米族 | 丽江市、怒江傈僳族自治州、迪庆藏族自治州 |
| 布朗族 | 西双版纳自治州、普洱市、临沧市 |
| 景颇族 | 德宏傣族景颇族自治州 |

受自然和历史等原因的影响，上述8个民族具有如下特点③：一是全都是云南特有民族。云南省是全国少数民族最多的省份，有15个民族是云南省特有的少数民族，其中8个属于人口较少民族。二是主要居住在山区和半山区，几乎没有便利的交通，严重制约了其与外部交往。但同时，这些民族也在山地的自然环境中形成了自身特有的生产生活方式，塑造出了独特的民族文化。三是聚居在云

---

① 中华人民共和国中央人民政府：《扶持人口较少民族发展规划（2011~2015年）》，http://www.gov.cn/gzdt/2011-07/01/content_1897797.htm，2011年7月1日。
② 国家民委、国家发展和改革委员会、财政部：《云南省扶持人口较少民族发展规划（2011~2015年）》，云南网，http://special.yunnan.cn/feature4/html/2011-11/04/content_1895440.htm，2011年11月4日。
③ 黄光成：《云南人口较少民族文化多样性研究》，中国社会科学出版社2013年版，第50~54页。

南边境一线，多为跨境民族。上述 8 个民族中有 6 个属于跨境民族，与境外同一民族毗邻而居，交往密切。四是普遍大杂居与高度小聚居并存。云南人口较少民族的聚居特点主要以自然村落为主，其聚居的范围较小。由于人口较少，杂居现象也比较突出。五是与多个民族相邻共处，关系复杂。云南几乎每个人口较少民族都与多个民族相邻或混居。六是多居住在自然保护区内或附近，担负着维护生态的重任。如独龙族居住的独龙江流域是高黎贡山国家级自然保护区的重要组成部分；基诺族居住的基诺山属于西双版纳国家级自然保护区。七是居住在民族自治地方，而往往又不是自治主体民族。

### （二）研究对象

为了深入探究人口较少民族学生在高校应用型人才培养过程中的情况，本课题选择以云南省民族地区大理市大理大学作为样本选择，并试以大理大学和人口较少学生为研究对象做进一步说明。

**1. 云南省概况**

云南地处中国西南边陲，是我国少数民族最多的省份，有 26 个少数民族群体生活在其中，其中包括独龙族、德昂族、基诺族、怒族、布朗族、景颇族、傈僳族、拉祜族、佤族、普米族、阿昌族 11 个人口较少民族和"直过民族"①。此外，在 26 个少数民族中，有 16 个属于跨境少数民族（除汉族外），即苗族、瑶族、壮族、佤族、傣族、独龙族、布朗族、怒族、德昂族、彝族、傈僳族、拉祜族、阿昌族、哈尼族、景颇族与布依族。这些跨境民族与境外民族毗邻而居，语言相通，宗教与文化相似，社会经济发展相近，是真正意义上的国防线上守望边境的守望者。在曲折漫长的发展岁月中，各民族不仅创造了自身灿烂的民族文化，而且还在生活和生产实践中创造了多姿多彩的地方文化。

云南的优势在"边"，其困难也在"边"。由于其生态系统脆弱、气象与地质灾害频发、公共基础设施等相对薄弱、人力资源相对匮乏，致使其面临着社会经济发展滞后、文化发展受限、科教水平不兴等诸多难题。以经济为例，其经济不仅落后，而且总体实力不强，发展也极不平衡。如 2015 年云南省生产总值（GDP）达到 13 717.88 亿元，全省人均 GDP 为 29 100.91 元，低于全国平均水平。在全国 31 个省份的 GDP 排名中，云南省（13 717.88 亿元）倒数第 9 名，与广西（16 803.12 亿元）和四川（30 103.1 亿元）具有较大的差距。而从云南各地级市的人均 GDP 分布来看，其经济发展主要集中在滇中，如昆明

---

① "直过族"特指新中国成立后，未经民主改革、直接由原始社会跨越几种社会形态过渡到社会主义社会的民族。

地区（59 915.48 元）、玉溪市（52 985.96 元），而文山州、昭通市人均 GDP 则较低，分别为 18 669.64 元和 13 165.03 元。① 云南要破解发展难题，就必须改变其发展方式，重点发展节能环保、新兴信息、生物等新兴产业和民族医药、民族文化与应用技术等具有民族特色的产业，建立适应并引领民族地区经济、文化与教育协同发展的"内生—协同"发展方式。

**2. 大理大学人口较少民族学生的大致分布**

大理大学是一所省属本科高等院校，由云南省人民政府兴办，实行省、州共建，以省管理为主。其前身是 1978 年成立的大理医学院（本科院校）和大理师范高等专科学校，2001 年合并组建为大理学院。2015 年 4 月，经教育部批准更名为大理大学。经过 36 年的本科办学积淀，大理大学已经发展成为一所以医学、药学、教育学和生物学为优势，民族学和艺术学为特色，多学科交叉融合、多层次协调发展的综合性本科学校。作为我国西部民族地区一所地方综合性高校，大理大学一直秉承培养面向民族地区的应用型人才的基本理念，为社会培养输送了各类高素质应用型人才，为民族地区社会经济发展做出了重要的贡献。

2016 年大理大学在校学生当中只有 70 人按民族划分属于人口较少民族，而大理大学当年的在校生人数为 18 000 余人，人口较少民族学生占比为 0.39%。具体来看，这 70 个学生主要来自布朗族、普米族、景颇族、阿昌族、怒族和德昂族 6 个云南人口较少民族，没有涉及独龙族和基诺族（见图 A2 – 1）。

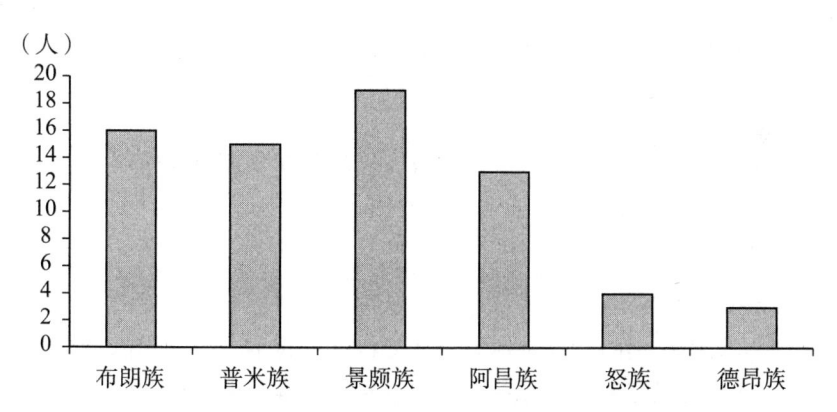

**图 A2 – 1  大理大学人口较少民族学生民族分布情况**

整体看来，大理大学人口较少民族学生男女比例基本持平（见表 A2 – 2），主要分布在艺术学院、临床医学院等 13 个学院中（学校共有 17 个学院），民族

---

① 《2015 年云南各市 GDP 和人均 GDP 排名一览表》，http：//www.southmoney.com/hkstock/ggxinwen/201606/587201.html。

文化研究院、马克思主义学院、继续教育学院、护理学院没有涉及人口较少民族学生（见图 A2-2）。

表 A2-2　　　　大理大学人口较少民族学生男女生人数

| 性别 | 人数（人） |
| --- | --- |
| 男生 | 34 |
| 女生 | 36 |

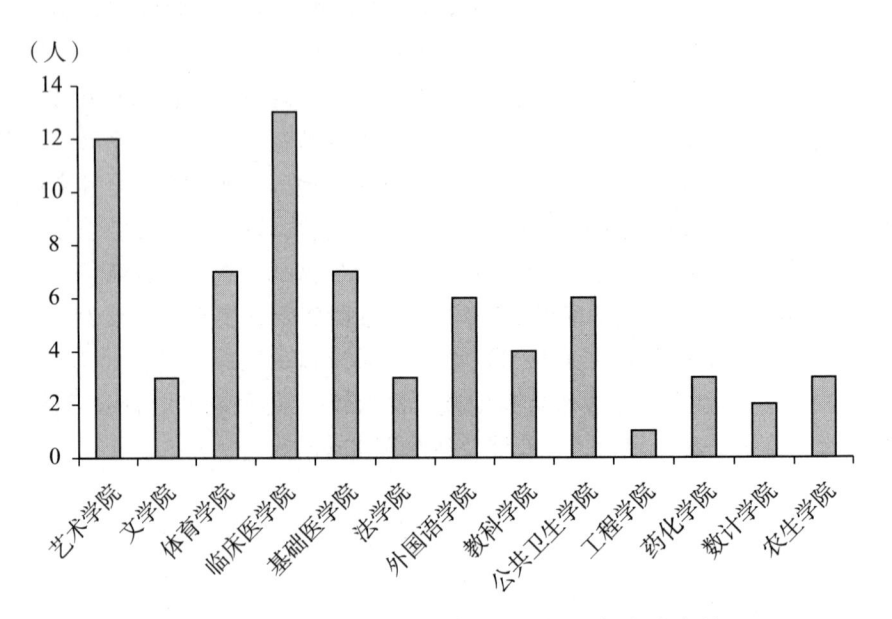

图 A2-2　大理大学人口较少民族学生学院分布情况

### （三）研究方法

**1. 文献法**

文献法是采用科学的方法对相关文献资料进行收集、整理和分析的一种研究方法。本研究的文献有四种来源：一是利用西南大学图书馆以及国家图书馆收集相关书籍；二是利用中国知网等数据库搜索相关的期刊、报刊和会议论文；三是通过国家、云南省、大理大学官方网站收集相关政策法规文件和措施；四是对大理大学人口较少民族应用型人才的发展情况访谈资料的整理和分析。

**2. 访谈法**

访谈法是研究者通过口头谈话的方式从被研究者那里收集（或者说"建构"）第一手资料的一种研究方法。根据研究者对访谈结构的控制程度，访谈可以分为三种类型：结构式、半结构式和无结构式访谈。本研究采用的是半结构式访谈，其访谈的对象可分为三个层次：一是教务处、学生处、招生就业处、人事处等学校管理人员；二是教育学院、工程学院、药学院等学院管理人员及教师；三是来自不同专业不同年级的人口较少民族学生。在对访谈对象进行半结构式访谈时，我们先备有一个粗线条的访谈提纲（详见附件二），并根据具体情况对访谈的内容和程序进行灵活的调整，从而深入了解大理大学人口较少民族应用型人才培养的方案和质量。

**3. 个案研究法**

本研究以大理大学为个案，深入了解该校的人才培养体制和政策、人才目标定位与教育思想理念，了解该校人口较少民族学生的培养情况与就业情况，并在此基础上形成经验总结及问题分析，形成研究中的典型个案，从而形成对高校人口较少民族应用型人才培养的科学认识，进一步探究高校少数民族应用型人才培养方式改革路径。

### （四）调研过程

本次调研可以分为四个阶段。第一阶段为准备阶段。这一阶段主要是对整个课题及如何调研进行说明，包括课题的名称、大概背景、调研的目的与任务、调研方法、内容与要求以及访谈问卷的设计等。第二阶段为资料收集阶段。主要从两个方面进行资料的收集：一是二手文献的收集，利用西南大学图书馆以及国家图书馆收集相关书籍，利用中国知网等数据库搜索相关期刊、报刊和会议论文，通过国家、云南省、大理大学官方网站收集相关政策法规文件和措施等；二是一手资料的获得，采用半结构式访谈，对教务处、学生处、招生就业处、人事处等学校管理人员，教育学院、工程学院、药学院等学院管理人员及教师，以及来自不同专业不同年级的人口较少民族学生进行访谈和录音。访谈学校相关职能部门的教师与行政人员 10 余人次，访谈人口较少民族的学生 7 人。访谈录音时长近 4 个小时。第三阶段为资料的整理与分析阶段。这一阶段，根据收集到的相关资料，着重整理访谈录音，包括学校相关职能部门的教师、在校的人口较少民族的学生等访谈录音，录音转录字数为 22 000 多字，据此提取有用信息。最后一个阶段则是调研报告的写作阶段。

## 三、成效与经验

据大理大学学生处提供的数据，2016 年大理大学在校学生当中只有 70 人属于人口较少民族，而大理大学当年的在校生人数为 18 000 余人，人口较少民族学生仅占 0.39%。与此同时，据 2015 年 1 月 20 日国家统计局网站公布的 2014

年中国经济数据显示，2014年末，中国大陆总人口达136 782万人，全国人口较少民族人数加起来共有169.5万余人，占全国总人口的0.12%。不难看出，大理大学人口较少民族学生所占比例与人口较少民族人数占全国总人口的比例大致相当，且略高于全国人口较少民族人数占全国总人口的比例。因此，就统计学意义而言，大理大学的小样本能够在一定程度上代表或反映整个总体的情况。

大理大学属于云南省属高校，在民族地区人才培养方面做出了较好成绩。自从1978年建校以来，尤其是2015年升格为大理大学以来，该校始终以"质量工程"为抓手推动教学改革，重视实践教学基地的建设与管理，鼓励学生创新创业，实行校企联动的毕业考核方式，在人才培养模式上形成了自己的特色。

### （一）实施"三平台一环节"的课程体系，侧重学生实践能力的培养

大理大学课程体系包括三个平台和一个环节：通识教育平台、学科基础平台、专业教育平台和实践教学环节。每个平台下的课程又分为必修课和选修课两大类（见表A2-3）。

**表A2-3　　大理大学本科专业人才培养方案各平台结构表**

| 平台/学分比例 | 性质 | 必选修学分比例（%） |
| --- | --- | --- |
| 通识教育平台/35（医学类专业约30%） | 必修 | <60 |
|  | 选修 | ≥40 |
| 学科基础教育平台/约25（医学类专业约30%） | 必修 | <70 |
|  | 选修 | ≤30 |
| 专业教育平台/约25% | 必修 | <60 |
| 实践教学环节（实验课除外）/约15% | 选修 | ≥40 |

该课程体系较好地体现了人才培养的综合性、地方性和实践性倾向。第一，综合性体现在通识教育课程中。大理大学共设置课程5 922门，其中通识选修课1 149门。2013~2016年，全校实际开设的课程总数为3 253门，通识选修课实际开设841门，主要分为人文社科、理工科、医学、体育与艺术四种类型，基本涵盖学校10大学科门类的通识知识，较好地满足了各专业人才培养的需要。[①] 通识必修课程都含有以下几个部分：思想政治理论课（16个学分）、大学英语（16个学分）、体育（2个学分）、文史综合（6个学分），注重英语教育和全面发展自然科学类、医学类专业学生的人文素质和人文社会科学类专业学生的科学精

---

① 根据课题组调研数据整理而得。

神。第二，地方性主要体现在学科基础课程和专业教育课程中。大理大学立足"一山（苍山）一水（洱海）"，积极开发与地方经济社会密切相关的校本课程，将民族文化、生物等专业作为学校发展的重点。同时，在选修课程中注意突出地方特点，突出苍山、洱海的自然环境和民族文化底蕴。如建筑学专业将云南少数民族建筑史作为选修课；艺术设计专业将白族民歌演唱与赏析作为选修课；预防医学专业将云南地方病作为选修课，此处不一而足。第三，实践性主要体现在实践教学课程中。实践教学环节包括：独立开设的实验课或非独立开设的实验课；毕业实习、毕业设计（论文）、生产实习、课程见习、课程设计、专业基本技能训练等专业实践；其他实践活动，以上实践教学环节均体现了各专业落实应用型人才培养目标的需要。

### （二）以"质量工程"为抓手推动学校教学改革

大理大学以"质量工程"①为抓手，积极推进学校教学改革。一方面，学校设立教改项目，从教学建设经费中专门设立"质量工程"专项资金，为实施"质量工程"提供了必要的资金支持，以鼓励教师进行教学改革实践和研究。为了加快项目建设，学校还在上级资金尚未到位的情况下，对获准立项的国家级和省级项目预先拨付建设经费，以使项目尽快启动。另一方面，在第二期质量工程建设中，学校在省内率先成立了教师教学发展中心，在推动学校教学改革中发挥着重要的作用，具体体现在四个方面：一是对青年教师或新调入学校的教师进行教学准入的培训和认定，组织教师和教学管理人员进行岗前培训（或轮岗）、教师资格认定、教学上岗准入核定和教学评价等；二是通过助教岗位制、青年教师导师制、教学名师工作室、教学管理人员校内挂职（教务处、研究生处等青年职工到学院教学办、学院教学管理人员到机关等）制度帮助青年教师提高水平；三是通过校内外培训、组织教学交流、咨询和竞赛等活动，以更新教师的教学理念、提升教师的教学技能，如形式多样的校内外培训、教学沙龙、名师讲坛、教学竞赛（包括讲课比赛、说课比赛、双语教学比赛、多媒体教学比赛、三字一画比赛等）；四是对教师的教学改革及研究提供咨询与指导，切实提高教师教学改革、教学实验和教学研究的质量和有效性。此外，按照国家确定教育部定点帮扶滇西边境片区区域发展与扶贫攻坚计划，教育部九所直属高校（北京大学、清华大学、上海交通大学、复旦大学、北京师范大学、同济大学、中央音乐学院、中国农业大学、华中师范大学）对口帮扶大理大学学科专业建设，各帮扶高校每年

---

① "质量工程"，全称为"高等学校本科教学质量与教学改革工程"，是"继'211 工程''985 工程'和'国家示范性高等职业院校建设计划'之后，直接针对所有普通高校提高教学质量的一项重要举措"。

都将选派高水平专家学者到大理大学任教、讲学、指导教学科研，帮助和带动校内教师提升教学能力水平。

### （三）重视实践教学基地建设与管理

大理大学重视实践教学基地的建设。2014年学校年实验经费投入1 800万元，生均本科实验经费1 030元；年实习经费投入1 300万元，生均本科实习经费744元。目前，学校校内已有18个教学实验中心（综合实验室），生均实验室面积5.8平方米，各项设备配置较为完善、先进，使用率高。教学科研仪器1万多台（件），教学仪器设备总值1.54亿元，生均教学设备值8 967元。当年新增教学科研仪器设备值1 273.12万元。拥有多媒体及语音室145间共18 432个座位，百名学生座位数达105个；有公共课教学用计算机4 558台，百名学生26台。校图书馆总面积为2.35万平方米，有阅览座位1 940个。现有纸质图书193.23万册、电子图书113万册、电子图书资源量8 412GB，生均图书112.6册。学校成立"实验室管理处"对校内实验室设施设备进行管理和维护。①

学校校外建有251个实习基地，由"实践教学科"负责实验室和实习基地年度计划的提出与实施、规章制度的制定与完善、基地的联系与协调等。可分为两个层次。一是校级的，由教务处直接管理，包括2家直属的附属医院，6家非直属附属医院和15家教学医院。二是院级的，由教务处资助，包括各中小学及企业单位等，多分布在省内的昆明及省外的北京、上海、深圳、广州等地。例如，目前公共卫生学院与包括云南省疾病预防控制中心、昆明市卫生监督所在内的12家疾病预防控制机构、监督所和地方病防治所建立了学生实习和实训基地；学前教育专业将大理州幼儿园、大理市幼儿园、下关第一幼儿园、下关第二幼儿园、大理供电局幼儿园和大理师范附属幼儿园六所幼儿园作为学生实习、见习和教学研究的基地。此外，学校还积极拓展境外实践基地，与国外建立了4个"境外汉语教学实习基地"，派出超过9批92人次的师生赴泰国、老挝、柬埔寨等地方进行教学实习。②

### （四）鼓励学生创新创业

大理大学自成立以来，一直重视学生的就业和创业工作。大理大学多次被评为全国毕业生就业典型经验高校，与其完整的职业生涯规划教育体系和积极鼓励学生创新创业的举措有着紧密联系。

目前，大理大学已经形成了以学生为本，学校、学生工作部、校团委、招生

---

①② 根据课题组调研数据整理而得。

就业处、校属学院相互协作的"五位一体"的职业生涯规划教育模式。其中，学校工作部依据学校的方针政策，积极制定职业生涯规划教育的具体实施路线和方案；校团委积极开展共产主义教育、爱国主义教育、社会主义教育、集体主义教育、成才教育和人生观、价值观和世界观教育，同时组织开展各种社会实践活动、青年志愿者活动和创业大赛等活动，培养学生的创业意识；招生就业处积极开展就业指导课程，引导学生主动适应社会，组织、指导各校属学院开展毕业生就业工作；各校属学院积极开展职业生涯规划教育，建立一个适合本专业学生发展的职业生涯规划教育的办法。在推进就业的同时，大理大学也将创新创业作为就业指导课程的重要内容，并专设 100 万创业基金，为创业的学生提供咨询服务和资金资助。同时，学校开展了系列学生创新创业教育活动。例如，创新创业训练计划项目，"挑战杯"大学生创业计划大赛，并向云南省大学生创业计划竞赛推荐优秀参赛作品。截至 2013 年，学校共立项大学生创新创业训练计划项目 94 项，其中国家级 14 项，省级 16 项，校级 64 项；2015 年，学校 9 件参赛作品获得省级表彰，涌现出大批云南省大学生"创业之星"。[①] 此外，学校以聘请国内知名创业师培训机构到校进行师资培训、知名企业高级管理人员到校担任学生创新创业专家顾问，或是选派学校专职就业教师和辅导员参加校外培训项目等方式，促使就业教师队伍走向专业化，从而确保创新创业教育的顺利进行。

### （五）实行校企联动的毕业考核方式

以毕业论文或毕业设计的形式对毕业生能力进行考核，是传统意义上高校的普遍做法。由此，毕业论文（设计）成为监控高校人才培养质量的重要标志和最后关口。为了提升学生实践应用能力，大理大学实行校企联动，即企业与学校双方联合互动、"企业考核+毕业论文（设计）"的方式，共同完成对毕业生知识和技能的考核。大理大学制定《大理大学本科实习教学质量标准》，对毕业实习的组织保障、实践教学基地的选择、实习指导老师的遴选、实习教学文件的制定、实习成绩的考核和评定以及实习材料的归档等各方面做出了明确的要求及规定。各学院还会根据自身特点和专业要求，制定《实习手册》。实习指导教师以及实习单位则根据相关的文件要求，对毕业生的实践技能进行考核。如医院的"出科考试"，学生只有通过一个科室的考试才能进入下一科室的实习。

学生的毕业实习成绩考核分两步走。一是实习表现及鉴定，主要由实习单

---

① 根据课题组调研数据整理而得。

位实行。毕业生实习单位鉴定实践一般为实习前一周内完成。先由学生自我小结、小组评议，随后由小组长连同论文上交指导教师及单位领导进行评级鉴定。随后由实习单位领导、导师根据实习生的实习态度、工作成效、实习阶段业务理论与实际水平、组织纪律、文明礼貌、卫生习惯等进行综合性考核，写出评语并评级（优，良，及格，不及格）。学校每年按一定比例评选出优秀实习生，给予表彰奖励。为了实习单位能够客观地对学生进行鉴定，实习生鉴定表交导师及单位领导后，不再向学生反馈结果，也不回复学生对鉴定评议内容的询问。鉴定、评议意见密封后交实习组长带回学院。二是毕业论文（或毕业实习报告）的评定和答辩。学校导师及专业教师组会结合实习单位的评定结果，基于《大理大学本科学生毕业设计（论文）质量标准》，综合评价学生的学习效果。

## 四、存在的问题

尽管大理大学在应用型人才培养方面形成了一定的特色，但可以发现其人才培养模式、培养方案、课程和专业设置仍然是以普通型人才培养为主，民族特性和地方特性不明显。这种民族和地方特性的缺失又具体体现在学校教育与管理、课程开发、师资和学生等方面。

### （一）缺乏对人口较少民族学生专门的教育和管理制度

相比汉族及人口较多的少数民族而言，有机会进入大学学习的人口较少民族学生总是较少的。从表 A2-4 可以看出，云南人口较少民族未上学比例较高，接受教育的程度以小学和初中为主，本科学历的学生较少。这和我们对全校 7 个人口较少民族学生进行访谈的结果是一致的。"同族上大学的学生非常少，很早就辍学了，能上到高中的都是极少的一部分。"而进入大学的这部分学生普遍来自较贫穷的家庭，往往肩负着家人甚至本族人的希望，"家庭生活的重担在自己身上"，但其所接受的教育也与其他学生存在差距，"拿到奖学金的学生非常少"，无论是经济上还是学习上都需要得到学校更多的关注和支持。然而，大理大学并没有专门针对人口较少民族人才的培养方案。人口较少民族学生，甚至少数民族学生，在大理大学所接受的是同其汉族学生完全一样的教育。无论是在教学计划的制定、教材的审定、课程的安排等方面，还是在各个学院按照教学计划安排开展的课程教学中，大理大学并没有对这些需要更多关注和支持的学生给予专门的文化教育和思想辅导，也没有专门的管理制度。

表 A2 - 4　　　　　2010 年云南人口较少民族不同文化
程度人口所占比重分布　　　　　单位：%

| 民族 | 未上过小学 | 小学 | 初中 | 高中 | 大学专科 | 大学本科 |
|---|---|---|---|---|---|---|
| 全国合计 | 5.00 | 28.75 | 41.70 | 15.02 | 5.52 | 3.67 |
| 汉族 | 4.71 | 27.80 | 42.27 | 15.47 | 5.64 | 3.75 |
| 怒族 | 15.05 | 46.91 | 24.29 | 7.56 | 4.27 | 1.85 |
| 普米族 | 14.55 | 39.56 | 27.94 | 9.90 | 4.70 | 3.26 |
| 独龙族 | 16.37 | 42.17 | 27.03 | 7.99 | 4.53 | 1.74 |
| 布朗族 | 14.27 | 58.60 | 18.86 | 4.70 | 2.18 | 1.41 |
| 德昂族 | 19.34 | 56.92 | 17.91 | 3.69 | 1.44 | 0.68 |
| 基诺族 | 9.09 | 41.00 | 34.08 | 9.39 | 4.48 | 1.86 |
| 阿昌族 | 8.02 | 50.01 | 30.19 | 6.85 | 3.02 | 1.87 |
| 景颇族 | 9.44 | 54.59 | 26.34 | 5.92 | 2.59 | 1.10 |

资料来源：根据《2010 年第六次人口普查主要数据》中各民族 6 岁及 6 岁以上人口受教育情况计算。

以语言教育为例。大理大学非常重视英语教育，在全校的通识必修课中英语占有 16 个学分，远高于体育和文史综合所占学分。但是人口较少民族学生的英语基础比较薄弱，进入大学以后英语学习能力和英语成绩也很难有很大提高，很多学生大学英语四级无法通过，而英语四级又是大学生毕业的必要指标。此外，有研究显示："有将近一半的云南人口较少民族已经放弃了本民族的语言而完全使用汉语或其他民族的语言作为他们的日常用语。"[①] 而人口较少民族的语言属于稀有资源，越是稀有越具有珍贵的价值，因而被保护的责任就越大。目前无论是国内还是国外，双语教学都被视为一种保护民族语言的有效途径。如果大理大学这样的民族地区高校民族学生对英语学习和英语考试缺乏重视，无疑是影响他们顺利毕业和能拿到学校奖学金的最大障碍。

## （二）民族文化和地方文化的挖掘力度不够

对于一个民族来说，其文化的重要性是不言而喻的。民族文化是民族认同的依据，甚至成为一个民族之所以为民族的依据，主要包括民族艺术、民族文学、民族语言文字、民族风俗习惯、民族性格、民族思想态度、民族伦理道德、民族价值观念等。不同民族聚居在一起又形成了独具特色的地方文化。

---

① 黄光成：《云南人口较少民族文化多样性研究》，中国社会科学出版社 2013 年版，第 133 页。

大理大学地处白族自治州，有着深厚的民族文化底蕴和广大的人才市场需求，但是大理大学对民族文化和地方文化的挖掘力度明显不够，同质化倾向严重，多以国家课程的要求设置，其地方课程与校本课程并没有对民族地区丰富和独特的物资资源与精神财富予以充分关注和开发。第一是大理大学立足本土资源和人才需求开发的民族文化技术课程不足。虽然在某些专业上已经突出一些民族特色的课程，如建筑学中有少数民族建筑史课程、艺术专业中有白族民歌演唱与赏析课程、文学院有民族学和中国少数民族语言学等，但多集中少数专业和选修课中，辐射面还不够，效果也不够明显。第二是民族文化教育的缺失将削弱民族地区高校为民族地区经济建设和社会发展提供人才保障的服务功能。从大理大学毕业生的就业流向来看，大理大学毕业生以省内就业为主，连续三年（2013～2015年）保持在78%以上，且呈明显的增长态势。

不少学生毕业后直接进入云南的各行各业，成为民族地区经济文化建设的新生力量。但大理大学毕业生的离职率也不低，如在2013届毕业生半年内发生过离职的学生中，98%有过主动离职，甚至出现了"弃当地化"，即人才开始向外转移。分析其背后的原因，除了工资待遇等"硬性"条件外，民族文化和地方文化这个"软"条件也是重要的影响因素。要想使这些毕业生能够适应并长期稳定服务于民族地区，除了使他们具有一般应用型人才所需要的知识技能，还必须培养他们的民族情怀，培养其对民族文化和地方文化的使命感与荣誉感，如此才能促使他们更好地扎根当地，更好地立足民族地区、适应民族地区和服务民族地区。

### （三）师资数量和质量还有待提升

教师是高校人才培养质量的重要保障。从我们调研的结果来看，尽管大理大学率先成立教师教学发展中心，在提高教师质量方面发挥了重要作用，但总体而言，学校师资的数量和质量还有待提升。一是"双师型"教师的比例有待提升。对于以应用型人才培养为主的高校而言，"双师型"教师是关键要素。目前，大理大学的某些专业已经基本能够保证"双师型"教师的数量，如建筑学专业基本都是"双师型"教师，公共卫生学35岁以下的教师都持有"双证"，但该校大多数其他专业仍然以普通型教师为主。二是"双语"教师的比例有待提升。民族地区应用型人才培养高校不仅需要有"双师型"教师，也需要懂双语甚至多种语言（如英语、汉语、少数民族语言等）的教师，以更好地对少数民族学生提供支持和帮助。三是高学历教师的数量有待提升。大理大学教育学院具有硕、博士生学历的教师比例是最高的，但其他学院高学历教师非常稀缺，如工程学院、医学院等学院想要引进高层次的博士非常困难。一方面是这些学院所设置的专业本身博士很少（本科就业形式就非常好，加上医学博士培养的时间非常长，导致很少有人愿意继续深造）；另一方面，由于这类人才非常稀缺，很少人愿意留在学校任教，而是去工资和待遇更高的企业工作。四是教师的实践能力和多元文化能力有待提升。要培养应用型人才，就必须加强教师的实践能力；要面向民族学生，就必须培养教师的多元文化教学能力。但大理大学较为重视科研，"很多教师热衷于申请科研项目"，这与本应重视教学实践的应用型人才培养目标是背道而驰的。同时，大理大学教师仍以汉族教师为主，约占70%。汉族教师身处民族地区，多元的民族文化为其所带来的挑战远远高于语言，但是大理大学并没有提供相关的平台和机会来提升这些教师的文化适应能力和多元文化教学能力。

### （四）人口较少民族学生的自信心不足

在对大理大学7个人口较少民族和工程学院的6个少数民族学生的访谈过程中，我们发现这些学生具有较强的民族认同感（喜欢自己的民族服饰和民族节日），但同时自卑感也比较强。这种现象不仅仅存在人口较少民族学生中，还普遍存在于少数民族学生中。

这种自卑感首先体现在学生的学习成就方面。由于他们多来自贫困的家庭和经济发展落后的地区，往往认为"自己生活在山区""学习的基础不是很好""学习成绩不如别人""理论课和专业课都比不过汉族学生"。因此，挂科现象比较普遍，同时，"少数民族学生获得奖助学的比例非常低，且越是高层次的奖学金（如国家奖学金），少数民族学生就越少，如在26个国家奖学金名额中，有时少数民族学生仅有1~2个，有时甚至一个都没有"。相比之下，人口较少民族学生获奖人数就更少了（见表A2-5）。同时，学生的自卑感还体现在所在专业、学校的教育质量和社会认可度方面。如"觉得自己的专业在学校是最差的""报考大理大学是保守起见，不是自己理想的学校"等。

表A2-5　　　　　　　　人口较少民族学生获奖情况　　　　　　　　单位：人

| 奖项名称 | 名额 | 汉族 | 人口较少民族 |
| --- | --- | --- | --- |
| 2014年度国家奖学金 | 26 | 24 | 0 |
| 2014年度国家励志奖学金 | 515 | 426 | 1 |
| 2014年度省政府奖学金 | 37 | 30 | 0 |
| 2014年度省政府励志奖学金 | 113 | 99 | 0 |

资料来源：根据对大理大学的调研数据整理而得。

## 五、对策及建议

结合大理大学的经验与问题,本研究认为人口较少民族应用型人才培养任重而道远,一方面需要国家重视民族地区发展的问题,加大各种扶持力度,另一方面,"打铁还需自身硬",也就是要着眼于民族地区人才的培养,走内涵式发展的道路。

### (一)坚持政府统筹主导、协调推进,形成政府、企业、高校等多方合作共赢、职责共担的共同体

需将政府、企业、高校同时视为主体,搭建政府、企业、高校"三位一体"的共同体(见图 A2-3),形成多样协作、三级联动、主体多元、开放合作的人才培养模式,充分发挥不同主体的作用,如此才能取得较好的效果。

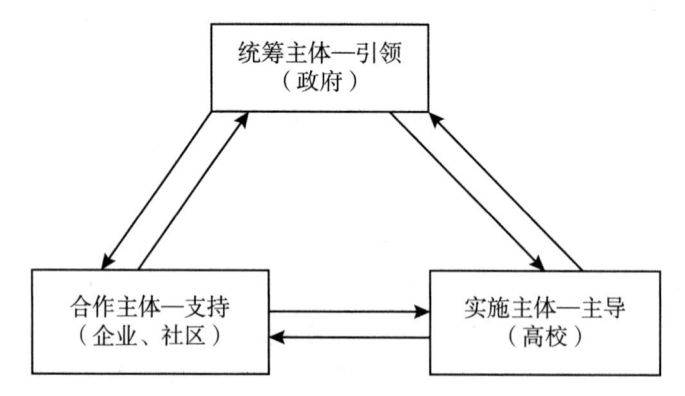

图 A2-3 "三位一体"的高校人口较少民族应用型人才培养共同体

民族地区高校的发展离不开政府的支持,政府要切实履行好职责,不断推进高校走内涵式发展道路,探索特色发展之道,实现又好又快发展。在我国,高校的发展多是由政府主导,但过多的政府干预会影响高校的发展。因此,本研究重新审视政府的角色和作用,认为政府应在人口较少民族高层次应用型人才培养中规划发展政策和方案,协调各方主体,积极发挥引领作用。

**1. 出台专门的人口较少民族教育扶持政策**

自 2001 起,国务院批示《关于扶持人口较少民族发展问题的复函》,我国正式将人口较少民族发展问题提上中央的议事日程。2004 年,中国政府在上海召开的全球扶贫开发大会上向全世界做出承诺:加快全国 22 个人口较少民族(人

口少于 10 万）贫困地区的脱贫步伐，力争先于其他同类地区实现减贫目标。①国务院在《扶持人口较少民族发展规划（2005—2010 年）》中提出：按照国家扶持、省（区）负总责、县抓落实、整村推进的原则，加大工作力度和资金投入，并组织沿海发达地区和大中城市、大型企业对口帮扶，通过五年左右努力，使这些地区经济社会发展达到当地中等或中等以上水平。2011 年，国家出台新时期的《扶持人口较少民族发展规划（2010—2015 年）》，对人口较少民族做出了新的界定，将人口数量提升至 30 万。除了国家政策，云南省也将扶持人口较少民族作为其发展政策重点。2002 年，云南在全国率先出台《关于采取特殊措施加快云南省七个人口较少民族脱贫发展步伐的通知》，提出以政府行为为主导，以扶贫开发为主要途径，以基础教育和基础设施建设为重点，将七个人口较少民族的脱贫发展问题作为云南民族工作和扶贫工作的重点。② 2006 年，云南通过并实施《云南省扶持人口较少民族发展规划（2006—2010 年）》；2011 年通过并实施《云南省扶持人口较少民族发展规划（2011—2015 年）》，使得人口较少民族的问题得到进一步重视和解决。

如表 A2 - 6 所示，从 2001 年以来，国家和云南省出台了几个相关的文件和规划，体现出对人口较少民族的高度重视，其基础设施不断改善、生活水平显著提高、产业发展初见成效、社会事业发展加速、自我发展能力也得到明显提升。在未来的发展中，我们期待政府能够出台专门的教育扶持政策，尤其是关于人口较少民族高层次应用型人才培养的政策，以进一步设计和完善民族地区的高等教育制度，如进一步加大人口较少民族的政策倾斜，鼓励高校通过定向招生、定向分配的方法招收人口较少民族考生，切实保障人口较少民族学生上大学的机会和良好的就业机会等。

表 A2 - 6　　　　　中央政府及云南省人口较少民族相关政策

| 年份 | 中央政府 | 年份 | 云南省 |
| --- | --- | --- | --- |
| 2001 | 《关于扶持人口较少民族发展问题的复函》 | 2002 | 《关于采取特殊措施加快云南省七个人口较少民族脱贫发展步伐的通知》 |

---

① 《中国政府减缓和消除贫困的政策声明》，中国网，http：//www. china. com. cn/economic/txt/2004 - 05/28/content_5574110. htm。

② 云南省委办公厅云南省人民政府办公厅：《关于采取特殊措施加快我省 7 个人口较少特有民族脱贫发展步伐的通知》，法律法规网，http：//www. 110. com/fagui/law_211795. html。

续表

| 年份 | 中央政府 | 年份 | 云南省 |
|------|---------|------|-------|
| 2004 | 《中国政府减缓和消除贫困的政策声明》 | 2006 | 《云南省扶持人口较少民族发展规划（2006~2010）》 |
| 2005 | 《扶持人口较少民族发展规划（2005~2010）》 | 2011 | 《云南省扶持人口较少民族发展规划（2006~2010）》 |
| 2011 | 《扶持人口较少民族发展规划（2011~2015）》 | — | — |

**2. 组织协调各方利益相关者主体**

人口较少民族高层次应用型人才培养需要政府、企业和高校共同合作、多方联动。毋庸置疑，各方主体都将在这一过程中获益。但同时不容忽视的是，因为各方主体属于不同的系统（政府属于政治系统，学校属于教育系统，企业属于行业系统），各系统之间存在本质上的差别，因而彼此之间（尤其是高校与企业之间）不可避免地存在着矛盾。例如，高校将为企业培养和输送应用型人才为己任，在合作中积极性往往比较高，而企业的发展目的却是获取社会生产所需产品的最大利润，在共同体合作中往往参与性不强。此外，高校与企业的隶属关系和任务目标不同，企业的生产经营周期与学校的教学安排很难统一，这也会造成教学、实习的时间安排与企业的生产不协调等矛盾和问题。

对于高校与企业之间存在的矛盾与问题，单纯依靠它们自身或是上级教育管理部门和产业部门来协调是有一定难度的。政府作为国家上级公共管理部门，不仅应该正视这些矛盾，还应该分析这些矛盾，协调各方主体的利益。也只有政府的直接参与与协调，通过建立合理的企业与高校之间的互动关系，化解矛盾，才能够保证各方主体的利益，并使之可持续化、最大化。

**（二）激发合作主体的办学活力，引导支持社会力量参与到人口较少民族事业中来**

人口较少民族高层次应用型人才培养离不开社会的合作和支持。创新人口较少民族高层次应用型人才的办学模式，积极支持社会各类的办学主体通过各种形式参与到提高人口较少民族高层次人才队伍中来。尤其是在经费紧张、资源短缺的条件下，高校要独立完成人口较少民族应用型人才的培养，在教育功能上是有限的，囿于学校教育来实现人才培养也是难有作为的。因此，扩大来自社会的合作主体，尤其是企业与社区，参与高校人才培养的全过程，既可以给高校应用型人才培养注入一股活力，也可以为其提供一定的支持。

**1. 参与课程开发与建设**

只有得到企业的认同和参与，才能确保高校在人才培养过程中始终围绕社会对技术应用型人才的需求目标，从而避免学生由于所学知识与企业岗位技能要求有较大差距，到实习企业中无所事事的现象。企业委派高级工程技术人员、管理人员和用人单位参加的专业教学指导委员会，研究哪些专业要调整，哪些专业要完善，共同制订专业人才培养方案；参与高校教学计划和教学大纲的修订，将行业标准和专业素质导入教学内容，对应用型人才的基本素质、职业素养、专业知识结构和核心能力等方面提出具体的要求和培养办法；参与学校课程建设，共同研究开发和编写教材。同时，企业还应将最新科技成果及时引入课堂教学和教材中，增强学生学习的主动性，提高学习效果，保证高校人才培养能够符合企业的需求。此外，企业可以通过捐助基金或企业捐助制度给予高校资金、设备等物质条件的支持，大大改善学校课堂教学的条件，从而为学生的实验课提供更多的动手机会。

**2. 提供教育见习与实习实训基地**

实习实训是应用型人才培养的关键。学生在学校往往只能进行单项最基本的技能培训，对于系统的岗位所必需的技能只有到企业才能得到培训。高校可以通过聘请企业的部分工程技术人员作为实习实训的指导教师，负责学生的生产实习、技能指导及毕业设计的指导。企业提供的见习与实习实训基地，可以使学生在真实的职业环境中学习，对企业内部的管理体系、内部结构、人员情况、产品开发、制造销售、技术改造、生产设备和工艺加工过程，以及本专业的最新动态与发展有比较全面的了解和认识，从而能够尽快地掌握职业能力和岗位能力，并且熟悉企业的市场竞争情况，同时还可以拓宽专业知识，改善知识结构，增强独立工作能力，从而得到全面的锻炼。

**3. 加强"双师双能型"教师队伍建设**

"双师双能型"教师是应用型人才培养的关键，企业参与是高校"双师双能型"教师队伍建设的有效途径。一是提供人力以充实高校"双师双能型"教师数量。企业可以将其专业技师或技术骨干作为专兼职教师到高校任教，这既可以充实和提高高校"双师双能型"教师的数量，也可以优化高校教师的整体结构。二是为高校教师提供到企业进行锻炼的机会以帮助高校培养"双师双能型"教师。企业为高校教师提供实践平台和基地，以有效提升其专业发展素质。一方面，企业通过给工程、出项目，使高校教师参与产学研合作，及时将产业与技术发展的最新信息和成果反馈运用到专业建设、教学内容调整、实训设备和项目开发中以更好地实现专业设置与产业结构对接、课程内容与职业标准对接、教学过程与生产过程对接；另一方面，企业通过采取生产现场考察观摩、接受企业技能培训、专题讲解、交流研讨等灵活多样的方式使教师更多地参与到企业的生产和管理过程中。

当然也要吸引其他社会主体，如社区的参与。社区的加入可以使得政府颁布的政策更具有针对性，更有利于资源的优化配置。一般来说，政府的政策是针对多数地区而制定的，具有普遍性，不能囊括人口较少民族的多样需求，同时又由于社区民族文化传统习俗的存在，往往致使对接上存在不一致或是矛盾。而社区因更了解当地的实际情况和需求，能够帮助政府的政策有效推进，使政策的实施做到因地制宜。

### (三) 加快构建现代人口较少民族高层次应用型人才教育体系，凸显高校育人的主体作用

民族地区高校作为人口较少民族应用型人才培养的实施主体，首先必须明确引领和促进民族地区社会经济发展是民族地区高校，尤其是地方高校的重要使命和职责；其次必须明确自身在人才培养中的主导作用，着力四大建设，如此才能找准自身定位及目标，办出自己的特色，以此来适应民族地区人口较少民族的高层次应用型人才的目标。

**1. 建立健全人口较少民族高层次人才培养的课程衔接体系**

为了适应人口较少民族等民族地区的社会经济发展、产业结构升级以及技术的需要，需要统筹推进中等和高等职业院校在人口较少民族应用型人才的培养目标、专业设置、教学过程以及教学评价等方面的衔接。建立人口较少民族应用型人才的职业标准与教学标准联动开发的机制。逐步建立形成适合地方需求、适应民族地区人才发展的紧密衔接、特色鲜明、动态调整的应用型人才培养课程体系。与此同时，科学统筹设置合理的课程体系，将应用型人才的职业道德、人文素养与科学素养教育始终贯穿于培养人口较少民族应用型人才的全过程。

事实上，专业与课程建设是高校作为实施主体建设的核心。民族地区高校在进行专业与课程建设的过程中，应积极融合民族文化与地区文化，根据当地的社会经济文化结构变迁的脉络，及时地、合理地调整专业和学科结构，充分发挥民族文化（尤其是人口较少民族文化）特色专业的优势（如民族医药、民族文化应用技术等），开设新兴产业专业（生物医药、电子信息、新能源、新材料等），实现专业设置与产业需求、课程内容与职业技能、教学过程与生产过程的有效对接。在课程建设方面，高校要加强多元文化教育课程的开发与建设。一是深入开发多元文化课程资源。多元文化课程资源除了包括物质层面的民族服饰、民族舞

蹈、民族建筑以及工艺等，还包括精神层面的精神特质与民族智慧。因此，在进行课程开发时，不可停留在表面，要深入挖掘背后的民族精神和价值观念。此外，学校或学院应该牵头，联合教师一起有规划地开发多元文化教育资源，从而避免开发的重复性、盲目性和随意性。二是要构建多元文化课程体系。在充分开发多元文化教育课程资源后，学校和学院要对其进行针对性地筛选和统整，将多元文化教育课程体系化、结构化。三是加强多元文化精品课程建设、多元文化应用型示范性课程建设和多元文化MOOC课程建设，以提高多元文化课程建设的质量并扩大其辐射面。

**2. 加强人口较少民族高层次应用型人才的基础能力建设**

对于人口较少民族应用型人才培养来说，加强基础能力建设势在必行。这主要突出表现在如下方面。一是分类制定人口较少民族应用型人才培养的标准，同时，对中等院校、高等院校以及科研院所等制定相应的办学质量标准，以此争取五年时间的建设周期，在整合现有的民族地区院校的基础上实施人口较少民族人才的质量提升计划，推动各民族地区建立完善以促进改革和提高质量为导向的人口较少民族学生教育教学改革并满足就业服务需求；二是重点支持老、少、边、穷的民族地区中高职等院校的基本办学条件的改善与发展，开发优质的职业院校课程建设与教学资源，逐步优化这些地方院校师资队伍等软件配置；三是推动发达地区与欠发达民族地区的职业院校扶持合作办学。引导我国东部发达地区的职业院校精准帮扶人口较少民族地区的高校，形成双方互赢合作办学模式；四是支持地方的学术型本科高校向应用型本科高校转变，同时，地方政府、大型企业以及相关部门等均需要加强与扶持职业院校的基础能力建设，支持民族地区的一批职业院校早日实现质的飞跃，为服务于人口较少民族而贡献智慧。

此外，民族地区地方院校作为实施高层次人才的主阵地，需要抓好民族地区高校实验室及基地建设。关键要做好以下几点。其一，加强校级实验平台建设。这需要高校加大经费投入，购买最新的实验设施设备，满足教师和学生对实践教学的需求。其二，拓展校外实践教学基地。不仅有省内的、省外的基地，还应拓展境外基地，最大限度地拓展实践教育教学的空间。其三，成立专门的管理机构，如大理大学的"实验室管理处"和"实践教学科"。该机构需要学校和学院以及相关学科的带头人互相协作，共同完成对基地建设的统一管理、政策引领、经费调配、功能开发等工作。其四，兼顾多重需求。实践教学基地的建设要充分考虑专业的特点以及专业发展的需求，不仅要实现与民族地区优势产业和新兴产业对接的需求，还要满足不同文化背景学生的不同学习需求。其五，充分发挥基地的功能。实践教学基地多被认为是理论结合实践的重要桥梁和学生了解社会与职业的窗口。事实上，高校还可以通过实践教学基地实施素质教育、多元文化教育和创新创业教育，培养学生的时代精神、多元文化情怀和创新创业能力等。例如，企业通常拥有最新的设施设备，能够让学生紧跟时代的潮流；走出校园，能够让学生了解当地民族文化、感受地域风貌，实现文化的包容与认同；搭建创新创业实践平台，为学生提供创新创业的资金、技术、场地和专业指导等。

### 3. 加大"双师双能型"教师队伍建设，形成与现代学徒制度相适应的管理制度与运行机制

民族地区应用型人才的培养遭受的"瓶颈"是缺乏高素质的"双师双能型"教师队伍。借鉴西方发达国家先进的应用型人才培养的模式，现代学徒制度是提高职业院校"双师双能型"教师队伍的有效方法。根据国家有关政策文件规定，现代学徒制试点工作的重要任务便是校企共建"双师双能型"队伍。校企共同承担培养双导师制度的责任与义务。尤其是民族地区若想在短时间内提升人才队伍的质量与内涵，就势必需要通力合作，打破现有编制与用工制度的束缚，探索建立设立兼职岗位或教师流动的编制制度。

事实上，现代学徒制工作的重要保障便是建立科学合理的教学管理与运行机制。依据学徒制度的特点与要求，政府统筹牵头，各个职业院校与各类型企业等共同建立日常教学运行与质量监控的机制。依据人口较少民族地区与学生的需要，合理安排学徒岗位，分配不同的任务。当然，也要积极探索全日制与非全日制教育的多种形式，创新与完善学徒制的教学管理与运行机制。

实际上，在民族地区的教师能力培养方面，民族地区高校以应用型为主而非研究型，这就要求教师具有专业实践能力；其学生多来自民族地区，具有丰富的文化背景，这就要求教师具备多元文化教学能力。因此，民族地区高校师资建设应将教师的实践能力和多元文化教学能力作为重点。一是探索"双向双聘"机制，满足民族地区高校"双师双能型"教师的数量和质量的需求。所谓"双向双聘"机制中的"双向"是指民族地区地方院校需要聘任行业企业的高级技术和管理人才以促进学校办学水平和教学质量的提高，同时行业企业也需要聘任高职院校具有高级职称的教师以促进行业企业生产经营水平的提高，高职院校与行业企业对高级人才的需求是相互的；"双聘"是指民族地区地方院校或行业企业的高级人才既受聘于行业企业，同时也受聘于高职院校。二是要在职业资格、业务考核、职务聘任等方面系统地置入教师实践能力和多元文化教学能力的要求和内容。如在业务考核中，重点突出对教师动手能力、实践业绩、少数民族多元文化和社会阶层族群学生特征的知识等。三是建立和完善教师培训制度。不仅要定时或定期对教师开展有效的培训工作，还要以多样化的形式，如在校内以学术沙龙、师生交流平台、专题讲座，校外采取挂职锻炼与顶岗实习、访问学者等形式，营造多元文化氛围、丰富教师的企业工作经历，并使这种形式制度化。

**4. 强化校园文化建设，推进人才培养模式创新**

民族地区的少数民族文化是丰富多彩的，具有多面性与层次性。对于人口较少民族的学生而言，应使少数民族文化走向校园，成为培养服务于本地高层次人才的基础与心理文化平台。各民族地区，尤其是人口较少民族的地方要依据区情与文化土壤，开展适合人口较少民族学生培养的专业。引导职业院校与各类型企业依据人口较少民族学生的成长规律和实际需求，共同研制人口较少民族培养的文化课程与教材，设计结合本民族文化的教学体系。例如，少数民族艺人或文化专家可通过带徒的形式，依据社会与民族文化需要，依据人才培养方案进行岗位技能的专业培训，真正实现文化搭台，育人唱戏的校企合作、校与艺人等多方合作的一体化育人创新模式。

具体而言，民族地区高校校园文化建设不仅对少数民族大学生的心理素质、思维方式、行为特征以及生活作风起着潜移默化的作用，而且也将影响少数民族学生的国家认同与民族自信心的提升。与普通高校不同的是，民族地区的高校具有普通高校校园文化的共性，但也具有其自身的特性：民族性与地方性。因此，民族地区高校校园文化建设，应坚持以科学发展为指针，遵循普通高校校园文化建设的一般原则和规律，结合民族地区高校民族和地域特色，构建个性化发展的校园文化模式。这种具有个性化的校园文化模式要处理好三对关系。一是民族性与开放性的关系。建设民族地区高校校园文化要考虑校园内不同民族的历史和地域情况，着力为其地方经济文化建设服务；同时也要有"大社会"的眼光，密切关注国内国外先进文化，改变旧有思维。二是单一性和多样性的关系。高校应用型人才培养要做好专业教育，而校园文化作为教育的产物也具有专业性的特征，如中文系的文学社团等。但校园文化本身也应该是丰富的，这种丰富不仅来自少数民族文化的多样性，也源于校园中志趣相投、爱好一致的学生所创造的文化。三是依赖性与独立性的关系。这里的依赖性是指高校校园文化建设与民族地区社会文化建设的双向依赖；其独立性是指高校校园文化对其他文化的规范性、引领性和学术性，这种独立性是对办学特色和理念的最好诠释。

# 参考文献

[1][德] 赫尔曼·哈肯:《信息与自组织——复杂系统中的宏观方法》,郭治安译,四川教育出版社2007年版。

[2][法] 埃德加·富尔:《学会生存——教育世界的今天和明天》,华东师范大学比较教育研究所译,教育科学出版社1996年版。

[3][美] 班克斯等:《多元文化教育——议题与观点》,陈枝烈等译,心理出版社2008年版。

[4][美] 菲利普·G. 阿特巴赫、帕特丽夏·J. 冈普奥特、布鲁斯·约翰斯通:《为美国高等教育辩护》,别敦荣、陈艺波译,中国海洋大学出版社2007年版。

[5][美] 亨利·M. 莱文帕特、里克·J. 麦克尤恩:《成本决定效益:成本—效益分析方法和应用》,金志农、孙长青、史昱译,中国林业出版社2006年版。

[6][美] 罗杰·盖格著:《大学与市场的悖论》,郭建如、马林霞等译,北京大学出版社2013年版。

[7][美] 尼托:《肯定多样性——社会政治情境下的多元文化教育》,陈美莹译,涛石文化事业有限公司2007年版。

[8]卜荣华:《大学生学习动机现状的调查研究》,安徽师范大学硕士学位论文,2006年。

[9]布成良:《渐进式改革的张力——中国改革的特点、风险及前景》,载于《当代世界与社会主义》2008年第5期。

[10]鲍洪杰、王存教:《民族高校创新型人才培养体系研究——以西北民族大学为例》,载于《理论月刊》2010年第10期。

[11]曹能秀、王凌:《试论教育中的少数民族文化传承面临的问题与挑战》,载于《当代教育与文化》2010年第1期。

[12]《昌吉州职教联盟煤电煤化工职教集团发展规划》(2015~2020年),http://zjlm.cjc.edu.cn/index.php?m=content&c=index&a=show&catid=19&id=10。

[13] 陈光良：《从和谐社会视角探析民族经济与文化互动》，载于《广西民族大学学报》（哲学社会科学版）2008年第1期。

[14] 陈金龙：《少数民族文化发展繁荣与民族地区发展方式的包容性转向》，载于《广西社会科学》2012年第7期。

[15] 陈劲、张学文：《日本型产学官合作创新研究——历史、模式、战略与制度的多元化视角》，载于《科学学研究》2008年第4期。

[16] 陈鹏磊、李郡：《英国职业教育协同育人模式的经验借鉴——基于"三明治"教育模式与现代学徒制模式》，载于《职业教育研究》2015年第7期。

[17] 陈青之：《中国教育史》，东方出版社2008年版。

[18] 陈少君：《西部少数民族地区反贫困战略问题研究》，西南财经大学硕士学位论文，2013年。

[19] 陈胜可、刘荣：《SPSS统计分析从入门到精通（第三版）》，清华大学出版社2015年版。

[20] 陈新民：《地方本科高校转型：分歧与共识》，载于《教育发展研究》2015年第7期。

[21] 陈新夏：《以人的发展引领社会发展》，载于《中国社会科学报》2012年7月18日第B01版。

[22] 陈学金、滕星：《全球化时代"三种认同"与中国民族教育的使命》，载于《广西民族大学学报》（哲学社会科学版）2013年第3期。

[23] 陈雪蕾、戴小红：《翻转课堂教学模式对护理本科生批判性思维能力的影响》，载于《华夏医学》2015年第1期。

[24] 陈正权、朱德全：《应用型人才培养与区域经济联动发展的体制路径构建》，载于《职业技术教育》2016年第28期。

[25] 程方平：《少数民族人才培养值得关注的三个问题》，载于《中国民族教育》2015年第10期。

[26] 崔岩：《高职院校人才培养模式改革研究》，载于《职业技术教育》2009年第11期。

[27] 党素芳：《高职院校"订单式"人才培养模式研究》，四川师范大学硕士学位论文，2014年。

[28] 邓开陆：《对高职教育人才培养模式改革的思考》，引自《云南省高等教育学会高职高专教育分会优秀论文集》，2008年。

[29] 邓泽民、董慧超：《德国应用科学大学研究》，科学出版社2017年版。

[30] 丁如曦、赵曦：《中国西部民族地区经济发展方式的主要缺陷与新时期战略转型》，载于《云南民族大学学报》（哲学社会科学版）2015年第3期。

[31] 董洪亮：《地方本科高校该转型了》，载于《人民日报》2014年5月8日第18版。

[32] 董鸣燕：《人才分类与高层次应用技术型人才界定》，载于《世界教育信息》2015年第24期。

[33] 董艳：《抓住机遇 加大投入 实现民族教育的跨越式发展——对〈规划纲要〉促进民族教育发展的几点建议》，载于《中国民族教育》2009年第3期。

[34] 董艳等：《少数民族女大学生学习自我效能感研究》，载于《内蒙古师范大学学报》（教育科学版）2007年第7期。

[35] 董志惠、沈红：《论中国大学战略联盟》，载于《教育发展研究》2006年第2期。

[36] 杜才平：《美国高等院校应用型人才培养及其启示》，载于《教育研究与实验》2012年第6期。

[37] 杜金柱：《少数民族高等财经人才培养模式改革与实践》，载于《中国大学教育》2014年第11期。

[38] 杜远阳：《我国高职教育培养成本分担与补偿问题之探讨》，广西大学硕士学位论文，2006年。

[39] 云南省委办公厅云南省人民政府办公厅：《关于采取特殊措施加快我省7个人口较少特有民族脱贫发展步伐的通知》，法律法规网，http：//www.110.com/fagui/law_211795.html。

[40] 冯向东：《学科、专业建设与人才培养》，载于《高等教育研究》2002年第3期。

[41] 付·吉力根：《中国少数民族地区经济与民族文化互动发展机制研究》，内蒙古大学硕士学位论文，2008年。

[42] 傅征：《高等教育结构与经济发展的协调性分析分析》，载于《武汉大学学报》（哲学社会科学版）2008年第2期。

[43] 高登峰：《大学生学习压力、心理弹性、心理健康的关系研究》，华中科技大学硕士学位论文，2008年。

[44] 《关于进一步做好培养选拔少数民族干部工作的意见》，http：//cpc.people.com.cn/GB/64162/71380/71387/71591/4855088.html。

[45] 《广西本科高校转型发展经验引起关注》，http：//www.gxedu.gov.cn/UploadFiles/jyxw/2015/7/201507301816224805.pdf.2014-09-10。

[46] 《广西高校总会计师论坛在广西财经学院召开》，广西壮族自治区教育厅网站，http：//www.gxedu.gov.cn/Item/8839.aspx。

[47] 广西壮族自治区人力资源和社会保障厅:《广西壮族自治区人民政府办公厅关于印发广西人力资源和社会保障事业发展"十三五"规划的通知》,https://www.gxhrss.gov.cn/xxgk/zcfg/zcfg/201609/t20160927_66237.html。

[48] 国家统计局:《中国统计年鉴 2016》,http://www.stats.gov.cn/tjsj/ndsj/2016/indexch.htm。

[49] 贵州省教育厅:《贵州省 2016 高校质量报告》,http://www.pgzx.edu.cn/modules/zhiliangbaogao_d.jsp?id=141081&type=。

[50] 贵州省教育厅:《贵州省普通高等学校本科教学质量分析报告》,http://www.pgzx.edu.cn/modules/zhiliangbaogao_d.jsp?id=141081&type=。

[51]《关于印发贵州省"十三五"人才发展专项规划的通知》,贵州省人力资源社会保障网,http://gz.hrss.gov.cn/art/2016/12/29/art_31_38737.html。

[52] 国家民委:《关于加强民族教育工作若干问题的意见》,国家教委网站,http://www.chinalawedu.com/falvfagui/fg22598/17504.shtml。

[53]《2012 年全国民族自治地方经济社会发展》,国家民族事务委员会网站,http//www.seac.gov.cn/art/2014/9/22/art_657_235719.Html。

[54]《国家中长期人才发展规划纲要(2010~2020年)》,http://www.china.com.cn/policy/txt/2010-06/07/content_20197790_2.Htm。

[55] 国务院:《关于加快发展民族教育的决定》,http://www.moe.edu.cn/jyb_xxgk/moe_1777/moe_1778/201508/t20150817_200418.html。

[56] 国务院:《国家教育事业发展"十三"五规划纲要》http://www.moe.gov.cn/jyb_sy/sy_gwywj/201701/t200119_295319.html。

[57] 国务院:《关于深化改革加快发展民族教育的决定》,http://www.gov.cn/gongbao/content/2002/content_61658.htm。

[58] 国务院:《关于印发"十三五"国家战略性新兴产业发展规划的通知》,http://www.Gov.cn/zhengce/content/2016-12/19/content_5150090.Htm。

[59] 韩彦东:《人口较少民族贫困原因及扶贫开发对策研究》,载于《贵州民族研究》2005 年第 6 期。

[60] 郝杰、吴爱华、侯永峰:《美国创新创业教育体系的建设与启示》,载于《高等工程教育研究》2016 年第 2 期。

[61] 郝时远、王延中、王希恩:《中国民族发展报告(2015)》,社会科学文献出版社 2015 年版。

[62] 何东昌:《中华人民共和国重要文献》,海南出版社 1998 年版。

[63] 和福生、董云川:《可爱的边疆大学》,云南大学出版社 2009 年版。

[64] 和少英、和光翰:《中国少数民族语言文学人才培养模式改革的探索

与实践》，载于《云南民族大学学报》（哲学社会科学版）2014年第6期。

[65] 贺国庆、王保星、朱文富：《外国高等教育史》（第二版），人民教育出版社2006年版。

[66] 侯艳萍：《西北师范大学经济困难学生资助的现状、问题与对策》，西北师范大学硕士学位论文，2009年。

[67] 胡鞍钢：《中国赶上第四次工业革命发动期》，载于《北京日报》2013年2月25日第17版。

[68] 胡弼成、江艳：《高校校际合作何以可能》，载于《煤炭高等教育》2007年第4期。

[69] 胡坚达、王孝坤：《职业教育集团化体制改革路径探索》，载于《教育研究》2013年第1期。

[70] 胡建华等：《高等教育学新论》，江苏教育出版社2006年版。

[71] 胡卫中、石瑛：《澳大利亚应用型人才培养模式及启示》，载于《开放教育研究》2006年第4期。

[72] 扈中平、刘朝晖：《多元性教学理念与创新素质的培养》，载于《教育研究》2001年第1期。

[73] 华小洋、蒋胜永：《应用型人才培养相关问题研究》，载于《高等工程教育研究》2012年第1期。

[74] 奂平清：《西部民族地区经济社会发展的制约因素》，载于《甘肃社会科学》2007年第6期。

[75] 黄光成：《云南人口较少民族文化多样性研究》，中国社会科学出版社2013年版。

[76] 黄胜、黄育云：《正确认识民族教育的特征，促进民族教育改革与发展》，载于《黔南民族师范学院学报》2001年第2期。

[77] 黄藤：《国外高层次应用技术型人才培养模式研究》，华东师范大学出版社2015年版。

[78] 黄莺、苟建华、傅昌銮：《高等教育国际化应用型人才培养机制研究——以浙江为例》，载于《浙江工业大学学报》（社会科学版）2013年第2期。

[79] 贾东海：《民族问题研究》，甘肃民族出版社2015年版。

[80] 蒋利辉、冯刚：《"一带一路"民族地区的重大战略机遇》，载于《中国民族》2015年第5期。

[81] 焦健：《高校本科应用型人才培养模式研究——以工商管理专业为例》，山西财经大学硕士学位论文，2013年。

[82] 焦青霞：《完善高校教育经费使用监督机制》，载于《光明日报》2014

年3月16日第7版。

[83] 教育部：《支持有条件的民族地区设置工科类、应用型本科院校》，http://news.xinhuanet.com/legal/2015-08/22/c_128154056.htm。

[84] 教育部、国家发展和改革委员会、国家民委、财政部、人事部：《关于大力培养少数民族高层次骨干人才的意见》，http://www.moe.gov.cn/publicfiles/business/htmlfiles/moe/moe_155/201001/xxgk_77777.html。

[85] 教育部办公厅：《关于下达2015年少数民族高层次骨干人才研究生招生计划的通知》，http://www.moe.edu.cn/publicfiles/business/htmlfiles/moe/moe_763/201409/175651.html。

[86] 教育部对口支援工作研究指导中心：《教育部对口支援西部高校工作优秀研究项目》，清华大学出版社2015年版。

[87] 《教育部民族教育司2014年工作要点》，教育部网站，http://www.moe.edu.cn/s78/A09/A09_ndgzyd/201412/t20141224_182328.html。

[88] 《培养少数民族高层次骨干人才计划的实施方案》，教育部网站，http://www.moe.edu.cn/publicfiles/business/htmlfiles/moe/moe_763/200506/8651.html。

[89] 解群、房剑森、石芳华：《走向"合作"：东西部高校对口"支援"政策透视》，载于《教育发展研究》2012年第1期。

[90] 井祥贵：《纳西族学校民族文化传承机制研究》，西南大学博士学位论文，2011年。

[91] 喀什市人民政府：《新疆五年送近3万名未就业大学生赴援疆省市培养》，http://www.xjks.gov.cn/Item/37248.aspx。

[92] 康凯：《对口支援成效及推动西部地区高等学校发展的经济学模型》，载于《医学教育探索》2004年第1期。

[93] 孔帅：《高职院校"双证书"教育的问题及对策》，载于《教育与职业》2016年第3期。

[94] 李晨光：《民族高校贫困生资助模式的多维度构建和完善》，载于《学校管理研究》2013年第2期。

[95] 李呈德、何明：《本科生导师制培养学生创新力的有效性分析》，载于《北京理工大学学报》（社会科学版）2007年第S1期。

[96] 李春杰：《构建校企合作背景下动态"4+X+1"应用型人才培养模式》，载于《辽宁工业大学学报》（社会科学版）2013年第3期。

[97] 李桂霞：《构建高等职业教育人才培养模式的分析与思考》，载于《中国高教研究》2005年第12期。

[98] 李海俊：《藏族学生英语教学的认知依据和认知准备》，载于《郑州大

学学报：哲学社会科学版》2002年第6期。

[99] 李鸿：《转变民族地区经济发展方式的治本之策》，载于《西南民族大学学报》（人文社科版）2008年第12期。

[100] 李健：《TAFE对我国应用型本科教育的启示》，载于《山西广播电视大学学报》2015年第3期。

[101] 李晶晶：《民族院校对少数民族文化繁荣发展的贡献研究》，西北民族大学硕士学位论文，2017年。

[102] 李维宇、王婷：《论云南民族医药人才培养的问题和对策》，载于《当代经济》2015年第16期。

[103] 李新荣：《高等教育规模与经济发展的协调性研究》，载于《科技管理研究》2008年第1期。

[104] 李兴业：《七国高等教育的人才培养——法、英、德、美、日、中新加坡人才培养模式比较》，武汉大学出版社2004年版。

[105] 李雄鹰、吴建春：《西部大开发十年甘肃高等教育与经济协同发展研究——基于高等教育弹性系数视角》，载于《中国高教研究》2011年第7期。

[106] 李永、杨科：《民族院校应用型人才培养体制改革的思考》，载于《民族高等教育研究》2015年第5期。

[107] 李忠斌、陈全功：《特殊扶贫开发政策助推少数民族脱贫致富：30年改革回顾》，载于《中南民族大学学报》（人文社会科学版）2008年第6期。

[108] 李资源：《中国共产党民族工作史》，广西人民出版社2000年版。

[109] 李睿劼：《民族八省区贫困人口减少1712万》，载于《中国民族报》2015年10月16日第1版。

[110] 刘大立：《高等职业教育国际比较研究的文献综述》，载于《中国青年政治学院学报》2005年第2期。

[111] 刘贵芹：《创新高校人才培养机制的探索与思考》，载于《中国大学教学》2014年第10期。

[112] 联合国教科文组织：《内生发展战略》，社会科学文献出版社1988年版。

[113] 练晓荣：《经济结构与高等教育结构的协同发展研究》，福建师范大学博士学位论文，2009年。

[114] 刘兵：《面对可能的世界：科学的多元文化》，科学出版社2007年版。

[115] 刘焕阳、韩延伦：《地方本科高校应用型人才培养定位及其体系建设》，载于《教育研究》2012年第12期。

[116] 刘斓：《高职导师制度的实践与问题反思》，载于《教育与职业》

2013 年第 17 期。

[117] 刘立新：《德国职业教育产教融合的经验及对我国的启示》，载于《中国职业技术教育》2015 年第 30 期。

[118] 刘瑞琦、达红旗、达瓦：《藏族大学生认知风格研究——以对西藏大学农牧学院 180 名藏族大学生的测验为例》，载于《西藏研究》2011 年第 2 期。

[119] 刘晓巍、张诗亚：《优先发展教育，促进民族地区整体发展》，载于《民族教育研究》2012 年第 4 期。

[120] 刘宇陆：《适应新常态建设高水平应用技术大学》，载于《中国高等教育》2015 年第 9 期。

[121] 刘志文、郑少如：《美国应用型本科院校的特色发展之路——罗斯—霍曼理工学院的经验与启示》，载于《江苏高教》2015 年第 4 期。

[122] 卢强：《翻转课堂的冷思考：实证与反思》，载于《电化教育研究》2013 年第 8 期。

[123] 卢现祥：《新制度经济学》（第 2 版），武汉大学出版社 2011 年版。

[124] 卢亚莲：《德国应用科技大学（FH）应用型人才培养模式及其启示》，载于《职教论坛》2014 年第 13 期。

[125] 罗清旭：《批判性思维的结构、培养模式及存在的问题》，载于《广西民族大学学报：自然科学版》2001 年第 3 期。

[126] 吕扬：《制造业是吸纳毕业生就业最多的行业》，http：//www.sohu.com/a/125397722_114731。

[127] 马健生：《教育改革论》，安徽教育出版社 2007 年版。

[128] 马戎：《民族社会学：社会学的族群关系研究》，北京大学出版社 2013 年版。

[129] 马秀麟、赵国庆、邬彤：《大学信息技术公共课翻转课堂教学的实证研究》，载于《远程教育杂志》2013 年第 1 期。

[130] 毛盛勇：《中国高等教育与经济发展的区域协调性》，载于《统计研究》2009 年第 5 期。

[131] 孟韬：《嵌入视角下的大学网络治理机制解析》，载于《教育研究》2011 年第 4 期。

[132] 莫代山、莫彦峰：《发达地区对口支援欠发达民族地区政策实施绩效及对策研究——以来凤县为例》，载于《湖北民族学院学报》（哲学社会科学版）2010 年第 4 期。

[133] 莫雷：《教育心理学》，教育科学出版社 2007 年版。

[134]《2017 广州日报应用大学排行榜》，南方网，http：//student.southcn.

com/s/2017-03/23/content_167532826_2.htm。

［135］内蒙古教育厅：《内蒙古2016年高校质量报告》，http：//www.pgzx.edu.cn/modules/zhiliangbaogao_d.jsp? id=169487&type=。

［136］内蒙古自治区人民政府：《内蒙古自治区人力资源和社会保障事业发展第十三个五年规划》，http：//fabu/ghjh1/fzgh/201612/t20161202_587641.html。

［137］乜勇、王兰兰：《认知学徒制在高阶思维能力培养中的应用研究——以信息技术课程教学为例》，载于《现代教育技术》2010年第4期。

［138］欧文福：《西南民族贫困地区的教育与人力资源开发——基于产业发展与人力资源能力建设》，西南大学博士学位论文，2006年。

［139］潘懋元、石慧霞：《应用型人才培养的历史探源》，载于《江苏高教》2009年第1期。

［140］潘懋元：《中国高等教育的定位、特色和质量》，载于《中国大学教学》2005年第12期。

［141］朴胜一、程方平：《民族教育史》，海南出版社2000年版。

［142］《〈培养少数民族干部试行方案〉解读》，http//www.xjkunlun.cn/dswx/dszl/2013/3156859.htm。

［143］钱厚诚：《哈贝马斯的知识类型观》，载于《南京航空航天大学学报》（社会科学版）2006年第3期。

［144］乔昕：《论高职院校实行"双证书"教育中的几个关系》，载于《中国职业技术教育》2010年第12期。

［145］秦悦悦：《高校应用型本科人才培养模式研究与实践》，重庆大学硕士学位论文，2009年。

［146］青海省民族宗教事务委员会：《第一至五次全国民族教育工作会议》，http：//www.qh.gov.cn/mzfw/system/2012/11/08/010009815.shtml。

［147］邱皓政：《量化研究与统计分析》，重庆大学出版社2009年版。

［148］邱洪艳：《论少数民族地区内源式发展——文化与少数民族发展》，天津师范大学硕士学位论文，2005年。

［149］曲殿彬、赵玉石：《地方本科高校转型发展的问题与应对》，载于《中国高等教育》2014年第12期。

［150］曲木铁西：《试论少数民族高校的学科建设和专业建设》，载于《民族教育研究》2007年第1期。

［151］阮金纯、杨晓雁：《云南少数民族文化传承模式及其现代化进程中的困境》，载于《云南民族大学学报》（哲学社会科学版）2014年第5期。

［152］阮学勇：《民族文化教育与应用型人才培养》，载于《中华文化论坛》

［187］王晰：《独立学院应用型人才培养模式研究》，大连理工大学硕士学位论文，2010年。

［188］王秀华：《技术社会的角色引论》，中国社会科学出版社2005年版。

［189］王延中、方勇、尹虎彬、陈建樾：《中国民族发展报告（2016）》，社会科学文献出版社2016年版。

［190］王艳：《中国牧区扶贫开发问题研究》，吉林大学博士学位论文，2014年。

［191］王玉芬：《内生拓展：中国少数民族经济发展的理念、根据、条件、战略》，中央民族大学出版社2006年版。

［192］王玉楠：《大学生学习倦怠与专业承诺、学习压力的相关性研究》，吉林大学硕士学位论文，2014年。

［193］王重鸣：《心理学研究方法》，人民教育出版社2001年版。

［194］卫茹静：《高校少数民族学生有效帮扶教育资助对策研究》，载于《赤峰学院学报》2015年第11期。

［195］王开琼：《高度重视民族地区的发展问题》，载于《理论与当代》2004年第12期。

［196］邬冰：《边境城镇的经济、民族文化、生态协同发展路径研究——以丹东为例》，载于《黑龙江民族丛刊》2017年第4期。

［197］吴德刚：《少数民族教育改革浅论》，载于《新疆师范大学学报》（哲学社会科学版）1997年第1期。

［198］吴海伦：《基于实践视角的民族文化旅游创意产业发展研究——以湖北省武陵山少数民族经济社会发展试验区为例》，载于《中南民族大学学报》（人文社会科学版）2016年第1期。

［199］吴康妮：《重庆市大学生学习动机与信息能力的关系研究》，西南大学硕士学位论文，2009年。

［200］吴康宁：《教育改革成功的基础》，载于《教育研究》2012年第1期。

［201］吴康宁：《中国教育改革为什么会这么难》，载于《华东师范大学学报》（教育科学版）2010年第4期。

［202］吴明隆：《问卷统计分析实务：SPSS操作与应用》，重庆大学出版社2010年版。

［203］吴青峰：《民族地区地方高校人才培养适切性研究》，湖南师范大学博士学位论文，2014年。

［204］吴琼：《和谐社会视域下的民族协调发展》，新疆大学博士学位论文，2010年。

[205] 吴式颖：《外国教育史》，人民教育出版社1999年版。

[206] 吴炜炜：《高职双证书制度中四位一体综合系统的构建》，载于《中国职业技术教育》2013年第27期。

[207] 吴文定：《论少数民族民间文学的德育功能》，载于《民族教育研究》2009年第6期。

[208] 武建军：《论民族区域自治制度的价值取向》，载于《西南民族大学学报》（人文社科版）2002年第7期。

[209] 夏鲁惠、于今：《中国高等教育区域发展报告》，国家行政学院出版社2011年版。

[210] 谢安邦：《高等教育学》，高等教育出版社1999年版。

[211] 谢君君：《论民族教育的跨越式发展》，载于《民族高等教育研究》2014年第1期。

[212] 辛世俊：《经济与文化关系的新认识》，载于《云南民族大学学报》（哲学社会科学版）2011年第5期。

[213] 邢成举、葛志军：《集中连片扶贫开发：宏观状况、理论基础与现实选择——基于中国农村贫困监测及相关成果的分析与思考》，载于《贵州社会科学》2013年第5期。

[214] 邢永明：《创新培养模式　为民族地区培养高素质应用型人才》，载于《中国高等教育》2011年第Z3期。

[215] 徐爱龙：《高等教育，跨越之前先均衡》，载于《甘肃日报》2010年3月10日第2版。

[216] 徐同文、陈艳：《英国大学应用型人才培养机制探析及启示》，载于《高等工程教育研究》2013年第4期。

[217] 许青云：《高校应用型人才培养对策研究》，载于《中国电力教育》2011年第14期。

[218] 许亚锋、张会庆、塔卫刚：《我国西藏地区大学生元素养的现状与教育对策》，载于《知识管理论坛》2015年第4期。

[219] 西藏自治区教育厅：《西藏自治区及4所本科院校2016~2017学年本科教学质量报告》，http：//www.pgzx.edu.cn/modules/zhiliangbaogao_d.jsp? id=169499&type=。

[220] 云南省教育厅：《云南省2016年高校质量报告》，http：//www.pgzx.edu.cn/modules/zhiliangbaogao_d.jsp? id=169503&type=。

[221] 严雪怡：《试论人才分类的若干问题》，载于《职教通讯》2000年第8期。

[222] 阳华：《民族文化开发与民族地区的发展——以黔东南苗族侗族自治州为例》，载于《贵州师范大学学报》（自然科学版）2004 年第 2 期。

[223] 杨建忠：《论民族地方高校的民族文化传承创新价值与方式》，载于《黑龙江高教研究》2012 年第 10 期。

[224] 杨玲玲：《学校教育中民族文化传承困境研究》，云南财经大学硕士学位论文，2015 年。

[225] 杨明亮：《高职院校人才培养模式改革探析》，载于《北京劳动保障职业学院学报》2014 年第 4 期。

[226] 杨小峻、刘凯：《西藏高等教育研究》，西藏人民出版社 2008 年版。

[227] 杨小峻、许亚锋：《翻转课堂在高校少数民族应用型人才培养中的实践效果——基于学习空间的准实验研究》，载于《远程教育杂志》2016 年第 4 期。

[228] 杨新宇：《民族经济发展的文化动因分析》，中央民族大学硕士学位论文，2006 年。

[229] 杨易：《大学生学习策略的研究与测评》，河南大学硕士学位论文，2002 年。

[230] 杨召奎：《报告显示劳动力技能供需错配现象日益凸显》，载于《工人日报》2016 年 11 月 8 日第 6 版。

[231] 叶冬连等：《基于翻转课堂的参与式教学模式师生互动效果研究》，载于《现代教育技术》2014 年第 12 期。

[232] 叶飞帆：《新建本科高校向应用型转变的方向与路径》，载于《教育研究》2017 年第 8 期。

[233] 殷琪：《我国少数民族高等教育招生政策研究》，云南大学硕士学位论文，2011 年。

[234] 于潜驰、李晓婉：《党的十八大指明了中国民族理论创新发展的方向——"党的十八大与中国民族理论创新发展"学术研讨会综述》，载于《云南民族大学学报》（哲学社会科学版）2013 年第 1 期。

[235] 余蕾：《高校应用型创新人才培养模式的国际借鉴》，载于《重庆科技学院学报》（社会科学版）2009 年第 12 期。

[236] 俞婷：《导师制：高职院校人才培养质量提升的新探索》，载于《中国职业技术教育》2014 年第 30 期。

[237] 袁靖宇：《江苏职教集团发展的基本经验、主要挑战与关键问题》，载于《中国大学教学》2015 年第 4 期。

[238] 袁新文、洪少丹：《高校科研经费监管系统若干问题探讨》，载于《中国内部审计》2013 年第 1 期。

[239] 袁瑛、雷春香：《重庆地区少数民族应用型人才培养研究——以重庆三峡学院民族学系为例》，载于《湖北经济学院学报》2011 年第 3 期。

[240] 原华荣、张祥晶：《中国少数民族人口学特征空间分布地域性的再研究》，载于《浙江大学学报》（人文社会科学版）2017 年第 2 期。

[241] 《云南省扶持人口较少民族发展规划（2011～2015 年）》，云南网，http: //special. yunnan. cn/feature4/html/2011 - 11/04/content_1895440. htm。

[242] 张安驰、顾永安：《产业结构：地方高等教育与经济协同发展之切入点——基于苏南地区的分析》，载于《江苏高教》2015 年第 4 期。

[243] 张斌贤：《外国高等教育名著研读》，高等教育出版社 2010 年版。

[244] 张布和：《民族教育改革与发展的瓶颈——教育评价》，载于《民族教育研究》2008 年第 4 期。

[245] 张春雨、时光：《民族高校科技园与民族地区经济发展》，载于《西南民族大学学报》（人文社科版）2006 年第 6 期。

[246] 张大均：《教育心理学》，人民教育出版社 1999 年版。

[247] 张洪田：《应用型人才培养体系的探索与实践》，载于《中国高教研究》2008 年第 2 期。

[248] 张洪英、霍涌泉、商存慧：《西方多元文化教育及对我国民族教育改革创新的启示》，载于《贵州民族研究》2014 年第 4 期。

[249] 张环宙、黄超超、周永广：《内生式发展模式研究综述》，载于《浙江大学学报》（人文社会科学版）2007 年第 2 期。

[250] 张姣蓉：《我国少数民族高层次人才培养政策演进探微》，载于《湖北民族学院学报》（哲学社会科学版）2015 年第 2 期。

[251] 张京泽：《新中国民族教育发展回顾和若干现实问题研究》，中央民族大学出版社 2005 年版。

[252] 张立军：《新中国民族高等教育体制变迁研究》，东北师范大学博士学位论文，2012 年。

[253] 张明善、严茜、李永政：《面向民族地区紧缺人才行业开展订单定向式人才培养模式的对策》，载于《西南民族大学学报》（人文社会科学版）2012 年第 11 期。

[254] 张璞、赵周华：《少数民族特色产业的内涵和特征分析》，载于《前沿》2011 年第 17 期。

[255] 张千友、王兴华：《民族地区：自然资源、经济增长与经济发展方式转变研究——基于 2000～2009 省际面板数据的实证分析》，载于《中央民族大学学报》（哲学社会科学版）2011 年第 4 期。

[256] 张诗亚:《发展民族特色职业教育　促进民族共生教育体系建立》,载于《民族教育研究》2013年第1期。

[257] 张文明、腾艳华:《新型城镇化:农村内生发展的理论解读》,载于《华东师范大学学报》(哲学社会科学版) 2013年第6期。

[258] 张晓阳、赵普:《经济增长阶段与人力资本积累阶段关联机制研究——对中国西部地区实证考察》,中国经济出版社2008年版。

[259] 张新平、冯晓敏:《重思案例教学的知识观、师生观与教学观》,载于《高等教育研究》2015年第11期。

[260] 张学敏、史利平:《文化—教育—经济共生机制:西南民族地区教育反贫困战略选择》,载于《西南大学学报》(社会科学版) 2012年第6期。

[261] 张永良、张学琴:《高职"订单式"人才培养模式的有效机制探索》,载于《中国高教研究》2007年第6期。

[262] 张玉萍、李改婷:《浅谈高职大学语文模块化教学》,载于《中国教育学刊》2015年第S1期。

[263] 赵丹:《大学生学业拖延、学业自我效能感与学习动机的关系研究》,河北师范大学硕士学位论文,2013年。

[264] 赵国春、梁勇:《少数民族地区高等教育与经济发展的协同性研究》,载于《中国高教研究》2014年第5期。

[265] 赵晶晶:《瑞士应用技术大学与经济社会发展的互动研究》,载于《大学》(学术版) 2013年第9期。

[266] 赵俊峰、杨易、师保国:《大学生学习策略的发展特点》,载于《心理发展与教育》2005年第4期。

[267] 赵庆典:《对高等学校招生体制改革的思考》,载于《中国高教研究》2002年第1期。

[268] 赵永乐:《宏观人才学概论》,党建读物出版社2013年版。

[269] 郑长德:《中国少数民族地区经济发展方式转变研究》,载于《西南民族大学学报》(人文社科版) 2009年第10期。

[270]《中国政府减缓和消除贫困的政策声明》,中国网,http://www.china.com.cn/economic/txt/2004 - 05/28/content_5574110.htm。

[271]《中国重视少数民族干部人才选拔培养任用》,中国新闻网,http://www.chinanews.com/gn/2011/11 - 19/3471952.shtml。

[272] 中华人民共和国中央人民政府:《扶持人口较少民族发展规划(2011~2015年)》,http://www.gov.cn/gzdt/2011 - 07/01/content_1897797.htm,2011年7月1日。

[273] 钟慧笑：《喀什大学：在转型中崛起》，http：//www. sohu. com/a/121326125_498142。

[274] 钟志贤：《如何发展学习者高阶思维能力?》，载于《远程教育杂志》2005 年第 4 期。

[275] 周凡：《云南民族学院五十年》，载于《云南民族学院学报》（哲学社会科学版）2001 年第 5 期。

[276] 周凤华、宁锐：《如何评价集团化办学质量》，载于《辽宁教育》2013 年第 18 期。

[277] 周晶：《试析少数民族贫困大学生资助体系及完善策略——以青海师范大学为例》，载于《青海民族研究》2013 年第 7 期。

[278] 周民良：《论民族地区经济发展方式的转变》，载于《民族研究》2008 年第 4 期，第 19~28 页。

[279] 周晓丽：《我国少数民族高等教育招生政策研究》，兰州大学硕士学位论文，2013 年。

[280] 周志山、方同义、朱桂谦：《共生互动：经济与文化关系探析》，载于《浙江社会科学》1995 年第 3 期。

[281] 朱林生：《新建本科院校培养应用型人才的探索：基于校地互动的视角》，载于《中国大学教学》2010 年第 9 期。

[282] 朱士中：《应用型本科人才培养的机制与模式创新——以常熟理工学院行业学院探索为例》，载于《江苏高教》2016 年第 5 期。

[283] 朱文：《案例教学方法研究》，载于《西南民族大学学报》（人文社科版）2003 年第 10 期。

[284] 郑长德：《中国少数民族地区经济发展质量研究》，载于《民族学刊》2011 年第 3 期。

[285] 中华人民共和国教育部，http：//old. moe. gov. cn//publicfiles/business/htmlfiles/moe/s7567/201309/156878. html。

[286] 中华人民共和国教育部：《李克强主持召开国务院常务会议部署加快发展现代职业教育》，http：//www. moe. gov. cn/jyb_xwfb/s6052/moe_838/201402/t20140227_164679. html，2014 年 2 月 26 日。

[287] 钟秉林：《加强综合改革 平稳涉过教育改革"深水区"》，载于《教育研究》2013 年第 7 期。

[288] 钟志贤、王水平、邱婷：《终身学习能力：关联主义视角》，载于《中国远程教育》2009 年第 4 期。

[289]《2015 年云南各市 GDP 和人均 GDP 排名一览表》，http：//www.

southmoney. com/hkstock/ggxinwen/201606/587201. html。

［290］曾玲晖、张翀、卢应梅、马楠：《基于卓越教学视角的大学应用型人才培养模式研究》，载于《高等工程教育研究》2016 年第 1 期。

［291］曾向东、唐启国：《现代农业财政支持体系研究》，东南大学出版社 2013 年版。

［292］Alfredo Artiles and Beth Harry. Issues of Overrepresentation and Educational Equity for Culturally and Linguistically Diverse Students. *Intervention in School and Clinic*, 2006, 41（4）：224 – 232.

［293］Akomaning, Edward, Voogt, Joke M., Pieters, Jules M.. Internship in Vocational Education and Training：Stakeholders' Perceptions of its Organisation. *Journal of Vocational Education and Training*, 2011：575 – 592.

［294］Alves, João, Carvalho, Luísa, et al.. The Impact of Polytechnic Institutes on the Local Economy. *Tertiary Education and Management*, 2015（4）：81 – 98.

［295］Butt, A.. Student views on the use of a flipped classroom approach：evidence from Australia. *Business Education & Accreditation*, 2014, 6（1）：33 – 43.

［296］Bowles. *Microeconomics：Behavi, Institutions, and Evolution*. Princeton：Princeton University Press, 2006.

［297］Bockerman, Petri, Hamalainen, Ulla, Uusitalo, Roope. Labour Market Effects of the Polytechnic Education Reform：The Finnish Experience. *Economics of Education Review*, 2009（12）：672 – 681.

［298］Butts R. F.. *A History of Western Education*. New York：Routledge Press. 2003：246 – 252.

［299］Christine E. Sleeter. Community-based Service learning in Multicultural Teacher Education. *Educational Foundations*, 2000, 14（2）：33 – 51.

［300］Cumins, J.. Cognitive/academic language proficiency, linguistic interdependence, the optimum age question and some other matters. *Working Papers on Bilingualism*, 1979, 19：121 – 129.

［301］Cowley, M. R.. Culturally Diverse Classes：Rewards, Difficulties, and Useful Teaching Strategies. *Career and Technical Education*, 2008（1）.

［302］Carli, Rhonda Kyles. *An exploration of preservice teachers' experiences of becoming multicultural educators*. University of Nevada, Las Vegas, 2007.

［303］Clark B. R.. The "Cooling Out" Function in higher education. *Function of Ecology*, 1960（6）：569 – 576.

［304］Derek Bok. *University in the Marketplace*. Princeton University Press, 2003.

[305] DeLong B. Productivity growth, convergence and welfare: comment. *American Economic Review*, 1988, 78 (5): 1138 – 1154.

[306] De Bruijn, Elly. Teaching in Innovative Vocational Education in the Netherlands. *Teachers and Teaching: Theory and Practice*, 2012: 637 – 653.

[307] Dario J. Almarza. Connecting Multicultural Education Theories with Practice: A Case Study of an Intervention Course Using Realistic Approach in Teacher Education. *Bilingual Research Journal*, 2005, 29 (3): 519 – 529.

[308] Deissinger Thomas and Hellwig, Silke. Apprenticeships in Germany: Modernising the Dual System. *Education & Training*, 2005 (4).

[309] Dori, Y. J. and Belcher, J.. How Does Technology – Enabled Active Learning Affect Undergraduate Students' Understanding of Electromagnetism Concepts? *Journal of the Learning Sciences*, 2005, 14 (2): 243 – 279.

[310] Eammonn Callan. Democratic Patriotism and Multicultural Education. *Studies in Philosophyand Education*, 2002 (21) 6: 456 – 477.

[311] Ethel E. Idialu. Ensuring Quality Assurance in Vocational Education. *Contemporary Issues in Education Research*, 2013: 431 – 438.

[312] E. Robert. On the Mechanics of Economic Development. *Journey of Moretary Economics*, 1988, 22 (1): 3 – 42.

[313] Garritzmann, Julian L. *The Political Economy of Higher Education Finance: The Politics of Tuition Fees and Subsidies in OECD Countries*, 1945 – 2015. New York: Palgrave Macmillan, 2016: 11.

[314] Hyslop, Alisha. Lessons From the German Dual System. *Techniques*, 2012 (8).

[315] Han Dongping. Institution Determine History: an Innovative Theory about the Basic Law of Human Society Development. *South China Quarterly*, 2016 (1): 120 – 130.

[316] Hordern Jim. Technical Degrees and Higher Vocational Education. *Research in Post – Compulsory Education*, 2017, 22 (1): 87 – 107.

[317] Helmut Pütz. Vocational Training Reform Act—New Impetus for Vocational Training after 35 Years. *BWP special edition*, 2005 (2): 1 – 3.

[318] Idialu. Quality Assurance in the Teaching and Examination of Vocational and Technical Education in Nigeria. U. S. A. *College Student Journal*, 2007, 41: 3 – 12.

[319] James A. Banks. Multicultural Education: Historical Development, Dimensions and Practice. *Handbook of Research on Multicultural Education* (2Eds). San

Francisco: Jossey – Bass, 2005: 3 – 29.

[320] Jerome Bruner. *The Culture of Education*. New York: Harvard University Press, 1996: 5 – 12.

[321] Janet Edwards and Ken Fogeiman. *Developing Citizenship in the Curriculum*. David Fulton Pub. Lishers, 1993: 30.

[322] Jennkfer J. Mueller. *It's so much bigger than I realized: Identity, process, change, and possibility-preservice teachers' beliefs about multicultural education*. the University of Michigan, 2004.

[323] James Lynch. *The multicultural curriculum*. London: Batsford Academic and Educational, 1983.

[324] Jenkins, T. N.. Putting Post-modernity into Practice: Endogenous Development and the Role of Traditional Cultures in the Rural Development of Marginal Regions. *Ecological Economics*, 2000, 34 (3): 301 – 314.

[325] Jun Xing, Pak-sheung Ng. *Indigenous Culture, Education and Globalization Critical Perspectives from Asia*. Berlin Heidelberg: Springer – Verlag Berlin Heidelberg, 2016: 100 – 105.

[326] Jacobs, W. and N.. Grubb. The federal role in vocational-technical education. *Conmwmy College Research Center Brief*, 2002.

[327] Jan Youtie, Philip Shapira. Building an innovation hub: A case study of the transformation of university roles in regional technological and economic development. *Research Policy*, 2008, 37 (8): 1188 – 1204.

[328] K. A. Adegoke. Standard in teacher preparation in Nigeria: some highlights. *Journal of Education*, 2002 (4): 1 – 6.

[329] Kallioinen, Outi. Transformative Teaching and Learning by Developing. *Journal of Career and Technical*, 2011: 8 – 27.

[330] Kong, S. C.. An experience of a three-year study on the development of critical thinking skills in flipped secondary classrooms with pedagogical and technological support. *Computers & Education*, 2015, 89 (C): 16 – 31.

[331] Kong, S. C.. Developing information literacy and critical thinking skills through domain knowledge learning in digital classrooms: An experience of practicing flipped classroom strategy. *Computers & Education*, 2014, 259 (78): 160 – 173.

[332] Lepori, Benedetto, Kyvik, Svein. "The Research Mission of Universities of Applied Sciences and the Future Configuration of Higher Education Systems in Europe". *Higher Education Policy*, 2010 (9): 295 – 316.

[333] Lauder Hugh, Young Michael, Daniel Harry et al. Ed. *Educating for the Knowledge Economy? Critical Perspectives*. London: Routledge, Taylor & Francis Group, 2012: 51.

[334] Lain, Kari. "A Finnish Concept for Academic Entrepreneurship: The Case of Satakunta University of Applied Sciences", *Industry and Higher Education*, 2008(2): 19-28.

[335] Lorna Power, Joseph Cohen. *Competency - Based Education and Training Delivery: Status, Analysis and Recommendations*. Princeton University Press, 2005.

[336] Lewis, Theodore. The problem of cultural: what can we learn from borrowing the German Dual System? *Bilingual Research Journal*, 2007(4).

[337] Marsha L. Rehm. Career and Technical Education Teachers' Perceptions of Angela M. Byars - Winston. *The Career Development Quarerly*, 2006(3).

[338] Mason, G. S. Shuman, T. R. & Cook, K. E.. Comparing the effectiveness of an inverted classroom to a traditional classroom in an upper-division engineering course. *IEEE Transactions on Education*, 2013, 56(4): 430-435.

[339] Mackey, T. and Jacobson, T.. Reframing information literacy as a metaliteracy. *College and Research Libraries*, 2011(1): 62-78.

[340] Mackey, T. and Jacobson, T.. *Met literacy: Reinventing information literacy to empower learners*. London: Facet Publishing, 2010: 23.

[341] Noblit, George W., Pink William T.. *Education, Equity, Economy: Crafting a New Intersection*. Stockholm: Springer International Publishing Switzerland, 2015: 124.

[342] O'Neill T. A., Goffin R. D., Gellatly I. R.. The Knowledge, Skill, and Ability Requirements for Teamwork: Revisiting the Teamwork - KSA Test's validity. *International Journal of Selection & Assessment*, 2012(1): 36-52.

[343] Peter E. Doolittle and William G. Camp. The Career and Technical Education Perspective. *Vocational and Technical Education*, 2001(6).

[344] Peter Figueroa. Multicultural education in the United Kingdom: Historical development and current status. *Handbook of Research on Multicultural Education*. New York: Macmillan, 1995.

[345] PatriciaL Marshall: Four Misconceptions about Multicultural Education that Impede Understanding. *Action in Teacher Education*, 1994, 11(3): 19-27.

[346] Patil, S. B.. Why and how to integrate information literacy curriculum in higher education. *Current Science*, 2014, 107(1): 11.

[347] Strayer J. F.. How learning in an inverted classroom influences cooperation, innovation and task orientation. Learning Environments Research, 2012 (2): 171–193.

[348] Stephen May. *Critical Multiculturalism: Rethinking Multicultural and Antiracist Education.* The Falmer Press, 1999.

[349] Tang Y., and Tseng, H. W.. Distance Learners' Self-efficacy and Information Literacy Skills. *Journal of Academic Librarianship*, 2013, 39 (6): 517–521.

[350] Vuori, Johanna. "Enacting the Common Script: Management Ideas at Finnish Universities of Applied Sciences". *Educational Management Administration & Leadership*, 2015 (7): 646–660.

[351] Vesa Taatila, Katariina Raij. Philosophical Review of Pragmatism as a Basis for Learning by Developing Pedagogy. *Educational Philosophy and Theory*, 2012, 10: 831–844.

[352] Whillier, S. and Lystad, R. P.. No differences in grades or level of satisfaction in a flipped classroom for neuroanatomy. *Journal of Chiropractic Education*, 2015, 290 (2): 127–133.

# 后 记

2014年9月,由张学敏教授任首席专家的教育部哲学社会科学重大课题攻关项目"高校少数民族应用型人才培养模式综合改革研究"获准立项。2014年12月4日开题至今,课题组成员以高度的责任感和热情投入课题研究工作,把"地方高校转型发展""应用型人才培养"的国家战略共性,与民族地区自身优势、文化特性相结合,以此探讨民族地区经济、教育、文化之间的关系,构建如何实现"内生—协同"发展的教育内部要素与外部要素相互联系和作用的高校少数民族应用型人才培养模式。

在课题研究过程中,我们发现,民族地区要摆脱传统的粗放型发展方式,实现跨越式、可持续发展,首先要明白"自己有什么、要发展什么、怎样发展、依靠什么来发展",为此,我们提出了"内生—协同"发展方式。"内生—协同"发展是一种激发和培育内生发展动力,注重经济、教育、文化协同发展的一种新发展方式,有利于解决民族地区的发展难题,促进其可持续发展。这种发展方式以民族地区的参与和推动为主,以民族地区内的技术、产业、文化为基础,以少数民族高层次应用型人才培养适应并引领特色文化产业和新型产业发展为重点,以建立特色产业结构促进民族地区经济和文化繁荣为目的,在兼顾经济发展速度和规模的同时,更加注重传统文化的传承保护、当地特色资源的开发利用及社会综合效益的提升。

在课题研究过程中,我们发现,民族地区实现"内生—协同"发展,关键是培养大量能适应并引领民族地区发展的少数民族高层次应用型人才。少数民族高层次应用型人才大多来自民族地区,熟悉本民族文化、适应当地的自然与社会环境,对发展当地经济、振兴家乡愿望强烈,且不易流失。为此,民族地区高校既要培养跟进当下产业、适应民族地区现实发展需要的高层次应用型人才,也要能够通过对"人"的形塑,使高校少数民族应用型人才培养走在今日产业发展的前面,走向明日的特色文化产业和新型产业发展,实现引领民族地区经济社会发展的目的。

在课题研究过程中，我们发现，现阶段高校少数民族应用型人才培养与社会需求结构失衡，培养主体单一，难以有效支撑"内生—协同"发展方式。鉴于此，我们提出了高校少数民族应用型人才培养的"C-U-I-D"综合改革模式。该模式是以民族地区的地方院校（C1）和民族院校（C2）为主体，以部署综合性大学（U）的教学、学科、科研和服务等资源平台为支撑，以少数民族本科以上学生为主要对象，以培养高层次少数民族应用型人才促进民族发展为内容，以适应并引领民族地区的经济、文化和教育协同发展（D1）以及少数民族"人"的发展（D2）为导向的多元复合的综合改革体系。其目标是面向民族地区特色文化产业和新型产业的发展需求，建立地方院校、民族院校、综合性大学三位一体的协作育人体系，进而实现民族地区"内生—协同"发展和少数民族人的发展。

为实现课题研究目标，课题组本着实事求是的态度深入民族地区，深入实地调研、采集数据，获得了翔实的一手研究资料。2015年5月，课题组走访了云南、广西、贵州、新疆、宁夏50多家企事业单位，了解民族地区产业发展对应用型人才的需求状况。2015年8月与2016年4月，课题组成员先后两次赴西藏大学、西藏农牧学院、西藏藏医学院等西藏高校，就少数民族高层次应用型人才的培养过程展开调研。2015年9月与2016年10月，课题组成员先后两次赴新疆昌吉学院、伊犁师范学院、喀什大学、新疆医科大学、新疆农业大学、新疆工程学院等新疆高校，围绕少数民族应用型人才培养与企业合作情况、与对口支援高校合作情况、与地方合作情况等方面内容，就高校应用型人才培养内—外协作方式展开调研。2016年3月，子课题组成员赴云南大理大学、普洱学院等高等院校，就人口较少民族高层次应用型人才培养开展课题调研。针对课题前期调研存在的不足，2016年10月，课题组先后赴新疆、内蒙古、广西、贵州、云南等样本地区进行补充性调研，进一步凝练主题，完善研究报告。此外，为进一步了解少数民族地区的学习问题，课题组以问卷法为主，在多所民族地区地方院校与民族院校开展调研。

为实现课题研究目标，推进课题研究进展，落实各项研究任务，并及时解决课题研究中存在的问题，课题组定期开展课题推进研讨会。西南大学校内课题组成员每两周召开一次研究进展报告会，对总课题及子课题的研究推进情况、存在的问题等进行研讨。校外课题组成员在课题负责人的带领下，就子课题研究进展、遇到的问题及解决思路，每月开展一次课题研讨，推进子课题各项研究任务的落实。课题组还多次召开子课题成员会议，加强彼此沟通。2015年4月，课题组在毕节贵州工程应用技术学院召开课题交流会，旨在互动交流课题研究经验、研究问题的集中探索以及对课题研究进展进行全面了解，交流会上，各子课题分别就其课题的研究计划、文献综述和研究进展情况做了汇报。2015年11月，课题组在桂林广西师范大学召开课题研讨会，旨在进一步推动课题研究的深入开展，落实课题计划任务，交流课题进展，及时解决课题研究中存在的问题，各子课题就其研究进展、阶段性研究成果及后继研究计划等方面进行分组汇报。为进一步检查各子课题的书稿写作进展，推进书稿写作进程，2016年11月，课题组在西南大学召开课题研讨会，进一步就书稿写作质量进行规范和讨论，研讨会上，各子课题组代表分别就本课题的课题研究进展和书稿内容进行了交流。

一路走来，课题组成员攻坚克难，多位专家学者为课题把脉会诊，才得以保证课题研究顺利开展。感谢西南大学张诗亚教授、云南师范大学王鉴教授、南京师范大学张新平教授、中央民族大学常永才教授及西南大学孙振东教授、么加利教授、吴晓蓉教授等专家在课题开题、研究过程中及结项论证时，对课题提出的修改意见和建议，在此深表感谢！

在三年多的研究中，感谢辛勤付出的课题组成员。作为子课题成员单位，西南大学、广西师范大学、石河子大学、西藏民族大学、贵州工程应用技术学院、大理大学、内蒙古民族大学等高校为课题调研、数据收集等提供了重要的平台支撑。感谢子课题负责人西南大学朱德全教授、广西师范大学孙杰远教授、石河子大学蔡文伯教授、西藏民族大学杨小峻教授、西南大学何茜教授、内蒙古民族大学许良教授、贵州工程应用技术学院安静副教授及其团队在研究过程中对子课题的耐心督促和有效指导，以及对总课题的深切关注，正是他们与子课题组成员同心协力，联合攻关，潜心研究，才使课题研究得以完成。全书通稿工作由侯佛钢和张学敏共同完成，同时感谢子课题成员许可峰副教授、杨茂庆副教授、欧阳修俊副教授、陈甜副教授及博士生侯佛钢、陈星、周维莉、吴金航、马新星、黎兴成、谭丹等在课题调研、书稿撰写等工作中付出的智慧和辛勤劳动。

# 教育部哲学社会科学研究重大课题攻关项目成果出版列表

| 序号 | 书 名 | 首席专家 |
|---|---|---|
| 1 | 《马克思主义基础理论若干重大问题研究》 | 陈先达 |
| 2 | 《马克思主义理论学科体系建构与建设研究》 | 张雷声 |
| 3 | 《马克思主义整体性研究》 | 逄锦聚 |
| 4 | 《改革开放以来马克思主义在中国的发展》 | 顾钰民 |
| 5 | 《新时期 新探索 新征程——当代资本主义国家共产党的理论与实践研究》 | 聂运麟 |
| 6 | 《坚持马克思主义在意识形态领域指导地位研究》 | 陈先达 |
| 7 | 《当代资本主义新变化的批判性解读》 | 唐正东 |
| 8 | 《当代中国人精神生活研究》 | 童世骏 |
| 9 | 《弘扬与培育民族精神研究》 | 杨叔子 |
| 10 | 《当代科学哲学的发展趋势》 | 郭贵春 |
| 11 | 《服务型政府建设规律研究》 | 朱光磊 |
| 12 | 《地方政府改革与深化行政管理体制改革研究》 | 沈荣华 |
| 13 | 《面向知识表示与推理的自然语言逻辑》 | 鞠实儿 |
| 14 | 《当代宗教冲突与对话研究》 | 张志刚 |
| 15 | 《马克思主义文艺理论中国化研究》 | 朱立元 |
| 16 | 《历史题材文学创作重大问题研究》 | 童庆炳 |
| 17 | 《现代中西高校公共艺术教育比较研究》 | 曾繁仁 |
| 18 | 《西方文论中国化与中国文论建设》 | 王一川 |
| 19 | 《中华民族音乐文化的国际传播与推广》 | 王耀华 |
| 20 | 《楚地出土戰國簡冊［十四種］》 | 陈 伟 |
| 21 | 《近代中国的知识与制度转型》 | 桑 兵 |
| 22 | 《中国抗战在世界反法西斯战争中的历史地位》 | 胡德坤 |
| 23 | 《近代以来日本对华认识及其行动选择研究》 | 杨栋梁 |
| 24 | 《京津冀都市圈的崛起与中国经济发展》 | 周立群 |
| 25 | 《金融市场全球化下的中国监管体系研究》 | 曹凤岐 |
| 26 | 《中国市场经济发展研究》 | 刘 伟 |
| 27 | 《全球经济调整中的中国经济增长与宏观调控体系研究》 | 黄 达 |
| 28 | 《中国特大都市圈与世界制造业中心研究》 | 李廉水 |

| 序号 | 书　名 | 首席专家 |
|---|---|---|
| 29 | 《中国产业竞争力研究》 | 赵彦云 |
| 30 | 《东北老工业基地资源型城市发展可持续产业问题研究》 | 宋冬林 |
| 31 | 《转型时期消费需求升级与产业发展研究》 | 臧旭恒 |
| 32 | 《中国金融国际化中的风险防范与金融安全研究》 | 刘锡良 |
| 33 | 《全球新型金融危机与中国的外汇储备战略》 | 陈雨露 |
| 34 | 《全球金融危机与新常态下的中国产业发展》 | 段文斌 |
| 35 | 《中国民营经济制度创新与发展》 | 李维安 |
| 36 | 《中国现代服务经济理论与发展战略研究》 | 陈　宪 |
| 37 | 《中国转型期的社会风险及公共危机管理研究》 | 丁烈云 |
| 38 | 《人文社会科学研究成果评价体系研究》 | 刘大椿 |
| 39 | 《中国工业化、城镇化进程中的农村土地问题研究》 | 曲福田 |
| 40 | 《中国农村社区建设研究》 | 项继权 |
| 41 | 《东北老工业基地改造与振兴研究》 | 程　伟 |
| 42 | 《全面建设小康社会进程中的我国就业发展战略研究》 | 曾湘泉 |
| 43 | 《自主创新战略与国际竞争力研究》 | 吴贵生 |
| 44 | 《转轨经济中的反行政性垄断与促进竞争政策研究》 | 于良春 |
| 45 | 《面向公共服务的电子政务管理体系研究》 | 孙宝文 |
| 46 | 《产权理论比较与中国产权制度变革》 | 黄少安 |
| 47 | 《中国企业集团成长与重组研究》 | 蓝海林 |
| 48 | 《我国资源、环境、人口与经济承载能力研究》 | 邱　东 |
| 49 | 《"病有所医"——目标、路径与战略选择》 | 高建民 |
| 50 | 《税收对国民收入分配调控作用研究》 | 郭庆旺 |
| 51 | 《多党合作与中国共产党执政能力建设研究》 | 周淑真 |
| 52 | 《规范收入分配秩序研究》 | 杨灿明 |
| 53 | 《中国社会转型中的政府治理模式研究》 | 娄成武 |
| 54 | 《中国加入区域经济一体化研究》 | 黄卫平 |
| 55 | 《金融体制改革和货币问题研究》 | 王广谦 |
| 56 | 《人民币均衡汇率问题研究》 | 姜波克 |
| 57 | 《我国土地制度与社会经济协调发展研究》 | 黄祖辉 |
| 58 | 《南水北调工程与中部地区经济社会可持续发展研究》 | 杨云彦 |
| 59 | 《产业集聚与区域经济协调发展研究》 | 王　珺 |

| 序号 | 书 名 | 首席专家 |
| --- | --- | --- |
| 60 | 《我国货币政策体系与传导机制研究》 | 刘 伟 |
| 61 | 《我国民法典体系问题研究》 | 王利明 |
| 62 | 《中国司法制度的基础理论问题研究》 | 陈光中 |
| 63 | 《多元化纠纷解决机制与和谐社会的构建》 | 范 愉 |
| 64 | 《中国和平发展的重大前沿国际法律问题研究》 | 曾令良 |
| 65 | 《中国法制现代化的理论与实践》 | 徐显明 |
| 66 | 《农村土地问题立法研究》 | 陈小君 |
| 67 | 《知识产权制度变革与发展研究》 | 吴汉东 |
| 68 | 《中国能源安全若干法律与政策问题研究》 | 黄 进 |
| 69 | 《城乡统筹视角下我国城乡双向商贸流通体系研究》 | 任保平 |
| 70 | 《产权强度、土地流转与农民权益保护》 | 罗必良 |
| 71 | 《我国建设用地总量控制与差别化管理政策研究》 | 欧名豪 |
| 72 | 《矿产资源有偿使用制度与生态补偿机制》 | 李国平 |
| 73 | 《巨灾风险管理制度创新研究》 | 卓 志 |
| 74 | 《国有资产法律保护机制研究》 | 李曙光 |
| 75 | 《中国与全球油气资源重点区域合作研究》 | 王 震 |
| 76 | 《可持续发展的中国新型农村社会养老保险制度研究》 | 邓大松 |
| 77 | 《农民工权益保护理论与实践研究》 | 刘林平 |
| 78 | 《大学生就业创业教育研究》 | 杨晓慧 |
| 79 | 《新能源与可再生能源法律与政策研究》 | 李艳芳 |
| 80 | 《中国海外投资的风险防范与管控体系研究》 | 陈菲琼 |
| 81 | 《生活质量的指标构建与现状评价》 | 周长城 |
| 82 | 《中国公民人文素质研究》 | 石亚军 |
| 83 | 《城市化进程中的重大社会问题及其对策研究》 | 李 强 |
| 84 | 《中国农村与农民问题前沿研究》 | 徐 勇 |
| 85 | 《西部开发中的人口流动与族际交往研究》 | 马 戎 |
| 86 | 《现代农业发展战略研究》 | 周应恒 |
| 87 | 《综合交通运输体系研究——认知与建构》 | 荣朝和 |
| 88 | 《中国独生子女问题研究》 | 风笑天 |
| 89 | 《我国粮食安全保障体系研究》 | 胡小平 |
| 90 | 《我国食品安全风险防控研究》 | 王 硕 |

| 序号 | 书　名 | 首席专家 |
| --- | --- | --- |
| 91 | 《城市新移民问题及其对策研究》 | 周大鸣 |
| 92 | 《新农村建设与城镇化推进中农村教育布局调整研究》 | 史宁中 |
| 93 | 《农村公共产品供给与农村和谐社会建设》 | 王国华 |
| 94 | 《中国大城市户籍制度改革研究》 | 彭希哲 |
| 95 | 《国家惠农政策的成效评价与完善研究》 | 邓大才 |
| 96 | 《以民主促进和谐——和谐社会构建中的基层民主政治建设研究》 | 徐　勇 |
| 97 | 《城市文化与国家治理——当代中国城市建设理论内涵与发展模式建构》 | 皇甫晓涛 |
| 98 | 《中国边疆治理研究》 | 周　平 |
| 99 | 《边疆多民族地区构建社会主义和谐社会研究》 | 张先亮 |
| 100 | 《新疆民族文化、民族心理与社会长治久安》 | 高静文 |
| 101 | 《中国大众媒介的传播效果与公信力研究》 | 喻国明 |
| 102 | 《媒介素养：理念、认知、参与》 | 陆　晔 |
| 103 | 《创新型国家的知识信息服务体系研究》 | 胡昌平 |
| 104 | 《数字信息资源规划、管理与利用研究》 | 马费成 |
| 105 | 《新闻传媒发展与建构和谐社会关系研究》 | 罗以澄 |
| 106 | 《数字传播技术与媒体产业发展研究》 | 黄升民 |
| 107 | 《互联网等新媒体对社会舆论影响与利用研究》 | 谢新洲 |
| 108 | 《网络舆论监测与安全研究》 | 黄永林 |
| 109 | 《中国文化产业发展战略论》 | 胡惠林 |
| 110 | 《20世纪中国古代文化经典在域外的传播与影响研究》 | 张西平 |
| 111 | 《国际传播的理论、现状和发展趋势研究》 | 吴　飞 |
| 112 | 《教育投入、资源配置与人力资本收益》 | 闵维方 |
| 113 | 《创新人才与教育创新研究》 | 林崇德 |
| 114 | 《中国农村教育发展指标体系研究》 | 袁桂林 |
| 115 | 《高校思想政治理论课程建设研究》 | 顾海良 |
| 116 | 《网络思想政治教育研究》 | 张再兴 |
| 117 | 《高校招生考试制度改革研究》 | 刘海峰 |
| 118 | 《基础教育改革与中国教育学理论重建研究》 | 叶　澜 |
| 119 | 《我国研究生教育结构调整问题研究》 | 袁本涛 王传毅 |
| 120 | 《公共财政框架下公共教育财政制度研究》 | 王善迈 |

| 序号 | 书　名 | 首席专家 |
| --- | --- | --- |
| 121 | 《农民工子女问题研究》 | 袁振国 |
| 122 | 《当代大学生诚信制度建设及加强大学生思想政治工作研究》 | 黄蓉生 |
| 123 | 《从失衡走向平衡：素质教育课程评价体系研究》 | 钟启泉<br>崔允漷 |
| 124 | 《构建城乡一体化的教育体制机制研究》 | 李　玲 |
| 125 | 《高校思想政治理论课教育教学质量监测体系研究》 | 张耀灿 |
| 126 | 《处境不利儿童的心理发展现状与教育对策研究》 | 申继亮 |
| 127 | 《学习过程与机制研究》 | 莫　雷 |
| 128 | 《青少年心理健康素质调查研究》 | 沈德立 |
| 129 | 《灾后中小学生心理疏导研究》 | 林崇德 |
| 130 | 《民族地区教育优先发展研究》 | 张诗亚 |
| 131 | 《WTO主要成员贸易政策体系与对策研究》 | 张汉林 |
| 132 | 《中国和平发展的国际环境分析》 | 叶自成 |
| 133 | 《冷战时期美国重大外交政策案例研究》 | 沈志华 |
| 134 | 《新时期中非合作关系研究》 | 刘鸿武 |
| 135 | 《我国的地缘政治及其战略研究》 | 倪世雄 |
| 136 | 《中国海洋发展战略研究》 | 徐祥民 |
| 137 | 《深化医药卫生体制改革研究》 | 孟庆跃 |
| 138 | 《华侨华人在中国软实力建设中的作用研究》 | 黄　平 |
| 139 | 《我国地方法制建设理论与实践研究》 | 葛洪义 |
| 140 | 《城市化理论重构与城市化战略研究》 | 张鸿雁 |
| 141 | 《境外宗教渗透论》 | 段德智 |
| 142 | 《中部崛起过程中的新型工业化研究》 | 陈晓红 |
| 143 | 《农村社会保障制度研究》 | 赵　曼 |
| 144 | 《中国艺术学学科体系建设研究》 | 黄会林 |
| 145 | 《人工耳蜗术后儿童康复教育的原理与方法》 | 黄昭鸣 |
| 146 | 《我国少数民族音乐资源的保护与开发研究》 | 樊祖荫 |
| 147 | 《中国道德文化的传统理念与现代践行研究》 | 李建华 |
| 148 | 《低碳经济转型下的中国排放权交易体系》 | 齐绍洲 |
| 149 | 《中国东北亚战略与政策研究》 | 刘清才 |
| 150 | 《促进经济发展方式转变的地方财税体制改革研究》 | 钟晓敏 |
| 151 | 《中国—东盟区域经济一体化》 | 范祚军 |

| 序号 | 书　名 | 首席专家 |
|---|---|---|
| 152 | 《非传统安全合作与中俄关系》 | 冯绍雷 |
| 153 | 《外资并购与我国产业安全研究》 | 李善民 |
| 154 | 《近代汉字术语的生成演变与中西日文化互动研究》 | 冯天瑜 |
| 155 | 《新时期加强社会组织建设研究》 | 李友梅 |
| 156 | 《民办学校分类管理政策研究》 | 周海涛 |
| 157 | 《我国城市住房制度改革研究》 | 高　波 |
| 158 | 《新媒体环境下的危机传播及舆论引导研究》 | 喻国明 |
| 159 | 《法治国家建设中的司法判例制度研究》 | 何家弘 |
| 160 | 《中国女性高层次人才发展规律及发展对策研究》 | 佟　新 |
| 161 | 《国际金融中心法制环境研究》 | 周仲飞 |
| 162 | 《居民收入占国民收入比重统计指标体系研究》 | 刘　扬 |
| 163 | 《中国历代边疆治理研究》 | 程妮娜 |
| 164 | 《性别视角下的中国文学与文化》 | 乔以钢 |
| 165 | 《我国公共财政风险评估及其防范对策研究》 | 吴俊培 |
| 166 | 《中国历代民歌史论》 | 陈书录 |
| 167 | 《大学生村官成长成才机制研究》 | 马抗美 |
| 168 | 《完善学校突发事件应急管理机制研究》 | 马怀德 |
| 169 | 《秦简牍整理与研究》 | 陈　伟 |
| 170 | 《出土简帛与古史再建》 | 李学勤 |
| 171 | 《民间借贷与非法集资风险防范的法律机制研究》 | 岳彩申 |
| 172 | 《新时期社会治安防控体系建设研究》 | 宫志刚 |
| 173 | 《加快发展我国生产服务业研究》 | 李江帆 |
| 174 | 《基本公共服务均等化研究》 | 张贤明 |
| 175 | 《职业教育质量评价体系研究》 | 周志刚 |
| 176 | 《中国大学校长管理专业化研究》 | 宣　勇 |
| 177 | 《"两型社会"建设标准及指标体系研究》 | 陈晓红 |
| 178 | 《中国与中亚地区国家关系研究》 | 潘志平 |
| 179 | 《保障我国海上通道安全研究》 | 吕　靖 |
| 180 | 《世界主要国家安全体制机制研究》 | 刘胜湘 |
| 181 | 《中国流动人口的城市逐梦》 | 杨菊华 |
| 182 | 《建设人口均衡型社会研究》 | 刘渝琳 |
| 183 | 《农产品流通体系建设的机制创新与政策体系研究》 | 夏春玉 |

| 序号 | 书名 | 首席专家 |
|---|---|---|
| 184 | 《区域经济一体化中府际合作的法律问题研究》 | 石佑启 |
| 185 | 《城乡劳动力平等就业研究》 | 姚先国 |
| 186 | 《20世纪朱子学研究精华集成——从学术思想史的视角》 | 乐爱国 |
| 187 | 《拔尖创新人才成长规律与培养模式研究》 | 林崇德 |
| 188 | 《生态文明制度建设研究》 | 陈晓红 |
| 189 | 《我国城镇住房保障体系及运行机制研究》 | 虞晓芬 |
| 190 | 《中国战略性新兴产业国际化战略研究》 | 汪涛 |
| 191 | 《证据科学论纲》 | 张保生 |
| 192 | 《要素成本上升背景下我国外贸中长期发展趋势研究》 | 黄建忠 |
| 193 | 《中国历代长城研究》 | 段清波 |
| 194 | 《当代技术哲学的发展趋势研究》 | 吴国林 |
| 195 | 《20世纪中国社会思潮研究》 | 高瑞泉 |
| 196 | 《中国社会保障制度整合与体系完善重大问题研究》 | 丁建定 |
| 197 | 《民族地区特殊类型贫困与反贫困研究》 | 李俊杰 |
| 198 | 《扩大消费需求的长效机制研究》 | 臧旭恒 |
| 199 | 《我国土地出让制度改革及收益共享机制研究》 | 石晓平 |
| 200 | 《高等学校分类体系及其设置标准研究》 | 史秋衡 |
| 201 | 《全面加强学校德育体系建设研究》 | 杜时忠 |
| 202 | 《生态环境公益诉讼机制研究》 | 颜运秋 |
| 203 | 《科学研究与高等教育深度融合的知识创新体系建设研究》 | 杜德斌 |
| 204 | 《女性高层次人才成长规律与发展对策研究》 | 罗瑾琏 |
| 205 | 《岳麓秦简与秦代法律制度研究》 | 陈松长 |
| 206 | 《民办教育分类管理政策实施跟踪与评估研究》 | 周海涛 |
| 207 | 《建立城乡统一的建设用地市场研究》 | 张安录 |
| 208 | 《迈向高质量发展的经济结构转变研究》 | 郭熙保 |
| 209 | 《中国社会福利理论与制度构建——以适度普惠社会福利制度为例》 | 彭华民 |
| 210 | 《提高教育系统廉政文化建设实效性和针对性研究》 | 罗国振 |
| 211 | 《毒品成瘾及其复吸行为——心理学的研究视角》 | 沈模卫 |
| 212 | 《英语世界的中国文学译介与研究》 | 曹顺庆 |
| 213 | 《建立公开规范的住房公积金制度研究》 | 王先柱 |

| 序号 | 书名 | 首席专家 |
| --- | --- | --- |
| 214 | 《现代归纳逻辑理论及其应用研究》 | 何向东 |
| 215 | 《时代变迁、技术扩散与教育变革：信息化教育的理论与实践探索》 | 杨浩 |
| 216 | 《城镇化进程中新生代农民工职业教育与社会融合问题研究》 | 褚宏启 薛二勇 |
| 217 | 《我国先进制造业发展战略研究》 | 唐晓华 |
| 218 | 《融合与修正：跨文化交流的逻辑与认知研究》 | 鞠实儿 |
| 219 | 《中国新生代农民工收入状况与消费行为研究》 | 金晓彤 |
| 220 | 《高校少数民族应用型人才培养模式综合改革研究》 …… | 张学敏 |